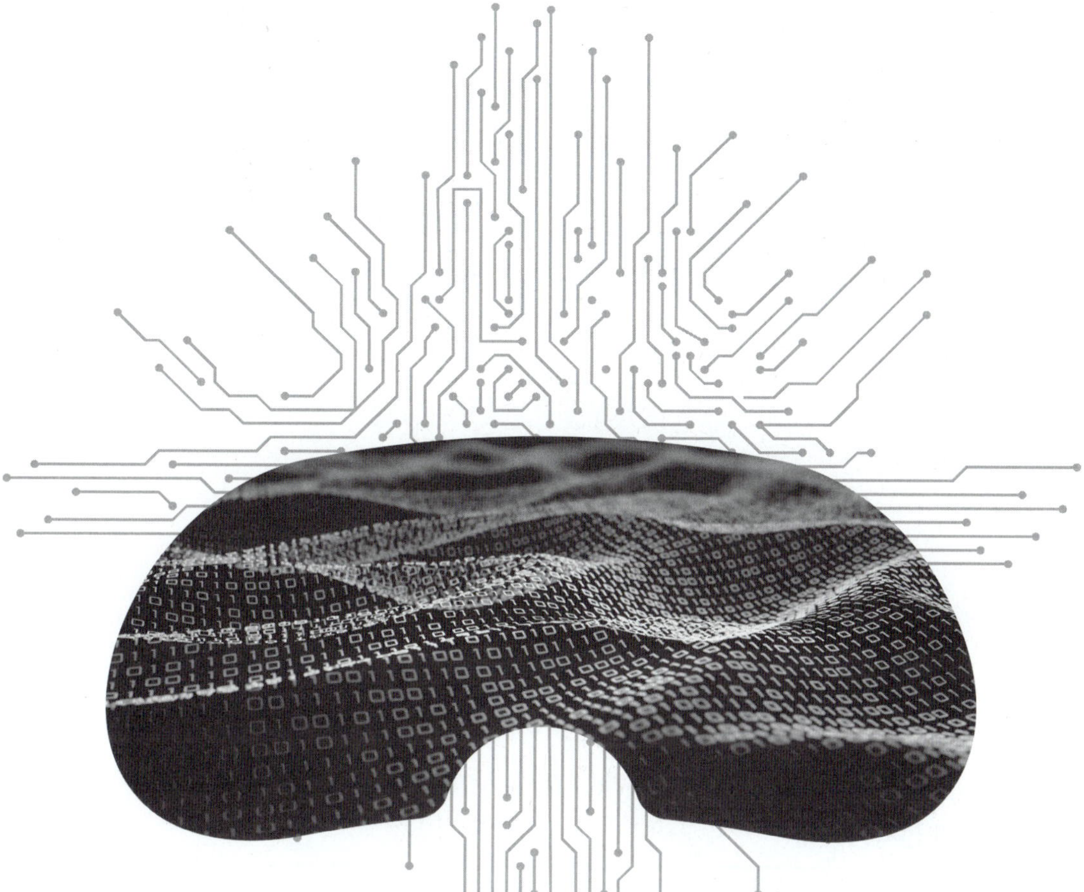

메타버스 시대의

전자상거래

Electronic Commerce

노규성·김용영·박성택·박은미·이승희·정기호·정재림 지음

생능

메타버스 시대의 **전자상거래**

초판인쇄 2022년 6월 2일
초판발행 2022년 6월 13일

지은이 노규성 · 김용영 · 박성택 · 박은미 · 이승희 · 정기호 · 정재림
펴낸이 김승기, 김민정
펴낸곳 (주)생능 / **주소** 경기도 파주시 광인사길 143
출판사 등록일 2014년 1월 8일 / **신고번호** 제406-2014-000003호
대표전화 (031)955-0761 / **팩스** (031)955-0768
홈페이지 www.booksr.co.kr

책임편집 이종무 / **편집** 신성민, 김민보, 유제훈 / **디자인** 유준범, 표혜린
마케팅 최복락, 김민수, 심수경, 차종필, 백수정, 송성환, 최태웅, 명하나
인쇄 · 제본 천일문화사

ISBN 979-11-86689-44-8 93320
정가 30,000원

머·리·말

어느덧 전자상거래가 시작된 지 30여 년이 지난 것 같다. 그간 디지털 기술의 발전에 힘입어 전자상거래는 질적, 양적 측면에서 지속해서 성장해왔다. 그런데 코로나 팬데믹으로 전자상거래는 역사를 새로 쓰게 되었다. 감염을 피하기 위한 비대면 사회가 전 세계적으로 전개되면서 인류의 삶의 방식이 된 전자상거래는 거의 모든 분야로 확산되면서 폭발적인 성장을 구가하고 있다. 글로벌 증시의 시가 총액 10위권을 모두 빅테크 기업이 장악하고 있다. 팬데믹으로 사람들이 거리로 쏟아져 나와도 전자상거래는 더욱 성장할 것 같다. 빅데이터, 인공지능, 블록체인, 메타버스의 출현과 발전은 전자상거래를 더욱더 사람 중심으로 진화시킬 것이기 때문이다. 이러한 상황에서 최신의 디지털 기술 기반의 전자상거래에 관한 이론 및 실무 지식과 정보의 체계화가 요구되어 이 책을 집필하게 되었다.

따라서 이 책은 메타버스 시대의 전자상거래에 관한 지식과 정보를 후학들이 쉬우면서도 체계적으로 접할 수 있도록 구성하였다. 아울러 산업 현장에서 새롭게 등장하는 디지털 기술 기반의 전자상거래의 진화적 현상을 학습하여 비즈니스 경쟁력을 배양하는 데 도움이 되도록 구성하였다. 이에 본 책에서는 메타버스 시대의 전자상거래 분야에 관한 일반적인 이론과 사례를 다루고, 이를 현실에 적용하는 데 필요한 실용적인 부분을 총체적으로 정리하였다.

먼저 도입 부분에서는 전자상거래 입문 과정으로서 인터넷의 등장과 메타버스로의 발전, 전자상거래의 등장과 디지털상거래로의 진화, 전자상거래의 개념과 유형, 전자상거래의 영향, 전자상거래 패러다임과 새로운 트렌드, 메타버스 시대의 디지털상거래에 대해 소개하였다. 다음으로는 소비자 전자상거래와 조직 간 전자상거래에 대해 살펴본다. 소비자 전자상거래에서는 경제 주체별 소비자 전자상거래, 기반 서비스, 서비스 사업모델, 금융모델에 대해 살펴보고 조직 간 전자상거래에서는 B2B, B2G, EDI, e-마켓플레이스, 전자무역에 대해 소개하였다.

다음 스마트 시대의 비즈니스 부분에서는 스마트 비즈니스 환경, 모바일 플랫폼과 모바일 상거래, 빅데이터와 IoT, 전자상거래와 인공지능 활용, 메타버스 기반 전자상거래에 대해 정리하였다.

이어 전략 및 시스템 관리 부분에서는 전자상거래 전략 및 시스템 관리에 대한 전반적인 내용을 학습하는 단계로서, 전자상거래 전략, 디지털마케팅 관리와 전략, 물류배송과 재고관리, 쇼핑몰 구축과 웹 사이트 관리, 전자지불관리에 관한 지식과 정보를 제공하였다.

끝으로 이 책이 출간될 수 있도록 도움을 주신 많은 분께 감사를 드리며, 생능출판사의 사장님을 비롯한 임직원 여러분의 노고에도 깊은 감사를 드린다.

2022년 5월

저자 일동

강의진도표

《메타버스 시대의 전자상거래》 강의진도표를 제안합니다. 제안한 강의진도표를 활용하여 강의할 수도 있고, 제안한 강의진도표의 순서를 변경하여 강의를 진행해도 됩니다.

주	강의 제목	강의 내용 및 목표
1	강좌 및 강의 일정 소개	
2	전자상거래 개요 (1장)	1. 인터넷의 등장과 메타버스로의 발전 2. 전자상거래의 등장과 디지털상거래로의 진화 3. 전자상거래의 개념과 유형 4. 전자상거래의 영향 5. 전자상거래 패러다임과 새로운 트렌드 6. 메타버스 시대의 디지털상거래
3	소비자 전자상거래 (2장)	1. 소비자 전자상거래 개요 2. 경제 주체별 소비자 전자상거래 3. 기반 서비스 4. 서비스 사업 모델 5. 금융모델
4	조직 간 전자상거래 (3장)	1. 기업과 기업 간 전자상거래(B2B) 2. 기업과 정부 간 전자상거래(B2G) 3. EDI 4. e-마켓플레이스 5. 전자무역
5	스마트 시대의 비즈니스와 모바일 상거래 (4장)	1. 스마트혁명과 스마트폰 2. 스마트 비즈니스 환경 3. 모바일 플랫폼 4. 모바일 상거래 5. 앱 스토어를 활용한 상거래
6	빅데이터와 IoT (5장)	1. 빅데이터의 개요 2. 빅데이터 활용과 전자상거래 3. IoT의 개요 4. IoT 비즈니스와 전자상거래
7	전자상거래와 인공지능 활용 (6장)	1. 인공지능의 개요 2. 인공지능 전략과 활용
8	메타버스 기반 전자상거래 (7장)	1. 메타버스 개요 2. 메타버스 비즈니스 모델 3. 메타버스 전자상거래

9	중간고사	
10	전자상거래 전략 (8장)	1. 전자상거래 전략 2. 전자상거래 추진 전략 3. 전자상거래 전략 수립과 실행 4. 전자상거래의 최신 디지털 기술 활용 전략
11	디지털마케팅 관리와 전략 (9장)	1. 디지털마케팅 2. 마케팅 패러다임의 변화 3. 디지털마케팅 전략 4. 디지털마케팅의 신유형
12	물류배송과 재고관리 (10장)	1. 물류관리 2. 배송정책 3. 주문의 이행 및 클레임 처리 4. 수요예측 및 재고관리 5. 메타버스 시대와 물류의 트렌드
13	쇼핑몰 구축과 웹 사이트 관리 (11장)	1. 쇼핑몰 도입 유형과 선택 전략 2. 쇼핑몰 구축 방법과 절차 3. 성공적인 웹 사이트 설계 전략 4. 웹 사이트 내비게이션 전략 5. 웹 사이트 프로젝트 관리 6. 모바일 웹 사이트 구축 7. 쇼핑몰 시스템 보안관리
14	전자지불관리 (12장)	1. 전자지불관리시스템 2. 전자지불수단의 유형 3. 간편 결제 관리 4. 모바일 결제 관리
15	기말고사	

차·례

CHAPTER 3 조직 간 전자상거래

CHAPTER 11 쇼핑몰 구축과 웹 사이트 관리

CHAPTER 12 전자지불관리

1

CHAPTER

전자상거래 개요

디지털 기술의 끊임없는 진화, 소비 패턴의 변화, 플랫폼의 다양화, 기업의 혁신 요구 증대 등 대내외적인 환경 변화로 인해 기업의 경영활동은 날로 변해가고 있다. 즉 환경 변화를 극복하고 경쟁력을 확보하기 위한 수단으로 기업은 디지털 기술을 비즈니스에 적극적으로 활용하고 있다. 인터넷이라는 기술은 전자상거래를 등장시켰으며, 모바일, 빅데이터, 인공지능, 블록체인과 메타버스 등 지속해서 진화하는 디지털 기술의 접목으로 발전에 발전을 거듭하고 있다. 이에 본 장에서는 전자상거래에 대한 개념적인 틀과 발전상에 대해 학습해 보기로 하자.

1. 인터넷의 등장과 메타버스로의 발전
2. 전자상거래의 등장과 디지털상거래로의 진화
3. 전자상거래의 개념과 유형
4. 전자상거래의 영향
5. 전자상거래 패러다임과 새로운 트렌드
6. 메타버스 시대의 디지털상거래

1. 인터넷의 등장과 메타버스로의 발전

1.1 인터넷의 등장과 발전

인터넷(Internet)

디지털 기술의 급격한 진화는 인터넷의 출현으로 인해 가속화되고 있다. 인터넷(Internet)이란 네트워크의 네트워크, 즉 여러 네트워크들이 묶여 이루어진 네트워크라고 말할 수 있으나 어떤 단체나 기관도 이를 총괄적으로 관리하고 있지는 않다. 작은 네트워크들은 자체적으로 관리되고 있으나 인터넷 전체가 관리되는 것은 아니다. 인터넷은 1960년대 미국 국방성에서 군사적 목적을 위하여 여러 곳의 컴퓨터들을 하나의 네트워크(ARPANET)로 구성하여 연결했던 것이 그 시작이다. 그 후 인터넷은 계속 발전하여 그 군사망뿐만 아니라 이제 학술, 연구, 기업 및 개인의 정보망이 되었다.

이제 인터넷은 전 세계 통신 시설이 갖추어진 나라의 모든 컴퓨터 통신망들을 상호 연결할 수 있는 통신망 중의 통신망이다. 더구나 인터넷은 멀티미디어 데이터를 쉽고 편리하게 송수신할 수 있는 정보통신 기술과 정보기술이 뒷받침되면서 다양한 서비스를 제공하게 되었고, 이에 따라 인터넷 사용자도 계속해서 증가하고 있다. 특히 웹 브라우저(Web Browser, 1993), VRML 2.0(1996), 멀티미디어 데이터(Multimedia Data)의 압축, 초고속 정보 통신망(Optical Fiber), ATM 기술, 사용자 상호작용(User Interactivity), 웹 4.0(Web 4.0) 시대를 지나 메타버스(Metaverse) 시대가 도래할 것으로 예측되고 있다. 독일 디지털기술 전망 분석 기업인 'TrendOne'의 CEO 닐스 뮬러(Nils Muller)는 "기술과 인간이 하나가 되는(technology and human become one) 시대가 빠르게 다가오고 있다"고 주장했다. 그는 기존 TV와 같은 수동적 오락은 1.0 시대를 의미하며, 웹 2.0은 블로그(blog)와 팟캐스트(podcasts) 등과 같이 수용자가 생산하는 콘텐츠 시대를 의미한다고 말했다. 또 3.0 시대는 가상세계(virtual worlds)와 같은 미디어에 이용자들이 그야말로 뛰어드는(jump into) 것으로, 그 수준이 더욱 활

발해지는 것을 의미한다고 덧붙였다.

그러나 4.0 시대는 인간이 기술의 연장으로 업그레이드되면서 '언제나 온라인과 연결(always-on)' 되는 것으로서, 이미 젊은 세대를 중심으로 시작되고 있다고 주장했다. 그의 주장을 확대해보면 이미 젊은 세대는 메타버스 환경에서 아바타를 통해 친구와 자유롭게 대화하고 있음을 알 수 있다. 이는 컴퓨터 외에 3차원 기술이 더 폭넓게 적용됨을 의미한다. 현재는 값비싼 디자인 등에 이용되는 3차원 프린터가 500유로(760달러, 한화 약 65만 원) 이하로 떨어질 것으로 보여, 조만간 모든 사람이 집에서 사용하게 될 것이다.[1)]

이와 같이 컴퓨터 및 디지털 기술이 눈부시게 발전해서 2018년 전체 웹 사이트 수는 19억 2천만 개에 달한다. 또한, 전 세계 인터넷 사용자는 2022년 2월 기준 51억 9,620만 명 정도로 파악되고 있으며, 활발한 소셜 미디어 이용자는 43억 명으로 예측되고 있다(https://www.internetlivestats.com). 한편 모바일 이용자는 53억 명으로 증가하고 있다.[2)] 모바일 이용자 수는 2022년 기준으로 이미 PC 이용자 수를 추월하여 급속히 성장하고 있다. 그리고 한국의 경우 전체인구의 95%가 모바일(스마트폰) 사용자이다([그림 1-1] 참조).

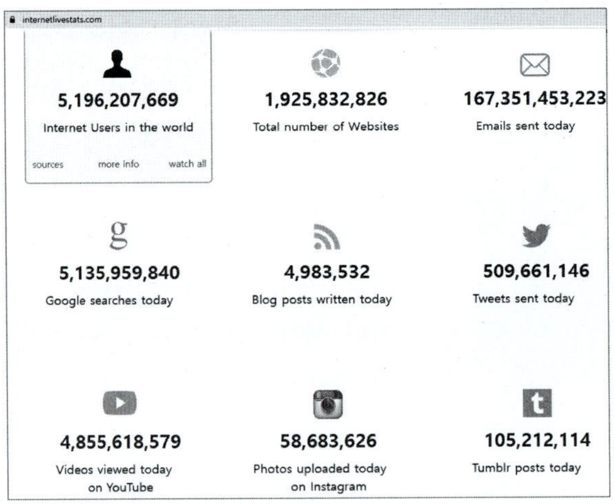

[그림 1-1] 인터넷 및 SNS 이용자 수(단위: 명)

*자료원: https://www.internetlivestats.com

---

1) KISTI 『글로벌동향브리핑(GTB)』

2) DMC 리포트, https://www.dmcreport.co.kr

OECD에 따르면, 한국의 인터넷 이용률은 [그림 1-2]에서 볼 수 있듯이, 2020년 기준 91.9%로서 매년 증가하고 있다. 가구당 인터넷 접속률 역시 99.7%로 매년 증가한 것으로 파악되며, 거의 모든 가구에서 인터넷 접속이 가능한 것으로 조사되었다([그림 1-3] 참조).

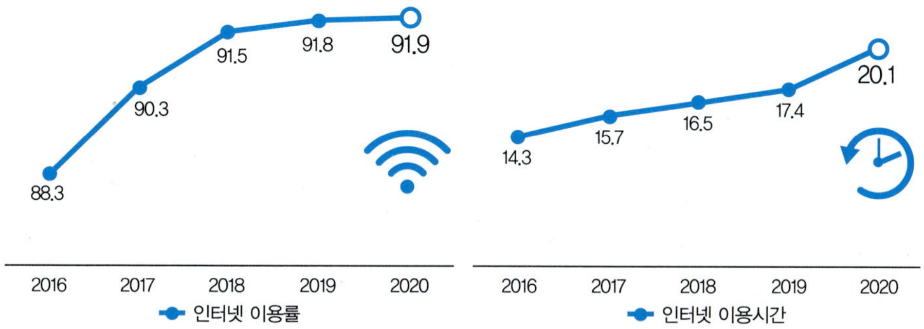

[그림 1-2] 인터넷 이용률과 이용시간 추이(단위: %, 시간)

*자료원: NIA, 2020년 인터넷 이용 실태조사

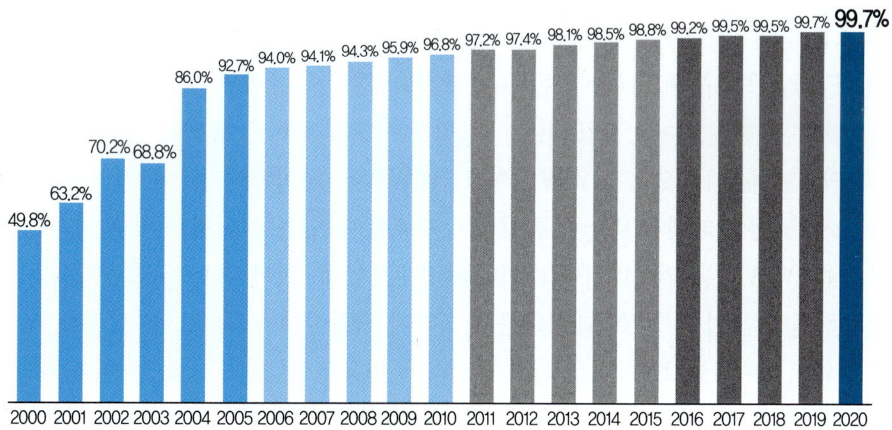

[그림 1-3] 가구 인터넷 접속률(단위: %)

*자료원: NIA, 2020년 인터넷 이용 실태조사

1.2 인터넷의 성공 배경

이와 같이 인터넷이 초고속으로 성장하면서 네티즌의 사이버 커뮤니티를 급속도로 성장시킨 배경에는 너나 할 것 없이 네티즌이 되겠다고 덤빌 수 있도록 하는 매력과 유인 요소가 있었다. 즉, 인터넷은 [그림 1-4]에서 볼 수 있듯이, 기술적 배경과 경제적 배경의 두 가지 요인으로 인해 전 세계의 네티즌을 급속히 확대하면서 비즈니스 세계는 물론 모든 분야에서 혁명적인 변화를 일으키고 있다.

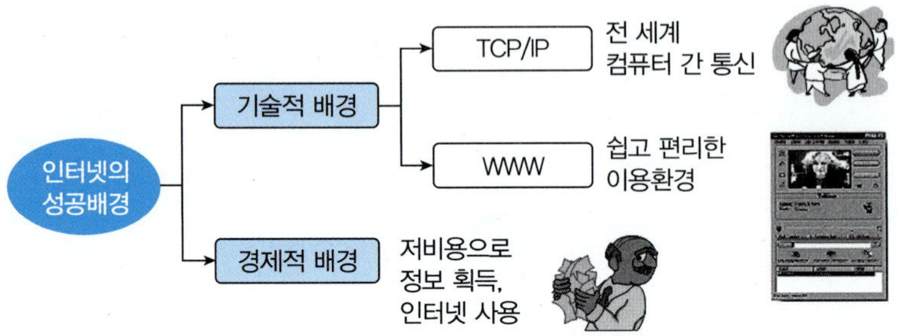

[그림 1-4] 인터넷의 성공 배경

1.2.1 기술적 배경

TCP/IP(Transmission Control Protocol/Internet Protocol)

먼저 기술적 배경부터 살펴보자. 이는 인터넷을 광범위하게 사용하도록 하는 요인으로서 **TCP/IP(Transmission Control Protocol/Internet Protocol)**와 WWW(World Wide Web)을 들 수 있다. TCP/IP는 인터넷을 통하여 컴퓨터 간에 의사소통을 할 수 있도록 하는 프로토콜, 즉 통신 표준 체계를 말한다. 인터넷은 이러한 TCP/IP를 통해 어디에서든, 어떤 컴퓨터든 커뮤니케이션을 원활하게 할 수 있는 것이다. 다시 말해, TCP/IP는 전 세계 어떤 컴퓨터든 통신이 가능하게 되었음을 의미한다. 다음으로는 WWW이다. WWW은 하이퍼텍스트와 멀티미디어를 기반으로 모든 인터넷 서비스를 통합하여 제공할 수 있는 인터넷 통합 서비스를 말한다. 즉, WWW은 멀티미디어 데이터를 송수신할 수 있어 텍스트, 그림, 음성, 동화상 등 다양한 멀티미디어 데이터를 편리하게 전송한다. 이는 노인, 어린이, 컴맹할 것 없이 누구든지 인터넷을 쉽고 편리하게 이용할 수 있도록 하는 환경을 제공함을 의미한다.

인터넷은 이와 같은 기술적 요인(TCP/IP와 WWW)으로 인해 전 세계 어디에서나 누구든지 손쉽고 편리하게 이용할 수 있는 편리한 정보 기술로 자리매김하면서 세계 시장을 급속도로 잠식해 나간 것이다.

1.2.2 경제적 배경

다음으로는 경제적 배경이다. 인터넷은 획기적으로 발전된 정보 기술의 집약체로서 사용자가 많으면 많을수록 비용이 적어지고 대신 수익성은 증가한다는 경제적 속성을 가지고 있다. 정보 생산 비용과 관련된 사례를 가지고 이해해 보자.

A라는 사람이 특정 과제에 관한 의사결정을 하고자 할 때 이와 관련하여 자문을 받고 도서관을 뒤지고 수집된 데이터를 편집, 가공하여 필요로 하는 정보를 생산하는 과정에서 100만 원의 비용이 소요되었다고 하자. 그런데 이렇게 생산된 정보를 A라는 사람만 사용하면, 그로 인한 수익은 100만 원 이상이 되어야 정당성을 인정받는다. 그런데 만약 그 정보를 두 명이 사용하면(정보는 복사해서 사용하면 된다), 비용은 50만 원씩 분담하면 되고, 그로 인한 수익도 각각 50만 원 이상이면 정당성을 인정받는다. 계속해서 세 명, 네 명, …백 명, …만 명이 그 정보를 사용하면 각 개인에 대한 정보 사용료는 33만 원, 25만 원, …1만 원, …100원으로 나누어지고 그에 따른 수익도 33만 원, 25만 원, …1만 원, …100원 이상이면 된다.

이와 같은 논리가 발전하면 거의 무료에 가까운 정보 생산 비용을 가지고 정보를 얻을 수 있는 환경이 만들어지는데, 정보의 바다인 인터넷이 그런 도구가 될 수 있는 것이다. 즉, 인터넷은 사용자가 많으면 많을수록 비용 분담 효과가 증가하여 최저의 비용(즉, 최저의 원가)으로 비즈니스 할 수 있는 환경을 제공하게 된다. 결국 인터넷은 무료로 혹은 아주 적은 비용으로 정보를 얻게 해 주고 이메일(e-mail)과 각종 데이터를 송수신할 수 있게 해줌으로써 전 세계에서 수많은 이용자를 확보하게 된 것이다. 그리고 이를 이용한 비즈니스가 탄생하여 그 영역을 급속도로 확대해 가고 있다.

1.3 비즈니스 패러다임의 이동

앞에서 보았듯이, 인터넷의 등장과 비약적 발전으로 비즈니스 환경에는 새로운 차원의 비즈니스 수단으로서 전자상거래가 각광받기에 이르렀고, 한편으로는 고객과의 실시간 쌍방향 의사소통 수단이 탄생한 것이다.

즉, 인터넷은 1) 세계의 어떤 컴퓨터든 의사소통을 가능하게 하므로 비즈니스를 전개할 때 범세계적인 의사소통을 가능하게 하며, 2) 의사소통 당사자 간에 실시간 쌍방향으로 상호작용하도록 지원하며, 3) 장소와 시간적 제약을 완전히 해소하게 하여 자연스럽게 고객에게 정보의 주도권이 이양되는 결과를 초래하게 된다.

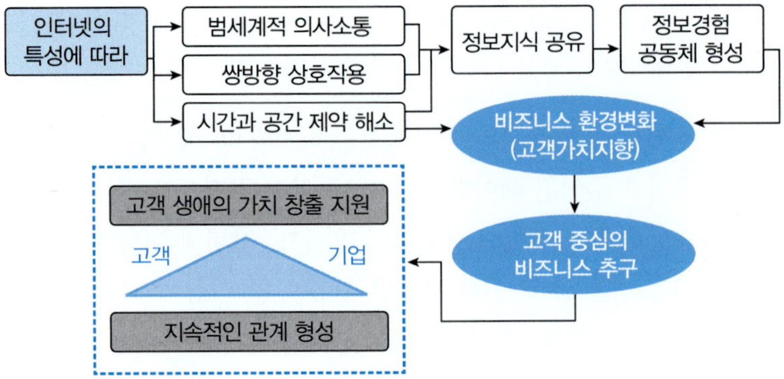

[그림 1-5] 인터넷의 등장과 비즈니스 전개 방향

커뮤니티(community)

[그림 1-5]에서 볼 수 있듯이, 인터넷의 특징으로 인해 소비자들이 중심이 되어 인터넷을 통해 자연스럽게 지식과 정보를 공유하는 커뮤니티(community)가 형성되며, 서로 간의 의사소통을 통하여 얻은 정보를 토대로 다양한 개인적, 소비자적 요구 사항을 기업에 제시한다. 이때 기업이 소비자 개인이나 집단을 대상으로 요구받은 사항을 즉시 해결해 주지 못하면 소비자는 개인 혹은 집단으로 제재를 가하거나 그 기업으로부터 떠나가는 상황이 발생하게 될 것이다. 따라서 오늘날 비즈니스 환경은 고객 가치 지향적 환경으로 변화되었으며, 이에 잘 적응한 기업만이 생존, 발전할 수 있다. 즉, 기업은 고객 생애의 가치 창출을 지원하는 방향으로 사업을 전개하면서 고객과 지속적으로 우호적이고 충성스러운 관계를 유지해야만 성장 및 발전하는 비즈니스 패러다임[3]의 변화를 맞이하게 되었다.

1.4 지능화된 3차원 메타버스로의 발전

인터넷의 등장으로 인해 새로운 비즈니스 수단으로 지속적인 성장을 구가해온 전자상거래는 디지털 기술의 진화와 궤를 같이하며 지속적인 혁신을 이루어왔다. 그 혁신을 지원해온 디지털 기술은 앞에서 소개한 바와 같이 모바일 웹과 앱을 거쳐 등장한 빅데이터, 인공지능(AI), 블록체인, 메타버스 등이라 할 수 있다.

즉, 지난 20여 년간 스마트폰 시대를 거치면서 모바일 웹을 기반으로 한 간편 결

3) 일반적으로 패러다임이란, 세상에서 일어나는 여러 가지 일들을 생각하고 기술할 때 사용하는 '마음의 거울'이나 아이디어를 말한다. 즉, 기업 구성원이 공유하는 세계관, 사물의 인식 방법, 사고의 가치, 규범, 신념 체계 등을 통칭하는 개념이다. 이를 요약하면, 사물을 보는 관점이나 사고의 틀을 패러다임이라 한다. 따라서 '비즈니스 패러다임'이란 비즈니스의 인식 방법, 비즈니스를 전개하는 사고의 틀과 신념 체계를 말한다.

제, 모빌리티 애플리케이션, 콘텐츠 스트리밍 앱 등 모바일 특화 전자상거래 비즈니스가 시장을 주도했다. 그런데 빅데이터와 AI가 출현하면서 전자상거래는 고객 가치 지향은 물론 고객 맞춤형을 현실화하도록 지원하게 되었다. 나아가 현재 급격하게 다가오는 메타버스 시대엔 커뮤니티, 콘텐츠, 커머스 등 기존 전자상거래 서비스가 3차원(3D) 가상공간을 기반으로 획기적으로 전환될 것으로 예상된다. 실시간 소셜 서비스, 게임, 영상 서비스 등의 비즈니스가 이미 가상공간 내에서 이루어지고 있고, 교육, 의료, 제조 등 산업 전반으로 확장되면서 새로운 전자상거래 시대를 향해 달려가고 있다(소대섭, 2021).

2. 전자상거래의 등장과 디지털상거래로의 진화

2.1 전자상거래의 등장과 발전

아이러니하게도 **전자상거래(EC: Electronic Commerce)**라는 용어는 1989년 미국의 LLNL(Lawrence Livemore National Laboratory)이 미 국방성의 프로젝트를 수행하면서 처음 사용하였다. 당시에는 거래의 전 과정에 서류를 사용하지 않는 기업 환경을 정보통신기술(ICT: Information Communication Technology)에 의해 달성하는 데 목적이 있었다. 원래 전자상거래는 인터넷이 보급되기 전에 이미 전자 문서 교환(**EDI: Electronic Data Interchange**), **CALS(Commerce At Light Speed)** 등의 형태로 존재했다.

전자상거래(EC: Electronic Commerce)
EDI(Electronic Data Interchange)
CALS(Commerce At Light Speed)

그러다가 네트워킹과 컴퓨팅 기술과 멀티미디어 자료처리 기술 등이 급속도로 발전함에 따라 인터넷을 기반으로 하는 전자상거래 시대가 개화하기 시작했다. 초기의 정보통신은 주로 기업 내부에서의 업무 처리와 데이터 전송을 목적으로 했기 때문에 조직 · 국가 간의 호환성이 문제 되었다.

그러나 개방성을 가진 인터넷의 등장으로 세계 어느 곳, 그리고 누구와도 정보를 쉽게 교환할 수 있는 환경이 조성되었다. 특히 1990년대에 등장한 월드 와이드 웹(WWW)은 전자상거래의 발전에 획기적인 전환점을 마련해 주었다. 웹의 출현으로 정보 게시와 제공의 범위에 관한 문제가 해결되었고, 동시에 사용의 편의성도 제공되어 웹을 기반으로 하는 비즈니스의 범위가 크게 확대되었다.

이러한 여러 가지 기술적, 사회적 차원에서의 정보화 진전과 함께 초고속 정보통신 기반이 구축되면서 전자상거래는 기업의 필수적 수단이자 획기적인 성장 기반으로 자리 잡게 되었다. 또한, 전자상거래는 디지털 기술과 초고속 정보통신 인프라를 바탕으로 급격히 성장하는 콘텐츠 산업에서 가장 핵심적인 부분이 되었다.

모바일 상거래(Mobile Commerce)
소셜 상거래(Social Commerce)

2000년대에는 무선 인터넷 기술의 발전으로 인하여 **모바일 상거래(Mobile Commerce)**와 **소셜 상거래(Social Commerce)**가 활발하게 전개되었으며, 2020년대에 들어와서는 빅데이터, AI, 사물인터넷(IoT: Internet of Things), 블록체인, 메타버스 관련 기술들의 비즈니스 활용에 힘입어 고객가치 지향 맞춤형 디지털상거래로 전환되고 있다. 따라서 이러한 최신 디지털 기술의 지속적인 발전은 디지털 상거래 관련 새로운 비즈니스의 창출은 물론, 기존의 비즈니스 모델에 대한 지속적인 수정과 발전을 가능하게 할 것이다(〈표 1-1〉 참조).

〈표 1-1〉 전자상거래 발전 과정

년대	주요 기술	발전 과정
1970년대 후반 ~1980년대 초반	• EDI, E-mail 등 전자메세징 기술의 출현과 확산 - 종이에 의한 작업 감소, 자동화의 확산 - 결제, 구매요구서, 선적문서 등의 전자화 - 재고관리, 자금관리 등 업무의 전자적 처리	기반 형성
1980년대 중반	• EC 관련 신기술의 확산(온라인 서비스) - 대화형 통신 기술의 등장(IRC, News Group, FTP) - 가상사회의 창출, Global Village 개념의 태동 - 인터넷에 의한 세계시장에서의 경제 교류 가능성 제시	전자상거래 태동
1980년대 후반 ~1990년대 초반	• 전자메세징 기술의 Groupware 기술과의 통합, ERP의 출현	전자상거래 가동
1990년대 초반 ~1990년대 후반	• WWW의 출현으로 인터넷의 쉬운 사용법 제공 - EC 활용의 보다 체계적인 수단과 다양한 기업 응용 제공 - 범세계 시장에서의 동등한 경쟁력 제공	전자상거래 성장
2000년대	• 무선인터넷, 유비쿼터스 컴퓨팅, 스마트폰과 SNS 발전	모바일 상거래, 소셜 상거래 출현
2020년대	• 빅데이터, AI, 사물인터넷(IoT), 블록체인, 메타버스의 등장	고객 맞춤형 디지털상거래 출현

2.2 모바일 상거래와 소셜 상거래

인터넷에서 구현되는 전자상거래는 무형의 서비스와 재화로서 금융, 신용, 소프트웨어, 영상 산업의 글로벌 거래를 가능하게 하였을 뿐만 아니라 서적, 의류, 심지어 자동차와 같은 유형의 상품까지도 국경을 초월하여 거래되는 세계적 시장을 형성하면서 발전을 거듭해 왔다. 그러나 초기의 전자상거래는 인터넷의 상용화와 멀티미디어 기술이 기반이 된 웹(Web) 기술을 바탕으로 한 재화나 용역의 거래행위로서, 비교적 좁은 의미로 사용되었다(노규성 외, 2009).

그런 가운데 전자상거래 분야의 학계와 산업계의 활발한 연구, 기술의 진보 및 비즈니스 활동에 힘입어 전자상거래의 적용 기술이 다양해지고 응용 범위도 단순한 거래 행위를 벗어나 기업 간, 또는 기업 내로 확대되면서 지속적으로 발전하게 되었다. 이 과정에서 다양한 개념과 유형에 대한 분류도 정리되고 있다. 즉 전자상거래는 비즈니스로의 적용개념으로 변화되면서 전자상거래의 무게 중심이 기업과 소비자 간(B2C) 전자상거래에서, 기업 간(B2B) 전자상거래로 전이되었고, 무선인터넷 관련 기술의 비약적인 발전에 따라 모바일 상거래와 소셜 상거래로 발전해왔다. 이에 대해서는 뒤에서 설명할 것이다.

2.3 디지털상거래로의 진화

이상에서 살펴본 바와 같이 전자상거래는 지속적으로 발전해왔지만, 소비자로서는 기술의 발전으로 인해 인터넷이라는 정보의 바다가 정보의 홍수로 변해 오히려 선택을 어렵게 하는 경우가 많았다. 그런 가운데 산업계의 끊임없는 노력으로 사물인터넷, 빅데이터, AI 등 분석 지향적 기술이 출현하면서 전자상거래도 고객 맞춤형으로 진화하게 되어 고객 가치 창출에 한층 다가가게 되었다. 이와 더불어 최근 출현한 블록체인과 메타버스 기술은 전자상거래를 한 차원 높이도록 하는 디지털상거래로 개념을 바꾸게 하는 시도가 등장하였다.

디지털상거래(Digital Commerce)

즉, **디지털상거래(Digital Commerce)**[4]는 인터넷과 디지털 기술의 역할이 각종 거래에서 차지하는 중요성이 높아지는 여건을 반영하여 기존의 전자상거래를 대체 또는 포괄하는 용어로 등장한 것이다. 특히 미국이 통상협상의 주요 의제로 디지털

4) 본 저서에서는 기본적으로 '전자상거래'로 통일하여 사용하되, 최신에 등장하여 활용이 확산되고 있는 디지털 기반의 혁신적인 상거래에 대해서만 '디지털상거래'를 사용하고자 한다.

상거래를 들고나오면서 이 용어는 국제포럼에서도 확산되고 있는 추세이다. 아직 진일보한 개념 정의는 미흡한 상황이지만, 디지털상거래의 양상은 온라인상의 데이터 이동을 통해 가늠해볼 수 있다. 시청각 · 게임 콘텐츠는 물론 검색엔진, 소셜미디어, 공유경제 등 새로운 인터넷 플랫폼 서비스, 그리고 클라우드 서비스의 확산과 더불어 메타버스 기반의 데이터의 이동과 서비스의 이용이 보편화되는 추세이다(김정곤, 2018).

맥킨지(Mckinsey)는 코로나19 팬데믹을 거치며 75%가 넘는 미국 소비자가 쇼핑 방식과 브랜드를 바꿨다고 밝혔다. 소비자가 기존에 쓰던 제품 대신 새로운 브랜드를 찾는 3가지 이유는 가치, 접근성, 편리함이었다. 반면 소비자들은 안전성이 검증되지 않은 제품은 선택하지 않았다. 또한, 기업들은 뉴노멀 시대에 경쟁하려면 디지털 거래, 비대면 결제, 온라인 주문, 매장 밖 픽업(curbside pickup), 맞춤형 서비스를 갖춰야 했다. 세일즈포스는 창의적인 픽업 방식을 제공하는 업체들은 29%의 매출 성장을 올렸지만, 단순히 매장 내 픽업 옵션만을 제공한 업체의 성장은 22%에 그쳤다는 연구 결과를 발표하기도 했다. 조만간 학문적 연구와 비즈니스상에서의 실무적 전환이 이루어지면서 디지털상거래의 개념도 자리매김할 것으로 보인다.

3. 전자상거래의 개념과 유형

3.1 전자상거래의 정의

과거에는 10년이면 강산이 변한다고 했는데, 요즘은 하루 만에 세상이 변하기도 한다. 이렇게 급변하는 시대에 전자상거래에 대한 정의가 명확하지 않은 것은 어쩌면 당연한지도 모른다. 전자상거래는 〈표 1-2〉에서 볼 수 있듯이, 보는 관점과 시대적 발전에 따라 다양하게 정의되고 있다.

전자상거래

먼저 오스틴 대학의 윈스턴 교수는 **전자상거래**를 '네트워크를 통한 상품의 구매와 판매'로 정의한다(Kalakota & Whinston, 1996). 미 국방성(1996)은 전자상거래란 '종이에 의한 문서를 사용하지 않고 전자 자료 교환, 전자 우편, 전자 게시판, 팩스, 전자 자금 이체 등과 같은 IT를 이용한 상거래'라고 정의했다. OECD는 '문자,

소리, 시각 이미지를 포함하여 디지털화된 정보의 전송, 처리에 기초하여 이루어지는 모든 형태의 상업적 거래'로 정의하였으며, 전자상거래 기본법에서는 '재화나 용역을 거래함에 있어서 그 전부 또는 일부가 전자 문서에 의하여 처리되는 거래'로 정의하고 있다.

〈표 1-2〉 전자상거래의 정의

정의의 주체	정의
Kalakota & Whinston	네트워크를 통한 상품의 구매와 판매
미 국방부	종이에 의한 문서를 사용하지 않고 전자문서교환, 전자우편, 전자게시판, 팩스, 전자자금이체(EFT: Electronic Fund Transfer) 등과 같은 IT를 이용한 상거래
OECD	문자, 소리, 시각이미지를 포함하여 디지털화된 정보의 전송, 처리에 기초하여 이루어지는 모든 형태의 상업적 거래
전자상거래 기본법	재화나 용역을 거래함에 있어서 그 전부 또는 일부가 전자문서에 의하여 처리되는 거래

3.2 전자상거래의 장점

전자상거래는 오늘날 인터넷의 급속한 발달로 인해 누구나 쉽게 이용할 수 있게 되었고, 전 세계인이 시간과 장소에 관계없이 상거래를 할 수 있는 방법으로 활용할 수 있게 됨에 따라 더욱 주목받으며 확산되고 있다. 전통적인 상거래에서는 기업에서 물건을 생산하면 여러 유통 단계를 거쳐 최종 소비자가 이를 구매할 수 있었으나, 전자상거래에서는 기업이 인터넷이라는 전자적인 매체를 통해 직접 소비자에게 판매할 수 있게 됨으로써 소비자가 저렴한 가격에 물건을 구입할 수 있게 되었다.

그리고 기존에는 제한된 지역에서 제한된 영업시간에만 물건을 팔고 살 수 있었지만, 전자상거래를 이용하여 24시간 365일 전 세계를 대상으로 팔고 사는 것이 가능해졌다. 또한 전통적 상거래에서는 고객의 수요와 욕구를 파악하는 데 대체로 긴 시간이 소요되었으나, 전자상거래에서는 이의 신속한 파악 및 대응이 가능해져 기업의 경쟁력을 높일 수 있다.

전자상거래의 도입으로 인한 장점은 소비자 측면과 기업 측면으로 나누어 볼 수 있다. 먼저 소비자 측면에서의 전자상거래의 장점을 정리하면 다음과 같다.

가상공간(Cyber space)
쌍방향 커뮤니케이션

- 가상공간(Cyber space) 자체가 갖는 장점 중의 하나로, 상품 구매 시 시간적·공간적 제약을 받지 않는다.
- 상품 구매 의사 결정 과정에서 상품에 대한 가격 정보는 물론 유사 상품에 대한 정보까지도 쉽게 확보할 수 있어 좋은 구매 결정을 내릴 수 있다.
- 시장 공급 측면에서는 진입 장벽이 약화되어 기업 간의 가격 경쟁이 심화되고, 이에 따라 소비자는 저렴한 가격으로 상품을 구매할 수 있다.
- 쌍방향 커뮤니케이션을 이용하여 소비자는 자신의 욕구를 전달할 수 있으며, 기업의 즉각적인 조치에 의해 자신의 욕구에 맞는 제품을 공급받을 수 있다.
- 전자상거래에서는 정보 탐색 비용 및 시간이 저렴하여 충분한 사전 조사를 통해 구매할 수 있어 계획 구매가 가능하다.

다음으로 시장의 공급자인 기업 측면에서 전자상거래의 장점을 정리하면 다음과 같다.

- 네트워크를 이용하여 거래가 이루어지기 때문에 값비싼 물리적 전시 공간과 고용 등 고정, 간접비용을 절감하여 상대적으로 저렴한 비용으로 판매가 가능하다.
- 영업시간의 제약 없이 24시간 거래가 가능하다.
- 가상공간에서는 시간 및 공간의 제약이 심하지 않기 때문에 상대적으로 저렴한 비용으로도 광고가 가능하다.
- 기업의 운영상 측면에서 오류 및 재작업의 감소와 전자 주문 등 업무의 정보시스템화로 시간과 비용을 절감하는 효과를 얻을 수 있다.
- 재화 및 용역의 판매 및 운송에서 중간 유통 단계를 생략함으로써 유통비를 절감하여 시장에서 가격 경쟁력을 확보할 수 있는 기반이 조성된다.
- 고객과의 쌍방향 커뮤니케이션이 가능해짐에 따라 고객 정보의 획득을 통한 고객 구매 행태의 자동 분석을 할 수 있게 되었다.

3.3 전자상거래의 단점

전자상거래의 단점 역시 소비자와 사업자의 입장으로 나누어 볼 수 있다.

먼저 소비자의 입장에서는 제품에 대한 정보탐색에 관한 한계가 여전히 존재하고, 거래 및 결제 시 개인정보(신용정보 포함) 등의 누출 우려가 있다. 또한 오프라인 구매에 비해 편리하나, 비대면이라는 인터넷의 특성상 거래 시 사기 가능성이 상존하며, 이는 전자상거래 사업자에 대한 신뢰성 상실 우려를 일으킬 수 있다.

그리고 사업자의 입장에서는 다른 산업에 비해 진입장벽이 낮아 경쟁이 치열하고, 다수의 경쟁업체가 존재하는 시장에서 소비자의 선택을 받지 못하면 경쟁에서 살아남기 어렵다는 단점을 가지고 있다. 또한, 상품 규격의 표준화 문제, 물류 및 배달 체계의 의존성이 다른 산업에 비해 크기 때문에 이를 해결할 방안의 체계적인 구축이 요구된다. 그리고 전자상거래법에 명시된 대로 소비자의 개인정보보호와 안전결제를 위해 신뢰할 수 있는 보안 시스템과 결제 시스템 구축 등으로 추가적인 비용 부담이 발생하게 된다.

3.4 전자상거래 유형

3.4.1 경제주체에 따른 전자상거래 유형 분류

전자상거래에서는 정보통신기술을 기반으로 한 가상공간에서 디지털 정보를 서로 교환하면서 거래가 이루어진다. 전자상거래의 주체는 개인(Consumer), 기업(Business), 정부(Government)이다. 전자상거래는 이 경제주체 간의 거래를 기준으로 한 거래 특성과 거래 방향에 따라 기업과 기업 간 전자상거래(B2B), 기업과 개인 간 전자상거래(B2C), 기업과 정부 간 전자상거래(B2G), 개인과 기업 간 전자상거래(C2B), 개인과 개인 간 전자상거래(C2C) 등 여러 가지 유형으로 구분할 수 있다([그림 1-6] 참조).

B2B
B2C
B2G
C2B
C2C

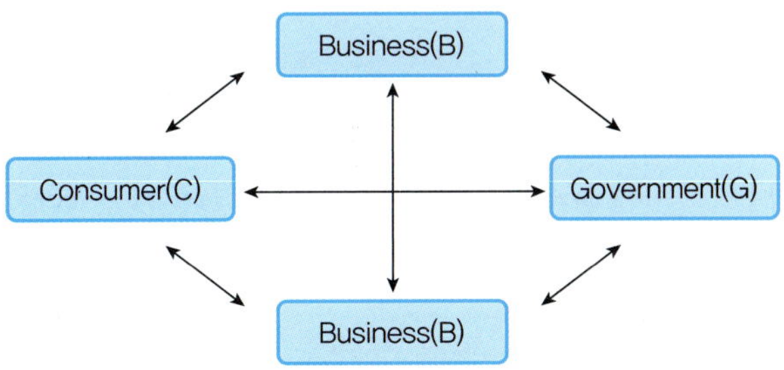

[그림 1-6] 경제주체에 따른 전자상거래 유형

B2B는 공급자와 수요자가 모두 기업인 기업 간 거래 및 기업과 금융기관 간의 자금 결제 등을 포함한 전자상거래를 말하며, B2C는 기업이 인터넷 쇼핑몰 등을 통해 최종 소비자에게 전자적으로 상품과 서비스를 판매하는 유형을 말한다. B2G는 조달청과 같은 정부 기관과 기업 간의 상거래를 말하며, C2B는 동호회나 포털 사이트를 통하여 필요한 상품을 공동구매하는 유형을 말한다. C2C는 경매와 같이 서버를 통해 상품, 서비스, 정보 등을 가상공간에서 거래하도록 중개하는 유형을 말한다.

3.4.2 미디어 유형에 의한 전자상거래 분류

(1) TV를 이용한 상거래

TV에 의해 전자상거래가 이루어지는 형태의 상거래이다. 이는 TV를 통해 인터넷을 이용하고, 은행과 주식 등의 금융 업무와 오락, 쇼핑, 교육 등의 일상생활에서 필요로 하는 많은 욕구와 문제를 해결할 수 있게 해준다. 상거래를 지원하는 TV 유형에는 IPTV와 스마트TV가 있다.

IPTV(Internet Protocol Television)
VOD(Video On Demand)

IPTV(Internet Protocol Television)는 광대역(broadband) 연결 상에서 인터넷 프로토콜을 사용하여 소비자에게 디지털 텔레비전 서비스를 제공하는 시스템을 말한다. 이 TV는 같은 기반구조를 이용하는 주문형 비디오(**VOD: Video On Demand**)는 물론 기존 웹에서 이루어지던 정보검색, 쇼핑이나 VoIP(Voice over Internet Protocol) 등과 같은 인터넷 서비스를 부가적으로 제공할 수 있다.

스마트TV

스마트TV는 TV와 휴대폰, PC 등 3개 스크린을 자유자재로 넘나들면서 데이터의 끊김 없이 동영상을 볼 수 있는 TV를 말한다. 인터넷TV 또는 커넥티드TV라고도 부른다. 스마트TV는 콘텐츠를 인터넷에서 실시간으로 다운받아 볼 수 있게 하며, 뉴스 · 날씨 · 이메일 등을 바로 확인할 수 있는 커뮤니케이션 센터의 역할을 한다.

오늘날 TV의 기능은 스크린을 통해 영상을 보는 것에 국한되지 않는다. 이제 TV는 여러 가지 부가적인 기능을 갖고 모든 거래를 할 수 있는 상거래 수단이 된 것이다. 즉, 오늘날의 TV는 인터넷 접속 기능을 결합하거나 각종 앱을 설치해 웹 서핑, 상품 구매 및 VOD 시청, 소셜 네트워크 서비스, 게임 즐기기 등의 다양한 서비스를 받을 수 있는 다기능 TV인 것이다. 기존 TV에 PC의 기능을 더했다 하여 한때는 하이브리드 TV라 부르기도 했지만, 2010년경부터 스마트폰이 크게 유행하면서 덩달아 스마트TV라는 명칭으로 바뀌면서 보편적으로 사용되기 시작했다.

(2) 모바일 상거래

모바일 상거래(M-Commerce)란 이동전화나 휴대 단말기를 이용하여 지불처리가 가능한 모바일 전자상거래를 의미한다. 이는 모바일 단말기를 이용하기 때문에 기존 PC에 의한 전자상거래의 한계를 넘어 이동성과 휴대성을 갖게 된 것이다. 모바일 상거래에 대한 개념은 연구자에 따라 조금씩 다르게 정의하고 있지만, 기본적으로 이동하기 편리한 노트북, 스마트폰 등의 단말기를 이용하여 이동통신망을 활용하는 제반 상거래 활동을 의미한다. 자세한 내용은 4장에서 다루고자 한다.

모바일 상거래 (M-Commerce)

(3) 소셜 상거래

소셜 상거래 혹은 SNS(Social Network Service) 상거래는 온라인상에서 재화와 서비스를 사고파는 행위에 있어서 소셜 미디어 및 온라인 미디어와 연계하여 소비자의 인맥을 마케팅에 활용하는 형태의 전자상거래로 정의할 수 있다. 소셜 미디어의 활용 방법에 따라 소셜 링크형, 소셜 웹형, 공동구매형, 오프라인 연동형 등으로 구분한다.

SNS(Social Network Service)

3.5 전자상거래 시장 규모

전 세계 전자상거래 시장 규모는 [그림 1-7]에서 볼 수 있듯이, 2022년 5조 5,420억 달러로 예측되며, 연평균 12% 이상 성장하면서 2025년에는 7조 3,910억 달러에 이를 것으로 예측하고 있다.

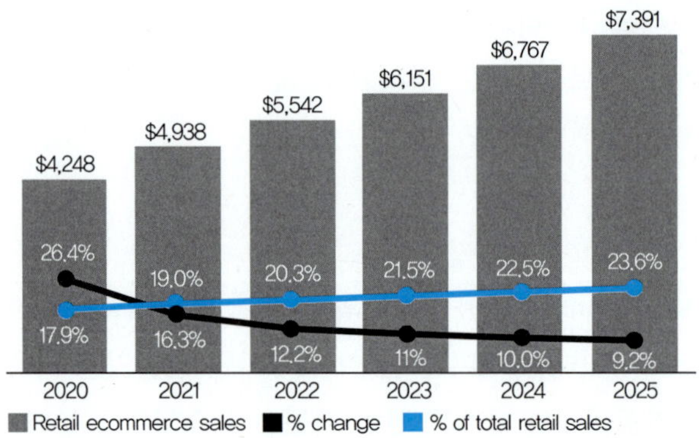

[그림 1-7] 전 세계 전자상거래 시장규모(단위: 10억 달러, %)

*자료원: 시장조사업체 이마케터

BCG에 따르면, 2021년 140조 원 규모였던 국내 전자상거래 시장 규모가 2022년 158조 원으로 성장한 뒤, 2025년에는 220조 원으로 성장할 것으로 전망했다([그림 1-8] 참조).[5]

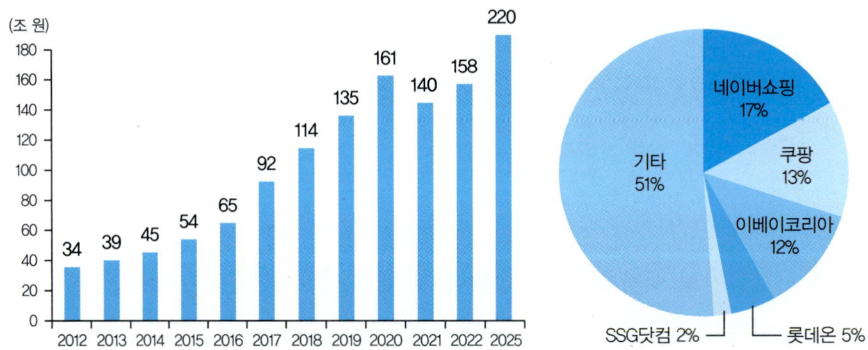

[그림 1-8] 국내 전자상거래 시장규모 및 점유율

*자료원: DB 금융투자, 2021.03

4. 전자상거래의 영향

전자상거래는 시장에서 공급자와 소비자의 관계에 변화를 주고, 비즈니스 사이클

5) www.mk.co.kr/news/business/view/2022/03/238470

에도 큰 영향을 미치고 있다. 나아가 그것은 한 산업의 가치 시스템에 변화를 주다가, 종국에는 산업 전반에 엄청난 규모의 변화를 일으키고 있다. 더구나 최근 빅데이터, AI, 메타버스 등의 등장으로 인해 전자상거래는 자체적인 혁신을 통해 사회 전반에 또 다른 영향을 미칠 것이다.

4.1 공급자와 소비자의 관계에 미치는 영향

전자상거래의 발전은 시장에서 공급자와 소비자의 관계에 극적인 변화를 가져왔다. 이는 인터넷에 의한 공급자와 소비자의 상호 커뮤니케이션 환경 속에서 소비자의 주도권이 점점 더 커지고 있음을 알 수 있다.

왜 주도권이 공급자에서 소비자에게로 이동하는가? 그 대답은 정보의 흐름에서 찾을 수 있다. 기존에는 상품과 서비스에 관한 정보를 주로 공급자가 제공했고, 그들은 정보 제공력으로 시장 주도권을 잡고 거래를 유리하게 끌고 갔다. 결국, 소비자는 공급자의 정보 제공에 대해 대가를 지불해 왔다. 그러나 인터넷이 보급되면서 상품과 서비스에 관한 풍부한 정보를 소비자가 자유롭게 수집할 수 있는 환경이 마련되었고, 이로 인해 정보에 대한 공급자의 우위성은 급속히 줄어들고 있다.

또한, 인터넷에서 공급자와 소비자를 연결하고, 여러 공급자가 공급하는 상품과 서비스의 기능이나 가격을 소비자가 신속하게 비교할 수 있는 시장을 주도할 새로운 중개업자의 등장이 큰 역할을 하고 있다. 소비자에게 매력적인 시장을 제공하는 중개업자가 주도하는 웹 사이트에는 많은 소비자를 끌어모으는 힘이 있으며, 이런 힘을 바탕으로 수량적인 면에서 구매력을 획득한 것도 소비자로 주도권이 이행되는 중요한 요인이 되고 있다. 특정의 구매 목적을 가진 소비자가 구매 조건을 제시하면, 공급자가 소비자의 구매 정보를 토대로 판매권을 경합하는 역경매형 비즈니스 모델은 소비자로의 주도권 이행을 더욱 가속화하고 있다.

4.2 비즈니스 형태에 미치는 영향

전자상거래는 기존의 구매 사이클이나 조달 사이클의 모든 비즈니스 프로세스에 영향을 미치고 있다. 다음 〈표 1-3〉은 비즈니스의 속도, 제품의 속성, 가격 설정 방법, 생산 타이밍, 제공하는 가치, 전략적인 자산 등 비즈니스를 특징짓는 요소를 '전통적 비즈니스', '초기 단계의 웹', '전자상거래'로 구분하여 비교한 것이다. 과거의 성공에 젖어 전통을 고수하는 비즈니스로는 생존하기 어렵다고 할 수 있다.

〈표 1-3〉 전통적인 비즈니스와 전자상거래

구분	전통적 비즈니스	초기 단계의 웹	전자상거래
속도	매주	매일	매분
제품속성	공급자가 선택	공급자가 선택	소비자가 선택
가격	리스트	리스트	시장이 형성
생산	판매 전	판매 전	판매 후
가치 제공	제품	정보	통합 서비스
전략적 자산	장소	외관	소비자 정보

*자료원: 아더앤더슨, 2000 수정

(1) 속도-유동적인 미디어

소비자는 상품과 서비스에 관한 정보와 그 평가를 언제라도 갱신할 수 있다. 따라서 항상 상품과 서비스를 지속적으로 개량하지 않으면 진화하는 고객의 요구를 따라가지 못하고 결국 고객을 잃어버리게 될 것이다.

(2) 제품 속성

소비자가 제품의 특징과 속성을 결정하고 주문한다. 미리 결정된 제품의 사양은 시장에서의 실패를 초래할 수 있다. 다양한 사양과 속성을 선택하도록 소비자에게 선택권을 주는 것이 성공의 비결이다.

(3) 직접 판매와 주문 생산

전자상거래에서는 점포가 필요 없기 때문에 제조업자가 직접 소비자에게 상품을 판매할 수 있다. 이와 같은 직접 판매 방식의 도입은 판매할 때 중간 비용을 절감하고, 재고를 쌓아 둘 필요가 없기 때문에 재고 관리에 드는 비용을 절감할 수 있다. 또한 소비자의 주문을 받고 나서 제품을 생산하는 것은 물론 항상 최신 제품을 판매할 수 있게 된다.

(4) 신뢰성

전자상거래에서는 하루 24시간, 1년 365일 영업이 가능하므로 늘 고객의 요구에 대응이 가능하다. 반면 고객의 요구가 지속적으로 변하기 때문에 항상 그에 대처하는 방법을 찾아 나가야 한다.

(5) 가치 제공

고객이 원하는 가치를 제품이나 서비스 제공에 머무르지 않고 고객의 평생 가치를 고려하여야 한다. 새로운 고객 요구와 기술의 진보에 맞게 비즈니스 모델 자체를 지속적으로 혁신하여야 하며, 융합된 고객 가치 서비스를 지향해야 한다.

(6) 전략적 자산

전략적 자산은 장소나 웹 사이트의 외관이 아니라 소비자에 관한 데이터이다. 이 데이터를 토대로 소비자의 욕구와 필요 사항을 분석하고 추출하여 그에 걸맞은 제품과 서비스를 고안해 내고 평가받을 때에 가업 가치는 상승하게 된다.

4.3 산업에 미치는 영향

전자상거래가 시작된 초기에 가장 큰 영향을 받는 업종은 금융, 엔터테인먼트, 여행 등 제품과 서비스가 주로 정보 자체인 산업이나 서비스 지향적인 산업이었다. 인터넷은 정보를 전달하기에 훌륭한 수단이므로, 가령 계좌 잔액 조회나 계좌 이체, 증권의 매매나 입출금 확인, 광고 페이지나 화상, 음악이나 비디오, 소프트웨어, 해외여행의 예약이나 취소 등을 취급하는 산업이 먼저 영향을 받았다.

지점이나 점포에 고객이 나갈 필요성이 대폭 줄어들면, 기업 입장에서는 판매용 시설이나 점포 유지에 드는 비용이 줄어든다. 따라서 인터넷에서 제공하는 제품과 서비스에 점포에서 제공하는 것과는 다른 가치가 포함되기만 하면 기업은 저렴한 비용으로 고객을 확보할 수 있다.

소매업이나 유통업 등 소비자를 주요 고객으로 하는 산업에서는 가능한 한 중개업자를 경유하지 않는 직접 판매 같은 비즈니스 모델을 전개하고 있다. 제품이 생산된 후 소비자의 손에 전달될 때까지 제품 유통에 중개업자가 다수 끼어 있었던 기존의 소매 유통업 비즈니스 모델에 생산자와 소비자를 직접 연결하는 인터넷은 큰 위협이 되고 있다.

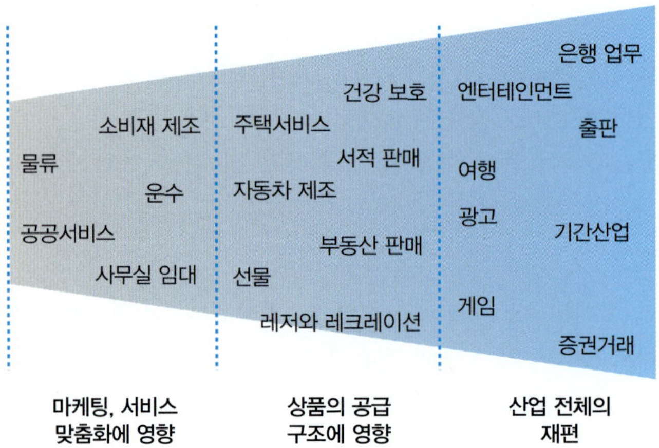

[그림 1-9] e-비즈니스의 영향을 받는 산업

*자료원: 아더앤더슨, 2000 수정

생산자는 고객의 소비 동향을 직접 파악함으로써 민첩한 마케팅을 할 수 있게 되고, 또 상품을 직접 소비자에게 전달함으로써 물류비용을 절감해 상품 자체의 가격을 낮추어 경쟁력을 확보할 수 있다.

그러나 최근에는 비대면 사회로의 급속한 이동으로 인해 거의 모든 산업이 거래 형태를 디지털 기반 싱거래로 속속 진환하고 있다. 공급자와 소비자가 만나야만 하는 서비스 산업의 경우에도 디지털 기반의 공급과 서비스 체계로 전환될 정도로 변화가 급속하게 이루어지고 있다.

5. 전자상거래 패러다임과 새로운 트렌드

인터넷이나 플랫폼의 확산은 물론 코로나19 팬데믹으로 인한 비대면 사회로의 전환이 디지털 기술 기반 비즈니스로의 흐름에 기폭제가 된 것은 분명하다. 그러나 디지털 기반 비즈니스가 형성되도록 하는 패러다임은 비즈니스 추진에 있어 분명 많은 혁신적인 시사점을 준다. 뉴 이코노미 시대의 가장 중요한 열쇠가 되는 소비자 주도 시장, 플랫폼을 통해 얻게 되는 메트카프 법칙(네트워크 효과), 수확 체증 메커니즘, 롱테일 법칙 등이 새로운 비즈니스 패러다임으로 자리매김하고 있다.

5.1 소비자 주도 시장

디지털 기술을 토대로 하는 전자상거래 시대에 가장 중요한 포인트가 되는 것은 '소비자 주도'라는 패러다임이다. 인터넷이 만들어내는 상호 커뮤니케이션을 축으로 한 새로운 시장에서 소비자의 힘은 기존과는 사뭇 다르다.

소비자는 인터넷을 통하여 물건을 구입하기 전에 필요한 정보를 원하는 만큼 편리하게 수집할 수 있다. 또 소비자는 그 정보를 토대로 여러 공급자가 제공하는 상품이나 서비스의 가격이나 질을 비교하고 교섭한다. 그러므로 상호 커뮤니케이션 환경에서 공급자는 소비자가 찾는 정보나 요구 사항을 신속하게 제공하지 못하면 물건이나 서비스를 팔기 힘들며, 아울러 그에 대한 이익도 기대할 수 없다.

이와 같이 소비자가 정보를 기반으로 시장에서 주도권을 확보하고 공급자는 이에 따라 행동해야 하는 비즈니스 환경이 형성되면서 실제로 판매되는 물건과 서비스를 둘러싼 데이터(정보) 자체가 소비 가치를 갖게 되었다. 그리고 그 소비자(고객) 데이터는 소비자 맞춤형 상품이나 서비스 제공을 통해 소비자의 평생 가치를 창출하도록 지원한다.

이상의 소비자 주도 시장의 특징을 정리하면, 1) 소비자가 공급자보다 시장의 주도권을 갖는다, 2) 구입 전에 상호 커뮤니케이션이 이루어진다, 3) 데이터(정보)가 소비 가치를 갖는다, 4) 데이터 분석을 통해 상품이나 서비스의 맞춤화가 이뤄진다고 할 수 있다.

소비자 주도 시장

한편 전자상거래 비즈니스 형태를 살펴보면, 디지털 기술에 의해 갈수록 소비자의 주도권이 강화되는 방향으로 진화되는 것을 알 수 있다. [그림 1-10]은 전자상거래에서의 비즈니스 형태가 진화해 가는 모습을 나타내고 있다.

전자상거래 초기에는 온라인 점포나 가상 쇼핑몰이 대부분이었다. 그 후에 이용자의 유연성을 제공하는 경매 사이트나 단순한 상품 판매에만 머물지 않는 재판매업자가 등장했다. 그리고 다시 포털 사이트나 특정한 분야로 특화한 수직형 포털로 진화하는 모습을 보여 왔다. 그러다가 최상위 단계에서는 공급자가 시장을 제공한다기보다는 전자상거래 제공자가 소비자 주도의 장소를 제공한다는 의미가 강해졌다. 이 단계가 되면 B2C가 아니라 B4C(Business for Consumer)라고 하는 것이 더 적절할 것이다. [그림 1-10]에서 볼 수 있듯이, 전자상거래의 진화는 바로 소비

B4C(Business for Consumer)

자의 주도권이 증대되는 비즈니스 모델의 실현이라고 할 수 있다.

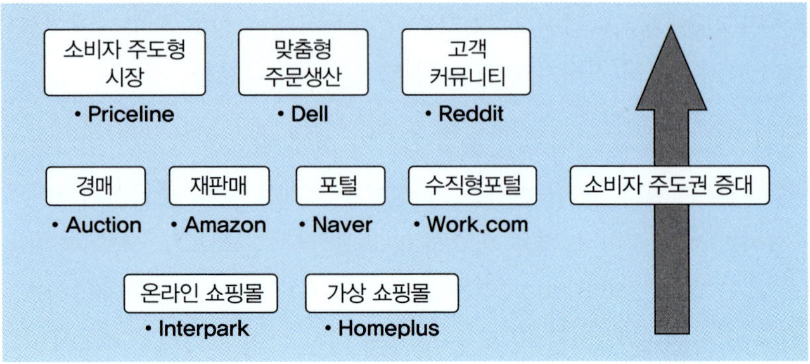

[그림 1-10] 비즈니스 행태 진화에 의한 소비자의 주도권 증대 방향

*자료원: 아더앤더슨, 2000 수정

5.2 메트카프 법칙(네트워크 효과)

메트카프 법칙

메트카프 법칙이란 '네트워크 가치는 가입자 수에 비례해 증가하며, 어느 시점부터 그 가치는 비약적으로 높아지는 것'을 말한다. 이는 쓰리컴의 설립자인 밥 메트카프가 1995년에 제창하기 시작하면서부터 패러다임 변화의 키워드가 되었다. 그런데 이 메트카프 법칙은 오늘날 플랫폼이 비즈니스 생태계 구축 수단으로 등장하게 되면서 네트워크 효과[6]라는 개념과 같이 사용되게 되었다. 즉, 플랫폼은 참여하는 공급자, 수요자 등 복수 그룹이 얻고자 하는 가치를 공정한 거래를 통해 교환할 수 있도록 구축된 환경으로서 네트워크를 통해 플랫폼 참여자들 간의 연결과 상호작용을 하면서 진화하며, 모두에게 새로운 가치와 혜택을 제공해 줄 수 있는 상생의 생태계이므로 네트워크 효과가 발생되는 것이다(노규성, 2022).

이를 애플의 플랫폼 사례에 적용해 보기로 하자. 애플이 2008년 7월 처음 앱스토어(App-store) 서비스를 시작했을 때 앱의 개수는 형편없었다. 그러나 애플은 앱스토어라는 플랫폼을 개방하고 5년 만에 외부 개발자들이 개발하여 제공한 90만 개 이상의 앱을 공급하는 플랫폼으로 급신장했다. 공급이 늘어나자 수요자들의 참여와 이용이 폭발적으로 증가하면서 네트워크의 가치가 기하급수적으로 높아지게

6) 네트워크 효과(network effect)란 사람들이 네트워크를 형성해 다른 사람의 수요에 영향을 준다는 뜻에서 붙여진 경제 현상으로서, 어느 특정 상품에 대한 수요를 폭발적으로 증가하게 한다.

되었다.

또한, 플랫폼 참여자가 증가하면 플랫폼 제공업체들의 경쟁이 심해져, 결과적으로 기술의 발전과 혁신을 가져와 새로운 기능과 서비스를 제공하는 플랫폼이 계속 시장에 출시되고 그 혜택은 기하급수적으로 증가하게 된다. 이와 같은 내용은 인터넷 접속 인구의 증가를 기폭제로 하는 전자상거래에도 딱 들어맞는다.

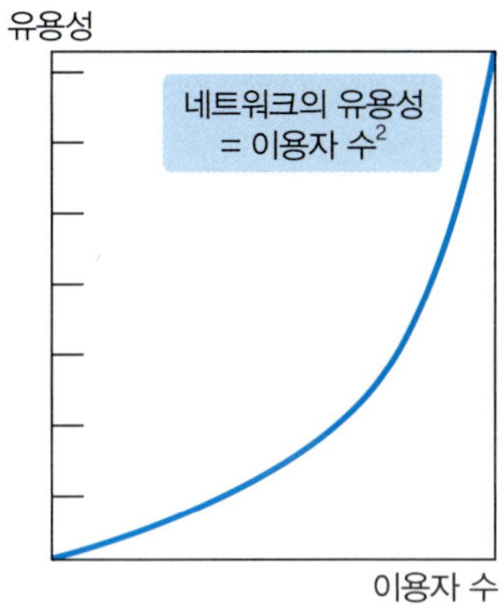

[그림 1-11] 메트카프 법칙과 네트워크의 유용성

*자료원: 아더앤더슨, 2000

5.3 수확 체증의 메커니즘

브라이언 아서(Brian Arthur) 교수는 대량 생산시대를 지배했던 수확 체감의 원리는 오늘날과 같은 하이테크 산업에는 수확 체증의 원리로 대체된다고 간파했다. 여기서 아서 교수가 말하는 '수확 체감'의 원리는 어떤 사업이 일정 규모를 초과하면 수익성이 급격히 저하한다는 원리를 말한다. 반면, '수확 체증'이란 사업 규모가 두 배가 되면 생산이 더욱 효율적으로 이루어져 산출량은 두 배 이상이 된다는 '규모의 경제'를 말한다. 수확 체증

이와 같은 수확 체감의 메커니즘은 전통적인 분야인 제조업에 적용되는 반면, 수확 체증은 경제의 새로운 분야, 즉 디지털 융합형 산업에 적용된다. 예를 들어, 소프트웨어 개발의 경우 초기에는 많은 비용이 투자되지만, 한번 개발된 이후로는 내용을 원하는 만큼 복사할 수 있어 대량으로 생산할수록 비용은 상품화에 소요되는 원가에 가까워진다.

일단 어느 정도의 이용자 수만 확보하면, 메트카프 법칙(네트워크 효과)에 따라 다른 사람들도 그 소프트웨어를 사게 되고, 그것은 대부분 이익 증가에 기여하게 된다. 그로 인해 확대된 시장 역시 다시 새로운 이용자를 확보하는 원동력을 갖게 된다. 이렇듯 새로운 수요 창출이 계속 시작되면서 그 생산자는 대단한 성공을 거둘 수 있으며, 시장에서의 경쟁우위도 확보된다.

디지털상거래에서도 이 법칙이 적용되어 '초기 투자 부담은 크지만, 한 번 경쟁력 있는 서비스를 개발하면 급속도로 시장이 확대되고, 단위당 원가의 하락으로 수익이 증가해 나간다'고 아서 교수는 그 우위성을 지적하였다. 대기업이 기존의 상관행에 얽매여 제대로 변화해 나가지 못하는 상황에서 디지털 경제의 노하우로 앞서가는 외국인 투자 기업이나 혁신적인 벤처 기업이 빠르게 기존의 시장을 잠식하는 예는 너무도 많다.

5.4 롱테일 법칙

파레토 법칙(Pareto's law)

전자상거래 시대가 도래하면서 전통적인 파레토 법칙은 퇴조하고 이를 롱테일 법칙이 대치하게 되었다. 파레토 법칙(Pareto's law)에 따르면, 매출의 80%는 20%의 우수 고객이나 20%의 인기 상품에서 달성된다. 즉, 파레토 법칙에서는 20%의 소수는 매우 중요하지만, 80%의 다수는 사소하다. 결국 이는 상위 20%에 해당하는 우수 고객이나 히트 상품을 중심으로 마케팅 전략을 추진하도록 하는 근거를 제공한다.

롱테일(long tail) 법칙

반면 전자 쇼핑몰의 출현으로 이를 대체한 롱테일(long tail) 법칙은 단기적으로

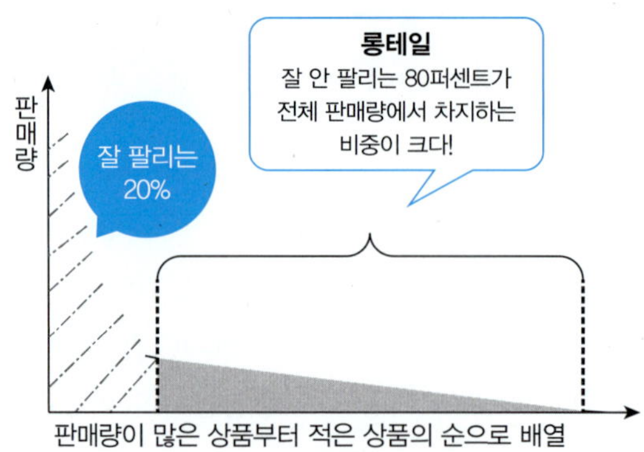

[그림 1-12] 롱테일 법칙

는 적은 매출량을 나타내지만, 장기간 긴 꼬리를 합산하면 상당한 매출량이 된다는 것을 의미한다. 롱테일은 파레토 분포에서 우측으로 긴 꼬리를 가진 80%에 해당하는 제품군이다. 반면 좌측 20% 제품은 초기에 높은 매출을 기록하는 베스트셀러이다([그림 1-12] 참조).

결국 롱테일 법칙은 소액 구매 고객, 잘 팔리지 않는 상품으로부터 매출을 쌓아 전체 매출을 늘릴 수 있다는 시사점을 준다. 특히 전자상거래의 경우 물리적 제품의 재고비용 등 물리적인 제약을 벗어날 뿐 아니라 디지털 제품의 재고, 물류비용은 매우 낮기 때문에 경쟁력 있게 판매할 수 있다. 구매자도 자신이 원하는 비인기 혹은 틈새 상품을 구매할 수 있어 만족해한다. 롱테일 법칙은 비대면이라는 뉴노멀 시대, 인터넷과 디지털 기술을 활용하여 기존의 오프라인 점포가 가진 제약을 극복할 뿐 아니라 새로운 비즈니스 모델을 실행하도록 하는 메커니즘이라 할 수 있다(노규성, 2022).

5.5 메타버스 시대의 5가지 전자상거래 미래 트렌드

글로벌 전자상거래 시장은 빠른 속도로 성장하고 있다. 2025년까지 매출은 4조 2천억 달러에 이를 것으로 예상된다. 그러나 빠르게 성장하는 전자상거래 시장은 확장되는 만큼 빠르게 진화하고 있다. 그리고 이 분야의 급속한 혁신으로 인해 미래의 전자상거래 환경은 오늘날과 크게 다를 수 있다. 미래를 쉽게 예측하기는 어렵지만, 향후 일어날 수 있는 상황에 대한 몇 가지 신호가 있다. 이를 근거로 전자상거래의 미래를 변화시키는 5가지의 새로운 트렌드를 살펴보면 다음과 같다(이지스톡, 2021).

5.5.1 옴니채널 쇼핑의 보편화

옴니채널

오늘날 대부분의 소비자는 오프라인 매장에 발을 들이기 전에 온라인으로 원하는 상품을 검색한다. 오늘날 기업과 고객이 만나는 접점은 무수히 많이 있다. 그러므로 기업은 채널을 완전히 통합하여 마찰 없이 총체적인 쇼핑 경험을 제공할 필요가 있다. 이것이 바로 옴니채널[7] 쇼핑의 목표이다. 즉, 회사의 물리적 채널과 온라인

7) 옴니채널(omni-channel)은 소비자가 온라인, 오프라인, 모바일 등 다양한 경로를 넘나들며 상품을 검색하고 구매할 수 있도록 한 서비스를 의미한다. 즉, 각 유통 채널의 특성을 결합해 어떤 채널에서든 같은 매장을 이용하는 것처럼 느낄 수 있도록 한 쇼핑 환경을 말한다.

채널을 완벽하게 통합한다. 옴니채널 전략이 올바르게 수행되면 고객의 편의성이 제고되어 수익의 향상과 직결될 수 있다. 실제로 구글(Google)의 연구에 따르면 옴니채널 전략은 매장 방문의 약 80%를 생성하는 데 도움이 된다.

5.5.2 디지털 기술 활용 확대

인공 지능(AI)
증강 현실(AR)
챗봇

디지털 기술의 활용이 더욱 확대될 것이다. 특히, **인공 지능(AI)** 및 **증강 현실(AR)**은 물론 AI 지원 **챗봇**, 가상 비서, AI 기반 개인화 쇼핑, 실제 세계를 온라인으로 복제하는 데 도움이 되는 AR 앱과 같은 기술들이 온라인 쇼핑 경험을 변화시키고 있다. 이러한 응용 프로그램들은 소비자에게 더 쉽고 즐거운 쇼핑 경험을 제공해 준다. AI와 AR 기술은 그 자체로 인상적이지만 결합하면 서로의 장점을 활용하여 향상된 쇼핑 경험을 제공한다. 예를 들어 AI 및 AR 지원 앱은 음성 인식을 사용하여 사용자가 말하는 내용을 듣고 바로 눈앞에서 이미지를 렌더링[8]할 수 있다.

5.5.3 지불 옵션의 다양화

일반적으로 기술 혁신은 온라인 쇼핑 경험을 최대한 매끄럽게 만드는 것을 목표로 한다. 특히, 프로세스의 중요한 부분인 결제를 원활하게 하는 것은 중요하다. 따라서 기업은 고객에게 결제 시 디지털 지갑, 모바일 결제, 암호화폐, BNPL[9] 등 다양한 결제 옵션을 제공하여 지불 결제가 까다로워서 구매를 포기하는 것을 줄이도록 노력한다. 기업들이 고객에게 편의성을 주려고 노력하면 할수록 블록체인 기술과 암호화폐는 더 많은 관심을 받게 될 것이다.

5.5.4 데이터 중심의 역동적 가격 결정

역동적 가격 결정(Dynamic Pricing)

역동적 가격 결정(Dynamic Pricing)은 기업이 소비자 수요를 반영하도록 가격을 조정하는 경우를 말한다. 새로운 현상은 아니지만 AI와 신기술로 인해 더 정확하고 접근하기 쉬워졌다. 아마존과 같은 회사는 이미 회사가 가격 전략을 최적화하는 데 도움이 되는 기술을 구현했으며, 이를 따르는 비즈니스는 수익이 증가할 수 있다(이지스톡, 2021).

---

8) 렌더링(rendering) 또는 이미지 합성(image synthesis)은 컴퓨터 프로그램을 사용하여 모델 또는 이들을 모아 놓은 장면인 씬 파일(scene file)로부터 영상을 만들어내는 과정을 말한다.

9) Buy Now, Pay Later의 준말로 '선구매 후결제'라는 새로운 결제 방식이다. BNPL 방식으로 결제하면 결제 업체가 가맹점에 먼저 대금을 지불하고, 소비자는 여러 차례에 걸쳐 결제업체에 돈을 갚으면 된다.

5.5.5 메타버스 상거래의 부상

근래 들어 메타버스가 급격히 부상하고 있다. 젊은 세대를 시작으로 아바타를 기반으로 하는 가상세계에서의 생활이 다방면으로 확산되고 있다. 인터넷의 확산에 의해 전자상거래가 출현했듯이 메타버스의 급신장에 의해 메타버스 기반의 상거래가 출현하고 있다. 옴니채널 전략과 마찬가지로 메타버스 환경에서의 시각적 상거래는 수익을 크게 높이는 데 도움이 될 수 있다. Shopify의 연구에 의하면, AR로 제품을 본 고객은 구매 가능성이 65% 더 높다.

메타버스

6. 메타버스 시대의 디지털상거래

디지털 기술의 지속적인 진화와 시장에서의 디지털 기술의 활용은 새로운 형태의 디지털상거래를 출현하게 함으로써 비즈니스 생태계가 새로운 기회와 위협을 맞이하게 하고 있다. 모바일은 하드웨어와 결합된 모빌리티로 확대되고 있으며, 금융과 결합한 핀테크, 빅데이터와 AI를 활용한 지능형 상거래 서비스, 블록체인 기술을 접목한 보안과 메타버스 환경의 상거래가 속속 새로운 시장을 만들어가고 있다.

6.1 모바일 및 모빌리티 기반 상거래의 확산

모바일 기술의 급속한 발전으로 모바일 인터넷 속도가 빨라지고 모바일 애플리케이션과 전용 앱스토어의 등장으로 모바일 상거래 환경이 개선되고 있다. 제한된 콘텐츠 유통에서 고화질 영상 콘텐츠의 전송이 가능해짐으로써 디지털 콘텐츠 비즈니스에서 수익을 창출할 수 있는 창구가 다양해지고 있다. 각 모바일 사업자들이 제공하는 앱스토어의 매우 다양한 응용시스템(application)들은 각각 하나의 수익 창구로 기능한다. 특히, 5세대(5G) 모바일 기술로 실시간 서비스가 가능해지면서 모바일 상거래에서는 물론 자율주행차, 드론택시 등 미래형 모빌리티 시장에서 플랫폼 기반으로 게임, 영화, 드라마, 뮤직비디오 등을 포함하는 동영상 콘텐츠, 전자책 등의 콘텐츠가 핵심 상거래 비즈니스 모델로 부상하고 있다.

6.2 핀테크와 디지털상거래

핀테크(FinTech, Finance+Technology)

모바일 상거래에서 디지털 기술과 금융이 융합된 디지털 기술 기반 금융 서비스인 **핀테크(FinTech, Finance+Technology)** 트렌드가 확산되는 추세이다. 모바일 결제, 모바일 송금, 온라인 재정관리 등 디지털 기술 기반 금융서비스뿐만 아니라 혁신적 비금융 기업이 디지털 신기술을 활용하여 금융서비스를 직접 제공하는 것도 포함한다. 가장 기본적인 지급결제에서부터 금융 데이터 분석, 금융 소프트웨어 제공, 플랫폼 역할 등 다양한 범위로 확장이 가능하다.

스타티스타(Statista)에 의하면, 글로벌 디지털 간편결제 서비스 시장 규모는 2022년 4조 9,000억 달러, 2024년에는 8조 1,704억 달러로 성장할 것으로 예측된다([그림 1-13] 참조).

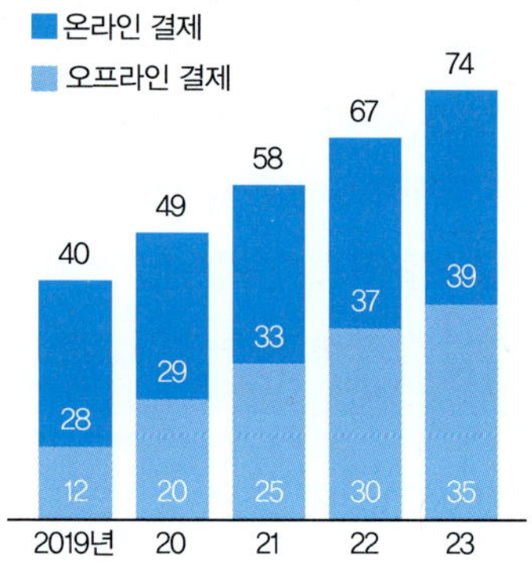

[그림 1-13] 전 세계 간편결제 서비스 시장 규모(단위: 천억 달러)

금융기관과 디지털 기업이 핀테크 시장 선점과 주도권을 둘러싼 치열한 경쟁을 펼치면서 시장이 급속하게 확대되고 있다. 금융기관은 디지털 기술을 활용하여 기존 오프라인 영업방식을 온라인 · 모바일로 확장하면서 핀테크 서비스(모바일 · 스마트폰 뱅킹, 앱 카드 서비스 등)들을 제공하고 있으며, 빅데이터를 통한 금융 데이터 분석 서비스도 제공하고 있다. 디지털 기업들은 혁신적 디지털 기술을 활용한 간편결제 서비스와 금융 관련 인허가 획득을 통해 금융 서비스를 제공하고 있다.

핀테크 확산으로 금융 상품의 수명 주기와 진화 속도가 가속화되고, 금융 비즈니스에 큰 변화가 나타나고 있다. 핀테크는 금융 산업의 융합과 혁신을 주도하면서 글로벌 금융위기 이후 정체되었던 금융 산업의 성장성을 제고하는 계기로 작용하고 있다. 특히, 금융상품과 서비스의 판매 채널이 금융기관에서 통신사 · 유통업체 · 인터넷 업체 등으로 확대되면서 고객 편의성이 한층 더 제고되고 있다.

핀테크 시장 내 전방위 경쟁이 심화되면서 금융상품 및 서비스의 양적 확대와 질적 업그레이드가 빨라질 것으로 전망된다. 오프라인 및 인터넷에서 모바일 · 스마트폰 및 IoT로 금융 산업의 무게 중심 재편과 함께 금융기관과 디지털 기업의 협력도 증가하고 있다. 알리페이와 페이팔이 전 세계 핀테크 시장의 양강 구도를 형성하고 있는 가운데, 다양한 분야의 디지털 및 금융기업들이 핀테크(모바일 결제) 시장에 참여하고 있다. 알리페이와 페이팔은 시장 지배력을 가진 전자상거래 업체들(알리바바, 이베이 등)이 독점적 결제수단으로 사용하면서 성장성이 가속하는 추세를 보인다.

핀테크 시장에서의 경쟁은 SNS 사업자(SNS/메신저 이용자 기반), 통신사(통신가입자 기반), 스마트폰 OS 기업(모바일 결제 앱과 임베디드 경쟁력 기반), 금융기관(모바일 결제 앱과 가맹점 기반), 전자상거래 사업체(전자상거래 사이트와 결제 유발 기반) 등으로 확산되는 추세이다.

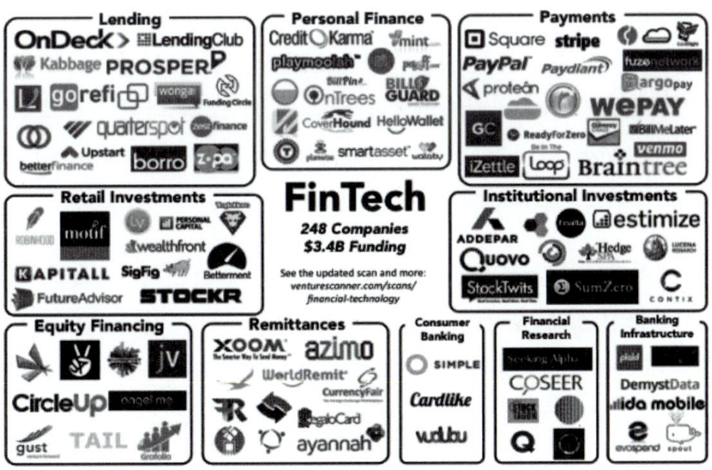

[그림 1-14] 핀테크 생태계

*자료원: Venture Scanner

6.3 빅데이터와 AI 기반 디지털상거래

이미 우리의 많은 경제 및 사회생활의 일부가 되어 버린 빅데이터의 출현은 사실 전자상거래와 직접적인 관계를 가지고 있다. 기하급수적으로 쌓이는 고객과 소셜 데이터를 방치하던 인터넷 기반의 각종 플랫폼 기업이 매우 낮은 비용으로 대량의 데이터를 저장 및 처리할 수 있는 기술을 개발하면서 빅데이터의 가치가 부상하게 된 것이다. 빅데이터를 축적하고 이를 분석하면서 데이터 속에 숨겨져 있던 고객의 움직임과 요구 등에 관한 통찰력을 얻게 되고 이는 전자상거래 비즈니스의 성과를 제고하는 데에 혁혁한 기여를 하게 된 것이다.

빅데이터를 활용한 좋은 사례는 카탈리나(Catalina)이다. 카탈리나는 빅데이터를 체계적으로 관리하고 분석하여 응답할 가능성이 높은 목표 고객을 정확하게 예측하여 마케팅에 활용하였다. 그 결과 구매한 고객의 재방문율을 높이고 장기 충성고객으로 확보하였을 뿐 아니라 높은 수익도 창출하였다. 카탈리나가 빅데이터를 활용한 마케팅의 대표적인 서비스는 맞춤형 쿠폰 발행이다. 즉, 카탈리나는 포인트카드 등으로 고객을 식별하고 판매 시스템과 연동하여 고객의 과거 3년간 구매 이력 데이터를 분석한다. 고객이 결제할 때 고객의 구매 패턴(구매 상품, 구매 수량, 방문 빈도, 구매 액수 등)을 다른 수천만 명의 구매 패턴과 비교 · 분석하여 가장 관심이 높을 만한 쿠폰을 찾아 즉시 발행한다. 그 쿠폰을 받은 사람들의 쿠폰 사용률은 매우 높았으며, 그로 인해 카탈리나 마케팅팀은 더 많은 데이터를 축적하게 되고 따라서 더욱 정확하게 고객 가치를 추구할 수 있는 고객 맞춤 서비스를 제공할 수 있게 되었다(한국소프트웨어기술인협회, 2021).

대용량의 데이터는 역시 인공지능(AI)의 원료로써 활용된다. 대표적인 활용 사례가 개인화 맞춤형 상품 공급이나 서비스 제공이라 할 수 있다. 즉, 전자상거래 기업은 AI를 활용하여 개인 맞춤화를 강화하고 기존 고객들과의 상호작용을 향상하고자 한다. 갈수록 경쟁이 치열해지면서 고객 점유율과 충성도 제고가 무엇보다 중요해졌기 때문에 AI가 중요한 경쟁 역량으로 등장한 것이다. 그래서 많은 기업이 고객의 높은 참여도와 충성도를 높이기 위해 상품 추천을 적극적으로 전개해왔다. 그런데 이러한 상품 추천은 개인 맞춤형으로 제공될 때 높은 수익을 보장한다. 보스턴컨설팅그룹(BCG: Boston Consulting Group)에 따르면, 개인 맞춤 사용자 경험을 제공하는 브랜드는 수익이 6~10%가량 증가하였고 그렇지 않은 브랜드에 비해 2~3배 빠르게 성장했다(노규성, 2022).

6.4 블록체인 기술과 디지털상거래

6.4.1 블록체인 기술의 이해

블록체인(Blockchain)

비트코인 기반 기술로 부상한 블록체인은 제2의 인터넷이라고 할 정도로 혁신적인 기술로 알려져 있다. '블록체인(Blockchain)' 기술은 일종의 디지털 거래장부이고, 보안 측면을 강조해 새로운 해킹 방어 기술로 부르기도 한다.

P2P

블록체인 기술은 2008년 10월 31일 사토시 나카모토(본명은 Craig Steven Wright)가 인터넷에 발표한 논문에서 처음 소개되었다. 사토시 나카모토는 이 논문에서 비트코인(Bitcoin)을 "P2P 네트워크를 이용해 이중 지불을 막을 수 있으며, 전적으로 거래 당사자 사이에서만 오가는 전자화폐"라고 소개했다. 즉, 블록체인 기술이란 이중 지불과 복제를 막기 위하여 P2P 네트워크를 이용, 거래를 관리하는 중앙 기관 없이 다수의 비트코인 사용자가 거래 기록을 함께 관리하는 것이다. 거래 기록은 블록(Block)이라는 곳에 보관되고 블록별로 정리된 거래내역 전체를 블록체인(Blockchain)이라고 한다. 인터넷에서 교환된 정보를 블록에 저장한 후 과반수의 참여자들이 블록에 기록된 정보가 이상이 없음을 검증한 후 블록들을 연결하여 하나의 체인으로 생성한 후 참여자들의 컴퓨터에 저장하는 것이 블록체인을 활용한 P2P 기반 거래내역 관리 프로세스이다. 인터넷에서 거래 기록을 10분마다 모든 사용자가 갱신하여 공유하기 때문에, 사용자 중 일부가 거래내역을 분실하거나 훼손하였더라도 다른 사람들이 공통적으로 '옳은' 기록으로 인정한 거래내역을 기반으로 분실되었거나 훼손된 기록들을 보완하여 관리한다([그림 1-15] 참조).

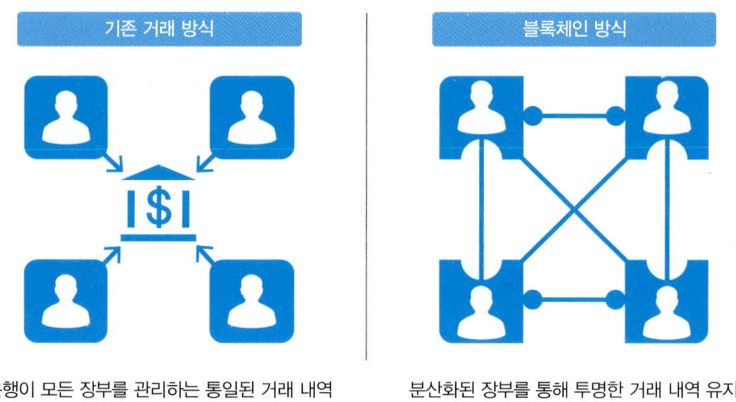

[그림 1-15] 기존 거래 방식과 블록체인 거래 방식의 비교

*자료원: SW중심사회, 2017

여기에서는 블록체인을 보다 쉽게 이해하기 위해 '비트코인'을 살펴보고자 한다. 비트코인은 대표적인 온라인 가상화폐로 블록체인을 사용한 최초이자 최고의 성공 사례이다. 일반적인 가상화폐와는 많은 점에서 다르며, 한때 유명했던 싸이월드의 '도토리' 같은 가상화폐는 이를 발행하고 운영하는 회사가 존재하지만, 비트코인은 통화를 발행하고 관리하는 중앙장치가 존재하지 않는 구조로 되어 있다. 대신 비트코인은 P2P(Peer to Peer)를 기반으로 거래가 이루어지며, 거래내역을 저장할 때 사용되는 것이 '블록체인'이다. 최근 비트코인 가격은 하나당 2018년 9월 기준으로 7,200달러였다가 4,200달러로 하락하기도 하였으나 시총이 무려 130조 원을 넘어서기도 했다. 불과 2년 전 개당 240달러 선이었던 것에 비교하면 투자에 대한 매력과 가치를 보여 주긴 했다. 그러나 현재 비트코인을 받는 가맹점은 줄고 있고, 실생활에서 잘 활용되지 못하고 있는 형편이다. 또한 총량이 2,100만 개 정도이며, 대형 보유자들이 유통하지 않아 물량이 적으며, 일시에 수요가 몰리면 수급 불균형이 발생하여 가격이 급등 또는 급락하는 사태를 보이고 있다.

블록체인의 출발은 비트코인이었지만 블록체인 활용 분야의 확장 가능성은 무궁무진하다. 블록체인은 금융뿐만 아니라 제조업, 무역, 의료데이터, 정부 행정서비스, IoT 플랫폼까지 활용 범위를 넓혀가고 있다.

일례로, 2017년 5월 토요타의 연구기관(Toyota Research Institute)은 스마트 자동차 시대에 대비한 블록체인 연구 결과를 발표하였다. 차량 데이터 관리 측면에서 블록체인 기술을 이용하여 데이터 분류와 보호 차원에서 많은 기술 개발이 이루어질 것으로 예측하였다. 차량으로부터 수집된 데이터를 공개 가능 데이터, 판매 가능 데이터, 보험사 송부 데이터 등 종류별로 분류하고 다양한 분야에서 활용할 때 문제가 발생하지 않도록 데이터에 대한 위·변조 방지 기술이 개발될 예정이다. 데이터 기반 새로운 서비스 개발 측면에서는 주행거리, 정비기록, 보험에 사용하는 데이터, 개발과정에서 얻은 시험 데이터 등 다양한 데이터 관리에 블록체인이 활용될 수 있을 것으로 예측하였다. 블록체인 기술을 활용하여 스마트 자동차라는 실물 정보와 이용 정보를 연결시키면 정보자산 소유자와 이용자가 지속적으로 바뀌는 셰어 서비스에 활용하기 적합하다고 내다보고 있다. 특히, P2P 네트워크를 사용함으로써 중앙관리자가 필요 없기 때문에 공공성이 높은 교통정보 교환과 업계 간의 공급망 관리에 유용할 것으로 판단하고 있다(한국교통연구원, 2017).

세계경제포럼(WEF)은 2025년이 되면 전 세계 GDP의 10%가 블록체인으로 관리되리라 전망했지만, 다른 한편에서는 세계의 주요 금융기관이 일정한 표준과 프로세스에 합의해야 하는데 그게 가능하겠느냐는 현실적인 비관론을 제기하기도 한다. 그러나 신기술이 도입되는 과정은 언제나 그래왔듯이 결국, 미리 준비하는 것과 해당 기술이 효과를 볼 수 있는 영역을 얼마나 잘 찾아 적용하느냐가 블록체인을 활용하고자 하는 업계의 자세라고 할 수 있다(인더스트리 포커스, 2017).

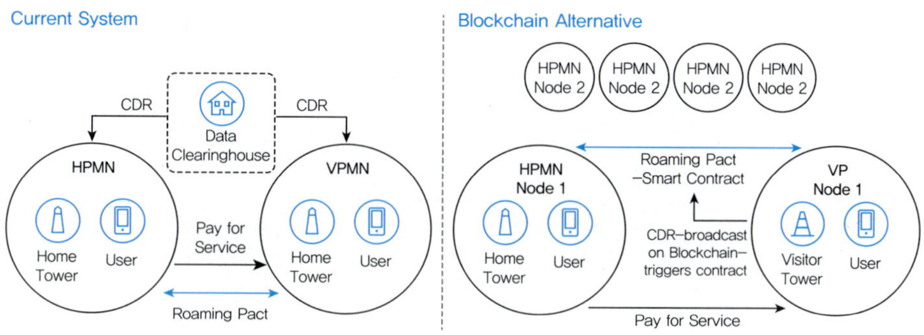

[그림 1-16] 현재 시스템과 블록체인 시스템의 비교

*자료원: 블록체인 세상을 바꾸는 기술, 인더스트리 포커스 50호, 2017.11

이상에서 살펴본 블록체인 기술은 중개인이 없어도 믿을 수 있고 안전한 전자문서를 작성하게 해주어 전자상거래를 운용하는 데에 있어 비용 절감과 함께 투명한 거래 관계를 형성하게 해줄 것이다. 그러므로 블록체인은 종래의 불안전한 전자상거래 시장을 크게 변화시킬 혁신적 동인으로 기대된다. 또한, 트랜잭션으로 구현되는 블록체인 상거래는 시스템 관리자의 권한을 대체하거나 보조하는 스마트계약에 의해 자동화가 이루어질 수 있다. 나아가 재화뿐만 아니라 모든 권리 또는 가치가 거래의 객체로 포섭될 수 있는 디지털 경제로의 전환 시대에 블록체인은 토큰을 통해 표창된 가치를 가지고 보안성과 안정성이 담보된 디지털 거래를 가능하게 하는 핵심적 수단이 될 것이다(김형섭, 최정윤, 2020).

최근 블록체인 기반 전자상거래가 속속 출시되고 있다. UPS는 블록체인에 기반한 통합 플랫폼을 출시하였다. UPS는 전자상거래 기업인 인셉션(Inxeption)과 블록체인을 활용한 **B2B 플랫폼**을 개발하기 위해 협약을 체결하였다. '인셉션 지피(Inxeption Zippy)'라는 이름의 새로운 플랫폼은 온라인 카탈로그 역할을 수행할 예

B2B 플랫폼

정이다.

UPS는 고객들이 디지털 플랫폼을 잘 활용하게 하려고 인셉션 지피 플랫폼을 활용해 기업을 위한 온라인 사이트 구축, 제품 소개, 계약 가격으로 B2B 거래를 성사하는 방법 등을 단계적으로 보여줄 예정이다. 또한, 거래, 주문, 자금 추적뿐만 아니라 서비스 일정 관리 및 선적 모니터링 부문에도 블록체인 기술을 적용할 예정이다. 그리고 인셉션 지피를 이용하는 기업은 신용카드로 대금을 결제할 수 있지만, 암호화 화폐 등을 통한 결제는 향후에 도입할 것으로 예상된다.[10)]

[그림 1-17] UPS

이처럼 블록체인을 전자상거래에 활용하기 시작하면서 이 시장이 크게 변화할 것이 예고되는데 이는 블록체인을 전자상거래에 활용하면 다음과 같은 이점이 있기 때문이다.

첫째, 신속한 거래가 가능하다는 점이다. 블록체인은 365일 24시간 동안 시간과 공간에 제약 없이 액세스할 수가 있다. 현재 모든 전자상거래의 거래가 네트워크 기반으로 이루어지고 있기 때문에 굳이 중개 기관의 승인을 받을 필요는 없다.

둘째, 트랜잭션 비용의 절감이 가능하다. 앞서 설명한 것처럼 중개 기관이 없다면 추가적인 비용이 들지 않으며, 분산 데이터베이스를 통해 유지 · 보수 비용을 줄일 수도 있다.

---

10) https://www.coindeskkorea.com/upsblockchainb2b

셋째, 거래가 투명하다. 블록체인은 오픈소스 기반의 기술이며, 플랫폼을 소유하고 유지하는 데 있어 다른 플랫폼과는 다르게 중앙의 엔터티가 없으며, 많은 사용자들이 데이터 추적이 가능하기 때문에 데이터가 훼손되거나 문제가 될 수는 없어서 전체 시스템의 보안을 높일 수 있다.

넷째, 데이터 보안이 높아진다. 블록체인은 분산되어 있으며, 블록체인에 저장된 데이터 역시도 분산되어 있다. 이로 인해 전체 블록체인을 해킹한다는 것은 거의 불가능하다고 알려져 있다. 블록체인 기술로 전자상거래를 구현한다면 전자상거래의 모든 데이터가 안전하게 보호될 수 있다.

다섯째, 블록체인 워크플레이스 메커니즘이다. 블록체인은 판매자와 구매자가 확실하게 연결되는 플랫폼으로 다른 플랫폼(사업자 등)의 간섭이 없이도 거래가 가능하다는 장점이 있다.

6.5 메타버스 기반 디지털상거래

메타버스(Metaverse)

메타버스(Metaverse)는 현실 세계와 같은 사회 · 경제 · 문화 활동이 이뤄지는 3차원 가상세계를 말한다. 이는 가공, 추상을 의미하는 '메타(Meta)'와 현실 세계를 의미하는 '유니버스(Universe)'의 합성어이다. 기존에 많이 활용되던 가상현실보다 진보된 개념으로 가상세계가 현실 세계에 흡수된 형태라고 할 수 있다. 메타버스에서는 아바타를 통해 친구를 만나고 놀이, 업무, 소비, 소통 등을 할 수 있다. 최근 들어 급격한 성장을 이루고 있는 메타버스는 코로나 19로 인해 비대면 문화가 본격화되면서 더욱 활성화되고 있다(노규성, 2022).

향후 메타버스에서의 전자상거래도 활발해질 전망이다. 예를 들어, 2021년 10월 28일 페이스북은 메타버스 기반으로 사업을 대대적으로 혁신하기 위해 사명을 '메타(Meta)'로 바꿨다. 이러한 페이스북을 시작으로 SNS 빅테크 기업들은 메타버스를 새로운 비즈니스의 돌파구로 전략을 전환하고 있다. 소셜 네트워크의 플랫폼으로서 메타버스를 구축하고 있으며, 여기에서 유발되는 연관 산업 분야까지 영역을 확장하고자 하고 있다. 나아가 메타버스를 통한 전자상거래를 선점하겠다는 계획도 추진하고 있다.

독일의 글로벌 리서치 기관인 스태티스타(Statista)는 2020년 소셜 미디어 기반 글로벌 전자상거래 시장 규모를 894억 달러로 추정하고 2027년에는 6,045억 달러까지 증가할 것으로 전망했다. 이에 따라 SNS 기반 글로벌 빅테크 기업들의 가상공간 플랫폼을 활용한 전자상거래에 대한 시장 경쟁이 더욱 가열될 것으로 예상되며, 메타버스를 통한 서비스도 더욱 활발하게 전개될 것으로 보인다(소대섭, 2021).

국내 기업 역시 이에 동참하고 있는데, 카카오의 경우 메타버스 기반의 전자상거래 사업을 강화하기 위해 2021년 6월 카카오커머스와 합병했다. 이를 통해 기존 카카오톡 내에서 선물하기, 쇼핑과 같은 플랫폼 기반 전자상거래 사업을 크게 강화하고 있다. 또한, 기업용 구매 서비스 · 컨설팅 기업인 KT커머스가 블록체인 솔루션 기업 블록랩스와 손잡고 메타버스 전자상거래 시장에 진출했다. 양사는 협약을 통해 블록체인 기반 메타버스 플랫폼을 함께 구축한다. 메타버스 전자상거래 생태계 구축을 위해 정보와 기술도 교류한다.

참·고·문·헌

과학기술정통부, I-Korea 4.0실현을 위한 인공지능 R&D전략, 2018.5

김윤화, "SNS(소셜네트워크서비스) 이용추이 및 이용행태 분석", KISDI STAT Report 16-07, 2016. 4. 15

김형섭, 최정윤, 블록체인 기반 전자거래에 관한 법정책적 소고, 법과 정책연구 20권 4호 pp. 195~220, 2020

노규성, 디지털 대전환 시대의 전략경영 혁신, 광문각, 2022

딜로이트 컨설팅, 블록체인 세상을 바꾸는 기술, 인더스트리 포커스 50호, 2017.11

소대섭, 메타버스가 전자상거래 주도한다, 메거진 한경, 2021.11.25

이지스톡, 미래 전자상거래(이커머스)의 5가지 트랜드, https://blog.naver.com/opushk/222550300522, 2021. 10. 27

한국소프트웨어기술인협회, 빅데이터 개론, 광문각, 2021

한국스마트홈산업협회, Strategy Analytics

한국인터넷진흥원, 2017 인터넷이용실태조사보고서, 2017

Chris Anderson,'The End of Theory:The Data Deluge Makes the Scientific Method Obsolete', WIRED MAGAZINE:16.07,www.wired.com/science/discoveries/magazine/16-07/pb_theoy

IOU, White Paper, 2018

Kalakota, & Whinston(1996), Electronic Commerce: A Manger's Guide, Addison-Wesley

KISDISTAT Report, Vol 18-21, 2018.6.15

KT경영경제연구소, 스마트 커머스, REAL 쇼핑이 가져온 변화와 기회, IT전략 보고서, pp. 1~13, 2010

연·습·문·제

1. 인터넷의 성공 배경에 대해 설명하라.

2. 전자상거래의 유형에 대하여 설명하라.

3. 비즈니스 패러다임의 변화 메커니즘에 대하여 설명하라.

4. 전자상거래의 영향에 대하여 설명하라.

5. 핀테크(FinTech)의 개념을 설명하라.

6. 블록체인(Blockchain)의 개념을 설명하라.

7. 메타버스 기반 디지털상거래에 대해 설명하라.

2

CHAPTER

소비자 전자상거래

전자상거래는 경제주체에 따라 소비자 전자상거래(B2C, C2C, C2B, D2C, G4C 등)와 조직 간 전자상거래로 구분된다. 이 장에서는 소비자 전자상거래 유형과 포털 등의 기반 서비스에 대해 설명하고 금융모델과 서비스 사업모델에 대해 소개하여 소비자 전자상거래에 대한 전반적인 이해를 도모하고자 한다.

1. 소비자 전자상거래 개요

1.1 소비자 전자상거래의 개념과 유형

소비자 전자상거래는 기업과 고객 간에 이루어지는 서비스를 의미하며, 공급자와 소비자 간에 인터넷상에서 행해지는 다양한 유형의 상거래를 포괄한다. 이를 경제주체별 유형으로 분류하면, 공급자와 소비자 간에 이루어지는 소매 형태의 전자상거래인 B2C, 인터넷 경매와 같이 중개 기관을 거치지 않고 소비자들이 인터넷을 통해 직거래하는 방식인 C2C, 기업이 주도권을 가지는 B2C와는 다르게 소비자가 주도권을 가지고 거래하는 방식인 C2B, 정부가 일반 시민들에게 정보를 제공하는 방식인 G4C, 기업과 기업, 기업과 소비자 간의 거래를 결합시킨 방식인 B2B2C가 있다. 이외에도 기반서비스, 서비스 사업모델, 금융모델 등의 분야에서 여러 가지 소비자 전자상거래가 지속적으로 개발 및 확산되고 있다. 이에 대해서는 2, 3, 4, 5절에서 소개할 것이다.

1.2 소비자 전자상거래의 규모 및 현황

통계청(2021)에 따르면, 2021년 연간 온라인쇼핑 거래액은 192조 8,946억 원으로 전년(159조 원)보다 20.98% 증가를 나타내고 있다. 온라인쇼핑 거래액 중 모바일쇼핑 거래액은 138조 1,951억 원으로 27.6% 증가하였다.

〈표 2-1〉 전자상거래 규모(단위: 억 원, %)

		2018년	2019년	2020년	20121^{p}
ㅇ 총 거래액		1,137,297	1,352,640	1,594,384	1,928,946
	모바일 거래액	690,950	872,736	1,082,659	1,381,951
- 전년비	온라인				20.98
	모바일				27.6

*자료원: 통계청

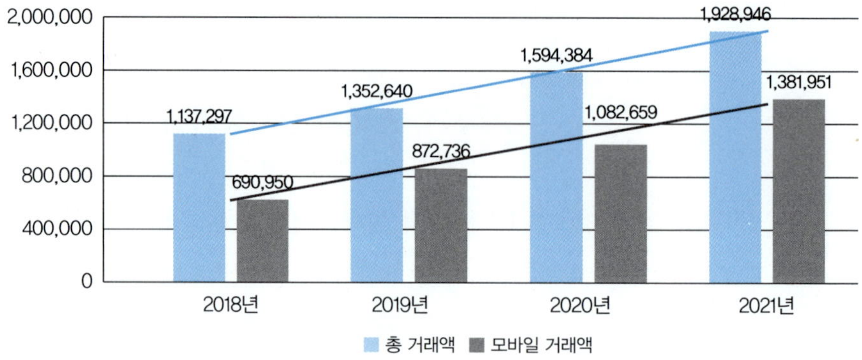

[그림 2-1] 전자상거래 규모 추이(단위: 억 원)

통계청에 따르면, 2021년 상품군별 온라인쇼핑 거래액 구성비는 상품군별 온라인쇼핑 거래액 구성비는 음식서비스(13.3%), 음 · 식료품(12.9%), 가전 · 전자 · 통신기기(11.8%) 순이며, 상품군별 온라인쇼핑 거래액은 화장품(−1.8%) 등에서 감소했으나, 음식서비스(48.2%), 음 · 식료품(26.3%), 가전 · 전자 · 통신기기(25.8%) 등에서 증가하였다.

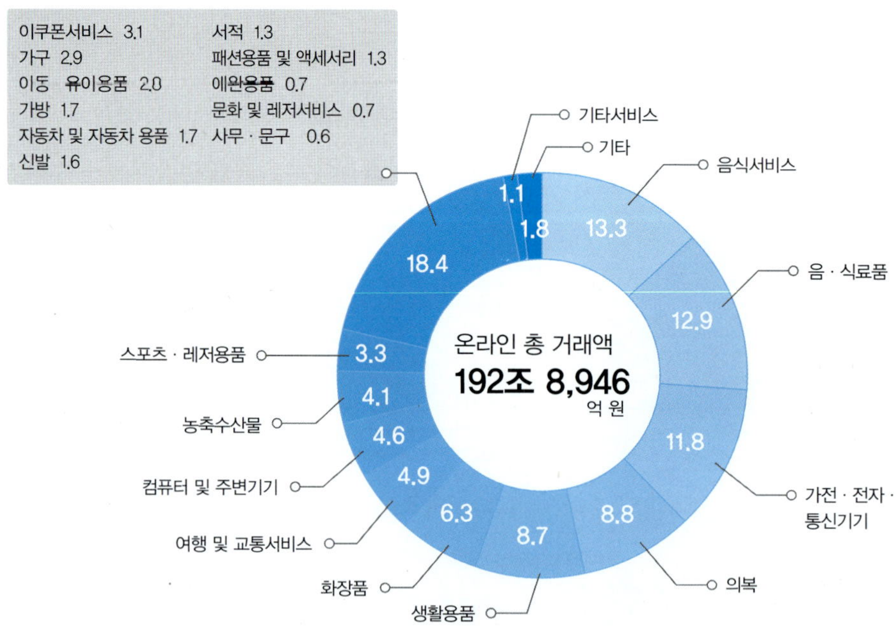

[그림 2-2] 상품군별 온라인쇼핑 거래액 구성비(단위: %)

*자료원: 통계청

상품군별 모바일 쇼핑 거래액 구성비는 음식서비스(18.1%), 음식료품(13.3%), 가전 · 전자 · 통신기기(10.8%), 생활용품(8.8%) 순으로 나타났다.

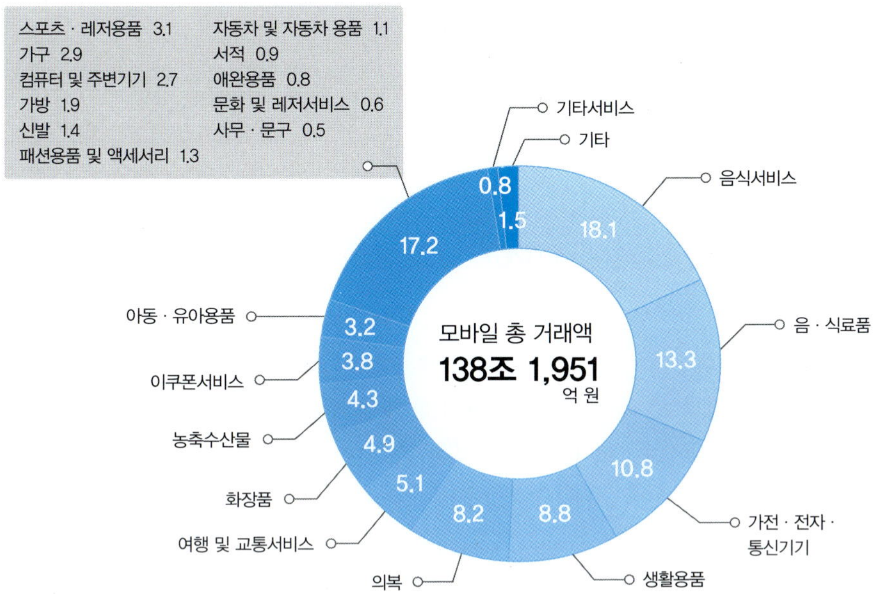

[그림 2-3] 상품군별 모바일쇼핑 거래액 구성비(단위: %)

*자료원: 통계청

통계청에 따르면, 2020년 연간 취급상품 범위별 온라인쇼핑 거래액은 전년(2019년) 대비 종합몰은 21.6%, 전문몰은 10.7% 증가하였다. 또한, 운영 형태별 온라인 쇼핑 거래액은 전년(2019년) 대비 온라인 업체는 28% 증가하였고 온/오프라인 병행업체는 2.7% 감소하였다.

〈표 2-2〉 취급상품범위 및 운영 형태별 거래액 동향(단위: 억 원, %)

구분		2019년		2020년	
			구성비		구성비
○ 총 거래액		1,352,640	100.0	1,594,384	100.0
취급상품 범위별	종합몰[1]	890,728	65.9	1.083.106	67.9
	전문몰[2]	461,912	34.1	511,278	32.1
운영 형태별	온라인[3]	905,374	66.9	1,159,116	72.7
	온 · 오프라인몰[4]	448,267	32.3	435,268	27.3

1) 인터넷상에서 취급하는 상품군이 다양하게 구성되어 여러 종류의 상품을 일괄 구매할 수 있는 온라인쇼핑몰

2) 인터넷상에서 하나의 상품군 또는 주된 상품군만을 구성하여 판매하는 온라인쇼핑몰

3) 컴퓨터 및 네트워크 기반(온라인)을 통해서만 상품 및 서비스를 최종소비자에게 판매하는 경우

4) 온라인뿐만 아니라 기존의 상거래방식을 병행하여 상품 및 서비스를 최종소비자에게 판매하는 경우

2. 경제주체별 소비자 전자상거래

2.1 기업과 개인 간 전자상거래(B2C)

2.1.1 B2C 개념

B2C(Business-to-Customer)

기업과 개인 간 전자상거래인 **B2C(Business−to−Customer)**는 대체로 쇼핑몰과 같은 형태로 기업과 고객 간에 거래 관계가 형성되는 것을 말하며, 공급의 주체는 기업이다. B2C는 인터넷의 보급과 더불어 급속도로 성장한 인터넷 비즈니스 분야로 상품의 생산기업이나 판매 기업이 일반 소비자들을 상대로 가상공간인 인터넷상에 전자 상점을 개설하고 상품이나 서비스를 판매하는 형태이다.

실제 판매장이 필요하지 않기 때문에 임대료라든가 유지비가 들지 않는다는 장점도 있지만, 사이버 공간의 인터넷 상점에서도 소비자가 편리하게 쇼핑하기 위해 항해 지원 도구를 잘 개발해야 하고, 웹 데이터베이스를 구축하는 등의 노력이 필요하므로 상당한 전문성이 요구된다. 또한, 일반 소비자들은 매우 다양한 동기와 욕구를 가지고 인터넷에 접속하기 때문에 목표 고객을 정확하게 선정해야 한다. 기업 구매자보다 일반 소비자는 상당수가 충동구매를 하기 때문에 인터넷의 쇼핑몰은 다양한 상품들을 보여주고 개별 상품에 대한 상세한 설명과 풍부한 정보를 제공해야 한다.

지난 20여 년간 인터넷이 급속도로 보급되면서 고객이 직접 컴퓨터와 인터넷을 통하여 업무를 처리하거나 물품을 구입하는 경우가 대폭적으로 늘어나고 있기 때문에 B2C에서는 고객 접점을 잘 찾아서 고객이 요구하는 정보를 제공하고 고객관리에 전략적으로 대응해야 한다. B2C는 인터넷상의 광고나 상품정보, 가격정보 등을 보고 주문, 거래하는 시스템으로 쇼핑몰 외에도 인터넷뱅킹을 통한 통장조회, 계좌이체, 통장개설, 대출신청 등이 이에 해당된다. 또한, 페덱스(Fedex)와 같은 화물운송회사에서 고객이 발송한 화물의 현재 위치와 전달 확인 여부를 인터넷

을 통해 직접 파악하는 경우도 B2C에 속한다.

2.1.2 B2C의 사례: 인터넷 쇼핑몰

B2C의 대표적인 사례로는 사이버 쇼핑몰, 홈쇼핑, 홈뱅킹, 온라인 광고 등을 들 수 있다. 인터넷 쇼핑몰이란 많은 상점이 가상공간에 밀집한 일종의 시장이라고 할 수 있다. 쇼핑몰은 인터넷상에만 있는 것이 아니라, 이미 실제 사회에 존재하고 있었던 개념으로 월마트(Walmart)나 이마트(E-mart)와 같은 실제 현실에 존재하는 쇼핑몰의 개념을 인터넷에서 그대로 구현한 것이다.

인터넷 쇼핑몰은 시간과 공간의 제약이 없고 중간상인이 배제되어 가상공간에서 소비자와 공급자가 직접 만나서 거래가 이루어진다. 이러한 인터넷 쇼핑몰 시장은 유통마진, 물류비용, 광고비용의 절감으로 인한 저렴한 거래 비용, 편리성 등으로 인해 급격히 성장해왔다. 그러다가 코로나 팬데믹으로 비대면 사회가 급속히 전개되면서 그 증가세는 더욱 거세지고 있다. 2019년 2월 기준(잠정치) 인터넷 쇼핑몰은 총 9,596,567개로 온라인몰이 6,398,018개, 온오프라인몰이 3,198,550개로 확인되고 있다. 서울시 인터넷 쇼핑몰 현황을 살펴보면, 2022년 2월 기준으로 128,977개가 신고되어 있으며, 이 중에서 영업 중인 곳(광고용 포함)이 41,682개로 나타났다.

코로나19 이후로 비대면 및 사회적 거리두기가 지속되기 시작하면서 온라인 쇼핑이 활성화되고 있으며, 이에 따라 인터넷 쇼핑몰 업체 수도 점차 증가하고 있다.

카페 24에 따르면, 2019년에 신규로 생성된 온라인 쇼핑몰의 개수가 107,854개에서 2020년에는 132,749개, 2021년에는 156,013개에 이르는 것으로 나타났다. 2020년 코로나19가 발생한 이후 신규 온라인 쇼핑몰의 개수는 288,762개로 나타났는데, 이는 2018년과 2019년과 비교하여 35.8% 신규 창업이 늘어났다는 것을 보여준다.

또한, 한국 소매 시장의 이커머스 침투율은 37%로 나타났으며, 자동차와 연료를 제외하면 침투율이 47%에 달한다. 한국온라인쇼핑협회는 2022년 온라인 쇼핑 시장 규모가 2021년보다 14.5% 성장한 211조 8,600억 원, 2023년에는 13.7% 성장한 241조 원에 이를 것으로 전망하고 있다.[1)]

---

1) https://biz.chosun.com/distribution/channel/2022/01/10/VURET6JTVZARXN7HQ4W6TYW6AY/

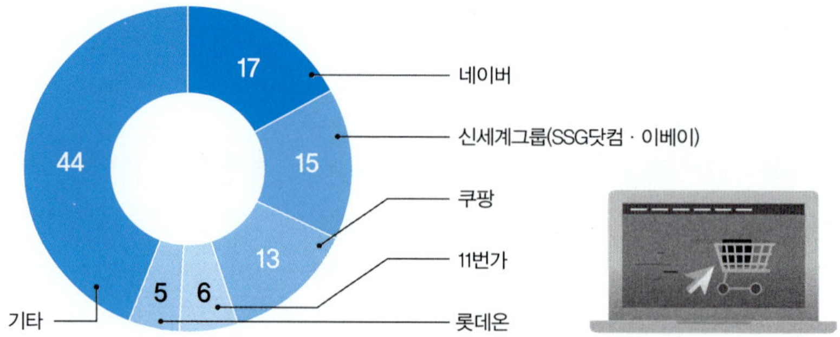

[그림 2-4] e-commerce 기업별 점유율(2020년 기준)

*자료원: 교보문고

국내 온라인 쇼핑 시장은 네이버, 쿠팡, 신세계그룹(SSG닷컴 · 이베이코리아) 등의 '3강' 선점 경쟁이 심화되고 있는 가운데 중위권 업체들의 경쟁이 치열할 것으로 전망된다.

현재 인터넷 쇼핑몰의 유형으로는 백화점식 종합쇼핑몰, 비교구매가 쉬운 복합쇼핑몰, 특정 분야 제품 전문 쇼핑몰, 공동구매를 위주로 하는 소셜 쇼핑몰 등이 있고, 역경매, C2C 모델(경매나 중고품 교환 시장) 등도 발전하고 있다.

2.1.3 B2C 거래의 장단점

B2C 쇼핑몰을 통해 시간과 공간의 제약 없이 어디서나 원하는 물건을 쉽게 찾을 수 있으며, 제품 브랜드 및 가격의 실시간 검색 및 비교 분석이 가능하므로 소비자는 최소한의 시간과 경비로 합리적인 제품 구매가 가능하게 되었다. 인터넷을 통해 제품 선택에서부터 구매, 지불, 배송까지 모든 구매 프로세스가 한 번에 이루어지므로 소비자에게 큰 편리성을 가져다주었고 기업의 입장에서도 유통비용과 광고비용 절약으로 저렴하게 제품 공급이 가능하게 되었다.

한편 인터넷의 쌍방향성을 이용한 소비자 요구의 파악으로 효율적으로 고객을 관리할 수도 있다. 그러나 전체 소매판매액에서 사이버 쇼핑(B2C 등)의 거래 비중은 여전히 10% 수준에 머물고 있다. 소비자가 사이버 쇼핑을 꺼리는 이유는 여전히 인터넷 접근 기회가 모든 소비자에게 열려 있지 않은 데 따르는 정보 기회의 부족을 들 수 있으며, 제품 불신, 제품정보 부족, 제품 다양성 부족 등 쇼핑몰 자체의 문제점도 존재한다. 그리고 소비자는 특히 개인정보의 유출을 우려해서 자신의 신상 정보(예금계좌번호, 신용카드번호, 주민등록번호, 집 주소 등) 제공을 꺼리는 현상도 나타나고 있다.

2.2 기타 소비자 전자상거래의 유형

소비자 전자상거래 유형의 대표격인 기업과 소비자 간 거래(B2C)는 기업이 고객에게 제품 및 서비스를 전달하는 수단으로써 전자상거래를 사용하는 것을 말한다. 앞서 소개한 바와 같이 B2C는 제품과 서비스를 제공하는 기업과 이를 이용하는 소비자 간에 이루어지는 거래에 초점이 맞춰진 것으로 광고, 판매, 고객 서비스 등의 활동을 위해 고객 지향적인 전자상거래가 활용될 수 있다. 가장 대표적인 B2C의 유형으로는 인터넷 쇼핑몰이 있다. 포털이나 각종 미디어, 온라인 게임 등 엔터테인먼트 사이트도 일반 소비자에게 콘텐츠를 제공하고 그에 대한 비용을 받거나 광고 수익을 올리기 때문에 B2C 형 전자상거래라고 할 수 있다.

소비자 전자상거래에는 B2C 외에도 C2C, G4C, C2B 등의 유형이 포함되며, 최근에는 B2B2C 등의 새로운 유형도 나타나고 있다. 다음부터는 B2C 이외의 소비자 전자상거래 유형에 대해 소개한다.

2.2.1 개인과 개인 간 전자상거래(C2C)

C2C(Customer-to-Customer)

개인과 개인 간 전자상거래인 **C2C(Customer-to-Customer)**는 개인과 개인 간에 일대일 거래가 이루어지는 것을 말한다. 개인과 개인 간 거래에서 C2C는 중간의 매개 역할을 하는 서버가 있고, 이 서버를 통해 상품, 서비스, 정보 등을 사이버 공간에서 거래하는 방식이다. 이는 고객이 공급의 주체인 동시에 수요의 주체가 되며, 인터넷은 매개 역할을 한다. C2C는 전통적 시장을 중심으로 거래가 발생하던 시기에는 불가능한 거래방식이다. C2C는 생활정보신문과 같은 것을 통해 부분적, 국지적으로 진행되던 것이 인터넷의 사용이 보편화되면서 광범위하게 확산된 것이다.

C2C는 개인이 상품의 구매 및 소비의 주체인 동시에 공급의 주체가 되기도 한다. 따라서 과거 대량 생산, 대량 소비의 시대에는 불가능하였으나, 인터넷이 소비자들을 직접 연결시켜 주는 시장 역할을 함으로써 가능해진 거래 유형이다. 현재는 경매나 벼룩시장과 같이 중고품을 중심으로 거래가 형성되고 있으나, 향후 더욱 다양한 상품거래가 이루어질 것으로 전망된다.

대표적인 C2C 사례로는 인터넷 경매를 들 수 있다. C2C에서는 비슷한 욕구와 동기를 가진 개인 소비자들이 효과적으로 의사소통할 수 있는 가상공동체를 형성하는 것이 무엇보다 중요하다. 또한, 대다수의 소비자들이 상거래에 참여하기 때문에 고객이 사전 준비 없이도 거래 절차를 쉽게 이해할 수 있도록 시스템을 구축하여야 한다. C2C의 대표적인 사례로는 e-bay, 옥션, G마켓 같은 경매 사이트를 들 수 있다. 최근 인터넷 경매업체들의 매출액이 빠른 속도로 증가하고 있는데, 이는 인터넷 경매 문화가 급속히 보급되는 추세에 따른 것으로 특히 저가 구매, 대량 판매가 가능해진 것이 가장 큰 요인으로 작용하고 있다. C2C 유형의 대표적인 국내 인터넷 경매업체는 옥션(auction.co.kr)이 있다.

2.2.2 정부와 시민 간 전자상거래(G4C)

G4C(Government for Citizen)

UN의 평가에 따르면 한국은 전자정부 선진국으로 나타나고 있다. 전자정부란 사이버 공간에서의 정부 서비스를 의미하며, 전자정부 서비스도 경제주체에 따라 G2B, G2C, G2G 등으로 나눌 수 있으며, G2C의 경우 **G4C(Government for Citizen)**로도 불리고 있다. G4C는 다양한 행정서비스를 전자화, 온라인화하여 언제 어디서나 접근과 이용을 가능하게 하는 서비스형 정부를 말하며, 전자적인 민원안내와 민원처리(구직, 여권 신청 등) 서비스, 전자투표 실시 지원, 국세청 서비스(hometax.go.kr) 등을 포함한다.

일반 시민의 입장에서는 정부민원포털(http://www.minwon.go.kr) 민원24를 통한 민원처리 서비스 지원이 대표적인 사례이다. 예컨대 경기도에서 서울로 이사 온 주민이 전입신고와 자동차 등록 이전, 건강보험 주소변경을 하기 위해서 이전에는 동사무소와 구청, 은행 등을 직접 방문해서 신고해야 했지만, 현재는 전자정부 단일창구를 통해 주소를 일괄적으로 갱신할 수 있다.

또한, 전자정부를 통해 개인의 경우 출생에서 사망까지, 기업의 경우 창업에서 폐업까지 전 과정에서 발생하는 민원의 처리절차를 체계적으로 안내하고, 안방에서도 전자적으로 민원을 접수, 처리할 수 있게 되었다.

[그림 2-5] 전자정부 정부24 포털 화면

2.2.3 개인과 기업 간 전자상거래(C2B)

C2B(Customer-to-Business)

개인과 기업 간 전자상거래인 C2B(Customer-to-Business)는 소비자나 소비자 집단이 주도권을 가지고 거래하는 형태로 소비자가 개인이나 단체로 필요한 상품을 가격과 부대조건을 결정해서 이를 공급 기업에 제시하고 합의가 이루어지면 구매하는 것을 말한다.

즉, C2B는 고객이 개인 혹은 단체를 구성하여, 상품의 공급자나 상품의 생산자에게 가격이나 수량 혹은 부대 서비스 등에 관한 조건을 제시하고, 협상을 통해 서로 합의가 되면 거래가 이루어진다. 고객이 상품에 대해 많은 정보를 가지게 되면서, 거래의 주도권은 기업이 아닌 소비자가 갖게 되는 거래 형태이다.

C2B는 소비자가 직접 상품의 가격 및 부대조건을 제시할 수 있다는 점이 B2C와 다른 점이다. C2B는 다양한 욕구를 가진 소비자들이 공동의 목표를 가지고 공동체를 형성하여 공동의견을 수렴할 수 있도록 하며, 이를 위해 소비자 간에 다양한 의사소통 수단을 제공하는 것이 무엇보다 중요하다. 또한, 수렴된 공동 의견을 가지고 대상 기업과 거래에 관련된 절차를 성공적으로 수행하기 위해서는 공동체

의 의견을 효과적으로 대표할 수 있는 시스템이 필요하다. C2B의 대표적인 사례는 인터넷 역경매와 인터넷 공동구매가 있다.

인터넷 역경매

인터넷 역경매란 고객이 구매하고 싶은 상품을 기업에 제시하면 판매업자들이 가격 경쟁을 통해 최저가로 공급하는 경매방식이다. 역경매 시 낙찰 통보는 전자우편으로 이루어지고, 소비자는 전자결제방식이나 온라인 대금결제방식을 이용하는 것이 일반적이다. 이처럼 역경매가 급속하게 발전하는 이유는 국내 인터넷 경매시장이 C2C보다 B2C 방식을 채택하고 있기 때문이다. B2C 방식으로 진행될 경우 상품을 공급하는 기업체가 거래의 주도권을 갖게 되는 일반 경매보다 C2B가 소비자에게 좀 더 유리한 경매방식이라서 많은 소비자가 참여하고 있다. 인터넷 역경매는 국내 최초의 역경매 사이트와 옥션, 아이쇼핑, 하우머치, 우리네트, 이코노존 등에서 서비스하였으나, 현재는 옥션 외에는 서비스가 제공되지 않고 있다.

C2B 사례로 인터넷 공동구매 역시 중요하다. 인터넷 공동구매는 특정 상품에 대해서 다수의 소비자가 단체로 주문하여 구입 가격을 낮추는 구매방식의 하나로 기존의 쇼핑몰뿐만 아니라 공동구매 전문사이트도 새롭게 등장하여 이러한 공동구매방식을 제공한다.

2.2.4 B2B2C

B2B2C(Business to Business to Consumer)

B2B2C(Business to Business to Consumer)는 기업과 기업과의 거래, 기업과 소비자와의 거래를 결합한 형태의 전자상거래이다. 기업을 모집하여 소비자와 만나게 해주고, 소비자에게 각종 서비스를 제공해주고 비용을 받는 형태로 되어 있다. B2B(기업과 기업 간 거래)와 B2C(기업과 소비자 간 거래)를 결합한 전자상거래로, 기업들을 모집하여 기업 제품들을 소비자에게 판매하는 형태를 말한다. 즉, B2B2C는 다른 기업에 기술 관련 소프트웨어 노하우를 제공하고 그 대가로 라이선스나 개발 수수료 · 유지보수비 · 서비스 비용을 받는다.

B2B2C는 2000년을 기점으로 B2B와 B2C 전자상거래가 수익성이 떨어지면서 대안으로 떠올랐다. B2B2C는 마케팅 비용에 대비해 수익률이 낮은 B2C에 비해 수익률이 높으며, 자금투자 회수 기간이 긴 B2B에 비하여 훨씬 빠른 기간 내에 이익을 얻을 수 있다는 장점이 있다. 특히, 고객 기업의 브랜드 파워나 데이터베이스 등의 인프라를 이용할 수 있으며, 고객을 위한 맞춤형 데이터베이스를 가공할 수

있는 장점도 지닌다. 미국이나 일본 등지에서 활발하게 이루어지고 있으며, 우리나라에서는 귀금속 전문 인터넷 포털사이트인 '골드비바닷컴'이 2000년 6월 처음으로 실시하였다. 한편, 최근에는 이의 한 형태로 볼 수 있는 **B2B2E(Business to Business to Employee)**도 이루어지고 있다. 한편 B2B2E는 기업 간 거래와 기업과 종업원 간 거래를 결합한 것으로 종업원들이 필요한 제품들을 생산하는 기업들을 모아서 수수료를 받고 입점시킨 뒤 종업원들을 대상으로 필요한 제품이나 서비스를 제공하는 형태이다.

B2B2E(Business to Business to Employee)

2.2.5 D2C

D2C(Direct to Consumer)는 기업이 소비자와 직거래를 하는 형태의 비즈니스이자 고객과 브랜드의 직접적인 관계를 의미하는 형태의 전자상거래이다. B2C와의 차이점은 기존의 오프라인 및 온라인 유통업체를 거치지 않고, 소비자와 직접 판매하는 비즈니스이다.

D2C(Direct to Consumer)

D2C는 기존의 자사 인터넷 쇼핑몰(Brand.com)에서 제품만 판매하는 개념을 넘어 자립적으로 신규 고객을 확보하고 고객과의 지속적인 관계를 중시하면서 온·오프라인이 연계된 경험을 제공하는 이커머스 체계를 기반으로 종합적인 마케팅을 펼치는 것을 목표로 한다. 실제로 기업들은 D2C를 통해 고객의 행동 데이터(검색, 클릭, 위시리스트, 장바구니 담기·버리기, 결재, 교환, 환불, 리뷰 등)를 수집·분석하여 폭넓은 마케팅 인사이트를 도출하고 있다.

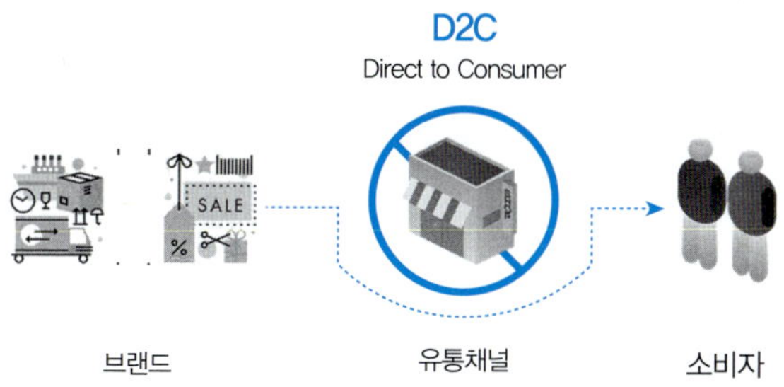

[그림 2-6] D2C 거래 형태

고객이 온라인에서 제품 구매를 위해 이커머스 플랫폼을 옮겨 다니는 데 걸리는 시간은 단 몇 초에 불과할 정도로 구매 활동 경로가 다양해지고 있다. 특히, MZ 및 알파 세대를 중심으로 새로운 브랜드 경험에 대한 개방성이 그 어느 때보다 활성화된 시점에서 기업은 강력한 브랜드 아이덴티티를 만들고 충성 고객을 확보하는 것이 중요하다.

고객 생애 가치(Customer Lifetime Value: CLV · LTV)

자사 몰(Brand.com)을 잘 만들었다는 이유로 고객이 스스로 늘어나지 않는다. 자사 몰의 내부 데이터 분석과 관련 분야의 트렌드 데이터 파악을 통해 고객에게 긍정적인 경험을 제공하는 것이 중요하다. 데이터 기반으로 고객 접점에서 개인화된 경험을 제공하며, **고객 생애 가치(Customer Lifetime Value: CLV · LTV)**를 극대화하고, 구매 전환과 락인(Lock-in) 효과를 지속할 수 있는 전략이 중요하다.

대형 유통채널의 경우, 초기의 PB 상품은 원가 절감을 통한 저가 상품 콘셉트였다면, 지금은 고객 데이터를 활용해 고객에게 최적화된 맞춤 상품을 제공하는 것으로 바뀌어 가고 있다. 아마존은 저가에 브랜드를 직구하려던 고객을 타깃으로 최적화된 PB 상품을 제공하고 있다. 무신사의 경우 자사 몰 외에 다른 곳에서 상품을 판매하고 있지만, 웹 캠페인과 앱 캠페인을 통합한 타깃별 맞춤화 마케팅을 진행해서 무신사는 '무신사룩'이라는 말까지 만들어낼 정도로 MZ 세대에게 충성도가 높은 브랜드가 되었다.

D2C의 장점으로는 유통채널에 지불하는 수수료를 아낄 수 있고 시즌 및 브랜드 이슈가 있을 때 자사 몰로 트래픽을 집중시킬 수 있으며, 개인화된 고객 데이터를 손쉽게 확보하여 이를 기반으로 개인 맞춤형 마케팅 활동이 가능한 점 등을 들 수 있다.

3. 기반 서비스

3.1 웹 기반 서비스의 태동과 발전

한국의 웹 기반 서비스는 21세기 들어 인터넷 포털을 중심으로 발전하고 있다. 2000년 이후 닷컴 버블의 붕괴로 웹의 가능성이 회의적일 때 오히려 흥미로운 웹 기반 서비스를 선도적으로 보여주었다. 1995년 천리안의 인터넷 서비스가 처음으로 제공된 이후 90년대 중반 이후 다양한 웹 기반 서비스가 개발되기 시작했는데,

2000년 이후에는 본격적인 커뮤니티 기반의 서비스 경쟁 시기로 들어섰다. 야후나 라이코스를 제치고 다음과 네이버가 포털업계의 선두가 되었다. **웹 기반 서비스**의 유형으로는 정보 제공, 뉴스, 이메일, 메신저, SNS 등이 있다.

웹 기반 서비스

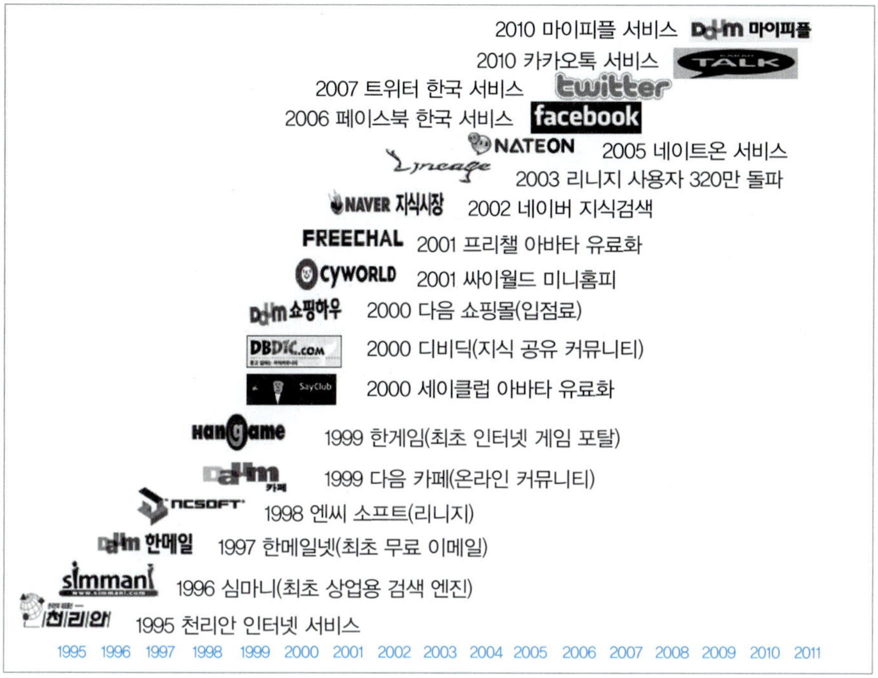

[그림 2-7] 한국 웹 기반 서비스의 태동과 발전

정보 제공은 통신망을 통하여 각각의 사용자에게 필요한 정보를 제공하는 것을 말한다. 뉴스는 일반적으로 시사성이 있다고 판단되는 보도 내용을 말한다. 이메일은 컴퓨터 통신망을 이용하여 컴퓨터 사용자 간에 메일이나 여러 정보를 주고받는 새로운 개인 통신 방법이다. **메신저**는 인터넷에서 실시간으로 메시지와 데이터를 주고받을 수 있는 소프트웨어를 말하며, 즉시 전달한다는 의미로 인스턴트 메신저라고도 한다. SNS는 온라인 인맥 구축을 목적으로 개설된 커뮤니티형 웹 서비스를 말한다.

메신저

트래픽을 올리기 위해 대한민국의 포털이 제공하고 있는 대표적인 서비스는 커뮤니티, 검색 게임 등이다. 메일과 결합한 다음 카페는 사용자 중심의 커뮤니티를 구축하고 로열티를 확보하여 트래픽을 유발하고 이를 배너광고와 연계하였다. 네이버는 커뮤니티와 검색을 결합한 지식 검색 서비스로 업계의 선두가 되었다. 한국어 콘텐츠가 부족한 상황에서 커뮤니티를 통해 지식이 생산되었고 지식 콘텐츠는 다시 트래픽을 유발하여 검색 광고를 가능하게 하였다. 세이클럽과 프리챌 등 다양한 커뮤니티 서비스 기반의 사이트들은 배너광고 이외에 아바타 판매로 큰 수익을 얻을 수 있었다. 싸이월드(Cyworld.com)의 미니홈피는 사진 공유와 채팅을 근간으로 한 개인 간 의사소통의 허브로 자리매김하였다. 싸이월드의 도토리 판매는 또 하나의 독창적인 수익 모델을 제시하였다. 가상세계에 기반한 온라인 게임 서비스는 한국이 만들어낸 성공한 독창적인 비즈니스 모델이라고 할 수 있다.

이 시기 한국의 웹 사이트들은 트래픽 기준으로 세계 선두를 차지하였다. 이때 개발된 커뮤니티 기반의 다양한 서비스들은 이른바 웹 2.0의 모습을 담고 있다. 그뿐만 아니라 아바타 판매, 도토리라는 가상화폐, 3D 온라인 게임의 가상세계는 웹 2.0을 넘어서는 것이었다.

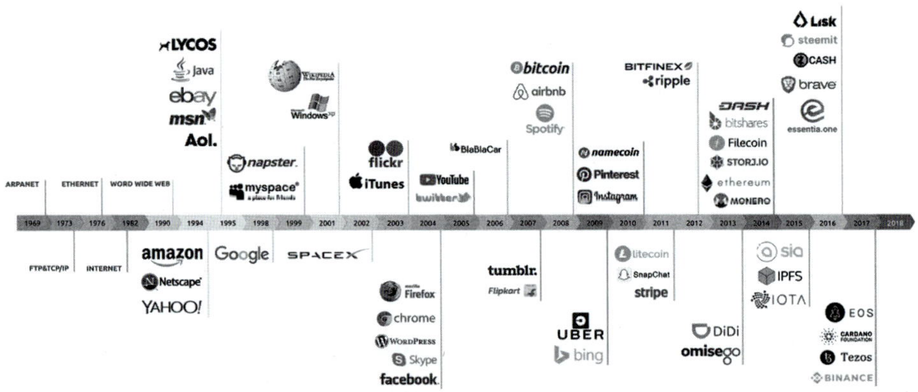

[그림 2-8] 웹 생태계 변화

*자료원: http://wiki.hash.kr/index.php/파일:웹생태계변화.jpg

메타버스
NFT
웹 3.0

글로벌 시장의 웹 생태계의 변화는 위 [그림 2-8]에서 보는 바와 같다. 그리고 웹 2.0의 예로는 페이스북, 인스타그램, 핀터레스트, 트위터, 링크드인 등의 SNS와 카카오톡, 라인, 텔레그램, 위챗 등의 메신저 서비스가 있다. **메타버스**와 **NFT** 등의 등장으로 인해 **웹 3.0**[2] 서비스 시대로의 이행이 가속할 것으로 보인다.

2) 웹 3.0이란 컴퓨터가 시맨틱 웹 기술을 이용하여 웹 페이지에 담긴 내용을 이해하고 개인 맞춤형 정보를 제공할 수 있는 지능형 웹 기술을 의미한다(위키피디아).

3.2 포털(Portal)

포털 사이트(portal site) 또는 웹 포털(web portal)은 월드 와이드 웹에서 사용자들이 인터넷에 접속할 때 기본적으로 거쳐 가도록 만들어진 사이트를 말한다. 포털이라는 단어는 영어 낱말로서 '정문' 또는 '입구'를 뜻한다. 포털 사이트는 사용자들이 필요로 하는 정보 또는 그에 대한 메타 데이터를 종합적으로 제공한다. 초기에는 검색 서비스와 전자 메일 위주였으나, 점차 온라인 데이터베이스, 뉴스, 홈쇼핑, 블로그 등 다양한 서비스를 제공하고 있다. 분류 포털 사이트는 수평 포털과 수직 포털로 분류할 수 있다. 수평 포털은 다양한 분야를 다루며, 수직 포털은 특정 영역에 치중한다. 엔터프라이즈 포털은 분류 기준에 따라 다양하게 분류할 수 있다. 포털이 제공하는 기능을 중심으로 기업 정보 포털(EIP: Enterprise Information Portal), 지식 기반 기업 포털(KEP: Knowledge based Enterprise Portal), 기업 응용 포털(EAP: Enterprise Application Portal)로 구분한다. 세계 각국의 포털 세계를 보면 나라마다 그곳에서 영향력을 크게 발휘하는 포털 사이트들이 다양하게 존재한다. 미국의 구글, MSN, 야후(Yahoo), 그리고 중국의 바이두(baidu)와 시나닷컴(sina.com), 인도의 레디프(rediff), 그리스의 In.gr 등이 각 지역을 대표하는 포털 사이트이다.

포털 사이트(portal site)
기업 정보 포털(EIP: Enterprise Information Portal)
지식 기반 기업 포털(KEP: Knowledge based Enterprise Portal)
기업 응용 포털(EAP : Enterprise Application Portal)

나라마다 정부 기관에서 운영하는 포털 사이트도 있다. 대표적으로 미국에는 USA.gov, 유럽 연합에는 유로파(Europa), 영국의 Directgov 등이 있다. 대한민국의 인터넷 포털 사이트 시장은 1990년대 말 인터넷 저변 확대와 함께 이른바 닷컴 열풍으로 급격하게 성장하였다. 그러나 IMF(International Monetary Fund) 외환위기를 겪음과 동시에 시장의 거품이 빠지면서 지나치게 과열되었던 경쟁 구도는 구조조정을 거치기 시작했다. 2021년 12월 기준으로는 네이버(56.10%), 구글(34.73%), 다음(5.46%), bing(1.02%), ZUM(0.42%) 순이었다.[3]

3) https://shiningbunny.tistory.com/70

[그림 2-9] 네이버와 구글의 메인 페이지

한편 인터넷 포털이 입법부, 사법부, 행정부, 언론에 이어 제5의 권력 기관으로 부상할 정도로 사회적 영향력이 커지자 이에 부응하는 사회적 책임에 더 적극적으로 나서야 한다는 목소리가 지속해서 나오고 있다. 예컨대 악성 댓글 자율 규제가 있다. 네이버는 일부 사용자들의 악성 댓글 남발을 막기 위해 이용자당 하루 댓글 작성 수를 20개로 제한하고 욕설은 물론 음란한 단어 등을 금칙어로 지정하는 등 악성 댓글 사전 방지에 힘을 쏟고 있다. 또한, 댓글에는 '댓글 지수'를 도입해 특정 댓글 지수 이하의 댓글은 화면에 뜨지 않도록 자동적으로 조절하는 방안도 마련했다. 아울러 네이버는 최근 댓글 모니터링도 대폭 강화했다. 모니터링 요원이 3교대로 각 게시물을 모니터링하고 있으며, 심각한 이슈가 발생했을 경우에는 댓글 작성을 원천 차단하는 등 근본적인 예방 대책을 도입하기도 했다.

4. 서비스 사업 모델

지적재산권(IPR: Intellectual Property Rights)

인터넷을 통한 서비스 사업 모델은 온라인 정보 서비스(on-line information service)에서 출발하였다. 공중 교환 회선, 전용 회선 또는 인터넷을 통한 온라인 데이터베이스를 제공하고 데이터베이스 이외에도 이메일, 전자 게시판, 전자 회의, 인터넷 뉴스그룹 등의 서비스를 제공하는 사업을 정보 서비스라고 불렀다. 여기서 제공되는 데이터베이스는 크게 학술과 문헌, 법률과 판례, 과학 · 기술, 지적재산권(IPR: Intellectual Property Rights), 산업 · 경제 · 금융 등의 전문 정보를 축적한 전문 정보 데이터베이스와 일반 뉴스를 중심으로 하는 기상, 스포츠, 쇼핑, 여행 · 관광, 공영 등의 소비자 정보 또는 개인용 컴퓨터 관련 하드웨어와 소프트웨어 정보 등 다양한 주제의 정보를 축적한 일반 정보 데이터베이스로 분류할 수 있다. 대부분의 온라인 정보 서비스는 데이터베이스 이외에 이메일 서비스를 제공한다.

온라인 정보 서비스에서 출발한 인터넷 서비스 사업은 새로운 비즈니스 모델의 발굴과 함께 지속해서 성장했으며, 국내에서는 게임 산업 분야의 온라인 게임 서비스, 교육 시장에 큰 변화를 가져온 이러닝 등을 대표적인 성공사례로 꼽을 수 있다. 이외에도 온라인 멀티미디어 콘텐츠의 제공으로 수익을 창출하는 엔터테인먼트 산업이 성장하고 있다.

4.1. 이러닝과 에듀테크

4.1.1 이러닝의 개념

이러닝(Electronic Learning, e-Learning)

이러닝(Electronic Learning, e-Learning, 전자 교육, 전자 학습)은 디지털 기술을 활용하여 언제(anytime), 어디서나(anywhere), 누구나(anyone) 원하는 수준별 맞춤형 학습을 할 수 있는 체제이다. 정의에 대해 다양한 관점이 있지만, 대체로 어떤 특성을 포함하는가에 대해서는 어느 정도 일치된 견해가 있다. 전자 학습은 전통적인 교육의 장과 비교할 때 학습공간과 학습경험이 보다 확대되고, 학습자 주도성이 강화될 수 있는 교육으로 ICT 활용 교육과 같은 의미를 갖는다. 단, 디지털 기술의 발전과 함께 ICT 활용 교육이 학습 환경과 방법, 내용 측면에서 더 확대되고 발전된 형태로 이해할 수 있다.

형식적 측면에서 보면 교육 공간의 확장(오프라인 → 온라인/교실 → 가정, 사회)이며, 인터넷과 같은 디지털 매체를 기반으로 기존 교실 중심의 ICT 활용 교육에서 사이버 공간을 적극적으로 활용함으로써 학습의 장이 가정과 학교 등으로 확장되고 언제, 어디서나 원하는 학습을 자기 주도적으로 하는 학습체제를 의미한다. 방법적 측면에서 중요한 것은 학습자 주도성이 강화되었다는 점이다. 이러닝은 면대면 학습에서 사이버 공간을 활용한 학습으로 학습 장소와 시간의 제약이 약해짐에 따라 학생의 수준별 또는 자기 주도적 학습 활동이 보다 강화된 학습체제를 의미한다. 이러닝이란 말 그대로 전자적 학습방식으로 디지털 기술을 활용해서 사이버 공간을 중심으로 교육 서비스에 대한 접근성을 개선하는 방식이며, 온라인 교육과 비슷한 개념이라고도 할 수 있다.

〈표 2-3〉 이러닝의 정의

학자 또는 단체(연도)	정의
로젠버그(2001)	지식과 수행 향상을 위한 다양한 방식들을 전달하기 위하여 인터넷 기술을 활용하는 것
호톤(2001)	교육 경험을 제공하기 위해 인터넷과 디지털 기술을 이용하는 것
시스코(2002)	정보와 지식을 원하는 사람이 언제, 어디서나 그것에 접근할 수 있도록 해 주는 웹 기반 체제
이러닝 백서(2003)	인터넷 기반으로 학습자가 상호작용을 극대화하면서 분산형의 열린 학습공간을 추구하는 교육
이러닝 산업발전법 제2조(2004.1)	전자적 수단, 정보통신 및 전파 방송기술을 활용하여 이루어지는 학습
교육인적자원부 (2004.9)	정보통신기술을 활용하여 학교, 가정, 지역사회를 유기적으로 연계하고 교수학습의 질을 제고하며, 학생들의 인성, 창의성, 자기주도적 학습능력을 신장시키는 학습체제

CATV(Community Antenna Television)

이러닝은 인터넷, 위성통신, **CATV(Community Antenna Television)** 등 접속이 가능한 곳이면 언제 어디서든 개인 학습이 가능하다. 네트워크 기반을 통해 교육이 제공되고, 상호작용이 일어나며, 촉신되는 모든 형태의 교육을 지칭하며, 컴퓨터 기반(Computer based) 교육, 웹 기반(Web-based) 교육 등을 포함한다.

4.1.2 이러닝의 장단점

이러닝은 자기 주도적 학습활동을 효과적으로 지원하여 수요자가 학습 방법, 시간과 공간적인 제약을 극복할 수 있게 하여 자기 주도적인 학습 설계가 가능하다는 것이 장점이다. 교육자, 교육공간, 특정한 교육 시간의 할애 등을 통해 교육 기회와 대상을 최대화하고 교육대상의 연령, 지역, 시간 등의 제한을 최소화함으로써 가능하다. 그리고 학생의 자유로운 질문이 증가하는 것도 장점이다. 면대면이 아니므로 질문, 발표 때 일어나는 수줍음이나 저항감을 줄임으로써 가능하다. 또한, 이러닝 멀티미디어 콘텐츠를 통해 정보의 제공 및 공유가 용이하고 반복 학습이 가능하다는 장점도 있다.

반면에 이러닝의 단점은 교육 효과에 대해 부정적 시각이 존재한다는 점이다. 전자적 도구가 교사의 몸짓, 표정, 음색을 잘 전해 주지는 못하며, 직접 의사소통을 하지 못하므로 교사의 몸짓, 표정, 뉘앙스, 음색 등을 통한 의사전달과 자극을 받을 수 없어서 학습자를 일일이 통제하기가 어렵다. 또한, 교사의 인격을 전달하고 친근하고도 즉각적인 의사 교환을 하는 상호작용에 어려움이 있고 교우관계의 형성과 교우와의 대화 기회가 적어질 수 있다. 그리고 실험, 실습, 견학 등의 교육이 어려워서 특히 기술을 배우는 과목의 경우 강사의 시범이나 상세한 설명이 미흡할 수 있다.

4.1.3 이러닝 현황과 활용분야

직접 교육장에 가는 것보다 이러닝은 비용이 훨씬 저렴해서 교육 대상의 확대가 가능하다. 국내에서는 이러닝이 재교육, 평생교육 수요에 대응하고 과도한 사교육비를 절감할 수 있게 해주어 지역과 계층 간의 지식격차 해소에 기여하고 있다. 현재 초중고교에서는 교육정보화정책에 따라 이러닝이 빠르게 확산되고 있으며, 교육과학기술부는 e-강의실을 대학에도 계속 확대하고 있다. 대기업뿐만 아니라 중소기업도 사내 직원교육에 이러닝 방식을 도입하고 있으며, 평생교육, 사회 재교육도 확대되는 추세여서 전체 이러닝 시장 및 산업 규모도 빠르게 커질 것으로 전망되고 있다.

이러닝이 활용되는 분야는 광범위해서 한의학, 패션 · 미용, 건강관리 등 교양 강좌, 초중고등교육, 학위 취득을 위한 과정, 각종 자격시험에 대비하는 자격시험 대비, 외국어 학습, 온라인 과외 등과 함께 국제공인자격증을 취득하거나 취업, 전직, 승진 준비 등 매우 광범위하다 할 수 있다. 이러한 이러닝은 시간과 공간 제약 없이 우수한 전문 교육을 서비스할 수 있다는 장점이 있어 사이버 보험연수원, 사이버 외교관 교육, 영어 전문가 과정, 음악치료, 아동교육, 임상영양, 향장미용, 국제회의, e-비즈니스, 실버산업, 특수교육, 박물관 · 미술관학 전문가 과정 등에 활용되고 있다. 특수교육, 기업체 인력의 재교육 등을 통해 더욱더 많은 사람들에게 교육의 기회를 확대하고 있으며 장애인, 재활치료자를 위한 원격교육, 영양사, 의사, 약사, 간호사, 보건직 공무원, 대중매체 종사자 대상 재교육과정 서비스도 생겨나고 있다. 이와 같이 이러닝은 교육자원에 대한 사회적 접근성을 높이고 열린교육 및 평생교육을 가능하게 할 것이다.

4.1.4 이러닝의 진화, 스마트러닝(Smart Learning), 이트레이닝(e-training)

스마트러닝

스마트러닝이란 스마트형 디지털 기술을 학습 활동에 접목하여 학습 원천정보에 가장 손쉽게 접근할 수 있고, 학습자 간, 학습자-교수자 간 상호작용을 효과적으로 지원하며, 자기 주도적인 학습 환경 설계를 가능하게 하는 학습자 주도형의 인간중심적인 학습 방법으로 정의할 수 있다. 미국의 교육미래재단에서 발표한 미래 학습의 창조(미래교육 2020 보고서)에 따르면, 2020년의 교육 환경은 경제와 사회의 변화로 인해 전통적인 교육이 소멸하게 될 것이라고 전망했다. 이 보고서에서 전망하는 교육 변화는 전통적인 교육기관 밖에서 이루어지는데 인터넷, 모바일 등 각종 기기와 기술의 변화에 영향을 받은 교육 수요자의 욕구 변화에 기인하며, 이에 상향식 방식의 변화가 주를 이룰 것이다. 그리하여 교육 수요자가 수동적으로 정보를 전달받는 기존의 방식이 아닌 개방적이면서도 현장에서 바로 연결되는 능동적인 교육 형태가 실현될 것이다.

국내 이러닝 산업은 교육적 당위성 및 산업적 필요성에 의해 정책적으로 육성된 특징을 보인다. 이는 시장 가격이 정책에 의해 형성됨으로 인해 산업의 자생력이 저하되고 수익성 악화를 초래한 측면이 있다. 이외에 이러닝의 교육 효과적 한계, 이러닝 시장의 낙후성, 교육 패러다임의 변화, 스마트기기와 기술의 확산 등으로 인해 자연스럽게 이러닝의 새로운 접근이 요구되는 실정이다(노규성 외, 2010). 즉, 이러닝의 패러다임 변화가 요구되는 가운데 등장한 스마트러닝은 이러닝의 한계를 극복하고 산업의 질적 성장을 도모할 것으로 기대하고 있다.

이트레이닝(e-Training)

온라인 공개 수업(MOOC: Massive Open Online Course)

한편, 이러닝 산업의 새로운 성장 동력으로 등장한 **이트레이닝(e-Training)**은 직무능력 향상을 위해 PC, 스마트폰, 태블릿 등의 다양한 디바이스상에서 3D, 가상현실, 증강현실 등의 디지털 기술을 활용하여 수행하는 반복 학습 훈련을 의미한다. 이외에도 온라인 공간 안에서 자유롭게 이러닝 콘텐츠를 수강할 수 있도록 한 **온라인 공개 수업(MOOC: Massive Open Online Course)**도 등장하여 스마트러닝 등을 진화시키고 있다.

4.1.5 에듀테크

에듀테크

이러닝은 최근 4차 산업혁명 신기술 대두에 따라 **에듀테크**로 진화하고 있다. 에듀테크란 교육과 기술의 합성어로 전통적인 교육과 미디어, 디자인, 소프트웨어, VR, AR, 3D 등 디지털 기술이 융합하여 완전히 다른 새로운 학습 경험을 제공하는 것을 의미한다. 즉, 교육 분야에 주요 디지털 기술을 융합하는 것을 의미하는데, 인공지능, 빅데이터, 증강현실, 사물인터넷, 클라우드 등과 융합을 통한 교육의 효과성을 제고하고자 한다. 이러한 에듀테크는 개인별 맞춤 학습이 가능하다는 장점이 있다. 그리고 빅데이터를 활용하여 효율적인 분석과 피드백이 가능하며, 마이크로 러닝으로 학습 흥미를 유도한다는 장점이 있다(노규성 외, 2019).

최근의 에듀테크 기술 및 콘텐츠는 VR/AR 기반, 게임 기반, IoT 물리적 시뮬레이터 학습 기반의 3가지 유형으로 분류할 수가 있다. 먼저, VR/AR 기반은 실감형 콘텐츠를 활용해서 몰입형 교육이 가능하다는 장점이 있어서 우리가 쉽게 접할 수 없는 바닷속 탐험, 곤충 생애주기 등의 경험 기반 교육에 유용하다.

그리고 게임 기반은 재미와 몰입을 학습자에게 제공함으로써 학습을 더욱 재미있게 해주고 이를 통해 학습 동기를 유발하고 자발적인 참여를 이끌어낼 수 있다는 장점이 있다. 이를 통해 역사 체험을 위한 시뮬레이션이나 수학적인 문제 해결 기반 교육에 유용하다고 할 수가 있다.

마지막으로, IoT 물리적 시뮬레이터 학습 기반은 눈으로만 보는 것이 아닌 손으로 만지는 방식의 교육으로 저 연령의 아이들에게 적합한 교육 방법이다. 물리적 체험이 필요한 물리 교육, 코딩 교육 등에 유용하다고 할 수 있는 방법이다(백정열, 2018).

4.2 전자책

4.2.1 전자책의 개념

전자책(e-book)

전자책(e-book)은 디지털로 처리된 출판 콘텐츠를 컴퓨터, 휴대폰, PMP, 전자사전이나 전용단말기에서 볼 수 있게 만든 것을 말한다. 전자책은 책의 내용을 디지털 파일로 만들어 음악 파일(MP3)처럼 유·무선통신을 통해 다운로드해서 이용하는 형태를 취한다. 전자책은 PC나 휴대폰, PMP 등으로 파일을 다운로드해서 전용 뷰어로 보는 형태와 전자책 단말기로 보는 두 가지 형태가 있다. 단말기는 다시 전용단말기와 범용단말기로 나누어진다. 전용단말기는 전자책을 읽을 수 있게 특화된 단말기로서 아마존의 킨들이나 삼성전자의 전자책 단말기, 아이리버의 전자책 단말기 등이 있다.

전자책의 대부분 이페이퍼(e-Paper)를 채용한 것이 특징이다. 범용단말기는 아이폰(iPhone)과 같은 스마트폰(Smart Phone), PMP(Portable Multimedia Player), 넷북(Netbook) 등 전자책(e-book) 기능이 부가돼 있어 전자책을 이용하는 데 큰 불편이 없는 기기를 의미한다. 그간 전자책은 종이책을 그대로 단말기로 보이게 만든 개념에 가까웠다. 킨들이나 삼성 전자책 단말기에서 볼 수 있는 전자책은 대부분 종이책의 내용과 디자인을 그대로 화면으로 볼 수 있게 만든 것이다. 그러나 최근 전자책의 개념은 책, 신문, 잡지, 블로그를 이용할 수 있는 서비스뿐만 아니라 오디오북, 전자사전, TTS(Text To Speech), 인터넷 검색 등의 서비스를 포괄하는 개념으로 확대되고 있다.

전자책은 인쇄와 물류비용이 들어가지 않기 때문에 종이책에 비해 대개 50% 이상 저렴하다. 그리고 전자책은 책의 정형성에서 탈피하여 멀티미디어 기능을 사용하도록 제작할 수 있으며, 콘텐츠의 수정 및 추가에 따른 신속한 업데이트와 이에 따른 최신 정보의 유지가 가능하다. 이러한 장점에 힘입어 전자책은 기존 출판 시장의 대체 · 보완이 아닌, 새로운 출판 시장을 형성해가고 있다. 전자책 비즈니스는 출판 콘텐츠에 기반한 비즈니스 블루오션인 것이다(김원제, 2010).

2020년 출판시장 통계에 따르면, 국내 출판 시장 규모는 약 4조 8,080억 원으로 전년 대비 감소하였으며, 총 영업이익 역시 약 2,884억 원으로 전년 대비 감소하였다. 반면 전자책 출판은 7,492억 원으로 전년 대비 33.9% 증가한 것으로 파악되었다.

4.2.2 전자책 수익 모델

LCD(Liquid Crystal Display)
LED(Light-Emitting Diode)

아마존 킨들의 성공 원인은 전자잉크(e-ink)를 사용하여 **LCD(Liquid Crystal Display)**나 **LED(Light-Emitting Diode)** 모니터보다 오랜 시간 책을 읽어도 눈이 피곤하지 않으며, 한 번의 충전으로 7일을 사용할 수 있고, 무료 무선통신을 제공하여 전자책을 구매할 때 별도의 통신료가 들어가지 않게 배려했기 때문이다. 또한, 책값은 종이책의 1/2에서 1/3 가격인 9.99달러로 책정하였고, 단말기의 가격은 399달러에 판매하였다. 그 결과 2009년 킨들의 판매량이 3백만 대에 육박한 것으로 알려졌으며, 덩달아 전자책의 판매량도 급성장하였다. 아마존은 킨들과 전자책 콘텐츠의 판매 호조로 매출액과 순이익이 대폭 늘어났으며, 킨들은 비즈니스위크(BusinessWeek)지가 발표한 2009년 최고의 기술 제품(Tech Gadgets) 1위를 차지했다(김원제, 2010).

[그림 2-10] 아마존 킨들

*자료원: https://www.amazon.com

2014년 7월 아마존은 '킨들 언리미티드(Kindle Unlimited)' 서비스를 시작하였다. 사용자들이 월 9.99달러를 지불하면, 아마존에 소장된 70만 권 이상의 전자책과 수천 권의 오디오북을 마음대로 골라서 무제한 이용할 수 있는 서비스이다. 2014년 9월 출시한 새 전자책 '보이지(Voyage)'의 경우는 "종이책보다 가독성이 좋다"는 평이 뉴욕타임스에 게재되기도 했다.[4)]

현재 아마존 킨들은 5세대(2021년 9월 기준)를 기준으로 일반 모델, 시그니처 모델, 광고가 있는 모델, 광고가 없는 모델 등의 버전이 있으며, 가격도 139.99~249.97달러의 가격대를 책정하여 다양한 소비 계층을 흡수하려고 노력하고 있다. 스마트폰의 등장으로 전자책 시장이 나날이 커지고 있다. 이에 유료 콘텐츠 판매뿐 아니라 다양한 비즈니스 시도가 늘고 있다. 한 예로 스마트폰 전자책에 광고를 붙여서 콘텐츠를 무료로 배포하는 방법이 등장했다. 스마트폰 전자책 회사 '북팔(www.bookpal.co.kr)'은 양질의 콘텐츠를 만드는 작가들을 규합하여 그들의 글을 적절한 분량으로 엮어서 전자책으로 만들되, 이를 직접 판매하지 않고 광고를 붙여 무료로 배포하는 방식으로 시장을 확대하고 있다.

스마트폰 사용자들은 광고를 보는 대신 무료로 양질의 전자책 콘텐츠를 볼 수 있

4) http://biz.chosun.com/site/data/html_dir/2014/12/31/2014123102302.html

고 저자들은 전자책이 다운로드되는 만큼 계속해서 수익을 얻는다. 이런 모델은 작가로서 지명도는 떨어지지만, 좋은 글을 쓰고자 노력하는 많은 사람에게 창작의 열정을 살릴 기회를 준다는 점에서 상당히 매력적이다.

현재 유료로 제공되는 웹소설 플랫폼은 카카오페이지, 문피아, 조아라, 북팔 등이 있다. 이 중에서 가장 큰 웹소설 플랫폼인 카카오페이지에는 3,000개가 넘는 웹소설이 연재 중이며, 하루 최대 거래액은 6억 2,000만 원 정도라고 한다. 물론 웹툰과 합산된 금액이지만, 독자들이 연간 2,000억 원을 웹소설과 웹툰을 보려고 투자하고 있다는 점이다. 예를 들면, 외전까지 총 188편으로 쪼개져 있는 〈황제의 외동딸〉 전편을 보려면 3만 원 정도가 필요하다. 적지 않은 비용이지만, 소비자들은 기꺼이 지갑을 열고 있다. 수익률의 배분은 작가와 플랫폼 운영사가 7대 3으로 하는 경우가 보편적인 것으로 알려져 있다.

2013년 서비스를 시작한 네이버 웹소설은 무료로 제공되지만, 작가나 작품에 따라서 별도의 대여료를 받기도 한다.[5] 월간 실사용자 수는 약 680만 명 정도이며, 그 추세도 갈수록 늘고 있다. 2018년 2월 기준으로 웹소설의 누적 조회 수는 130억 건이다. 네이버는 소속 웹소설 작가에 원고료를 주는 형태로 운영하고 있으며, 2018년 2월 기준으로 248명의 작가가 있고 400편의 작품이 연재 중이다. 국내 웹소설 시장 규모는 2020년 기준 6,000억 원 이상으로 파악된다. 한편, 카카오페이지의 아마추어 리그(챌린지 리그)를 합하면 작가만 28만 명이고, 제공되는 작품만 44만 편이 된다.[6]

4.3 온라인 영화

4.3.1 온라인 영화의 개요

DVD(Digital Video Disc)
렌털(rental)

디지털 콘텐츠 중에서 가장 성장 가능성이 높은 콘텐츠는 영화이다. 기존의 콘텐츠를 온라인상에서 스트리밍으로 서비스를 제공하는 것이 바로 온라인 영화이다. 영화사는 우리나라 양대 포털인 네이버와 다음에서 정식 서비스를 개시하였다. 상영관 중심의 영화 수익 모델에서 죽어버린 **DVD(Digital Video Disc)** 및 **렌털(rental)** 시장을 대처할만한 신규시장으로써 온라인을 택한 것이다. 이러한 흐름은 국내뿐 아니라 해외에서도 이루어지고 있는 만큼 성장 가능성은 매우 높다고 할 수 있다.

---

5) 네이버는 웹소설을 무료로 제공하고 있지만, 광고와 판권으로 수익을 얻는 구조이다.

6) https://news.joins.com/article/22342889

2021년 디지털 온라인 시장 매출[7]은 3,838억 원으로 2020년 대비 15.0%가 감소하였다. 극장 외 시장 매출은 TV VOD와 인터넷 VOD, DVD 및 블루레이 시장, TV 채널 방영권 총 4개 영역을 집계하였다. TV VOD 시장의 매출액은 전년 대비 26.4% 감소한 2,479억 원이었다. 전체 극장 외 시장 매출 규모에서 차지하는 비중은 64.6%로 전년 대비 10.0%p 감소했다. OTT 서비스(영화 부문)와 웹하드 매출을 합한 인터넷 VOD 시장의 매출액은 총 1,067억 원으로 전년 대비 35.4% 증가하며 유일한 상승세를 보였다. 전체 극장 외 시장에서 차지하는 비중도 전년도 17.5%에서 27.8%로 증가했다. DVD 및 블루레이 시장 매출액은 60억 원, 2020년부터 집계하기 시작한 TV 채널 방영권의 영화 매출은 232억 원으로 집계됐다. 이는 각각 전년 대비 38.1%, 11.1% 감소한 수치이다.[8]

4.3.2 온라인 영화 수익 모델

넷플릭스(Netflix)는 1997년 8월 29일 캘리포니아주 스콧츠 밸리에서 리드 해스팅스와 마크 랜돌프가 설립한 미국의 주문형 인터넷 엔터테인먼트 서비스 분야의 세계적 선도 기업으로, 한국에는 2016년 1월에 진출하여 현재까지 서비스를 제공하고 있다.

넷플릭스 회원들이 오리지널 시리즈, 다큐멘터리, 드라마 등 다채로운 콘텐츠를 향유하는데 들이는 시간은 하루 평균 1억 2천 5백만 시간 이상으로 알려져 있다.

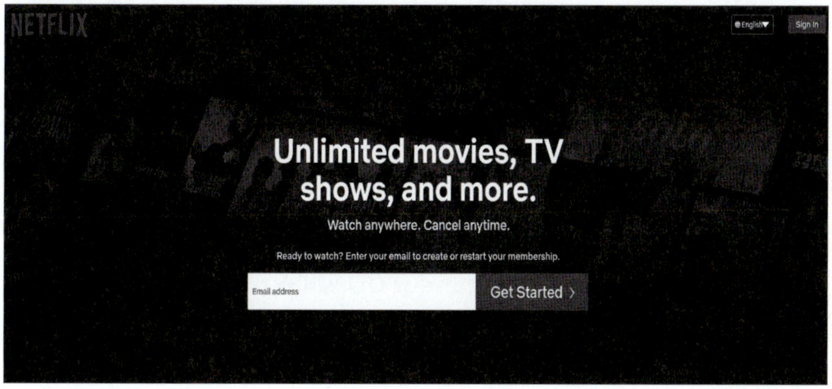

[그림 2-11] NETFLIX

7) 2020년부터는 디지털 온라인 시장을 극장 외 시장(non-theatrical market)으로 명명하기로 했다.
8) 영화진흥위원회, 2021년 한국영화산업 결산보고서, 2022

또한, 넷플릭스의 모든 콘텐츠는 인터넷 연결이 가능한 모든 디바이스에서 언제, 어디서나 즐길 수 있다는 장점이 있다. 넷플릭스는 전 세계 2억 2,200만 가구가 가입되어 있으며, 베이직, 스탠다드, 프리미엄의 3가지 멤버십을 제공하고 있어 고객 맞춤형 스트리밍 서비스를 제공하여 소비자 만족도를 높이고 있다.

넷플릭스는 기존의 영화업계와는 다른 전략을 구사하고 있다. 번들링(묶어팔기)과 구독 경제(Subscribtion)를 결합한 새로운 가격 차별화 전략이라는 3개의 축을 통해 새로운 비즈니스 모델을 창출한 것이다. 넷플릭스의 이러한 성공은 기존의 영화업계에도 영향을 미치고 있다. 디즈니와 폭스의 수평적 합병, 워너브러더스와 AT&T의 수직적 합병은 넷플릭스 번들 영화 판매 전략을 이용하기 위해 설계되었다. 더 많은 스튜디오가 새로운 비즈니스 모델을 채택함에 따라 수익성 측면에서 번들링이 어떻게 사업의 밑단과 고객 양쪽으로 이익이 되는지 확인이 가능할 것으로 보인다.[9] 한편, 넷플릭스는 2021년 〈오징어 게임〉(한국)을 제작해서 전 세계적으로 이목이 집중되었다.

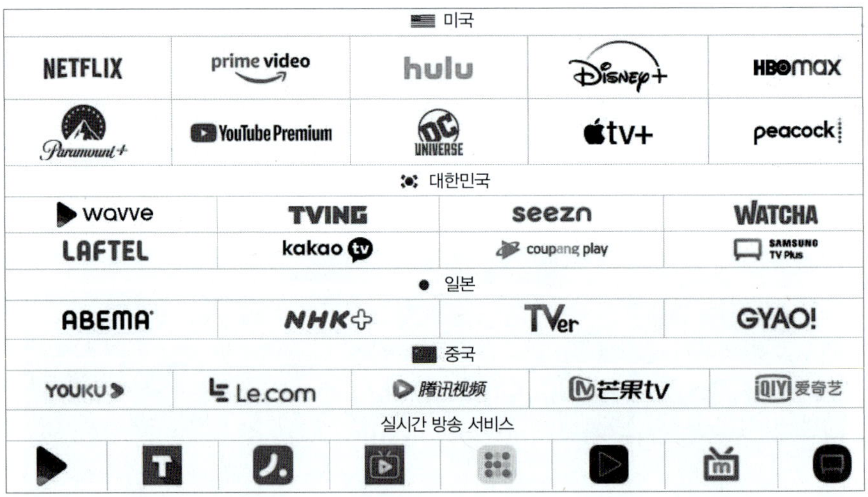

[그림 2-12] 주요 OTT 서비스

*자료원: 나무위키

COVID-19로 인해 비대면과 사회적 거리두기가 일상화 되면서, 넷플릭스 외에

9) https://www.mk.co.kr/news/business/view/2019/03/146645

도 다양한 **온라인 스트리밍 서비스(OTT: Over The Top)**가 등장하고 있다.

온라인 스트리밍 서비스(OTT: Over The Top)

그중에서 대표적인 것이 바로 '디즈니+'이다. 2022년 1월 기준으로 전 세계 1억 2,980만 가구가 가입하였으며, 미국에서는 넷플릭스보다 더 빠르게 성장하고 있다. 이외에도 애플 TV+, wavve, TVING, U+모바일tv, 네이버 TV, 카카오 TV 등이 서비스를 제공하고 있다.

4.4 디지털 음악

4.4.1 디지털 음악의 개요

디지털 음악시장은 디지털 유통시장에 해당하며, 기록 음악을 디지털화한 파일의 형태로 인터넷을 통한 다운로드, 스트리밍 등의 방식에 의해 모바일, 스마트기기 등으로의 유통, 월정액(subscription) 수익이나 광고 베이스 무료 서비스를 포함하고 있다. 디지털 음악시장의 대표적인 서비스 형태는 다운로드(download), **스트리밍(streaming)**, 클라우드(cloud) 방식이 있으며, 이는 다음 표와 같이 분류된다. 음악 라디오-스타일 스트리밍 서비스의 경우, 서비스되는 음악의 저작권자들은 공연권(performance rights)을 통한 로열티(royalty)를 받게 된다.

디지털 음악

스트리밍(streaming)

〈표 2-4〉 디지털 음악 시장의 서비스별 분류

<table>
<tr><th colspan="2">서비스 방식</th><th colspan="2">유통 형태</th><th>시장분류</th></tr>
<tr><td rowspan="7">디지털 유통</td><td rowspan="2">다운로드
(download)</td><td colspan="2">디지털 앨범, 트랙의 영구 다운로드</td><td>디지털 음악</td></tr>
<tr><td colspan="2">디지털 앨범, 트랙의 일시 다운로드</td><td>디지털 음악</td></tr>
<tr><td rowspan="3">스트리밍
(streaming)</td><td rowspan="3">오디오</td><td>On-Demand
(Interactive)</td><td>디지털 음악</td></tr>
<tr><td>Radio-Style</td><td>방송</td></tr>
<tr><td>클라우드(Cloud)</td><td>디지털 음악</td></tr>
<tr><td></td><td colspan="2">비디오(Music Video)</td><td>디지털 음악</td></tr>
<tr><td>모바일
(mobile)</td><td colspan="2">mastertone, ringtone, ringbacktone 등의
모바일 상품</td><td>디지털 음악</td></tr>
</table>

*자료원: 하윤금, 세계 디지털 음악시장의 유통과 수익구조 분석, 코카포커스, 2012-16호(통권64호), 한국콘텐츠진흥원, 2012

국제음반산업협회(IFPI)에 따르면, 2020년 전 세계 음반 산업은 전년 대비 7.4% 성장하며 216억 달러(24조 4,000억 원)의 매출을 기록하였다(IFPI, 2021). 음반 산업 성장의 주요 원동력은 유료 구독 스트리밍 서비스 등 스트리밍 서비스의 매출 증가인 것으로 조사되었다.

온라인 및 디지털 다운로드라고 불리는 제1의 물결이 지나가고 이제 스트리밍 서비스의 제2의 물결이 중요한 시점이 되었다. 세계 음악 시장은 2015년 등장한 애플뮤직(Apple Music)과 유튜브 레드(YouTube Red), 스포티파이(Spotify)의 공격적인 경쟁을 통해 스트리밍 서비스 수익이 디지털 다운로드 서비스 시장 규모에 근접한 것으로 나타났다. 또한, 세계 각국의 모바일 통신사들과 음원 스트리밍 서비스 제공 기업 간의 제휴를 통한 번들링 서비스 또한 스트리밍 서비스 확산에 기여하고 있다.

밈(Meme)

디지털 유행의 코드가 대두되어 플랫폼 이용 형태의 변화가 일어나고 있다. 틱톡(TikTok, 抖音)과 인스타그램 라이브(Instagram Live) 등의 영상 스트리밍 플랫폼을 통해 음악을 소비하는 경향이 증가하고 있다. 틱톡에는 1분 미만의 짧은 영상들이 업로드되고 있는데, 이를 쇼트폼(Short Form)이라고 한다. 또한, **밈(Meme)**[10]과 부캐(부 캐릭터)를 통해서 음악을 소비하는 경향이 증가하고 있다.

'2021 음악 산업백서'에 따르면, 온라인 음악 서비스 유료 이용 방법으로 스트리밍 이용권이 48.2%로 가장 많은 것으로 나타났으며, 스트리밍+다운로드 이용권이 27.4%, 다운로드 이용권이 17% 순으로 나타났다.

[그림 2-13] 온라인 음악 서비스 유료 이용 방법(단위: %)

*자료원: 2021 음악 산업백서

10) 유행하는 요소를 이용해 만든 사진이나 동영상

4.4.2 디지털 음악의 수익 모델

디지털 음악 시장의 경우, 수익의 많은 부분이 저작권 권리에서 발생하므로, 특히 글로벌 유통의 경우 해당 시장의 저작권 현황과 로열티 요율 등을 숙지할 필요가 있다. 디지털 음악 플랫폼에 따른 유통고정과 수익구조를 살펴보면, 다운로드 플랫폼(iTunes, Amazon, Google, eMusic 등), 기간제 다운로드(time-limited or conditional download), 온 디맨드 스트리밍(on-demand streaming) 서비스(광고를 통한 수익 창출), 라디오-스타일 스트리밍 서비스(월정액 혹은 광고-베이스 무료 서비스) 등으로 구분할 수 있다.

iTunes에서 판매된 음악에 대해 수익이 나면 30%는 애플의 몫, 70%는 sound recording의 권리를 가진 음반사(혹은 아티스트)가 수익을 가지게 된다(하윤금, 2012).

음반사: 50%
AFM(American Federation of Musicians): 2.5%
AFTRA(American Federation of Television and Radio Artists): 2.5%
Artist, performer: 45%

*SoundExchange: 인터넷 라디오 방송국의 저작권료 징수를 위해 전미음반협회(RIAA)가 설립한 기관으로서 CRB(Copyright Royalty Board)에 의해 법적 허가를 받아 이루어지는 서비스 사업자들에 의해 지불되는 로열티를 징수하는 유일한 기관임

국내의 경우를 살펴보면, 음원 수익 분배율은 음원 서비스사 40%, 저작인접권자 44%, 저작권자 10%, 실연권자 6%로 알려져 있다. 그러나 44% 중 유통 수수료로 지급해야 하는 20%의 '음원유통사' 몫을 적시하지 않고 있는 요율로 평균적인 음원 유통 수수료율인 20%를 적용해 100분율로 나타내면 실제로 시장에서 배분되는 음원 수익 분배 구조는 음원 서비스사 40%, 음원유통사 8.8%, 저작인접권자 35.2%, 저작권자 10%, 실연권자 6%가 된다. 사실상 저작인접권자(제작사)가 음원 서비스사보다 더 적은 비율로 분배되고 있는 실정이다.

4.5 온라인 게임

4.5.1 온라인 게임의 개요

온라인 엔터테인먼트 산업 중 우리나라에서 가장 크게 시장이 확대되고 있는 분야

온라인 게임(online game)

는 **온라인 게임(online game)**이라고 할 수 있다. 온라인 게임이란 기존의 패키지 게임과는 다르게 온라인상에서만 게임을 하도록 서비스하는 것을 말한다. 온라인 게임은 일회성인 패키지 게임과는 다르게 소비자의 지속적인 욕구를 충족시켜 주어야 하므로 지속적인 업그레이드가 필요하다. 또한, 충성도가 패키지 게임에 비해 높으며, 중독성도 다른 게임에 비해 강한 측면이 있다.

온라인 게임은 크게 두 가지로 나뉘는데 하나는 웹 기반의 온라인 게임과 패키지 형식의 게임에서 발전해 온 온라인 게임으로 분류할 수 있다. 전자는 웹 페이지에 등록된 간단한 형태의 게임이나 웹 페이지를 통해 누구나 쉽게 접근해 할 수 있도록 한 게임을 말한다. 퀴즈퀴즈, 한 게임, 비주얼 고도리, 포트리스 등이 대표적이다. 후자는 PC상에서 구현되던 게임을 온라인으로 옮겨 놓아 오직 온라인상에서만 게임을 할 수 있도록 해 놓은 것이며, 전자의 게임들보다 규모가 크고 전문적이다. 대표적인 게임으로는 울티마 온라인, 리니지, 에버퀘스트, 판타지 포유 등이 있다. 최근 들어 휴대전화를 이용한 모바일 게임이 점차 그 시장을 확대해가고 있는데 이 게임들도 온라인 게임의 범주에 포함되는 게임 장르라고 할 수 있다.[11]

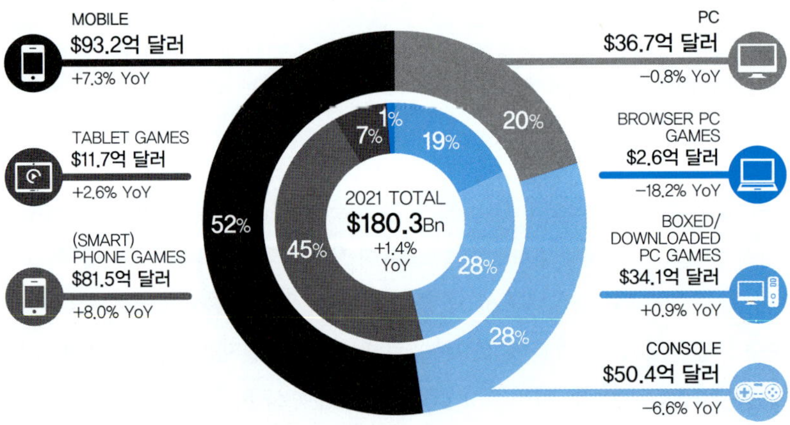

[그림 2-14] 글로벌 게임시장 규모

*자료원: Newzoo, 2021

2022년 전 세계 게임 시장 규모는 약 282조 원(2,220억 달러)으로 이 중 모바일 게임이 절반 이상인 61%를 차지하리라 전망했다. 글로벌 데이터 분석 플랫폼

11) 자료원: http://blog.naver.com/chabyungsu/80114464274

data.ai와 게임 마케팅 정보 기업 IDC가 발간한 보고서(게임 스포트라이트 2022년 리뷰)에 따르면, 모바일 게임의 소비자 지출액은 총 1,360억 달러로 나타났으며, PC 게임(400억 달러), 가정용 콘솔 게임(420억 달러)의 3배 이상으로 나타났다.[12]

	Company	Revenues	Change
1.	Tencent	$8,299M	[illegible]
2.	Sony	$4,342M	[illegible]
3.	Apple	$3,610M	[illegible]
4.	Microsoft	$2,887M	[illegible]
5.	Google	$2,823M	[illegible]
6.	NetEase	$2,435M	[illegible]
7.	Activision Blizzard	$1,921M	[illegible]
8.	Nintendo	$1,589M	[illegible]
9.	Electronic Arts	$1,826M	[illegible]
10.	Take-Two Interactive	$858M	[illegible]
11.	Bandai Namco Entertainment	$802M	[illegible]
12.	CyberAgent	$740M	[illegible]
13.	Nexon	$735M	[illegible]
14. Playtika	Playtika	$654M	[illegible]
15.	37 Interactive	$688M	[illegible]

[그림 2-15] 2021년 3분기 글로벌 상위 15개사 게임 매출

2021년 3분기 게임 산업의 상위 13개 게임 관련 기업은 텐센트(Tencent), 소니(Sony), 애플, 마이크로소프트, 구글, 넷이즈(Net Ease), 액티비전 블리자드(Activision Blizzard), 닌텐도, 일렉트로닉 아츠(Electronic Arts, EA), 테이크-투 인터랙티브(Take-Two Interactive), 반다이 남코(Bandai Namco), 사이버 에이전트(Cyber Agent), 넥슨(Nexon) 순으로 조사되었다.

12) https://www.mk.co.kr/news/it/view/2022/05/464757

4.5.2 온라인 게임 장르

온라인 게임은 각종 네트워크로 하는 멀티 플레이 게임이며, 컴퓨터, 휴대전화, 휴대용 게임기 등 다양한 기기에서 다양한 장르의 온라인 게임을 지원하고 있다. 예컨대 실시간 전략 시뮬레이션의 경우 온라인과 싱글이 모두 지원되는 게임이다. 인터넷 기반의 소비자 전자상거래에서 그 시장이 크게 확대되고 있으며, 온라인 콘텐츠 제공 산업과 게임 산업의 발전을 가져왔다. 컴퓨터 · 비디오 게임 장르는 〈표 2-5〉와 같이 구분한다.

〈표 2-5〉 컴퓨터 · 비디오 게임 장르

장르	게임의 종류
액션	액션 격투 게임(대전형 액션 게임 · 대전형 격투 게임 · 진행형 격투 게임) · 플랫폼 게임(합 앤 밥 · 건 앤 런 · 텀블 팝) · 슈팅 게임(1인칭 슈팅 게임 · 3인칭 슈팅 게임 · 전략 슈팅 게임)
액션 어드벤처	군사 게임 · 서바이벌 호러 · 스텔스 게임 · 시뮬레이션 어드벤처 게임
어드벤처	그래픽 어드벤처 게임(탈출 게임) · 인터랙티브 픽션 · 인터랙티브 무비 · 비주얼 노벨 · 사운드 노벨
롤플레잉	액션 롤플레잉 게임 · MMORPG · MUD · 로그라이크 · 전략 롤플레잉 게임 · 시뮬레이션 롤플레잉 게임
시뮬레이션	건설경영 시뮬레이션 게임(경영 · 도시 · 정부) · 생활 시뮬레이션 게임(디지털 펫 · 갓게임 · 사회 시뮬레이션) · 육성 시뮬레이션 게임 · 기차 시뮬레이션 · 비행 시뮬레이션(전투 비행 시뮬레이션) · 레이싱 게임(시뮬레이션 레이싱 게임) · 우주 비행 시뮬레이션 · 잠수함 시뮬레이션 · 자동차 전투 게임 · 걷는 시뮬레이션
전략 전술	4X · 대포 게임 · 전략 게임(턴제 전략 게임 · 실시간 전략 게임(타워 디펜스 · 멀티플레이어 온라인 배틀 아레나)) · 전술 게임(턴제 전술 게임 · 실시간 전술 게임) · 전쟁 게임
캐릭터 게임	연애 어드벤처 게임 · 연애 시뮬레이션 게임
기타 장르	광고게임 · 미술 게임 · 기독교 게임 · 교육용 게임 · 엑서게임 · 리듬 게임 · 파티 게임 · 프로그래밍 게임 · 퍼즐 게임 · 기능성 게임 · 스포츠 게임 · 고전 게임 · 오디오 게임 · 캐주얼 게임 · 미니게임 · 온라인 게임(웹 게임 · MMOG) · 전통 게임 · 아케이드 게임 · 예술 형식으로서의 비디오 게임 · 아트 게임 · 논게임

4.5.3 모바일 게임 장르

스마트폰, 태블릿 PC, 스마트 패드 등의 모바일(휴대용) 기기를 통해 이루어지는 비디오 게임이다. 그러나 플레이스테이션, 포터블, 닌텐도 DS 등으로 즐기는 핸드 헬드 게임은 모바일 게임이 아니다.

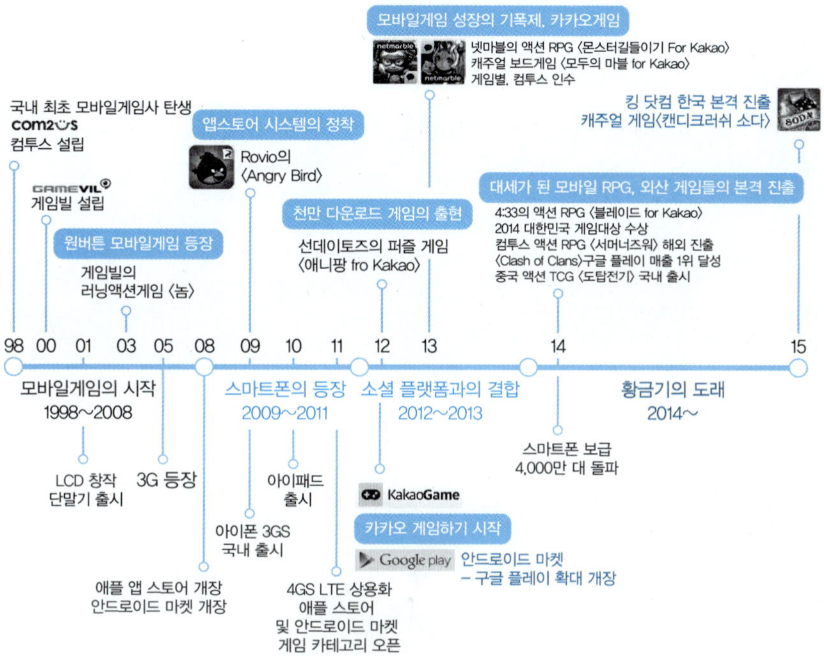

[그림 2-16] 한국 모바일 게임의 역사

*자료원: 모바일게임 시장 분석, 나스미디어, 2015.03.30

한국 모바일게임 시장은 2011년부터 고속 성장을 거듭하여 2020년도의 한국 모바일 게임 시장 매출은 전년 대비 24.28% 증가한 5조 3,291억 원이다. 마켓별 점유율은 구글플레이(77.6%)가 가장 높았고, 전년 대비 거래액 증가는 원스토어(41.1%)가 가장 높은 것으로 나타났다. 모바일 게임 시장 전체 거래액 중 Top 10 게임이 49.9%를 차지하였고, 게임 장르별로는 롤플레잉 게임이 67.9%, 전략 게임이 9.6% 순으로 나타났다. 모바일 게임은 월 2,647만 명이 즐기는 것으로 조사되었고, 이 중 52.8%가 여성으로 조사되었다. 월 사용자 수는 퍼즐/퀴즈가 8,115,956명으로 가장 많았고, 월평균 시간으로는 롤플레잉 게임이 50.6시간/월로 가장 많은 것으로 조사되었다.

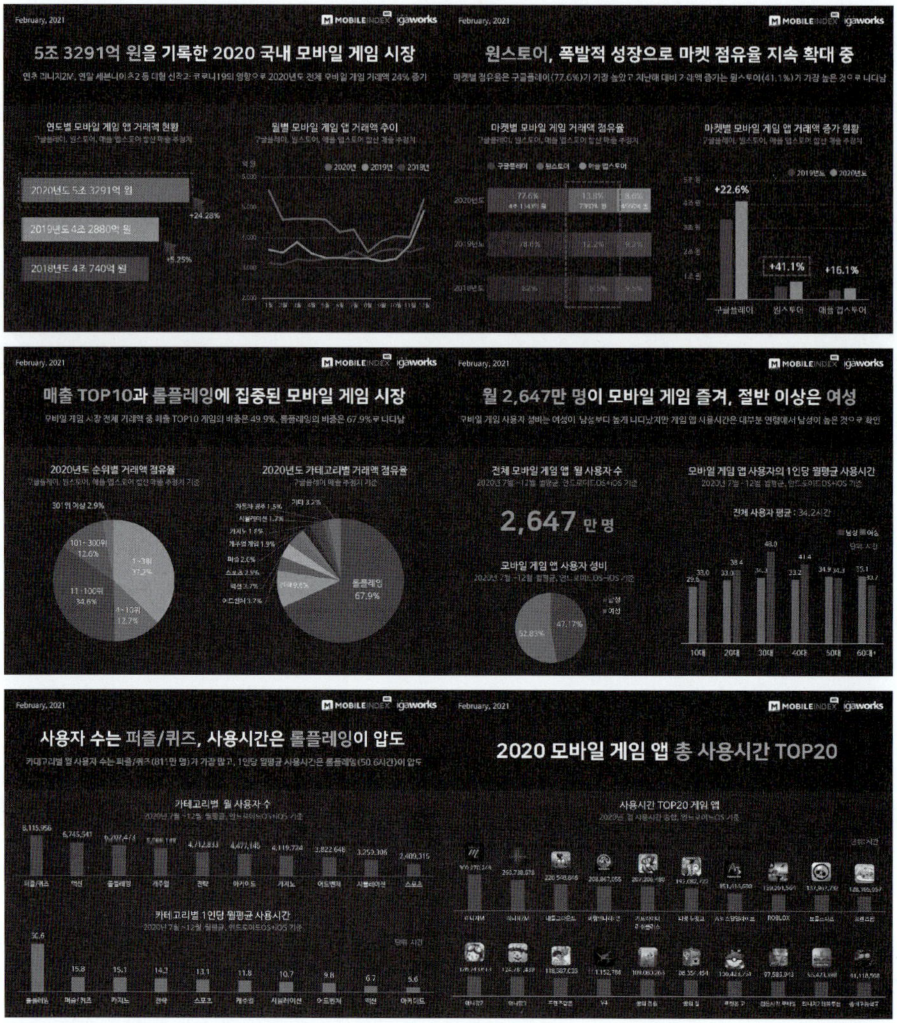

[그림 2-17] 2020 모바일 게임 시장 Overview

*자료원: Mobile Index[13]

4.6 디지털 만화

4.6.1 디지털 만화의 개념

웹 만화(webtoon, web comics)

새로운 매체에 대한 적응 과정의 일환으로 2000년대 중반부터 포털 사이트를 중심으로 '**웹 만화(webtoon, web comics)**'가 만화 향유 문화에 있어서 하나의 주류적 위치에 올라서는 등 몇몇 유의미한 발전이 있었으나 산업적 수익 모델로서는 아직

13) https://hd.mobileindex.com/report/?s=148

초보 단계에 불과했다.

만화의 창작 측면에서 디지털 만화는 태블릿(tablet) PC와 같은 디지털 도구를 이용해 창작하거나, 스캐너를 이용해 디지털 데이터로 변환(디지털화 · 디지털라이징)하여 저장한 만화 일반을 칭한다. 만화의 유통 측면에서 디지털 만화는 데이터 형태로 저장 매체 또는 네트워크를 통해 복제 · 전송되어 독자를 만나는 일련의 만화 형식을 통칭한다. 현재 디지털 만화로 통칭하는 것은 창작과 유통 측면을 혼용하고 있다.

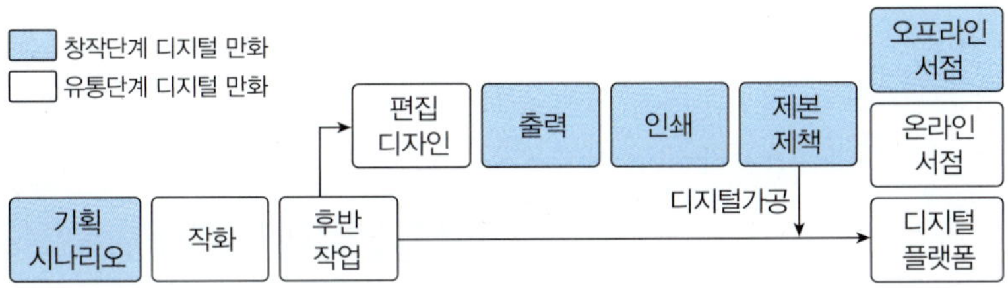

[그림 2-18] 디지털 만화의 기본 개념

현재 디지털 플랫폼 만화는 각각의 감상 단말기 특성에 따라서 웹, 모바일, 전자책, TV 수상기 등으로 나누어진다. 웹 플랫폼의 경우 주로 PC로 구현되지만, 신제품 기기들의 웹 브라우징 기능 발달에 따라서 다른 범주들과 점점 더 겹치고 있다. 〈2009 한국만화연감〉에 따르면 월 유료 온라인 만화 이용자 수는 56만 명가량으로 추산되며, 2008년에 총결산한 유료 이용자는 약 700만 명에 달한다. 주 이용자층은 30~40대이며, 20, 50, 10대가 그 뒤를 잇는 것으로 나타났다. 웹툰은 2003년 이후 무료로 제공하는 것 이상의 모델을 만들어내지 못했다. 2007년 등장했다 1년을 채 채우지 못하고 실패한 〈만끽〉의 유료 웹툰이 현재까지 등장한 실험적 시도의 전부다. 이 말은 곧 무료 독자를 대량으로 유치해 광고 수익을 내거나 이벤트나 주된 콘텐츠의 홍보용 수준으로 유치하는 정도에서 그칠 수밖에 없다는 이야기가 된다.

한국콘텐츠진흥원에 따르면, 디지털 만화에 대한 수요가 빠르게 증가하기 시작하면서 종이(인쇄) 만화 시장에 대한 매출이 감소하고 있는 것으로 나타났다. 세계 만화 산업 시장 규모는 2014년 77억 1,800만 달러에서 2023년에는 80억 6,500만 달러가 될 것으로 보이며, 2014년에 종이 만화는 10억 3,400만 달러, 디지털 만화는 66억 8,300만 달러에서 2023년에는 종이 만화는 22억 9,300만 달러, 디지털 만화는 57억 7,200만 달러가 될 것으로 전망하고 있다.

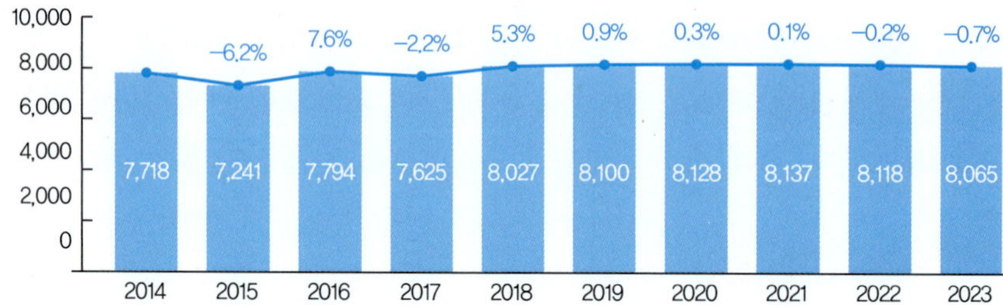

[그림 2-19] 세계 만화 시장 규모 및 성장률(단위: 백만 달러)

*자료원: 한국콘텐츠진흥원(2020). 「2019 해외콘텐츠시장동향조사」

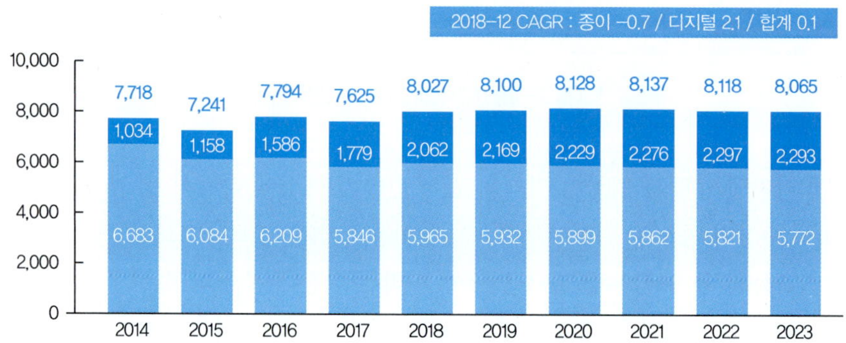

[그림 2-20] 해외 만화 산업 규모 및 성장률(단위: 백만 달러)

*출판시장에 포함. 글로벌 전체 시장 규모가 아닌 PwC 조사 대상 33개국과 한국을 포함한 34개국의 시장 규모
*자료원: 한국콘텐츠진흥원(2020) 「2019 해외콘텐츠시장동향조사」

4.6.2 디지털 만화의 수익 모델

사업모델이라는 개념 자체가 종종 수익 모델과 동의어로 쓰일 정도로, 수익구조는 모든 사업의 핵심요소이다. 디지털 만화 사업의 경우 세부적 변형은 있으나 크게 3가지 범주의 수익원이 현재 매체 기술의 한계 내에서 구현 가능하다. 콘텐츠 과금, 광고, 관련 상품 등이 그것이다. 여기에 기타 방식으로 강제되지 않은 금전거래인 자발적 모금을 추가할 수 있다. 실제 사업 설계에서는 다음에 제시된 수익 모델 가운데 여러 가지를 콘텐츠의 성격과 타깃 층의 소비성향에 따라서 적합한 방식으로 혼용하는 것이 필수적이다.

(1) 콘텐츠 과금

콘텐츠 자체의 감상이나 소유에 대한 가격을 책정하여 거래하는 방식이다. 가장 직관적인 수익 모델이다.

(2) 광고

콘텐츠를 무료 혹은 콘텐츠 과금 기준보다 적은 가격으로 책정하며, 그 대신 콘텐츠 이용을 통해 수집하는 시간과 주목을 다른 기업 주체에게 광고 노출 제공이라는 형식으로 판매하여 수익을 내는 방식이다.

(3) 관련 상품 판매

서비스되는 만화와 관련된 상품 판매로 수익을 올리는 방식이다. 미국의 경우 해당 작품의 로고가 들어간 티셔츠, 머그컵 등의 판매가 비교적 일상화되어 있고(사례: 페니 아케이드), 한국의 경우도 스노우캣, 마린블루스 등의 인기작들이 팬시용품 디자인과 직접적으로 관련된 작가들의 활동에 연동하여 관련 상품을 해당 사이트를 통해 홍보하여 판매수익을 올리고 있다.

(4) 기타: 자발적 모금(팁 시스템)

미국의 개인 작가들 사이에서 종종 활용되는 방식으로, 독자가 자신이 원하는 만큼 자발적으로 지불하는 방식이다. 페이팔 등 간편한 온라인 결제 시스템이 필수적이며, 고정된 수익성은 보장되지 않는다. 한국에서는 마사토끼 등의 작가들이 자신의 블로그에 작품을 공개하고 이런 시스템을 병행하고 있다.

〈표 2-6〉 서비스 유형별 수익 모델

		콘텐츠 과금	맞춤형 광고	고정형 광고	관련품 판매	비고	사례
웹 기반	온라인 만화방	○					네이트만화
	포털 웹툰		○	○			미디어다음
	개인작품 사이트		○	○	○	단행본, 티셔츠 등	마인블루스

앱 기반	개별 작품 앱	○					낢의 사는 이야기
	구독 풀			○			네이버 웹툰뷰어
	스토어 방식 앱	○		○			코믹솔로
기기	e-북	○					킨들그래픽노블
	IPTV	○		○			

*자료원: 글로벌 차세대 디지털플랫폼에서의 만화 수익모델 연구, 한국콘텐츠진흥원, 2010

5. 금융모델

온라인 금융은 컴퓨터나 무선통신기기 등의 도구를 이용하여 뱅킹, 보험, 증권 등 기존의 금융서비스 혹은 새로운 금융서비스를 제공하는 방법으로 정의할 수 있다. 다시 말해 인터넷뱅킹, PC 뱅킹, 온라인 증권, 인터넷 보험 등으로 불리는 모든 전자금융 서비스를 포괄하는 개념이다. 또한 온라인 금융은 플랫폼과 비즈니스 모델에 의해 분류도 가능하다. 플랫폼에 따라서는 PC 금융, 인터넷 금융, 모바일 금융, TV 금융 등으로 분류되며, 비즈니스 모델에 따라서는 금융포털, 전문금융상품공급자, 금융정보비교 서비스, 기업사이트 등 4가지 유형으로 구분된다(금융연구시리즈, 2008).

5.1 인터넷뱅킹

5.1.1 인터넷뱅킹의 개념과 기능

온라인 뱅킹(Online banking)
인터넷뱅킹(Internet banking)
홈뱅킹(Home banking)

e-뱅킹 또는 **온라인 뱅킹(Online banking)**은 전자 금융의 일종으로 전화 회선이나 인터넷 회선을 이용하여 은행과 사용자 간의 금융 업무를 처리하는 금융 시스템이다. 우리나라에서 자주 쓰이는 **인터넷뱅킹(Internet banking)**이란 단어는 온라인 뱅킹의 일부이자 유의어이며, 전화를 이용한 폰뱅킹도 온라인 뱅킹에 포함된다. **홈뱅킹(Home banking**, 문화어: 가정은행업무)도 유의어이다. 인터넷뱅킹을 이용하기 위해서는 은행 창구에 신청해야 한다. 모바일 기기를 활용하는 IC칩 뱅킹의 경

우는 2G폰에서 가능하며, IC칩을 발급받아야 하고 **USIM(Universal Subscriber Identity Module)**[14)]칩 뱅킹의 경우는 3G폰에서 가능하며, 금융거래가 가능한 USIM칩이 있어야 한다. **VM(Virtual Machine)**[15)] 모바일뱅킹의 경우는 별도의 프로그램을 설치하면 된다. 인터넷뱅킹을 사용하기 위해서는 공인인증서를 반드시 발급받아야 한다.

USIM(Universal Subscriber Identity Module)

VM(Virtual Machine)

현재 유료 범용 인증서와 함께 은행거래용 인증서의 무상 발급이 가능하다. 공인인증서 외에도 비밀번호와 보안카드를 발급받아 안전하게 인터넷뱅킹을 할 수 있다. 한편 **OTP(일회용 비밀번호)** 생성기의 보안매체 사용도 권장되고 있다. 소비자가 전자상거래 시 지급결제를 위해 활용하는 인터넷뱅킹의 공통 기능은 다음과 같이 나뉜다.

OTP(일회용 비밀번호)

거래(계좌 이체, 청구, 새 계좌 만들기 등의 금융 거래 수행)
EBPP
지로
투자 판매
대부금
비거래(대화, 온라인 명세서, 수표 연결)
은행 명세서
금융사 관리

5.1.2 인터넷뱅킹의 문제점

한국에서는 보안을 위해 온라인 뱅킹 사이트에 해킹 방지 프로그램 같은 보안솔루션에 의지하여 강제로 설치할 것을 요구한다. 하지만 이는 근본적인 보안 문제의

14) Universal Subscriber Identity Module의 약자로 우리말로는 '범용(汎用) 가입자 식별 모듈'이라고 한다. 가입자 식별 모듈(SIM)이란 유럽의 2세대 통신 방식에서 사용하던 방식으로, 작은 메모리 카드 형태로 생겼으며, 가입자에게 인증과 요금 부과, 보안 기능 등의 다양한 서비스를 제공할 수 있도록 개인 정보를 저장한 것이다(네이버 지식백과).

15) VM 모바일뱅킹은 금융 칩을 내장하지 않은 휴대 전화로도 해당 프로그램을 내려받아 모바일뱅킹을 할 수 있는 서비스이다. 기존의 모바일뱅킹은 은행마다 별도로 발급하는 특정 금융 칩을 장착한 휴대 전화에서만 사용이 가능했으나, VM 모바일뱅킹은 해당 프로그램을 휴대 전화로 내려받기만 하면 은행 거래를 할 수 있다(네이버 지식백과).

해결책이 되지 않을뿐더러 현재 나와 있는 모든 보안 솔루션은 마이크로소프트 윈도에 맞게 작성되어 맥 오에스 텐(Mac OS 10)을 비롯한 다른 운영체제에서 접속을 시도할 경우 액티브엑스에 가로막혀 온라인 뱅킹을 이용할 수 없다. 일부는 개선하고 있지만, 아직도 절반 이상이 다른 운영체제에서의 접속을 지원하지 않는다.

피싱(phishing)

한편, 인터넷뱅킹과 관련하여 피싱과 파밍 피해 사례가 급증하고 있다. **피싱(phishing)**은 사람과 정보를 낚시질하듯 빼낸다는 뜻으로 유명기관을 사칭해서 "비밀번호를 바꿔라", "개인내역을 확인하라"는 식으로 전자 메일을 보낸 뒤, 전자 메일에 첨부된 인터넷 주소를 클릭하면 실제 사이트와 똑같은 위장 홈페이지에 접속하게 되고, 위장 사이트에서 계좌번호, 비밀번호를 비롯한 금융 관련 정보나 개인 정보를 노출하게 된다. 이렇게 빠져나간 정보는 나중에 금융사기에 이용될 수 있다.

파밍(pharming)

파밍(pharming)은 피싱보다 발전된 사기 수법으로 트로이목마와 같은 바이러스를 몰래 설치해 제대로 된 주소를 입력해도 피싱 사이트로 이동시킨다.

금융감독원은 더욱 교묘해지고 나날이 늘어나는 온라인 뱅킹 사기를 막기 위해 안전하게 거래하는 7가지 요령을 다음과 같이 제시했다.

- 잔액조회부터 온라인뱅킹 사이트를 모방한 피싱 공격에 속지 않으려면 잔액을 먼저 조회하라. 피싱 사이트는 잔액조회가 되지 않는다.
- 비밀번호는 서로 다르게 설정하라. 인터넷 사이트 회원으로 가입할 때 설정한 비밀번호와 공인인증서, 계좌 및 카드 비밀번호는 다르게 설정하라.
- 공인인증서는 이동식 저장장치에 보관해야 한다. 최근 공인인증서를 인터넷 편지보관함에 보관했다가 5,000여만 원이 불법 이체되는 사고가 일어났다. 공인인증서는 이동식 저장장치에 보관하는 것이 안전하다.
- 자동 업데이트 기능을 설정하면 해킹 공격을 예방해 주는 보안 프로그램을 패치할 수 있다.
- 문자 서비스를 활용하라. 전자금융거래 이용내역을 실시간으로 알려주는 휴대폰 문자 서비스를 이용하면 피해를 바로 파악할 수 있다.
- 인터넷 사이트에서 신용에 관계없이 즉시 대출을 해준다는 등 상식 수준 이상의 조건을 제시하는 경우 조심해야 한다. 이런 경우 사기일 가능성이 높은 만큼 금융회사의 콜센터 등에 직접 연락해 확인해야 한다.

- 최근 세금이나 범칙금, 보험료 등을 환급해 준다며 예금을 가로채는 사례가 늘고 있다. 정상적인 경우 비밀번호를 요구하지 않는다는 점을 기억해 두자.

5.1.3 인터넷뱅킹을 위한 도구

인터넷뱅킹을 위해서는 인터넷이 가능한 PC나 PDA(Personal Digital Assistant) 등 각종 정보단말기, 전화기, 휴대전화기 등을 도구로 활용할 수 있으며, 최근 몇 년간 정보가전 등 다양한 매체가 등장하여 편리하게 활용되고 있다. PC 외에도 각종 전자기기, 통신기기 활용이 확대되어 인터넷 TV나 인터넷 냉장고 등으로도 은행에서 제공하는 서비스(조회, 계좌이체, 현금서비스 이체, 대출, 자동납부 등) 거래가 가능하다.

전화나 휴대전화를 이용한 텔레뱅킹, 폰뱅킹, 모바일뱅킹이 e-Banking 중에서도 친숙하게 활용되고 있다. 특히 스마트폰의 보급 확대에 따라 모바일뱅킹 이용자가 증가하고 있는데, 모바일뱅킹(스마트 뱅킹, 오픈 뱅킹)의 경우 무선인터넷을 통해 언제 어디서나 간편하게 조회, 송금 등의 은행 서비스를 이용할 수 있고 수수료도 저렴하며 직접적인 결제 수단으로도 활용되고 있으나, 보안성 문제가 여전히 존재하여 이를 해결하기 위한 기술 개발과 함께 법 제도적인 보완이 강구되고 있다.

5.1.4 모바일 뱅킹

2021 상반기 현재 국내은행의 인터넷뱅킹(모바일뱅킹 포함) 등록 고객 수는 1억 8,657만 명으로 전년 말 대비 5.6% 증가하였으며, 모바일뱅킹 등록 고객 수는 1억 4,580만 명으로 7.9% 증가하였다. 2021년 상반기 중 국내은행의 인터넷뱅킹(모바일뱅킹 포함, 일평균)을 통해 자금이체 및 대출신청서비스를 이용한 금액 및 건수는 68.0조 원, 1,703만 건으로 전년 하반기 대비 각각 8.6%, 10.3% 증가하였다. 모바일뱅킹(일평균) 이용 금액 및 건수는 12.6조 원, 1,405만 건으로 전년 하반기 대비 각각 19.8%, 13.3% 증가하였고, 전체 인터넷뱅킹 이용 실적 중 모바일뱅킹이 차지하는 비중은 금액 및 건수 기준으로 각각 18.5%, 82.5% 수준으로 상승세가 지속되고 있다.

5.2 사이버 증권거래

5.2.1 사이버 증권거래의 개념과 기능

e-Trading
Cyber Trading

사이버 증권거래는 온라인 증권거래, 인터넷 증권거래, 홈 트레이딩 또는 영어로는 **e-Trading**, **Cyber Trading** 등의 유사한 용어로도 불리고 있다. 사이버 증권거래(cyber trading)는 컴퓨터에 증권사가 제공하는 CD를 깔거나 인터넷, PC통신, 일반 유선전화를 이용해 객장에 나가지 않고 가정이나 사무실에서 증권을 사고파는 거래 형태를 말한다. 주가와 시세를 실시간으로 보면서 주식은 물론, 선물 옵션도 거래할 수 있어 이용량이 크게 느는 추세이다. 특히, 회사원, 가정주부, 대학생 투자자로부터 큰 인기를 얻고 있다. 인터넷은 물론, 일반전화를 이용한 사이버 거래가 지속해서 증가하고 있으며, 최근엔 스마트폰 등 휴대전화를 통해서도 주식을 사고팔 수 있는 서비스가 등장했다. 증권사들이 사이버 거래 수수료를 내리면서 이용자가 급증해 현재 대부분 투자자가 사이버로 주식투자를 하고 있다. 사이버 거래 수수료는 거래대금의 0.1%로 일반 주식거래의 5분의 1 수준이다. 증권사들은 사이버 투자자를 모으기 위해 재테크 상담, 이메일 서비스 등 각종 부가 서비스 경쟁을 벌이고 있다. 우리나라의 경우 개인투자자의 비중이 크고 단기적 투자성향이 있어서 사이버 증권거래 규모 면에서 세계 최상위 수준을 나타내고 있다.

사이버 증권거래의 역사를 살펴보면 미국에서 E*Trade(미시간주에 사는 Bill Porter라는 외과 의사 투자자가 설립)라는 PC통신을 통한 온라인 증권거래가 1992년에 시작되었으며, 인터넷을 통한 거래는 1994년부터 본격적으로 도입되었다. 우리나라의 경우 1997년 PC통신에 의한 증권거래가 처음 시작되었으며, 인터넷을 통한 사이버 증권거래는 1998년 말부터 주식시장 활황과 함께 빠르게 보급되기 시작하였다. 이 당시 겟모아, 이트레이드, 키움닷컴 등 사이버 영업을 주로 하는 증권사도 등장하였으나, 현재 사이버 증권거래는 증권회사의 시스템을 통해 주로 거래가 이루어지고 있다.

지난 10여 년간 이루어진 인터넷의 급속한 확산은 사이버 투자자들이 증권거래를 더 간편하게 할 수 있게 하였다. 비교적 적은 비용으로 즉시성, 유연성, 쌍방향성의 특성을 제공하므로 일반인들의 접근이 쉬워졌다. 고객의 요구가 증권 비즈니스의 전략을 바꾼 것이다. 증권회사 객장에 나가지 않고 거래가 가능하고, 계좌이체가 가능하면서 일대일 대면 없이 실명 확인 이외의 업무는 사이버상에서 구현되고 있다. 결국, 사이버 공간을 통한 즉시성과 쌍방향성에 의한 고객의 요구가 증가하여 사이버 증권거래량을 증가시킨 것이다.

편리성에 기반한 사이버 투자자들의 요구가 시간과 공간에 대한 비용을 감소시켰을 뿐만 아니라 증권사 역시 업무처리가 간소화되어 원가절감의 효과를 가져왔다. 사이버 주식거래가 급증하는 배경은 편리성이라 할 수 있지만, 무엇보다도 성장을 이끈 원동력은 저렴한 수수료이다.

5.2.2 사이버 증권거래의 문제점

사이버 증권거래의 장점으로 거래의 편리성과 시간 절감, 저렴한 수수료와 정보 취득의 용이성 등을 들 수 있고 사이버 증권거래 규모가 확대되었지만, 제도적인 장애 요인도 있다. 금융실명제로 계좌개설을 위해서는 창구에 나와 대면해서 실명을 확인해야 하며, 시스템으로 인한 장애 요인은 투자자의 피해를 발생시킨다. 사이버 거래의 급속한 증가로 주문이 몰려들 경우 컴퓨터 시스템 장애로 제대로 소화하지 못하면 투자자의 의도와는 무관하게 피해를 보는 상황이 발생할 수도 있다. 그리고 비밀번호 관리 등 보안상의 문제와 매매 시 통신상의 문제 등도 제기될 수 있다.

사이버 증권거래 규모가 계속 확대되면서 사용자가 안심하고 활용할 수 있는 환경 조성의 필요성이 대두되었다. 사이버 증권거래 사용자는 여전히 해킹의 위험과 보안 문제를 가장 우려하는 것으로 나타나고 있다. 한편 투기의 조장, 시스템 장애 시의 문제, 사이버 투자사기 등의 우려도 가지고 있는 것으로 보인다. 많은 사이버 증권거래 사용자들이 데이트레이딩에 집착하며, 인터넷 중독의 일종으로 집이나 직장에서 모니터상의 시황정보만 바라보며 시간을 낭비하는 것도 문제이다.

사이버 증권거래 사이트들은 편리하고 신뢰성 있는 사이버 거래서비스 제공을 위해 더욱 노력해야 한다. 보다 광범위한 서비스와 수준 높은 정보의 제공 그리고 혁신적인 상품의 개발이 가속할 것으로 전망된다. 현재 모든 증권회사는 전자서명 공인인증 서비스를 사용하여 사이버 증권거래에서 고객의 신원 확인, 거래 내용의 위조, 변조 방지 및 거래 사실의 부인 방지를 위한 사이버트레이딩 시스템을 구축하여 서비스하고 있으나, 거래의 신뢰성과 안전성을 유지하기 위한 노력을 지속하여야 한다.

[그림 2-21] 사이버 증권거래 사이트

5.3 온라인 보험

온라인 보험

온라인 보험이란 보험설계사 없이 자기 스스로 보험을 설계하고 온라인으로 직접 가입하는 보험을 말하며, 별도의 점포 운영비와 설계사 수수료가 발생하지 않기 때문에 보험료를 낮추는 장점이 있어 최근 들어 많이 활성화되고 있는 보험 상품이다. 2012년 11월 7일 금융위원회가 디지털 기술 발달과 비대면 채널에 대한 수요 증대 등을 고려해 기존 종합보험사가 전문화 · 특화된 형태의 보험사를 자회사로 설립하는 경우 신규 진입을 허용한다고 발표하면서 많은 보험사의 온라인 진출이 활발해졌다. 온라인 보험 상품은 가입 절차가 간편할 뿐 아니라 설계사 수수료 비용 등의 사업비가 절감되기 때문에 보험료도 10~15%가량 저렴해지는 장점이 있다. 이에 따라 그동안 대면 채널과 방카슈랑스 채널에서만 상품을 판매하던 생명보험사가 앞다퉈 온라인 시장에 문을 두드릴 것으로 보인다. 교보생명은 국내 최초 인터넷 전업 생명보험사 교보라이프 플래닛 생명보험을 설립하였으며, 2015년 4월 생명보험업계에서는 최초로 모바일 보험가입 서비스를 시작하였다. 기존에는 설계사나 PC, 전화 등을 통해 보험 가입이 가능했지만, 스마트폰으로 보험 가입에서부터 청약까지 원스톱(one-stop)으로 가능해졌다.

원스톱(one-stop)

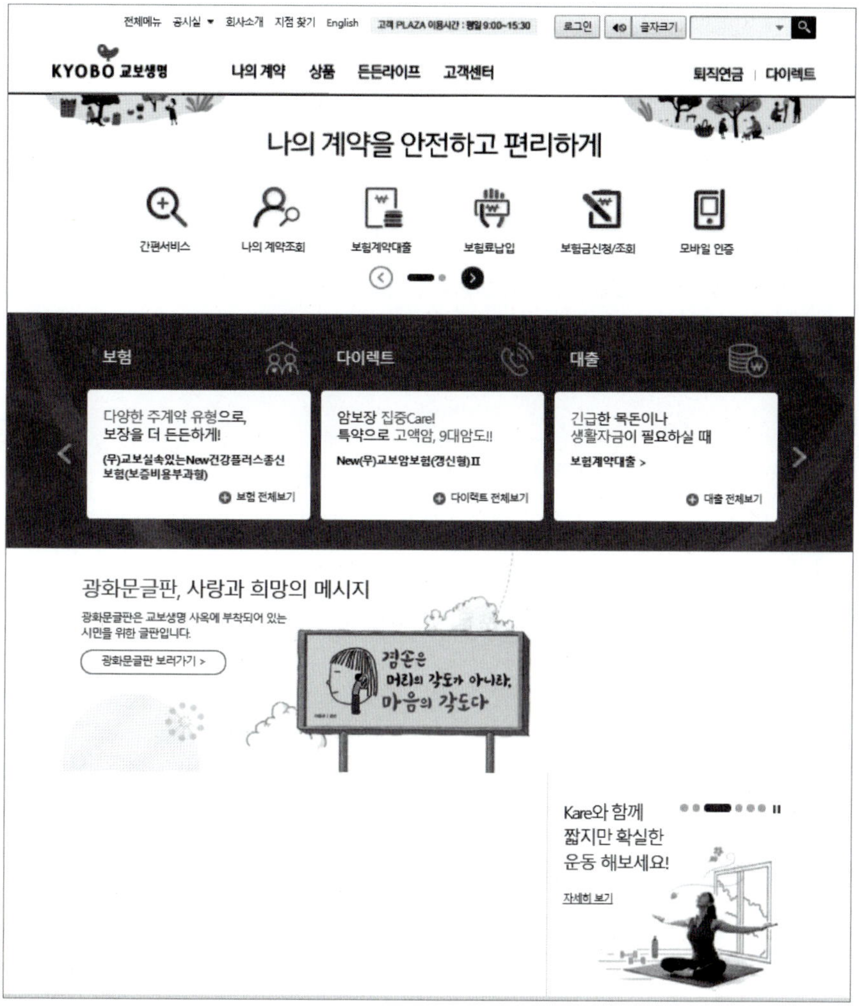

[그림 2-22] 온라인 보험 사이트

보험 산업에서도 디지털 전환이 가속화되면서 온라인채널에 대한 관심이 높아지고 있지만, 일부 보험 상품에 대해서만 온라인 판매가 이루어지고 있다. 보험 판매채널은 대면채널과 비대면채널로 나뉘며, 비대면채널은 TM채널과 온라인채널로 나눌 수 있다. 비대면채널은 소비자가 설계사와 대면하지 않고 보험에 가입할

TM채널

온라인채널(CM채널)

수 있는 판매채널로 전화, 홈쇼핑을 통해 보험에 가입할 수 있는 TM채널과 인터넷, 모바일을 통해 보험에 가입할 수 있는 **온라인채널(CM채널)**로 나눈다(박희우, 2021).

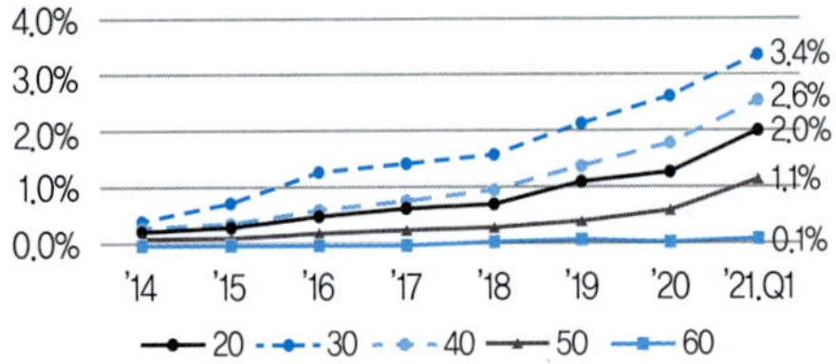

[그림 2-23] 생명보험회사 연령대별 온라인채널 가입 건수 비중 추이

*자료원: 한국신용정보원, CreDB, 맞춤형 DB

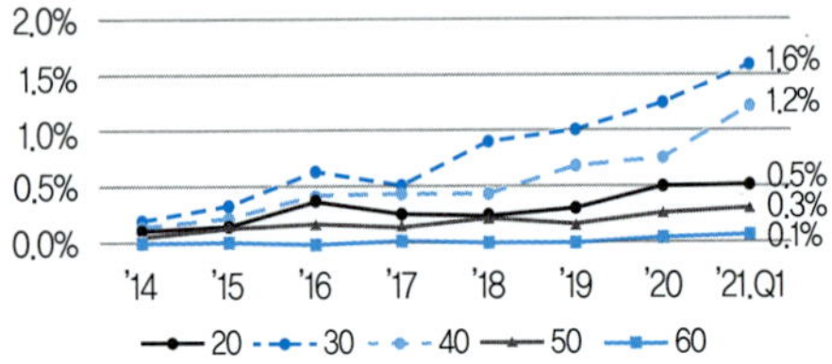

[그림 2-24] 생명보험회사 연령대별 온라인채널 초회보험료 비중 추이

*자료원: 한국신용정보원, CreDB, 맞춤형 DB

MZ 세대

온라인채널 가입 건수 비중은 디지털 기기에 익숙하고 위험에 대한 인식과 이해도가 높은 **MZ 세대**를 비롯한 젊은 연령층을 중심으로 확대되고 있으며, [그림 2-24]와 같이 초회보험료 기준 온라인채널 비중은 [그림 2-23]의 건수 비중에 비해 낮아 온라인채널은 주로 낮은 보험료의 보험 상품을 중심으로 활성화되고 있다.

5.4 금융모델의 최근 추세

P2P 크라우드펀딩
NFT(Non-Fungible Token)

금융모델의 최근 추세는 디지털 기술을 활용한 고도의 금융서비스 혁신이다. 여기에는 핀테크, **P2P 크라우드펀딩**, 사이버 은행, **NFT(Non-Fungible Token**, 대체 불가능한 토큰) 등이 있다. 2014년 하반기부터 국내에서는 '핀테크'라는 단어가 화두로 등장했다. 핀테크(FinTech)는 Finance(금융)와 Technology(기술)의 합성어로써, 금융과 ICT의 융합을 통한 금융서비스 및 산업의 변화를 의미한다.

금융서비스 변화로는 모바일, SNS, 빅데이터 등 새로운 ICT 기술 등을 활용하여 기존에 제공하던 금융기법과는 차별화된 금융서비스를 제공하는 기술기반의 금융서비스 혁신이며, 모바일뱅킹과 앱 카드 등이 대표적인 예이다. 산업 변화로는 혁신적 비금융기업이 보유 기술을 활용하여 지급결제와 같은 금융서비스를 사용자에게 직접 제공하고 있으며, 애플페이, 알리페이 등이 대표적인 예이다. 핀테크는 기술적으로는 이미 성숙했지만, 활성화되기 위해서는 해결해야 할 과제들이 많다.

현재 핀테크 중에서 가장 활발하게 진행되고 있는 분야가 **P2P 크라우드 펀딩**이다. 영국에서는 서비스하고 있지만, 국내의 경우는 관련 법 제정 등의 문제로 인해 아직 시행되지 못하고 있다.

P2P 크라우드 펀딩

인터넷상에서 기존의 은행 업무를 모두 처리할 수 있는 기능을 가진 은행을 사이버 은행이라고 한다. 소비자의 입장에서는 굳이 멀리 떨어져 있는 은행까지 가지 않고도 인터넷상의 은행을 통하여 예금과 대금 결제가 가능하고, 은행의 입장에서는 저렴한 가격으로 사이버 공간에 점포를 개설하고 고객에게 서비스를 제공할 수 있다. 이와 같은 사이버 은행의 보급이 일반화되고 있으며, 우리나라의 경우에도 대부분의 은행이 사이버 은행을 개설해 놓고 있으며, 이는 가상 은행 혹은 버추얼 뱅크라고도 불린다.

NFT(Non Fungible Token)는 직역하면 '대체할 수 없는 토큰'이라는 뜻이다. 쉽게 말해 암호화폐마다 고유번호가 매겨져 다른 암호화폐로 대체할 수 없다는 개념이다. 비트코인은 A가 가진 1비트코인과 B가 가진 1비트코인은 같은 가치를 지니기 때문에 서로 교환이 가능하다. 이를 '대체 가능한 토큰'이라 부른다. 이에 반해 NFT는 각각의 고유한 속성을 지니고 있기 때문에 1:1 교환이 가능하지 않다. 이를 '대체 불가능한 토큰'이라 표현한다. 이러한 NFT는 블록체인의 기술적 특성상 한 번 발행하면 제3자가 복제하거나 위조할 수 없고 소유권과 거래내역이 명시되므로 일종의 '디지털 소유 증명서'처럼 활용할 수 있다.

5.4.1 핀테크

핀테크(FinTech)는 금융(Finance)과 기술(Technology)의 합성어로 금융과 ICT의 융합을 통한 금융서비스와 금융 산업을 통칭하는 용어이다. 금융서비스 변화를 살펴보면 모바일, SNS, 빅데이터 등 새로운 ICT 기술을 활용하여 기존의 금융기법과는 차별화된 금융서비스를 제공하는 '기술기반 금융서비스 혁신'이 대표적이며, 최근에는 모바일뱅킹과 앱 카드 등이 있다. 금융 산업의 변화를 살펴보면, 혁신적 비금융기업이 보유하는 기술을 활용하여 지급결제와 같은 금융서비스를 사용자에게 직접 제공하는 것으로 애플페이, 알리페이 등이 있다. 핀테크는 NFC 통신 기술을 기반으로 하며, 핀테크의 기술은 개인화를 기반으로 한 개인 행동 패턴에 따른 위치 기반 **O2O(Online to Offline)** 금융서비스도 제공하고 있으며, 핀테크 기술은 통계, 머신러닝, 딥러닝 등 다양한 알고리즘을 통해 분석하는 것이 핵심이며,

O2O(Online to Offline)

이를 통해 온라인과 오프라인에서 서비스를 실시간으로 제공할 수 있다(노규성 외, 2015).

재무테크놀러지(financial technology)

핀테크와 재테크를 비슷한 의미로 생각하여 혼동할 수 있는데, 재테크는 **재무테크놀러지(financial technology)**의 약자로써 기업 또는 개인이 금융 수익을 얻기 위해 벌이는 재무 활동으로 기업 및 개인이 자금을 조달하고 운용하는 것이 목적이다. 그러나 핀테크는 금융과 기술의 합성어로써 ICT 기술을 기반으로 금융서비스를 제공하는 것이라고 할 수 있다.

비즈니스 리서치 컴퍼니에 따르면, 글로벌 핀테크 시장은 2019년 1,112억 달러였으며, 2025년에는 1,918억 달러, 2030년에는 3,253억 달러까지 성장이 기대되는 산업이다.[16] 핀테크가 급성장한 배경에는 코로나19 팬데믹으로 비대면 결제 거래량이 늘어났다는 점이며, 비대면 결제 거래량은 2020년엔 2조 달러에서 2024년에는 6조 달러로 예상된다.

〈표 2-7〉은 핀테크 산업에 대한 분류이다.[17]

〈표 2-7〉 핀테크 산업 분류

구분		종류	특징
금융 서비스	송금	모바일 및 이메일 송금	• 온라인으로 거래 가능한 가상회폐 • 이메일과 모바일을 통해서 개인과 기업 간 송금
	결제	전자결제 서비스	• 상품 및 서비스 결제 편의성 향상 • 가상계좌, 신용카드, 실물계좌로 결제 가능
	자산 관리	온라인 펀드, 인터넷 은행, 보험, 증권	• 온라인으로 다양한 펀드를 살 수 있는 슈퍼마켓의 역할 • 인터넷은행, 온라인 전용으로 여수신 기능을 제공 • 인터넷만을 통해 가입하는 보험 • 온라인 전용으로 주식, 채권, 선물 투자 플랫폼 제공
	투자	금융투자 플랫폼 (소셜 트레이닝, 크라우드 펀딩)	• 대출, 창업자금 지원 등 투자 관련 금융을 서비스하는 온라인 플랫폼 • 스마트폰 등을 이용하여 투자 정보교류를 통한 가치판단 및 투자활동에 영향 • 개인 간 자금조달을 중개해 주는 서비스 제공

16) http://www.fortunekorea.co.kr/news/articleView.html?idxno=20927

17) 장상수, 핀테크가 정보보호산업에 미치는 영향에 관한 연구, Internet & Security Focus, 2015

ICT 기술	보안 및 데이터 분석	정보보안	• 새로운 금융서비스를 보다 편리하게 사용하기 위해서는 보다 고도화된 금융보안기술이 필요
		금융 빅데이터 분석 및 금융 S/W	• 빅 데이터 분석으로 소비패턴의 인식을 통한 소비활동 증진 • 대규모 데이터를 활용한 보다 정교한 대출금리 산정

*자료원 : 여신금융연구소, "핀테크의 가치창출 요건 및 시사점", 2015.1, 재구성

(1) 핀테크 서비스

핀테크와 관련된 사업으로는 송금, 결제, 자산 관리, 투자, 정보보호 및 데이터분석 서비스 등으로 구분할 수 있다. 핀테크는 모바일 결제뿐만 아니라 해외 송금, 온라인 개인자산 관리, 크라우드 펀딩, 대출 등도 포함하며, 핀테크를 활용할 수 있는 금융 서비스는 금융 전 영역에 달할 정도로 광범위하다.

〈표 2-8〉 핀테크 기업의 주요 진출 분야와 사업 영역

구분		내용	주요기업
금융업무	지급결제	ICT 기술을 활용한 다양한 결제 방식으로 이용이 간편하고 수수료가 저렴한 지급결제서비스를 제공	이베이, 스프라이프
	송금	송금의뢰자와 수탁자를 인터넷 플랫폼을 통해 직접 연결시켜 송금 수수료를 낮추고 송금시간도 단축	구글, 아지모
	자산관리	온라인으로 투자 절차를 수행해 자금운용 수수료를 낮추고, 각종 분석시스템을 통해 고객에게 최적화된 투자 포트폴리오를 구성	알리바바, 텐센트
	대출중계	P2P 방식으로 인터넷에서 자금의 수요자(차입자)와 공급자(대출자)를 직접 중개하고, 빅데이터 활용을 통해 자체적으로 신용평가 수행	렌딩클럽, 프로스퍼
기술	금융데이터 수집 및 분석	개인 또는 기업 고객과 관련된 다양한 데이터를 수집하고 분석해 새로운 부가가치를 창출	어펌(Affirm)
	금융 소프트웨어	보다 진화된 스마트기술을 활용해 효율적이고 혁신적인 금융 업무 및 서비스 관련 소프트웨어 제공	빌가드
	플랫폼	기업과 고객들이 금융기관의 개입없이 자유롭게 금융거래를 할 수 있는 다양한 거래기반을 제공	온덱

*자료원: 영국무역투자청

핀테크 기술 및 서비스 영역이 결제를 포함해 기존 금융서비스의 핵심 영역인 소

비자 금융, 기업금융, 가상화폐 등으로 확장되어 있어 소비자 중심의 혁신적인 서비스 출현이 예상된다. 또한, 핀테크 산업은 결제 및 송금, 인터넷 은행, 금융 관리, 환전 및 금융거래, 보험, 대출 및 투자 등의 핀테크 서비스를 제공하는 사업자들이 시장을 형성하고 있으며, 사업자들은 다양한 기술 및 특화된 서비스 분야를 포함하며, 이를 통해 각각 독립된 사업 영역을 확보할 것으로 보인다(김혜숙, 2017).[18)]

(2) 핀테크가 금융시장에 미치는 영향

핀테크가 금융 산업에 미치는 영향을 살펴보면 다음과 같다.

첫째, 핀테크는 금융 상품과 서비스 판매 채널의 다양화로 고객의 편의성을 제고한다. 그동안 금융회사의 지점을 통해서만 취급하던 금융 상품 및 서비스를 통신업체, 유통업체, SNS 업체들도 취급할 수 있다.

둘째, 핀테크 시장 내에서 치열한 경쟁으로 인해 다양한 금융상품과 서비스 등이 출시되면서 금융서비스의 양적 · 질적인 향상을 가져오고 있다. 예를 들면, 애플의 애플페이, 미국 대형 유통업체들의 코드 스캔 방식의 결제서비스 등은 고객의 선택 폭을 넓혀주고 있다.

셋째, 오프라인/온라인(인터넷)에시 모바일로 가속회된다. 스마트폰의 보급과 ICT 기술의 발전으로 예금, 적금, 대출, 카드 등 금융서비스가 기존 오프라인 및 온라인(인터넷)에서 모바일로 급속히 가속화될 전망이다.

넷째, 핀테크는 금융과 산업 간 다양한 합종연횡을 촉발하고 있다. 금융업체는 인터넷 은행을 인수 및 ICT 기업과의 제휴 확대를 통해 경쟁력을 강화하고, 비금융업체는 금융업체 고객을 흡수하며 수익 기반을 확보하게 된다.

5.4.2 NFT 서비스

ERC20

Ethereum Request for Comment

우리가 일반적으로 알고 있는 토큰은 **ERC20**의 표준을 따른다. 먼저 ERC는 **Ethereum Request for Comment**로 이더리움 네트워크에서 토큰을 만들 때 따라야 하는 프로토콜을 의미한다. 그리고 많은 프로토콜 중에서 20번째 프로토콜이

18) http://www.hellot.net/new_hellot/magazine/magazine_read.html?code=202&idx=33453&public_date=2017-03

ERC-20이다. 이러한 ERC-20 토큰의 핵심적인 특성은 동등한 가치로 구매, 판매, 교환된다는 것이다. NFT는 이더리움 블록체인상에서 발행되고 거래되는 표준 인터페이스인 ERC(Ethereum Request for Comments)-721을 활용하고 있다.

〈표 2-9〉 ERC-20과 ERC-721 비교

ERC20 vs ERC721 코드 레벨단 차이			
기능	ERC	입력 값	진행
Mint (발행)	ERC-20	주소(account) 발행량(amount)	주소로 발행량 전송
	ERC-721	받는 주소(to) 토큰 id(token ID)	token ID의 소유자를 수신 주소로 변경 및 전송
Transfer (전송)	ERC-20	보내는 주소(sender) 받는 주소(recipient) 보내는 양(amount)	보내는 주소에서 송신 주소로 양만큼 토큰 전송
	ERC-721	보내는 주소(from) 받는 주소(to) 토큰 id(token ID)	1. 권한 처리 2. token ID의 소유자를 받는 주소로 변경 3. 토큰 전송
Burn (소각)	ERC-20	주소(account) 소각할 양(amount)	주소에서 양만큼 소각
	ERC-721	토큰 id(token ID)	1. 권한 처리 2. token ID의 소유자 정보 삭제 3. token ID 소각

*자료원: 소프트웨어정책연구소, "NFT, 디지털 세상의 원본을 증명하다", 2021

NFT 데이터 분석 사이트 NonFungible에 따르면, 이더리움 블록체인 상의 NFT 시장 규모는 2021년 9월 기준으로 43.1억 달러 이상의 거래가 이루어지는 거대 시장으로 성장하였다. NFT는 성격에 따라, Collectible(비중 57%), Art(29%), Metaverse(3%), Sports(2%), Game(2%), Utility(1%), Defi 등으로 구분될 수 있다. Metaverse 부동산 거래가 주로 이루어지다가 작년부터 Collectible과 Art NFT의 강세가 두드러졌다.

NFT는 한정된 발행량을 설정할 수 있기 때문에 희소성의 가치가 부여될 수 있으며, 한정된 자원을 가진 사람들 간의 커뮤니티가 형성된다는 점에서 인간의 소유욕을 자극한다. 많은 사람이 관심을 갖고, 회자가 되는 특정 문화 혹은 주제의 수집품은 더 높은 가치로 평가 받는 것은 현실 세계에서도 동일하게 나타난다. 트레이딩 카드, 기념주화, 우표, 운동화 등도 수집하는 사람이 많다.

2021년 하반기는 NFT 기반 게임이 주도하는 흐름이었다. NFT는 게임시장에 'Play to Earn(벌기 위해 플레이한다)'이라는 새로운 개념을 등장시켰다. 기존에는 우리가 게임을 즐기기 위해 Play를 했다면 이제는 벌기 위해 Play를 한다는 것이다.

엑시인피니티는 게임 내 캐릭터와 아이템을 모두 블록체인상의 NFT로 구현하였다. 이는 플랫폼 내에서만 활용되는 아이템이 플랫폼 밖으로 누빌 수 있게 되었고, 특정 회사의 서버에 보유 중인 데이터 쪼가리가 아니라 '경제적 가치를 지닌 자산'으로 바뀔 수 있는 가능성을 보여주었다.

〈표 2-10〉 NFT 생태계 대표 프로젝트

구분	프로젝트	설명	판매 수	로그인	메인넷
거래	OpenSea	세계 최대 NFT 마켓 플레이스. NFT 쿠팡, 이베이. 현재 디지털 아트, 수집품, 게임 아이템들의 거래가 이뤄지고 있다.	112,709	지갑	이더리움
	Mintbase	NFT 구매, 판매 및 MINT NFTs를 얻을 수 있다. 주요 차별화는 다른 플랫폼에서 일반적으로 발견되지 않는 NFT를 제공한다는 점(음악, 멤버십, 서비스, 티켓, 뉴스 등)과 사진과 같은 틈새 NFT 카테고리를 다룬다.	-	지갑	이더리움
아트 마켓 플레이스	SuperRare	가장 오래되고 높은 점유율의 NFT 아트 플레이스로 최근 삼성 넥스트의 투자를 받았다.	21,142	지갑	이더리움
	Rarible	탈중앙화조직 형태로 운영되는 마켓이다.	150,305	지갑	이더리움
데이터	Nonfungible	NFT 생태계의 Coingecko & Coinmarketcap	-	-	-
	NFTBank	NFT 포트폴리오 추적 및 분석 도구를 갖춘 플랫폼	-	이메일	이더리움

금융	NFTfi	NFT 담보 대출 플랫폼. 사용하는 NFT를 담보로 사용하는 사용자는 ETH 또는 DAI 대출을 받을 수도 있다.	-	이메일	이더리움
	yinsure	탈중앙 보험 서비스로 사용자가 토큰화된 보험을 만들 수 있다.	-	지갑	이더리움
수집품	Cryptopunk	이더리움에서 발행된 최초의 NFT 아트	13,419	이메일	이더리움
	NBA TopShot	NBA 공식 NFT 플랫폼이다.	5,241,692	이메일	플로우
	CryptoKitties	최초의 NFT 프로젝트로 고양이를 사육할 수 있는 다른 특성과 희귀성을 가진다.	2,872,335	이메일	이더리움
게임	Axie infinity	2018년에 만들어진 NFT를 활용한 이더리움 기반의 수집형 블록체인 게임이다.	328,376	이메일	이더리움
가상세계	The Sandbox	블록체인 사용자 콘텐츠 제작 게임	89,874	이메일	이더리움
	Somniumspace	토지 소유의 개념을 적용한 VR 시뮬레이션 게임	3,573	이메일	이더리움
NFTs x DeFi	Aavegotchi	Aave 생태계 최초로 대출 자산인 aToken에 기초한 NFT 플랫폼이다. 탈중앙화 자율 조직(DAO)이 운영하는 게임 역학에 참여할 수 있다. 또한 미니 게임을 이용한 다중 세계관에 사용할 수 있다.	43,451	이메일	이더리움
	NEME	$NEME 토큰을 스테이킹하고 그 대가로 희귀 NFT를 획득할 수 있다.	-	이메일	이더리움

*자료원: 소프트웨어정책연구소, "NFT, 디지털 세상의 원본을 증명하다", 2021

참·고·문·헌

강중구, 세계음악산업 분야별 최근 동향, KOCCA 통계브리핑, 13-16호(해외편), 2013

김원제, e-Book 시장의 현황 및 과제, KTOA, 52, 2010

금융연구시리즈, 해외 신종 온라인 금융서비스 사례 및 시사점, 하나금융경영연구소, 2008

노규성 외, 스마트시대의 전자상거래, 생능출판사, 2013

노규성 외, 빅데이터시대의 전자상거래, 생능출판사, 2015

노규성, 주성환, 정진택, 스마트러닝의 개념 및 구현 조건에 관한 탐색적 연구, 디지털정책연구, 제9권 제2호, 2010

미래교육 2020 보고서 http://www.futureofed.org/forecast.pdf

박희우, 온라인채널 보험 가입자 상품 · 연령별 특성 분석, KiRi 리포트 포커스, 2021

백정열, "에듀테크의 기술 및 콘텐츠 동향", ITFIND, IITP, 2018

세계 만화시장 규모 및 전망(2009~2018), 한국콘텐츠진흥원

소프트웨어정책연구소, "NFT, 디지털 세상의 원본을 증명하다", 2021

영화진흥위원회, 2014년 한국영화산업 결산보고서, 2015

위키백과 http://ko.wikipedia.org/wiki

전종홍, 인민교, 이승윤, '사물웹(Web of Things) 표준화 동향', TTA 저널, 155, 2014

통계청, 「KOSIS 국가통계포털」(http://kosis.kr) 전자상거래 통계, 2013

하윤금, 세계 디지털 음악시장의 유통과 수익구조 분석. 한국콘텐츠진흥원, 2012

한국은행, 2018년 중 국내 인터넷뱅킹서비스 이용현황, 2019

황하진, 고일상, 박경혜, 전자상거래와 e-비즈니스, 경문사, 2012

Turban 전자상거래, 사이텍미디어, 2005

DMC미디어, 2018 포털사이트 이용 행태 조사 분석 보고서, 2018.09.

2014 대한민국 게임백서, 한국콘텐츠진흥원, 2014

나스미디어, 모바일게임 시장 분석, 2015

2016 음악산업백서, 한국콘텐츠진흥원

글로벌 게임산업 트렌드(2018년 연간호), 한국콘텐츠진흥원

연·습·문·제

1. B2C의 개념 및 사례에 대하여 설명하라.

2. C2C의 개념 및 사례에 대하여 설명하라.

3. 인터넷 포털의 개념을 정의하고 그 기능을 설명하라.

4. 인터넷 서비스 모델로서 e－러닝과 e－트레이닝에 대하여 설명하라.

5. 전자책의 개념 및 사례에 대하여 설명하라.

6. 금융모델 중에서 핀테크와 NFT에 대하여 설명하라.

CHAPTER 3

조직 간 전자상거래

이 장에서는 조직 간 전자상거래 유형인 B2B, B3B, B2G와 EDI, e-마켓플레이스 및 전자무역을 실현하기 위한 전략적 도구들에 대해 학습함으로써 조직 간 전자상거래에 대한 전반적인 이해를 도모하고자 한다.

1. 기업과 기업 간 전자상거래(B2B)

1.1 B2B 개념

B2B(Business-to-Business)
EDI(Electronic Data Interchange)
POS(Point Of Sales)

기업과 기업 간 전자상거래인 **B2B(Business-to-Business)**는 기업과 기업 사이에 일어난 다양한 거래를 인터넷을 통하여 문서나 정보를 주고받으며 처리하는 것을 말한다. 즉 B2B는 기업의 사설망이나 부가가치통신망 등의 네트워크상에서 주로 **EDI(Electronic Data Interchange)**를 사용하여 기업 간에 주문하거나 송장을 받고 지불하는 것이다. 초기에는 주로 무역이나 제조 분야에서 널리 활용되어 왔으며, 이제 모든 업종으로 확산되었다. B2B는 전자상거래에서 비교적 오래된 역사를 갖고 있기 때문에 많은 유형과 사례가 있다. 월마트사의 **POS(Point Of Sales)** 시스템과 인공위성 등을 이용한 재고 관리가 대표적 사례이다. 인터넷 사용료가 저렴해지고 이용자가 많아짐에 따라, EDI 시스템 등을 구축할 수 없었던 중소기업들도 B2B 시스템을 구축할 수 있게 되었다. 인터넷 기반의 EDI 등 다양한 서비스가 등장했기 때문이다.

인터넷을 이용한 B2B의 거래는 소비자가 인터넷을 통해 거래하는 방식과는 다르기 때문에, 기업들이 B2B를 구현하고자 할 때는 많은 주의를 기울여야 한다.

기업 구매자들은 대개 시간에 쫓기기 때문에 한가하게 인터넷을 이용하여 필요한 모든 정보를 얻을 수가 없다. 따라서 기업 구매자들을 상대하는 전자상거래를 생각한다면, 구매자들이 간단하게 필요한 물품을 찾고 주문을 할 수 있어야 편리하게 사용할 수 있을 것이다. 또한 인터넷은 기본적으로 개방형 시스템이기 때문에 전용망을 사용할 때보다 정보 보호와 소비자 보호에 훨씬 더 관심을 기울여야 한다.

B2B의 비즈니스 모델로는 카탈로그 모델, 경매모델, 교환모델, 물물거래 모델 등이 있다. 카탈로그 모델은 분산되어 있는 공급자와 구

매자를 연결하여 공급자의 제품을 전자 카탈로그 형식으로 제공하며, 사전에 약속된 비즈니스 규칙과 결정된 가격을 기초로 거래가 형성되는 모델이다. 경매모델은 제품별로 가치를 다르게 인식할 수 있는 경우에 적합하며, 거래 과정에서 가격이 결정되는 모델을 말한다. 교환모델은 주식거래와 같이 수요와 공급을 일시적으로 조정하는 모델을 말한다. 물물거래 모델은 상호 간에 이익이 될 수 있는 자산을 보유한 기업 사이에 자산을 상호 교환하는 형태를 말한다. B2B는 기업 내부의 업무 개선보다 훨씬 큰 효과를 얻을 수 있기 때문에 급속하게 확산되고 있는 추세이다. B2B의 효과로는 업무처리 시간 단축, 구매 비용 절감, 적정 재고 관리, 고객 서비스 개선, 판매 및 마케팅 비용의 감소, 판매 기회의 증대 등이 있다.

1.2 B2B 서비스

전자자금이체(EFT: Electronic Fund Transfer)

B2B의 주요 서비스로는 전자지불, 온라인 금융조달, 온라인 주식거래, 여행서비스, 부동산 업무 등이 있다(Turban, 2006). 이러한 서비스를 실현하기 위해서는 EDI를 이용한 문서발주와 수주, e-마켓플레이스를 이용한 실물 거래처리, **전자자금이체(EFT: Electronic Fund Transfer)**를 이용한 기업과 금융기관 간의 금융거래 처리, 엑스트라넷 등의 B2B 기반 시스템이 필요하다.

1.2.1 전자지불서비스

B2C에서처럼 오프라인에서 행해지는 뱅킹에 비해 온라인 뱅킹은 기업들이 전자지불, 자금이체 등을 편리하게 해주기 때문에 활성화되고 있다. 특히, 금융기관 방문 및 현금 수수 비용이나 거래 수수료가 오프라인 거래보다 저렴하거나 무료인 경우가 많아 기업의 거래 비용을 절감하는 역할을 하고 있다. 전자지불에 관련한 사항은 12장의 전자지불에서 다시 자세히 다루도록 한다.

1.2.2 온라인 금융 조달

온라인 금융 조달은 기존의 오프라인 금융 조달보다 절차가 비교적 간편하며, 신속하게 대출 신청을 하고 대출을 받을 수 있다는 장점이 있다. 또한, 온라인상에서 연계 서비스를 제공받을 수도 있어 기업의 자금조달 대안으로 크게 호평을 받고 있다.

1.2.3 온라인 주식거래

주식거래의 전자화는 이제 보편화되어 있다. 기업들 역시 중요한 주식투자자로서 신속하고 저렴한 온라인 주식거래가 오프라인 주식거래에 비해 매력적이지 않을 수 없다. 기존의 오프라인 주식거래에 비해 온라인 주식거래는 수수료가 상당히 저렴하고 신속하게 주식 거래를 할 수 있다.

1.2.4 여행서비스

대부분의 여행사는 비용 절감을 위해 B2B 여행서비스를 통해 직원들이 스스로 출장을 계획하고 실천할 수 있도록 출장 서비스를 제공하고 있다. 아울러 회사들은 B2B를 통해 여행사 간에 할인행사를 공동으로 기획하고 수행한다.

1.2.5 부동산 업무

일반적으로 부동산 거래는 계약상의 법률문제, 금액 문제, 보증 문제 등 특성상 매우 복잡하여 주로 오프라인에서 이루어지지만, 물건에 대한 정보의 제공과 거래업체 간 협력이 온라인을 통해 이루어지고 있다. 이중 온라인을 통해 부동산 거래가 원만하게 이루어지도록 보조를 해주는 역할이 활발해지고 있다.

1.3 B2B 사례

아이마켓코리아는 삼성그룹 계열사로 설립되었고 현재는 인터파크 컨소시엄이 인수하였다. 아이마켓코리아는 기업의 소모성 자재(**MRO: Maintenance, Repair, Operation**) 구매 대행 사업을 하는 B2B 전자상거래 기업이다. 삼성그룹 내의 계열사들로부터 몰아주기식 영업으로 LG 서브원, POSCO 엔투비와 함께 상위 3개 업체 중 하나이다. 협의의 MRO는 기업의 유지, 보수, 운영에 필요한 기업 소모성 자재를 의미하고 광의의 MRO는 제품 생산에 직접 관련된 원자재 및 대형 설비를 제외한 모든 자재(소액설비, 원자재 등)를 의미한다.(2020년 기준으로 국내 MRO 시장 규모는 22조 원대로 추정되고 있다.)

MRO(Maintenance, Repair, Operation)

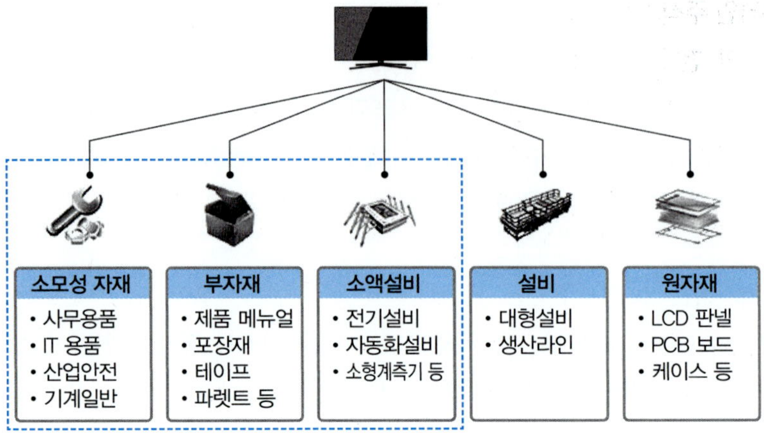

[그림 3-1] MRO 조달 예시(TV 생산)

2021년 매출액이 3조 1,325억 원으로 2020년 대비 10.3% 증가하였으며, 영업이익은 454억 원으로 전년 대비 12.1% 늘어났으며, 당기순이익은 445억 원으로 전년 대비 54.5% 증가하였다.

아이마켓코리아의 사업 영역은 크게 구매관리 서비스, 글로벌 서비스, 전략구매 컨설팅의 세 가지로 나누어진다. 구매관리 서비스는 다양한 품목, 다빈도 발주 등의 기업에서 자체적으로 구매하고 관리하는 데 많은 비용과 인력이 소요되는 MRO에 대한 전문적인 구매 서비스를 제공한다.

최근에는 온라인 MRO 서비스를 확대 중이며, 호텔 MRO를 구축하고 가전 · 침구 · 위생 · 욕실용품 · 식음료 등 3,000여 가지 상품을 공급하고 있다. 그리고 경기도 동탄에 국내 최대 규모 MRO 물류창고(면적 35,457㎡)를 운영하고 있으며, 전국 6개 거점에 물류센터를 운영하고 있다.[1]

글로벌 서비스는 구매 전문가 파견을 통한 글로벌 소싱, 해외 현지구매 서비스 등 해외 고객사의 글로벌 구매 서비스를 제공한다. 전략구매 컨설팅은 축적된 PM(Procurement Management) 노하우와 데이터베이스를 바탕으로 고객사의 구매(Spend) 분석, 데이터 표준화, 구매 프로세스 최적화 등의 전략구매 컨설팅을 제공한다.

1) https://www.mk.co.kr/news/business/view/2021/01/4333/

[그림 3-2] MRO의 거래 처리 프로세스

[그림 3-2]에서 보듯이 고객사는 카탈로그 검색을 통해 아이마켓코리아의 B2B에 주문하고 입고 정보를 제공받게 된다. 공급사의 경우 품목 및 단가 정보를 아이마켓코리아의 B2B에 제공하고 고객사로부터 주문이 들어오면 주문처리 및 승인을 하게 되며, 주문 상태와 송장을 제공하게 된다.

1.4 Business Beyond Boundaries(B3B)

Business Beyond Boundaries(B3B)

B3B는 경계를 넘어선 비즈니스를 의미하며[2], B3B 전자상거래는 인터넷을 통해 서로에게 물건을 판매하는 비즈니스와 관련이 있지만, 그 이상의 것을 포함하고 있다. 중요한 것은 구매자와 공급자를 하나로 묶을 수 있는 일종의 가상 중개자 또는 시장 조성자이다. B3B는 구매자와 판매자를 하나로 모아서 시장의 유동성을 높이고 일반적으로 온라인 비즈니스 비용을 줄이는 기능을 수행한다.

B3B는 비즈니스 간 제품과 서비스 또는 정보 교환을 의미하며, B3B 전자 상거래는 조직 간에 발생하는 전자상거래 비즈니스로 정의할 수 있다. B2B 마켓플레이스는 구매자와 판매자를 하나로 묶어 구매자에게 더 많은 선택권을 제공하고 판매자에 대한 종합적인 수요를 제공하는 인터넷 기반 서비스이다. 거래 비용을 줄일 수 있어 구매자와 판매자 모두에게 잠재적인 비용 절감 효과가 있다.[3]

KT는 효율적인 B3B 사업을 위해서 기존의 기업 부문 인력과 영업 조직은 엔터프라이즈 부문으로 통합하였으며, AI와 디지털 전환 사업 강화를 위해 AI · DX 융합사업부문 산하에 KT랩스도 신설하였다. KT랩스는 KT가 통신을 넘어서 다양한 영역에서 신사업을 추진하는 개척자 역할을 담당한다. 또한 현대중공업, KIAST, LG전자, LG유플러스 등 국내 기업 · 기관과 함께 AI 협의체인 AI 원팀

2) Designing Websites according to the Ancient Science of Directions – Web Vastu, Smita Jain Narang

3) https://commercelecturer.wordpress.com/tag/involvement-of-business-parties/

을 꾸려 국내 AI 생태계 전반의 발전을 주도할 예정이다.[4)]

2. 기업과 정부 간 전자상거래(B2G)

2.1 B2G 개념

B2G(Business-to-Government)

기업과 정부 간 전자상거래인 **B2G(Business−to−Government)**는 기업과 정부 간에 공공 물자의 조달과 같은 것을 인터넷을 통하여 거래하는 형태를 말한다.

홈택스(hometax)

B2G는 기업과 정부 혹은 기관 간의 전자적 거래 과정을 모두 포함하는 전자상거래를 의미한다. 대표적으로 조달청에서는 조달 물자의 입찰 및 계약정보를 인터넷을 통해서 공시하고 있으며, 시설공사의 전자입찰 시스템을 운영하고 있다. 또한, 국세청에서는 **홈택스(hometax)**를 운용하고 있으며, 기타 정부 기관에서도 공적 정보를 기존의 관보 형태에서 인터넷을 통하여 정보를 제공하는 실정이다. 미국을 비롯한 선진국에서 B2G 시장에 대한 관심이 급증하면서 국내 B2G 시장에도 많은 변화가 일어나고 있다. 현재 우리 정부가 강력히 추진하고 있는 전자정부(e-Government)도 그 핵심 내용은 단일 창구에 의한 원스톱 서비스를 목표로 디지털화된 대민 행정 서비스를 제공하는 것이다. 또한, 정부에서 추진하고 있는 국가조달업무의 전자상거래 구상은 중앙 부처의 물품 구매 및 조달 요청을 받은 조달청이 모든 구매 계획을 전자적으로 공시하고, 전자공시를 통해 조달자들은 필요한 서류 제출과 조달행정서비스를 EDI 시스템을 이용하여 이루어지도록 하고 있다.

조달청도 EDI 시스템에 의한 전자문서의 송수신뿐만 아니라 전자상품목록, 인증서비스, 전자지불시스템 기능들을 성공적으로 구현 및 운영하고 있으며, 종합쇼핑몰로 탈바꿈하고 있다. 해외의 경우 가장 모범적인 사례로는 싱가포르 정부의 통합 디지털 행정 서비스 시스템을 들 수 있는데, 정부의 모든 대민 행정 서비스가 정부나 공공기관의 어디서나 단일 장소에서 원스톱으로 온라인 서비스를 제공받을 수 있도록 하고 있다. B2G와 정부와 소비자 간 전자상거래(G2C)의 범위는 전자정부 구현이 확산되면서 더욱 늘어나게 되며, 그 대상이 되는 정부의 서비스에는 정

4) https://www.ajunews.com/view/20210103094740426#PL2

보제공, 세금징수, 면허교부, 규제관리, 보조금 혜택의 제공, 통계자료, 물품과 서비스의 조달 등 각종 행정 정보 및 서비스 분야가 포함될 것이다.

2.2 G2B 사례

나라장터(KONEPS)

이러한 G2B는 정부의 조달 업무 전반의 전자화를 추진하여 정부기관과 지방자치단체 등 모든 공공부문에서 업무의 효율성을 극대화하고, 국가의 경쟁력을 강화하는 데 크게 기여하고 있다. 특히, 조달청의 경우는 조달 업무의 대부분을 전자상거래를 통해서 처리하는 것을 목표로 하고 있다. 조달청이 운영 중인 나라장터가 G2B의 대표적인 사례이다. **나라장터(KONEPS**: Korea ON-line E-Procurement System)는 조달청의 국가 종합 전자조달 시스템이며, 유일한 공공부문 전자조달 창구로 4만 5천여 공공기관과 24만여 조달 업체가 이용 중이다.

2011년에는 전체 공공부문 구매액 중 64%인 64조 원이 나라장터를 통해 집행됐다. 기존 서류 중심, 수작업으로 처리해 온 조달 업무는 전자화 필요성이 매우 큰 분야였으므로 전 부처 단일 시스템을 공동 활용한 통합 서비스를 제공하기 위해 전자정부 11대 사업의 하나로 추진되었다. 구축에는 총 261억 원이 투입되었고, 2002년 10월부터 서비스를 시작했다. 주요 기능은 입찰공고, 업체등록, 입찰 및 낙찰자 선정, 계약체결, 대금지급 등 조달 전 과정을 나라장터에 접속해 온라인으로 처리하는 것이다. 모든 수요기관의 입찰정보가 공고되고, 업체는 나라장터 1회 등록으로 어느 기관의 입찰에나 참가가 가능하다. 행정안전부, 금융기관, 관련 협회 등 77개 기관 시스템과 연계한 서비스를 제공하여, 입찰/계약 시 반복 제출하던 사업자등록증, 시/국세 완납증명서, 보증서, 자격심사서류 등의 제출을 생략할 수 있다. 이와 같은 나라장터시스템은 해외에서도 각광을 받고 있다. 2012년 2월 이후 나라장터가 아시아, 중남미를 넘어 아프리카에도 수출되었다. 연도별로 보면, 베트남(2010년), 코스타리카(2010년), 몽골(2012년), 튀니지(2013년), 카메룬(2014년), 르완다(2016년), 요르단(2017년) 등 총 7개국에 나라장터가 진출한 것이다. 이외에도 조달청은 EU, 터키, 개발도상국을 대상으로 나라장터 보급에 힘쓰고 있다.

[그림 3-3] 나라장터 수출 국가 현황

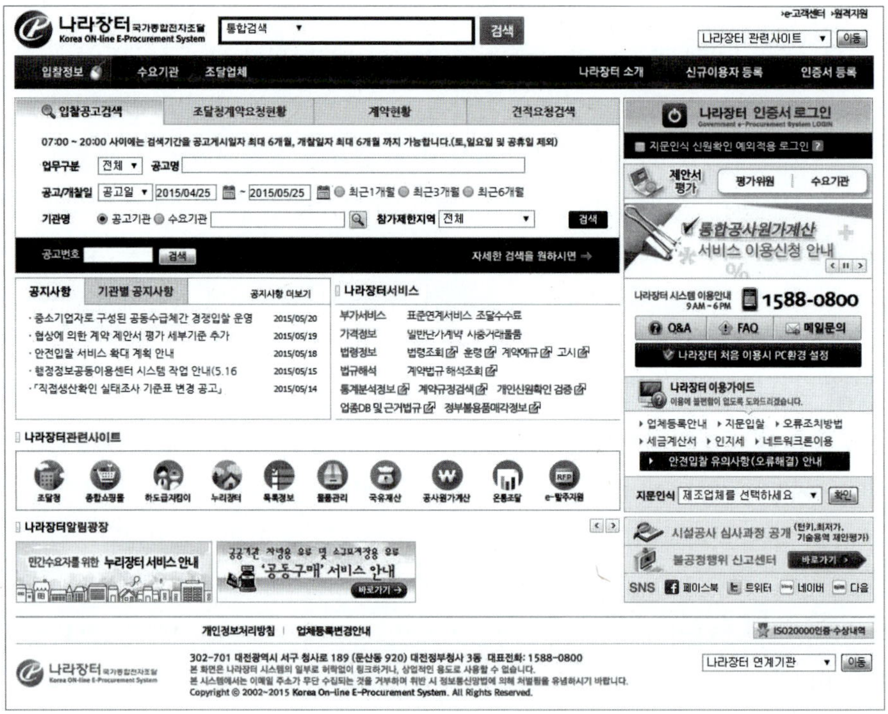

[그림 3-4] 나라장터(www.g2b.go.kr)

2020년 국가기관, 지자체, 공기업 등 공공부문의 전체 공공조달 계약실적은 175조 8,000억 원에 달하는 것으로 나타났다. 조달방식별로는 조달청을 통한 중앙 조달이 45조 7,000억 원(26%), 각 기관의 자체 조달이 130조 1,000억 원(4%)이었다.

조달시스템별로는 나라장터를 이용한 계약이 105조 7,000억 원(60.1%)으로 가장 많았으며, 26개 자체 전자조달시스템 이용 60조 3,000억 원(34.3%), 비전자계약 9조 8,000억 원(5.6%) 순이었다.[5)]

3. EDI

3.1 EDI의 개요

3.1.1 EDI의 개념

EDI(Electronic Data Interchange)

B2B의 대표적인 수행 수단으로서 **EDI(Electronic Data Interchange)**를 들 수 있다. EDI는 구조화된 형태의 데이터(Structured Format Data), 즉 표준전자문서를 컴퓨터와 컴퓨터 간에 교환하여 재입력 과정 없이 즉시 업무에 활용할 수 있도록 하는 전자적 정보전달 방식을 지칭한다. EDI는 전자상거래를 구현하기 위하여 구매자와 소비자를 직접 연결하여 거래에 필요한 문서를 전자적으로 교환함으로써 기존의 거래에서 발생되던 수신 문서의 재입력과 그에 따른 오류 및 비용의 감소, 거래에 필요한 소요시간의 혁신적 단축으로 전자상거래에서의 생산성과 효율성을 향상시킬 수 있다는 특징을 갖는다. 이에 따라 EDI는 기업과 국가의 경쟁력을 향상시키기 위한 중요한 수단으로 인식되었고 북미, 유럽 각국 등의 선진국과 싱가폴 등의 신흥 선진국들을 비롯한 세계 각국은 전략적 차원에서 국가 전반에 걸친 EDI 확산을 도모하고 있다.

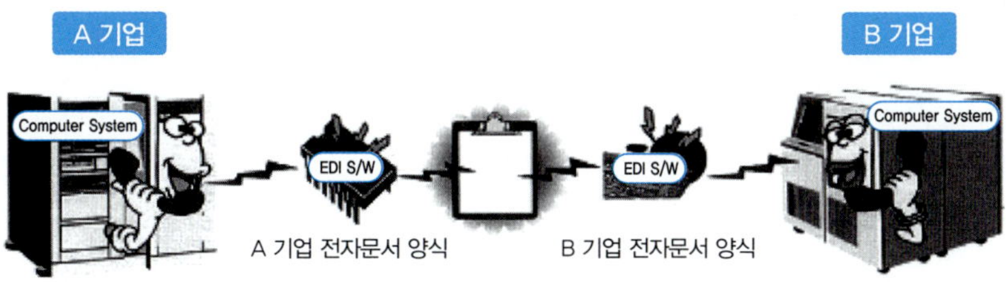

[그림 3-5] EDI 개요

5) https://www.boannews.com/media/view.asp?idx=100264

EDI는 1970년대부터 미국에서 도입되기 시작하여 1980년대 이후 선진국을 중심으로 이미 그 이용이 널리 확산되는 추세이다. 현재 북미 지역에서는 이미 많은 업종에 걸쳐 생산과 공급 과정이 EDI에 의해 처리되고 있다. 특히 산업 활동과 긴밀히 연관되는 공공부문(통관, 여행자신고, 항만관리 등)에서도 EDI를 이용한 전자정보교환 체제가 운영되고 있다. 유럽 지역은 영국과 스웨덴을 중심으로 기업 간 물류 유통과정을 자동화하여 단기간에 효과를 나타낼 수 있는 운송업 위주로 EDI 시스템이 발전하였다. 아시아 지역은 정부 차원에서 무역 환경의 지속적인 개선과 국제 경쟁력의 강화라는 정책 목표에 따라 통합시스템을 추진하고 있다. 특히, 우리나라와 경제적 측면에서 비슷한 환경에 처해 있고 서로 경쟁 관계에 있는 싱가폴, 대만, 홍콩 등은 EDI를 이용한 무역자동화 시스템을 이미 구축하였다.

우리나라에서는 국가 효율성 증대와 경쟁력 강화 차원에서 1980년대 후반부터 EDI가 도입되어 초기에는 무역자동화 업무를 중심으로 실행되었으며, 최근에는 물류, 의료, 제조업, 금융기관, 정부조달 등으로 확산되는 추세이다. 특히, 전통적인 EDI 방식의 제약을 극복하고 빠르게 성장하고 있는 인터넷을 기반으로 하는 전자상거래 환경에 적응하기 위해 웹 EDI, Open-EDI, Interactive-EDI, XML/EDI 등 인터넷을 이용한 EDI가 등장하면서 전자상거래 기반으로 확산되고 있다.

3.1.2 EDI의 장점 및 효과

근래 들어 첨단기술의 점진적 비용 하락 및 소형화와 기업 내부의 업무처리, 서비스, 기능 등의 기업 외부에서 발생하어 유입되는 정보에 대한 의존성 증대, 정보통신기술의 응용이 기업 간 경쟁우위 확보에 도움이 될 수 있다는 인식의 증대, 운송 및 운송 상황 정보가 기업의 물류 시스템 운영에 미치는 영향의 증대, 기업 간 컴퓨터 통신이 가능하게 될 정도로 기업과 기관 등의 전산화 여건의 성숙 등 EDI를 도입할 수 있는 제반 여건이 성숙되어 왔다. 이러한 여건의 성숙으로 도입이 증대되기 시작한 EDI 시스템은 기업에 다양한 장점을 줄 수 있다. 첫째, 불필요한 데이터의 재입력 작업을 없앤다. EDI를 도입하게 되면 기존의 서류 또는 팩스가 교환되는 것과 달리 거래 상대측의 전자화된 정보를 직접 수신하게 되므로 컴퓨터 시스템을 기반으로 하는 기업 내 정보시스템에서 전부 또는 일부를 재입력 없이 그대로 사용할 수 있게 된다. 둘째, 불필요한 데이터 재입력이 불필요해짐에 따라 자연히 재입력 시 발생할 수 있는 오류를 줄이고 문서 내용의 정확도를 향상할 수 있게 된다. 셋째, 상품의 주문, 계약, 배송 등을 전자적으로 처리하게 됨으로써 거래에 필요한 시간을 단축해 생산성이 향상되고, 물품의 재고량이 감소하게 된다. 이러한 EDI 도입 시 기대할 수 있는 효과를 요약하면 〈표 3-1〉과 같다. EDI 도입의 직접적인 효과는 정보 교환의 신속성, 데이터 입력의 정확성, 데이터 재입력 비용의 절감, 우편 및 전화 비용의 감소, 서류 처리에 관련된 비용의 감소 등을 들 수 있다. 간접적인 효과로는 전자적으로 수신한 데이터를 효과적으로 이용함으로써 재고관리의 향상, 효율적인 생산 작업, 고객-공급업체 간의 관계 개선 등을 들 수 있다.

〈표 3-1〉 EDI 장점 및 효과

구분	효과
직접적인 효과	문서거래 시간의 단축, 자료의 재입력 방지, 업무처리의 오류 감소, 업무처리비용 감소
간접적인 효과	재고감소, 효율적인 인력 활용, 관리의 효율성 증대 고객 서비스 향상, 효율적인 자금관리
전략적인 효과	거래 상대방과의 관계 개선, 전략적 정보시스템 구축

3.2 EDI의 구성요소

거래 당사자 간에 컴퓨터 통신망을 통해 비즈니스와 관련된 표준화된 전자문서를 상호 간에 주고받는 EDI는 EDI 서비스 관련 주체인 EDI 서비스 제공사업자(VAN 사업자)와 EDI 서비스를 이용하는 이용자(거래 기업), EDI 표준과 EDI 시스템 등으로 구성된다.

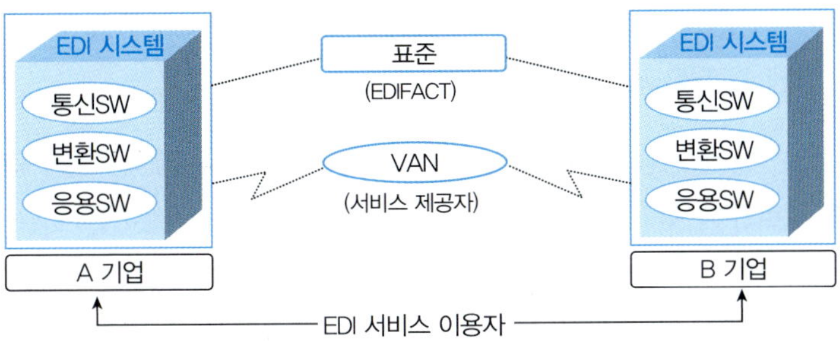

[그림 3-6] EDI의 구성요소

3.2.1 EDI 서비스 제공자

부가가치 통신망(VAN: Value Added Network)

EDI는 어느 한 시스템에서 다른 시스템으로 전자문서를 전송해야 한다. 따라서 EDI를 도입하려면 전자문서의 전송을 위한 통신망이 필요하게 되는데, 개별적으로 통신망을 구축하게 되면 거래 상대방의 수가 적을 때는 별문제가 없지만, 거래 대상의 시스템 수가 많으면 회선 유지와 전자문서의 보안 유지 등에 많은 비용을 초래하게 된다. EDI 서비스 제공자는 EDI 서비스 기본 업무처리나 중계기능을 가진 **부가가치 통신망(VAN: Value Added Network)** 사업자들로서 서비스 이용자들 사이에서 업무를 대행해 준다.

3.2.2 EDI 서비스 이용자

EDI 서비스 이용자는 실제 EDI 기능 활용 주체로서, 제품을 판매하려는 기업과 구매하려는 기업, 금융기관, 정부, 개인 등이 될 수 있다. 이들은 EDI 서비스를 이용함으로써 투자 비용의 절감, 송수신 시간의 조정, 보안 강화 등의 효과를 얻을 수 있다.

3.2.3 EDI 표준

EDI는 거래당사자 간에 필요한 문서를 전자적으로 주고받는 것이므로 그 문서와 문서를 주고받기 위한 규격과 기준을 사전에 정해야 한다. 이를 EDI 표준이라 하는데 이는 두 가지로 나누어 볼 수 있다. 첫째는 거래에 대한 전자문서의 형식에 대한 양식 표준이다. 전자문서를 하나의 시스템에서 전송하고 수신하여 그 내용을 정확히 알아내기 위해서는 전자문서에 들어갈 전송항목의 종류, 순서, 자료 형태, 크기, 물품 코드 등에 대한 내용 및 규칙의 정의가 필요하며, 모든 거래 당사자들이 공통적으로 사용될 수 있도록 정의한 것이 EDI 문서 표준이 된다. 둘째는 표준을 따른 문서가 작성된 후 이를 전송 및 수신하기 위한 통신 프로토콜, 전자문서 파일 포맷 등에 대한 표준(Communication Standards)이 있다.

양식 표준(Formatting Standards)

- **양식 표준(Formatting Standards)**: 양식 표준은 기존의 문서를 통한 의사소통 대신 컴퓨터 간 통신을 위해 필요한 전자문서를 작성하는 하나의 규칙을 말한다. 양식 표준은 문서 내용에 관한 표준으로서 수신 컴퓨터가 정보를 처리할 수 있도록 하기 위하여 정보가 송수신되는 순서를 정하는 표준이다. 기술을 위한 언어의 일종인 양식 표준은 국제적으로 UN에서 정한 EDIFACT

가 있고 미국에서 주로 사용되고 있는 ANSI X.12가 있다. EDI 양식 표준은 전자적으로 전달될 수 있는 문서, 전자문서에 포함되는 정보, 정보의 순서, 정보의 형태, 정보의 각 부분 등에 대한 지침을 제공한다. 또한, 양식 표준은 전자적으로 읽히고 처리가 가능하도록 정보가 어디에 어떤 식으로 쓰여야 하는 것을 지정한다.

- **통신 표준(Communication Standards)**: 문서 위주의 시스템에서 거래 당사자 간에 문서가 인터넷 등 통신망을 통해 물리적으로 어떻게 전달될 것인지 결정된 것처럼 EDI에서도 각 산업에서 또는 산업 간에 통용될 수 있도록 만든 전송 방법에 대한 규정인 통신표준이 필요하다.

통신 표준(Communication Standards)

3.2.4 EDI 시스템

EDI 시스템은 실제 사용자가 전자문서를 작성 및 송수신하는 처리를 쉽게 할 수 있도록 도와주는 소프트웨어를 의미한다. 여기에는 첫째, 사용자가 송수신하려는 거래문서를 입력, 편집, 조회 및 출력하기 위한 EDI 애플리케이션, 둘째, 작성된 거래문서 등의 자료를 EDI 문서표준 양식 또는 사용자 문서 양식에 맞게 변환시켜 주는 변환 소프트웨어, 셋째, 정해진 표준방식에 따라 전자문서를 송수신해주는 통신 소프트웨어로 구성된다.

3.3 EDI 작동 개요

EDI의 작동과정을 송신 및 수신 측으로 구분하여 살펴보면 다음과 같다. 우선 송신자(보내는 기업)는 자신의 EDI 애플리케이션을 이용하여 주문서 등을 작성한다. 작성된 주문서는 EDI 변환 소프트웨어를 이용하여 생성된 문서를 협정된 표준 형식으로 변환하고 EDI 통신 소프트웨어를 이용하여 네트워크상으로 표준 형식의 EDI 문서를 전송한다. EDI 문서에 대한 전송은 사용하는 통신망에 따라 **PSTN(Public Switched Telephone Network**: 전화망)/**PSDN(Public Switched Data Network**: 전용망) 혹은 인터넷망을 통해서 상대편에 전송한다. 수신자(받는 기업)는 EDI 통신 소프트웨어를 이용하여 네트워크상으로 표준 형식의 EDI 문서를 수신하며, EDI 변환 소프트웨어를 이용하여 표준 형식의 EDI 문서를 EDI 애플리케이션에서 인지할 수 있는 형식으로 변환한다. 변환된 전자문서를 EDI 애플리케이션을 이용하여 처리하거나 연관된 다음 업무로 진행한다.

PSTN(Public Switched Telephone Network)

PSDN(Public Switched Data Network)

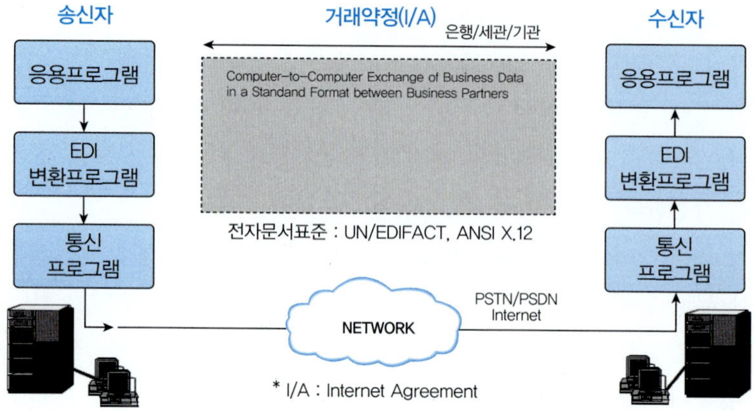

[그림 3-7] EDI의 동작원리

3.4 전통적인 EDI의 한계와 웹 EDI

정부나 공공기관 및 대기업 등에서는 EDI를 구현하여 여러 가지 효과를 얻고 있지만, EDI의 확산 측면에서 보면 전통적인 EDI 시스템은 미흡한 점이 많다. 실제 EDI가 널리 이용되기 위해서는 대기업이나 정부 공공기관의 EDI 구축뿐만 아니라 실제 제품을 개발, 제조하여 납품하는 중소기업 등과 같은 작은 규모의 기업에서도 EDI를 구축해야 한다. 하지만 중소기업 등과 같이 규모가 작고 충분한 경제적인 자원이나 정보 기술적인 전문성을 확보하지 못한 조직에는 EDI의 도입이 기술적으로나 비용 측면에서 어려움이 많기 때문에 EDI의 확산이 잘 안 된다. 또한 EDI의 도입으로 전자적으로 수신한 문서를 외부와의 거래 프로세스뿐만 아니라, 이와 연관된 전자결제 등의 타 업무 프로세스에 바로 활용할 수 있게 하여 타 업무와의 연계를 통한 효율화 효과도 실현되지 못했다.

EDI의 확산을 저해하는 장애 요인으로는 구축에 소요되는 비용, 법적 문제, 메시지의 불안정성, 시스템 구축의 복잡성, 거래처리 약정체결 과정에 드는 비용과 시간, 비용 대비 효과의 미흡, 보안성, 거래 상대방마다 고유한 시스템 구축, 향후 발전 방향의 불확실성 등을 들 수 있다. 또한, 기업 환경은 급격하게 변화하고 있고, 이에 따라 EDI에 요구되는 경영상의 요구사항들이 추가적으로 발생하고 있다. 예를 들면, 실시간 거래의 필요성 증가, 서로 다른 산업 부문 간의 업무처리 필요성 증가, 텍스트뿐만 아니라 음성, 화상 등을 포함한 모든 종류의 정보 교환의 필요성 증가, 서로 사전에 거래 관계가 없던 거래 쌍방 간의 단기적인 거래 관계 수립의 필요성 증가 등을 들 수 있다.

전통적인 EDI는 이러한 기업 경영상의 요구 사항을 효과적으로 수용하지 못했다. 이처럼 전통적인 EDI가 가지고 있는 한계, 경영 환경의 변화로 추가되는 요구 사항의 증가, 정보통신 기술의 발전 등과 같은 상황으로 인하여 최근에는 전통적인 EDI의 문제점을 극복하고 새로운 전자상거래 환경에 적용하기 위한 새로운 EDI 표준화 및 적용이 이루어지고 있다. 이러한 새로운 개념의 EDI 기술의 대표적인 형태가 웹 EDI이다. 웹 EDI(혹은 인터넷 EDI)는 인터넷상에서 문자를 비롯한 멀티미디어 데이터를 저렴한 비용으로 거래 상대방과 실시간으로 주고받을 수 있는 시스템을 말한다. 기존 EDI의 문제점을 보완하기 위해 개발된 새로운 형태로서 인터넷을 활용한 EDI를 말한다.

VAN 제공자를 통한 인터넷은 보다 안전하게 EDI 문서를 전송할 수 있는 커뮤니케이션 프로토콜로 사용되는데, 안전한 파일 전송 프로토콜로 가장 널리 사용되는 것은 **FTPS(FTP Secure)**와 **HTTPS(Hypertext Transfer Protocol over Secure Socket Laye)**, 그리고 AS2(Applicablility Statement 2)가 있다. 인터넷은 회사의 규모나 어디에 위치하는지와 상관없이 전 세계적인 판매상이나 제조사는 공급망의 일부분이 될 수 있도록 하는 수단을 제공한다. 그래서 수많은 회사는 임금이 보다 저렴한 곳으로 생산 공장을 이전하고 있다. 웹 기반의 EDI 혹은 웹 EDI라고 불리는 기술을 통해 복잡한 EDI 인프라 구축 없이도 전 세계적으로 분포된 생산 공장들이 문서를 주고받을 수 있게 하였다. 웹 EDI의 단순성은 웹브라우저만으로도 전자문서를 생성하고 관리하는 전 과정을 소규모에서 중간 규모 업무에 적용할 수 있다. 이 서비스를 통해 사업 파트너에게 온전한 형태의 데이터를 EDI 포맷으로 변환할 수 있다. 매우 간단한 표준규격들을 사용해서 규정된 업무 규칙을 사용하여 교역 대상 사이에 필요로 하는 업무 양식을 주고받을 수 있다. 사용자에게 친숙한 웹 기반의 인터페이스는 이메일처럼 쉽게 주고받을 수 있을 뿐만 아니라 편집도 가능하며, 부가적인 소프트웨어의 설치 없이도 송장이나 전자문서를 EDI 문서로 주고받을 수 있다. 단지 필요한 것은 인터넷 연결뿐이며, 웹 EDI는 전 세계 어디에서나 접근이 가능하며, IT 전문가 도움 없이도 사용이 가능하다는 장점이 있다.

FTPS(FTP Secure)

HTTPS(Hypertext Transfer Protocol over Secure Socket Laye)

웹 EDI의 장점은 다음과 같다.

첫째, 사용자와 장소에 제한이 없다. 기존의 EDI는 폐쇄형으로 가입자들 간에만 정보처리가 가능했지만, 웹은 개방형이기 때문에 사용자와 장소에 아무런 제한이 없다.

둘째, 비용이 저렴하다. 인터넷은 비상업적인 네트워크이기 때문에 기존의 EDI를 이용할 경우 소요되는 전용선 및 소프트웨어 설치비, 송신료 등이 절감된다.

셋째, 처리 업무 간의 연계가 용이하다. 기존의 EDI로 거래되는 문서와 데이터는 직접적으로 타 업무에 재활용하기가 어렵고 별도의 변환 프로그램이 필요하다. 그러나 웹 EDI는 사용자가 특정 문서의 구조를 만들어 사용할 수 있기 때문에 타 업무 프로그램과의 연계가 용이하다.

3.5 웹 EDI 응용사례

3.5.1 의료 EDI

의료분야에서 EDI를 이용한 사례는 〈표 3-2〉에서 볼 수 있듯이 여러 가지가 있다. 이중 진료비청구 EDI 서비스는 전국 의료기관과 심사기관 간의 문서전달을 기존의 서면이나 디스켓 방식이 아니라 EDI 방식을 이용하는 의료서비스이다.

〈표 3-2〉 의료 EDI 서비스

서비스 구분	심사기관
건강보험진료비청구 EDI	건강보험심사평가원
산재보험진료비청구 EDI	근로복지공단
자동차보험진료비청구 EDI	손해보험사

*자료원: http://web.ktedi.com

3.5.2 KB 국민은행 EDI

이는 국민은행에서 무역업에 종사하는 거래기업을 상태로 하는 EDI 서비스로서 수입신용장 개설 신청, 수출신용장 매입 신청 등의 수출입 업무 관련 서류를 은행에 방문하지 않고 표준화된 형식에 따라 작성된 문서를 데이터 통신망을 통하여 무역당사자 상호 간에 교환 처리하도록 무역 업무 전자문서 교환 서비스를 제공하고 있다.

〈표 3-3〉 KB 국민은행의 EDI 업무

구분	업무
수출	신용장 통지(우편,TELEX 제외), 수출환어음 매입(추심) 신청 및 결과 통보
수입	수입신용장 개설 및 조건변경 신청, 수입물품선취보증서 발급 신청, 적하보험증권 교부
무역금융	내국신용장 개설 및 조건변경 신청, 구매확인서 발급 신청
기타	송금방식 수입대금 지급, 국내 간 외화자금 이체, 관세 업무, 계산서 업무

*자료원: 국민은행

3.5.3 국민연금 웹 EDI

국민연금은 2012년부터 언제 어디서나 시간과 장소에 구애받지 않고 4대 보험 신고/신청이 가능한 '국민연금 웹-EDI 서비스'를 개시하였다. 국민연금 웹-EDI 서비스는 기존 KT 중계망을 통한 CS 방식의 EDI 서비스에 비해 기업 고객의 이용편의성 향상 및 공인인증 절차를 통한 전자인증과 보안시스템 운영으로 기업의 철저한 개인정보보호 기능이 대폭 강화하였다. 그간 국민연금관리공단과 각 기업 또는 개인 간의 업무는 관련 문서 및 서류를 물리적으로 주고받는 방식으로 전달하는 체계였고, 수기에 의해 자료를 처리해왔다. 이러한 오프라인 EDI 방식으로 개선하여 인터넷을 통한 서비스를 제공하게 된 것이다.

각 기업 및 개인 간의 사용자 관리 서식에 대해 재래식의 문서전달체계(인편, 우편)를 컴퓨터 통신망, EDI 및 정보처리기술을 도입하여 표준화된 EDI 서비스를 제공함으로써 정보전달 체계의 개선, 자료 재입력 오류 최소화, 시간 및 경비 절감, 업무 처리의 신속성 등의 효과를 거둘 수 있게 되었다.

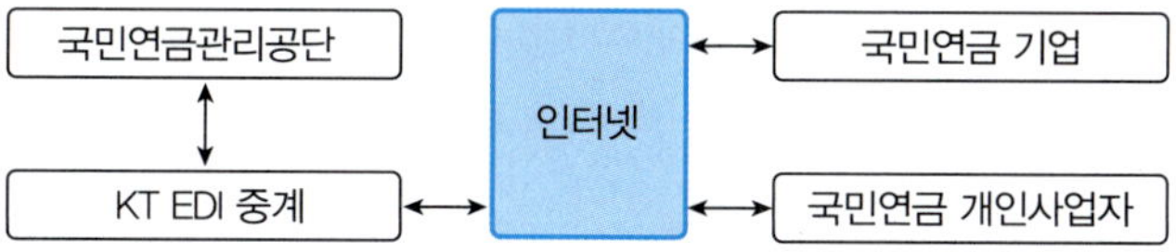

[그림 3-8] 국민연금 웹 EDI 구성도

4. e-마켓플레이스

4.1 e-마켓플레이스의 등장 배경과 현황

e-마켓플레이스

e-마켓플레이스는 원래 기업 간(B2B) 거래를 위한 모델로 등장하였다. 초기 기업 간 거래는 주로 EDI를 기반으로 전개되었는데 EDI는 상대적으로 비용이 많이 들 뿐만 아니라 폐쇄적인 네트워크라는 점 때문에 산업 전반에 걸쳐 활성화되는데 어려움을 안고 있었다. 그러나 인터넷을 기반으로 하는 기업 간 거래는 다수의 거래자를 참여시킬 수 있다는 점 때문에 개방적인 성격이 강해 많은 참여 기업을 유도함으로써 활발한 거래를 일으키고 있다.

기업 간 거래(B2B)의 세계 시장은 매년 평균 증가하고 있으며, B2C 시장 규모의 10배가 넘는 것으로 알려져 있다(IDC). 국내에서도 2013년을 기준으로 전체 전자상거래의 91.8%를 차지하고 있다. 2027년 글로벌 B2B 이커머스 시장 규모가 20조 9,000억 달러(약 2경 4,170조 원)에 달할 것으로 전망되고 있는데 이는 2019년 대비 71% 성장한 수치이다. DHL 익스프레스의 '디지털이 완전히 자리 잡은 시대의 B2B 전자상거래 가이드(The Ultimate B2B E-commerce Guide: Tradition is out. Digital is in)'에 따르면, 2025년에는 B2B 거래의 80%가 디지털로 이루어질 것이라고 주장하였다. 이는 코로나19 팬데믹으로 가속화된 디지털화와 B2B 거래의 주요 결정권자가 된 밀레니얼 세대의 구매 행동의 변화 때문이다.[6]

중국에서는 B2B가 차지하는 비중이 71.7%, B2C가 차지하는 비중이 23.6%로 나타나고 있다.

현재, 전 세계에서 온라인 B2B e-commerce로는 아마존 비즈니스(2억 5천만 개 이상의 제품 보유), E-월드 트레이드(소매업체를 위한 도매 플랫폼), 글로벌 소스(전 세계 150만 명 이상의 사용자 보유), 이베이(다양한 제품군 보유), 알리바바(세계 최대의 B2B 플랫폼)가 있다.

e-마켓플레이스의 시장 규모는 B2B 시장의 73% 이상을 차지하고 있다. 이처럼 e-마켓플레이스의 성장은 개방적인 환경에서 다수의 거래자를 참여시킬 수 있다

---

6) https://www.kita.net/cmmrcInfo/cmmrcNews/cmmrcNews/cmmrcNewsDetail.do?nIndex=62742&recommendId=0

는 장점이 있다.

KOTRA에서 운영하는 e-마켓플레이스인 트레이드 코리아(www.tradekorea.com)가 서비스하고 있다.

트레이드 코리아를 통하여 수출 상품을 등록하고, 해외 바이어에게 자율적인 온라인 홍보가 가능하며, 해외에서 실시간 업데이트되는 바잉오퍼(Buying offer) 정보를 검색함으로써 새로운 거래선 발굴 기회를 확보해 주고 있다. 서비스 포인트의 유형은 수출 상품 등록과 해외 인콰이어리(inquiry) 실시간 열람이 있다. 수출상품 등록은 회사, 제품의 소개, 기술 · 설비 협력 제안 등 해외 바이어 대상 실시간 온라인 홍보가 가능하며, 무료로 이용 가능하다. 업체당 20개 등록 제한, 수정, 삭제 등 자율적으로 처리가 가능하다. 인콰이어리 실시간 열람은 KOTRA 해외무역관 및 현지 바이어를 통해 직접 등록된 해외 인콰이어리(바잉오퍼, 비즈오퍼 등)의 실시간 열람으로 새로운 거래선 발굴을 가능하게 해준다.

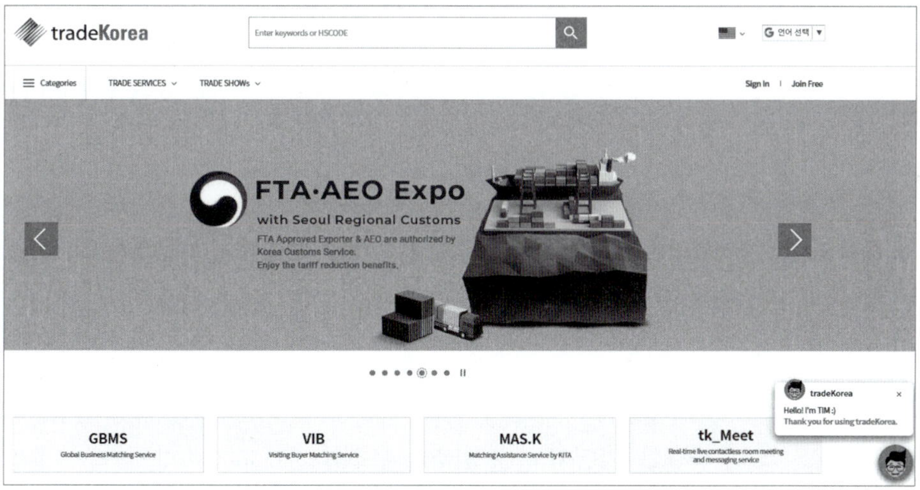

[그림 3-9] 트레이드코리아(www.tradekorea.com)

4.2 e-마켓플레이스의 정의 및 유형

e-마켓플레이스는 인터넷 등 네트워크상에서 다수의 공급자와 다수의 구매자 간에 거래할 수 있도록 구축된 온라인 시장이다. e-마켓플레이스는 기존 1:1 혹은 1:N의 거래 관계를 N:N의 복잡한 거래 관계로 바꾸어 놓았다. 그뿐만 아니라 기

on-line marketplace
electronic marketplace
web marketplace
net marketplace
market maker

존 시장(혹은 장터)처럼 공급자와 구매자가 같은 시간에 동일 장소에 모여 거래하는 개념에서 시간과 공간의 제약을 넘어선 새로운 형태의 시장으로서 그 범위를 확대하고 있다. e-마켓플레이스는 온라인 시장(**on-line marketplace**), 전자 시장(**electronic marketplace**), 웹 마켓플레이스(**web marketplace**), 넷 마켓플레이스(**net marketplace**), 마켓메이커(**market maker**) 등으로 지칭되기도 한다.

e-마켓플레이스는 웹의 특성을 통해서 보다 효율적으로 시장 통합을 수행함으로써 시장에 참여하는 구매자와 공급자를 획기적으로 증가시킬 수 있다. 따라서 구매자에게는 보다 저렴한 가격으로 제품 구매를 가능하게 하며, 공급자에게는 새로운 판로 개척에 따른 거래선을 확장할 수 있다는 장점으로 인하여 거래 기업에 기존의 B2B 모델을 대체할 수 있는 모델로서 각광받고 있다.

COVID-19로 비대면 문화가 확산하면서 기존의 영업방식에 많은 어려움이 발생하고 있다. 이에 e-마켓플레이스 시장도 온라인으로 이동하고 있으며, 영업, 고객관리, 주문, 배송, 사후관리 등 원스톱으로 활용이 가능한 플랫폼 기반으로 변화하고 있다.

향후 e-마켓플레이스 음성 인식, 인공지능, AR/VR, 블록체인 등을 통해 더 강력하고 유연하며, 실시간 통합이 가능한 플랫폼으로 진화할 것으로 예상된다.

e-마켓플레이스 플랫폼은 광범위한 제품을 제공하는 e-마켓플레이스(Alibaba[7], Flipkart[8] 등)와 관련 분야의 전문가와 소비자를 고객으로 하는 e-마켓플레이스로 분류할 수가 있다.

수직적 e-마켓플레이스

또한, e-마켓플레이스는 구축 형태에 따라 **수직적 e-마켓플레이스**와 수평적 e-마켓플레이스 두 유형으로 구분한다. 수직적 e-마켓플레이스는 특정 산업, 즉 기계, 신발, 섬유, 광산업, 자동차 등을 위주로 구축한 전자 시장이다. 따라서 수직적 e-마켓플레이스는 특정 산업 내 공급 사슬의 비효율성을 해결하기 위해 형성된다. 이러한 수직적 e-마켓플레이스의 예로는 photonics.com(광산업), e-Steel(철강), Manheim(자동차), Plastic.net(플라스틱) 등을 들 수 있다.

수평적 e-마켓플레이스

반면, **수평적 e-마켓플레이스**는 다양한 산업에 걸쳐 동일한 기능이나 비즈니스

7) 1억 명이 넘는 회원 수, 40개의 카테고리, 200만 개 이상의 온라인 샵 개설, 15개 언어 지원
8) 인도 기반의 B2B, 수천 개의 공급 업체와 제조업체가 활용하고 있음

프로세스를 제공하는 것으로 모든 산업의 기능별 프로세스(회계, 디지털기술, MRO, 인적자원관리 등)를 개선하기 위해 형성된다. 이러한 수평적 e-마켓플레이스의 예로는 MRO.com(유지, 보수, 운영, 품목), carrierpoint(물류), industria(산업지원) 등을 들 수 있다.

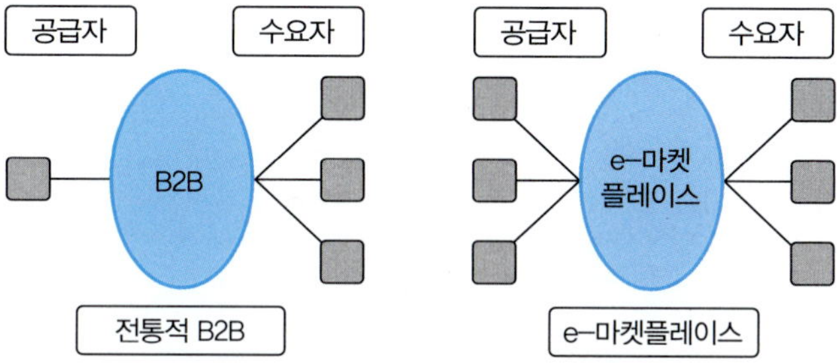

[그림 3-10] 전통적 B2B와 e-마켓플레이스

4.3 e-마켓플레이스의 사례

4.3.1 한국농수산식품유통공사(aT)

aT의 사이버거래소는 인터넷을 기반으로 농수산물의 전자상거래가 이뤄지는 종합 e-마켓플레이스의 한 형태이다. 정부는 농수산물의 가격 안정을 위한 방법의 하나로 2009년 aT에 사이버거래소를 설치했다. 가격 급등락 등 오프라인 유통 과정에서 발생하는 문제를 온라인 거래로 해결하겠다는 의지에서였다. 그러나 시범 거래를 시작한 2009년 농수산물 사이버 거래 실적은 51억 원으로 저조함을 보였다. 농산물을 보지도 않고 어떻게 온라인으로 사고팔 수 있느냐는 소비자들의 인식 때문이었다. 그러나 정식 거래가 시작된 2010년에는 1,755억 원이었지만, 2018년에는 3조가 넘는 것으로 나타났다. 현재는 B2B, B2C, 식재료 전자조달 등 세 가지 부문의 전자상거래를 운영하고 있다.

B2B는 중간 유통단계 없이 생산자 조직과 소매유통업체 · 외식업체 · 식품가공업체 · 수출업체 간 대규모 농수산물 인터넷 직거래를 한다. 식재료 전자조달은 학교급식 등 단체급식에서 사용하는 식재료를 전자조달 방식으로 공급하는 시스템이다.

현재는 기업 간 전자상거래, 학교급식전자조달시스템, 학교급식지원센터통합관

B2B e-marketplace

리시스템, 포스몰 등을 운영하고 있다. 이 중에서 인터넷을 기반으로 기업 간 농수산물 전자상거래가 이루어지는 **B2B e-marketplace**가 있다.

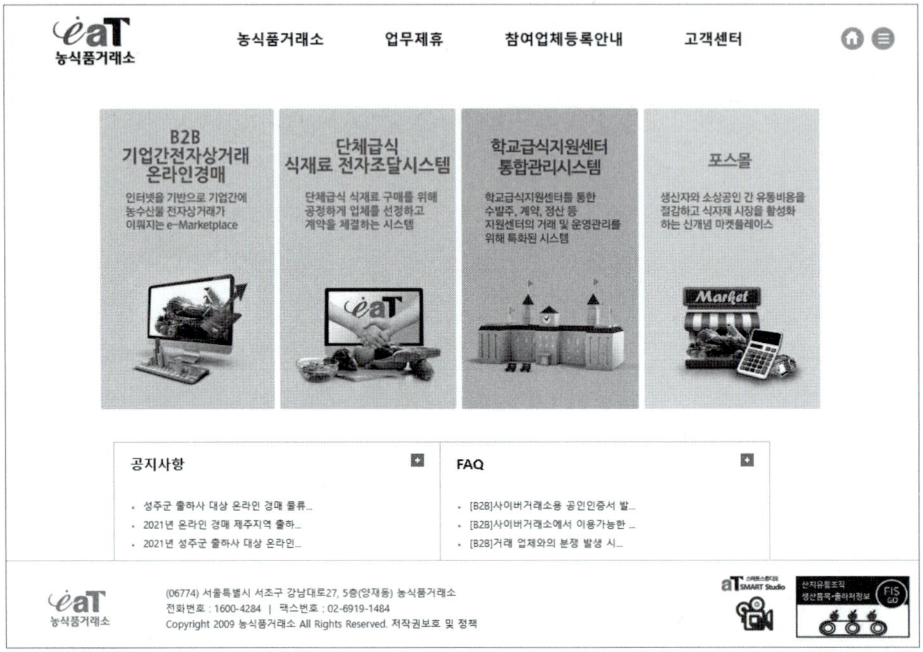

[그림 3-11] 농수산물 사이버거래소

5. 전자무역

5.1 전자무역의 개요

1980년대 말부터 불어온 세계화와 개방화는 세계시장의 단일화 및 국경 없는 자유경쟁체제를 이끌어 내는 기반을 마련하였고 1990년대의 정보화는 모든 정보의 디지털화와 네트워크에 의한 디지털 정보의 공유에 의한 정치, 경제, 문화, 사회적인 변화를 몰고 왔다. 특히, 디지털 경제의 확산으로 개방형 네트워크인 인터넷의 급속한 사용에 힘입어 지구촌을 하나의 거대한 시장으로 경제 활동을 전개해 나가는 글로벌 전자상거래가 본격화되었다.

전자상거래의 발전은 컴퓨터와 통신회선을 비롯한 물리적 기술과 인터넷을 전방에 내세운 고도의 복합 네트워크, 그리고 이를 뒷받침해주는 소프트웨어 기술의 발전과 맥을 함께 하고 있다. 이에 따라 많은 경제활동이 전통적인 면대면 교섭방식(face to face negotiation)에서 정보와 네트워크를 매개로 전개되는 비대면 교섭방식(impersonal negotiation)으로 전환되고 있다. 이러한 변화는 무역에도 지대한 영향을 미치면서 무역의 거래대상 물품, 거래 당사자, 활동 영역, 활동 경로, 업무처리 방식 등을 급격히 변화시키고 있다. 무역에 있어 가장 큰 변화로 다음의 세 가지를 들 수 있다.

첫째, 인터넷을 이용한 기업과 제품의 홍보, 거래조건의 조회 및 협상이며, 이는 거래 알선 사이트 또는 e-마켓플레이스를 통하여 이루어진다.

둘째, 무역업무처리의 자동화로, 지금까지는 주로 폐쇄형 네트워크인 VAN을 이용했으나, 현재는 인터넷을 이용한 웹 EDI로 발전하고 있다.

셋째, 무역과 관련된 수출입물품의 조달 및 유통 시스템의 혁신이 진행되고 있으며, 이를 위하여 조달 EDI, **SCM(Supply Chain Management)**, **ERP(Enterprise Resource Planning)**, **PDM(Product Data Management)**, **CRM(Customer Relationship Management)** 등을 이용하고 있다. 국내의 경우 전자무역은

SCM(Supply Chain Management)

ERP(Enterprise Resource Planning)

PDM(Product Data Management)

CRM(Customer Relationship Management)

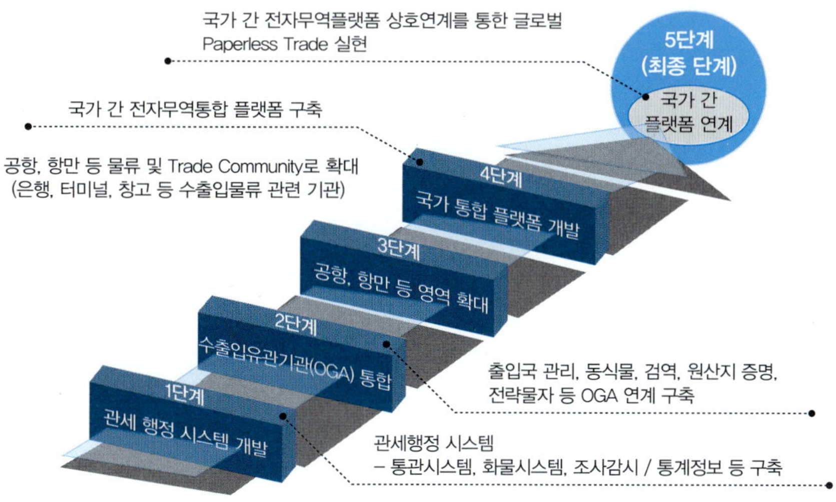

[그림 3-12] 전자무역의 발전 단계(OGA: Other Grovernment Agency)

*자료원: UNECE, A Road map towards seamless paperless trade, 2016.

KTNET 주도로 이루어져 왔으나, KOTRA가 중소기업 전자무역을 지원하는 이트레이드를 개설하여 전자무역이 더욱 활성화되고 있다. 또한, 각 기업은 EDI, 인터넷 사이트, e-mail, 전자카탈로그 등을 통해서도 전자무역을 확산시키고 있다.

UNECE는 2016년 '단절 없는 전자무역을 위한 로드맵(A Road map towards seamless paperless trade)'에서 전자무역의 발전을 5단계로 구분하였다(이동한, 2019).

5.2 전자무역의 정의

전자무역(e-trading)

무역(International Trade)이란 '계약에 따라 재화나 서비스 등을 국가 간에 이동 및 거래함으로써 부가가치를 창출하는 국제적인 상거래'를 말한다. 국가 간의 이러한 무역은 크게 국내의 상품을 외국에 내다 파는 수출과 반대로 해외의 물건을 국내로 들여오는 수입으로 나누어 볼 수 있다. 이러한 무역은 정보통신기술의 발전과 더불어 많은 변화를 가져오고 있는데 여기서 핵심은 인터넷 등 정보통신망을 기반으로 무역을 수행할 수 있는 전자무역(e-trading)이다. 전자무역은 인터넷 등과 같은 각종 정보통신기술을 이용하여 무역관련 업무를 보다 신속하게 처리하고 유통되는 정보를 정확하게 처리하며, 무역 활동과 관련된 제반 비용을 줄일 수 있다는 점에서 오늘날 중요성이 점점 더 확대되고 있고, 그 적용 분야는 계속해서 넓어지고 있다.

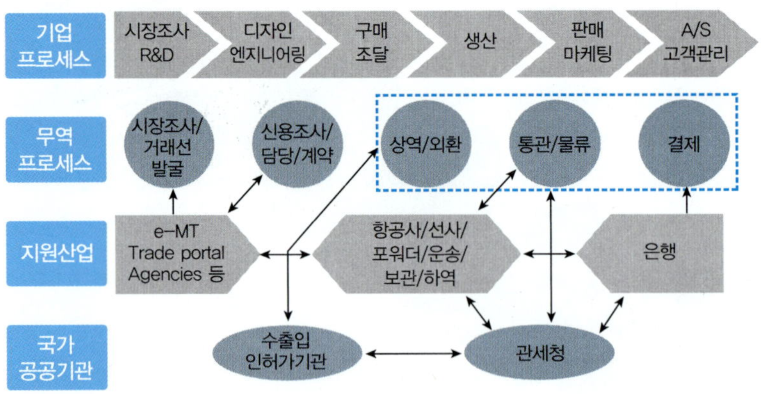

[그림 3-13] 무역의 흐름

전자무역은 정보망을 통하여 구매단계부터 결제단계까지의 일련의 과정과 통관, 무역, 물류 업무의 전자문서 교환 외에도 업체 간의 정보 교환 활동 등을 포괄한다. 한편, '전자무역'이란 대외무역법 제2조제1호에 따른 무역의 일부 또는 전부가 전자무역문서로 처리되는 거래를 말한다(전자무역법). 이러한 정의를 근거로 볼 때, 무역과 관련된 각종 정보의 검색, 거래알선 사이트를 이용한 해외 홍보선 발굴, 전자우편을 이용한 거래 협상, 소프트웨어 등 디지털 상품의 온라인 거래 및 배송 등도 전자무역에 포함된다. 따라서 전자무역은 외국기업 간의 상거래인 국제무역을 전자적으로 수행한다는 점에서 전자상거래의 한 형태인 글로벌 B2B 전자상거래라 할 수 있다.

전자무역과 관련하여 최근까지도 통일된 정의가 내려지지 않아 인터넷무역, 사이버무역 등과 같은 다양한 용어를 사용해 왔다. 각각을 다음과 같이 간단히 정의하면 그 차이를 쉽게 이해할 수 있을 것이다.

〈표 3-4〉 전자무역, 사이버무역, 인터넷무역의 정의

구분	정의
전자무역(e-trading)	무역을 전자적 혹은 정보통신망을 이용하여 행하는 것을 지칭한다.
사이버무역 (cyber-trading)	무역과 관련된 정보의 유통은 물론 업무처리과정이 컴퓨터와 네트워크에 의해 창출된 사이버 공간상으로 주로 이루어짐을 말한다.
인터넷무역 (internet-trading)	무역과 관련된 정보교류, 조회, 상담 및 계약 등이 주로 인터넷을 통해서 이루어짐을 강조하는 말이다.

사이버무역은 무역의 채널이 가상 공간상임을 강조하는 것으로, 유통 채널 측면이 강조됨을 알 수 있다. 또한, 인터넷무역은 무역활동에 사용되는 다양한 정보통신망 중 인터넷을 중심으로 무역이 행해지는 것을 의미한다. 따라서 기존에 전자무역의 대표적인 구현 형태인 전자문서교환(EDI) 방식과 같은 폐쇄적인 부가통신망(VAN)을 포함하고 있지 못하다는 점에서 전자무역이나 사이버무역보다는 그 범위가 한정적이다.

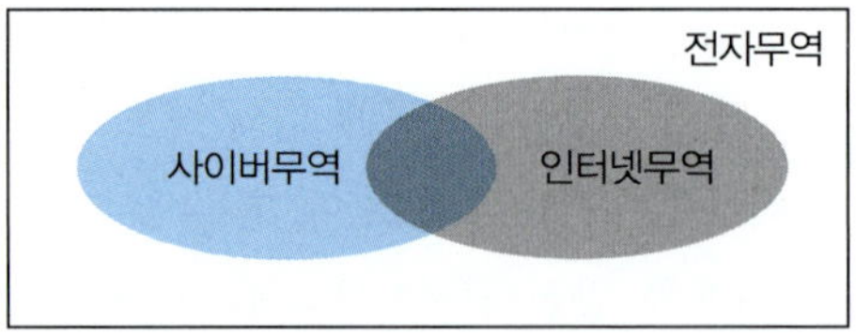

[그림 3-14] 전자무역, 사이버무역, 인터넷무역과의 관계

개방망(Open Network)

전자무역은 기술적으로 인터넷과 같은 **개방망(Open Network)**과 EDI와 같은 폐쇄망(Closed Network)을 포함하여 모든 정보통신망에서 이루어지는 무역행위를 말하며, 무역 행위가 본질적으로 가상공간 상에서 이루어지므로 사이버무역과 인터넷무역을 포괄한다. 전자무역이 사이버무역, 인터넷무역을 포괄한다고 이해할 수 있을 것이다.

〈표 3-5〉 일반무역과 전자무역의 비교

	일반무역	전자무역
해외시장 조사방법 수출마케팅	• 무역거래알선기관 및 무역관련 기관의 자료분석, 현지조사, 조사전문기관의 조사 의뢰 • TV, 신문 등의 대중매체를 통한 Mass Marketing	• 거래대상지역의 수출입통계, 무역거래관습 등 시장조사항목 등을 대상국의 정부, 기업 및 개인의 웹 사이트를 통하여 수집 • 소비자와 생산자를 직접 연결하는 Direct Marketing, 웹 사이트 방문자와 직접 거래하는 Interactive Marketing, Database를 도구로는 Database Marketing
거래처 선정	• 국내외의 상공회의소, KOTRA, 한국무역협회 등에 거래 알선 의뢰 • Directory에서 거래처 선정, 해외출장, 국내 외 무역견본 시 참가	• 인터넷을 이용한 시장조사에 의하여 거래 상품 및 거래처 선정 • 무역거래알선 웹 사이트 유즈넷에서 자기 취급상품 선정 • 검색사이트를 통하여 거래처 선정 • 유명 웹 사이트에 배너광고 • 웹 사이트상의 박람회 참가
거래제의	• 거래제의를 business letter, fax, telex로 발송한다. • 상대방을 알게 된 경로에는 무역거래알선기관명, Directory, 무역간행물, 업자명을 쓴다.	• 거래제의를 e-mail로 한다. 이밖에 Internet Fax도 이용한다. • 상대방을 알게 된 경위에는 상대방을 알게 한 웹 사이트명을 쓴다. • e-mail을 보낼 때 자기 회사의 e-mail Address와 Home Page의 URL명을 기재한다.

계약교섭	• 조회(Inquiry)나 그 회답은 business letter, fax, telex로 하고 가격표(price list), 상품목록(catalog), 견본(sample)을 동봉하거나 별봉으로 보낸다.	• 조회 및 그 회답은 e-mail로 한다. • e-mail에는 자사의 웹 사이트 주소 및 e-mail 주소를 쓴다. • e-mail과 함께 attachment file로서 전자카탈로그, 견본 그림 및 명세서를 보낼 수 있다. • 조회를 받으면 상대방의 웹 사이트에 방문하여 확인한다.
계약체결	• order, offer 및 그 승낙은 business letter, cable, fax, telex로 한다.	• order, offer 및 그 acceptance는 e-mail로 한다. • e-mail도 법적 효력 문제가 있으므로 중요한 계약서는 Internet Fax로 교환한다.
대금결제	• 송금결제방법(COD, CAD), 추심결제방법(D/P, D/A), 신용장결제방법(L/C) 등으로 결제한다.	• 소량화물의 경우 국제신용카드(Credit Card)로 결제한다. • 대량화물의 경우 L/C, D/A, D/P 등으로 결제한다.
운송	• 해상운송, 항공운송, 복합운송	• 국제특송(DHL 등)을 이용한다(소량화물의 경우).
통관	• 세관에서 통관	• 국제우체국에 간이통관

5.3 전자무역의 일반적인 절차

일반적인 무역 프로세스는 정보수집 활동, 마케팅 활동, 상담 · 계약 활동, 대금결제, 물류운송 등으로 이루어지며, 각각을 간략히 설명하면 다음과 같다.

- 정보수집 활동: 시장이나 제품, 바이어에 대한 정보를 수집하는 작업을 수행한다.
- 마케팅 활동: 자사 기업과 제품을 알리는 마케팅 활동을 진행한다.
- 상담 · 계약 활동: 조사 발굴된 바이어와 거래조건 협의와 각종 절차를 밟기 위한 상호 간의 의견을 교환하고 계약을 체결한다.
- 대금결제: 무역은 제품의 국가 간 이동이 이루어지므로 제품 공급에 대한 대가를 교환하는 대금 결제가 이루어져야 한다.
- 물류운송: 마지막 단계로 거래가 성사된 제품을 수입업자에게 보내는 과정을 거치게 된다.

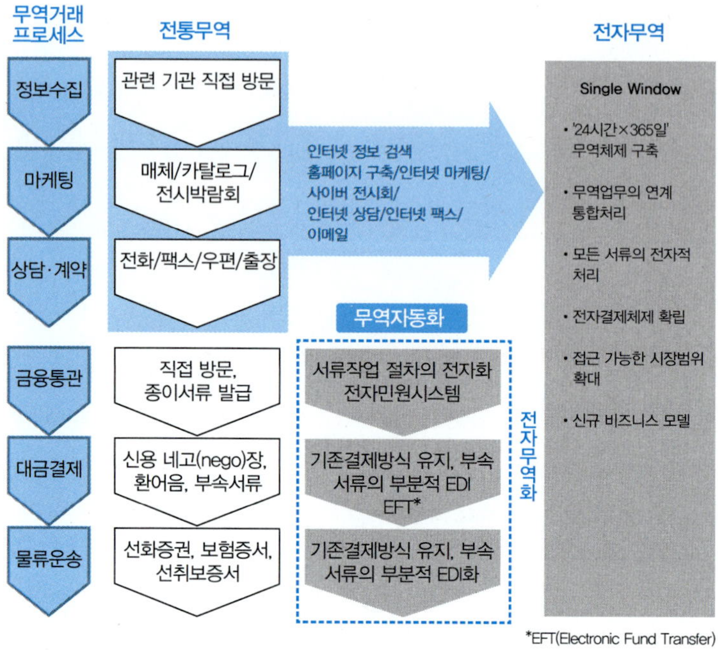

[그림 3-15] 전자무역의 절차

*자료원: 무역협회

전자무역은 제품과 서비스의 수출입에 관련된 전통적 무역프로세스에서 발생하는 방대한 정보를 전자적 방식(주로 전자문서)으로 교환함으로써 무역 프로세스를 획기적으로 전환함과 동시에 마케팅 활동과 무역업무 대행 역할을 수행한다.

전자무역은 전자무역 인프라의 보편화로 새로운 무역 환경에서 창출 가능하고 다양하며, 궁극적으로는 다수의 관련 기업 및 공공기관의 개별 프로세스가 전자무역 프로세스라는 일관된 프로세스로 융합되는 과정으로서 디지털 전환(e-Transformation)의 핵심 부분을 구성하고, 새로운 방식의 사업모델 개발과 수행 활동을 포함한다.

5.4 전자무역의 구성요소

전자무역은 기본적으로 거래 주체 간의 접촉 방식의 변화, 거래관련 문서의 전자화 및 대금 결제의 전자화, 고객 범위의 확대 및 마케팅 개념의 변화 등 일반적인 전자상거래적인 특성을 포함하고 있다. 그러나 전자무역은 다음과 같은 관점에서 전자상거래와 구별되는 특징을 포함한다.

첫째, 전자무역은 한 국가의 국경을 초월하여 이루어지는 국제성을 지니고 있다.

둘째, 전자무역은 무역의 절차를 전자화한다는 무역 절차성을 지니고 있다.

셋째, 무역 경쟁력 강화라는 기업의 의지와 국가정책의 융화라는 국가 정책성을 지니고 있다. 이 세 가지 요소는 기존의 전통적인 무역방식과 다른 새로운 차원의 무역을 가능하게 하는 기준으로 전자무역의 구성요소는 제도적, 기술적, 상업적 요소로 나누어 볼 수 있다.

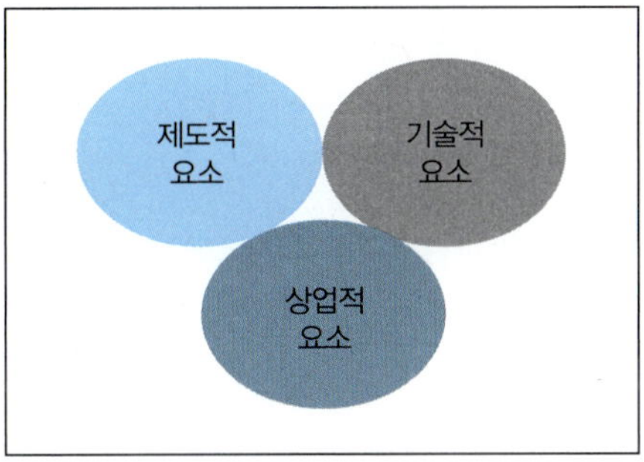

[그림 3-16] 전자무역의 구성요소

5.4.1 제도적 요소

대외무역법, 무역자동화법, 무역거래조성법, 전자거래기본법, 전자서명법과 같은 법적인 요소와 전자무역중개기관, 무역자동화사업자의 지정, 공인인증마크, 전자결제제도 등이 이에 해당한다.

5.4.2 기술적 요소

하드웨어, 소프트웨어, 통신망 등 기반기술과 전자무역을 지원하기 위한 각종 표준화(전자문서, 전자 카탈로그, 전자 결제 등) 및 ERP, KMS, EDI, CALS, SCM 등이 이에 해당한다.

5.4.3 상업적 요소

전자적으로 비즈니스를 수행할 수 있는 상업적 기반 구축, 상품, 콘텐츠, 물류, 결제, 전문 인력 등과 각종 거래 알선 사이트 e-마켓플레이스 등이 이에 해당한다.

전자무역이 원활하게 수행되기 위해서는 이상의 제도적 요소, 기술적 요소, 상업적 요소가 적절하게 갖추어져야 한다.

5.5 전자무역의 특성

5.5.1 전자무역의 특징

전자무역은 기존의 전통적인 무역거래에 비해 몇 가지 특징을 지니고 있다. 이는 전자무역이 거래 과정에서 디지털 경제에 적합한 디지털 기술을 도입하고 각 경제 주체를 전자적으로 연결하기 때문이다. 따라서 이러한 전자무역의 특징은 기존의 전통적인 무역거래에서 볼 수 없는 혁신성, 조직 간의 정보 시스템 특징, 전자적 연결 특성, 공공성의 특징으로 나누어 설명할 수 있다.

(1) 혁신성

혁신성

혁신이란 일반적으로 이를 채택하는 조직이나 개인이 새로운 것을 인식하는 아이디어 혹은 실천방안이다. 전자무역은 기존의 전통적인 무역 거래에 비해서 단순한 거래방식의 변화가 아니라 전통적인 무역산업을 포함한 경제구조와 프로세스의 혁신을 포함하고 있다. 무역 기업은 물론 은행, 보험회사, 운송회사, 물류업자 등 수출입과 관련된 모든 기관을 연결하는 프로세스의 근본적인 개선을 요구하고 있다. 또한 수십 년간 이어져 온 오프라인상의 무역 관행, 법률, 제도 등을 온라인 환경에 적합한 형태로의 변화를 필요로 한다.

(2) 조직 간 정보시스템

조직 간 정보시스템

조직 간 정보시스템은 '둘 혹은 그 이상 조직 간 자원의 공유체에 관계하는 시스템들을 가리키는 일반적인 용어'로 정의할 수 있다. 전자무역은 재화 또는 서비스의 국가 간 거래인 무역 행위를 인터넷을 포함한 디지털 기술을 활용하여 전자적, 정보 집약적인 방법으로 조직 간 수행하는 무역 활동으로 볼 수 있다. 즉, 전자무역은 제품의 수출입과 관련한 무역프로세스에서 발생하는 방대한 정보를 조직 간 정보시스템을 통해 교환함으로써 무역 프로세스의 획기적인 변화를 가져왔다.

(3) 전자적 연결성

최근 기업 사이에는 기업의 경쟁우위를 확보하고 효율성을 증진시키기 위해 기업 내부 혹은 기업 간의 전자적 연결 현상이 두드러지고 있다. 기업 간의 전자적 연결의 예로는 주문품을 중심으로 결제, 구입에서 설계, 개발, 유지까지의 상품의 전 라이프 사이클에 걸쳐 이용되는 CALS, 무역을 중심으로 하는 EDI, 의류업체에서의 **QR(Quick Response)** 등을 들 수 있다. 전자무역이 기관 간 전자적 연결성을 지니고 있는 이유는 다음 두 가지로 설명할 수 있다. 첫째, 전자무역은 무역 관련 다양한 경제 주체들이 전자적으로 연결되어 시장 탐색에서 통관/결제에 이르기까지 모든 수출입에 관련된 업무를 효과적이고 효율적으로 수행한다는 측면에서 둘 이상의 연계된 기관이 컴퓨터 네트워크를 통해서 정보를 처리한다. 둘째, 전자무역은 24시간, 365일 무역 업무 처리를 가능하게 하며, 어디서든지 인터넷상의 단일 접점(single window)을 통해서 무역 업무를 처리하게 한다는 측면에서 상시 또는 수시로 접속하여 사용하는 전자적 연결성을 지니고 있다.

QR(Quick Response)

(4) 공공성

전자무역이 성공적으로 정착되기 위해서는 기업과 산업의 디지털 비즈니스화, 정부의 전자정부화 등이 복합적으로 고려되어야 한다. 기업의 개별적인 차원이나 특정 산업 차원에서 이루어지는 B2B 성격뿐만 아니라 G2B, G4C 등 전자정부와 기업과 산업의 디지털 비즈니스가 하나의 실체로서 연계와 통합이 이루어져야 가능하기 때문이다. 또한, 무역이라는 특성상 무역 프로세스를 중심으로 정부(유관기관)와 기업 간의 디지털 비즈니스를 포괄하는 측면에서 접근해야 하기 때문에 전자무역은 공공적인 특성을 지니고 있다.

공공성

5.5.2 전자무역의 장점

기존 무역과 비교해 볼 때, 전자무역은 다음과 같이 무역거래 시간 및 비용의 절감과 글로벌 마케팅 가능, 거래처 발굴 효율성 및 손쉬운 거래 정보의 획득 등의 장점을 가지고 있다.

(1) 거래 시간의 절감

무역 매매계약의 성립에 소요되는 시간을 절약할 수 있다. 이는 소비자들과의 즉각적인 상호작용과 주문이 가능하기 때문에 기존의 무역 매매방식보다 시간을 월등히 절약할 수 있기 때문이다. 즉, 기존 방식을 통하여 거래처를 선정할 경우 직접 무역 관련 기관에 찾아가 관련 기업의 목록을 찾아서 그 기업들에 우편이나 팩스로 권유장과 주문서를 발송하여 조회(inquiry) 결과가 도착할 때까지 기다려야 하는데, 이때 거래처 조사와 우편 및 팩스 송부 시간 등에 있어서 인터넷을 통할 경우 훨씬 빠르고 효과적으로 거래처와 접촉하여 계약을 성립시킬 수 있다.

(2) 거래 비용의 절감

판매자와 구매자 간의 상담이나 상품에 대한 정보의 취득, 거래 성사를 위한 각종 서류의 교환 형태도 지금까지의 전기 신호를 이용한 통신 수단에서 전자 신호에 의한 컴퓨터 통신, 특히 인터넷으로 통합되어 가고 있다. 형태가 일정하지 않은 비정형화된 정보나 의사 표시는 전자우편에 의해, 정형 정보나 서류는 EDI에 의해 인터넷과 같은 컴퓨터 통신망으로 통합 · 유통되어 가고 있다. 또한, 전화와 같은 음성정보는 인터넷 전화로, 팩스와 같은 이미지 정보는 인터넷 팩스를 이용하고 화상회의와 같은 영상 정보도 인터넷 화상회의 시스템에 의해 디지털화되어 인터넷으로 흡수되고 있다. 이러한 인터넷 부가서비스는 국제통신 비용을 획기적으로 절감할 수 있다는 것이 가장 큰 장점이다.

(3) 전 세계를 대상으로 한 글로벌 마케팅 활동

지금까지는 막대한 비용 및 소비자 분석의 어려움 등으로 인해 삼성, 애플 등과 같은 세계적인 기업들만 세계 시장을 상대로 광고 및 마케팅을 할 수 있었다.

그러나 인터넷과 같은 새로운 매체의 등장으로 인해 문자와 그림은 물론, 음성과 동화상 등 보다 다양하고 효과적인 방법으로 회사나 제품을 소개할 수 있게 되었으며, 최소의 비용으로 마케팅 활동을 수행할 수 있게 되었으며, 시간의 제약이나 지면 공간의 제약도 없어지게 되었다. 또한, 소비자와 대화가 가능한 대화형 광고를 비롯하여 첨단 기법을 활용한 광고도 가능하게 되었다.

(4) 거래처 발굴의 효율화 및 손쉬운 거래 정보의 획득

기존에는 거래처 발굴을 위해서는 거래알선 기관에 찾아가 정보를 얻거나 각국에서 발행하는 무역업체 총람, 제조업체 총람, 기업 연감 등의 디렉터리 혹은 통계자료를 찾아보거나 해외로 배포되는 인쇄 매체나 현지의 광고 매체를 이용하였다. 또한, 무역협회, KOTRA 등에서 주관하는 해외시장 개척단 또는 국제 박람회나 전시회 등에 참가하여 거래처를 발굴해 왔다. 그러나 인터넷을 통해서 판매자와 소비자가 모이는 e-마켓플레이스에서 무역에 관련된 수많은 정보들을 정보 검색 엔진을 이용하여 손쉽게 찾아볼 수 있다.

(5) 중소기업의 성장 가능성 증대

인터넷의 등장으로 중소기업들도 문자 · 그림 · 음성 · 동영상 등 각종 다양한 광고 기법을 이용하여 자사의 제품을 소개할 수 있을 뿐만 아니라, 시간적 · 공간적 제약 없이 자사 제품에 대한 다양한 정보를 고객에게 제공할 수 있게 되었다. 따라서 중소기업이 세계적인 대기업과 적어도 웹 사이트상에서는 어깨를 견줄 수 있으며, 진취적이고 독창적인 사업 구상을 통해 오히려 대기업과의 경쟁에서 우위를 차지할 수 있다.

(6) 전자화폐에 의한 대금결제

상품 구매에 대한 대금결제방식으로 개발된 신용장도 무역 거래에 있어서 인터넷을 통한 전자지불시스템의 개발과 실용화로 그 입지가 점차 좁아지고 있다. 인터넷을 통해 상품을 구매하는 고객의 신용카드 번호 등을 고객의 전용 소프트웨어로 암호화하고 고객이 이 정보를 입력하면 판매자가 전용 소프트웨어를 이용하여 카드 발행 회사에 조회하도록 하며, 신용카드 범위 내에서 전 세계적으로 안전하고도 확실한 대금결제가 가능하게 함으로써 소액거래를 중심으로 국경 없는 전자결제 시대가 도래하였다.

5.6 KTNET 전자무역 서비스 사례

자동차부품을 수출하는 충남 소재의 K 사는 한미 FTA 체결 이후 지난 수년간 거래해온 미국 바이어가 FTA 원산지증명서를 요청해와 원산지확인서 발급을 위한 해결책을 찾아야 했다. 원산지확인서 발급을 위해서는 원가 정보나 매출 정보 등을 입력해야 하는데, 이런 중요 정보가 공개되어 공급단가 인하 압박을 받지 않을까 고민하던 차에 FTA-Korea 시스템을 통해 해결하게 되었다. KTNET이 운영하는 FTA-Korea는 국가전자무역서비스(www.utradehub.or.kr) 내에 구축된 원산지 증명 업무처리 시스템으로, 수출업체나 원자재 납품업체가 별도로 시스템을 구축하지 않고도 온라인으로 원산지관리 업무를 원스톱으로 처리할 수 있게 해준다(아주경제, 2012).

FTA-Korea를 이용할 경우 우리나라가 체결한 8개 FTA에 따른 원산지 판정, 원산지 입증 서류 작성 및 송수신, 원산지 검증 · 실사에 대비한 자료 보관, 사후관리 서비스를 손쉽게 이용할 수 있다. 또한, 지금까지는 완제품 생산업체가

FTA 관세 혜택을 받고 싶어도 원부자재 납품업체들이 원가 정보 노출을 공개하지 않아 협조를 받지 못하는 경우가 많았으나, 원가 정보가 노출되지 않고서도 원산지확인서 발급이 가능하다. 즉, 원부자재 납품 업체가 입력한 원자재 수불부, 원가 정보, 매출 정보, 거래처 정보 등은 원산지확인서나 원산지증명서 발급을 위한 기초 정보로 활용된 후 안전하게 시스템 내에 저장되어 거래처 등에 노출될 위험이 전혀 없다.

[그림 3-17] 국가전자무역서비스(www.utradehub.or.kr)

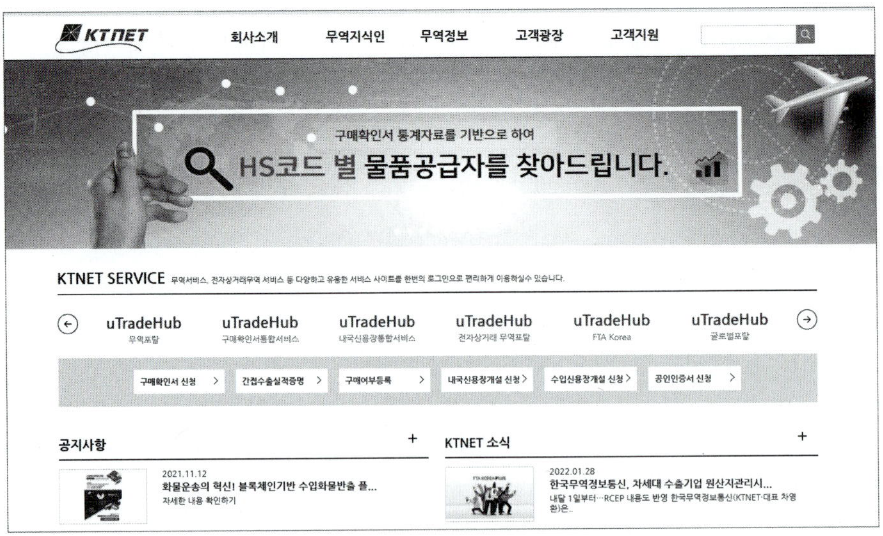

[그림 3-18] KTNET 홈페이지(https://www.ktnet.com)

5.7 블록체인을 활용한 물류

현재 세계 각국으로 운송되는 상품의 90%가 해상 운송으로 이루어지고 있으나, 아직 전자화되지 않은 비효율적인 프로세스로 운영하는 실정이다.

한 번의 해상 운송에서 30개의 해당 기관의 승인 과정과 200회에 이르는 의사소통 과정이 필요하고, 무역 관련 서류 처리 비용이 해상운송에서 차지하는 비중이 25%이다. 이에 블록체인 기술을 활용하면 실시간으로 물류 거래 내역을 확인 및 공유할 수 있기 때문에 전체 공급망에 걸쳐서 선적과 운송에 대한 정보 확인이 가능하다는 장점이 있다.[9)]

정보를 투명하고 안전하게 관리할 수 있고, 기존의 시스템에서 발생하는 지연과 각종 사기를 현저하게 감소시킬 것으로 기대된다. WTO에 따르면, 블록체인을 통해 전 세계 GDP의 5%, 전체 무역량의 15%가 증가할 것으로 전망하고 있다.

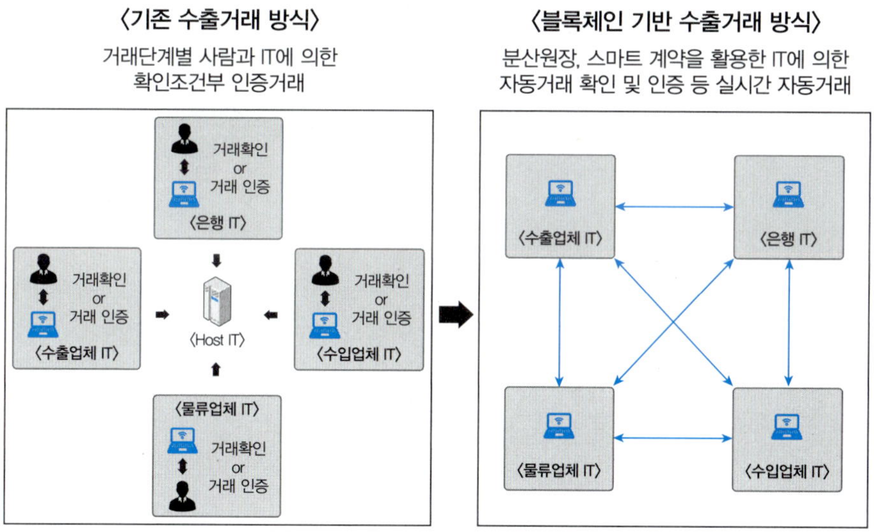

[그림 3-19] 기존 수출거래와 블록체인 기반 수출거래의 비교

* 자료원: 산업연구원 '4차산업혁명의 중소기업 수출 영향 및 정책방향' 보고서

세계 최대의 해운 선사인 머스크(Maersk)는 아프리카 케냐에서 네덜란드의 로테

9) 선사, 터미널 운영사 등이 등록하는 선박의 접안 스케줄, 컨테이너 양 · 적하 계획, 반 · 출입계획, 선박 입출항 신고 등 모든 참여자들이 블록체인을 통한 정보 공유

르담까지 꽃을 냉장 운송하기 위해서는 약 200여 건의 통신과 30명의 사람이나 조직을 거쳐야 한다는 것을 발견하였다. 즉, 꽃의 냉장 운송 한 번에 200여 건 이상의 연락이 필요하기 때문에 상당한 시간이 걸리면 이에 따른 노력이 필요한 것으로 낭비가 발생되고 있다는 것을 확인하였다. 또한, 무역 문서의 처리 · 관리 비용이 전체의 운송비용에서 5분의 1을 차지한다는 결과도 있듯이 비용적인 부분에서 낭비가 많기 때문에 이를 줄이기 위한 방안으로 IBM과 블록체인 기술을 사용한 합작 플랫폼 트레이드렌즈(TradeLens)를 출범하였다.

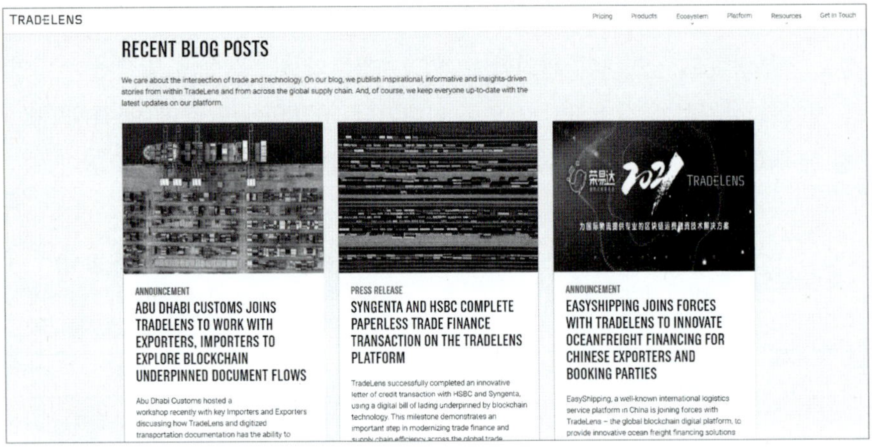

[그림 3-20] TradeLens

P2P(pear to pear)

트레이드렌즈는 관련 문서를 디지털화하고 거래의 흐름을 단순화하는 글로벌 변조 방지 시스템을 사용하였으며, 시스템을 활용해 값비싼 **P2P(pear to pear)** 통신과 같은 장애물을 제거하기 위해 노력하였다. 트레이드렌즈는 잠재적으로 연간 수백만 건의 운송을 '끝에서 끝까지(End to End)' 추적할 수 있다는 특징을 가지고 있으며, 특정한 무역 경로에서는 각국의 세관과 통합할 수 있다는 장점이 있는 시스템이다.

IBM과 머스크는 2016년 6월부터 블록체인과 클라우드에 기반한 기술과 관련하여 협업하고, 미국 휴스턴 항, 네덜란드 로테르담 항만 시스템, 네덜란드 관세청 등 다수의 기관에서 시범 운영한 블록체인 적용사례를 2017년 3월 공개하였다. 이후 2018년 1월에 블록체인 플랫폼 JV를 설립하고, 운송정보의 파이프라인을 구축하고, 페이퍼리스(Paperless)라는 2가지 핵심 기능에 초점을 맞춘 블록체인 기술의 상용화를 추진하고 있다.

또한, PSA(싱가포르 항만청), IBM, Pacific International Lines(PIL) 등의 3개 회사가 2017년 8월 MOU를 체결한 후, 2017년 8~12월 중국 충칭에서 싱가포르까지 블록체인 기반 서플라이체인 운영 시험에 성공하였다.

국내에서도 현대상선은 한국과 중국 구간의 냉동 컨테이너에 블록체인 기술을 시험 도입하였으며, SM상선은 블록체인 기술을 활용하여 방콕과 호찌민에 화물을 운송하였다(KOTRA 싱가포르무역관).[10]

2021년 12월 CJ대한통운은 블록체인 기술로 의약품 제조부터 유통까지 전체 데이터를 통합 관리하는 '블록체인 제약물류시스템'을 업계 최초로 구축하였다.

CJ올리브네트웍스, **AWS(아마존 웹 서비스)**와 함께 시스템을 구축하였으며, 물류 과정뿐만 아니라 의약품 생산일자, 유통기한, 사용시간 등 제조 · 유통 · 접종 단계 데이터도 시스템에 기록할 수 있다. 제조사, 도매상, 의료기관 등이 각각 관리하던 데이터를 블록체인을 활용해 통합 관리함으로써 데이터 위변조를 차단하고 유통 과정의 투명성을 높여 의약품 오 · 남용도 예방할 수 있다는 특징을 가지고 있다.[11]

AWS(아마존 웹 서비스)

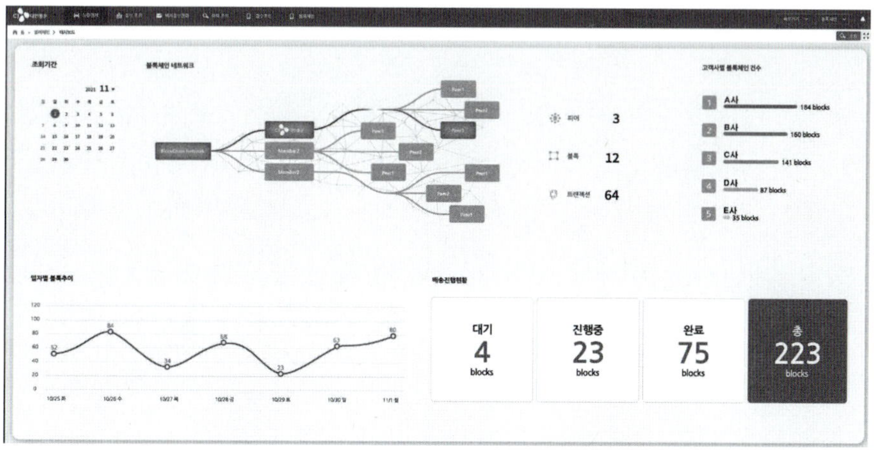

[그림 3-21] CJ대한통운 블록체인 제약물류시스템

10) https://news.kotra.or.kr/common/extra/kotranews/globalBbs/383/fileDownLoad/56732.do

11) https://biz.chosun.com/industry/company/2021/12/19/SV73JEGTJZAQHKKNOJJ3ADQELI/

물류산업에서 블록체인 기술을 활용하면, 국제무역시스템, 공급망 관리(SCM), 제품 이력 관리, 설비의 효율성 제고 등 물류가 이루어지는 전 과정을 이해 관계자들과 실시간으로 정보를 공유함으로써 물류의 효율성, 안정성, 신뢰성의 확보를 가능하게 해준다는 장점이 있다.[12)]

향후 블록체인 기술의 도입으로 전자무역이 더욱더 활성화될 것으로 보이며, 특히 개발도상국 등에서 오프라인으로 이루어지고 있는 서류 제출 등의 검증 및 확인 등이 획기적으로 개선될 것으로 보인다.

12) http://www.bbreview.io/news/articleView.html?idxno=385

참·고·문·헌

노규성 외, 전자상거래 & e-비즈니스, 사이텍미디어, 2009

노규성 외, 빅데이터시대의 전자상거래, 생능출판사, 2015

노규성 외, 디지털트랜스포메이션시대의 전자상거래, 생능출판사, 2019

이동환, 국내외 전자무역시스템 도입 현황과 발전 방향, 주간기술동향 2019. 4. 17.

이영주, 4차 산업혁명의 중소기업 수출 영향 및 정책방향, 산업경제, 산업연구원, 2017

채진익, 전자무역, 나남, 2003

최용록, 전자상거래와 인터넷무역, 두남출판사, 2000

하강현, 전자무역론, 나남, 2007

Turban 전자상거래, 사이텍미디어, 2005

Designing Websites according to the Ancient Science of Directions – Web Vastu, Smita Jain Narang

UNECE, A Road map towards seamless paperless trade, 2017

https://www.mk.co.kr/news/business/view/2021/01/4333

https://commercelecturer.wordpress.com/tag/involvement-of-business-parties

https://www.ajunews.com/view/20210103094740426#PL2

https://www.boannews.com/media/view.asp?idx=100264

https://www.kita.net/cmmrcInfo/cmmrcNews/cmmrcNews/cmmrcNewsDetail.do?nIndex=62742&recommendId=0

https://news.kotra.or.kr/common/extra/kotranews/globalBbs/383/fileDownLoad/56732.do

https://biz.chosun.com/industry/company/2021/12/19/SV73JEGTJZAQHKKNOJJ3ADQELI

http://www.bbreview.io/news/articleView.html?idxno=385

연·습·문·제

1. B2B의 개념 및 사례에 대하여 설명하라.

2. B2G의 개념 및 사례에 대하여 설명하라.

3. 전자무역에 대한 개념을 정의하고 장단점을 설명하라.

4. EDI와 웹 EDI에 대하여 설명하라.

5. e－마켓플레이스의 개념 및 사례에 대하여 설명하라.

6. 일반무역과 전자무역의 차이점에 대하여 설명하라.

7. 블록체인을 활용한 물류의 사례에 대해 조사하라.

4

CHAPTER

스마트시대의 비즈니스와 모바일 상거래

디지털 기술과 모바일 기술의 발달로 기업의 비즈니스 패러다임도 크게 변했다. 디지털 기술(ICT)과 모바일 기술의 발달은 편리성과 효율성을 추구하는 수단을 넘어, 새로운 가치를 창출함으로써 경제 성장을 촉진하고 있다. 미래의 불확실한 환경에 대비하고 기업의 비즈니스 경쟁력 강화를 위해서는 국가 차원에서 신기술에 대한 전략적 지원과 관심이 필요하다. 이 장에서는 스마트 시대에서 모바일 상거래가 활성화되는데 필요한 스마트폰과 플랫폼 그리고 스마트 비즈니스에 대해 살펴보고자 한다.

1. 스마트혁명과 스마트폰

스마트폰 등 다양한 모바일 기기로 사용자들이 정보 습득, 업무 수행, 스마트교육, 사회적 관계 형성, 여가 활용 등 다양한 분야의 서비스를 이용할 수 있도록 했다. 스마트 시대 구성원들은 역사상 가장 강력한 정보력으로 무장하였고 전통적인 구매 · 정보 · 미디어 소비 행태를 모바일 소비 행태로 바꾸어 놓았다.

휴대폰, 탭, 노트북 등 다양한 스마트기기가 있었으나 최근에는 휴대하기 편하고 다양한 기능이 내장된 스마트폰의 활용도가 크게 늘었다. 문자로 만들어진 책이나 신문을 보는 형태에서 스마트폰으로 정보를 획득하는 형태로 삶의 문화를 바꿔 버렸다. TV를 통해서 보는 뉴스나 드라마도 구글의 유튜브(YouTube)에 뺏기고 말았으며, 최근에는 넷플릭스, 디즈니+, Apple TV, Wavve, TVING, U+모바일tv, 왓챠 등의 OTT에 그 자리를 내주고 있는 실정이다.

사용자경험(UX: User eXperience)

1.1 스마트기기의 출현과 확산

2009년 11월 애플의 아이폰이 국내에 처음 시판될 때까지 국내 스마트폰 시장은 거의 존재하지 않았다. 아이폰의 등장으로 국내 이동통신 시장은 애플 또는 아이폰 쇼크가 나타났고, '스마트혁명'이 등장하였다. 아이폰은 상생의 비즈니스 모델과 혁신적인 **사용자경험(UX: User eXperience)**을 장착해서 우리나라의 이동통신 시장뿐만 아니라 글로벌 비즈니스 시장에 큰 영향을 미쳤다.

애플의 스마트폰은 국내시장에 급속도로 확산되었다. 스마트폰 가입자는 2009년 81만 명을 시작으로 2012년 3,272만 명, 2018년 7월에는 국내 스마트폰 등록 대수가 처음으로 5,000만 대를 넘어섰으며, 2021년 7월 기준으로는 5,566만 명을 넘어섰다. 또한 [그림 4-1]에서 보는 바와 같이 스마트폰 보급률도 2019년에는 세계에서 가장 높은 것으로 나타났다. 2021년 6월 기준(전 세계 27개 국가 대상 조사)으로 한국의 스마트폰 보급률은 95%로 나타났다(Pew Research).

2021년 6월 기준으로 전 세계 스마트폰 사용자 수는 38억 명으로 전 세계 인구의 48.33%에 해당한다. 스마트폰과 피쳐폰(feature phone) 사용자 수를 합하면 48억 8천 명이다.

전 세계에서 스마트폰 이용자 수가 많은 국가로는 중국이 9억 5,355만 명, 인도 4억 9,278만 명, 미국 2억 7,376만 명으로 나타났다(Newzoo).

스마트폰 사용자의 증가 폭은 줄어들고 있지만, 스마트폰 활용도는 높아지고 있다. 우리나라 스마트폰 사용자들의 애플리케이션(앱) 사용 시간이 세계에서 가장 길고, 앱 사용 시간 가운데 게임이 차지하는 비중이 가장 높은 것으로 나타났다. [그림 4-2]와 같이 모바일 앱 사용 현황을 보면, 우리나라 스마트폰 사용자들의 하루 평균 앱 사용 시간이 5시간으로 조사대상 나라 중에서 인도네시아(5.5시간), 브라질(5.4시간) 다음으로 높은 3위를 차지하였다.[1] 한국에서 가장 많은 다운로드를 한 앱은 질병관리청 'COOV'이며, 2위는 당근마켓, 3위는 틱톡이 차지하였다. 그 밖에 쿠팡이츠, The건강보험, 줌(Zoom) 클라우드 미팅, 넷플릭스, 배달의 민족, 쿠팡플레이, 오늘의 집 순으로 많이 다운로드하였다.

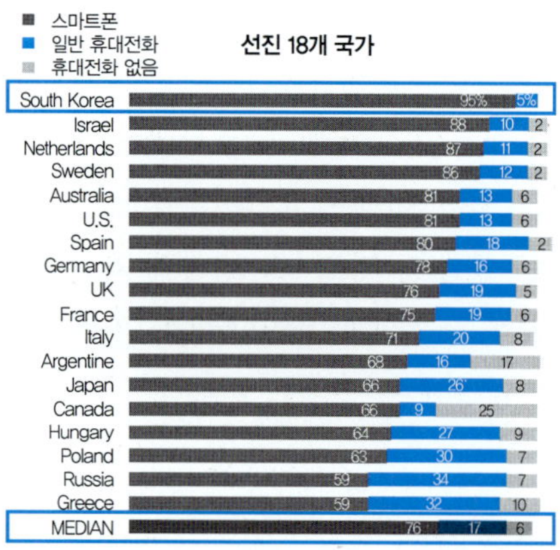

[그림 4-1] 국가별 휴대전화 보급률(Pew Research)

*자료원: https://news.kbs.co.kr/news/view.do?ncd=4135732

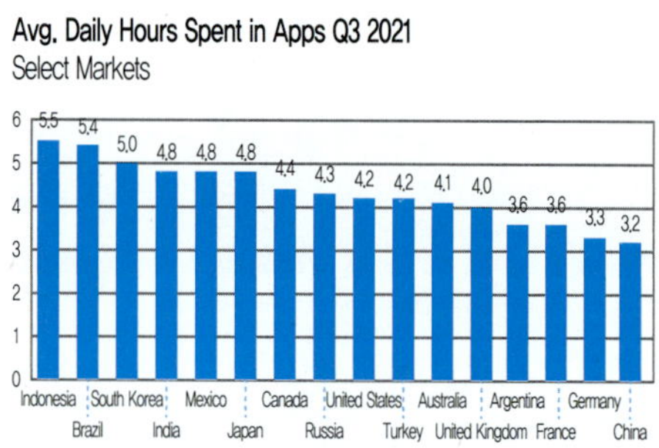

[그림 4-2] 국가별 하루 평균 앱 이용시간(분)

1) https://m.etnews.com/20211015000080

10년 전만 해도 스마트폰 시장이 확대되고 있었지만, 여전히 PC가 영향력을 발휘하던 공존의 시기였다. 하지만 불과 수년 만에 모바일은 PC 시장을 압도했고, 새롭게 출시되는 서비스와 애플리케이션(App.) 그리고 디바이스들은 모두 모바일 중심으로 설계되고 있다. 특히 애플의 공격적인 전략에 따른 스마트폰의 확산은 우리 사회 전반에 걸쳐 스마트혁명을 촉발하는 계기가 되었다. 또한, 삼성전자, LG전자 등 국내 제조업체의 혁신 전략에도 영향을 끼쳤다. 현재 삼성전자와 애플이 휴대폰 시장을 양분하고 있으나 저가 및 가성비로 무장한 중국 업체(오포, 비보, 샤오미 등)들이 크게 부상하고 있다.

그리고 다양한 스마트기기(device)의 등장으로 스마트 생태계가 확대되었다. 무선 인터넷과 모바일 앱(App)의 활성화로 일상생활이 재편되고 개방적 생태계가 창출되기 시작했다. 과거 **태블릿 PC** 시장은 애플 아이패드와 삼성 갤럭시 탭 중심으로 판매가 늘었다. 최근에는 스마트기기 활용의 상당 부분을 스마트폰이 차지하고 있다. 대화면 스마트폰이 보급됨에 따라 태블릿 PC 시장이 감소하는 추세이다.

태블릿 PC

1.2 스마트혁명의 전개

스마트혁명은 사람들을 스마트기기 하나를 통해 정보 습득, 업무 수행, 사회적 관계 형성, 여가 활용 등을 해결하는 디지털 전문가로 변화시켜 왔다. 스마트기기를 사용하는 사람들은 역사상 가장 강력한 정보력을 갖춘 스마트 시민으로, 전통적인 정보 · 미디어 소비 행태를 디지털 소비 행태로 급격히 바꾸어 가고 있다([그림 4-3] 참조).

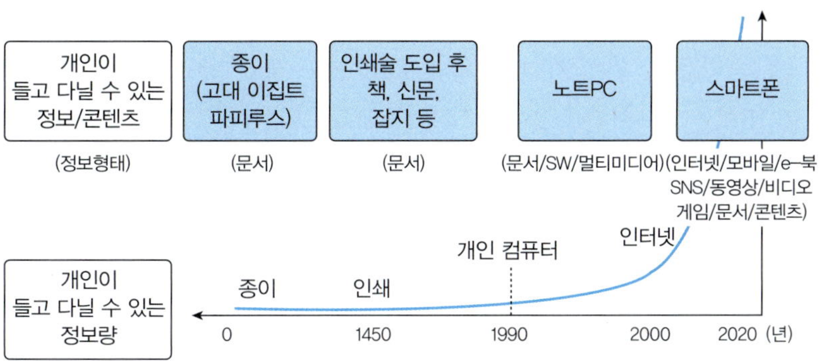

[그림 4-3] 개인 휴대 가능 정보의 원천

*자료원: 권기덕 외, 2010

1.2.1 라이프 스타일의 변화

SNS(Social Network Service)

우리 생활에서 스마트폰은 상시 접속의 시대를 열어가면서 라이프 스타일을 변화시켰다. 첫째, 언제 어디서나 인터넷으로 무한한 정보를 이용할 수 있고 소셜 네트워크 서비스(**SNS: Social Network Service**), 메신저, 인터넷 커뮤니티 사이트 등에 상시 접속하여 실시간으로 소통할 수 있는 스마트한 삶이 가능해졌다([그림 4-4] 참조).

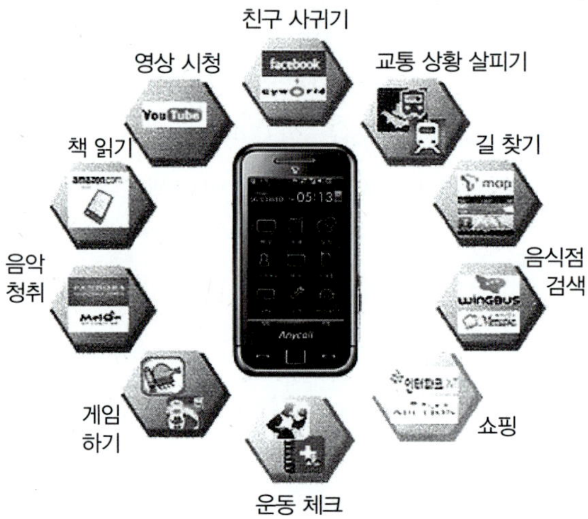

[그림 4-4] 다양한 앱의 활용 사례

*자료원: 권기덕 외, 2010

모바일 플랫폼

모바일 플랫폼에서 다운로드한 앱을 이용하여 쇼핑, 금융, 게임, 음악 등 모든 서비스를 이용할 수 있다. 이런 현상은 스마트폰으로 시간과 장소에 구애받지 않고 무선인터넷을 활용할 수 있기 때문이다. 2017년도 하루 평균 스마트폰 이용 빈도는 일평균 15회, 이용 시간은 2시간 14분으로 조사되었다. 특히 3시간 이상 이용자 비율이 60%에 육박했다. 또한, 스마트폰의 주요 이용 서비스가 통화에서 무선인터넷과 모바일 앱으로 전환되었다. 우리나라 스마트폰 이용자의 무선인터넷과 모바일 앱 이용 비중은 60%인 반면, 음성 · 영상 통화 20%, 문자메시지는 20%로 점점 축소되고 있다.

둘째, 웹과 앱으로 이어지는 스마트기기의 무한한 능력은 우리의 일상생활을 모바일화했다. 검색, 지도, 교통, 가격 비교 등 생활밀착형 앱을 통해 최적화된 일상생활이 가능해졌고, 영화나 비행기 또는 기차표 예매 등을 통해 실시간 거래로 거래 시간을 절약할 수 있게 되었다([그림 4-4] 참조). 다양한 지역 정보 서비스 역시 정보를 얻는데 불필요한 기회비용을 절감해 주었다.

1.2.2 스마트 소통시대의 도래

스마트폰이 도입되기 전 사용자들의 소통은 피처 폰을 이용해 문자 전송을 할 수 있었지만, 주로 인터넷 중심으로 이루어졌다. 그러나 스마트폰이 확산되면서 SNS가 폭발적으로 위력을 발휘하기 시작했다. 스마트폰을 통해 실시간 · 양방향 소통이 가능해졌기 때문이다. 페이스북(메타)의 2021년 말 실적에 따르면 전 세계적으로 이용자 수가 27억 명을 넘어섰고, 하루 이용자도 19억 명을 돌파하였다. 인스타그램의 MAU는 2021년 12월 기준으로 이미 20억 명을 넘어섰다. 국내의 경우, 2022년 1월을 기준으로 메타(페이스북) 월간 이용자 수가 1,190만 명, 인스타그램은 1,860만 명으로 나타났다. 모바일 메신저 카카오톡은 2021년 12월 기준으로 4,703만여 명이 사용하고 있다.

위치기반서비스(LBS: Location Based Service)

스마트폰 도입 전, SNS는 멀티미디어 기반의 소통에 한계를 가지고 있었으나 스마트폰 도입 이후, 사진을 찍고 감정을 표현하고 댓글로 소통하는 행위가 실시간으로 이루어지게 됨으로 스마트 소통 시대가 되었다. 이-메일, 문자메시지(SMS, MMS) 등 인터넷 기반의 커뮤니케이션 수요가 SNS로 전환되는 등 스마트기기는 우리 생활 전반의 행태를 혁명적으로 변화시켰다. 또한 SNS는 비즈니스와 경영에도 변화를 가져왔다. SNS는 **위치기반서비스(LBS: Location Based Service)**와 결합되어 고객 서비스와 판매 촉진 수단으로 활용되는가 하면, 소셜 커머스, 소셜 마케팅, 소셜 고객관리, 소셜 게임 등 다양한 비즈니스 영역을 개척하였다. 최근에는 공유경제 시장을 탄생시켜 P2P(Peer to Peer) 형태의 비즈니스가 활발히 진행되고 있다. 더구나 모바일 기반 SNS에서의 소통 내용 등 엄청난 규모의 빅데이터(Big Data)를 분석하여 고객 정서와 행태 파악, 시장의 미래 예측 및 대응 등의 경영전략에도 활용되는 방향으로 스마트혁명은 영역이 확대되고 있다.

2. 스마트 비즈니스 환경

2.1 콘텐츠 비즈니스 확산

스마트폰의 폭발적 확산에 이어 태블릿 PC, 스마트 TV 등 다양한 스마트기기가 속속 출현하면서 풍부하고 유용한 애플리케이션이 스마트기기 경쟁력의 핵심 원천으로 부상하였다. 이로 인해 소프트웨어 · 콘텐츠 중심의 다양한 새로운 비즈니스 기회가 출현한 이래 관련 시장이 급신장하고 있다. 앱 시장이 성장 · 발전하면서 앱을 이용한 수익이 크게 증가하고 있다. 이러한 트렌드는 계속되어, 전체 모바일 앱 스토어를 통해 전 세계 소비자 지출이 2018년에 전년 대비 약 30% 성장하였으며, 2021년 12월 기준으로 애플의 앱 스토어 전체 매출은 857억 달러(102조 원)로 추정되며, 개발자의 수익은 71조로 나타났다. 게임은 여전히 전체 매출에서 큰 부분을 차지하고 있다. 모바일 게임, 전자책(e-book), 모바일 쇼핑, 모바일 뱅킹 등 기존 인터넷 판매방식은 모바일 상거래로 완전히 대체되었다.

특히, 스마트기기의 다양한 기능을 활용하여 사용자에게 편익을 주기 위해 스마트기기에 적합하도록 만들어진 스마트(디지털) 콘텐츠는 스마트기기를 통해 LBS 기술을 이용하여 증강현실과 같이 다양한 콘텐츠와 서비스 등이 모바일 특성을 융합한 새로운 비즈니스로 창출되고 있다. 2021년 12월 기준(삼성치) 국내의 콘텐츠 산업 매출액은 133.6조 원으로 나타났다.

국내의 문화 콘텐츠 시장 규모는 636억 달러로 세계 7위 수준이며, 2024년까지 연평균 3%의 성장을 할 것으로 전망된다. 한국콘텐츠진흥원(2020)에 따르면, 콘텐츠의 산업 종류는 음반 산업, 출판 산업, 게임 산업, 기타, 지식정보 산업 순이며, 콘텐츠 산업별 수출액은 게임, 음악, 지식정보 순으로 그 비중이 높은 것으로 나타났다.[2)]

2.2 비즈니스모델 창출과 앱 스토어 활용

기존의 모바일 폰을 이용한 광고, 쇼핑몰, 게임, 금융 등의 분야에서 스마트기기를 활용한 모바일 비즈니스가 더욱 활성화되고 있다. 모바일 광고의 세계시장 규모는

2) https://investseoul.org/kor/industries_4_kor.html

2018년 1,572억 달러에서 2022년에는 3,195억 달러로 2배 이상 증가할 것으로 전망하고 있다.

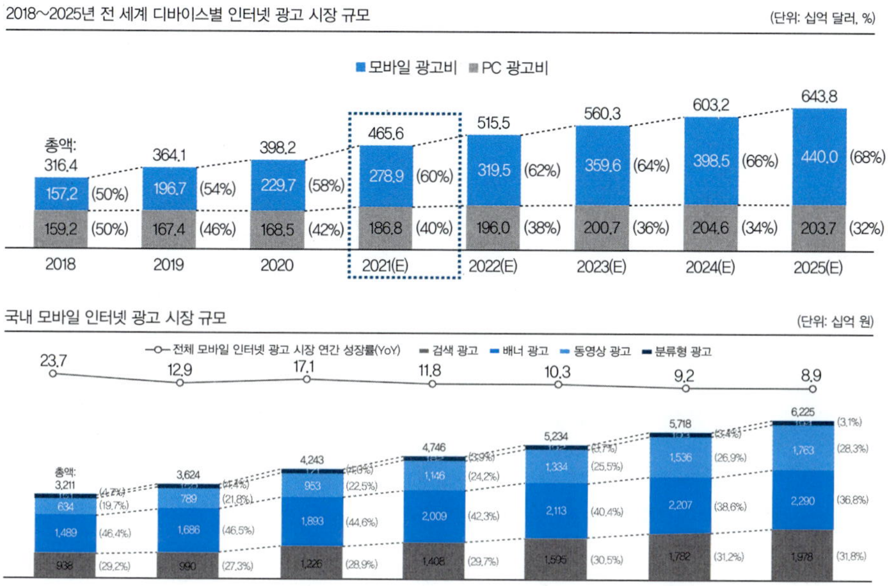

[그림 4-5] 인터넷 광고 시장 규모(PC 및 모바일)

통계청에 따르면, 2020년 모바일쇼핑 거래액은 108조 6,883억 원으로 전년보다 24.5% 증가하였다. 거래액별로는 음식서비스(15.2%), 음 · 식료품(13.2%), 가전 · 전자 · 통신기기(10.5%) 순으로 높았다. 온라인 쇼핑 중 모바일 비중은 2020년 1월 66.8%에서 2021년 1월 70.5%로 3.7% 증가하였다. 온라인과 모바일 쇼핑의 증가 원인은 코로나19로 인한 비대면 및 사회적 거리두기의 영향인 것으로 보인다.

은행, 증권사, 보험사 등 금융권 또한 고객 서비스 확대를 위해 스마트폰 기반의 앱을 개발하고 활발한 마케팅을 벌여 모바일 금융 거래라는 새로운 시장을 만들어 가고 있다. 과거 ATM과 폰뱅킹으로 시작된 전자 뱅킹은 인터넷 뱅킹을 거쳐 모바일(스마트, 오픈) 뱅킹으로 발전하면서 그 규모가 점차 확대되고 있다.

스마트기기의 핵심적인 경쟁 원천이 콘텐츠와 소프트웨어 등 소프트웨어 분야로 이동함에 따라 우수한 콘텐츠와 소프트웨어 확보를 위한 비즈니스 전략이 필요해졌다. 이에 디지털 산업의 경쟁이 과거 콘텐츠(C), 플랫폼(P), 네트워크(N), 단말기(D) 등 가치사슬 내부 경쟁에서 이들을 유기적으로 연계하여 서비스하기 위한 사업자 간 · 대중소기업 간 협력적 생태계 구축 경쟁으로 변화하게 되었다. 특히, 플랫폼을 기반으로 생태계가 구성되고 경쟁력을 규정하여 주도적인 플랫폼 구축을 위한 경쟁도 치열해졌다. 그러나 이와 같은 플랫폼 구축은 이미 애플, 구글, MS 등 미국의 혁신적 선두주자가 전 세계를 장악해가고 있어 플랫폼 중심의 새로운 ICT 식민지화가 우려되는 실정이다.

한편, 앱 스토어(App Store)가 확산되면서 개인과 중소벤처기업의 새로운 비즈니스 기회로 떠오르고 있다. 앱 스토어는 폐쇄적인 통신 시장 장벽을 허물고 소프트웨어와 콘텐츠 시장을 활성화하는 계기가 되고 있다. 개발을 위한 많은 자금 투자가 필요하지 않으며, 마케팅에도 직접 관여할 필요가 없다는 점에서 전 세계 개인 및 중소 · 벤처기업 개발자에게는 새로운 비즈니스 기회가 되고 있다.

2.3 디지털 산업구조 변화와 산업 간 영역 붕괴

스마트폰의 출현은 무엇보다 이동통신 산업의 패러다임 변화를 촉발했다는 점에서 혁명적이라 할 수 있다. 스마트폰은 음성 전화 중심의 이동전화기를 애플리케이션 중심의 모바일 인터넷 기기로 전환시켰다. 이러한 변화는 통신 시장을 통신사업자가 주도하던 중앙 집중형 비즈니스 모델을 다양한 서비스 제공이 가능한 분산형 비즈니스 모델로 변화시켰다. 결과적으로 경쟁의 원천도 요금제, 통화 품질, 단말기 성능과 디자인에서 단말기 성능, 운영체제(OS: Operating System), 앱 스토어 등 애플리케이션의 확보 경쟁으로 변화하였다.

애플의 혁신으로 탄생한 동반성장 비즈니스 모델은 이동통신업계에 수익구조 배분과 동반성장이라는 변화를 이끌었다. 그리고 그것은 국내 통신사와 단말기 제조 대기업 중심의 비즈니스 생태계를 글로벌 기업과 연대라는 틀로 확대하였다. 이는 중소 · 벤처기업에는 새로운 사업 기회의 출현인 동시에 경쟁력 열세라는 위협의 출현이기도 했다. 더구나 스마트폰의 출현은 통신사와 단말기 제조자, 중소벤처기업의 역할과 영역이 구분되었던 과거의 경쟁 양상과 구도를 파괴해 버렸다. 스마트폰이 주도하고는 있으나, 태블릿 PC, 전자책(e-Book) 단말기, 넷북 등 다양한 모바일 인터넷 기기 간 경쟁도 심화되고 있다. 모바일 하드웨어 장비 시장은 중소벤처회사들에는 기회가 쉽게 올 것 같지 않고, 대기업 간의 경쟁 시장으로 변모해갈 것으로 예상된다.

2.4 융합 비즈니스의 활성화

최근 디지털 기술의 발전과 전통산업의 생태계가 융합되면서 다양한 분야에서 새로운 융합 비즈니스가 생성되고 기존의 시장을 장악하고 있다. 향후 클라우드 컴퓨팅, 사물인터넷 등 신기술들이 유·무선 네트워크와 연결되는 초연결사회가 될 것이고, 타 산업과 디지털 융합이 확산되면서 스마트혁명은 가속할 것이며, 다양한 유형의 융합 비즈니스들이 확대될 것이다. 사물인터넷(IoT)이 확산되어 전 세계 사물인터넷 기기는 2035년까지 1조 개 이상으로 늘어날 것으로 전망된다.

또한, 융합의 가속화는 자동차, 에너지, 의료, 조선 등 전통적인 산업과 ICT(디지털 기술)가 융합된 다양한 유형의 융합 비즈니스가 출현하여 세계시장 규모는 2020년 3조 4,909억 달러에서 2025년 5조 5,421억 달러, 국내시장 규모는 2020년 208조 원에서 2025년 393조 원으로 성장할 것으로 전망된다.

융합 비즈니스모델은 교육, 보건, 안전 등 공공 및 사회문제 분야에서도 활발하게 나타나고 있다. 사교육비 절감과 다양한 교육 기회의 확대 등을 위한 이러닝은 스마트기기와 최신 디지털 기술 출현으로 에듀테크(Edutech)로 진화하고 있다. 환자 관리, 맞춤형 의료서비스, 의료복지 서비스 등을 위한 스마트 헬스케어(healthcare)도 공공 부문의 복지서비스 확대와 함께 새로운 비즈니스 모델로 각광받고 있다. 특히, 자연재해로부터의 총괄적 안전관리는 스마트기기의 출현으로 더욱더 양질의 서비스를 제공할 수 있고, 이 서비스를 위한 비즈니스 모델들이 출현하고 있다.

융합 비즈니스모델
에듀테크(Edutech)

3. 모바일 플랫폼

3.1 생태계로서의 플랫폼

애플의 앱 스토어를 통해 시작되어 새로운 산업으로 자리 잡은 앱 경제(App.

economy)는 애플리케이션으로 디지털 콘텐츠의 생산 · 유통 · 소비에 커다란 변화를 가져왔다. 이 앱 경제는 기본적으로 해당 앱을 개발하고 배포하고 사용하는 전반적인 플랫폼에 기반을 두고 있다.

애플의 플랫폼인 iOS는 개발자 툴(SDK, Software Development Kit), 개발된 앱을 배포하는 애플 앱 스토어(App Store), 결제 시스템을 포함하고 있다. 애플 기기의 사용자는 애플이 구축한 플랫폼을 통해서 앱을 사용하도록 서비스를 제공하고 있다. 기존 PC 사용 환경에서 마이크로소프트의 윈도(PC용 운영체제)와 인텔(하드웨어)이 구축한 플랫폼은 소프트웨어의 사용 환경만을 포함하고 응용 소프트웨어의 개발과 배포는 다양한 사업자들이 주도했던 반면, 스마트기기 앱 경제의 플랫폼은 개발 툴과 앱의 배포 채널도 플랫폼 사업자에 의해 운영된다는 점에서 크게 차이가 있다.

플랫폼은 운영체제와 개발자 툴이 얼마나 많은 기기와 다양한 요소들을 지원하여 사용자 기반을 가지는지, 배포 채널과 결제 시스템이 얼마나 편리하고 안정적인 서비스를 제공하는지에 따라 많은 개발자와 사용자를 확보할 수 있다. 보다 많은 개발자의 참여는 다양한 스마트 콘텐츠 생산으로 연결되며, 다양한 사용자는 생산자이면서 소비자로 역할을 하게 될 것이다. 이런 선순환 생태계는 하드웨어, 소프트웨어, 개발자, 사용자 참여의 선순환이 나타나아 플랫폼의 활성화로 연결되는데, 플랫폼의 활성화는 단순히 개별 요소만의 경쟁 우위에 있지 않고 다양한 요소들이 복합적으로 연계되어 발전할 것이다.

2022년 2월 StatCounter에 따르면 모바일 플랫폼 중 iOS를 기반으로 하는 애플의 플랫폼과 안드로이드(android)를 기반으로 하는 구글의 플랫폼이 시장 점유율의 99.24%를 차지하는 것으로 나타났다. 안드로이드가 70.97%, iOS가 28.27%, 삼성 0.43%로 나타났다. 미국에서는 iOS가 57.8%, 안드로이드가 41.91%로 나타났으며, 아시아 지역에서는 안드로이드가 81.24%, iOS가 17.89%로 나타났다.

애플의 경우 iPhone과 iPad 시리즈 출시와 함께 iOS의 개선으로 안정적인 사업을 운영하고 있으며, 최근 iCloud, Siri 등의 신기술을 선보임으로써 시장에서 주목을 받고 있다. 또한, 구글의 경우에는 운영체제와 구글 서비스의 브랜드 경쟁력을 기반으로 스마트 콘텐츠 시장에서의 영향력을 확대하면서 다양한 기기 제조사와의 협업을 통해, 폭넓은 기기의 선택을 제공하여 후발주자로서 애플과의 격차

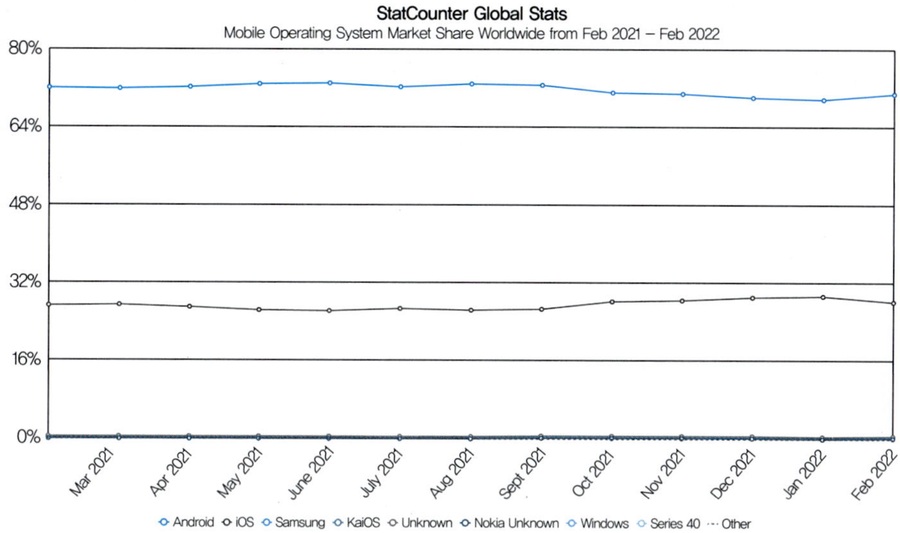

[그림 4-6] Mobile Operating System Market Share Worldwide

*자료원: https://gs.statcounter.com/os-market-share/mobile/worldwide

를 줄여나가고 있다.

반면, 과거 블랙베리를 통해 스마트폰 시장을 주도했던 RIM(Research In Motion)과 심비안의 노키아 그리고 군소 플랫폼 업체들은 앱 경제의 경쟁에서 완전히 탈락했다.

3.2 모바일 웹 2.0

웹은 모바일 웹 1.0을 거쳐 **모바일 웹 2.0**으로 진화했다. 모바일 웹 2.0이란 모바일에 '쉬운 웹을 통한 참여와 공개, 공유의 확산'이라는 개념을 토대로 만들어졌으며, 모바일로 끊임없는 접속을 통해 실시간으로 정보를 생산, 유통, 공유를 가능하게 하는 것을 말한다. 모바일 웹 2.0 환경의 특징은 다음과 같다.

모바일 웹 2.0

첫째, **WiBro(Wireless Broadband Internet)**와 **HSDPA(High Speed Downlink Pack Access)**를 이용한 초고속 무선망의 활용이다. 둘째, 기존 **HTML(HyperText Markup Language)**과 WML(Wireless Markup Language) 중심이 아닌 **XML(eXtensible Markup Language)**과 XHTML(Extensible Hypertext Markup Language) 기반의 콘텐츠 처리와 웹 표준, 웹 접근성이다. 셋

WiBro(Wireless Broadband Internet)

HSDPA(High Speed Downlink Pack Access)

HTML(HyperText Markup Language)

XML(eXtensible Markup Language)

Ajax(Asynchronous JavaScript And XML)
UI(User Interface)

째, **Ajax(Asynchronous JavaScript And XML)**와 같은 고급 **UI(User Interface)**와 HCI(Human Computer Interaction)를 적용하여 사용자들에게 좀 더 쉽고 편리한 브라우징 환경을 제공한다. 마지막으로 오픈 API를 비롯한 개방형 서비스와 개방형 비즈니스의 확산이다. 〈표 4-1〉은 모바일 웹 1.0과 모바일 웹 2.0을 비교한 것이다.

〈표 4-1〉 모바일 웹 1.0과 모바일 웹 2.0의 비교

	모바일 웹 1.0	모바일 웹 2.0
네트워크	저속	고속
브라우징 방법	WAP 기반의 WAP 브라우징	TCP/IP기반의 풀 브라우징
콘텐츠	HTML, WML 중심	XML, XHTML 중심
사업모델	폐쇄적 사업 모델	개방형 사업 모델
기술모델	폐쇄적, 독자적	개방형, 표준 기반
단말	휴대전화를 통한 접속	다양한 모바일 단말을 통한 접속
서비스	하이퍼링크만 가능	REST, SOAP, WSDL 기반의 모바일 웹서비스
인증	집중화된 인증 방식	분산 인증, Identity Management
접속	초기 URL을 손으로 입력하는 방식	자동 접속 방식
UI	한 손/두 손/핸즈프리	유비쿼터스 웹 액세스 기술
API 연동	하나의 서비스와 일부 API	개방형 API와 매쉬업 서비스
요금	종량제(고비용)	정액제 기반(저비용)
광고	광고 없음	모바일광고 기반 비즈니스 모델
특징	브라우징 전용	플랫폼으로서의 모바일 웹

3.2.1 모바일 통신환경

Wi-Fi(Wireless Fidelity)
HSDPA

모바일 통신환경은 WAP(Wireless Application Protocol)에서 **Wi-Fi(Wireless Fidelity**, 무선 랜), WiBro, **HSDPA**로 발전해 왔다. WAP은 무선단말기와 기지국 간의 무선 환경에서 자료를 전송하기 위한 프로토콜로 모바일 웹의 표준규격이다. 망이나 단말기의 종류와 관계없이 동작이 가능하다는 장점이 있으나, 휴대폰 통신망을 이용하기 때문에 무선 데이터 사용요금이 발생하는 단점이 있다.

Wi-Fi는 독자적인 통신 기능을 갖춘 휴대폰을 제외한 일반적인 모바일 기기

를 이용하여 통신망에 접속할 수 있게 해 준다. 그러나 무선 공유기와 AP(Access Point)가 있어야 인터넷에 접속할 수 있고, 무선 랜이 커버할 수 있는 지역이 좁기 때문에 차량 등으로 이동 중에는 전파 끊김 현상이 발생하기도 한다.

WiBro는 무선 광대역 인터넷으로 불리며, 정부의 IT839 정책에 의해 추진된 서비스이다. 무선 랜에 이동성을 접목한 기술로 한국에서 세계 첫 번째로 상용화하였다. 와이브로를 지원하는 모든 단말기에서 인터넷 사용이 가능하고, 시속 60~100km 이내 속도로 이동 시 접속이 끊기지 않는 장점이 있다. 그러나 WAP과 마찬가지로 휴대폰 통신망을 이용하기 때문에 무선 데이터 사용 요금이 발생한다.

HSDPA는 3세대 이동통신(**WCDMA: Wideband Code Division Multiple Access**)의 속도를 발전시킨 기술이다. 기존의 CDMA망을 이용하기 때문에 휴대폰 음성통화가 가능한 지역 어디서든 사용이 가능하다. 그러나 WiBro나 Wi-Fi에 비해 상대적으로 속도가 느리다는 단점이 있다.

WCDMA(Wideband Code Division Multiple Access)

2011년에 상용화한 4세대 이동통신 LTE는 스마트폰을 비롯해 모바일 게임, 모바일 플랫폼 등으로 산업이 확대되었다. 최대 전송 속도는 1Gbps이다. 5G는 2019년도에 세계 최초로 상용화된 5세대 통신이다. **5G**는 최대 20Gbps의 속도로 기존의 4세대 이동통신 **LTE**보다 20배나 빠른 속도를 제공하며, 영화 한 편을 수 초 만에 내려받을 수 있다. 데이터의 처리 속도가 실시간에 가깝기 때문에 자동차의 자율주행에서 찰나의 사고를 방지할 수 있는 핵심기술이다. 자율자동차뿐만 아니라 인공지능, 사물인터넷, VR, AR 등 다양한 분야에서 활성화가 가능할 것이다. 4세대 이동통신까지는 모바일 접속의 주체가 사람이었다. 그러나 5세대에서는 무한의 사물까지도 연결할 수 있다.

5G
LTE

3.2.2 모바일 플랫폼 비교

국내 모바일 시장이 개방화되면서 이동통신사 중심에서 플랫폼 중심으로 시장의 패러다임이 변화하고 있다. 과거에는 하나의 모바일 기기가 출시되면 SKT, KT, LG U+ 등 이동통신사에 따라 하드웨어의 성능은 물론 소프트웨어도 모두 이동통신사의 요구대로 맞춰 납품해야 했다. 콘텐츠 제공업체 또한 이동통신사가 제시하는 조건에 맞추어 계약을 해야만 했다.

이러한 구조는 불필요한 개발에 대한 낭비가 생기고 소프트웨어 산업구조를 왜곡시켜 왔다. 그러나 현재는 애플의 iOS, 구글의 안드로이드 등의 플랫폼이 개발되고 출시되면서 플랫폼 기반으로 단말기가 생산되고 콘텐츠 회사들도 플랫폼별 상품을 제작, 납품하는 구조가 형성되면서 플랫폼 업자들은 웹을 통해 수익을 창출하는 구조로 변화하였다.

플랫폼은 컴퓨터 시스템의 기반으로 컴퓨터는 가장 하위 계층인 집적 회로(IC) 칩 수준의 하드웨어 계층, 그 다음 계층인 펌웨어와 운영체계 계층, 가장 상위 계층인 응용 프로그램 계층으로 구성되어 있다. 이 시스템의 맨 아래 계층을 플랫폼이라고 부른다. 예를 들어, 윈도우 ME, UNIX 등의 운영체제는 각종 응용 소프트웨어가 실행될 수 있는 플랫폼이다. 플랫폼이라는 용어는 이제 컴퓨터뿐 아니라 각종 게임이나 PDA 등에 이르기까지 다양한 기반 시스템을 가리키는 말로 폭넓게 쓰이고 있다. 하나의 플랫폼은 운영체계, 컴퓨터 시스템의 보조 프로그램, 그리고 논리연산을 수행하고 컴퓨터 내의 데이터 이동을 관장하는 마이크로 칩 등으로 구성된다. 과거 대부분의 응용 프로그램은 특정 플랫폼에서만 운용되도록 개발돼 왔지만, 최근에는 개방형 인터페이스를 통해 일부 프로그램이 다른 플랫폼에서도 운용될 수 있도록 설계되고 있다.

모바일 플랫폼
iOS
안드로이드

모바일 플랫폼이란 스마트폰을 움직이게 하는 운영체제이다. PC를 사용하려면 윈도나 리눅스, 맥 OS(Mac OS)와 같은 운영체제가 필요하듯, 스마트폰도 유사한 시스템인 모바일 플랫폼이 필요하다. 급속도로 보급되어 가고 있는 스마트폰과 빠른 성장을 하고 있는 스마트 콘텐츠 시장의 추세에 따라 모바일 플랫폼의 중요성이 상당히 부각되고 있다. 다양한 모바일 플랫폼들이 존재하는데 애플의 아이폰으로 대표되는 **iOS**와 구글의 **안드로이드**가 가장 대표적인 플랫폼이다.

iOS는 애플에서 만든 모바일 플랫폼이다. 독자적으로 개발한 플랫폼이기 때문에 애플의 제품에만 적용되어 폐쇄적이라는 한계가 있지만, 직관적인 인터페이스와 성능, 그리고 하드웨어에 최적화된 서비스를 제공하고 업데이트할 수 있다는 점에서 상당한 강점을 가지고 있다.

빠른 속도로 시장을 확보한 안드로이드는 구글에서 제작한 모바일 플랫폼으로써, 폐쇄적인 iOS에 대항하여 사용자들에게 소스를 무료로 개방하고, 쉽게 제작 · 배포할 수 있도록 개발하였기 때문에 많은 스마트폰이 안드로이드를 사용하고 있다.

모바일 플랫폼에 대한 중요성이 부각되면서 향후 구글이나 애플과 같이 플랫폼과 단말기 제조업체를 동시에 가진 기업이 시장을 주도해 나갈 것이다. 초창기 모바일 플랫폼은 단순히 하드웨어를 제어하는 기능 외에는 별다른 UI(User Interface)가 없어 소비자가 플랫폼에 매력을 느끼지 못했다. 그러나 최근 모바일 플랫폼은 PC의 운영체제 수준으로 애플리케이션과 서비스를 직접 실행시켜 주며, 독자적인 UI를 갖추고 있다. 또한 3G, 4G(LTE), 5G 등의 네트워크 인프라가 발전하면서 '손안의 PC'로 불릴 만큼 기능이 다양해졌다.

[그림 4-7]은 현재 상용화된 대표적인 모바일 플랫폼이다. 애플의 iOS, 구글의 안드로이드, 마이크로소프트의 윈도 모바일, 노키아의 심비안, 리눅스 진영 림의 블랙베리 등이 시장을 선도하고 있으나, 최근에는 구글의 안드로이드와 애플의 iOS가 시장을 양분하고 있다.

(a) 애플, iOS
(b) 구글, 안드로이드
(c) 마이크로소프트, 윈도 모바일
(d) 노키아, 심비안
(e) 리눅스 림, 블랙베리
(f) 삼성, 바다

[그림 4-7] 모바일 플랫폼

4. 모바일 상거래

모바일 상거래
(M-Commerce)

모바일 상거래(M-Commerce)란 이동전화나 휴대전화 단말기 등 모바일 기기를 이용하여 지불처리가 가능한 전자상거래를 의미한다. 기존 PC에 의한 전자상거래의 한계를 넘어 모바일 단말기에 이동성과 휴대성을 부여한 것이다. 모바일 상거래에 대한 개념은 연구자에 따라 조금씩 다르게 정의되고 있지만, 기본적으로 이동하기 편리한 노트북, 스마트폰 등을 단말기를 이용하여 이동 통신망을 활용하는 제반 활동 및 애플리케이션으로 정의할 수 있다.

4.1 모바일 상거래의 이해

모바일 상거래는 무선 인터넷 통신 속도가 빨라지고, 휴대하기 편리한 휴대 단말기 수가 급증함에 따라 시장이 커지고 있다. WAP과 같은 무선통신 표준에 기초를 둔 단말기들과 네트워크상의 데이터 수용능력의 향상은 스마트폰의 빠른 보급과 더불어 모바일 상거래의 영역을 확장해 주고 있다.

4.2 모바일 상거래의 응용분야

모바일 상거래 응용분야로 제화부분, 서비스부분, 정보제공부분으로 나누이서 기술했으나 모바일 응용분야는 대부분의 비즈니스 모델에 적용되고 확장되고 있다.

4.2.1 재화의 거래

재화(goods)를 거래하는 모바일 상거래의 주요 애플리케이션은 B2C 부문에서 모바일 쇼핑, 자동판매(vending), 해외 직접구매 등이 있으며, B2B 부문에서는 조달(procurement), 기업 간 거래(trading) 애플리케이션 등이 있다.

(1) 쇼핑

모바일 상거래에서의 쇼핑은 기존의 전자상거래와는 달리 사용자는 가정과 사무실 등 고정된 위치가 아닌 이동 중에 언제 어디서나 휴대용 단말기를 활용하여 서비스를 거래하는 것을 말한다. 물론 모바일 쇼핑 애플리케이션이 신뢰성과 정보 보호를 담보할 수 있는 기능을 제공하여야 한다. 모바일 쇼핑의 활성화를 위해서는 인증과 정보 보호, 그리고 모바일 상거래에 적합한 통합 인터페이스의 구축이 필요하다.

(2) 조달

모바일 상거래에서 중요한 애플리케이션인 조달은 기업과 기업 간의 상거래(B2B)라고 할 수 있다. 경우에 따라서 조달의 대상이 정부가 되는 경우도 있다.

4.2.2 서비스 제공

모바일 상거래의 서비스 부문에 포함되는 주요 애플리케이션은 B2B와 B2C 부문에 중첩되는 모바일 뱅킹, 요금 청구와 지불, e-cash, 각종 기차표나 영화 예매, 게임 등이 있으며, B2C에 해당되는 콘텐츠 쇼핑몰 등이 있다.

(1) 모바일 뱅킹

무선 인터넷과 모바일 플랫폼의 출현으로 기존의 인터넷 뱅킹은 **모바일 뱅킹**으로 시장을 넘겨주었다. 모바일 뱅킹은 모바일 상거래 애플리케이션 중에서 가장 시장성이 뛰어난 서비스이다. 모바일 뱅킹 애플리케이션은 입 · 출금이나 잔액조회, 계좌이체 등과 같이 거래량이 많은 업무를 고객들이 이동통신 단말기를 이용하여 언제 어디서나 뱅킹서비스를 이용할 수 있다. 모바일 상거래상의 뱅킹은 은행이 고객들에게 신속하고 편리한 서비스를 제공할 뿐만 아니라 은행 측에서도 비용 절감 효과를 얻고 있다.

모바일 뱅킹

(2) e-cash

온라인상에서 화폐를 대신해 전자지불수단으로 이용되는 **e-cash** 애플리케이션은 전자상거래에서 재화나 서비스 구입 시 지불 결제를 위해 사용되는 애플리케이션이다. 한편 e-cash의 다른 지불수단인 선불 서비스는 미리 약정된 금액 범위 안에서 재화를 구매하거나 서비스를 이용하는 애플리케이션이다. e-cash는 기존 화폐의 분실위험이나 휴대의 불편함 등의 단점을 보완하여 편리함과 안전성을 동시에 추구하고 있다.

e-cash

(3) 주식거래

주식거래 애플리케이션은 이동통신 단말기를 이용하여 언제, 어디서나 인터넷에 접속하여 주식정보를 얻고 주식을 매도 · 매수할 수 있는 애플리케이션이다. 주식거래에 이용되는 정보들은 상대적으로 표준화되어 있고 간단하므로 주식거래 애플리케이션은 제한된 디스플레이 화면을 가진 이동통신 단말기를 활용하는 데 적합한 애플리케이션이다.

(4) 요금청구

요금청구는 우편으로 보내는 요금청구서 대신 해당 고객의 이동통신 단말기에 요금청구서를 전송하여 고객이 이용내역을 조회할 수 있도록 하는 애플리케이션이다. 기업은 단말기를 이용하여 청구서를 발송함으로써 우편으로 보내는 청구서의 발송비용과 지불 처리 과정의 비용을 절감할 수 있다. 또한 고객은 배달 증명이 불확실한 우편 요금청구서 대신 이동통신 단말기를 통해 전송받은 청구서를 언제 어디서나 조회하고 처리할 수 있다.

(5) 공연장 입장권 구매

입장권 구매 애플리케이션은 극장이나 공연장, 대중교통 등의 좌석 정보를 이동통신 단말기로 조회하여 공연장 입장권을 예매하거나, 버스나 기차 그리고 비행기 등의 좌석예매에 사용되는 애플리케이션이다. 입장권 구매 애플리케이션은 사용자들이 언제 어디서나 예약이 가능하여 편리할 뿐만 아니라 사업자들도 비용을 절감할 수 있다. 특히 이 애플리케이션은 시간과 장소에 의존하지 않고 편리하게 이용할 수 있어 모바일 상거래에 적합하다.

(6) 자동검표 시스템

기차역에서 표 검사를 받지 않고 KTX를 비롯한 모든 기차에 승차할 수 있으며, 열차 안에서도 표 검사를 받지 않는다. 덕분에 기차 안에서 표 검사를 받는 불쾌함이나 수백 명이 줄을 서서 표를 확인하고 개찰구를 통과해야 하는 불편함이 사라졌다.

코레일의 모바일 자동검표 시스템은 KTX 승객이 개찰구에서 표 검사를 받지 않고 좌석에 앉으면 승무원이 PDA를 들고 다니며 예약되지 않은 자리에 앉아 있는 승객에게만 표를 보여 달라고 요청한다. 당연히 고객만족도가 높아지고 개찰구에서 표를 받던 인력도 감축되어 개찰업무에 비용을 절감할 수 있다.

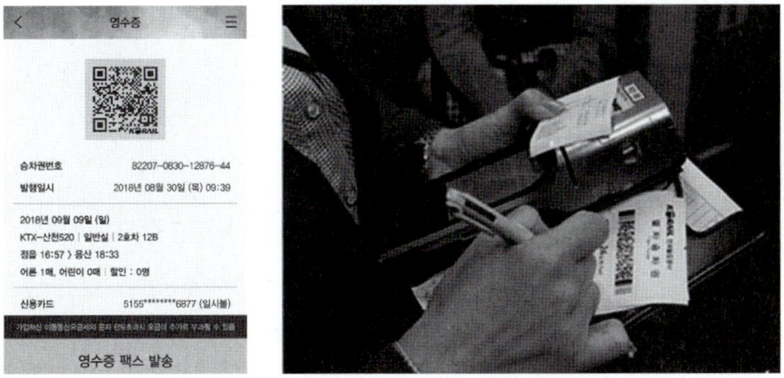

[그림 4-8] KTX의 모바일 발권과 PDA를 이용한 검표

(7) 게임

온라인 게임 애플리케이션은 고객이 이동통신 단말기를 이용하여 언제 어디서나 쉽고 편리하게 게임을 할 수 있도록 하는 모바일 애플리케이션이다. 게임의 경우, 모바일 기기 화면이 작다는 점이 단점이었으나 디스플레이가 휘어지는 폴더블 폰이 나오면서 모바일 게임 시장이 크게 확대될 것으로 전망된다.

4.2.3 정보 제공

정보 애플리케이션은 B2B와 B2C 부문 모두에 적용 가능한 모바일 상거래에서 중요한 애플리케이션이다. 현재 많이 이용하는 애플리케이션으로 정보 제공(paid for information), 광고(advertising), 전자책(e-book) 등이 있다.

(1) 정보의 유료화

정보제공 애플리케이션은 사용자가 이동통신 단말기를 활용해 시간과 장소의 제약을 받지 않고 필요한 정보를 제공받을 수 있도록 하는 애플리케이션이다. 지금까지 모바일 상거래에서 제공하고 있는 정보 제공 애플리케이션으로 주가 변동이나 스포츠 경기 현황과 같은 간단한 정보를 제공하여 수익을 얻었다. 그러나 이동통신 단말기의 화면이 커지고, 네트워크 성능이 빠르게 됨으로 사용자가 제공받을 수 있는 정보의 종류도 다양해지고 있다. 또한 이동통신 사업자와 콘텐츠 사업자 간의 수익분배도 합리적이고, 저작권 보호도 기술적으로 안정화됨에 따라 정보 제공 분야의 비즈니스가 더욱 활성화되고 있다.

과거에 인터넷에서는 대부분의 정보를 무료로 이용하였는데 최근 들어 과금 처리가 익숙해짐에 따라 유료화가 활성화되고 있다. 유료화를 확대하기 위해서는 정보의 고급화나 차별화가 필수적이다.

(2) 광고

광고 애플리케이션은 이동통신 단말기에 광고를 전송하고, 광고에 따른 효과를 분석하고 있다. 지금까지 행해져 왔던 무차별적인 광고와는 달리 맞춤광고, 지역적 환경에 따라 개인화된 타겟 광고를 할 수 있다. 특히 모바일 상거래 광고 애플리케이션은 고객의 정보를 수집하여 고객 분석을 통해 광고의 효과를 극대화할 수 있다. 최근에는 모바일 광고 시장이 인터넷 광고 시장 규모를 넘어섰다.

4.2.4 모바일 콘텐츠 제공

(1) 모바일 전자책

대표적인 모바일 콘텐츠인 전자책은 독서, 신문 구독 등 정보 소비문화를 변화시켰다. 하나의 단말기에서 수만 가지의 책을 읽을 수 있고, 신문이나 블로그 등을 볼 수 있다. 사용자는 더 이상 무거운 책을 들고 다닐 필요가 없게 되었고, 간편한 조작과 글씨 크기 조절 기능을 지원함으로써 어린이나 노인들도 편리하게 사용할 수 있다. 전자책이 확산되면서 출판사나 신문사가 기존의 비즈니스 모델을 전자신문이나 전자책 등을 출간하는 방식으로 비즈니스 모델을 변화시켰고, 종이책 없이 전자책으로 책을 출간하는 저자들도 생겨나고 있다.

스크리브드(scribd.com)

문서 공유 사이트인 스크리브드(scribd.com)는 저자가 본 사이트를 통해서 책을

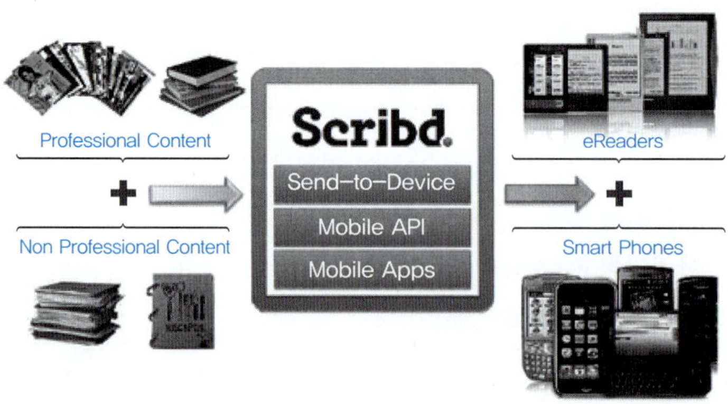

[그림 4-9] Scribd의 수익 배분 구조

팔면 80%의 수익을 저자들에게 돌려주는 비즈니스 모델을 제시하고 있다. 점차 많은 저자가 종이책을 출간하여 얻는 수익의 10%를 받는 것보다 이와 같은 문서 공유 사이트를 이용해 책을 출간하게 될 것이다.

2021년 말 기준 전 세계 전자책 시장 규모는 약 191억 달러로 전년 대비 12.4%의 성장률을 기록하였으며, 이러한 성장세는 계속되어 2026년까지 연평균 성장률은 3.62%로 전망된다. 또한, 아시아 태평양 지역이 가장 빠르게 성장을 할 것으로 전망하고 있으며, 가장 큰 시장은 북아메리카로 나타났다.

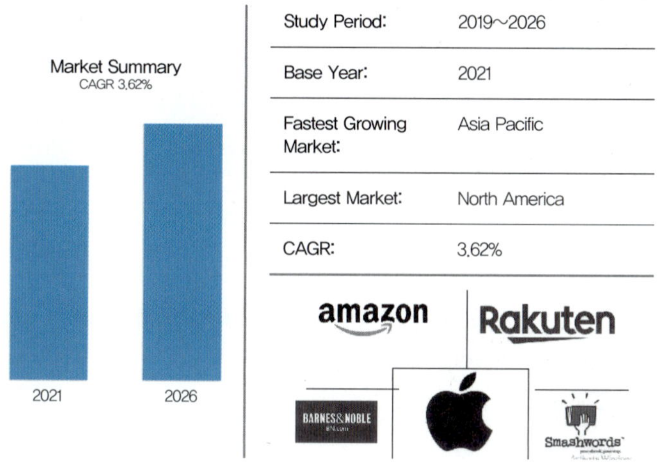

[그림 4-10] e-book 시장

*자료원: https://www.mordorintelligence.com/industry-reports/e-book-market

2007년 11월 아마존은 킨들(kindle)이라는 전자책 단말기를 출시했는데 킨들은 2021년 9월에 킨들 11세대를 출시하면서 전자책 시장에서 콘텐츠-단말기 연계형 비즈니스 모델의 성공적인 가도를 달리고 있다. 또한 모바일 조작이 어려운 어린이나 작은 글씨를 보는 데 어려움이 있는 노인층의 사용률도 증가시키며 전자책 시장을 확대하고 있다.

킨들(kindle)

2010년 4월 애플의 아이패드 출시와 전자책 스토어인 아이북스토어(iBookstore)의 오픈은 전자책 시장의 90%를 지배하고 있는 아마존 중심의 전자책 시장에 대한 진출을 의미하였다. 애플은 아이패드를 통해 전자책을 이용할 수 있는 새로운 시장을 개척하였으며, 다양한 애플리케이션을 통한 복합적인 용도로 활용이 가능한 태

아이북스토어(iBookstore)

블릿 PC 기반의 전자책 시장의 판로를 개척하였다.

(a) 아마존 킨들　　(b) 애플 iBooks　　(c) 구글 에디션

[그림 4-11] 각종 전자책(e-book) 단말기

(2) 위치 기반 서비스

GPS(Global Positioning System)

LBS(Location Based Service)

위치 기반 시스템(**GPS: Global Positioning System**) 기술을 이용한 위치 기반 서비스(**LBS: Location Based Service**)는 특정 위치를 검색하여 위치에 해당하는 정보를 출력해 주는 서비스와 사용자의 모바일 기기를 통해 현재 위치를 검색하여 주변의 정보를 출력해 주는 서비스로 구분할 수 있다. 최근의 지도 검색 서비스는 단순히 위성사진을 제공하는 방식에서 현장에 있는 느낌을 주는 구글의 '스트리트 뷰'까지 개발되었다. 현재 네이버 길찾기, 다음 길찾기 등 지도검색 서비스의 계속된 발달에 따라 위치정보를 이용하는 다양한 모바일 애플리케이션의 개발이 가속화되고 있다.

[그림 4-12] 네이버 길찾기 서비스

(3) 모바일 IPTV 서비스

모바일 IPTV

모바일 IPTV 서비스는 공간적 제약 없이 이동 중에도 손쉬운 접속으로 언제 어디서나 시청 가능하며, 하나의 단말기로 영상, 음성, 데이터 등 다양한 방송 콘텐츠를 수신할 수 있는 서비스를 의미한다. 모바일 IPTV 서비스는 크게 두 가지로 분류된다. 통신망사업자(SK, KT, LGU+)가 제공하는 서비스와 콘텐츠 제공이 중심인 Pooq, Tving 등의 서비스로 분류된다. 통신망사업자가 모바일 IPTV 서비스에 집중하는 것은 서비스를 이용하며 발생하는 LTE 데이터 사용량 증가가 가능하기 때문이다. 과거 음성과 문자에서 수익을 발생시키던 통신망사업자는 모바일 IPTV를 통해 데이터 수익을 극대화할 수 있을 것으로 기대하고 있다.

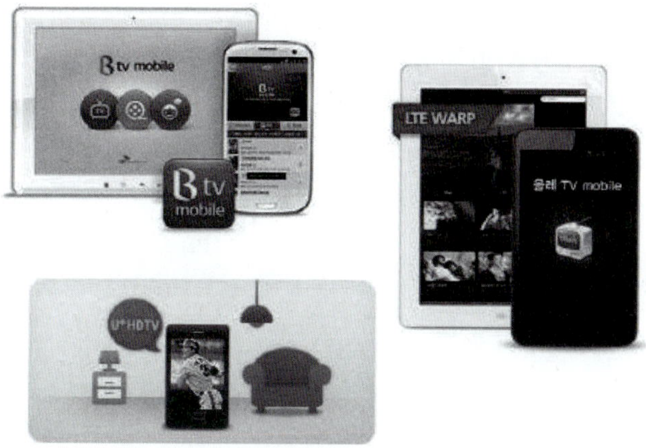

[그림 4-13] 모바일 IPTV 서비스

(4) 모바일 증강현실

증강현실(AR: Augmented Reality)
가상현실(VR: Virtual Reality)

모바일 사용의 중대한 변화는 **증강현실(AR: Augmented Reality)** 기술에 있다. **가상현실(VR: Virtual Reality)**은 실제 현실과 아무런 관계없이 만들어진 공간으로 HMD를 착용하고 VR 콘텐츠를 감상할 수 있다. 컴퓨터 게임 안의 공간이 가장 대표적인 가상현실이다. 증강현실은 현재 사용자가 보고 있는 사물이나 장소를 이용하여 만든 공간이다. 가상현실이 100% 가상에서 만든 공간인 것과 달리, 증강현실은 눈에 보이는 실제 공간에 각종 정보와 가상 공간이 추가된 공간이다.

예를 들어, 박물관 앞에서 여행객이 휴대폰 카메라를 건물 쪽으로 향하면 휴대폰 화면에 표시되는 건물 사진 위에 건물에 대한 정보와 건물 안의 유물에 대한 정보를 글과 그림으로 제공한다. 모빌리지에서 만든 'Wikitude AR' 프로그램은 휴대폰을 대면 유적이나 유명 건물에 대한 설명이 표시되므로 관광가이드가 없어도 정보를 얻을 수 있다.

증강현실을 마케팅에 활용하기도 하는데 '주가라(Zugara)'라는 웹캠은 소비자의 모습을 비추면 옷을 덧입혀 보여주는 증강현실 프로그램으로 마케팅을 해 주목받고 있다. 인터넷 쇼핑몰에서 입어보지 않고 자신과 어울리는지 알 방법으로 활용될 수 있다.

미국 최대의 전자제품 관련 유통업체인 베스트바이는 증강현실 기술을 도입한 광고를 시작했다. 베스트바이의 홈페이지에 접속해 카메라로 광고가 실린 부분을 비추면 3D 애니메이션으로 제품을 소개하는 방식이다. 잡지나 광고지에 휴대폰 카메라를 대면 3D로 된 자동차 모습을 보여주는 마케팅도 선보이고 있다.

[그림 4-14] 모바일 증강현실

5. 앱 스토어를 활용한 상거래

5.1 앱 스토어 개념과 운영모형

애플리케이션 스토어
(Application Store)

애플리케이션 스토어(Application Store)의 준말로, 모바일 애플리케이션(휴대폰에 탑재되는 일정관리 · 주소록 · 알람 · 계산기 · 게임 · 동영상 · 인터넷 접속 · 음악재생 · 내비게이션 · 워드 · 액셀 등의 콘텐츠 응용프로그램)을 자유롭게 사고팔 수 있는 온라인상의 콘텐츠(소프트웨어) 장터를 의미한다.

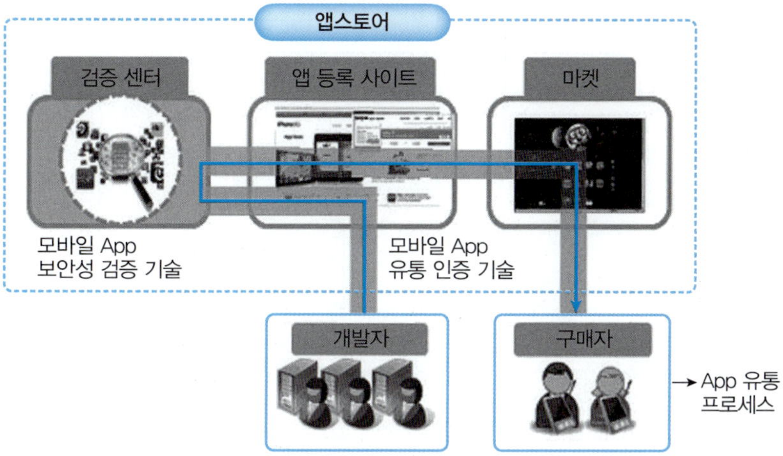

[그림 4-15] 앱 스토어의 구조

앱 스토어 상거래(애플리케이션 상거래)란 모바일 애플리케이션을 자유롭게 사고 팔 수 있는 온라인상의 모바일 콘텐츠 장터이다. 2008년 애플이 앱 스토어를 통한 애플리케이션 판매를 시작하여 콘텐츠 유통 시장의 혁신을 주도했으며, 이후 글로벌 ICT(디지털) 기업들이 잇달아 앱 스토어의 마켓 플레이스를 통한 콘텐츠 제공 서비스를 시작했다.

앱 스토어는 개발자가 유통 과정에 참여하여 자신이 개발한 소프트웨어를 웹에 직접 등록하면 일련의 검증 과정을 통한 뒤, 마켓을 통해 구매자에게 제공된다. 앱 개발자라면 누구나 제한 없이 애플리케이션을 등록할 수 있고, 기업별로 제시한 만큼의 할당 대금을 지급받을 수 있다. 이로써 앱 스토어는 많은 콘텐츠를 보유할 수 있고, 구매자 입장에서도 다양한 애플리케이션을 받을 수 있다.

애플은 업계에서 가장 먼저 앱 스토어를 선보였다. 애플의 앱 스토어는 아이폰 iOS 기기에 애플리케이션을 설치할 때 사용자가 반드시 거쳐야 하며, 아이폰 사용자들은 단말기 통화망을 통해서 유료 혹은 무료로 애플리케이션을 내려받을 수 있다. 기존의 모바일 애플리케이션 판매 사이트와는 달리 누구나 자신이 개발한 프로그램을 올려놓고 판매할 수 있는 구조를 만들었고, 판매 수익금의 70%를 개발자가 받아 가도록 하였다. 애플은 앱 스토어의 25%는 무료 프로그램을 유지하고, 90%의 프로그램은 9.99달러 이하의 가격으로 제공하며, 수익은 개발자와 7:3의 비율로 나눈다는 원칙을 세워, 애플리케이션을 보유하며 동시에 많은 사용자의 참여를 유도할 수 있었다. 그 결과 1년 만에 6만 개의 프로그램과 15억 회의 내려받기를 달성했다.

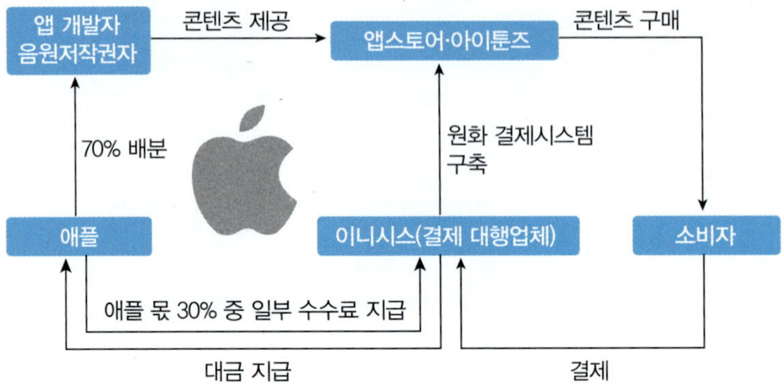

[그림 4-16] 앱 스토어 원화 결제 흐름도

애플이 업계 최초로 신개념 콘텐츠 생태계를 도입함으로써, 구글, 마이크로소프트 등도 이와 같은 형태의 애플리케이션 마켓을 개설했고, 최근에는 이동통신사도 T스토어, U+마켓 등의 애플리케이션 마켓을 운영하고 있다.

5.2 애플의 앱 스토어

애플은 특유의 디자인과 세계 최초로 멀티터치 기술을 적용한 인터페이스를 선보이며, 현존하는 최고 디지털 기업으로 성장했다. 2021년 말(소매 판매량 기준) 기준 아이폰 단말기 판매 대수의 시장점유율은 전체 시장 규모의 17.2%를 기록하고 있지만, 38% 이상의 이익을 얻고 있다. 반면, 세계 시장에서 갤럭시(삼성) 단말기 점유율은 18.9%이지만, 영업이익률은 10% 정도를 차지하고 있다. 이는 아이폰이 고부가가치 상품임을 말해준다. 삼성의 경우 많은 모델의 단말기를 제작하지만, 애플의 가격 정책과는 다른 정책으로 판매하기 때문에 이익률이 적다. 애플의 이익은 아이폰을 판매하는 데서 그치지 않고, 앱 스토어의 매출도 약 6,430억 달러를 넘어섰다.

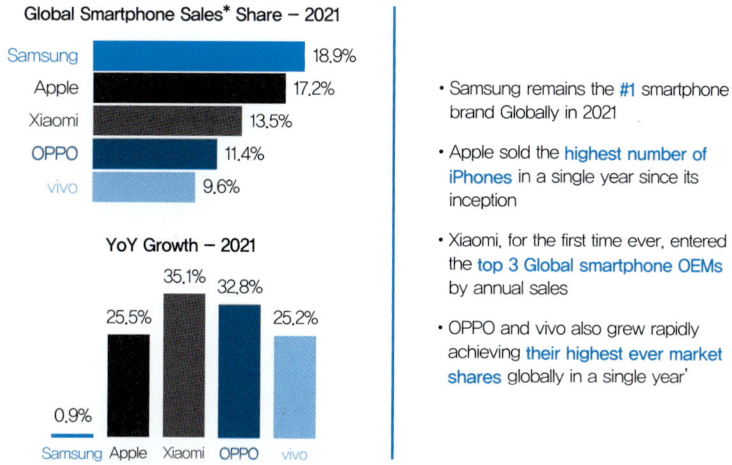

[그림 4-17] 2021년 세계 스마트폰 시장 점유율(2020년 대비 판매량)

*자료원: https://www.counterpointresearch.com

2020년 기준, 앱 스토어에서 다운로드 받을 수 있는 애플리케이션 수는 200만 개를 넘었으며, 현재까지 누적 다운로드 수는 수억 건, 매주 175개국에서 5억 명 이상이 방문하고 있다. 또한, 앱 스토어에 등록한 개발자 수는 약 2,300만 명에 이르며, 신용카드와 연결된 앱 스토어의 계정은 약 5억 개 이상이다.[3]

[그림 4-18] 애플의 앱 스토어

3) https://www.donga.com/news/It/article/all/20200617/101555824/1

5.3 구글의 플레이스토어

애플의 앱 스토어의 후발 주자로 출발한 구글의 플레이스토어는 안드로이드용 모바일에서 애플리케이션, 게임을 포함한 클라우드 미디어 플레이어를 제공하는 디지털 콘텐츠 서비스다. 2008년 안드로이드 모바일 OS 출시와 함께 '안드로이드 마켓'으로 처음 발표되어 2020년 기준 400만 개 이상의 앱(애플리케이션)을 보유하고 있다.

[그림 4-19] 구글의 플레이스토어

참·고·문·헌

노규성, 박성택, IT의 전략적 활용을 위한 스마트폰 마케팅기법, 아이이펍, 2012

노규성 외, 빅데이터시대의 전자상거래, 생능출판사, 2015

노규성 외, 디지털트랜스포메이션시대의 전자상거래, 생능, 2019

통계청, 온라인 쇼핑동향

한국온라인 광고협회, 2020 온라인광고 시장 분석 및 전망, 2021

Statista, Digital Advertising, 2020

https://newzoo.com

https://www.pewresearch.org

https://www.counterpointresearch.com

https://investseoul.org/kor/industries_4_kor.html

https://gs.statcounter.com/os-market-share/mobile/worldwide

https://www.donga.com/news/It/article/all/20200617/101555824/1

https://www.mordorintelligence.com/industry-reports/e-book-market

연·습·문·제

1. 스마트혁명이 우리 생활에 미치는 영향에 대하여 설명하라.

2. 5G 기술이 우리 생활을 어떻게 변화시킬 것인지 설명하라.

3. 스마트 비즈니스가 산업에 미치는 영향에 대하여 설명하라.

4. 모바일 서비스의 특성에 대해 설명하라.

5. 모바일 플랫폼 간의 특징을 비교하여 설명하라.

6. 모바일 앱 스토어의 특징을 비교하여 설명하라.

5

CHAPTER

빅데이터와 IoT

사물인터넷과 빅데이터의 결합으로 격변하는 사회 환경에서 무한한 데이터가 생성될 것으로 보인다. 이렇게 생성된 빅데이터를 기반으로 다양한 차원에서의 분석이 가능해지게 되고, 이를 통한 서비스와 가치 창출이 경쟁력의 핵심이 될 것이다. 빅데이터와 사물인터넷이 부상하는 이유는 단순히 경제적인 차원이 아닌, 사물 간 서로 연결되어 주고받는 다양한 정보들을 통해 새로운 가치를 창출할 수 있을 뿐만 아니라, 다양한 비즈니스 기회가 생성될 것이기 때문이다. 사물인터넷을 통해 사물들이 서로 연결되면, 이전에는 쓸모없다고 생각되는 데이터들이 융합적인 분석을 통해 새로운 가치를 만들어내고 결국에는 경쟁의 핵심 요소로 부상하는 것이다. 이 장에서는 빅데이터와 사물인터넷(IoT)이 무엇이며, 이들이 전자상거래에 미치는 영향과 이를 어떻게 전략적으로 활용할 것인지에 대하여 살펴보고자 한다.

1. 빅데이터의 개요
2. 빅데이터 활용과 전자상거래
3. IoT의 개요
4. IoT 비즈니스와 전자상거래

1. 빅데이터의 개요

1.1 빅데이터의 등장

임베디드 시스템(embedded system)

최근 기술 발전에 따른 데이터 저장 및 처리 비용의 하락, 소셜 네트워크 서비스의 확대 등으로 막대한 데이터 폭발이 진행 중이며, 앞으로 도로, 건축물 등에 내장된 임베디드 시스템(embedded system)에서 막대한 데이터가 생성될 것이다. 디지털 정보량의 증가에 따라 대규모 데이터가 중대 이슈로 부각하며 '빅데이터(Big Data)'가 등장하게 되었다.

빅데이터

디지털 기술(Digital Technology)

ICT(Information & Communication Technology)

'빅데이터'란 기존의 관리 및 분석 체계로는 감당할 수 없을 정도의 거대한 데이터의 집합을 지칭한다. 과거 빅데이터는 천문 · 항공 · 우주 정보 · 인간게놈 정보 등 특수 분야에 한정됐으나 정보통신기술의 발달에 따라 전 분야로 확산하였으며, 대규모 데이터와 관계된 기술 및 도구(수집 · 저장 · 검색 · 공유 · 분석 · 시각화 등)도 빅데이터 범주에 포함된다. 디지털 기술(Digital Technology) 혹은 ICT(Information & Communication Technology)의 활용이 일상화되는 스마트 시대에 소셜, 사물, 라이프로그(life-log) 데이터 등이 결합되면서 '빅데이터'의 영향력이 증대하였다. 즉, 실시간의 연결과 소통의 '스마트 혁명'으로 데이터는 폭증하고, 기존의 데이터 저장 · 관리 · 분석 기법은 한계와 도전에 직면하게 되었다. 데이터는 정보사회를 움직이는 핵심 연료인 만큼 '빅데이터'로의 환경 변화는 스마트사회로의 패러다임을 견인할 정도의 큰 힘을 발휘하게 되었다. 스마트기기의 확산, SNS 활성화, 사물인터넷(IoT) 확산으로 데이터 폭발이 더욱 가속화되며 점차 빅데이터 기반이 확대되고 있다. 이러한 빅데이터를 위한 고급 분석 등 관련 기술은 진화 발전하고 있으며, 향후 더욱 성숙할 것으로 보인다.

전자상거래 시장에서도 빅데이터와 인공지능(머신러닝, 딥러닝)의 사용이 인기를 끌고 있다. 특히, 빅데이터를 활용하여 온라인 광고 전략

수립, 사용자 개인 맞춤형 상품 출시, 개인화 상품 추천 서비스 등 오늘날 빅데이터는 전자상거래의 핵심적인 원재료라 할 수 있다. 과거에는 소비자인 고객의 정보를 얻기 위해서는 시간과 비용이 많이 소요되었지만, 스마트폰, 모바일, 빅데이터의 등장으로 인해 쉽게 데이터를 수집하고 이를 분석할 수 있기 때문에 그 활용도가 급격히 증가하고 있다.

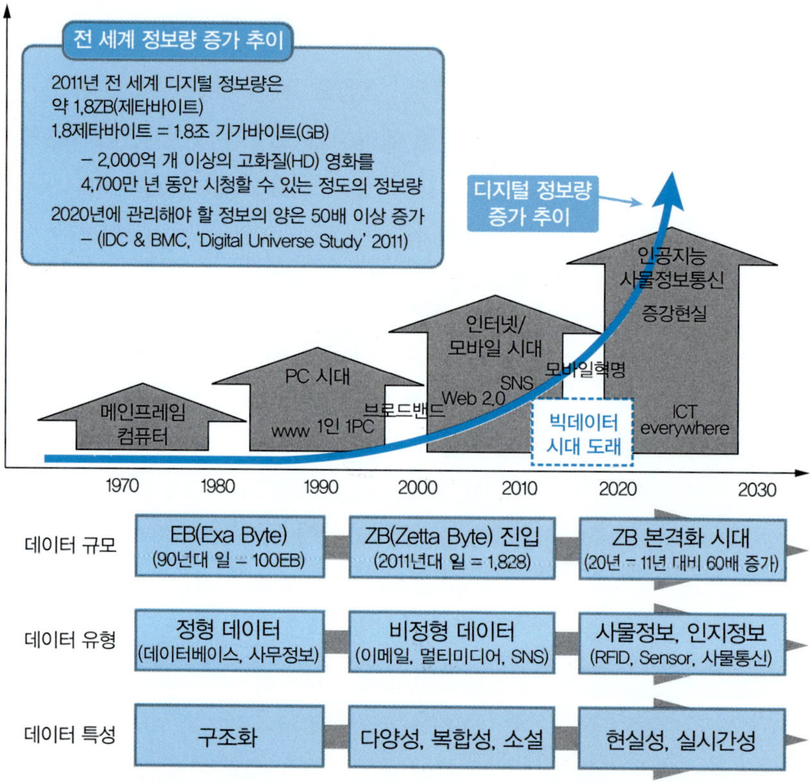

[그림 5-1] ICT 발전에 따른 데이터의 변화 방향

1.2 빅데이터의 개념

위키피디아(Wikipedia)에서는 빅데이터를 '기존 데이터베이스 관리도구의 데이터 수집 · 저장 · 관리 · 분석의 역량을 넘어서는 대량의 정형 또는 비정형 데이터 세트 및 이러한 데이터로부터 가치를 추출하고 결과를 분석하는 기술'로 정의하고 있다. 한편, 국가전략위원회에서는 '대용량 데이터를 활용 · 분석하여 가치 있는 정보를 추출하고 생성된 지식을 바탕으로 능동적으로 대응하거나 변화를 예측하기 위

한 정보화 기술'이라고 정의하였다. 또한, 삼성경제연구소는 '빅데이터란 기존의 관리 및 분석 체계로는 감당할 수 없을 정도의 거대한 데이터의 집합으로 대규모 데이터와 관계된 기술 및 도구(수집 · 저장 · 검색 · 공유 · 분석 · 시각화 등)를 모두 포함하는 개념'으로 정의하고 있다. 이와 같은 정의를 살펴볼 때 빅데이터란 엄청나게 많은 데이터로 양적인 의미를 벗어나 데이터 분석과 활용을 포괄하는 개념으로 사용하고 있다.

그러면 빅데이터란 정확히 무엇인가? 초기에는 '빅데이터 솔루션'과 같은 기업들의 다양한 서비스 마케팅으로 다소 혼선이 있었으나 데이터의 사이즈, 대용량 데이터 자체를 의미로 한정 짓게 되면 빅데이터의 본질을 놓치게 된다. 데이터의 크기, 수십 배씩 증가하는 데이터의 증가 속도 등은 컴퓨팅 기술의 발전, 센싱 인프라 확산에 따라 지속적으로 확산되며, 빅데이터의 규모도 계속 증가할 것이다. 빅데이터는 저장 · 관리 · 분석할 수 있는 범위를 초과하는 규모의 데이터, 이러한 데이터를 저장 · 관리 · 분석할 수 있는 하드웨어 및 소프트웨어 기술 그리고 데이터를 유통 · 활용하는 과정을 의미한다.

1.3 빅데이터의 특징

빅데이터는 **5V**로 대표되는 **규모(Volume)**, **다양성(Variety)**, **속도(Velocity)**, 신뢰성(Veracity), 가치(Value) 등 5가지 구성 요소를 갖추어야 한다([표 5-1] 참고). 최근에는 정확성(Validity), 변동(휘발)성(Volatility)이 추가되어 **7V**로도 부르고 있다(김진화 외, 2022). 정확성은 데이터가 정확하다는 것을 의미하며, Veracity와 Validity는 비슷한 개념이라고 보면 된다. 변동성은 데이터가 언제까지 오래 저장 및 사용될 수 있는지에 대한 것을 의미한다.

5V
규모(Volume)
다양성(Variety)
속도(Velocity)
7V

특정 규모(big volume) 이상을 빅데이터로 칭하는 것을 넘어서 원하는 가치(big value)를 얻을 수 있는 정도로 상대적인 해석을 해야 하는 것이다. 비즈니스 솔루션 업체인 SAS는 데이터 가치에 중점을 두어 가치를 창출하기 위한 비즈니스 예측 및 최적화 주제를 선정하여 빅데이터에서 어떤 가치 있는 정보를 얻을 것인가에 분석 관점을 가지고 있다(한국디지털정책학회 빅데이터전략연구회, 2018).

〈표 5-1〉 빅데이터의 5가지 구성 요소

구분	주요 내용
규모(Volume)	• 기술적인 발전과 ICT의 일상화가 진행되면서 해마다 디지털 정보량이 기하급수적으로 폭증 → 제타바이트(ZB) 시대로 진입
다양성(Variety)	• 로그기록, 소셜, 위치, 소비, 현실 데이터 등 데이터 종류의 증가 • 텍스트 이외의 멀티미디어 등 비정형화된 데이터 유형의 다양화
속도(Velocity)	• 사물정보(센서, 모니터링), 스트리밍 정보 등 실시간성 정보 증가 • 실시간성으로 인한 데이터 생성, 이동(유통) 속도의 증가 • 대규모 데이터 처리 및 가치 있는 현재 정보(실시간) 활용을 위해 데이터 처리 및 분석 속도가 중요
신뢰성(Veracity)	• 빅데이터의 특성상 방대한 데이터들을 기반으로 분석 수행 • 데이터 분석에서 질이 높은 데이터를 활용하는 것이 분석의 정확도에 영향을 줌
가치(Value)	• 빅데이터가 추구하는 것은 가치 창출 • 빅데이터 분석을 통해 도출된 최종 결과물은 기업이 현재 당면하고 있는 문제를 해결하는 데에 통찰력이 있으며 유용한 정보 제공

1.4 빅데이터 비즈니스 모델

빅데이터 비즈니스 모델

일반적으로 빅데이터 비즈니스 모델이란 이러한 빅데이터 산업에 관련된 모든 비즈니스를 의미하나, 이러한 비즈니스 모델들이 기존에 존재하는 비즈니스 모델과 상당수 중복되고 있으므로 여기서는 **빅데이터 비즈니스 모델**의 개념을 '빅데이터를 이용하여 경제적 수익을 창출할 수 있는 모든 사업 형태'로 정의하겠다.

1.4.1 교육 관련 비즈니스 모델

빅데이터의 발전으로 관련 인력에 대한 수요가 폭발적으로 증가하여 미국은 2018년까지 14~19만 명의 고급 분석 인력과 데이터 관리자가 부족할 것으로 전망(McKinsey, 2011)하고 있다. 즉 인력 수요는 44~49만 명으로 추산되나 공급인력은 30만 명 정도로 예정된 실정이다. 소프트웨어정책연구소(SPRI)에 따르면, 국내 인공지능과 빅데이터 등 주요 ICT 분야의 2022년의 부족한 인력 규모는 9,453명이며, 2023년에는 1만 4,514명까지 늘어날 것으로 전망하고 있다.[1)]

1) https://www.newspim.com/news/view/20220125001059

1.4.2 컨설팅 관련 비즈니스 모델

컨설팅 관련 비즈니스 모델은 크게 두 가지로 기업을 상대로 한 빅데이터 활용 컨설팅과 개인을 상대로 한 컨설팅으로 나누어 생각할 수 있다. 개인을 상대로 하는 컨설팅 비즈니스의 예로는 개인의 신용카드 사용 데이터와 각종 금융 정보(은행, 보험 등) 데이터를 이용한 개인별 종합 금융 컨설팅 또는 건강보험 데이터를 이용한 건강관리 컨설팅 등 다양한 비즈니스 모델이 가능하다. 또한, 기업 또는 개인 사업자를 대상으로 하는 컨설팅 비즈니스 모델로는 카드사들의 고객 결제정보 및 SNS 데이터를 활용한 상권 분석 컨설팅 또는 고객의 구매 패턴 정보를 활용한 제품 개발 컨설팅 등 다양한 비즈니스 모델이 가능하다.

1.4.3 빅데이터(원시, 분석, 가공) 판매 비즈니스 모델

빅데이터 관련 데이터의 판매 비즈니스 모델은 빅데이터의 특성인 다양성, 대용량, 빠른 데이터 생성에 따라 다량의 다양한 데이터가 존재하므로 이러한 데이터는 서비스의 종류에 따라 필요한 데이터와 불필요한 데이터로 분류될 수 있으며, 이들 데이터는 원시 데이터 또는 가공한 형태의 데이터로 이를 필요로 하는 서비스 사업자에게 불필요한 데이터를 제외한 필요 부분 데이터만을 별도로 판매가 가능하다. 따라서 이들 데이터를 필요로 하는 사업자를 찾아 데이터를 직접 판매하거나 데이터를 필요로 하는 사업자를 연계시켜 주는 비즈니스 모델이 향후에는 각광받을 수 있다.

1.4.4 빅데이터 기반 서비스 비즈니스 모델

빅데이터의 산업 분야별로 서비스 분야가 가장 큰 시장 규모로 빅데이터 서비스 비즈니스 모델이란 실제 빅데이터 시장의 핵심이라 할 수 있는 시장으로 대부분의 빅데이터 비즈니스 모델이라 하면 서비스 비즈니스 모델을 의미한다. 즉, 서비스 비즈니스 모델은 빅데이터를 수집 · 저장하여 이를 필요한 서비스 요건에 맞추어 분석하고, 분석한 데이터를 이용하여 필요한 서비스를 제공하는 것이다.

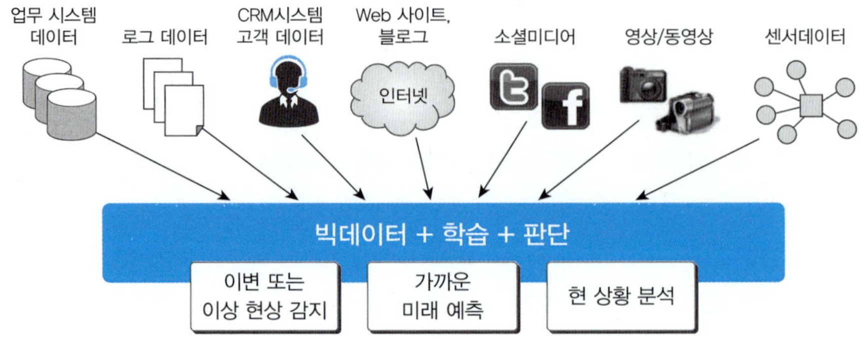

[그림 5-2] 빅데이터 플랫폼

*자료원: 한국디지털정책학회 빅데이터전략연구회, 2018

(1) 이상 현상 감지 시나리오

하둡(Hadoop)

업무에서 발생한 이벤트 기록을 수집 · 분석하여 정상 상태, 비정상 상태의 패턴을 파악, 새로운 현상이 발생할 경우 이상 여부를 판단할 수 있어 부정행위 검출, 시스템 사고 예방, 마케팅 전략 수립 등의 다양한 분야에 활용할 수 있다. 부정행위 검출의 활용 사례로서 VISA는 카드 부정 검지 모델의 설계 처리에 **하둡(Hadoop)**을 도입하여 부정 검지 이용 패턴의 갱신을 매일, 여러 번 실시할 수 있도록 정밀도를 향상시킬 수 있었다.

(2) 가까운 미래 예측 시나리오

빅데이터를 통해 몇 분 또는 몇 시간 후를 예측하는 시스템을 가동함으로써 현상에 대한 조치를 신속하게 할 수 있다. 주행 시스템에 활용한 사례로, 미국 포드는 개발 중인 커넥티드 자동차의 주행 시스템에 빅데이터를 이용하여 내비게이션이 운전자의 주행 이력과 패턴을 분석하여 운전자에게 앞으로 도착해야 할 목적지에 이르는 최단 또는 최적 경로와 연료 배분을 제안하도록 구현하였다.

(3) 현 상황 분석 시나리오

빅데이터를 이용하여 지금까지 살펴보지 못했던 사업 측면의 분석이 가능해져 자사의 현황을 보다 명확하게 이해할 수 있다. 회계 시스템에 활용한 사례인 일본의 니시테츠 스토어(西鉄 Store)는 빅데이터를 이용하여 매일 단일 상품별 원가율과 원가 변동 추이를 분석하여 이익률이 높은 상품에 대한 일자별 주력 마케팅 정책 수립에 활용하고 있다.

(4) 고객 맞춤 시나리오

고객 프로파일 및 구매 이력 등의 빅데이터를 분석하면 고객의 욕구에 최적화된 맞춤형 비즈니스를 전개할 수 있다. 고객 맞춤형 활용 사례인 미국의 카탈리나는 고객의 구매 패턴 등을 분석하여 고객이 가장 관심을 가질 쿠폰을 즉석에서 발행함으로써 한 번 구매한 고객의 재방문율을 높이고 장기 충성고객으로 확보하였다.

2. 빅데이터 활용과 전자상거래

2.1 미래사회와 빅데이터의 역할

빅데이터는 미래 사회에서 새로운 기회를 창출하고 위험을 해결하는 엔진의 역할을 수행할 것으로 기대된다. 사회가 빠르게 발전하고, 위험 요인과 복잡성이 증가할수록 시스템을 통해 환경 변화를 신속하게 감지할 필요성이 증가한다. 따라서 빅데이터 분석을 통해 미래의 **통찰력**, **대응력**, **경쟁력**, **창조력**을 향상시키며, 국가의 지속적 발전을 성취할 수 있는 전략 수립이 필요하다.

통찰력
대응력
경쟁력
창조력

미래사회의 특성	빅데이터 역할	
불확실성	통찰력	• 사회 현상, 현실 세계의 데이터를 기반으로 한 패턴 분석과 미래 전망 • 여러 가지 가능성에 대한 시나리오 시뮬레이션 • 다각적인 상황이 고려된 통찰력을 제시 • 다수의 시나리오로 상황 변화에 유연하게 대처
리스크	대응력	• 환경, 소셜, 모니터링 정보의 패턴 분석을 통한 위험 징후, 이상신호 포착 • 이슈를 사전에 인지 · 분석하고, 빠른 의사결정과 실시간 대응 지원 • 기업과 국가 경영의 투명성 제고 및 낭비 요소 절감
스마트	경쟁력	• 대규모 데이터 분석을 통한 상황 인지, 인공지능 서비스 등 가능 • 개인화, 지능화 서비스 제공 확대 • 소셜(니즈) 분석, 평가, 신용, 평판 분석을 통해 최적의 선택 지원 • 트렌드 변화 분석을 통한 제품 경쟁력 확보
융합	창조력	• 타 분야와 결합을 통한 새로운 가치창출(의료정보, 자동차정보, 건물정보, 환경정보 등) • 인과관계, 상관관계가 복잡한 컨버전스 분야의 데이터 분석으로 안정성 향상 및 시행착오 최소화 • 방대한 데이터 활용을 통한 새로운 융합시장 창출

[그림 5-3] 미래 사회의 특성과 빅데이터의 역할

미래 사회의 특성으로 불확실성, 리스크, 스마트, 융합 등을 들 수 있다. 빅데이터를 활용하면 여러 가지 가능성에 대한 시나리오 시뮬레이션을 통해 불확실한 상황 변화에 유연하게 대처할 수 있다. 빅데이터에 기반을 둔 정보 패턴 분석을 통해 리스크를 사전에 파악하고 실시간으로 대응할 수 있다. 또한, 빅데이터 분석을 통해 개인화, 지능화된 서비스 제공을 확대하여 스마트 사회에서 삶의 질을 향상시키고, 트렌드 변화 분석을 통해 각 기업의 제품 경쟁력을 확보할 수 있다. 빅데이터를 활용하여 다양한 산업 분야의 결합을 유도하여 새로운 가치를 창출하고, 나아가 새로운 융합 시장을 창출할 것으로 기대된다.

2.2 빅데이터의 활용

빅데이터 분석의 주요 목적은 조직에 존재하는 다양한 원천으로부터 수집되는 다양한 유형의, 그리고 대량일 가능성이 높은 데이터로부터 전략적으로 효용이 높은 정보 또는 지식을 추출하고 이를 경영활동에 활용함으로써 조직의 경쟁력을 높이는 것이다. 따라서 빅데이터 분석의 주요 목적은 현재 조직이 보유하지 않은 효용이 높은 정보나 지식의 생성이라고도 할 수 있다. 또한, 새롭게 생성되는 지식의 가치는 조직의 빅데이터 분석 역량에 의해 결정되기 때문에, 조직은 빅데이터 분석의 전반적인 프로세스를 진화시키는 노력을 해야 한다.

〈표 5-2〉 비즈니스 영역별 데이터분석 유형(예시)

분야	데이터분석 기반 의사결정 유형(예시)	분야	데이터분석 기반 의사결정 유형(예시)
재무관리	• 재무성과 동인 파악 • 성과평가표 효율성 측정 • 다양한 재무 예측	R&D	• 제품의 고객선호 특성 파악 · 특정 제품 효과 분석 • 제품의 고객선호 디자인 파악
생산관리	• 제조품질 관리 • 설비 예측 정비 실현 • 제품 결함관리 및 생산 프로세스 조정 • 장비 최적화 관리	공급체인 관리	• 적정 재고량 결정 • 물류 창고와 물류센터 위치 선정 • 제품과 차량의 경로 선택 • 트럭 적재량 관리
인적자원 관리	• 채용시기 결정 • 이직 직원 예측 • 이직 원인 분석 및 대응 • 직원보상액 산정 • 직원 교육효과 분석	마케팅 관리	• 가격결정 • 상점과 지점의 위치 선정 • 판매촉진 목표 설정 • 맞춤형 웹 사이트 구축 • 온라인 미디어 광고채널 선정

*자료원: 한국디지털정책학회, 경영빅데이터분석, 한경아카데미, 2014 수정

빅데이터 활용 현상은 전통적으로 데이터 분석을 중요시하던 회계, 재무, 생산 운영, 마케팅, 고객관리 등의 분야로부터 인적자원관리, 공급체인관리 및 연구개발(R&D) 분야로 급속히 확산되는 경향을 보이고 있다. 나아가 최근에는 전자상거래를 운영하는 업체도 전자상거래 전략에 빅데이터를 활용하여 경쟁력을 배가하기 시작했다.

2.3 빅데이터 활용 3요소

빅데이터를 성공적으로 활용하기 위한 전략을 추진하기 위한 3대 요소로 빅데이터 '자원', 빅데이터 플랫폼, 빅데이터 분석 기술 및 데이터 분석 기법 등 '기술', 그리고 빅데이터 사이언티스트로 대표되는 '인력' 등을 들 수 있다.

빅데이터 플랫폼(BigData Platform)

빅데이터(BigData)

빅데이터 사이언티스트(BigData Scientist)

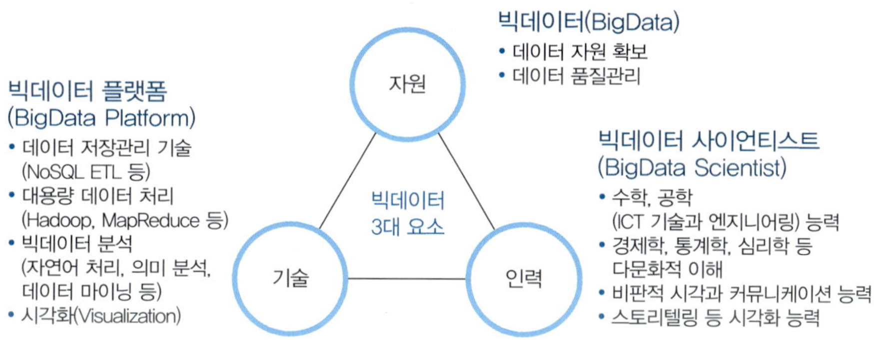

[그림 5-4] 빅데이터 활용을 위한 3대 요소

2.3.1 자원-활용할 수 있는 빅데이터 발견하기

미래에는 빅데이터를 핵심 자원으로 인식하고, 필요한 정보를 뽑아낼 수 있도록 자원을 키워나가는 것이 중요한 성공 전략이다. 주어진 빅데이터를 관리하고 처리하는 측면과 함께 활용할 수 있는 외부 빅데이터 자원을 발견하고 확보하는 전략이 필요하다. 데이터의 품질은 데이터 활용 결과에 중대한 영향을 주기 때문에 데이터 관리 체계 및 데이터의 신뢰성 확보가 매우 중요하다.

2.3.2 기술-빅데이터 프로세스와 신기술 이해하기

빅데이터는 데이터 자체뿐만 아니라 관련 도구나 플랫폼, 분석 기법까지 포괄하는 용어로 확장되어 ICT 패러다임의 변화를 견인하고 있다. 성장을 촉진하는 신기술에 대한 이해가 부족하면, 미래 경쟁력 강화를 위한 기회 포착도 어려워진다. 조직과 기업의 혁신 전략으로 적용할 수 있도록 빅데이터 플랫폼, 빅데이터 분석 기술 및 데이터 분석 기법에 대한 이해가 필요하다.

2.3.3 인력-데이터 사이언티스트 역량 키우기

데이터 사이언티스트

기술과 분석 도구가 뛰어나도 실제 성과를 낼 수 있는 것은 이를 활용하여 적용하는 사람의 역량에 의해 좌우된다. 데이터 처리와 분석 능력을 갖춘 인력은 ICT 분야뿐만 아니라 대부분의 기업과 조직에서 필수적으로 확보해야 할 핵심 인력이다. 조직 차원에서 인재를 확보하기 위해 내부 역량 강화 및 외부 협력이 중요하다. **데이터 사이언티스트**의 역량과 조건은 다양한 문헌에서 제시하고 있다. 대표적인 데이터 사이언티스트인 존 라우저 아마존 수석 엔지니어는 포브스와 인터뷰에서 데이터 사이언티스트가 갖추어야 할 6가지 자질을 제시하였다. 데이터 사이언티스트는 기본적으로 ① '수학'과 ② '공학' 능력을 갖추어야 한다. 데이터를 분석하는 데 있어 필수인 가설을 세우거나 검증하는 데 필요한 ③ '비판적 시각'과 이를 작성할 수 있는 ④ '글쓰기 능력'을 보유하여야 한다. 또한, 다른 사람에게 구두로 내용을 적절히 전달하기 위해 ⑤ '대화 능력'도 필요하다. 나아가 라우저는 ⑥ '호기심과 개인의 행복'도 중요한 소양으로 제시하였다.

2.4 빅데이터 활용 전자상거래

전자상거래에서도 소비자의 행동을 예측하여 상품개발, 영업, 고객 응대 등을 위해 빅데이터를 활용하고 있다. 예를 들면, 빅데이터 분석을 통해 소비자(고객)가 경험한 서비스를 추적하고 이를 통해 예측 모니터링 시스템을 완성할 수 있다. 전자상거래에서는 판매, 거래, 배송, 고객 정보 등의 빅데이터가 생성되고 있기 때문에 빅데이터 분석을 잘 이용한다면, 효과적인 전자상거래 운영 전략을 수립할 수 있다.

전자상거래 기업 중에서 빅데이터를 잘 활용하여 성공한 사례가 있다. 쿠팡의 자동 품목 업그레이드 서비스는 사용자 경험에 대한 정보를 기반으로 상품 전체를 구조화한 다양한 데이터를 빅데이터 분석 기술을 이용하여 사용자(소비자)의 의도를 파악해 속성별로 추천하는 기술이다.

이 서비스의 장점은 손쉽게 제품 단계를 변경할 수 있다는 점이다. 예를 들어, 아기가 성장하면 분유나 기저귀 등을 성장 개월 수에 따라 바꿔야 하는데, 이러한 단계 변경을 자동화하여 품목이 자동으로 업그레이드될 수 있도록 소비자의 정기 배송상품 목록에서 더 높은 단계의 기저귀 또는 분유(같은 브랜드에 사이즈(단계)만 더 큰 상품)로 자동 추천된다.

또한, 배송 4일 전이 되면 정기배송 이용 고객에게 상품 정보 및 결제 예정 가격을 문자로 안내한다. 배송날짜를 문자 발송 이외에도 쿠팡 앱 푸시 알림 및 PC 웹사이트 안내 등 다양한 방법으로 알림을 보내 자연스럽게 고객이 정기배송 정보를 인지할 수 있도록 한다. 이러한 알림은 불필요하게 여러 번 발송되지 않도록, 고객이 확인했는지 여부를 판단해서 한 번 확인하면 더 이상 알림을 보내지 않는다.

예를 들면, 키워드 광고는 같은 카테고리에 속한 쇼핑몰 데이터를 기반으로 과학적인 방법으로 키워드를 선정하고 노출 순위와 광고 단가 등을 조합하여 매출이 극대화되는 시점에 대한 시뮬레이션이 가능하기 때문에 쇼핑몰을 운영하는 입장에서는 키워드 광고를 통해 안정적인 매출을 확보할 수 있게 된다. 2013년 7월부터 빅데이터 분석을 통해 광고와 맞춤형 컨설팅을 진행한 여성 캐주얼 의류 전문쇼핑몰인 '데일리룩'은 전년 대비 매출이 40%나 상승하였다. 여성 캐주얼 의류라는 아이템에 적합한 키워드의 조합, 상품의 객단가, 매출 전환률 등을 체계적으로 분석하여 광고 효과를 예측하고 이를 광고에 활용한 것이 적중한 것이다.

또한, 유기농 원단 유아 의류 쇼핑전문몰인 '네츄라오가닉'도 빅데이터 분석을 통한 온라인 광고 운영으로 광고 전후 대비 매출이 2배 이상 증가하였다. 카페24는 실시간으로 상품에 대한 반응을 분석하는 서비스인 세라(SERA)와 해당 제품을 구매한 고객이 함께 구매한 다른 제품을 추천해 주는 스마트추천 등 빅데이터를 활용한 서비스를 제공하고 있다(아이티투데이, 2014.06.24.).

나이키는 2018년부터 데이터 관련 스타트업 4개를 차례대로 인수하였다. 그중에서 조디악(Zodiac)은 나이키 앱이나 핏빗 웨어러블을 통해서 소비자(고객)의 주요한 데이터를 수집하고 이를 통해 고객의 습관 파악을 통해 그들의 구매 행동 패턴을 예측한다. 또한, 나이키는 다양한 빅데이터를 활용하여 타깃팅할 고객과 시점을 파악하고 이를 통해 고객을 확보 및 유지한다. 예를 들면, 6개월마다 신발을 구매하는 습관을 가진 고객이 마지막에 신발을 구매한 이후로부터 12개월이 지났다면, 해당 고객에게 신발을 구매할 것을 권하는 메시지를 보낸다. 이러한 서비스를 통해

고객의 이탈률과 기업의 각종 비용을 줄일 수 있었다.[2)]

[그림 5-5] 조디악(Zodiac)

또한, 나이키는 아마존을 포함한 도매 채널의 매출이 전체 매출의 84%에 이르는 상황에서 과감히 탈(脫)아마존을 선언하고 D2C(소비자 직거래) 전환을 통해 개인화에 집중하고 있다. D2C 모델은 타 유통채널에 얽매이지 않고 자사의 고객만을 위해 AI(인공지능) 기술을 적용할 수 있다는 장점이 있다. 기업은 소비자의 구매 데이터나 반응 등 양질의 데이터가 축적되면, 이를 수집 · 분석해 마케팅에 활용할 수 있다. 일반적으로 오픈 마켓 등의 플랫폼에서는 기업에 일부 정보만을 제공해 주고 있다.

2.5 전자상거래의 빅데이터 활용 전략

2.5.1 전자상거래 플랫폼

전자상거래 플랫폼

전자상거래 플랫폼은 수평적이기보다는 수직적인 통합 비즈니스 모델이 대부분이다. 단순히 상품과 서비스를 거래 및 중개하는 역할 외에도 직접 상품을 판매하는 활동도 이루어지고 있다(정재훈, 2020). **전자상거래 플랫폼**의 기능뿐만 아니라 다양한 거래 및 판매 활동 데이터를 수집하고 활용하거나, 데이터를 공유하는 차원 등의 추가적인 경향도 나타나고 있다. 전자상거래 관련 데이터 생태계에서 플랫폼을 운영하는 기업은 수많은 거래 데이터를 직접 수집하고 이를 활용하고 있다. 아마존, 이베이, 알리익스프레스 등 많은 전자상거래 플랫폼 기업이 사용자의 이용 데이터를 수집 및 활용하여 사업을 전개하거나 신규 사업을 발굴하는 실정이다. 또

2) https://www.inews24.com/view/1438088

한, 이를 활용하여 온라인 광고도 전개하고 있으며, 고객 맞춤형 광고를 통해 제품과 서비스에 대한 흥미를 유발해 구매까지 이르게 하는 등의 다양한 활동을 전개하고 있다.

전자상거래 플랫폼 기업의 데이터 공유 활동은 다음 그림과 같다.

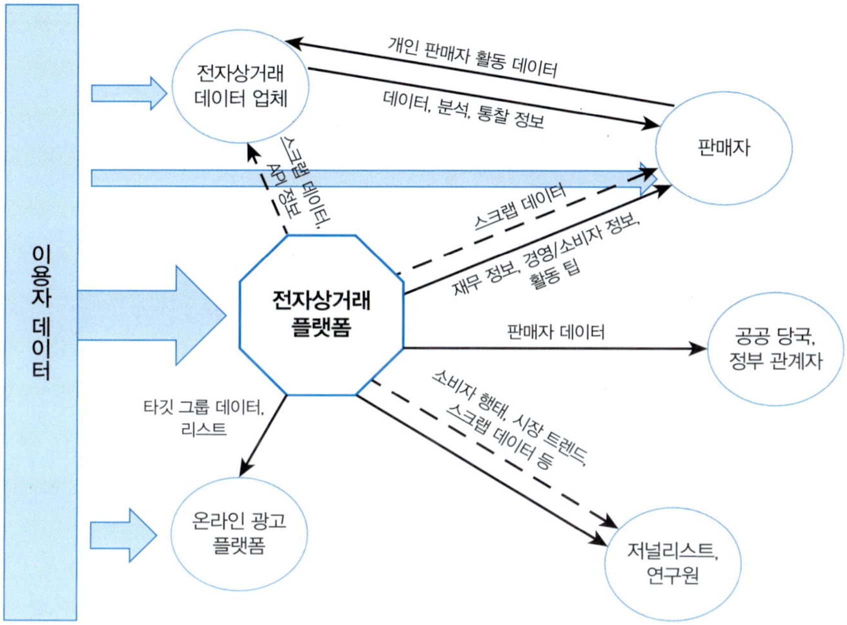

[그림 5-6] 전자상거래 플랫폼의 데이터 활용 생태계

*자료원: Gineikytė et al.(2020), 정재훈(2020)

2.5.2 판매자

제품 및 서비스를 판매하는 판매자의 활동 정보는 전자상거래 플랫폼을 운영하는 기업의 주요한 수집 대상이 되는 데이터이다. 전자상거래 플랫폼 기업은 이러한 정보를 수집 및 가공한 후 분석을 통해 보고서 작성을 하거나, **API**를 활용하여 데이터 생태계의 구성원들과 관련 정보를 공유한다. 판매자의 세부 활동 정보는 시장 현황을 추정하는 자원으로 활용하고 있으며, 수집이 가능한 분야는 다음과 같다. API

〈표 5-3〉 플랫폼을 통해 수집 가능한 데이터 유형(판매자 입장)

구분	내용
이용자 정보	휴대폰 번호, 주소 정보, 이메일 정보 등(민감 정보로 제한적으로 제공)
재무 데이터	자사의 판매 실적 및 수익 등 재무 정보
재고 데이터	물품 리스트 및 정보, 물품의 판매 등
광고 데이터	기여율, 투자 이익, 마케팅 의사 결정 정보 등
활동 데이터	페이지 접근 경로 클릭 데이터, 후기 데이터 등 포괄적 구매자 행태 정보
경쟁자 데이터	시장 트렌드 및 경쟁자 정보, 특정 분야 판매자 수 및 순위 등
가격 데이터	동종 경쟁자의 가격 정보, 무료 배송과 높은 만족도 종합 정보
이용자 행태	이용자의 검색 키워드 및 검색 빈도 수 등

*자료원: Gineikytė et al.(2020), 정재훈(2020)

2.5.3 전자상거래 데이터 업체

OMOTs(Online Marketplaces Optimization Tool providers)

전자상거래 데이터 업체들(**OMOTs: Online Marketplaces Optimization Tool providers**)은 전자상거래와 관련한 데이터를 수집 및 전처리하고 데이터를 가공(원시, 분석, 정제 등)한 후 판매를 수행하는 기업을 의미한다. OMOTs의 주요 판매처로는 전자상거래 플랫폼에서 활동하고 있는 판매자들이며, 플랫폼에서 수집한 다양한 데이터를 가공하여 제공한다.

전자상거래 플랫폼에서 발생하는 거래와 구매 관련 데이터의 통계 자료와 트렌드 등을 파악할 수 있도록 가치 있는 정보를 제공한다. 이러한 서비스는 판매자에게 독립 소프트웨어 제품(Standalone software products) 혹은 애드온(Add-ons)의 형태로 이용자에게 제공하고 있다. OMOTs에서 추출하고 있는 데이터는 다음과 같다.

〈표 5-4〉 전자상거래 플랫폼에서 추출 가능한 데이터 유형

구분	내용
공식 활용 가능 데이터	플랫폼 운영자의 연차보고서 등
웹 스크래핑 활용	웹스크래핑 기술을 활용한 이용자의 구매 정보, 판매자 정보, 가격, 제품 명세, 리뷰 등
오픈 데이터 활용	API를 통해 플랫폼 기업이 제공한 데이터
클라우드 소스 활용	이용자 계정 데이터를 활용한 데이터

2.5.4 온라인 광고 플랫폼

전자상거래 플랫폼 운영자들은 SNS(페이스북, 인스타그램, 유튜브, 트위터 등) 기업, 온라인 플랫폼 기업 등과 협력하여 마케팅 활동이나 광고 활동을 전개하고 있다. 그러나 이러한 활동은 전자상거래 업체와 거대 플랫폼 기업 간 힘의 불균형 이슈를 발생시키기도 한다.

온라인 광고 플랫폼

3. IoT의 개요

3.1 사물인터넷의 등장 배경

2013년부터 국내에서 본격적으로 사물인터넷이란 용어가 사용되기 시작하였다. 그러나 사물인터넷은 갑자기 출현한 전혀 새로운 것이 아니며, 1988년 등장한 **유비쿼터스 컴퓨팅(Ubiquitous Computing)**에서 그 유래를 찾을 수 있다. '언제 어디서나 존재한다'라는 유비쿼터스 개념이 ICT의 발전과 그 활용 및 서비스의 발전과 함께 1999년 P&G의 케빈 애쉬턴(Kevin Ashton)에 의해 사물인터넷이란 용어로 재정의된 것이라고 할 수 있다. 또한, **사물지능통신(M2M: Machine－to－Machine)**, **유비쿼터스 센서네트워크(USN: Ubiquitous Sensor Network)** 등 다양한 용어가 혼재되면서 발전해 왔다. 시스코(Cisco Systems)는 한 걸음 더 나아가 **만물인터넷(IoE: Internet of Everything)**이란 용어를 제시했으며, 환경 자체가 사물인터넷이 된다는 의미의 **AIoE(Ambient IoE)**라는 용어까지 등장하였다.

유비쿼터스 컴퓨팅(Ubiquitous Computing)
사물지능통신(M2M: Machine-to-Machine)
유비쿼터스 센서네트워크(USN: Ubiquitous Sensor Network)
만물인터넷(IoE: Internet of Everything)
AIoE(Ambient IoE)

사물인터넷의 등장하게 된 가장 큰 배경은 인터넷 환경의 진화 때문이다. 유선 인터넷과 무선 인터넷의 활성화, 근거리 통신 기술의 발전 등 ICT 인프라가 구축되면서 사물인터넷 구현이 가능하게 되었다. 또한, 통신 디바이스나 장비 등이 소형화되고 ICT 기술의 발전에 힘입어 가격이 하락하면서 통신 디바이스나 장비 디바이스 등에 탑재할 수 있는 범위가 확대되고 일상 속 사물 간의 커뮤니케이션이 가능해졌다. 최근 화두가 되는 비정형데이터를 분석할 수 있는 빅데이터 관련 기술과 수많은 데이터를 수집 · 관리하는 클라우드(Cloud) 서비스가 실현되면서 사물인터넷이 급부상하고 있는 것이다(노규성, 2015).

3.2 IoT의 개념

사물인터넷은 결국 인터넷이다. 인터넷이란 커뮤니케이션을 하고자 하는 대상들을 연결하는 수단이다. 지금까지 인터넷은 컴퓨터를 연결하여 사람과 사람 간의 커뮤니케이션에 주로 활용되어 왔다. 그러나 인터넷이 다양한 종류의 디바이스(Devices)들을 서로 연결하고 커뮤니케이션하게 되고, 데이터들을 공유하도록 하는 네트워크로 발전하면서 사물인터넷으로 진화하게 된다. 이러한 디바이스들은 온도, 습도, 진동, 속도뿐만 아니라 맥박이나 혈압, 산소포화도 등을 측정하는 다양한 종류의 센서(Sensors)는 물론 스마트폰이나 태블릿 PC, 자동차, 의료 디바이스, CCTV, 냉장고 등 종류와 범위에 제한이 없다.

사물인터넷(IoT: Internet of Things)

이와 같이 다양한 디바이스나 사물들을 연결한 인터넷을 **사물인터넷(IoT: Internet of Things)**이라 부른다. 결국 인터넷은 사람과 사람의 연결로부터 사람과 사물, 사물과 사물 간까지 커뮤니케이션하게 하는 새로운 개념으로 확장하게 된 것이다. 그리고 이러한 디바이스들이 만들어낸 데이터를 수집, 분석, 가공하여 특정한 시스템이나 사람에게 서비스를 제공하는 것을 사물인터넷 서비스라고 한다(김학용, 2014).

사물인터넷이란 용어는 여러 전문가에 의해 다양하게 정의되고 있다. 패트릭 터커(2014)는 사물인터넷을 사람과 사람의 연결을 넘어 우리 생활 속의 사물들에 센서가 부착되고 인터넷에 연결되는 것이라고 정의하였으며, 현재 어떤 일이 일어나고 있는지를 실시간으로 수집하고 전송할 수 있는 컴퓨터화된 감각 정보의 총체라고 하였다. 서영진(2014)은 사물인터넷은 스마트폰, 스마트패드, 스마트TV, 웨어러블(Wearable) 장비, 컴퓨터, 가전제품, 자동차 등의 디바이스들이 네트워크를 통해 서로 통신하고 연결되는 시대라고 하였다. 각종 사물에 센서와 통신 기능을 내장하여 인터넷에 연결하는 기술을 사물인터넷이라고 할 수 있다. 여기서 사물이란 가전제품, 모바일 장비, 웨어러블 컴퓨터 등 다양한 임베디드 시스템을 의미하며, 사물인터넷에 연결되는 사물들은 자기 자신을 구별할 수 있는 유일한 식별정보(Identifiable Information)를 가지고 인터넷과 연결되어야 하며, 외부로부터 데이터를 취득하기 위해 센서를 내장할 수도 있다(Höller et al., 2014).

그런데 사물인터넷을 기술이나 네트워크 관점보다는 비즈니스 관점에서 바라볼 필요성이 있다. 사물인터넷은 센서를 내장하고 있는 사물들이 서로 연결되어 각각의 사물들이 제공하던 것 이상의 새로운 가치를 제공하는 방식이다(김학용, 2014).

이 정의에는 사물(Things)과 연결(Internet)을 포함하고 있지만, 더 중요한 것은 기존에 없었던 새로운 가치(Value)를 창출해 내는 것이다. 즉, 사물인터넷은 어떠한 기술이나 제품과 관련된 개념에 국한된 것이 아니라 지금까지 우리가 추구하던 삶의 질적 제고와 사회의 효율성 향상을 이끌던 방식들의 변화를 의미하는 것이다. 결국, 사물인터넷의 등장으로 기존에 홀로 사용되던 사물들이 네트워크에 연결되면서 더 큰 고객가치를 제공하게 되고, 더 커진 고객가치는 다양한 형태의 지능과 결합함으로써 극대화될 것이다.

3.3 사물인터넷의 주요 3대 기술

3.3.1 센싱 기술

센싱 기술은 전통적인 온도, 습도, 열, 가스, 조도, 초음파 센서 등에서부터 원격 감지, SAR, 레이더, 위치, 모션, 영상 센서 등 유형 사물과 주위 환경으로부터 정보를 얻을 수 있는 물리적 센서를 포함한다. 물리적인 센서는 응용 특성을 좋게 하기 위해 표준화된 인터페이스와 정보 처리 능력을 내장한 스마트 센서로 발전하고 있으며, 이미 센싱한 데이터로부터 특정 정보를 추출하는 가상 센싱 기능도 포함되며, 가상 센싱 기술은 실제 IoT 서비스 인터페이스에 구현된다. 기존의 독립적이고 개별적인 센서보다 한 차원 높은 다중(다분야) 센서 기술을 사용하기 때문에 한층 더 지능적이고 고차원적인 정보를 추출할 수 있다.

3.3.2 유무선 통신 및 네트워크 인프라 기술

사물인터넷의 유무선 통신 및 네트워크 장치로는 기존의 WPAN, WiFi, 3G/4G/5G, Bluetooth, Ethernet, BcN, 위성통신, Microware, 시리얼 통신, PLC 등 인간과 사물, 서비스를 연결시킬 수 있는 모든 유 · 무선 네트워크를 의미한다.

3.3.3 사물인터넷 서비스 인터페이스 기술

사물인터넷 서비스 인터페이스는 사물인터넷의 주요 3대 구성 요소(인간 · 사물 · 서비스)를 특정 기능을 수행하는 응용 서비스와 연동하는 역할을 한다. 사물인터넷 서비스 인터페이스는 네트워크 인터페이스의 개념이 아니라, 정보를 센싱, 가공/추출/처리, 저장, 판단, 상황 인식, 인지, 보안/프라이버시 보호, 인증/인가, 디스

커버리, 객체 정형화, 온톨러지 기반의 시맨틱, 오픈 센서 API, 가상화, 위치 확인, 프로세스 관리, 오픈 플랫폼 기술, 미들웨어 기술, 데이터 마이닝 기술, 웹 서비스 기술, 소셜 네트워크 등 서비스 제공을 위해 인터페이스(저장, 처리, 변환 등) 역할을 수행한다.

3.4 사물인터넷 생태계

비즈니스 생태계
사물인터넷 생태계

비즈니스 생태계의 개념은 사물인터넷 시장(비즈니스) 생태계에도 그대로 적용된다고 할 수 있다. 사물인터넷 역시 어느 한 주도자가 시장을 이끌어가는 구도로는 불가능하다. 즉, 다양한 시장 참여자의 협력과 경쟁으로 양질의 서비스가 탄생하며, 이를 통해 가치가 창출될 수 있는 생태계 구조로 이루어진 것이다. 사물인터넷의 생태계는 부품소재 사업으로부터 최종 고객의 서비스 제공에 이르기까지 하드웨어와 서비스가 혼합된 복잡한 가치사슬을 가졌으며, 참여기업 간 이해관계도 매우 복잡한 구조로 되어 있다. 이에 따라 여러 전문가들은 각기 다른 시각으로 사물인터넷 생태계를 정리하고 있다. 이상학(2014)은 센서, 통신 모듈, 단말기 등의 디바이스 생산 · 사용자, 솔루션 및 플랫폼 개발 · 제공자, 개인 · 산업 등의 소비자로 구분하였다. 그리고 프로스트앤드설리반은 **사물인터넷 생태계**를 칩셋, 네트워크, 플랫

〈표 5-5〉 IoT의 가치시슬 및 생대계 내 주요 플레이어

가치사슬	유형	주요전문업체
칩벤더	무선 송수신칩, 센서, 마이크로컨트롤러 등을 생산하는 제조업체	(해외) Qualcomm, Texas Instruments, Infineon, ARM
모듈/단말업체	IoT 모듈(무선 송수신칩+마이크로컨트롤러), 다양한 IoT 단말 등을 생산하는 제조업체	(해외) Sierra Wireless, E-device, Teluar, Cinterion, Telit, SIMCOM
플랫폼/솔루션업체	IoT 플랫폼 소프트웨어나 IoT 종합 관리 솔루션을 개발하여 제공하는 업체	(해외) Jasper Wireless, Aeris Wiress, Qualcomm, datasmart, Inilex, Omnilink
		(국내) 멜퍼, 페타리, 브레인넷, 엔티모아, 인사이드 M2M
네트워크/서비스업체	기본적인 유무선 네트워크를 제공하고, 보다 전문적인 M2M 서비스를 제공하는 업체	(해외) AT&T, Sprint, Vodafone, T-Mobile, Verizon, BT
		(국내) SKT, KT, LGU+

*자료원: 방통위 내부자료 인용

폼, 애플리케이션 등의 업체로 분류했다(이대영, 2013). 그러나 대체로 유사한 시장 참여자로 생태계가 이루어졌음을 짐작게 한다.

여기에서는 사물인터넷 생태계의 시장 참여자를 센서 · 칩 생산업체, 모듈 및 단말기 제조업체, 플랫폼 및 솔루션 업체, 통신업체, 서비스 업체 등으로 구분하고자 한다(주대영 · 김종기, 2014). 이들 중에는 개별 가치사슬별로 하나의 역할만을 전문적으로 수행하는 업체가 있기도 하고 여러 개의 가치사슬 기능을 동시에 수행하는 업체도 존재한다.

3.5 사물인터넷 시장참여자

3.5.1 센서 · 칩 생산업체

센서(Sensor)는 측정 대상으로부터 데이터를 측정하여 관측자나 시스템에서 읽을 수 있는 신호로 변환하는 소자인데 반도체 칩(Chip)이 주재료이다.

센서(Sensor)

3.5.2 모듈 제조업체

모듈은 통신 기능이나 센싱(Sensing) 기능을 수행하기 위해 무선 송수신 칩 및 마이크로컨트롤러(MCU, Micro Controller Unit의 약자로 자동적으로 제품이나 장치를 컨트롤하는데 사용되는 집적회로 위의 조그만 컴퓨터) 등을 집약한 부품을 말한다.

센싱(Sensing)
MCU(Micro Controller Unit)

3.5.3 단말기 제조업체

일반적으로 서비스 사업체들이 비즈니스 모델 기획 초기부터 관여하여 특화된 단말기를 개발하기도 하고, 기존의 특정 단말기에 사물인터넷 모듈을 탑재하는 방식으로 단말기를 개발하기도 한다. 이에 따라 아직 규모의 경제가 실현될 정도로 시장이 적어 소형기기를 생산하는 중소 · 중견 업체들이 주류를 이루고 있다.

3.5.4 플랫폼 및 솔루션 업체

플랫폼 및 솔루션 업체는 사물인터넷 서비스가 이루어질 수 있도록 단말기와 서버 간, 또는 전반적인 시스템 구축 솔루션을 개발한다. 혹은 서비스마다 필요한 하드웨어와 소프트웨어를 통합해 서비스하는 플랫폼도 제공한다.

3.5.5 통신 업체

사물인터넷은 네트워크를 통해 기능을 수행하기 때문에 통신업체의 역할은 기본적으로 필요하다. 초기에 통신사업자들은 서비스 업체에 네트워크를 제공하는 비즈니스만 수행했다

3.5.6 서비스 업체

사물인터넷은 궁극적으로 기업이든 소비자이든 목표 이용자를 대상으로 서비스를 수행함으로써 가치를 창출하는 것이다. 따라서 최종적인 기능은 서비스 업체의 몫이며, 그 주체로서의 시장 참여는 누구나 가능하다.

4. IoT 비즈니스와 전자상거래

4.1 사물인터넷 비즈니스 모델

앞에서 사물인터넷은 센서와 디바이스, 커뮤니케이션 및 가치라는 관점에서 정의되었다. 즉, 사물인터넷은 디바이스나 센서 등으로부터 생성된 데이터를 전달하는 커뮤니케이션과 데이터로부터 만들어진 효용성을 통해 가치를 이용자에게 전달하는데, 이것이 바로 사물인터넷 비즈니스와 직결되는 점이다. 따라서 사물인터넷과 비즈니스 모델의 개념을 연결해 보면, 사물인터넷 비즈니스 모델은 센서나 디바이스 등으로부터 생성된 데이터를 활용하여 만든 가치 및 서비스로부터 이루어지는 사업 및 이익 창출 방식이라고 정의할 수 있다. 이는 데이터가 이용되는 형태, 고객에게 제공되는 가치, 즉 고객에게 전달되는 하드웨어나 서비스도 포함될 것이다(김학용, 2014). 특히, 사물인터넷 비즈니스는 제품과 서비스가 결합한 융합형 비즈니스라는 점이 강조된다.

사물인터넷 비즈니스 유형은 보는 관점에 따라 다양하게 분류할 수 있을 것이다. 이종근 · 정재훈(2014)은 사물인터넷 유형을 올인원 사물인터넷과 애프터마켓형 사물인터넷으로 구분했다. 올인원 사물인터넷이 완제품 형태의 사물인터넷을 말한다면, 애프터마켓형 사물인터넷은 반제품 형태로 기존 사물에 탈 · 부착할 수 있는 제품이나 서비스를 말한다.

올인원(All-in-One)은 하나의 새로운 완제품을 말한다. 기존의 사물을 완전히 대체할 수 있는 형태로서 일반적으로 사물인터넷 제품을 말할 때는 올인원 사물인터넷을 말한다. 예를 들면, 스마트 지갑, 스마트 라이터, 스마트 냉장고, 스마트 카, 스마트 워치 등은 올인원 사물인터넷 제품이다. 애프터마켓형(After-Market) 사물인터넷은 기존 사물을 대체하는 완제품이 아니라 일종의 매개체라 할 수 있다. 예를 들면, 일반 TV에 크롬캐스트(Chrome Cast)라는 매개물을 꽂으면 스마트폰과 연동되어 일반 TV가 스마트 TV가 된다. 소비자 입장에서는 기존에 익숙한 사물은 그대로 이용할 수 있으며, 가격 부담이 적다는 측면에서 올인원보다 선호할 가능성이 크다. 그런 연유에서인지 최근 반제품 형태의 애프터 마켓용 사물인터넷이 출현하기 시작했다. 예를 들어, 모딜리안 사에서는 일반 시계에 시곗줄만 바꿔 끼우면 스마트워치 기능을 실행할 수 있는 반제품을 출시하였다(이종근 · 정재훈, 2014).

4.2 IoT를 활용한 전자상거래 사례 분석

IoT는 인터넷으로 연결되어 작동되는 장치이기 때문에 사물인터넷 장비를 통해 데이터를 수집하고 분석하여 새로운 통찰력을 얻을 수 있다. 더 많은 디바이스가 사물인터넷의 일부가 되면, 이를 통해 장비(설비)에 대한 예방 및 유지 보수, 재고 관리, 공급망 관리, 고객 경험 관리 등을 가능하게 해줄 수 있다.[3]

아마존 대시 버튼(button)

아마존 등 전자상거래 선두 기업들은 사물인터넷 기술을 경쟁 전략의 일환으로 적극적으로 활용하기 시작했다. 아마존은 **아마존 대시 버튼(button)**을 출시했다. 기존의 아마존 대시는 바코드를 읽히거나 음성으로 상품명을 말하면 각종 생필품의 주문이 가능했다. 그러나 최근에 출시된 아마존 대시 버튼은 고객이 항상 쓰는 생수, 휴지, 배터리 등 다양한 상품별로 버튼을 만들어 두고 가정이나 사무실에서 추가 구매가 필요할 때 해당 버튼을 누르기만 하면 자동으로 주문이 이루어진다. 예를 들면, 화장실 벽에 화장지 주문 전용 아마존 대시 버튼을 붙여두고 있다가 화장지가 다 떨어질 때쯤 버튼을 누르면, 주문이 즉시 이루어지는 식이다.

3) https://www.affde.com/ko/internet-of-things-impact-on-ecommerce-business.html

[그림 5-7] 아마존 대시 버튼

인-카 딜리버리(In-Car Delivery)

아마존의 **인-카 딜리버리(In-Car Delivery)**는 사물인터넷과 택배 서비스, 전자상거래 서비스가 사물인터넷이라는 기술로 결합한 대표적인 사례이다. 미국 37개 도시에 거주하는 아마존 프라임 고객들은 자신이 필요할 경우에 주문한 택배를 자동차 트렁크로 받아볼 수 있다. 아마존 직원이 고객 차량 앞에서 스마트폰으로 택배 물건을 스캔한 다음, 클라우드 망에 접속하면 일회용 디지털 키가 부여되고, 이를 통해 차량의 트렁크가 자동으로 열리게 된다. 아마존 직원이 택배를 넣고 트렁크를 닫으면 그 코드는 자동적으로 말소되고, 트렁크는 다시 잠김 상태로 변경된다. 이후 고객은 자신의 차량 트렁크를 열어 택배를 수령하게 된다.

[그림 5-8]은 전자상거래의 가상현실 활용 모습을 다음과 같이 세 가지로 나타내고 있다.

① 가상현실 쇼핑몰에서 구두를 고르는 모습
② 식센스 사의 가상 쇼핑몰 홈페이지
③ 자동차 내부에 붙여둔 사물인터넷 버튼

[그림 5-8] 아마존 '인-카 딜리버리' 서비스

스웨덴의 플릭(Flic) 사는 다양한 단축 버튼을 차량 내부나 가정 · 사무실 등에 부착해 놓고 피자 주문, 택시 호출 등 사용자가 원하는 제어 기능을 지정해 사용하는 서비스를 출시하였다. 이 외에 생필품 제조업체들도 사물인터넷 기술을 적극적으로 활용하려고 노력을 강구하고 있다. 월풀은 각종 세제 사용량을 계측해 세제가 떨어질 때쯤 온라인으로 자동 주문이 가능한 세탁기를 개발하고 있다.

Wireless Smart Button(Flic)

[그림 5-9] Wireless Smart Button(Flic)

향후 이러한 기술들은 사물인터넷 기반의 쇼핑 플랫폼으로 발전할 수가 있고, 드론이나 무인 자동차를 이용한 배송 서비스까지 확장될 것으로 전망된다(조선비즈, 2015.05.08.).

참·고·문·헌

김진화, 김명석, 박성택, 박은미, 오명륜, 이성원, 정재림, 신지아, 빅데이터분석기사 필기, 광문각, 2022

노규성, 박성택, "ICT의 전략적 활용을 위한 스마트폰 마케팅기법", 아이이펍, 2012

노규성 외, 스마트워크 2.0, 커뮤니케이션 북스, 2011

노규성 외, 스마트 시대의 전자상거래, 생능출판사, 2013

노규성 외, 빅데이터시대의 전자상거래, 생능출판사, 2015

노규성 외, 디지털트랜스포메이션시대의 전자상거래, 생능출판사, 2019

백준봉, 최명호, 홍범석, 박유진, 스마트혁명이 가져온 변화: 주요 성과와 과제, DIGIECO ICT전략보고서, KT 경제경영연구소, 2012

정재훈, 전자상거래 플랫폼 사업자들의 데이터 활용 전략, 정보통신방송정책, 32(8), 통권 703호, 2020

Gineikytė, V., Barcevicius, E., Cibaite, 0.(2020), Business user and thirdparty access to online platform data, Observatory on the Online Platform Economy.

https://platformobservatory.eu/app/uploads/2020/09/Analytical-Paper-5-Business-user-and-third-party-access-to-data_final.pdf

https://www.affde.com/ko/internet-of-things-impact-on-ecommerce-business.html

https://www.inews24.com/view/1438088

https://www.newspim.com/news/view/20220125001059

연·습·문·제

1. ICT 발전에 따른 데이터의 변화 방향에 대하여 설명하라.

2. 빅데이터 플랫폼의 발전 방향에 대하여 설명하라.

3. IoT 플랫폼의 발전 방향에 대하여 설명하라.

4. 빅데이터를 활용한 전자상거래의 발전방향에 대하여 설명하라.

5. IoT를 활용한 전자상거래의 발전방향에 대하여 설명하라.

6

CHAPTER

전자상거래와 인공지능 활용

디지털 트랜스포메이션 시대가 등장하면서 우리의 생활에는 많은 변화가 일어나고 있다. 인터넷의 등장으로 e-비즈니스와 전자상거래가 등장하였고, 4차 산업혁명으로 인해 촉발된 변화는 전통적인 사업의 영역을 디지털 기반의 비즈니스 영역으로 변환해 가고 있다. 디지털 트랜스포메이션의 근간이 되는 인프라는 ICBMA(IoT, Cloud, Bigdata, Mobile, AI)로 불리고 있으며, 최근에는 DNA(Data, Network, AI)로도 불리고 있다. 이중 가장 정점에는 인공지능(AI)이 있다. 물론 인공지능에서 빅데이터가 차지하는 비중은 높다고 할 수 있다. 인공지능은 과학적 연구, 헬스케어, 제조, 소매, 스포츠 등 다양한 분야에서 활용되고 있으며, 최근에는 전자상거래에도 활용되고 있다. 이 장에서는 인공지능이 무엇이며, 전자상거래에 미치는 영향과 이를 어떻게 전략적으로 활용할 것인지에 대해 살펴보고자 한다.

1. 인공지능의 개요

영화 〈이미테이션 게임〉은 천재 수학자 앨런 튜링이 2차 세계대전 독일의 암호체계를 해독하여 연합군의 승리에 이바지하는 과정을 다룬다. 앨런 튜링은 '계산 기계와 지능(computing machinery and intelligence)'에서 질의응답 등을 통해 기계가 인간 수준의 지능이 있는지 가려내는 튜링 테스트를 제안하였다. 튜링 테스트를 제안한 이후 인공지능에 관한 관심과 연구를 지속하였으나, 초기의 인공지능은 논리와 규칙에 기반의 전문가 시스템 형태로 연구되고 명확한 정의를 내리기 어려워 실무 적용에 한계가 있었다. 1990년대에 들어 통계 기반의 기계학습과 딥러닝 알고리즘이 개발되면서 인공지능 관련 연구에 가속도가 붙었다. 2015년 이후 스마트폰과 연동된 '가상비서'와 같은 인공지능 서비스가 상용화되고, 2016년 구글이 선보인 바둑 프로그램 '알파고'를 접하면서 인공지능이 일반 대중에게 알려졌다.

인공지능(AI, Artificial Intelligence)

2020년대 들어 인공지능은 마케팅 분석, 감성 분석, 큐레이션, 상품/서비스 추천, 공급망 관리 등 경영 전반에 활용되고 있다. IDC(International Data Corporation)의 2021년 '세계 인공지능 시장 전망 예측(Improved Growth for Global AI Market in 2021)' 보고서에 따르면 오는 2024년까지 AI 시장은 연평균 성장률(CAGR)이 17.5%이며, 총 매출은 5,543억 달러(약 622조 원)에 달할 것으로 전망했다.

1.1 인공지능의 등장

1.1.1 인공지능의 개념

인공지능(AI, Artificial Intelligence)이라는 용어는 다트머스 대학 컴퓨터 과학자인 존 매카시가 1956년 다트머스 학술대회에서 처음 사용하였다. 이후 인공지능 관련 기술이 발달하고 활용 범위가 넓어짐에 따라 학자마다 인공지능에 대한 개념을 다양하게 정의하였다. 각 주장을 요약하면 인공지능이란 사람과 유사한 지능을 가질 수 있도록 인간의 학습능력, 추론능력, 지각능력, 자연어 이해능력 등을 컴퓨터 프로그램으로 실현하는 기술이라고 정의할 수 있다(노규성 외, 2019).

1950년대에 시작된 초기 인공지능 연구에서는 문제 해결과 기호법 등의 주제를 탐구하였으며, 1960년대에 들어서면서 인공지능에 관심을 보인 미국 국방성이 인간의 기본적인 추론 방식을 흉내 낼 수 있도록 컴퓨터를 훈련하였다. 국방고등연구기획국(DARPA)은 Siri, Alexa, Cortana와 같은 인공지능이 본격적으로 개발되기 전인 2003년에 지능형 개인 비서를 개발하기도 하였다. 인공지능은 최근 빅데이터, 정보처리 능력의 향상, 딥러닝 알고리즘의 고도화, 클라우드 기반 환경 등의 영향으로 인해 인공지능의 학습, 추론, 인지 기술을 발달시킬 수 있는 제반 환경이 조성됨에 따라 인공지능에 관한 연구가 활발해지고 있다.

2015년 이후 스마트폰과 연동된 '가상비서'와 같은 인공지능 서비스가 상용화되면서 기술개발이 활발하게 이루어지고 있다. 특히, 2016년 구글이 선보인 바둑 프로그램 '알파고'를 접하면서 인공지능이 일반 대중들에게도 크게 알려졌다(노규성 외, 2019).

(1) 인공지능의 발전

인공지능은 1950년대에 등장하였으며, 초창기에는 메인프레임(mainframe)으로 활용 분야는 전문가 시스템이었다. 1980년대에 들어서 마이크로컴퓨터(Microcomputer)로 활용 분야는 문자판독이나 신용도 분석이었다. 1990년대에는 머신러닝으로 마케팅 분석, 거짓말 탐지기, 감성 분석, 네트워크 로드 분석 등에 활용되었다. 2010년대에 들어서 딥러닝으로 자연어 처리, 비디오 라벨링, 큐레이션, 예측 유지보수, 공급망 관리 등에 활용되고 있다.

인공지능은 다음과 같은 발전 단계를 보였다.

신경망(Neural Networks)
머신러닝(Machine Learning)
딥러닝(Deep Learning)

먼저 1950~1970년대에는 **신경망(Neural Networks)**에 관한 연구에 관심이 있었으며, 생각하는 기계에 초점을 맞추었다. 1980~2010년대에는 **머신러닝(Machine Learning)**에 대해 관심이 있었으며, 2010부터 현재는 **딥러닝(Deep Learning)**에 관심이 있다. 즉, 딥러닝으로 인해 인공지능의 시대가 본격화되었다고 할 수 있다.

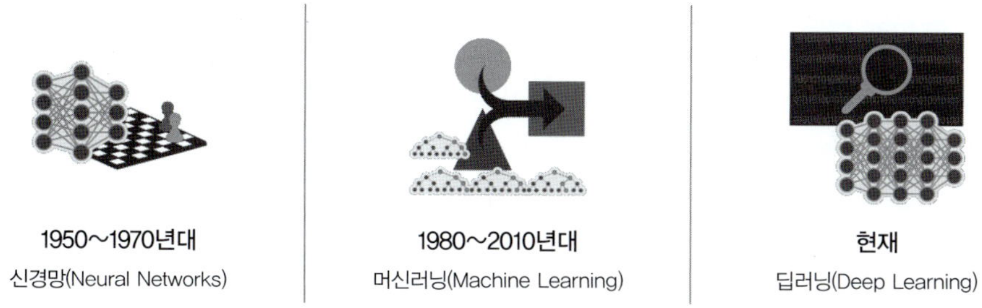

[그림 6-1] 인공지능 발전

*자료원: https://www.sas.com/ko_kr/insights/analytics/what-is-artificial-intelligence.html

(2) 인공지능의 분류

인공지능이 하는 역할에 따라 **약한 인공지능(weak AI** 또는 narrow AI)과 **강한 인공지능(strong AI)**으로 구분할 수 있다. 음성인식 수준의 인공지능이 약한 인공지능에 해당한다. 기계가 인간과 유사한 수준의 글을 읽거나, 쓰고, 말하는 것을 통해서 정보를 이해하고 처리할 정도의 기능을 한다. 따라서 약한 인공지능은 기계 등이 스스로 판단을 하지 못하며, 자율성이 없다는 단점을 가지고 있다.

약한 인공지능(weak AI)
강한 인공지능(strong AI)

강한 인공지능은 약한 인공지능의 기능과 자율성을 갖는 컴퓨팅 기능을 포함하고 있다. 즉, 축적된 정보를 기반으로 스스로 진단하고 판단할 수 있으며, 계획을 세우고 의사소통과 결정할 수 있는 수준을 갖추고 있다. 나아가 자아의식(self-awareness), 감정(sentiment), 지혜(sapience), 양심(conscience) 영역까지의 능력을 요구하고 있다. 오늘날 인공지능은 대부분 강한 인공지능을 지향하고 있다(노규성 외, 2019).

	← 강한 인공지능	약한 인공지능 →
	인간과 같은 사고(Thinking Humanly)	**논리적 사고**(Thinking Rationally)
생각	• 인간과 유사한 사고 및 의사결정을 내릴 수 있는 시스템 • 인지 모델링 접근 방식	• 계산 모델을 통해 지각, 추론, 행동 같은 정신적 능력을 갖춘 시스템 • 사고의 법칙 접근 방식
	인간과 같은 행동(Acting Humanly)	**논리적 행동**(Acting Rationally)
행동	• 인간의 지능을 필요로 하는 어떤 행동을 기계가 따라 할 수 있는 시스템 • 튜링 테스트 접근 방식	• 계산 모델을 통해 지능적 행동을 하는 에이전트 시스템 • 합리적 에이전트 방식

[그림 6-2] 인공지능의 분류

*자료원: Stuart Russell, Artificial Intelligence: A Modern Approach

1.2 인공지능 관련 기술

인공지능과 관련된 연구는 1950년대부터 진행됐으나 관련 기술의 미비로 부침을 거듭해 왔다. 초기의 인공지능은 논리와 규칙에 기반을 둔 전문가 시스템 형태로 연구되었으나 명확한 정의를 내리기 어려워 실무 적용에 한계가 있었다.

컴퓨터 능력(Computing power)

1980년대에는 인공신경망 구조를 적용한 인공지능으로 발전했으나 복잡한 계산을 지원하기에는 **컴퓨터 능력(Computing power)**과 학습할 수 있는 데이터가 많이 부족하였다. 그러나 1990년대에 들어서면서 인공지능과 관련 연구에 가속도가 붙었다. 통계 기반의 기계학습과 심층학습(딥러닝) 알고리즘이 개발되면서 컴퓨터가 스스로 학습하며 최적화된 방식으로 문제를 해결할 수 있는 수준으로 발전했기 때문이다(노규성 외, 2019).

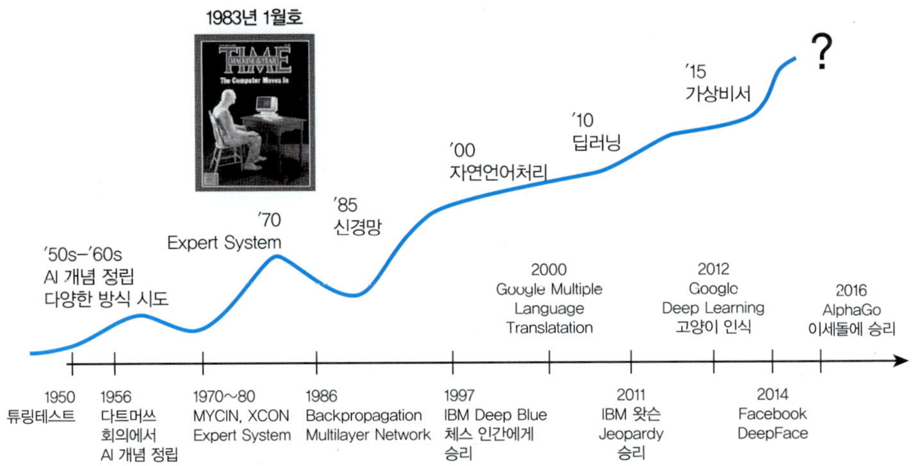

[그림 6-3] 인공지능 관련 연구의 변화

*자료원: 소프트웨어정책연구소, 알파고의 능력은 어디에서 오는가?, 2016

기계학습(Machine Learning)

기계학습(Machine Learning)이란 인공지능(AI)의 한 분야로 컴퓨터가 여러 데이터를 이용하여 학습한 내용을 기반으로 새로운 데이터에 대한 적절한 작업을 수행할 수 있도록 하는 알고리즘과 기술을 개발하는 분야이다. 즉, 컴퓨터를 사람처럼 학습시켜, 스스로 규칙을 형성하도록 하는 기술이다. 주로 통계적인 접근 방법을 기반으로 규칙성을 찾도록 한다. 최근에는 인공지능, 검색, 맞춤형 광고, 음성 인식, 기계 조종, 의사결정 등 거의 모든 영역에서 빠르고 유의미한 결과를 얻고 있다(노규성 외, 2019).

딥러닝(deep learning)은 심층학습이라고 부르는데 2016년 구글이 개발한 '알파고'와 이세돌 9단의 바둑대국을 통해 대중적으로 널리 알려지기 시작했으나, 1940년대 인공신경망(**ANN: Artificial Neural Networks**)을 기반으로 발전한 기계학습의 한 분야이다. 딥러닝은 사물이나 데이터를 군집화하거나 분류하는 데 사용하는 기술이다. 예를 들어, 컴퓨터는 사진만으로 개와 고양이를 구분하지 못한다. 하지만 사람은 아주 쉽게 구분할 수 있다. 이를 위해 기계학습이라는 방법이 고안됐다. 많은 데이터를 컴퓨터에 입력하고 비슷한 것끼리 분류하도록 하는 기술이다. 저장된 개 사진과 비슷한 사진이 입력되면, 이를 개 사진이라고 컴퓨터가 분류하도록 한 것이다. 딥러닝의 핵심은 분류를 통한 예측이다. 수많은 데이터 속에서 패턴을 발견해 인간이 사물을 구분하듯 컴퓨터가 데이터를 나눈다. 구글은 음성 인식과 번역 그리고 로봇의 인공지능 시스템 개발에도 딥러닝 기술을 이용하고 있다. 대표적인 SNS 업체인 페이스북은 딥러닝을 뉴스피드와 이미지 인식 분야에 적용하고 있다. 그러나 IT(디지털) 기업들이 딥러닝을 활용하는 분야는 주로 사진과 동영상, 음성정보 분류 등이다. 데이터의 양이 풍부하고 정확성을 요구하기 때문이다(노규성 외, 2019).

ANN(Artificial Neural Networks)

기계학습과 딥러닝은 모두 학습모델을 제공해 데이터를 분류하는 기술이다. 사람은 해당 이미지를 지식과 경험에 따라 뇌에서 분석하고 구분할 수 있지만, 컴퓨터가 해당 이미지를 구분하기 위해서는 기계학습과 딥러닝 등의 기술이 필요하다. 기계학습의 경우 주어진 데이터를 사람이 먼저 분류하고 컴퓨터가 인식할 수 있도록 한 다음 컴퓨터가 데이터에 포함된 특징을 분석하고 이를 축적하는 과정을 거친다. 즉, 각 이미지의 특징을 컴퓨터에 인식시킨 후 학습시킴으로써 문제를 해결하는 방식이다. 딥러닝은 기계학습에서 사람이 개입하던 분류 작업 없이 딥러닝 알고리즘에 의해 컴퓨터가 스스로 분석하여 문제를 해결하는 방식이다. 딥러닝은 머신러닝에 비해 방대한 데이터의 연산과 처리 능력을 요구하기 때문에 높은 사양의 **GPU** 등의 하드웨어가 필요하다. 따라서 기술의 적용 목적과 학습 데이터의 양 그리고 처리해야 할 데이터가 하드웨어의 영향을 얼마나 받는지에 따라 어떤 방식의 기술을 적용할지 선택해야 한다(노규성 외, 2019).

GPU

인공지능 기술의 발전 전망은 [그림 6-4]에서 보는 바와 같다. 현재 인공지능을 제3의 부흥이라고 할 정도로 많은 관심을 받고 있다. 그동안 두 번의 인공지능 암흑기가 있었다. 1970년대에 메모리, 처리속도 등의 기술이 뒷받침하지 못해 인공지능에 대한 지원이 중단되었다. 2000년대에 전문가 시스템의 높은 유지비용, 업데이트 한계 및 오류 등으로 인공지능에 대한 회의론이 확산하였다.

디지털의 급속한 발전으로 인한 데이터 축적, 컴퓨팅 파워 진전, 딥러닝 알고리즘의 진화 등으로 인해 최근 인공지능 부흥기에 진입하였다. 향후 고도화된 뇌 연구를 바탕으로 딥러닝 기반의 인공지능 한계를 넘어서는 차세대 인공지능 알고리즘으로 발전할 것으로 예상된다(4차산업혁명위원회).

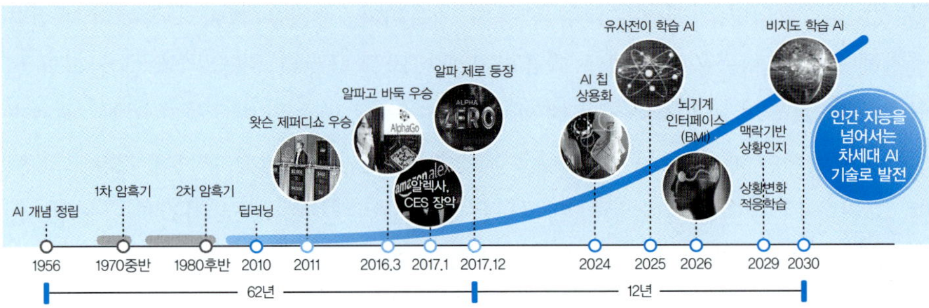

[그림 6-4] 인공지능 기술 발전 전망

*자료원: 4차산업혁명위원회, 인공지능(AI) R&D 전략, 2018

1.3 인공지능의 특징

인공지능은 일반성, 방대성, 지식 이용 등 지식의 특성뿐만 아니라 일반적인 소프트웨어 시스템과는 다르게 추론 기능 등의 특성이 있다.

〈표 6-1〉 인공지능 기술의 특성

특성	내용
일반성	중요 성질을 공통적으로 가지고 있는 상황을 그룹화 함
방대성	중요 성질이 공통적으로 형성되기 이전의 기초자료는 매우 방대함
부정확성	현실문제에서 주어지는 정보가 부정확하며, 그로 인해 표현 역시 불명확함
지식 이용	소프트웨어는 자료나 정보를 사용하는 반면 인공지능은 인간과 같은 지식을 이용
추론 기능	적은 자료로 해(解)를 찾거나 많은 자료에서 공통점을 찾아내는 것 등은 인간의 사고과정에서 발생하는 추론기능과 같음

휴리스틱 탐색	경험적인 방법의 원리를 이용하여, 방대한 양의 탐색영역에서 최적의 해를 구하고자 일정한 규칙에 근거하여 해를 찾는 방법인 휴리스틱 탐색(heuristic search) 기능 제공
출력 효율성 제고	입력정보가 비교적 완전 혹은 완벽하지 않더라도 결과물을 생성하는 기능

*자료원: 석왕헌, 이광희, ETRI, 인공지능 기술과 산업의 가능성, 2015.10.30.

최근의 인공지능은 딥러닝 기반의 인공지능이 가장 많이 연구가 진행되고 있으며, 이 중에서 중요한 5가지 인공지능 알고리즘의 특징은 다음과 같다.

〈표 6-2〉 인공지능 알고리즘의 종류

인공지능 알고리즘 종류	특징 및 의미
생성적 적대 신경망 (Generative Adversarial Networks)	- 적대적으로 경쟁하는 생성기와 판별기를 통해 진본 데이터와 매우 유사한 위조 데이터 생성 - 현실에 없는 새로운 데이터 생성, 새로운 형태로 데이터 변환, 데이터 품질 향상 등 새로운 기회 가능성 제시
심층강화학습 (Deep Reinforcement Learning)	- 복잡한 실제 환경에서 반복적인 경험(데이터)의 시행착오를 통해 최적의 학습모델을 스스로 발전시킴 - 지금까지 PC 안에서 이뤄졌던 인공지능을 현실 세계의 다양한 객체에 적용하기 시작한 계기이며, 감각기관의 확장을 가져옴
전이학습 (Transfer Learning)	- 학습 데이터 확보가 현실적으로 어려운 분야에서 기존에 학습이 완료된 모델의 일부를 재사용하여 학습시간을 단축하고 성능 보장 - AI 알고리즘이 인간과 같이 학습효과를 가지고 발전 가능성 제시
설명가능 인공지능 (Explainable AI)	- 기존 설명력이 높은 알고리즘 일부를 활용하거나 개선하여 학습모델이 도출한 결과의 근거 제공 - AI 알고리즘 사용 시 법과 제도적 문제로 인해 비즈니스 활용범위의 한계를 극복할 가능성 제시
캡슐망 (Capsule Networks)	- 외부세계를 인식하는 과정이 3차원적 벡터 방식의 인간 두뇌 인식 과정과 유사하게 알고리즘 구조 설계 - 현재 연구 초기 단계이나 보다 범용적인 알고리즘 혁신을 이끌 차세대 AI 알고리즘으로 주목

*자료원: 이승민, 딥러닝 이후, AI 알고리즘 트렌드, ETRI Insight Report 2018-10

1.4 인공지능 비즈니스 모델

인공지능은 생산 및 제조업 분야를 포함한 산업 전반에 많은 변화를 줄 것으로 예상한다. 특히 제조 및 생산, 판매 및 마케팅, 유통 등 기업의 의사결정에 인공지능 기반의 빅데이터 분석 기법이 도입되면서 다양한 비즈니스 모델이 등장하고 있으며, 이를 통해 기업의 다양한 비즈니스 모델 변화를 촉발할 것으로 보인다.

기존의 빅데이터로 촉발된 전자상거래 시장의 비즈니스 모델 변화에 인공지능 기법이 도입되면서 더욱더 정밀한 고객 분류와 고객 취향 맞춤 서비스 및 개인화된 서비스를 제공할 수 있게 되었다.

현재 인공지능의 대표적인 비즈니스 모델은 다음과 같다.

〈표 6-3〉 인공지능 활용 사례

분야	사례
전자상거래	- 가격 책정, 재고 관리, 상품 관리, 물류 관리(아마존, 이베이, 월마트 등) - 개인 맞춤화(상품 추천), 선제적 타겟팅(아마존, 이베이) - 시스템 및 설비 관리, 디자인, 고객서비스(알리바바, 알리익스프레스, SSG 닷컴 등)
의료 및 헬스케어	- 질병 치료에 인공지능을 도입하여 진단을 보조함. 진료데이터, 영상정보, 임상데이터를 분석하여 발병률과 최적의 치료법을 제시(뷰노, 루닛) - 인공지능이 개인의 신체 정보 및 생활패턴 등을 분석하여 심혈관, 당뇨, 6대 암 등 성인병에 걸릴 확률을 예측(셀바스AI, 네오팩트)
제조	- 인공지능이 축적된 제조공정 데이터를 분석하여 설비의 이상을 감지하고 머신러닝 기법으로 불량제품 검사를 시행함. 생산 최적화가 가능해짐(포스코, 수아랩)
물류	- 인공지능과 센서를 이용하여 혼잡 시점과 혼잡 구역을 예측하고 배송지에 따른 최적 적재 경로를 안내(CJ대한통운, 삼성SDS) - 물류(풀필먼트) 센터를 통한 상품의 입고, 재고, 분류, 배송, 반품 및 사후 처리 수행(징둥닷컴, 이베이코리아, 쿠팡, 이마트 등)
마케팅	- 마케팅의 개인화, 자동화, 실시간화를 가능하게 하여 개인맞춤형 서비스를 제공하고, 잠재고객을 확보함(네이버, 롯데백화점)
전문서비스	- 전문 법률 및 금융지식을 검색해주거나, 직접 보고서를 작성하여 제공(헬프미, 카카오)

*자료원: 심혜정, 김건우, 우리기업의 인공지능을 활용한 비즈니스 모델, IIT Trade Focus, 2018.03.을 일부 수정 및 보완

위에서 열거한 분야 외에도 다양한 분야에서 인공지능을 활용하고 있다. 앞으로 미래의 전자상거래 시장은 빅데이터와 인공지능의 활용과 더불어 AR/VR 등의 기법이 도입되면 전자상거래 시장의 비즈니스 모델에도 큰 변화가 생길 것으로 전망된다.

2. 인공지능 전략과 활용

2.1 미래사회 인공지능의 역할

4차 산업혁명 시대의 핵심기술은 인공지능이다. 이러한 인공지능은 산업에 영향을 미칠 뿐만 아니라 우리의 경제, 사회에도 많은 영향을 미치고 있다. 이제 인공지능은 막연한 미래의 기술이 아니라 미래를 선도하는 실질적인 기술로 거듭나고 있다.

인공지능의 등장으로 사회적으로 많은 변화가 일어날 것으로 보인다. 앞서 살펴본 바와 같이 의료 및 헬스케어 분야에 인공지능이 도입되면 인공지능을 통해 환자를 진료 및 치료(수술)하는 결정을 내릴 수 있다. 현재 IBM의 왓슨 포 온콜로지(Watson for Oncology)는 의료용 인공지능 클라우드 기반의 플랫폼이다. 예를 들어, 암 환자의 데이터를 입력하면, 다양한 임상 사례, 의료기관의 문헌, 290종의 의학저널, 200종의 교과서, 1,200만에 달하는 전문자료 등을 통해 치료 방법을 강력추천, 추천, 비추천의 3가지로 제시하고 있다.

인공지능이 회계의 업무에 도입되면, 94% 정도가 인공지능 시스템으로 대체될 것으로 보인다는 연구 결과도 있다. 회계사의 업무는 일반적으로 세무서비스, 경영컨설팅, 회계감사로 분류할 수 있으며, 이 중에서 경영컨설팅과 회계감사의 경우는 반복적 업무와 비반복적 업무로 분류할 수 있다. 반복적인 업무인 세무서비스와 경영컨설팅과 회계감사의 반복적인 업무는 인공지능으로 대체할 수 있지만, 경영컨설팅의 비반복적인 업무(경영전략 수립, HR 등), 회계감사의 비반복적 업무(내부통제제도 평가, 감사계획 수립 등)는 대체가 어려울 수도 있다. 그러나 기법이 점점 더 고도화된다면 비반복적인 업무도 대체가 가능할 수도 있다.

인공지능의 역할은 다음과 같다.

첫째, 인공지능은 단순한 생산성의 강화가 아니라 생산의 새로운 인자로 자리매김을 하고 있다. 또한, 인공지능은 선진국에서는 경제성장률을 2배 이상으로 끌어올릴 수 있는 원동력으로, 2035년까지 노동생산성을 30% 이상 향상할 것으로 예상된다.

둘째, 인공지능은 세상을 바꿀 수 있는 파괴적인 기술로, 전통적인 일자리는 감소할 수 있다. 그러나 인공지능의 발전으로 인해 새롭게 부상하는 분야가 바로 소프트웨어(SW)이다. 향후 SW 관련 일자리는 더 늘어날 것으로 예상된다.

셋째, 이제는 사람(인간)과 인공지능의 협력이 필요한 시대이다. 인간을 대체하여 기계(로봇)가 모든 업무를 세분하여 수행할 수가 있고, 사람과 기계 간의 시분할이 가능하게 된다. 즉, 기계의 도움으로 사람이 혼자서 하지 못했던 업무적인 성취를 이룰 수 있다.

예를 들어, 로봇 주변에 센서를 설치하고 인공지능 알고리즘을 통해 로봇 주변에서 발생할 수 있는 다양한 상황 변화를 인지하여 반응하게 하고, 인간과 로봇이 함께 작업을 수행할 수 있다.

[그림 6-5] BMW의 협업 사례(https://youtu.be/OxNC8yvsZ6s)

독일의 BMW 딩골핑(Dingolfing) 공장의 트랜스미션 조립 작업자는 쿠가(Kuka)라는 로봇 팔과 협업을 한다. 작업자가 기어 케이싱 내부에 베어링을 끼워 놓으면 로봇 팔은 5.5kg 무게의 기어를 케이싱 안에 놓는다. 이후 작업자가 케이싱 뚜껑을 닫으면 조립이 완성된다. 간단한 것 같지만, 작업자와 로봇이 함께 조립 능률을 높인 사례로 볼 수 있다.[1]

1) http://news.samsungdisplay.com/14255

2.2 인공지능 활용

현재 인공지능은 과학적 연구 외에도 헬스케어, 제조, 소매, 스포츠 등 다양한 분야에서 활용되고 있다.

인공지능은 실시간 처리가 가능하여 언론사보다 빠르게 기사를 송고할 수 있다. 이미 미국에서는 인공지능이 지진 관련 기사를 가장 먼저 발표한 사례가 있으며, 거의 실시간으로 운동경기 기사를 전달하고 있다.

2016년 5월 미국에서는 인공지능 변호사 'ROSS'가 등장했고, 불과 2년 뒤인 2018년 2월, 국내에서 첫 인공지능 변호사 '유렉스'가 등장했다. 유렉스는 그동안 변호사 여러 명이 수일에서 몇 달씩 작업하던 관련 법 조항 검토 및 판례 분석 등의 업무를 20~30초 만에 수행하고 있다. 2016년에는 인공지능이 쓴《컴퓨터가 소설 쓰는 날》이라는 소설이 문학상 1차 심사에 통과하는 등 예술의 영역에서도 활용되고 있다. 소설이나 시를 쓸 뿐만 아니라 그림을 그리고, 작곡하는 등 그 적용 범위가 급속도로 확대되고 있다.

인공지능을 통해 맞춤 의료와 X-ray 판독을 할 수 있으며, 약을 먹을 시간을 알려주거나 건강한 식습관 유지를 지원하기 위한 운동이나 건강 등을 체크할 수 있도록 지원하는 역할을 수행할 수도 있다.

인공지능은 고도의 경영활동에도 활용되고 있다. 다양한 정보를 이용하여 의사결정을 정확히 할 수 있고, 향후 최고경영자의 의사결정에도 영향을 미칠 것이다. 미국의 경우 주식투자의 70%를 인공지능 기술을 도입한 투자 시스템이 장악하고 있으며, 투자 전문가보다 우수한 실적을 내고 있다.

또한, 소비자들의 구매 결정 과정을 도와줄 수 있도록 상품 추천 시스템을 제공하고 이를 통해 판매자들은 재고관리 시스템과 웹사이트의 레이아웃 등에 인공지능을 적용할 수도 있다.

인공지능은 대표적인 융합기술로써 사회, 경제, 문화 등 다양한 분야에 적용할 수 있으므로 제4차 산업혁명을 위한 기반기술로 주목받고 있다. 현재 빅데이터와 연동되어 업무 수행에 활용되고 있으며, 자율 주행 자동차와 드론 그리고 지능로봇 등에도 적용될 것이다(노규성 외, 2019).

해외기업의 인공지능 기술 활용 사례는 다음과 같다.

〈표 6-4〉 해외기업 AI 기술 활용

기업	활동
아마존 (음성인식+물류)	• 음성인식 AI 플랫폼 알렉사를 적용한 기기 'Echo'로 시장 확대 • 알렉사 적용 범위 확장 온라인(온라인 쇼핑, 사물인터넷, 자율주행자동차 등), 포드와 협력해 알렉사의 음성인식 서비스 제공 • 알렉사 스킬 활용 서비스 1만 개를 돌파하여 거대 '아마존 AI 생태계' 구축 중 • 미국 물류창고 20곳 45,000만대의 로봇이 임무 수행 • 딥러닝을 활용한 계산대 없는 매장 '아마존고' 운영
구글 (자율주행+ 헬스케어+ 알파고 AI 로봇+ 스마트홈)	• Deep Mind 등 총 9개 인공지능 관련 기업 인수 • JF Hinton AI 등 전문가 영입 • 세바스천 스런 교수팀과 크리스 엄슨 교수팀 등 자율주행자동차 전문가 영입 • 알파고와 같은 AI 로봇 개발 중 • 스마트홈 서비스를 제공하는 음성인식 AI 기기인 구글 홈 공개 • AI 기술이 적용된 모바일 메시지 앱 '알로 와' 모바일 영상통화 앱 '듀오' 공개 • AI 서비스를 접목한 스마트폰 '픽셀' 공개 • Gmail에 기계학습을 적용한 자동답신 기능 제공 • 영국 국립보건의료서비스(NHS)에 등록된 160만 명 의료정보, AI에 학습
애플 (AI+스마트폰)	• 러스 살라쿠트디노프를 인공지능 책임자로 영입 • 머신러닝 벤처기업인 투리(Turi)와 AI 분야 스타트업 6개 인수 • AI 스타트업 래티스 데이터 인수, 의료 분야 사업 추진 • 음성인식 '시리 애플' 전 분야 활용 • AI 스피커 '홈팟' 소개
MS (의료+언어)	• 하노버 프로젝트 진행(종양의 상태 분석, 약물 치료 옵션 제공) • AI 자연어 처리 기술 '루이스' 활용 • 음성인식 코타나 기술 활용 및 안드로이드 iOS 등에 활용 모색 • AI 기상캐스터 샤오빙
IBM (왓슨+의료, 안내 로봇)	• IBM 왓슨을 이용한 지식산업 • 왓슨 기반 로봇 '코니(Connie)' 서비스(힐튼호텔) 안내 시작 • 왓슨 기반 로봇 '나오미(Nao-mi)' 한국에 처음 공개 • '메디컬 시브(seieve)' 의료용 알고리즘 개발 진행

*자료원: 이수상(2017), 이상길(2018)

국내기업의 인공지능 기술 활용 사례는 다음과 같다.

〈표 6-5〉 국내기업 AI 기술 활용

기업	활동
삼성전자 (스마트폰+가전+ 의료기기+금융)	• AI 벤처기업 비브랩스 인수 • AI 연구 인텔리전스 팀 구축 • AI 서비스 '빅스비 갤럭시' 시리즈 접목 • 스마트 냉장고 패밀리 허브 2.0 발표 및 모든 가전에 빅스비 도입 추진 • 스마트폰 냉장고 서비스, TV, AI를 접목하는 AI 생태계 구축 계획 • AI가 접목된 의료기기 시장 진출 추진 • 빅스비를 이용한 은행 서비스 시작
KT (AI 플랫폼)	• 인공지능 기가지니(GiGA Genie) 활용 • 기가지니 사업단 출범 • 기가지니 금융서비스 개발 • 기가지니 스피커 판매
SKT (스피커+T맵+ 의료)	• CEO AI 직속의 사업단 신설 • AI 플랫폼 누구를 적용한 스피커 출시 • 누구 기반 스마트홈 서비스 제공 추진 • 누구에 왓슨 기반 영어 대화 기능 추가 • T맵에 음성인식 AI 서비스 도입 • 음성과 영상 인식 결합한 인공지능 서비스 로봇(탁상형, 소셜봇, 토이봇, 펫봇 등) 공개 • 고려대병원과 협력 지능형 병원 설립 및 의사 처방과 진단 내용 수집
네이버 (AI 플랫폼)	• 인공지능 개발 사내조직 '제이(J)팀' 편성 • 미국 제록스의 AI 연구소 '제록스리서치센터유럽(XRCE)' 인수 계획 발표 • AI 플랫폼 클로바를 적용한 스마트폰 앱 '네이버-클로바' 공개

*자료원: 이수상(2017), 이상길(2018)

위와 같이 국내 · 외 기업들은 앞다투어 인공지능 서비스 개발에 박차를 가하고 있다. 대기업 외에도 중소기업에서도 인공지능을 접목한 다양한 기술과 서비스를 개발하고 있다.

2.3 인공지능 활용 전자상거래와 사례 분석

인공지능은 전자상거래 분야에서 다양하게 활용되고 있다. 아마존은 인공지능을 활용해 소비자 행동과 리뷰에 기반하여 상품과 서비스를 추천하고, 상품의 이동 경로를 최적화하며, 무인 매장 '아마존고'를 운영하고 있다. 샘스클럽도 무인 매장인 '샘스클럽 나우'를 운영하는 데 인공지능을 활용하고 있다. SSG닷컴은 인공지능 기반의 챗봇 서비스를 활용해 24시간 고객 응대 시스템을 구축하였고, 이베이코리아는 인공지능을 활용하여 고객에게 맞는 고객 맞춤형 서비스를 제공하고 있다. 네이버는 개인의 관심사, 선호도에 따라 쇼핑을 할 수 있도록 지원하는 인공지능 시스템 '포유(FOR YOU)'를 개발하였고, 현대홈쇼핑은 인공지능을 기반으로 상품을 가상으로 집이나 사무실 등에 배치한 후 구매할 수 있는 서비스를 지원하고 있다. 중국의 알리바바는 인공지능을 활용해 가상현실 속에서 백화점 매장을 돌아다니면서 체험해 볼 수 있는 서비스를 제공하고 있다. 쿠팡은 익일 배송을 위해 재고를 실시간으로 파악하고 최적의 동선으로 배송하기 위해 빅데이터와 인공지능을 활용하고 있다. 인공지능 플랫폼이 확대되면서 인공지능 스피커를 활용한 전자상거래도 활발해지고 있다. 앞서 언급한 인공지능을 전자상거래에 활용한 사례의 자세한 내용은 다음과 같다.

인공지능을 전자상거래 분야에서 활용한 대표적인 기업이 있다. 바로 아마존이다. 아마존의 경우는 1995년부터 서적 추천 시스템(엔진)을 시작으로 인공지능 서비스를 시작하였다. 소비자(사용자) 행동 및 평가(리뷰)에 기반한 상품추천시스템으로 1999년에는 매출의 35%가 상품추천시스템으로부터 발생하였다.

2011년부터는 텍스트, 음악, 영상 등의 다양한 콘텐츠 매칭 및 검색 서비스를 통해 서비스를 제공하고 있다. 2014년부터는 상품의 이동 경로 계산과 최적화에 머신러닝을 활용하여 물류의 순환 속도를 15분 단축하고, 재고 공간을 50% 늘렸다. 이를 통해 운영비용은 20% 감소하였다.[2)]

2016년에는 무인 매장인 아마존고(Amazon GO)를 오픈하였다. 물론 일반인들을 대상으로 한 것이 아니라 직원들을 대상으로 1년 넘게 시험 운영을 하였다. 이후 2018년 1월에 정식으로 오픈하여 일반인을 대상으로 영업하고 있다.

아마존고는 시애틀(4개), 시카고(3개), 샌프란시스코(2개)에 9개의 매장을 운영중(시카고와 뉴욕에 1개 매장 추가 예정)이다. 1년 동안 고객의 행태, 기술 활용, 매장관리 등 다양한 테스트 등을 통해 데이터를 확보하고 이를 통해 분석을 수행하고 그 결과를 토대로 다양한 형태의 서비스를 계획 중이다.

2) http://www.sporbiz.co.kr/news/articleView.html?idxno=279869

[그림 6-6] 아마존고(https://youtu.be/DWlgpxnW1ys)

또한, 샘스클럽도 댈러스에 무인 매장인 샘스클럽 나우(Sam's Club Now)를 오픈하였다. 아마존고와 동일하게 매장에 700대의 카메라를 설치하고, 고객의 행동과 움직임을 포착하고, 상품 선택 등의 다양한 정보를 파악하고 자동 결제가 이루어지도록 하고 있다.

[그림 6-7] 샘스클럽 나우(https://youtu.be/VaiepjF6iZI)

SSG닷컴은 인공지능 기반의 챗봇 서비스를 활용해 24시간 고객 응대 시스템을 구축했다. SSG닷컴의 챗봇은 제품 배송, 취소, 환불, 이벤트 공지, 교환 및 반품,

회원 정보 관리, 쇼핑통장(고객포인트 및 적립금, 영수증 관리) 등의 서비스를 제공한다.

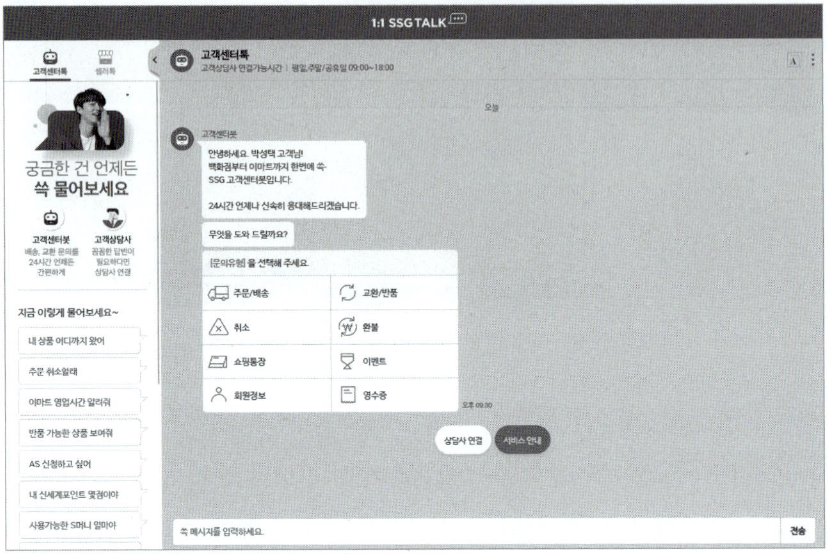

[그림 6-8] SSG TALK(http://talk.ssg.com)

SSG닷컴의 챗봇은 "내 상품이 어디까지 왔어?", "주문을 취소할래"와 같은 고객의 다양한 명령을 이해하고 처리해 준다. 고객 상담 챗봇이 업무처리를 하여 상담원의 부담을 줄여주어, 상담원들은 보다 심도 있는 고객 문의에 집중할 수 있게 되었다(노규성 외, 2019).

이베이코리아는 인공지능 기술을 쇼핑에 적용하고 있다. 1년이라는 기간 동안 이베이에서 판매가 되는 상품들의 정보에 대한 구조화 작업과 함께 고객들의 행동 패턴과 쇼핑 패턴들을 데이터베이스로 구축하였다.

2017년부터 옥션과 G마켓은 매일 약 200개씩 제공되는 상품들을 클러스터링(Clustering) 기법을 활용한 분석을 통해 고객에게 맞는 맞춤형 서비스를 제공하기 시작했다. G마켓의 특가상품 판매 이벤트 '슈퍼딜'과 옥션의 '올킬'이 바로 이를 통해 나온 서비스이다.

올킬과 슈퍼딜은 모두 인공지능이라는 기술을 활용하여 쇼핑몰 상단에 노출되는 딜(특가상품) 순서를 고객의 구매 패턴에 따라 서로 다르게 보여줄 수 있는 고객 맞춤형 서비스이다. 이베이코리아는 올킬과 슈퍼딜 이벤트를 통해 2017년 연간 거래액이 1조 원을 넘기는 성공을 거두었다.[3)]

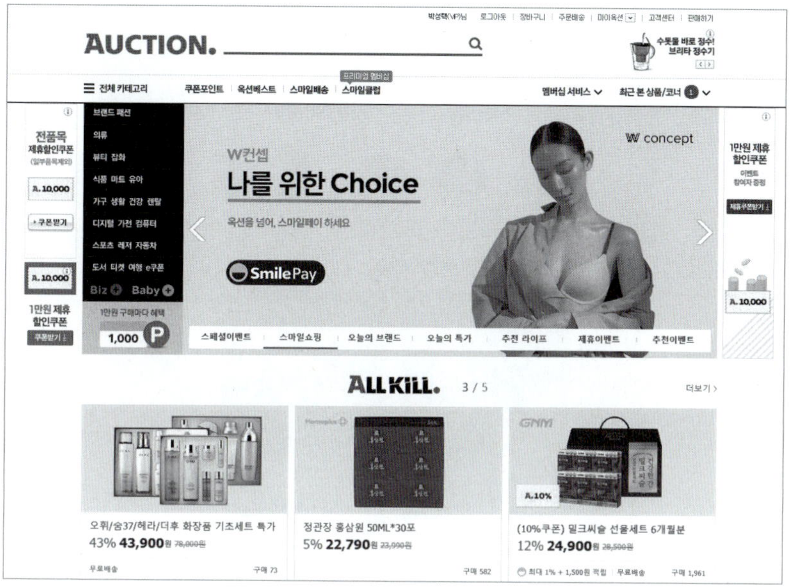

[그림 6-9] 옥션 올킬 서비스

네이버는 인공지능 시스템을 활용한 ‘포유(FOR YOU)’를 신설하였다. 포유는 개인의 관심사, 선호도에 따라 쇼핑할 수 있도록 지원해 준다.

네이버 검색 화면에서 상품을 검색하면, 네이버는 ‘전체상품’ 영역을 먼저 보여주는데, 포유는 전체 상품 옆에 추가로 신설되는 영역이다. 사용자의 로그인 내역을 기반으로 선호할 만한 상점과 상품을 인공지능에 기반한 상품추천시스템인 에이아이템즈(AiTEMS)를 활용해서 추천해 주고 있다. 데이터가 많이 축적되어 있을수록 개인에게 맞는 맞춤형 쇼핑 결과를 받을 수 있다. 포유 영역은 ‘패션 의류 및 잡화’ 카테고리 내에서 일부 품목만 적용되고 있다. 적용 품목에는 원피스, 코트, 롱패딩, 가디건 등이 있으며, 최근에 네이버 쇼핑 이력이 많은 사용자를 대상으로 노출된다.[4)]

3) http://www.econovill.com/news/articleView.html?idxno=334065
4) https://www.bloter.net/archives/328723

[그림 6-10] 네이버 포유

현대홈쇼핑은 홈쇼핑 채널을 통해 판매하는 상품들을 미리 가상으로 집이나 사무실 등에 배치해본 뒤에 상품을 구매할 수 있다.

현대홈쇼핑은 증강현실(AR)[5] 기술을 활용한 '증강현실 쇼룸' 서비스를 T-커머스에 도입하였다. 쇼룸 서비스는 홈쇼핑에서 판매 중인 상품들을 고객들이 구매 전에 미리 TV와 스마트폰에서 3차원 화면의 구현을 통해 원하는 위치나 장소에 배치하거나 입어볼 수 있도록 해준다.

쇼룸

쇼룸 서비스는 쇼룸 앱을 설치한 후에 사용할 수 있다. 또한, 홈쇼핑 채널을 통해 방송 중인 상품들이 스마트폰에서 증강현실로 구현되면, 고객들은 인테리어, 스타일링을 해볼 수 있다는 장점이 있다.[6]

5) 증강현실이란 현실의 이미지나 배경에 3차원의 가상 이미지를 겹쳐 하나의 영상으로 보여주는 기술

6) https://www.mk.co.kr/news/business/view/2019/03/188891

[그림 6-11] 현대홈쇼핑 쇼룸 서비스

중국의 알리바바는 2017년부터 가상현실(VR)을 이용한 '바이플러스'라는 쇼핑 체험 서비스를 제공하고 있다. 머리에 VR 기기를 쓰고, 가상현실 속의 백화점 매장을 직접 돌아다니면서 실제 쇼핑하듯이 옷을 고를 수 있다는 장점이 있다.

기존의 온라인 디스플레이에서는 2차원의 사진만 가능했지만, 가상현실을 통해 상품을 360도 회전하여 다양한 각도에서 살펴볼 수 있다는 장점이 있다. 또한, 상품을 만지면 가격, 브랜드 등의 다양한 정보가 제공된다.

쿠팡은 주문한 다음 날 배송을 해주는 로켓배송을 실현하기 위해 수백만 가지가 넘는 상품의 재고 유무를 실시간으로 파악하는 기술과 최적의 동선으로 상품들을 배송하는 물류 기술 등을 바탕으로 서비스를 구현하는 데 있어서 빅데이터와 인공지능을 활용하고 있다.[7]

2.4 음성인식 인공지능을 활용한 전자상거래 사례

음성인식

인공지능 알고리즘

전자상거래 기업들은 인공지능 플랫폼을 통해 축적 및 구축된 고객(소비자) 데이터베이스를 타깃 마케팅 도구로 사용하고 있다. 즉, 인공지능 알고리즘에 기반한 상품 추천 서비스 및 시스템을 전자상거래 기업들이 마케팅에 활용하고 있다. 아마존

7) http://www.mediasr.co.kr

의 경우는 이미 에코(Echo)에 음성 주문 기능을 추가하였다.

아마존 에코 구글 홈

[그림 6-12] 아마존 에코와 구글 홈

구글은 월마트, 이베이 등의 글로벌 소매 온라인 기업들과의 제휴를 통해 구글 홈(Home)에 전자상거래 기능을 추가하여 서비스 차별화를 강화하고 있다(박태형, 2019).

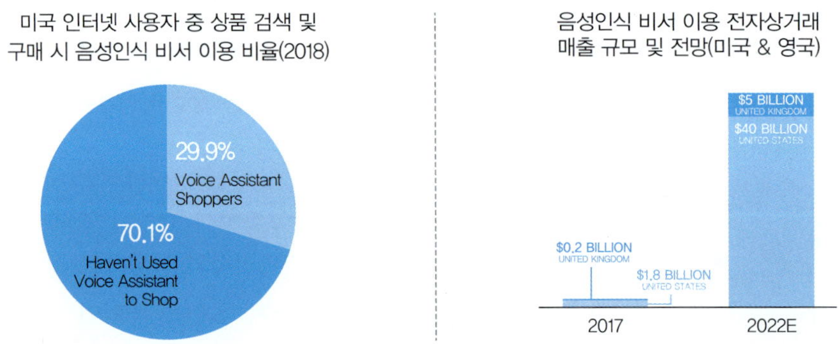

[그림 6-13] 음성인식 인공지능을 이용한 상품 검색 및 전자상거래 매출(RichRelevance, 2018; OC&C, 2018)

2018년에 미국의 인터넷 사용자 중에서 상품 검색 및 구매 시 음성인식 비서를 이용한 비율이 29.9%로 나타났다. 또한, 음성인식 비서를 이용한 전자상거래 매출 규모도 2017년 18억 달러에서 2022년에는 400억 달러로 높아질 것으로 전망된다.

가트너 그룹은 2020년까지 전자상거래 기업 중에서 최소 60%가 인공지능을 사용할 것으로 보이며, 전자상거래 매출의 30%는 인공지능의 기술에 힘입어 성장할 것으로 전망하고 있다.[8]

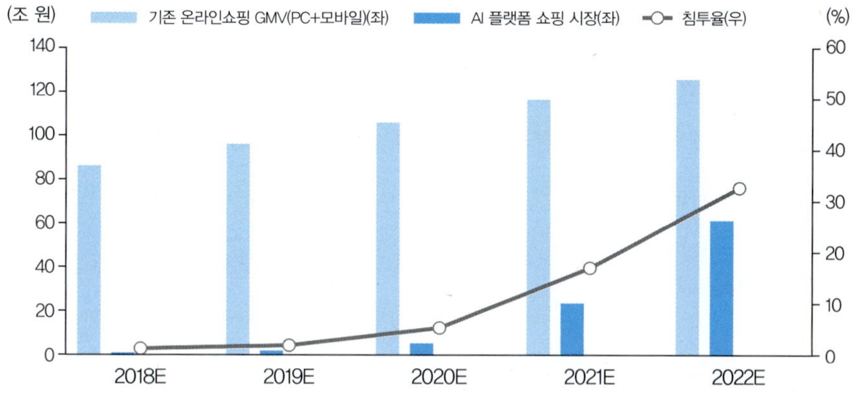

[그림 6-14] 국내 e-커머스 시장 내 AI 플랫폼 쇼핑의 침투율(Penetration) 전망 추이(흥국증권(2018.3.), "AI 플랫폼 : 4차 산업혁명의 서막")

'18년~'22년 국내 e-커머스 시장의 연평균성장률을 10%라 가정하고 AI 플랫폼 쇼핑의 침투율을 과거 모바일 쇼핑 시장 도입 초기와 동일한 수준으로 가정할 경우, 국내 AI 플랫폼 쇼핑 시장은 '18년 1조 원에서 '22년 61.7조 원 수준까지 확대될 것으로 전망된다(이경일, 2018).

인공지능 플랫폼이 확대되면서 기존의 문자에 기반한 검색이 줄어드는 대신에 음성 검색을 통한 검색이 증가하기 시작하면서 검색 광고 시장에서도 인공지능을 활용하는 비중이 높아질 것으로 보인다. 특히, 스마트 스피커, 스마트 홈 등 소비자(고객)들이 쉽고, 자연스럽게 경험해 볼 수 있는 경로가 늘어남에 따라 전자상거래 시장에 새로운 마케팅 기회가 생길 것으로 보인다(박철현, 2018). 국내 검색 광고 시장은 2018년 2.2조 원에서 2022년 2.6조 원으로 증가할 것으로 예상되며, 이 중에서 음성인식에 기반한 인공지능 플랫폼을 통한 검색 광고 비중은 2018년 3%에서 2022년 26%까지 증가할 것으로 전망된다(박태형, 2019).

인공지능 플랫폼

8) http://www.zdnet.co.kr/view/?no=20181015082417

참·고·문·헌

이상길, 국내 · 외 AI활용 현황과 공공 적용, 정보통신기술진흥센터, 2018.12.07

이수상, 인공지능 양대 산맥인 IBM과 구글, KEIT, 2017.03

노규성 외, 4차산업혁명시대의 경영정보시스템, 광문각, 2019

노규성 외, 디지털트랜스포메이션시대의 전자상거래, 생능, 2019

박성택, 신기술 · 신산업 혁신성장을 위한 규제혁신 및 시장지원 방안 연구, 4차산업혁명위원회, 2018

4차산업혁명위원회 홈페이지

박태형, 인공지능을 활용한 스마트 스피커 및 전자상거래 동향, 소프트웨어정책연구소, https://spri.kr/posts/view/22598?code=industry_trend, 2019.03.22.

박철현, 2019년 디지털 마케팅 키워드 '5G · AI · 숏폼 동영상 · 음성 검색 · VRAR', http://it.chosun.com/site/data/html_dir/2018/12/28/2018122800737.html, 2018.12.28

이경일, AI 플랫폼: 4차 산업혁명의 서막, 흥국증권(흥국 인터넷,소프트웨어), 2018.03.27.

연·습·문·제

1. 인공지능의 발전 방향에 대하여 설명하라.

2. 인공지능의 역할에 따라 어떻게 분류할 수 있는지 설명하라.

3. 인공지능을 구현하기 위해 활용되는 기술에 어떤 것이 있는지 설명하라.

4. 미래사회에 인공지능이 어떠한 역할을 할 것인지 설명하라.

5. 음성인식 인공지능이 전자상거래에 어떠한 영향을 미치는지에 대해 설명하라.

6. 전자상거래 영역에서 인공지능을 활용한 최근 사례를 조사해 보자.

7. 인공지능을 활용한 최근 사례를 조사해 보자.

8. 인공지능 비즈니스 모델의 최근 사례를 조사해 보자.

7 CHAPTER

메타버스 기반 전자상거래

인공지능(AI), AR/VR, 3차원(3D) 등의 기술들이 현실 공간과 결합하여 제공하는 메타버스 시대가 도래하고 있다. 또한, 교육, 콘텐츠, 쇼핑 등의 다양한 분야에서 메타버스 기반 서비스가 등장하고 있으며, 스마트폰처럼 우리의 일상생활에 스며들 것으로 예상된다. 이 장에서는 메타버스가 무엇이며, 전자상거래에 미치는 영향과 이를 어떻게 전략적으로 활용할 것인지에 대해 살펴보고자 한다.

1. 메타버스 개요
2. 메타버스 비즈니스 모델
3. 메타버스 전자상거래

1. 메타버스 개요

인공지능과 AR · VR 기술의 발달, 5G의 보편화 등으로 온라인 공간에서 오프라인과 같은 유사한 경험을 하고자 하는 사람들의 수요가 증가하면서 현실과 가상의 경계를 넘어 새로운 경험을 할 수 있는 메타버스가 주목받고 있다. 우리는 영화 〈매트릭스(1999)〉나 〈레디 플레이어 원(2018)〉에서 가상세계에 기반하지만, 실제 현실을 표현하는 메타버스 공간에서 온라인과 오프라인을 넘나드는 환상적인 경험을 하게 된다.

메타버스(metaverse)
메타(meta)
유니버스(universe)

최근 메타버스를 활용한 비즈니스 영역과 시장 규모가 증가하고 있다. 글로벌 시장조사 기관 리포트앤드데이터(Reports and Data)는 전 세계 메타버스 시장 규모가 2020년 481억 2,000만 달러(약 58조 원)에서 오는 2028년 8,723억 5,000만 달러(약 1,047조 원)로 증가할 것으로 예측했다.

글로벌 컨설팅기업 프라이스워터하우스쿠퍼스(PwC)는 메타버스의 핵심 영역인 증강현실과 가상현실세계 시장 규모가 2019년 455억 달러(약 54조 6,000억 원)에서 2030년 1조 5,429억 달러까지 커질 것으로 전망했다. 일자리도 올해 262만 명 규모에서 2030년에는 2,336만 명까지 확대될 것으로 내다봤다. 글로벌 시장조사업체 스트래티지 애널리틱스 역시 전 세계 메타버스 시장 규모가 2025년 2,800억 달러(약 336조 원)에 이를 것으로 예상했다.

1.1 메타버스 개념

메타버스(metaverse)는 초월, 가상을 의미하는 '**메타(meta)**'와 세계, 우주를 뜻하는 '**유니버스(universe)**'의 합성어이다. 이는 1992년 닐 스티븐슨의 공상 과학(SF) 소설인 《스노우 크래시(Snow Crash)》에 최초로 등장한 개념으로 '가상세계의 대체어로, 컴퓨터 기술을 통해 3차원으로 구현한 상상'의 공간으로 정의했다. 이후 연구자와 연구기관에서 메타버스에 대한 다양한 정의를 제시하였다(<표 7-1> 참조). 최근에는 김상균이 '아날로그 세상에서 채우기 부족한 욕구를 채우기 위해 일상이 디지털 세계로 이동, 확장되고 있는 모든 현상'으로 정의하였다. 하지만 메타버스는 2007년 미국 미래가속화연구재단(ASF)이 정의한 '물리세계와 가상세계가 융합 · 교차 · 결합하는 공간'으로 통용되고 있다.

<표 7-1> 메타버스의 다양한 정의

기관/학자	정의
닐 스티븐슨의 소설 《스노우 크래시》(1992)	가상세계의 대체어로 컴퓨터 기술을 통해 3차원으로 구현한 상상의 공간
손강민 외(2006)	모든 사람이 아바타를 이용하여 사회, 경제, 문화적 활동을 하게 되는 가상의 세계
미래가속화연구재단 (ASF)(2007)	물리세계와 가상세계가 융합 · 교차 · 결합하는 공간
류철균 · 안진경(2007)	생활형 가상세계 혹은 실생활과 같이 사회, 경제적 기회가 주어지는 가상현실 공간
서성은(2008)	단순한 3차원 가상공간이 아니라 가상공간과 현실이 적극적으로 상호작용하는 공간이며 방식 그 자체
미국전기전자학회 (IEEE)(2013)	가상으로 정의된 시간에 존재하는 객체, 거주자 및 관계를 포함하는 가상 공간 환경
김상균(2020)	아날로그 세상에서 채우기 부족한 욕구를 채우기 위해 일상이 디지털 세계로 이동, 확장되고 있는 모든 현상

*자료원: 석왕헌, 2021 수정

린든랩(Linden Lab)이 개발하여 2003년 공개한 '세컨드라이프(Second Life)'는 가상현실 공간인 메타버스 개념을 구현하여 2000년대 중후반 대표적인 메타버스 서비스로 유행하였다. 세컨드라이프는 커뮤니티, 마케팅, 창작, 게임이 융합되며 기존 형태와 차별화된 서비스로 인식되었다. 아바타를 이용한 사교, 기업 마케팅, 정치인의 홍보, 원격 교육 등 사회 활동뿐만 아니라 현실 경제와 교환되는 '린든달러'를 활용한 경제 활동이 가능하였다.

하지만 세컨드라이프는 콘텐츠의 제한, PC에서 모바일로 추세 변화, 이를 뒷받침할 기술 수준의 한계 등으로 인해 쇠퇴하였다. 세컨드라이프의 일상적인 스토리텔링 콘텐츠는 사용자의 흥미를 지속해서 유발하지 못했으며, 콘텐츠도 부족했다. PC에서 모바일 시대로 변화하며 SNS 중심으로 소통하는 다양한 킬러서비스가 등장하였으나 이에 대응이 미흡했다. 스마트폰 초기의 낮은 성능, 작은 화면, 통신 수준의 기술적 제약 등으로 인해 양질의 메타버스 서비스 제공에 한계가 있었다.

그러나 최근 메타버스는 5G와 가상기술(AR, VR)을 토대로 여가 생활과 경제 활동을 하는 가상융합공간으로 부상하면서, 게임, SNS 등 기존 가상세계 활동을 넘어 온라인 경험이 현실세계의 경제, 사회, 문화 활동과 연결되는 개념으로 확장되고 있다. 특히 메타버스는 '현실을 투영한 가상공간'에서 '초연결, 초지능, 초실감이 융합되며 현실과 가상의 경계가 무너지는 초세계'로 진화하고 있다.

메타버스의 진화 과정을 보면 2010년 이전은 촉발 단계(trigger)로 현실과 유사한 경험을 공유하는 가상현실 게임이 등장하고 메타버스의 개념이 제시되는 시기였다. 이 당시 구글어스나 세컨드라이프가 메타버스를 주도하였다. 실감 기술의 발

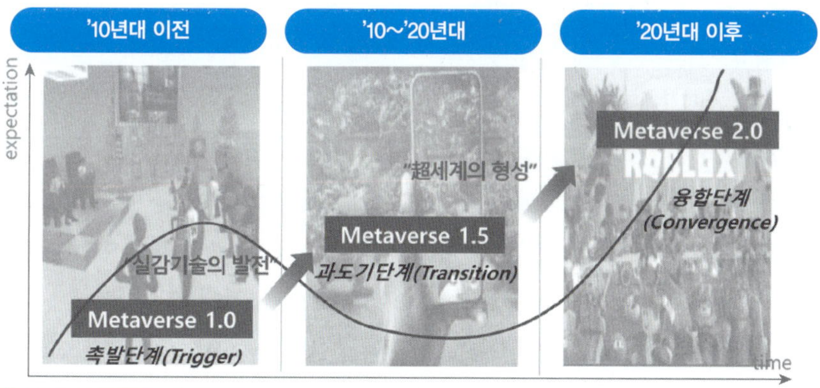

	'10년대 이전	'10~'20년대	'20년대 이후
정의	• 현실과 유사한 경험을 공유하는 가상현실 게임이 등장하고 메타버스의 개념 제시	• 실감형 기술 · 제품의 본격 개발 및 상용화를 통해 '현실-가상' 간 경험을 공유할 수 있는 생태계	• 현실과 융합된 가상세계가 AI, 실감기술, 네트워크와 결합하여 실시간성 · 지속성을 가지며 현실과 공존
제품 기술	• 가상 시뮬레이션 기술, 아바타 기술, 3D 기술	• 스마트폰 증강현실 기술, AR 기술, VR · XR헤드셋	• 5G/6G, 인공지능, IoT, 블록체인, 3D 가상세계
대표 사례	• 구글어스(구글) 세컨드라이프(린든랩)	• 포켓몬GO(나이앤틱), 신입직원 VR 교육(월마트)	• 제페토(네이버), 로블록스(로블록스), 이프랜드(SKT)

[그림 7-1] 메타버스의 진화 방향

*자료원: 이상준 · 김태순, 2021

전한 2010년에서 2020년 사이는 과도기 단계(transition)로 볼 수 있다. 이때 실감형 기술 및 제품이 본격적으로 개발되고 상용화되면서 '현실-가상' 간 경험을 공유할 수 있는 생태계가 조성되었다. 이 당시 세계적으로 유행했던 '포켓몬 GO' 열풍이나 월마트에서 신입직원을 대상으로 VR 교육을 진행한 사례가 대표적이다. 4차 산업혁명의 기반인 초연결, 초지능, 초실감 기술의 발전은 2020년대 이후 융합(convergence) 단계를 이끌었다. 현실과 융합된 가상세계가 AI, 실감 기술, 네트워크와 결합하여 실시간성, 지속성을 가지며 현실과 공존하는 시대가 되었다. 현재 로블록스, 제페토, 이프랜드 등의 플랫폼이 메타버스의 융합 단계를 주도하고 있다([그림 7-1] 참조).

1.2 메타버스의 유형

미래를 선도할 각종 기술에 관한 미래학 연구를 주도하고 있는 미국 미래가속화연구재단(Acceleration Studies Foundation, ASF)은 2006년 메타버스 로드맵 회담(Metaverse Roadmap Summit)을 개최하였고, 이후 2007년 '메타버스 로드맵'을 발표하였다.

[그림 7-2]는 두 가지 차원을 기준으로 네 가지 유형의 메타버스를 보여주고 있다. 우선 정보 활동(information activity)은 현실세계와 가상세계를 구성하는 근본적인 방식이며, 증강(augmentation)과 가상(simulation)으로 나뉜다. 현실세계의 모습에 데이터나 정보 요소를 증강하거나 현실의 모습을 볼 때 가상적으로 표현하는 가상의 방식이 메타버스의 외형을 만든다. 또 다른 한 축은 메타버스의 사용자 관점에서 메타버스의 환경과 그 속의 사물들과 상호작용하는 방식에 따라 내적(intimate) 혹은 외적(external)의 방향성을 따져 볼 수 있다. 상호작용의 목적이나 정보 활동의 주된 목표가 자기중심적인 내적 세계 지향성 또는 가상화된 대상에 초점을 둔 외적 세계 지향성에 따라 활동 노력이나 에너지의 투입 방식에 차이가 발생한다.

두 축의 조합으로 라이프로깅, 증강현실, 거울세계, 가상세계 등 네 가지 유형의 메타버스가 도출된다.

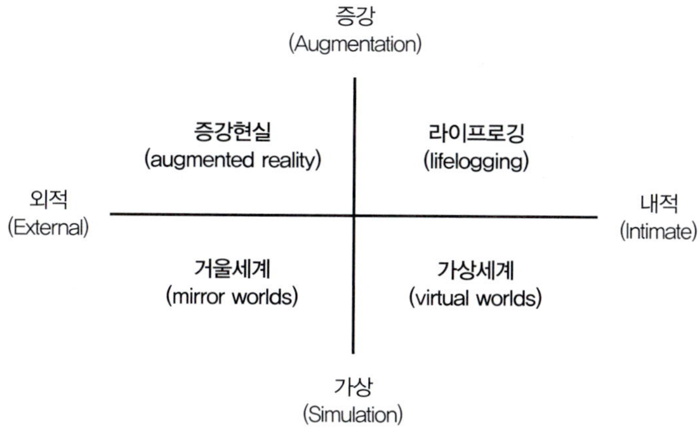

[그림 7-2] 메타버스의 분류

*자료원: ASF, 2007

라이프로깅(lifelogging)

라이프로깅(lifelogging)은 인간의 신체, 감정, 경험, 움직임과 같은 정보를 직접 또는 기기를 통해 기록하고 가상의 공간에 재현하는 활동으로 정의된다. 라이프로깅은 센서 · 카메라 · 소프트웨어 기술을 활용하여 사물과 사람의 정보를 기록 · 가공 · 재생산 · 공유하는 특징을 가진다. 애플워치나 갤럭시워치 등 스마트워치가 라이프로깅의 대표적인 예로, 걸음 수, 심장 박동 수, 맥박 등 개인의 일상 정보를 기록 · 분석한다.

증강현실(augmented reality)

증강현실(augmented reality)은 이용자가 일상에서 인식하는 물리적 환경에 가상의 사물, 인터페이스를 겹쳐 놓음으로써 만들어지는 혼합 현실을 말한다. 증강현실은 위치 기반 기술과 스마트기기를 활용해 스마트 환경이 구축되어 나타난다는 특징이 있다. 의류 판매점에서 사용하는 가상 피팅 서비스가 대표적인 예로, 고객들이 자신의 신체를 스캔하여 아바타를 생성하여 가상으로 옷이 어울리는지 여부를 판단할 수 있다.

거울세계(mirror worlds)

거울세계(mirror worlds)는 물리적 세계를 가능한 사실적으로 재현하되 추가 정보를 더한 '정보상으로 확장된(informationally enhanced)' 가상세계로 정의되며, 3차원 가상지도, 위치식별, 모델링, 생애 기록 기술 등을 활용한다는 특징을 가지고 있다. 구글에서 제공하는 지도 서비스인 구글 어스가 거울세계의 대표적인 예로, 위성 촬영 건물, 지형 데이터를 3D로 재현하여 실제 공간 지도로 제공한다.

가상세계(virtual worlds)

가상세계(virtual worlds)는 디지털 기술을 통해 현실의 경제 · 사회 · 정치적 세계를 확장해 유사하거나 혹은 대안적으로 구축한 세계를 말하며, 이용자의 자아가 투영된 아바타 간에 상호작용이 이루어진다는 특징이 있다. 세컨드라이프에서 아바타 간에 상호작용이 가능하고, 직접 건물이나 의상을 제작하여 판매하는 활동이 대표적인 예라고 할 수 있다.

〈표 7-2〉 메타버스의 유형별 정의 · 특징 · 활용 분야 · 사례

구분	라이프로깅	증강현실	거울세계	가상세계
개념 정의	인간의 신체, 감정, 경험, 움직임과 같은 정보를 직접 또는 기기를 통해 기록하고 가상의 공간에 재현하는 활동	이용자가 일상에서 인식하는 물리적 환경에 가상의 사물, 인터페이스를 겹쳐 놓음으로써 만들어지는 혼합 현실	물리적 세계를 가능한 사실적으로 재현하되 추가 정보를 더한 '정보적으로 확장된' 가상세계	디지털 기술을 통해 현실의 경제 · 사회 · 정치적 세계를 확장해 유사하거나 혹은 대안적으로 구축한 세계
특징	센서 · 카메라 · 소프트웨어 기술을 활용하여 사물과 사람의 정보 기록 · 가공 · 재생산 · 공유	위치 기반 기술과 스마트기기를 활용해 스마트 환경 구축	3차원 가상 지도, 위치 식별, 모델링, 생애기록 기술 활동	이용자의 자아가 투영된 아바타 간의 상호작용
활용 분야	웨어러블 디바이스, 지능형 CCTV	AR 글래스, 차량용 HUD, AR 원격 협업	지도 기반 서비스	온라인 멀티플레이어 게임, 소셜 가상세계
사례	스마트워치(애플, 삼성 등): 걸음 수, 심장 박동 수, 맥박 등 개인의 일상 정보를 기록 · 분석	가상피팅서비스(신세계백화점): 고객들이 자신의 신체를 스캔하여 아바타를 생성 및 가상 피팅	구글 어스(구글) 위성 촬영 건물, 지형 데이터를 3D로 재현하여 실제 공간 지도로 제공	세컨드라이프(린든랩): 가상세계에서 아바타 간 상호작용이 가능하고, 직접 건물, 의상 제작 · 판매

이상과 같이 분류된 메타버스 4가지 유형의 주요 내용을 정리하면 위 〈표 7-2〉와 같다. 그런데 각각의 유형은 각기 독립적으로 발전하다가 최근 상호 경계를 허물며 융 · 복합되는 형태로 변화 중이다(이승환, 2021). 메타버스 4가지 분류의 공통점은 가상의 공간과 현실의 공간 정보가 서로 교류하며 상호작용한다는 것이며, 최

근 디지털 기술의 발달과 서비스가 융합되면서 네 가지 분류 간의 구분이 점점 모호해지는 추세이다.

1.3. 메타버스의 특징

최근 국내외 전문가들은 메타버스의 특징을 언급하며 경제 · 사회 · 문화적 경험을 제공하는 가상세계로 정의하고 있다. 먼저 아마존(Amazon)의 디지털 기술 · 미디어 전문가인 매튜 볼(Matthew Ball)은 메타버스의 핵심 특성을 지속성, 확장된 경험, 완전히 기능하는 경제 등 7개로 정의하고 있다(〈표 7-3〉 참조). 지속성은 리셋(resets), 일시 정지(pauses), 종료(ends)가 없고, 무기한으로 지속하여야 한다. 둘째, 동기성 및 실시간성은 모든 사람을 위해 일관되게 실시간으로 존재하는 살아 있는 경험이어야 한다. 셋째, 동시 참여는 동시에 참여하는 데 실질적인 제한이 없고, 모든 사람이 메타버스의 일부가 되어 특정 이벤트, 장소, 활동에 함께 참여할

〈표 7-3〉 메타버스의 특징(매튜 볼)

구분	내용
지속성 (persistent)	이용자가 메타버스에 존재하지 않아도 중단되거나 종결되지 않고 존재
동기성 및 실시간성 (synchronous/live)	실제 진행되고 있는 경험이며, 일관된 방식으로 실시간으로 존재
동시 참여 (concurrent participation)	누구라도 행사 · 장소 · 활동에 '함께, 동시에' 참여
완전 기능 경제 (fully functioning economy)	개인 · 사업자가 창작 및 소유, 투자, 판매하는 경제 구현
경험 확장 (experience that spans)	디지털-현실세계, 개방-폐쇄적 플랫폼에 걸친 경험 확장
전례 없는 상호운용성 (unprecedented interoperability)	데이터, 디지털 자산, 콘텐츠 등의 상호운용성 확보
다양한 기여자 (wide range of contributors)	개인, 단체 등 다양한 기여자에 의해 콘텐츠 생성 · 운용

*자료원: https://www.matthewball.vc/all/themetaverse

수 있어야 한다. 넷째, 완전 기능 경제는 자체적으로 완전히 작동하는 경제를 의미하며, 개인과 기업이 가치를 생성하는 작업을 창출, 소유, 투자, 판매, 보상받을 수 있다. 다섯째, 경험 확장은 디지털 및 물리적 세계, 개인 및 공용 네트워크, 개방성 및 폐쇄형 플랫폼 모두에 걸친 경험이 가능하여야 한다는 점을 의미한다. 여섯째, 전례 없는 상호운용성은 디지털 자산을 여러 플랫폼에서 전송할 수 있어야 한다는 것을 의미하며, 플랫폼에서 플랫폼으로 마찰 없이 넘나드는 역량을 말한다. 마지막으로 다양한 기여자는 광범위한 기여자들이 제작, 운영하는 콘텐츠와 경험을 의미하며, 일부는 독립적인 개인일 수도 있고 또 다른 일부는 비공식적으로 조직된 그룹이나 상업적 목적에 집중하는 거대 기업일 수도 있다.

로블록스(Roblox)의 CEO인 데이비드 바수츠키(David Baszucki)는 다음 〈표 7-4〉에서 볼 수 있듯이, 정체성, 사교성, 몰입성, 공간이동성, 다양성, 편재성, 경제성, 시민성 등 8개의 메타버스 특성을 제시하였다(Takahashi, 2021).

정체성(identity)
아바타(avatar)
사교성(friends)
공간이동성(low friction)

먼저, **정체성(identity)**은 모든 이용자는 **아바타(avatar)**의 형태로 고유한 신원을 갖는다. 아바타를 통해 자신이 원하는 방식으로 자신을 표현할 수 있다. 둘째, **사교성(friends)**은 이용자들이 메타버스 내에서 현실세계에서 알던 친구들과 상호작용하거나 메타버스에서 처음 만난 사람들과 상호작용한다는 것을 의미한다. 셋째, 몰입성(immersive)은 이용자가 3차원으로 이루어진 메타버스에 몰입하게 된다는 점을 의미하며, 지속적인 기술의 발전과 개선을 통해 실제 생활과 메타버스를 구분하기 어려워질 것이다. 넷째, **공간이동성(low friction)**은 메타버스에서 이용자는 손쉽게 계정을 생성하고, 플랫폼에서 경험을 즐기고, 스스로 또는 친구와 경험을 공유하며 어려움을 신속하게 헤쳐나갈 수 있음을 의미한다. 또한, 개발자는 경험을 생성하고 이를 클라우드에 공개하여 이용자들이 모든 플랫폼에서 특정 클라이언트를 사용하여 접근할 수 있도록 허용한다.

다양성(variety)
편재성(anywhere)
경제성(economy)

다섯째, **다양성(variety)**은 개발자, 창작자, 이용자 등이 생성한 콘텐츠의 다양성과 확장성을 의미한다. **편재성(anywhere)**은 메타버스의 이용자, 개발자, 창작자가 전 세계에 걸쳐 존재하며, 여기에 더하여 다양한 컴퓨터 운영체제와 스마트기기를 이용하여 메타버스에 접속하여 경험을 지원한다. **경제성(economy)**은 메타버스 내에서 통용되는 통화(예: 로블록스의 로벅스(Robux))에 기반한 경제 운용 체계를 구축하여, 이용자는 통화를 이용하여 경험이나 아이템을 구매하고, 개발자와 창작자는 몰입감 있는 경험과 매력적인 아이템을 생성하는 방식으로 통화를 획득할 수 있다. 마지막으로 시민성(civility)은 메타버스도 사회인만큼 기본적인 사회 규범이 존재하기 때문에 시민성을 장려하고 이용자의 안전을 확보하기 위한 체계를 갖추어야 한다는 것이다.

〈표 7-4〉 메타버스의 특징(Baszuchi)

구분	내용
정체성 (identity)	정체성을 가진 아바타가 존재
사교성 (friends)	메타버스 내 실제 사람을 사귈 수 있고 사교 활동 가능
몰입성 (immersive)	메타버스 안에서 현실감각을 잃을 정도로 몰입
공간이동성 (low friction)	어느 공간이든 즉시 이동 가능
다양성 (variety)	다양한 콘텐츠를 확보 · 경험
편재성 (anywhere)	언제 어디서나 즐길 수 있는 환경
경제성 (economy)	구성원들이 경제적 이익을 얻고, 이익이 순환하는 경제구조
시민성 (civility)	메타버스도 사회인만큼 기본적인 사회 규범이 존재

세계관(canon)

한편, 고선영 외(2021)는 〈표 7-5〉에서 볼 수 있듯이, 기존 플랫폼 서비스나 VR 등의 실감형 콘텐츠와 차별화되는 메타버스만의 고유 특징으로 세계관(canon), 창작자(creator), 디지털 통화(currency), 일상의 연장(continuity), 연결(connectivity) 등 '5C'를 규정하였다. 첫째, **세계관(canon)**은 주로 영화나 만화에서 작품 진행의 배경이 되는 시공간을 의미하는데, 최근에는 콘텐츠나 작품이 묘사하는 세계 자체, 설정으로 본다. 메타버스에는 이러한 세계관이 담겨 있다. 메타버스의 시공간은 설계자와 참여자들에 의해 채워지며 확장해 나간다. 메타버스의 주 이용층인 디지털 세대는 콘텐츠나 서비스를 설계자가 의도한 목적대로만 소비하는 수동적 사용자가 아니라 같이 즐기고, 경험할 수 있는 판을 깔고, 그 콘텐츠를 취향대로 소비하고,

생산하고 확산까지 하는 능동적 사용자이다. 이런 능동적 사용자들은 메타버스에서 나름의 세계관을 형성하여 콘텐츠를 생산하며 공유하고 즐긴다.

콘텐츠 창작자(creator)

둘째, 메타버스에서는 누구나 **콘텐츠 창작자(creator)**가 될 수 있다. 메타버스는 3D 디지털 콘텐츠로 구성된 세상이며, 그 세계를 누구나 확장할 수 있으므로 참여자가 자발적으로 세계를 구축하는 창작자이자 동시에 이용자이다. 공간, 게임, 나만의 블로그, 사진 · 영상 촬영, 아바타 의상 제작, 실감 콘텐츠 제작 등 창작물을 무한히 생산할 수 있다.

디지털 화폐(currency)

셋째, 메타버스 안에서는 생산과 소비를 할 수 있고 가치를 저장 · 교환하기 위한 **디지털 화폐(currency)**가 통용된다. 현재는 그 안에서만 통용되는 사이버머니 성격에 가깝지만, 머지않아 가상세계에서의 통화(通貨) 역할뿐만 아니라 달러화 같은 기축 통화나 금, 은과 같은 실물 자산 등과도 교환이 가능할 것으로 예측된다. 메타버스의 시장이 본격 성장하고 많은 사람이 경제활동 영역을 디지털 공간으로 확대하면서 메타버스의 디지털 화폐는 통화로서의 그 영향력을 키워나갈 것으로 예상한다.

일상의 연속성(continuity)

넷째, 메타버스는 **일상의 연속성(continuity)**을 보장한다. 메타버스에서 친구를 만나고, 쇼핑하고, 학교에 가고, 회사에서 회의를 하는 등의 일상, 여가, 경제활동이 단발성 행위나 일회성 체험에 그치지 않고 지속적인 인생 여정처럼 진행된다. 현실세계가 진짜 내가 살아온 나날의 축적이라면 메타버스 또한 아바타가 보낸 나

〈표 7-5〉 메타버스의 특징

구분	내용
세계관 (canon)	설계자와 참여자에 의해 메타버스의 시공간이 채워지며 확장
창작자 (creator)	공간, 게임, 아바타 등을 누구나 만들고 확장하는 창작자로서의 역할
디지털 통화 (currency)	메타버스 내에서 생산 · 소비뿐만 아니라 화폐의 저장 · 교환 가능
일상의 연장 (continuity)	메타버스에서의 활동이 일상과 동시에 지속해서 진행
연결 (connectivity)	시공간의 연결, 세계관의 연결, 사람과 사람(아바타)의 연결

*자료원: 고선영 외, 2021

날의 축적이다. 심지어 현실의 나와 메타버스의 아바타가 상호 작용한 결과도 일상의 결과로 반영된다.

연결(connectivity)

다섯째, 메타버스는 시공간을 **연결(connectivity)**하고, 서로 다른 메타버스 세계를 연결하고, 사람과 사람(아바타)을 연결하고, 현실과 가상을 연결한다. 시공간을 초월해 인류가 쌓은 지식을 공유하고 정보를 나눌 수 있다. 그 결과 새로운 연결의 힘을 토대로 또 다른 세계를 창조하고 확장해 나갈 수 있다.

김상균(2021)은 고도화된 메타버스의 핵심 특징을 연속성, 실재감, 상호운영성, 동시성, 경제 흐름 등으로 제시하고 다섯 가지의 핵심 특징을 묶어 설명하는 SPICE 모델을 정립하였다.[1)]

연속성(Seamlessness)

연속성(Seamlessness)은 메타버스에서 발생하는 경험이 단절되지 않고 연결됨을 의미한다. 예를 들어, 하나의 아바타로 게임을 즐기다가 다시 로그인하거나 플랫폼을 갈아타지 않고 바로 쇼핑을 하고, 동료들과 업무를 논의하기도 한다.

실재감(Presence)

실재감(Presence)은 물리적 접촉이 없는 환경이지만, 사용자가 사회적, 공간적 실재감 등을 느끼는 상황을 의미한다. 가상현실은 실재감을 높이는 대표적 매체이다.

상호운영성(Interoperability)

상호운영성(Interoperability)은 현실세계와 여러 메타버스의 데이터 및 정보가 서로 연동돼 사용자가 메타버스에서 경험하고 실행한 결과가 현실세계로 연결되고, 현실세계에서의 라이프로깅 정보를 바탕으로 메타버스 속 경험이 더 풍성하고 편리해지는 상황을 의미한다.

동시성(Concurrence)

동시성(Concurrence)은 여러 명의 사용자가 하나의 메타버스에서 동시에 활동하며, 동시간대에 서로 다른 다양한 경험을 할 수 있는 환경을 의미한다. 혼자 접속해서 사전에 정의된 시나리오에 따라 즐기는 가상현실 게임은 메타버스의 이런 속성과는 거리가 멀다.

경제의 흐름(Economy)

메타버스에는 **경제의 흐름(Economy)**이 존재해야 한다. 메타버스 플랫폼 제공자가 판매자의 역할을 하고, 사용자들은 소비자의 역할만 하는 상황은 온전한 메타버스 경제가 아니다. 플랫폼에서 제공하는 화폐와 거래방식에 따라 수많은 사용자가

---

1) 김상균, 인터넷 · 스마트폰보다 강력한 폭풍, 메타버스, 놓치면 후회할 디지털 빅뱅에 올라타라, Dong-A Business Review, 317호, 2021.

재화와 서비스를 자유롭게 거래하는 경제 흐름이 존재해야 한다. 또한, 진화한 메타버스는 서로 다른 메타버스 및 실물 세상과도 경제 흐름이 연동돼야 한다.

〈표 7-6〉 메타버스의 특징: SPICE 모델

구분	내용
연속성 (seamlessness)	메타버스에서 발생하는 경험이 단절되지 않고 연결됨
실재감 (presence)	물질적 접촉이 없는 환경이지만, 사용자가 사회적, 공간적 실재감 등을 느끼는 상황
상호운용성 (interoperability)	현실세계와 메타버스의 데이터 및 정보가 서로 연동되어 사용자가 메타버스에서 경험하고 실행한 결과가 현실세계로 연결되고 그 반대의 방향으로 연결도 가능
동시성 (concurrence)	여러 명의 사용자가 하나의 메타버스에서 동시에 활동하며, 동시간 대에 서로 다른 다양한 경험을 할 수 있는 환경
경제 흐름 (economy)	메타버스 플랫폼에서 제공하는 화폐와 거래방식에 따라 수많은 사용자가 재화와 서비스를 자유롭게 거래

*자료원: 김상균, 2021

1.4 주요 메타버스 플랫폼

메타버스는 크게 플랫폼과 게임으로 구분된다. 플랫폼 유형은 네이버 제페토, 디센트럴랜드, 메쉬 등이 있으며, 게임 유형은 로블록스, 마인크래프트, 포트나이트 등이 대표적인 예이다(〈표 7-7〉 참조). 메타버스의 기반 기술인 5G와 가상화폐가 발달하면서 메타버스 플랫폼과 게임은 더욱 성장할 것으로 예상된다.

〈표 7-7〉 주요 메타버스 플랫폼과 게임

플랫폼	내용
제페토	- 2018년 네이버제트에서 출시한 AR 버츄얼 플랫폼 - AI · AR · 3D 기술을 통해 이용자 맞춤형 3D 아바타 생성 - 아이돌 그룹의 콘서트, 팬 미팅 공간으로 활용 - 현재 글로벌 가입자 수는 2억 명, 이용자의 80%는 10대
디센트럴랜드	- 이더리움 블록체인과 결합한 메타버스로 현실적인 경제 세계를 구현한 VR 방식의 3차원 부동산과 블록체인을 기반으로 하는 가상현실 서비스 - 가상공간의 부동산은 암호화 화폐를 통해 거래되며, 토지 소유권 역시 블록체인에 의해 기록됨

메쉬	- 마이크로소프트의 홀로렌즈 증강현실 기술과 결합한 혼합 현실 협업 플랫폼 - Azure를 기반으로 구축된 Mesh는 사용자가 다른 지역에 있어도 서로 같은 방에 있는 것처럼 느끼도록 지원하는 혼합 현실 플랫폼 - Mesh를 활용하여 교육, 설계, 디자인, 의료 등 다양한 분야에서 시공간을 초월한 협력 가능
로블록스	- 이용자가 직접 게임을 개발 · 공유하고 다른 이용자와 플레이하는 메타버스 플랫폼으로 2006년 출시하였으며, 2021년 3월 뉴욕증시 상장 - 게임은 물론 다른 이용자와 함께 테마파크 가설 및 운영, 애완동물 입양, 스쿠버다이빙, 슈퍼 히어로도 가상공간에서 경험할 수 있음 - 모바일과 인터넷에 친숙한 Z세대를 중심으로 최근 급격히 성장하여 미국에서는 16세 미만의 55%가 로블록스 이용 중 - 월간 방문자 수 1억 9천만 명 상회, 게임 개발자 수는 약 8백만 명, 게임 수는 약 5천만 개
마인크래프트	- 2011년에 게임이 출시되었으며, 2014년 마이크로소프트에서 인수 - 이용자가 아바타를 활용해 블록으로 구조물, 기능 등 콘텐츠를 제작할 수 있는 샌드박스 게임 - 가상캠퍼스를 만들어 수업, 가상 졸업식 등을 진행 - 지식재산권을 확장하여 장난감, 소설, 영화, 교육용 도구 등을 출시
포트나이트	- 에픽게임즈가 제공하는 슈팅 게임으로 2017년 출시 - 파티로얄 모드에서 콘서트, 영화 상영 등 가능 - 트래비스 스캇, 영화 〈테넷〉의 트레일러, BTS의 〈Dynamite〉 뮤직비디오 안무 버전을 최초 공개 - 포트나이트 이용자 수는 3억 5천만 명 상회

*자료원: 박지혜, 2021, 양수림 외, 2021 수정

2. 메타버스 비즈니스 모델

2.1 메타버스에서 제공 가능한 비즈니스

메타버스 플랫폼에서 제공할 수 있는 서비스는 다양하다. 던 슈에(Dawn Xue)(2021)는 메타버스에서 제공 중이거나 제공 가능한 서비스를 대체 불가 토큰(NFT) 예술 작품 판매, 복스(VOX) 판매, 건설업, 광고, 필지(parcel) 임대, 몰입감 제공, 게임 제공, 의류 판매, 온라인 노래방, 데이터 서비스 등 10개로 정리하여 제시하였다.

2.1.1 NFT 예술작품 판매

대체 불가 토큰(NFT)

갤러리는 메타버스에서 가장 보편적인 비즈니스 모델이다. 이는 **대체 불가 토큰(NFT)**과 예술 작품(artwork) 사이의 긴밀한 연관성 때문이다. 이더리움 블록체인을 기반으로 만들어가는 메타버스인 크립토복셀즈(CryptoVoxels)에는 지아잉 류(Jiaying Liu)의 퓨어 골드 갤러리(Pure Gold Gallery), 팅 송(Ting Song)의 판다 갤러리(Panda Gallery), BCA 갤러리 등이 있다.

2.1.2 복스(VOX) 판매

복스(VOX)는 갈라게임즈에서 처음 출시한 타운스타를 기반으로 만든 최초의 아바타로 타운스타 시리즈의 NFT 캐릭터들이다. 8,888개의 VOX가 출시되었고, 최초 가격은 캐릭터 한 개에 0.0888이더리움(ETH)이었다. VOX는 트레이딩, 플레이도 가능하며, 타운스타 내에서는 타운코인을 얻는 데 사용할 수도 있다. 향후 FBX 파일[2]을 이용해서 애니메이션을 만들 수도 있다. 메타버스 내에 모든 건물과 아이템 등이 3D 그리드의 디지털 값인 복셀(Voxel)[3]로 구성되어 있다. 복스는

[그림 7-3] VOX Walk

*자료원: https://twitter.com/vox_walk

2) FBX는 Autodesk 프로그램 간에 높은 수준의 상호운용성을 작성하는 3D 데이터 전송용 오픈 프레임워크이다. 원래 파일의 전체 정확도 및 기능을 유지하고, 복수의 프로그램에 의해 조작될 수 있다.

3) 복셀(voxel)은 '부피(volume)'와 '픽셀(pixel)'의 합성어로 2차원적인 픽셀(pixel)을 3차원 형태로 구현한 '부피를 가진 픽셀'을 의미한다. 복셀은 픽셀의 3D 형태, 정육면체 모양의 구성요소로 모든 복셀의 모양과 크기는 동일하며, 하나의 복셀은 1개 이상의 특성값을 부여할 수 있다.

메타버스 내에서 집 꾸미기부터 개인 소품을 전시하는 데까지 사용된다. 메타버스 세계에서 필수 불가결한 복스를 판매하여 매출을 창출할 수 있다. 크립토복셀즈는 이러한 수요를 충족시키기 위해 복스 워크(VOX Walk)에 여러 개의 복스 숍(Vox Shop)을 운영하고 있다.

2.1.3 건설업

메타버스에서 토지를 소유한 개인은 여러 필지(parcels)[4]를 보유하고 있지만, 건설에 필요한 시간과 에너지가 제한된다. 한편, 메타버스에서 토지를 소유한 조직은 브랜딩 목적으로 본사를 건설하기 위해 전문팀을 고용하는 경향이 있다. 이와 같은 수요에 부응하여 메타버스 내에서 메타에스테이트(MetaEstate)나 복셀아키텍츠(Voxel Architects)와 같은 제3자 건설 서비스가 등장하였다. 메타에스테이트는 크립토복셀즈에 메타치(MetaChi) 본사, 크리에이션패션허브, 하오링주 식당과 같은 정교한 건물을 건축하였다. 크립토복셀즈의 중심부인 오리진시티(Origin City)에서 누적 방문객 수가 가장 많은 상위 4개 건물인 스페이스에이지(SpaceAge), 스톤에이지(StoneAge), 글래스에이지(GlassAge), 웰컴(Welcome) 등을 모두 복셀아키텍츠가 건설하였다.

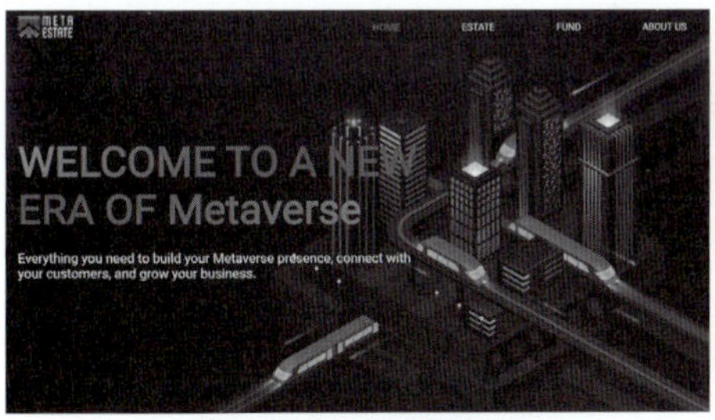

메타에스테이트 홈페이지
*자료원: http://www.metaestate.com/

복셀아키텍츠 홈페이지
*자료원: https://voxelarchitects.com/

[그림 7-4] 메타에스테이트와 복셀아키텍츠 홈페이지

2.1.4 광고

메타버스에서 수익을 창출하는 가장 인기 있는 방법의 하나는 광고이다. 메타버스

4) 디센트럴랜드(Decentraland)와 같은 메타버스 플랫폼에는 거래가 가능한 가상의 필지(筆地)가 존재한다. 이 필지는 파셀(parcel)이라는 최소 단위로 거래가 이루어지며, 1개 파셀은 16m×16m이다. 단지(estates)는 2개 이상의 파셀(parcel)을 묶은 단위를 말한다.

내 가상공간에 옥외 배너광고를 포함한 다양한 방법으로 광고할 수 있다. 리그 오브 레전드(LoL)는 게임 내 마스터카드 배너를 게시했고, 레이싱 게임인 '트랙매니아'도 가상 옥외광고를 삽입해 개인화된 광고 경험을 제공한다. 제페토의 경우 이용자들이 특정 광고를 시청할 경우 일정 수익을 얻을 수 있다. 크립토복셀즈는 메타버스 빌보드(Metaverse Billboards)를 통해 메타버스 내에서 광고를 위한 공간을 제공하고 있다.

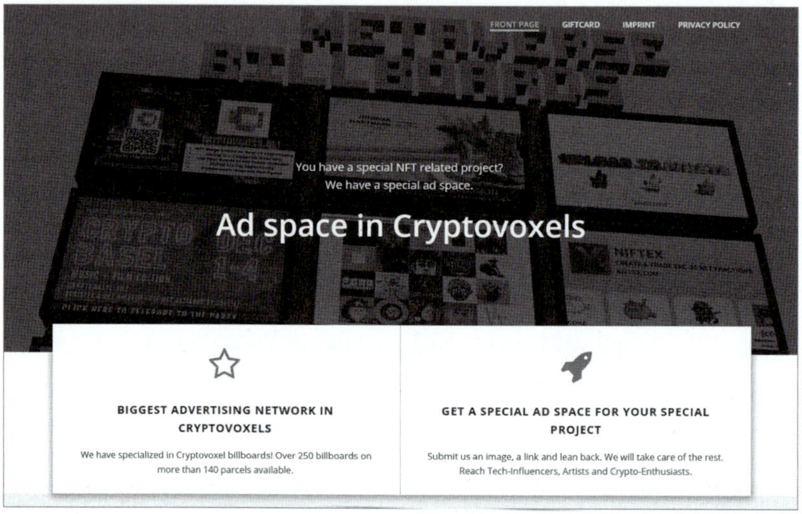

[그림 7-5] 메타버스 빌보드

*자료원: https://metaverse-billboards.com/

2.1.5 필지(parcel) 임대

실물 세계의 부동산처럼 디지털 필지도 매매와 임대가 모두 가능하다. 메타버스 내에서 대부분 필지 소유자는 복수 필지를 보유하고 있고, 메타버스 플랫폼은 가상 부동산의 판매량을 한정하여 필지에 희소성을 부여하기 때문에 건축을 통한 투자보다 장기 보유 의도가 있다. 따라서 메타버스 내 필지 소유자들이 수익을 목적으로 매매하거나 여분의 필지를 다른 사람에게 임대하는 부동산 시장이 자연스럽게 생성된다. 현재는 매매에 관심을 두고 있으나 앞으로는 임대시장이 부상할 것으로 예상된다.

2.1.6 몰입감 제공

몰입감은 사람들이 설계된 환경에 너무 집중해서 현실을 잊어버리는 경험이다. 유니버설 스튜디오의 '해리포터'에서 마법으로 의자를 움직이고 함께 하늘로 치솟고, '트랜스포머'에 출연한 범블비와 함께 고층 빌딩을 뛰어넘으며, '미니언즈'와 함께 한시라도 가만히 있지 못하고 이용자들은 몰입감에 빠진다. 메타버스에서도 이용자들에게 콘텐츠, 아이템, 이벤트 등을 제공하여 몰입감을 높일 수 있다. 메타버스는 실사에 가까운 건물, 사물, 동물 등의 디자인과 3D 기기들을 바탕으로 몰입감 있는 경험을 할 수 있는 자연스러운 장소이다.

[그림 7-6] 유니버설 스튜디오 저팬 Wizarding World of Harry Potter

*자료원: https://www.usj.co.jp/web/en/us/areas/the-wizarding-world-of-harry-potter

2.1.7 게임 제공

게임은 가상성 때문에 메타버스에 쉽게 통합된다. 예를 들어, 더 샌드박스(The Sandbox)는 커뮤니티 중심의 블록체인 게임 플랫폼으로 창작자들이 복셀 자산과 게임 내 장비를 NFT로 바꿀 수 있다. 또한, 포트나이트, 로블록스 등에서 볼 수 있듯이 게임은 메타버스 플랫폼의 한 축이다. 메타버스 게임 내에서 아이템 자체가 NFT이기 때문에 플레이어들은 NFT에 투자하며 동시에 게임을 즐길 수 있다.

[그림 7-7] 더 샌드박스 홈페이지

*자료원: https://www.sandbox.game/kr/

2.1.8 의류 판매

우리가 실제 세상에서 즐기는 음식, 주거, 교통 등을 메타버스가 모두 대체할 수는 없다. 하지만 의류는 인터넷이 상업적으로 사용된 후로 꾸준히 온라인에서 판매되고 있으며, 그 판매방식도 진화했다. 구찌(Gucci)는 2019년 AR 기술 응용 스타트업 워너(Wanna)와 기술 제휴를 통해 스니커즈를 AR로 신어볼 수 있는 가상 피팅 서비스 'AR 트라이온' 기능을 도입했다. 고객이 구찌 앱에서 원하는 운동화를 고른 후 스마트폰으로 자신의 발을 비추면 그 즉시 해당 신발을 착용한 가상 화면을 볼 수 있는 기능이다. 메타버스에서는 한 발 더 나아가 의류의 온라인 판매가 3D 그래픽 기반의 라이브 스트림드 트라이온(live-streamed try-on) 방식으로 운용되고 있다. 그러나 현재까지 다른 사람이 그 옷을 입어보는 것을 보는 것은 스스로 입어보는 것과 같지 않기 때문에, 향후 3D 스캐너 등의 기술 발전으로 개선될 것으로 보인다.

2.1.9 온라인 노래방

노래방은 노래를 즐기는 사람들에게 사교적인 방법이다. 그러나 물리적인 세계에서는 멀리 떨어져 있는 사람들이 노래방에서 만나기 어렵다. 메타버스에는 거리의 제약이 없다. 메타버스 노래방에서는 지인들뿐만 아니라 원한다면 전 세계 누구와도 만나 함께 노래를 부를 수 있다.

2.1.10 데이터 서비스

데이터는 어느 분야에서도 중요하며, 메타버스도 예외는 아니다. 메타버스 플랫폼은 각 필지에 방문한 데이터를 원하고, 필지 구매 희망자들도 판매 중인 필지에 대한 과거 자료를 필요로 하며, 필지 예비 판매자들도 호가를 정하기 위한 시장 데이터를 원한다. 방문객들은 필지에 대한 데이터를 제공해 주는 업체를 원한다. 이뿐만 아니라 메타버스에서 거래가 발생하는 모든 분야에 대한 데이터를 지원해 주기를 원하는 수요가 있다. 이러한 수요에 대응하여 전문 데이터 분석 제공업체는 메타버스에서 중요한 비즈니스가 될 수 있다.

가까운 미래에 메타버스 건축가, 메타버스 빌딩 디자이너, 메타버스 건설 트레이너, 메타버스 게임 기획자, 메타버스 빌딩 운영 전문가 등 새로운 직업이 생겨나고, 앞서 제시한 10가지 외에 성공적인 비즈니스 모델도 등장할 것이다.

2.2 메타버스 서비스 수익 모델

메타버스는 현재 게임과 소셜 미디어 서비스에 중점을 두고 있다. 이러한 서비스를 이용한 메타버스의 수익 모델은 〈표 7-8〉에서 볼 수 있듯이, 콘텐츠 제작 및 판매, 미디어 중개 수수료, 마케팅 수수료, 구독료 등 4가지로 정리할 수 있다(석왕헌, 2021).

첫째, 이용자가 콘텐츠를 제작 및 판매 · 유통할 수 있는 권리를 갖게 됨으로써 사업자가 게임 내 콘텐츠 거래 수수료를 취하는 형식이다. 이용자들은 이미 미니게임을 비롯해 게임 내 아바타 용 스킨(skin) 등을 제작하여 판매 중이며, 판매 수익을 현금화할 수 있는 점은 이용자 참여를 확대하는 요인으로 작용하고 있다. 즉, 메타버스를 품은 로블록스는 적극적인 **프로슈머(prosumer)** 출현에 긍정적인 영향을 미치고 있다.

프로슈머(prosumer)

둘째, 플랫폼 내에 또 다른 형태의 미디어 플랫폼을 탑재하여 여러 형태의 미디어를 동시에 제공함으로써 중개 수수료를 확보하는 방식이다. 즉 다양한 영상미디어 서비스를 이용할 수 있는 권리를 이용자에게 판매하며, 여기서 발생하는 수익을 콘텐츠 제작사(독점사)와 일정 비율로 나누는 형태의 수익 모델이다. 포트나이트는

BTS의 신곡 최초 상영에 대한 입장권을 판매하였으며, 안무 일부를 따서 아바타가 그 안무를 출 수 있게 하는 형태인 이모트(emote) 3종을 판매함으로써 포트나이트 매출 증대뿐만 아니라 BTS를 비롯한 기획사인 하이브(HYBE)가 새로운 매출을 창출하는 데 이바지한 바 있다.

셋째, 마케팅 수수료이다. 일반적으로 소셜 서비스는 가입자 기반으로 디지털 광고 매출을 올리는 형태의 수익 모델을 가진다. 국내의 대표적인 소셜 미디어 기반의 메타버스 서비스인 제페토는 디지털 광고가 주요 매출이지만, 가상 공간상에서 글로벌 기업들의 입점을 유치하여 입점 수수료도 얻고 있다. 예를 들어, 나이키, 컨버스, 구찌 등은 제페토 애플리케이션 내에 입점하고 있으며, 다양한 신상품에 대한 소개뿐만 아니라 아바타 용 스킨을 판매하는 등 다양한 활동을 전개할 수 있도록 지원 중이다.

마지막으로 구독료 형태이다. 이미 OTT 등에서 구독료를 지불하고 서비스를 제한 없이 이용할 수 있는 형태가 널리 퍼진 상황임을 고려했을 때, 메타버스에도 구독 형태의 서비스가 확대될 수 있다. NC소프트의 유니버스 매출 구조는 구성된 연예인 풀 안에서 채널 가입 당 구독료를 부과하고, 취득한 구독료의 일정 부분을 채널별 연예인(소속사)들과 나누는 방식이다.

〈표 7-8〉 메타버스 서비스 수익 모델

수익 모델	사례
콘텐츠 제작 및 판매	로블록스, 마인크래프트, 제페토 등 - 로블록스 내 게임 개발자들이 달성한 2020년 매출은 약 3억 3천만 달러 수준
미디어 중개 수수료	포트나이트, 로블록스, 제페토, 유니버스 등 - 포트나이트 게임 내에서 트래비스 스캇은 12회 공연을 하였으며, 총 매출 2천만 달러 기록
마케팅 수수료	제페토, 동물의 숲(닌텐도), 로블록스 등 - 제페토 내에 나이키, 컨버스, 구찌 등의 주요 브랜드가 입점하였으며, 입점에 따른 수수료 비즈니스 모델은 확대 전망
구독료	유니버스 등 - 팬 활동에 대한 라이프로그 서비스, AI 기반의 가상 통화 서비스 등을 통해 매월 구독료를 받는 형태

*자료원: 석왕헌, 2021

2.3. 메타커머스 유형

엔트루(Enture)컨설팅은 메타버스를 상거래(commerce) 수단으로 활용하는 경우를 구분하기 위해 메타버스와 커머스를 합쳐 자체적으로 **메타커머스(metacommerce)** 라고 정의하였다(김이진, 2021). 메타커머스는 가상공간에서 제품 · 서비스를 체험 및 구매할 수 있는 새로운 전자상거래 방식을 의미한다. 메타커머스는 메타버스를 활용한 가상 체험, 가상 피팅 등을 통해 오프라인 매장을 방문하지 않고도 실재감 있는 가상 쇼핑 경험을 제공한다. 이를 통해 고객 경험을 높이고, 온 · 오프라인 채널의 경계가 없는 쇼핑이 가능하다. 특히, MZ 세대가 많은 메타버스 사용자 특성에 맞춰, 게임 요소 등 흥미 유발 콘텐츠를 강화해 고객 참여를 유도하고 브랜드 친밀도를 강화한다는 것도 주목할 만한 특징이다.

메타커머스
(metacommerce)

메타커머스는 구축 목적 및 구축 공간 유형별로 [그림 7-8]과 같이 4가지 유형으로 구분할 수 있다.

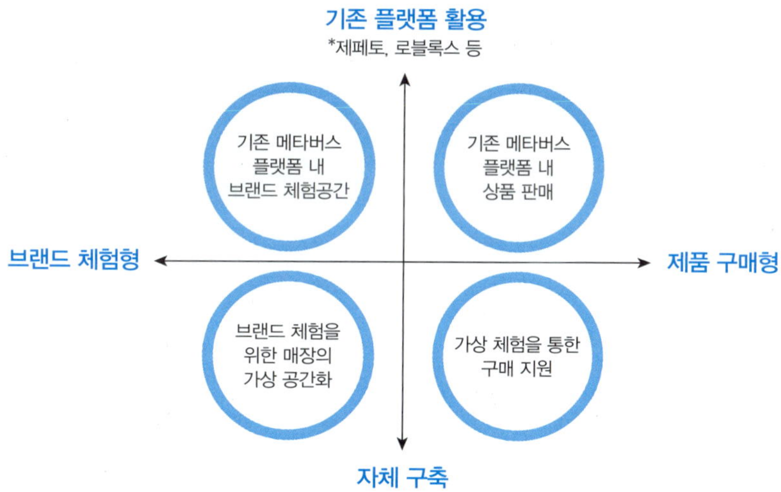

[그림 7-8] 메타커머스 유형

*자료원: LG CNS Entrue컨설팅 CX전략그룹

첫 번째 유형은 기존 메타버스 플랫폼 내 브랜드 체험 공간을 제공하는 경우이다. 기존 플랫폼 사용자를 대상으로 브랜드 인지도를 높이는 데 효과적이며, 브랜드 가상체험을 통해 제품을 소개하고 오프라인 방문을 유도할 수 있다. BGF리테

일은 네이버 제페토 플랫폼 내 CU 가상 편의점을 오픈해 제페토의 주 이용층인 20 · 30세대가 CU의 상품 및 서비스를 경험할 수 있도록 한다. 실제 매장과 같은 상품과 진열 방식으로 신상품과 주력 제품을 고객에게 홍보한다. 고객은 계산을 완료한 후에 매장이나 야외에서 상품을 먹거나 마시는 등 실제 매장과 같은 경험을 할 수 있다. 또한, 버스킹 공간이나 루프탑 자리 등 편의점을 즐길 수 있는 게이미피케이션(gamification) 요소를 구현했고, 게임을 진행해 오프라인 교환권을 제공하는 등 고객 유입을 유도하고 있다.

[그림 7-9] 가상현실 편의점 CU 제페토 한강점

*자료원: https://www.yna.co.kr/view/AKR20210811067600030

두 번째 유형은 기존 메타버스 플랫폼에서 상품을 판매하는 유형이다. 메타버스 주 사용층인 MZ 세대를 대상으로 상품 접근성을 강화하는 데 목적이 있다. 기존 메타버스 플랫폼에서 상품을 판매하는 유형은 친숙한 플랫폼 내 노출을 통한 심리적 접근성을 강화하며, 신규 판매 채널을 확보하는 데 중점을 둔다. 삼성전자는 네이버 제페토 플랫폼에 입점하여 자사 브랜드 인지도를 높이고 팬 커뮤니티 공간을 확장하기 위해 메타버스를 활용한 다양한 마케팅을 하고 있다. 갤럭시 스마트폰 시리즈와 삼성 라이프스타일 TV를 활용해 직접 사진을 촬영할 수 있는 '포토 부스', 점프 게임을 즐기며 갤럭시 스마트폰 시리즈를 즐겁게 체험할 수 있는 '갤럭시 하우스', 삼성 라이프스타일 TV 제품명과 로고 브랜딩 아이템으로 아바타를 꾸며 보는 '의상 아이템' 등이 그 예이다. 고객 참여를 유도하고, 제품 구매 페이지로 연결해 자연스러운 구매가 이어질 수 있도록 한다.

[그림 7-10] 제페토와 삼성전자의 협업

*자료원: https://news.samsung.com/kr/

세 번째 유형은 브랜드 체험을 위한 가상공간을 자체 구축하는 경우이다. 가상공간 내에서 익숙한 오프라인 기반 콘텐츠를 제공하여 온·오프라인 쇼핑의 경계를 완화한다. 이를 통해 오프라인 매장에 대한 흥미를 유발하여 방문을 유도할 수 있다. 현대백화점은 실제 매장을 온라인상에 구현한 'VR 판교랜드'를 출시해 오프라인 쇼핑의 재미와 온라인 쇼핑의 편리함을 동시에 제공하고 있다. VR 판교랜드는 현대백화점 판교점의 지하 1층부터 10층까지 전 층을 360도 촬영하여 구현한 가상 백화점이다. 'VR 쇼룸'을 통해 실제 오프라인 매장에 방문한 것처럼 이동하면서 매장에 진열된 상품을 자세히 확인할 수 있으며, 상품에 대한 문의 또는 안내가 필요하면 매장 방문 없이 직원과 비대면 상담이 가능하다.

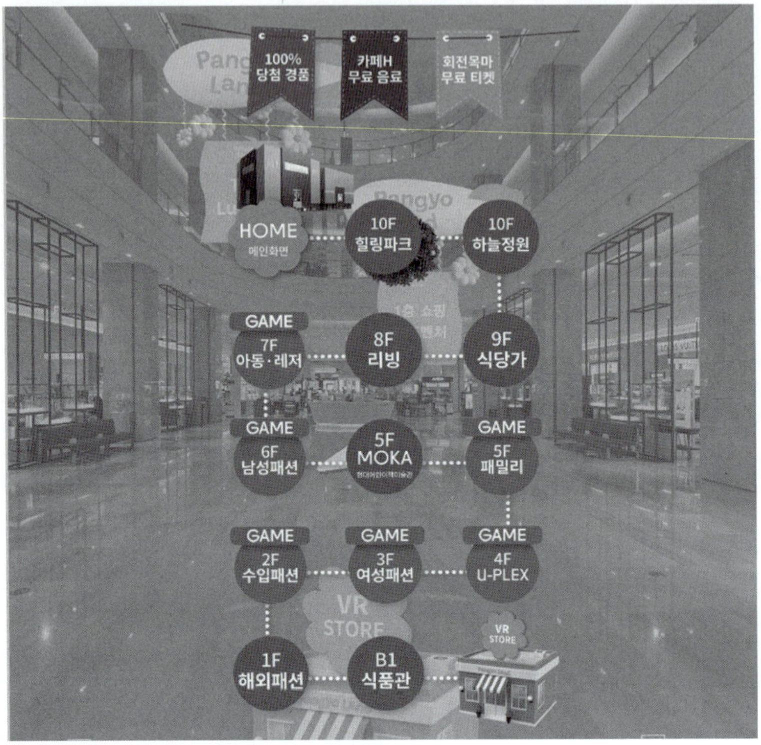

[그림 7-11] 현대백화점의 VR 판교랜드

*자료원: https://thehyundaiblog.com/entry/VR-PANGYOLAND

마지막 유형은 가상체험을 통한 구매 지원을 제공하는 경우이다. 비대면 쇼핑의 한계인 실제 착용의 어려움을 해결하고, 다양한 제품에 대한 편리한 접근과 체험을 제공하여 고객 구매 경험을 높이는 것이다. 세포라(Sephora)는 언제 어디서든 AR 기반 가상 메이크업 체험이 가능한 'Virtual Artist' 앱을 출시해 고객 맞춤형 콘텐츠 및 편의성을 제공하고 있다. AR 기술을 활용해 이용자는 얼굴에 아이섀도, 립스틱, 인조 속눈썹 등을 가상 체험할 수 있다. 오프라인 매장에 방문하지 않고도 다양한 메이크업 제품들을 가상으로 테스트해보며 자신에게 맞는 제품을 쉽게 선택할 수 있다. 이러한 체험은 구매로 연결되어 원하는 제품의 재고가 있는 매장을 안내받거나 앱에서 바로 구매할 수 있다.

[그림 7-12] 세포라 Virtual Artist 앱

*자료원: https://www.theverge.com/

3. 메타버스 전자상거래

메타버스 플랫폼 기업들은 다양한 분야의 사업자와 제휴·협력 관계를 맺으면서 사업 분야를 급속히 확장하고 있다. 메타버스 주요 이용자층인 10~20대를 주요 소비자, 홍보·소통 대상으로 보는 패션, 엔터테인먼트, 제조, 방송, 교육, 공공 등 다양한 분야의 사업자가 메타버스 플랫폼을 적극적으로 활용하고 있다. 메타버스 활용 기업은 시공간 제약이 없는 가상공간에서 홍보 및 부가 수익 창출이 가능하고, 메타버스 플랫폼은 이용자에게 다양하고 차별화된 사용자 경험을 제공하는 장점이 있다.

〈표 7-9〉 메타버스 전자상거래 주요 사례

구분	내용
구찌	- SNS 기반 메타버스 플랫폼, '제페토'와 제휴하여 구찌 지식재산권(IP)을 활용한 아바타 패션 아이템 출시 및 브랜드 홍보 전용 공간 구축 - 모바일 테니스 게임인 '테니스 클래시'와 제휴하여 게임 속 캐릭터 의상을 출시하였으며, 해당 의상을 실제 구찌 웹사이트를 통해서도 구매 가능
루이비통	- 게임 기반 메타버스 플랫폼 'LoL'과 제휴하여 루이비통 IP를 활용한 LoL 캐릭터 의류, 신발, 가방, 액세서리 등 총 47종 아이템 제작 · 출시
나이키	- '제페토'와 제휴하여 아바타용 신발 등 패션 아이템 출시 - 게임 기반 메타버스 플랫폼, '포트나이트'와 협력하여 아바타 신발 아이템 출시 - 로블록스와 협업해 '나이키랜드'를 구축하여 나이키 제품으로 아바타를 장식, 디지털 쇼룸에서 최신 상품 대여, 구제품 · 신제품 모두 이용 가능
YG, JYP 등 기획사	- '제페토'에 소속 연예인에 특화된 전용 가상공간을 만들고 소속 연예인 아바타들을 배치하여 사인회, 공연 등 이벤트 개최
LG전자	- 게임 기반 메타버스 플랫폼 '모여봐요 동물의 숲' 게임 공간에 LG 올레드 TV를 소개하고 게임 이벤트 등을 개최하는 올레드 섬(OLED ISLAND) 마련
다이아TV	- '제페토'와 CJ ENM의 1인 창작자 지원 사업 다이아TV(DIA TV)가 제휴를 맺고 다이아TV 유튜버의 제페토 진출, 제페토 내 인플루언서(Influencer)의 유튜버 진출 등 상호 협력 추진
순천향대	- SKT 메타버스 플랫폼 '점프VR' 내 순천향대학 본교 대운동장을 구현한 뒤 대학 총장과 신입생들이 아바타로 입학식 진행
한국관광공사	- '제페토'에 익선동, 한강공원 등 서울의 관광지를 보사한 가상공간을 만들고 제페토 해외 이용자를 대상으로 한국 여행 홍보 이벤트 진행

*자료원: 이승환 · 한상열(2021) 수정

3.1 구찌(Gucci)

2021년 5월 구찌는 로블록스와 콜라보레이션을 통해 구찌 가든 아키타이프(Gucci Garden Archetype)라는 가상 전시회를 전개했다. 구찌 가든 아키타이프에서 구찌의 디자인 역사 테마를 둘러볼 수도 있고 로블록스 한정판 아이템도 출시했다. 구찌 가든 아키타이프에 약 2,000만 명이 방문하였고, 이곳에서 출시된 아이템들은 실제 구찌 제품으로도 존재한다.

또한, 구찌는 2021년 2월 제페토와 구찌 빌라(Gucci Villa)라는 타이틀로 콜라보레이션을 진행하였다. 2021년 하반기까지 약 560만 명 이상이 구찌 빌라를 방문하였다. 제페토 상에서 가상화폐인 잼(Zem)을 이용하여 구찌 빌라 내 구찌 아이템들을 구매할 수 있다. 제페토에서 판매된 구찌 아이템은 평균 가격을 30잼으로 3,000원가량에 구찌 아이템 한 개를 제페토의 아바타에 착용시킬 수 있다.

메타버스 플랫폼과 콜라보레이션에 앞서 구찌는 2020년 브라질의 모바일 게임 제작사인 와일드라이프 스튜디오(Wildlife Studio)가 개발한 테니스 클래시(Tennis Clash)와 콜라보레이션을 진행했다. 테니스 클래시에서 구찌 오픈도 열리고 아바타는 구찌의 아이템도 착용할 수 있다.

구찌 가든 아키타이프　　구찌 빌라　　구찌 × 테니스 클래시

[그림 7-13] 구찌의 메타버스 콜라보레이션

3.2 루이비통(Louis Vuitton)

라이엇게임즈는 2019년 9월 프랑스 명품 브랜드 '루이비통'과도 제휴를 맺고 리그 오브 레전드(LoL) 전용 캡슐 컬렉션을 출시했다. 이는 메타버스 게임과 전자상거

[그림 7-14] 루이비통과 LoL의 협업

*자료원: 라이엇게임즈

래가 시너지 효과를 낸 대표적인 사례로 꼽힌다. 당시 디자인을 총괄했던 니콜라스 제스키에르 루이비통 여성 컬렉션 예술 감독은 루이비통과 LoL의 로고를 결합해 의류, 신발, 가방, 액세서리 등 총 47종의 한정판 아이템을 제작했다. 해당 아이템들은 그해 10월 유럽에서 출시된 지 1시간도 안 돼 매진됐다.

3.3 나이키(Nike)

나이키는 제페토의 가상공간에 입점했다. 나이키와 제페토가 협업한 운동화는 실제 오프라인 매장보다 제페토에서 수량 면에서 더 많이 팔렸다. 일일 방문자가 4,000만 명에 달하는 제페토에서 유료 화폐인 '잼(Zem)'으로 구매한 나이키 운동화만 500만 개가 넘었다.

나이키는 에픽게임즈가 개발하고 서비스 중인 '포트나이트'에 '나이키 에어 조던' 콘텐츠를 2019년 업데이트했다. 다양한 콘텐츠로 업데이트된 환경에서 플레이어들은 창작자인 'NotNellaf'와 'Tollmolia'가 조던 브랜드와 협업하여 제작한 기간 한정 모드 '다운타운 드롭'을 즐겼다.

최근 나이키는 로블록스와 협업해 나이키랜드를 구축했다. 나이키랜드 이용자는

[그림 7-15] 나이키랜드

*자료원: 나이키

스마트폰의 가속도 측정 장비를 통해 자신의 실제 움직임을 나이키랜드 내 아바타의 움직임으로 변환할 수 있다. 나이키 제품으로 아바타를 꾸밀 수 있고 디지털 쇼룸에서 최신 상품 대여도 가능하다. 현재 판매 중인 제품 외 과거에 출시된 상품도 이용할 수 있다.

3.4 YG엔터테인먼트

제페토가 2018년에 서비스한 후 전 세계 2억 명의 가입자를 모은 비결은 증강현실 기술과 인공지능 기술을 활용해 사용자가 찍은 '셀카'를 나와 닮았지만 조금 더 예쁜 3D 아바타로 만들어준다는 점이다. 이렇게 만들어진 3D 캐릭터는 자유롭게 제페토 가상공간 내 '맵'을 돌아다니면서 콘서트를 즐기거나, 이용자 간 게임을 하거나, 인스타그램과 같이 '피드[5]'를 관리하는 SNS 기능도 사용할 수 있다. 제페토는

[그림 7-16] 아바타 버전의 아이돌 그룹 '블랙핑크'

*자료원: 제페토 공식 인스타그램

5) SNS 사용자의 게시물을 묶어 다른 사용자에게 노출하는 화면

YG엔터테인먼트와 손잡고 2020년 9월에 걸그룹 '블랙핑크' 가상 팬 사인회를 열었다. AR 기능을 통해 만든 자신의 아바타를 통해 블랙핑크 멤버의 아바타를 가상공간에서 만나 '셀카'를 찍고 사인을 받을 수 있는 서비스였다. 접속할 때마다 총 36개의 사인을 무작위로 받을 수 있었고, 직접 찍은 사진에 블랙핑크 멤버의 아바타를 불러오는 것도 가능했다. 가상 팬 사인회는 오프라인 팬 사인회 이상의 인기를 끌어 전 세계 4,600만여 명의 팬이 가상 팬 사인회에 참여했고, 참여를 인증한 게시물도 20만 개가 넘었다.

3.5 LG전자

동물의 숲은 가상 캐릭터가 집과 마을을 꾸미고, 이웃과 교류하는 커뮤니케이션 게임이다. 누구나 쉽게 즐길 수 있는 데다 코로나19로 비롯된 집에만 머무는 '집콕' 추세와 맞물려 가상공간에서 소통하는 힐링 게임으로 인기를 얻고 있다. 지난해 3월 출시된 이후 글로벌 누적 판매량은 3천만 개 이상이다.

LG전자는 메타버스 게임인 '모여봐요 동물의 숲'에 '올레드(OLED) 섬'과 올레드의 자발광(自發光) 특성에서 착안한 '릿(LIT) 섬'을 만들어 LG 올레드 TV 마케팅을 펼쳤다. 올레드 TV의 강점인 4S, 즉 샤프(Sharp), 스피디(Speedy), 스무드

[그림 7-17] LG 올레드섬

*자료원: LiVE LG

(Smooth), 슬림(Slim)을 홍보하였다. 샤프는 정확한 블랙이 만드는 선명함을, 스피디는 빠른 응답 속도와 높은 게이밍 몰입감을, 스무드는 매끄러운 화면 표현을, 슬림은 라이프스타일 선도 디자인 등을 의미한다.

동물의 숲을 즐기는 게이머들은 방문 코드(꿈번지)를 입력하면 누구나 올레드 섬에 방문할 수 있다. 섬에서는 스포츠, 게이밍, 영화, 라이프스타일 디자인 등 콘셉트에 맞춰 꾸며진 다양한 LG 올레드 TV 제품을 만나볼 수 있다. LG전자는 게이머들에게 LG 올레드 TV를 보다 효과적으로 알리기 위해 다양한 흥미 요소도 마련했다. 예를 들면, 올레드 섬에 방문한 게이머들이 마치 보물찾기를 하는 것처럼 섬 안에 숨겨진 LG 올레드 TV를 찾는 과정에서 자연스럽게 섬 곳곳에 배치된 LG 올레드 TV를 접하게 되는 식이다.

3.6 다이아 티비(DIA TV)

제페토와 CJ ENM의 1인 창작자 지원 사업 다이아 티비가 제휴를 맺고 다이아 티비 유튜버의 제페토 진출과 제페토 내 인플루언서(influencer)의 유튜버 진출 등 콘텐츠 및 크리에이터 시너지를 강화했다. 제페토는 현재 글로벌 가입자 1억 9천만 명 중 해외 이용자 비중 및 10대 이용자 비중이 각각 90%, 80%를 차지할 정도로 글로벌 10대 이용자 중심으로 새로운 소셜 장르를 개척하고 있다. 특히, 해외 유튜브 크리에이터들도 제페토 아바타를 활용한 콘텐츠를 제작하면서 국내뿐 아니라 북미, 중남미, 동남아 등 해외 다양한 지역에서 성장세를 보이고 있다. 이러한 트렌드를 바탕으로 다이아 티비와 협업을 통해 Z세대를 겨냥한 콘텐츠를 늘려 제페토의 콘텐츠 경쟁력을 끌어올리고, 크리에이터들의 활동 무대도 넓히는 기회로 삼았다.

다이아 티비와 제페토의 협업에 91만 명의 유튜브 구독자를 보유한 크리에이터 '띠미'와 아역 배우이자 크리에이터인 '이채윤(구독자 8만 명 보유)'이 먼저 참여했다. 이들은 두터운 10대 팬층을 무기로 제페토 속 가상세계로 들어와 포토 · 비디오 부스를 활용한 콘텐츠를 업로드하며 팬들과 소통했다. 특히, 크리에이터 이채윤의 경우, 제페토 캐릭터를 생성하고 노는 모습을 유튜브 콘텐츠로도 제작하는 등 두 가지 플랫폼을 활용해 콘텐츠를 창작하는 모습을 보여주었다.

[그림 7-18] 다이아 티비와 제페토의 제휴 사례

*자료원: https://platum.kr/archives/154097

3.7 순천향대학교

순천향대학교는 SK텔레콤이 개발 · 제공하는 '점프VR' 플랫폼을 통해 메타버스 공간에서 2021년 신입생 입학식을 진행했다. 코로나19로 대학 생활의 중요한 첫 시작점인 입학식 및 오리엔테이션 등이 온라인으로 축소 진행되는 급변한 언택트 시대를 맞아 신입생들에게 메타버스를 통해 가상의 대학 캠퍼스에서 만나 소통하고 함께 즐기는 색다른 경험을 선사해 주기 위해 기획됐다. 특히, 메타버스 입학식을 위해 순천향대학교와 SK텔레콤은 본교 대운동장을 실제와 거의 흡사한 메타버스 맵으로 구현했으며, 가상의 대운동장은 SK텔레콤의 대표 VR 플랫폼인 점프VR '소셜월드'에 적용돼 입학식 주 무대로 활용됐다. 아울러 가상의 대운동장에는 현실에 존재하지 않는 대형 전광판이 추가돼 주요 입학식 프로그램들을 소개하고, 아바타들이 자기를 소개할 수 있는 단상도 마련됐다.

[그림 7-19] 순천향대학교 메타버스 입학식

*자료원: 아산데스크(http://www.asandesk.co.kr)

3.8 한국관광공사

한국관광공사는 제페토를 활용한 한국 여행 가상체험 공간을 2020년 말 전 세계에 선보였다. 제페토의 주 이용층은 모바일 환경에 친숙한 10~20대로 이들 Z세대를 겨냥한 콘텐츠 제작에 최적의 플랫폼이라고 판단하여 한국관광공사가 네이버제트와 함께 사업을 추진하였다.

제페토에 구축된 한국의 가상 여행지는 한강공원, 익선동 등이다. 한강공원은 출시된 지 하루 만에 약 25만 7천 명이 방문하였다. 이용자들은 제페토에 마련된 가상 한강공원에서 실제 강변에 온 것처럼 반포대교 무지개분수와 남산N타워를 감상하며 사진 촬영도 하고, 서울 밤도깨비 야시장을 재현한 플리마켓과 푸드트럭 체험, 편의점에서 라면 끓여 먹기, 수상택시나 튜브스터를 타고 한강 위를 건너는 체험까지 할 수 있다. 또한, 한강공원을 배경으로 브이로그나 뮤직비디오 등을 직접 제작해 자신의 SNS에 공유할 수도 있다.

참·고·문·헌

김이진, 이커머스가 메타버스에 푹 빠졌다! 대세는 '메타커머스', LG CNS (https://blog.lgcns.com/2663), 2021

김정수, 메타버스를 활용한 비즈니스 사례 분석 및 향후 전망, 방송통신위원회/한국인터넷진흥원, 2021

박지혜, 다가오는 메타버스 시대, 차세대 콘텐츠 산업의 방향과 시사점, 산업경제, pp.21-30, 2021

석왕헌, 메타버스 비즈니스 모델 및 생태계 분석, 전자통신동향분석, 36(4), pp.81-91, 2021

양수림, 조중호, 김재호, 물리 세계와 가상 세계의 연동, 메타버스 자율트윈 기술 개발 방향, 방송과 미디어, 26(3), pp.20-29, 2021

이상준 · 김태순, 리부트 메타버스, 2.0 시대로의 진화, ICT 이슈 블렌더, 한국지능정보사회진흥원, 2021

이승환, 로그인(Log In) 메타버스: 인간×공간×시간의 혁명, 스프트웨어정책연구소, 2021

이승환, 한상열, 메타버스 비긴즈(BEGINS): 5대 이슈와 전망, 소프트웨어정책연구소, 2021

미래가속화연구재단(ASF), Metaverse Roadmap: Pathways to the 3D Web. Retrieved from https://metaverseroadmap.org, 2007

D. Takahashi, "Roblox CEO Dave Baszucki believes users will create the metaverse," 27 January 2021.(https://venturebeat.com/2021/01/27/roblox-ceo-dave-baszucki-believes-users-will-create-the-metaverse/)

D. Xue(2021), Ten Business Models in Metaverse(https://medium.com/coinmonks/ten-business-models-in-metaverse-72587f42048b

연·습·문·제

1. 메타버스의 진화 방향에 대하여 설명하라.

2. 메타버스의 유형에 대하여 설명하라.

3. 메타버스가 갖는 특징에 대하여 설명하라.

4. 메타버스 비즈니스 모델의 최근 사례를 조사해 보자.

5. 메타버스 서비스 수익 모델의 최근 사례를 조사해 보자.

6. 전자상거래 영역에서 메타버스를 활용한 최근 사례를 조사해 보자.

8

CHAPTER

전자상거래 전략

기업 경영에서 전략적 사고와 전략적 경영 활동은 기업의 생존과 발전에 매우 중요한 요소이다. 전략이 부재한 기업들은 시장에서 도태되거나 경쟁에서 처지게 되어 결국 생존이 어렵게 된다. 전자상거래의 경우도 마찬가지다. 즉 전자상거래도 성공적으로 운영하기 위해서는 먼저 타당한 전략이 수립되어야 한다. 그런데 전자상거래는 비즈니스이기에 전자상거래 전략 역시 경영전략은 깊은 관계를 갖는다. 이에 이 장에서는 경영전략과 경쟁전략, 전자상거래 전략의 의미, 기존 기업의 전자상거래 변환 전략, 온라인 기업의 전자상거래 전략, 전자상거래 전략의 수립 및 실행 방법, 사물인터넷 활용 전략 등에 대하여 살펴보고자 한다.

1. 전자상거래 전략

1.1 경영환경과 경영전략

1.1.1 경영전략의 개념

전략(strategy)

전략(strategy)이란 원래 '전쟁에 관한 전체적인 계획과 군사행동의 윤곽을 수립하고 그 안에서 개별적인 싸움을 결정하는 것'을 의미하는 군사용어였다. 이러한 전략 개념이 경영학에서 중요시되기 시작한 것은 1960년대 이후의 일이다. 과거에 만들기만 하면 팔리던 산업사회 초기에는 경영전략의 개념이 없었다고 해도 과언이 아니다. 그렇지만 시장이 성숙하고 고객의 욕구가 충족되기 시작한 산업사회 후반기에 들어 시장과 소비자들이 원하는 우수한 제품을 만들어 전략적으로 접근해야만 하는 상황이 도래하면서 전략이 중요하게 부각된 것이다. 특히, 글로벌화가 가속화되면서 세계의 유수한 기업들과의 경쟁이 격화되고 이를 지혜롭게 해결해야 하는 상황에서 경영전략은 기업에 경쟁우위를 제공하고 유지해 줄 수 있는 중대한 의사결정 체계로서 지속적으로 진화 · 발전하고 있다.

통상적으로 전략이란 경쟁에서 승리하기 위한 수단을 말한다. 기업의 경우 경쟁에서 승리한다는 것은 목표를 달성한다는 것과 같다. 기업의 목표는 궁극적으로 이익 극대화이므로 경영전략이란 이익 극대화를 위한 방법과 계획을 수립하는 것을 의미할 것이다. 따라서 경영전략이란 기업 목표의 달성을 위해 효과적인 방법을 개발하도록 이끌어 주는 일련의 의사결정 형태로서, 조직 내부의 모든 기능과 활동을 통합하는 종합적으로 계획하는 것을 말한다. 즉, 조직이 항상 변하는 환경 속에서 장기적으로 좋은 성과를 거두려면 환경 변화와 조화를 이룰 수 있는 목적을 설정하는 것은 물론, 이를 달성하기 위해서 기업 내부의 인력, 자금, 기술 및 시설 등 모든 자원을 효율적으로 동원하는 통합적이며 종합적인 장기 계획이 필요한데, 이것이 바로 전략인 것이다. 따라서 전략은 조직의 장기적인 성과와 목적 달성에 많은 영향을

주는 결정적인 요소라고 볼 수 있다.

오늘날 경영전략의 의미는 기업에 경쟁우위를 제공, 유지해줄 수 있는 중요한 의사결정 및 분석체계라고 할 수 있다. 왜냐하면 경쟁이 치열한 오늘날의 경영에서 전략이란 먼저 경쟁 상황부터 가정해야 하기 때문이다. 따라서 경영전략은 긴박한 경쟁상황에서 기업 자신에게 경쟁우위를 가져다줄 수 있는 방법을 체계적으로 분석하고 추구하는 구체적인 사고 방법인 것이다. 이와 같은 의미에서 경영전략을 바라볼 때 이는 경쟁전략 방향으로 접근해 가는 모습으로 발전하는 것을 알 수 있다.

1.1.2 전략적 비전과 경쟁우위

오늘날의 전략이 경쟁상황에 대처하기 위한 것이라면, 구체적으로 전략적 비전과 경쟁우위의 실현을 위한 것이 경영전략인 것이다. 전략적 비전이란 기업이 전략적으로 지향하고자 하는 미래상을 의미한다. 이것은 막연한 꿈이나 희망과는 다르다. 장기적 안목에서 현실과 미래 목표를 연결하는 전략 구상이다. 따라서 전략적 비전은 사업의 기본목표와 기업이념을 결정하고 구체적으로는 조직 자원 배분의 기본틀이 되는 것이므로 오늘날 기업경영에서 매우 중요한 개념으로 인식되고 있다.

경쟁우위(competitive advantage)

한편 **경쟁우위(competitive advantage)**란 '독특한 능력'이나 시장에서의 '우월한 지위'를 말하기도 하고, 우월한 지위에 의한 성과로서 '높은 시장점유율'이나 '탁월한 수익성'을 의미하기도 한다. 이러한 경쟁우위는 [그림 8-1]에서 볼 수 있듯이, 경쟁우위의 원천, 경쟁적 지위 및 실적/성과의 단계적 순환 과정으로 표현된다.

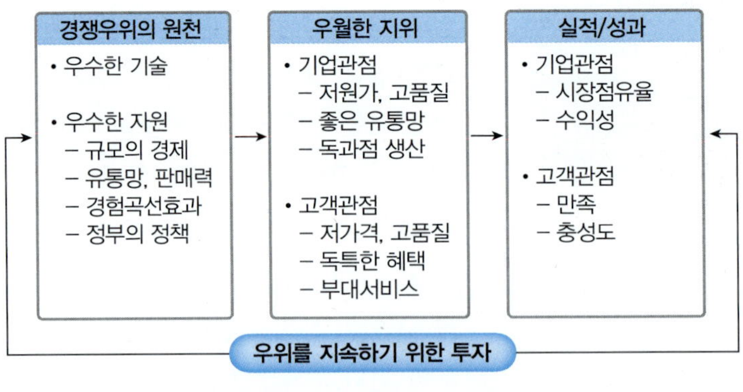

[그림 8-1] 경쟁우위의 구성요소

여기에서 경쟁우위의 원천이란 경쟁적 지위를 확보할 수 있도록 해주는 원천으로 독특한 기술 및 자원을 말하며, 경쟁적 지위는 경쟁업체와 비교할 때 경쟁 산업 내에서 더 우월한 지위에 있다는 것을 의미한다. 또한, 실적/성과는 우월한 경쟁우위 원천을 근간으로 경쟁적 지위를 획득했을 때 발생하는 결과를 말하는데, 경쟁우위 원천을 토대로 우월한 경쟁적 지위를 확보했을 때는 좋은 결과를 나타낸다고 볼 수 있다.

종합해 볼 때 경쟁우위란 우수한 기술이나 자원을 가지고 저원가, 고품질 혹은 독과점 생산의 실현이나 우수한 유통망 구축, 독특한 서비스 등을 통하여 동종 산업 내에서 평균수익 이상을 획득하는 것을 말한다. 따라서 장기적으로 경쟁우위를 지속시킨다면 조직은 높은 수익을 유지하면서 조직의 비전을 실현할 수 있는데, 현대 경영조직은 경영전략을 통하여 경쟁우위를 장기적으로 지속하고 전략적 비전을 실현하고자 하는 것이다.

기업이 경쟁우위의 확보 및 조직성과에 지대한 영향을 미치는 전략은 간단히 또는 단기간에 형성되지 않고 장기간에 걸쳐서 그리고 복잡한 과정을 통하여 설계된다. 이와 같이 만들어진 전략은 조직의 통합적이고 종합적인 계획으로 집행되어야 하는 것은 물론, 그 결과 여하에 따라서 전략 자체와 전략 집행을 평가, 수정해 나감으로써 성과 중심의 목적 달성이 이루어질 수 있다. 따라서 경영전략은 전략의 형성뿐만 아니라 전략의 집행과 평가 등 전략을 실제로 전개해 나가면서 전략적 목적을 달성시키는 총괄적인 경영과정을 의미한다.

1.1.3 경쟁전략의 개념

기업은 궁극적으로 제품이나 서비스를 가지고 시장에서 경쟁자와 경쟁한다. 따라서 경영자들은 변화하는 경쟁 환경과 시장 상황을 고려하여 각 제품 시장에서 경쟁하기 위한 전략을 개발해야 한다. 이와 같은 전략을 **경쟁전략(competitive strategy)**이라 한다. 따라서 경쟁전략은 한 산업 내에서 경쟁을 결정하는 힘에 대응하여 유리한 경쟁적 위치를 점하는 데 도움을 준다.

경쟁전략(competitive strategy)

경쟁전략을 수립할 때에는 경쟁과 관련된 다음의 두 가지 중요한 문제를 고려해야 한다. 첫째는 어떤 산업이 갖는 장기적인 수익성 매력과 그 결정 요소들이다. 모든 산업에서 똑같이 안정적인 수익성을 확보할 수는 없다. 특히, 전자상거래 산업은 치열한 경쟁 속에서 양호한 수익 모델을 확보할 때 비로소 수익성을 갖는다. 따라서 그 산업의 본래 수익성은 한 회사의 수익성을 결정하는 데 필수적인 요소이다. 경쟁전략의 두 번째 중요한 문제는 산업 내에서 경쟁 위치를 결정할 수 있는 특정 요인이다. 대부분의 산업에서 어떤 회사는 그 산업의 평균수익과 관계없이 다른 회사보다 높은 수익성을 유지한다. 그런데 이와 같은 산업 내 매력과 경쟁 위치는 항상 변화하며, 이를 변하게 하는 외부요인을 반영할 수 있는 정보의 뒷받침이 있어야 한다. 따라서 양질(목적 적합성, 정확성, 적시성)의 정보를 제공할 수 있는 디지털 기술은 경쟁전략 수립에 필수 불가결한 요소로서 파악할 수 있다.

경쟁전략은 [그림 8-2]에서 볼 수 있듯이, 다섯 가지의 요건을 갖추고 있을 때 기업에 경쟁우위를 가져다준다.

비교우위성
혁신성
독창성
매력성
수익성

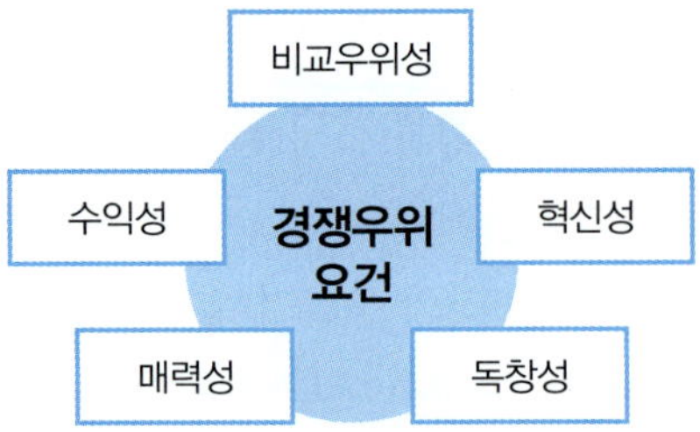

[그림 8-2] 경쟁전략의 경쟁우위 창출 요건

첫째, 전략은 '경쟁자들을 능가하는 특정한 강점을 제공'하도록 해야 한다. 이는 기업의 제품이 다른 경쟁기업의 제품보다 값이 싸거나 품질이 좋다는 것을 의미한다.

둘째, 전략은 '새롭고 기발하며 혁신적'이어야 한다. 이는 제품이나 서비스를 제공할 때, 혹은 고객의 불만을 처리할 때 새롭거나 혁신적인 방식을 사용함으로써 고객의 만족에 차별화를 기할 수 있어야 한다는 것이다.

셋째, 전략은 '독창적'이어야 한다. 이는 다른 기업들이 쉽게 제품이나 서비스를 모방하기가 어려워야 한다는 점을 포함한다. 그렇다고 제품과 서비스가 완전히 새로울 필요는 없다. 만약 메타버스 구현 기술을 독자적으로 보유하고 있다면 전략적으로 경쟁력을 가질 수 있다. 그러나 사람들이 '메타버스'라는 것을 들어 본 적이 없다면 메타버스 구현 기술은 '하나'라는 의미를 상실하게 된다.

넷째, 전략은 '구매자들에게 매력적'인 것을 제공하도록 하여야 한다. 이는 제품과 서비스를 원하는 구매자들이 그에 대한 대가를 지불할 용의가 있어야 함을 의미한다.

다섯째, 전략은 '수익성'을 가져다주도록 해야 한다. 이는 이익을 창출하는 모델이 있어야 함을 의미한다. 제품을 무상으로 공급해 주는 것은 어렵지 않지만, 이것은 지속될 수 없다. 그렇다고 제품과 서비스를 만들고 제공할 때 비용이 너무 많이 들어서도 안 된다는 것이다(노규성, 2022).

1.1.4 경쟁전략의 유형

기업의 경쟁 지위는 기업의 수익성이 산업의 평균적인 수익성보다 높을지 낮을지를 결정한다. 경쟁 지위가 잘 설정된 기업은 수익성이 낮고 매력적이지 못한 산업에서도 높은 이익을 얻을 수 있다. 장기적으로 평균보다 높은 이익을 유지하느냐의 문제는 경쟁우위를 지속시킬 수 있느냐에 달린 것이다. 기업은 경쟁자에 대해 수많은 강점과 약점을 갖지만, 기본적으로 원가우위와 차별화라는 두 가지 유형의 경쟁우위를 가진다. 이 두 가지 유형의 경쟁우위는 산업 내에서 평균 이상의 성과를 달성하기 위해 수행하는 전략의 경쟁 범위와 관련되어 있다. 즉 기업은 [그림 8-3]에서 볼 수 있듯이, 경쟁우위의 유형과 경쟁 범위를 어떻게 정하느냐에 따라 원가우위 전략, 차별화 전략 및 집중화 전략의 세 가지 경쟁전략을 취할 수 있다.

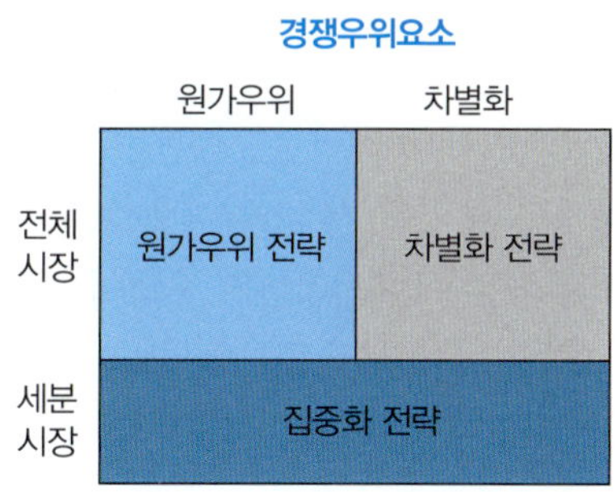

[그림 8-3] 포터의 경쟁전략 유형

(1) 원가우위 전략

원가우위(cost leadership) 전략은 특정 기업에서 원가를 낮추기 위한 일련의 노력을 통하여 원가 면에서 우세한 위치를 확립하는 것이다. 이를 위한 구체적인 방법으로

원가우위(cost leadership) 전략

는 설비 규모의 적정화, 원가와 간접비의 절감, 연구 개발, 판매 및 광고비용 최소화 등을 실현하는 것이 있는데, 이는 높은 수익을 실현해줌은 물론 강력한 진입장벽을 구축하고 경쟁사와 대체 상품에 대해서도 우월한 위치를 차지하게 해 준다.

원가우위 전략을 추구하는 원가 선도 기업(cost leader)이 경쟁우위를 원가우위에서 창출한다 해도 평균 이상의 성과를 얻기 위해서는 경쟁자와 유사한 수준의 품질을 유지하거나 대규모의 저가 시장을 창출할 수 있어야 한다.

(2) 차별화 전략

차별화(differentiation) 전략

차별화(differentiation) 전략은 기업이 제공하는 제품이나 서비스를 차별화함으로써 산업 전반에 걸쳐 그 기업이 우월하다는 이미지를 창출하는 전략 대안이다. 차별화는 고객에 대한 서비스, 디자인, 상품 이미지 등의 차별화에서 제품과 운송시스템, 마케팅 접근 방법에 이르기까지 다양한 요소들과 함께 광범위한 영역에서 이루어질 수 있다.

이들 기업은 차별화를 위한 비용을 능가하는 높은 가격으로 제품과 서비스를 제공함으로써 평균 이상의 성과를 얻는다. 한편, 차별화 전략을 추구하는 기업은 차별화에 영향을 주지 않는 모든 영역에서 원가를 절감시키기 위한 노력을 병행해야 차별화로 인한 고가격 효과를 최대화할 수 있다. 차별화 전략은 구매자에게 독특한 제품과 서비스를 제공하고 상표(brand) 충성도를 높여 기업의 시장경쟁력과 타 기업에 대한 시장 진입장벽을 제공한다.

(3) 집중화 전략

집중화 전략
원가 집중화(cost focus)
차별적 집중화(differentiation focus)

집중화 전략은 산업 내에서 세분화된 시장에 초점을 맞추어 제품과 서비스를 판매하는 전략이다. 집중화 전략은 목표시장에서 원가우위를 추구하는 **원가 집중화(cost focus)**와 차별화를 추구하는 **차별적 집중화(differentiation focus)**의 두 측면을 갖는다. 원가 집중화는 세분 시장 내에서 원가 우위를 이용하는 반면, 차별적 집중화는 시장에서 구매자의 특별한 욕구를 반영한다. 목표시장을 설정하고 집중화 전략을 추구하는 기업은 비록 전체 산업 내에서는 경쟁우위를 획득하지 못한다 하더라도 세분 시장 내에서는 경쟁우위를 얻게 된다.

경쟁전략의 기본적 목표는 경쟁우위를 확보하는 것이다. 그런데 마이클 포터(M. Porter) 교수에 의하면, '모든 사람에게 모든 것을 제공'하는 전략은 평균 이하의 성과와 전략적 열세를 의미하고, 그 기업이 갖고 있는 고유한 경쟁우위를 활용하지 못하게 된다. 즉, 경쟁우위를 달성하기 위해서는 기업이 얻고자 하는 경쟁우위의 유형과 전략적 표적시장을 규정해야 한다는 것이다([그림 8-4] 참조).

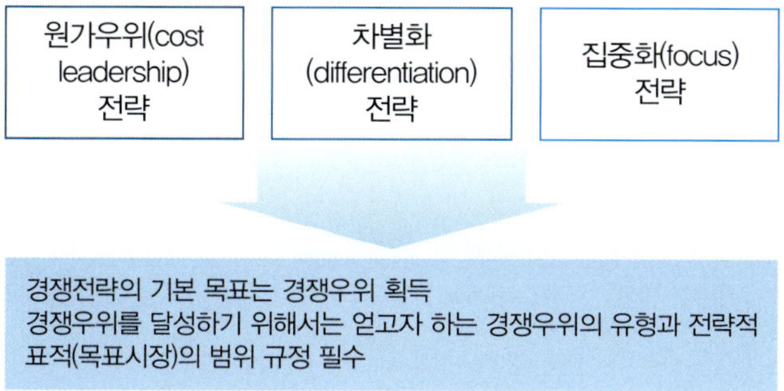

[그림 8-4] 경쟁전략의 목표

중요한 지적이지만, 차별화 전략과 원가우위 전략을 동시에 혹은 순차적으로 추구하여 성공한 사례들이 나타나고 있어 새로운 시각으로의 접근이 요구된다. 예를 들어, 토요타는 초기에 미국 자동차 시장을 공략했을 때 소형 자동차 시장에서의 차별적 이미지를 구축하면서 원가우위를 동시에 성공적으로 실현했다. 또한, 최근 대두된 블루오션 전략 역시 원가우위와 차별화를 동시에 추구함으로써 고객 가치 창출과 비용 절감이라는 두 마리 토끼를 잡는 대안으로 받아들여지고 있다(노규성, 2022).

1.2 전자상거래 전략의 이해

1.2.1 전자상거래 전략의 개념

일반적으로 전략은 불확실한 미래를 대비하는 의사결정이라고 할 때, 전자상거래 전략 또한 인터넷 혹은 디지털 경영환경에서 불확실한 미래에 대비한다는 측면에서 그 필요성을 찾을 수 있다. 즉, 기존의 경영전략의 필요성에 덧붙여 인터넷 및 디지털 전환 사회라는 특성이 강조되기 때문에 전자상거래 전략이 필요하다고 할 수 있다.

즉, 전자상거래를 성공적으로 구현하여 소기의 성과를 얻기 위해서는 이를 뒷받침할 타당한 전략이 수립되어야 할 것이다. 전통적인 의미에서의 경영전략은 조직이 환경변화를 감지하고 이를 기반으로 시장(고객)의 욕구를 반영한 제품이나 서비스를 제공함으로써 가치 창출을 실현하기 위한 내부의 인력, 자금, 기술 및 시설 등 모든 자원을 효율적으로 동원시키는 장기적인 계획이다. 이러한 의미에서 보면 전자상거래 전략도 경영전략의 한 유형이다.

그러나 기존의 경영전략 수립과 비교되는 것은 미래 환경의 불확실성과 예측의 어려움이 과거와는 비교할 수 없을 정도로 크다는 점이다. 디지털 기술의 발전 속도가 점점 짧아지고 있으며, 그로 인한 경쟁의 강도는 점점 심해지고 있다. 인터넷 확산으로 인하여 국경이 갖는 의미가 매우 희박해진 환경이 되면서 잠재적인 경쟁자의 경쟁 위협 강도가 점차 커지고 있다.

전자상거래 전략은 환경의 불확실성 증가, 변화의 예측 곤란성, 짧은 디지털 기술 발전주기, 경쟁의 심화 등의 특성이 고려되면서 필요성이 더욱 부각되고 있다. 특히, 오늘날 기업들은 디지털 상거래로 패러다임을 전환하고 있기 때문에 적절한 전자상거래 전략을 수립하지 않을 경우 기업의 운명이 위태로울 수 있다.

1.2.2 기존 경영전략과의 차이점

전자상거래를 추진하기 위한 전략은 전통적인 비즈니스 환경에서의 전략과 상당히 차이가 날 수밖에 없다. 즉, 새로운 사이버 공간에서 새로운 비즈니스를 실현하고자 하는 것이므로 이을 위한 전략으로서의 패러다임 변화가 필요한 것이다. 결국 디지털 공간의 핵심적인 특징을 감안한 역동성을 기반으로 하는 전자상거래 전략은 전통적인 전략과 동일한 의미를 갖는다 하더라도 실제 내용에서는 사실상 차이가 날 수밖에 없다.

(1) 분명한 목표와 방향설정

일반적인 경영전략에서는 인터넷 혹은 디지털 기술을 중요하게 고려하지 않았으므로 달성 가능한 구체적 목표 설정 측면에서 전자상거래 전략과 차이가 있다. 즉, 전자상거래 전략에서는 달성 가능한 목표 수준이 향상될 수 있으며, 설정되어야 할 목표의 범위 또한 확대될 수 있다. 일반적인 경영전략과 전자상거래 전략은 목표설정이라는 의미에서는 동일하지만, 목표의 양적 측면에서는 차이가 있다.

(2) 주요 변화의 예측

전략은 기업의 경영활동에 영향을 미칠 수 있는 주된 변화들을 예측하여 수립한다. 그러나 예측의 대상이 되는 변화의 내용이 전자상거래 전략에서는 일반 경영전략과 달라지게 된다. 통상적인 경영전략에서는 전체를 대상으로 환경 분석을 하지만, 전자상거래 전략에서는 일반적 환경 분석 외에 디지털 기술 환경 변화가 미치는 영향을 예의 주시하면서 분석하게 된다. 즉, 신규 기술의 개발, 새로운 기술표준의 등장, 경쟁업체의 기술 확보 동향 등을 분석하면서 자사 조직에 미치는 영향을 예측하여야 한다. 그러므로 일반 경영전략과 전자상거래 전략은 변화에 대한 예측 관점에서 갖는 의미는 동일하지만, 예측 대상에서는 차이가 있다.

(3) 목표 달성을 위한 최선의 방법 선택

기업은 목표를 달성하기 위한 최선의 방법을 선택할 수 있다. 전자상거래 전략에서는 목표를 달성하기 위해 선택할 수 있는 방법의 범위가 일단 경영전략보다 훨씬 넓다는 데 차이가 있다. 즉, 목표 달성 방법의 후보 대안들이 많아진다는 것이다. 이는 인터넷을 비롯하여 다양한 디지털 기술을 활용할 수 있기 때문에 가능한 일이다. 따라서 일반 경영전략보다 전자상거래 전략은 목표달성 가능성이 높고 보다 목표 지향적이라 할 수 있다.

(4) 경영자원의 효율적 활용

기업은 수립된 전략적 목표 달성을 위해 경영자원의 효율적인 활용방안을 모색한다. 전자상거래 전략 역시 일반 경영전략과 마찬가지로 경영자원의 효율적 적용에 대한 기준을 제공한다. 그러나 대상이 되는 경영자원이 보다 확대되고 주요 초점이 인터넷 및 디지털 기술에 있다는 점에서 차이가 존재한다.

1.3 기존 기업의 전자상거래 전환전략

1.3.1 전자상거래 전환전략의 의미

기존 기업들이 전자상거래를 수용하는 최근의 흐름을 보면, 전자상거래가 기업 혁신의 중요한 패러다임으로 작용하고 있다고 보인다. 인터넷이 출현한 이후 기업의 경영환경을 빠른 속도로 변화시키고 있기 때문에 기존 기업들은 어떠한 형태로든 이 변화에 신속하게 대응해야 했다. 그런데 최근 들어, 기존 기업들이 전자상거래 도입을 비즈니스의 필수적 과제로 인식하기 시작했다. 인터넷이 가져다주는 새로운 사업기회의 창출과 기업경영의 혁신 효과를 기존 기업들이 인정하고 있음을 나타내 주는 것이다.

선진 기업들은 이미 디지털 경제의 움직임과 충격을 파악한 상태에서, 자신의 기

디지털 전환(digital transformation)

업을 인터넷 환경에 적응시키는 데 총력을 기울이고 있다. 이처럼 전통적인 기업이 사업의 영역과 비즈니스 프로세스의 정보화, 지식화를 추구하는 것을 일컬어 **디지털 전환(digital transformation)**이라고도 일컫는다. 최근 들어 이러한 디지털 전환에 성공하였다고 평가받는 기업들이 늘어나고 있다. 전통적인 오프라인(Off-line) 기업들인 제네럴 일렉트릭(GE), 소니(SONY), 델 컴퓨터(Dell), IBM, NTT 등이 그러한 예에 속한다.

1.3.2 디지털 전환의 형태

프로세스(process)

그렇다면, 기존 기업들이 전자상거래화 하고 변신을 추구하는 유형은 어떠한 것이 있을 수 있을까? 기존 기업들이 디지털을 중심으로 변화를 추구한다고 할 때, 변화의 대상이 되는 영역은 크게 사업의 내용과 비즈니스 **프로세스(process)**가 된다. 사업의 영역이란 기존 기업이 시장에 제공하는 제품과 서비스를 일컫는 것이며, 비즈니스 프로세스란 기업이 업무를 추진하는 과정과 절차, 방법을 말하는 것이다. 인터넷이 전략적인 가치로서 기업에 도입될 때, 크게는 이 두 가지 영역에서 변화가 수반되는 것이다.

[그림 8-5]에서 볼 수 있듯이, 기존 기업은 크게 세 가지 유형으로 디지털 전환을 추진할 수 있다. 기존 기업이 어떠한 형태로 디지털 전환을 실행할 것인지 여부는 현재 외부의 환경과 자사의 역량 분석을 토대로 한 새로운 가치 창출 가능성과 혁신을 통한 업무 효율화와 비용 절감 등의 효과를 어디에서 어떻게 볼 수 있을 것인지를 파악하는 것에 달려 있다.

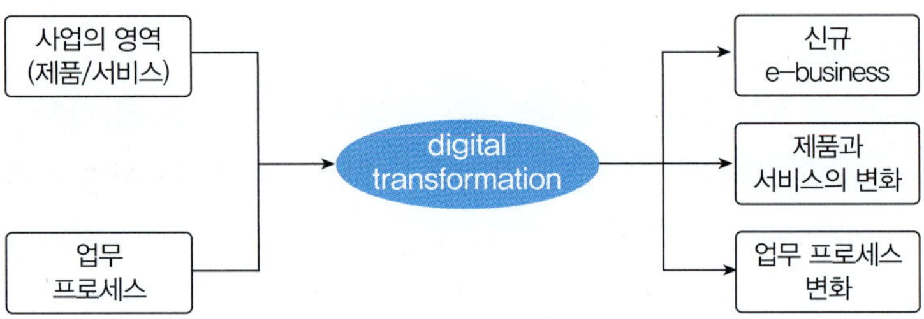

[그림 8-5] 기존기업의 디지털 전환(transformation)의 형태와 유형

(1) 신규 전자상거래 창출

기업이 기존에 제공하던 사업과는 달리 새로운 전자상거래를 창출하는 경우이다.

이 경우, 기존에 보유하고 있던 업무의 노하우와 제품생산 설비 등의 기존 인프라는 유지한 채, 이와는 별도의 사업 부문, 업무처리 방식, 기업문화 등을 창출한다. 대표적인 예로서, 생활 화학용품 생산업체인 ㈜옥시가 인터넷 카드 서비스인 Send2U(www.send2u.net)를 시작한 것을 들 수 있다.

(2) 제품과 서비스의 변화

기존에 제공하던 제품과 서비스의 내용을 인터넷 비즈니스에 맞게 변화시키는 경우이다. 이는 기업이 보유한 역량과 노하우의 연장선상에서 새로운 제품을 제공함으로써 전자상거래에 적응하는 것이다. 그렇기 때문에, 기존 사업의 전자상거래 적용 가능성과 사업 전환 능력 등이 중요하게 작용한다. 오프라인 서점인 교보문고가 온라인 서점(www.kyobobook.co.kr)을 개설하여 서비스를 시작한 것과 주요 대형마트(이마트, 홈플러스, 롯데마트)가 오프라인 출점 확대에서 벗어나 인터넷 쇼핑몰을 개설하여 서비스를 제공한 것이 대표적인 예이다.

(3) 업무 프로세스의 변화

기업의 경영활동에 포함되는 다양한 활동인 마케팅, 재무, 인사조직, 기획, 구매, 조달, 서비스 등에 인터넷이 활용됨으로써 업무의 효율화를 도모하는 경우이다. 이 중 많은 전통적인 기업들이 추구하는 유형은 판매의 인터넷화(B2C), 구매의 인터넷화(B2B) 등 업무 프로세스를 전자상거래로 변화시키는 것들이라 할 수 있다. 대표적인 예로서, PC 판매 업체인 델(Dell)은 인터넷을 통해 제품을 판매하여 유통상의 차별적 이득을 얻고 크게 성공한 적이 있다.

2. 전자상거래 추진 전략

2.1 전자상거래 개체들에 따른 추진전략 개요

온라인 기업의 전자상거래 추진과 관련되는 실행전략을 살펴보기로 한다. 우리가 전자상거래를 추진하기 위해서는 공급자 관련 전략, 소비자, 시장, 상품 관련 전략, 그리고 내부 프로세스의 효율화 전략 등으로 구분하여 전략을 점검해 볼 필요가 있다.

전략 유형을 살펴보기에 앞서 전자상거래와 관련되는 개체들을 살펴보고 사업자가 갖는 이들과의 관계 속에서 추진할 전략 유형을 정리해 보기로 한다.

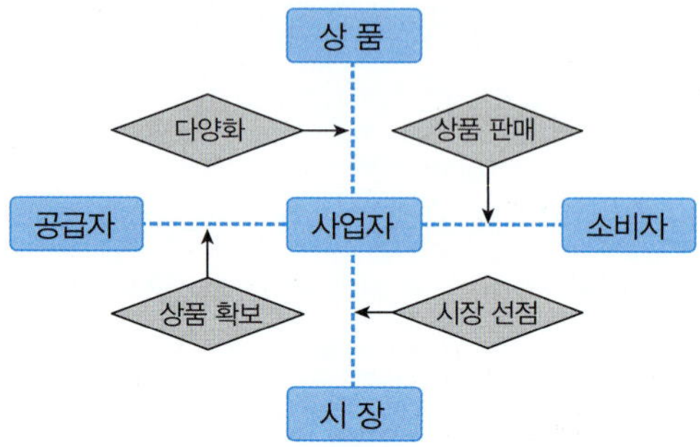

[그림 8-6] 전자상거래의 사업개체와 그 관계

*자료원: 김진우, 2000

전자상거래의 사업 개체는 [그림 8-6]에서 볼 수 있듯이, 인터넷에서 사업을 영위하는 사업 주체로서 사업자, 사업자에게 상품을 공급해 주는 공급자, 판매할 상품, 상품을 판매할 대상인 소비자, 그 상품을 거래하는 시장 등으로 구성된다. 사업의 주체인 사업자는 비즈니스를 전개하면서 전략을 수립하여야 하는데, 이는 역시 다른 비즈니스와 마찬가지로 환경 분석과 방향설정을 전제로 이루어진다.

전자상거래 전략은 앞에서 소개한 네 개의 개체들과 여러 가지 관련을 맺는 각기 다른 상황적 대안으로 나누어 볼 수 있다([그림 8-7] 참조).

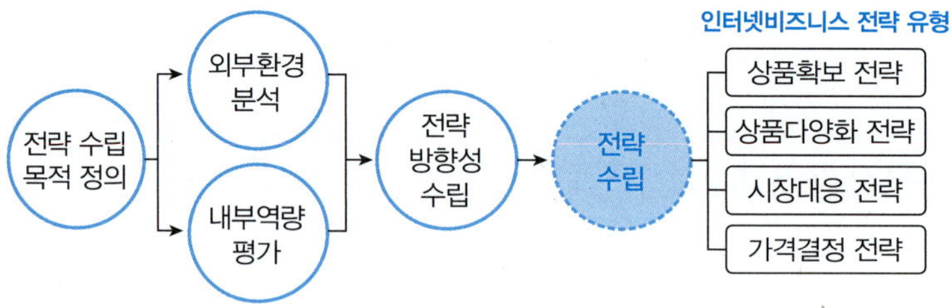

[그림 8-7] 전략 수립 과정과 전자상거래 전략 유형

첫째, 공급자와의 관계에서는 판매할 상품의 확보와 관련된 여러 가지 전략을 구사할 수 있다. 둘째, 상품과의 관계에서는 동일한 상품이더라도 다양한 고객의 욕

구에 맞게 판매 전략을 구사할 수 있다. 셋째, 시장과의 관계에서는 사업자가 시장에서의 지위에 따라 다른 대응전략을 구사할 것이다. 넷째, 고객과의 관계에서는 고객에게 적절한 상품과 서비스를 제공하고 이익을 창출하기 위한 가격결정 전략을 구사할 것이다. 이상 비즈니스 개체들과의 관계에서 나타나는 전략을 분류하면 〈표 8-1〉과 같이 4가지로 정리할 수 있다. 이 4가지 전략 유형을 보다 자세히 살펴보자.

〈표 8-1〉 전자상거래 추진 전략 유형

<table>
<tr><th>전략분야</th><th>구분</th><th>전략 유형</th><th>비고
(개체 관계)</th></tr>
<tr><td rowspan="2">상품
확보전략</td><td>• 상품의 직접 취급</td><td>• 직접 판매 전략</td><td rowspan="2">공급자와의
관계</td></tr>
<tr><td>• 공급자로부터 조달</td><td>• 수수료 전략
• 저작권 수집 전략</td></tr>
<tr><td rowspan="5">상품
다양화 전략</td><td>• 시간 차원의 다양화</td><td>• 배달 시간 다양화 전략
• 처리속도 다양화 전략
• 사용시간 다양화 전략</td><td rowspan="5">상품과의
관계</td></tr>
<tr><td>• 데이터 차원의 다양화</td><td>• 데이터 용량 다양화 전략
• 이미지 해상도 다양화 전략
• 데이터 범위 다양화 전략</td></tr>
<tr><td>• 기능 차원의 다양화</td><td>• 기능의 수 다양화 전략
• 기능 조작상 다양화 전략</td></tr>
<tr><td>• 사용 차원의 다양화</td><td>• 인터페이스의 다양화 전략
• 사용상 편의성 다양화 전략
• 기술적 지원의 다양화 전략</td></tr>
<tr><td>• 기타의 상품 다양화</td><td>• 묶어 팔기 전략
• on/offline 병행 전략</td></tr>
<tr><td rowspan="2">시장 대응
전략</td><td>• 시장 방어 전략</td><td>• 시장 확대 전략
• 공격적 가격 전략</td><td rowspan="2">시장과의
관계</td></tr>
<tr><td>• 시장 선점 전략</td><td>• 주식 가치 제고 전략
• 광고 전략</td></tr>
<tr><td rowspan="2">가격 전략</td><td>• 요금 부과 방식 전략</td><td>• 거래 요금 전략
• 사용 건당 요금 부과 전략
• 정기 구독 회원 전략
• 입장료 전략</td><td rowspan="2">고객과의
관계</td></tr>
<tr><td>• 가격 차별화 전략</td><td>• 개인화 가격 전략
• 집단 가격 전략</td></tr>
</table>

2.2 전자상거래 추진전략 유형

2.2.1 상품 확보 전략 유형

(1) 직접 판매 전략

직접 판매(direct selling) 전략

전자상거래를 하기 위해 먼저 취급하고자 하는 상품과 이를 어떻게 조달할 것인가를 결정해야 한다. 만약 상품을 직접 생산 판매하는 경우에는 **직접 판매(direct selling) 전략**을 구사하면 된다. 자신이 생산한 제품을 판매할 사이트를 구축하거나 종합쇼핑몰(mall of mall)인 전자상거래 플랫폼 등에 입점하고, 이를 통해 고객에게 제품을 판매하면 된다. 이 경우 물리적인 매장이 필요치 않다. 그만큼 싼 가격에 상품을 판매할 수 있기 때문에 이를 고객에게 효과적으로 전달할 전략이 필요하다. 일반적으로 전통산업의 제조 기업들이 직접 사이트를 개설하여 고객을 상대로 직접 제품을 판매하는 경우가 이에 해당한다. 그러나 오프라인(off-line) 유통망을 보유하고 있는 업체의 경우에는 기존 유통망 관리에 면밀한 주의가 요구된다.

(2) 수수료 전략

수수료(commission) 전략

물건을 직접 생산하지 않을 경우, 공급자와의 관계를 어떻게 이끌어 갈 것인가를 결정하는 전략으로서 수수료 전략이나 저작권 전략을 고려할 수 있다. **수수료(commission) 전략**의 경우, 타 기업이나 타인의 상품 판매를 대행한 후, 이에 대한 수수료를 수입으로 하는 비즈니스를 구사한다. 쿠팡이나 지마켓과 같은 대부분의 상거래 플랫폼은 직접 제품을 생산하는 것이 아니라 타 업체의 제품을 대신 판매하거나 판매자들이 판매한 것에 대한 수수료나 마진을 주된 수익원으로 하고 있다.

(3) 저작권 수집 전략

저작권 수집(copyright collectives) 전략

이에 반해 **저작권 수집(copyright collectives) 전략**은 작곡가, 작사가, 음반업자와 같은 디지털 콘텐츠 소유자를 대신해서 그들의 작품에 대한 사용 허가를 주고, 이에 대한 수수료를 수입으로 하는 비즈니스를 구사할 수 있다.

2.2.2 상품 다양화 전략 유형

디지털 상품(digital goods)

한편 사업자가 고객들의 성향을 감안하여 취급하는 상품을 다양화하는 전략을 구사할 수도 있다. 특히 **디지털 상품(digital goods)**의 경우 상품의 다양화 전략을 구사하기가 용이하다. 이와 같은 상품 다양화 전략은 시장의 분석을 통한 고객의 집

단화와 상품의 특성을 고려한 상품 차별화 가능성 분석이 선행되어야 추진이 가능하다. 상품 다양화 전략에는 시간 차원을 활용하는 전략과 데이터 차원을 활용하는 전략, 기능 차원을 활용한 전략, 그리고 사용성 차원을 활용한 전략이 있다.

(1) 시간 차원의 다양화 전략

먼저 시간을 활용하는 경우에는 배달 시간을 차등화한다든가, 처리속도를 달리한다든가, 혹은 사용 시간을 제한함으로써 각기 다른 사용료를 지불하도록 하는 전략을 추진한다. 예를 들어, 시간에 민감한 정보의 경우 더 빨리 제공받고자 하는 사용자에게는 더 높은 가격에 판매하고, 빨리 받을 필요가 없는 사용자에게는 낮은 가격에 판매하는 전략이 해당된다.

(2) 데이터 차원의 다양화 전략

다음으로 데이터 차원을 활용하는 경우에는 데이터의 양이나 범위를 차등화한다든가, 데이터의 정밀도를 조절하여 상품을 다양화한다. 예를 들어, 전문직에 종사하는 사람은 매우 자세하고 충분한 데이터가 필요하지만, 보통 사람들은 어느 정도의 데이터만 있어도 된다. 이와 같은 차이를 활용하여 상품을 다양화하는 것이다. 유사한 사례는 이미지의 해상도에 따라 상품을 다양화하는 전략에서도 찾아볼 수 있다. 즉, 사진이나 이미지를 다루는 분야에서 고해상도가 필요한 전문가들에게 더 높은 가격에 고해상도의 이미지를 제공하는 것은 비즈니스 성격상 당연하다.

(3) 기능 차원의 다양화 전략

그리고 기능 차원을 활용하는 다양화 전략의 경우에는 데이터 처리 능력이나 기능의 융통성 등을 통해 상품의 다양화를 추구한다. 데이터의 처리 능력이 다양하면 복잡한 일을 처리할 수 있지만, 그런 기능이 필요치 않은 사람도 있다. 또한, 데이터를 단순히 보기만 하는 경우와 인쇄를 하는 경우, 그리고 다운로드를 받는 경우 모두 다른 가격으로 서비스할 수 있다. 그리고 이 모든 기능을 다 제공하는 경우에는 할인해서 제공하기도 한다.

(4) 사용성 차원의 다양화 전략

사용성 차원을 활용하는 전략의 경우에는 사용자의 인터페이스, 편리성, 기술적 지원 수준 등의 차등화를 통해 상품 다양화를 추구한다. 여기에서 **사용자 인터페이스**

사용자 인터페이스(user interface)

(user interface)란 사용자가 정보에 접근하는 방식으로서, 그 방식의 다양성에 따라 상품을 달리 제공할 수 있다. 유사하게 사용상의 불편함을 제거(편리성을 부여)하는 정도에 따라서도 상품을 다양화할 수 있다. 단순하게 제공할 경우에는 무료로 이용하도록 하고, 편리하게 이용할 경우에는 정식으로 요금을 지불하도록 하는 방식이 그 좋은 예일 것이다.

(5) 기타 상품 다양화 전략

묶음판매(Bundling)

기타 상품 전략으로는 특정 상품을 다른 품목과 묶어서 판매하는 **묶음판매(Bundling)** 전략과 온라인/오프라인을 병행하는 전략을 들 수 있다. 묶어서 판매하는 경우, 기술적으로 연동이 잘 되는 상품의 경우 훨씬 유리하다는 점, 묶어서 판매함으로써 가격적으로 보다 저렴하게 판매할 수 있다는 점, 그리고 필요성은 작지만 묶어서 구매함으로써 가격적으로 유리하므로 쉽게 살 가능성이 있다는 점 등이 장점으로 작용한다.

워드프로세서(Word), 수치계산용 프로그램인 워크시트(Excel), 프리젠테이션용 프로그램(Powerpoint), 그리고 데이터베이스 프로그램(Access) 등의 프로그램을 묶어서 파는 마이크로소프트의 MS-office가 대표적인 사례라 할 수 있다.

블렌디드 러닝(Blended Learning)

블렌디드 러닝(Blended Learning)은 사이버 강좌를 진행하다가 온라인 교육이 갖는 단점을 극복하기 위해 특정 과목을 마친 다음에 교육장에 모여 강사의 요약 강의로 이해를 더욱 심화시키는 것으로 묶음판매 상품에 해당한다.

2.2.3 시장 대응 전략 유형

시장과 관련하여 추진할 수 있는 전략 유형은 크게 두 가지로 나누어 살펴볼 수 있다. 하나는 시장선도자가 후발주자들의 시장 진입을 방어하는 전략 유형이고, 다른 하나는 신규사업자가 시장 선점을 시도하고 이를 기반으로 수익을 확보하고자 하는 전략 유형이다.

(1) 시장 방어 전략

시장선도자의 경우 이윤을 노리고 진입하고자 하는 후발주자들의 시장 진입을 막고 자신의 수익성을 제고하고자 할 것이다. 그 첫 번째 대안은 엄청난 투자를 한 다음 이에 맞는 가격으로 판매해 감히 투자할 엄두를 못 내게 함으로써 다른 사업자의 진입장벽을 구축하는 투자 확대 전략이다.

다른 사업자의 시장 진입을 막기 위한 또 다른 전략은 이미 초기 투자비용을 환수한 상태이므로 아예 공격적으로 가격을 인하하여 누구도 수익성을 확보하기 어려운 상태를 도출하는 공격적 가격 전략이다.

(2) 시장 선점 전략

신규시장을 개척하는 사업자의 경우 일단 시장에 진입하여 자리를 잡은 다음, 시장 점유율을 높이고 이를 기반으로 수익을 창출하고자 할 것이다. 그 첫 번째 대안은 강력한 마케팅을 통해 가능한 한 많은 고객을 확보한 다음, 이를 기반으로 하여 기업의 성장성을 평가받게 되면 주식가치가 향상되고 부가적인 수익을 확보할 수 있게 하는 전략이다. 전자상거래 초기에 국내의 많은 포털 사이트나 인터넷 폰 전문 사이트들이 이와 같은 전략을 추진하여 주식가치를 극대화하였다. 그러나 이 전략 대안은 자칫 의미 없는 회원의 증가로 인해 오히려 수익성이 악화될 가능성도 있기 때문에 수익 모델을 동반하지 않으면 매우 위험한 전략 대안이라는 점을 명심하여야 할 것이다.

시장 선점과 이를 통한 수익 창출 전략의 또 다른 대안은 광고 전략이다. 대부분의 무료 사이트들은 모두 광고 전략을 취하고 있다고 보면 된다. 이는 많은 이용자나 회원을 확보한 상태에서 광고를 유치하여 그 수수료를 수익으로 하는 비즈니스 모델이다. 그러나 유지보수 외에 회원 확대를 위한 비용은 지속적으로 증가한 데 반해, 광고수익 외에 별다른 수익 모델이 없어 경제적으로 어려운 상황을 겪다가 인수합병 당하는 무료 사이트가 꽤 있다. 이를 감안할 때 광고 전략은 고정 방문 회원과 고객의 확보, 광고 효과의 확실한 증명 등 보다 심도 깊은 분석과 전략적 대안을 겸하고 가능하면 쇼핑몰의 병행 운영 등 확실한 수익 모델을 확보하는 것이 필요한 전략이라 할 수 있다.

(3) 초기 진입과 후발 진입의 선택

산업 혹은 세분 시장에서 초기 진입자에게는 여러 가지 이점이 있다. 아리바(Ariba), 이베이(eBay), 베리사인(Verisign) 등과 같은 기업들은 초기에 진입하여 큰 성공을 거두었다. 초기 진입자는 높은 시장 점유율을 획득하고, 상표명을 구축하고, 독점적인 전략적 제휴 관계를 수립할 기회가 있다는 점에서 유리하다. 반면, 초기 진입자는 전자상거래 플랫폼의 개발에 따른 높은 비용, 실패 가능성, 새로운 시스템의 출현으로 인한 시스템의 진부화 위험 등의 단점을 감수해야 한다(Turban, 2012).

초기 진입이 항상 성공을 보장받는 것은 아니다. 이토이(eToy), 케멕스(Chemex) 같은 기업들은 초기에 진입했으나 파산을 하였거나 사업을 변경하였다. 그리고 한솔 CSN의 경우 국내 최초로 온라인 종합 쇼핑몰을 오픈하였으나, 후발 기업들과의 경쟁에서 고전을 면치 못하고 사업을 철수해야 했다. 기업의 입장에서는 전자상거래 시장에 진출할 때, 전반적인 환경 분석을 통해 초기 진입을 할지, 아니면 후발 진입을 할지에 대한 전략적인 판단을 해야만 한다.

2.2.4 가격 결정 전략 유형

가장 중요하게 고려되어야 하는 비즈니스 개체는 물론 고객이다. 전자상거래 사업자의 성패는 고객에게 달려있다는 것은 누구나 다 아는 사실이다. 그래서 무엇보다 중요한 전략 중의 하나는 고객과의 관계 속에서 어떻게 가격을 결정하고 수익을 확보할 것인가 하는 전략이다. 이는 요금 부과 방식에 따른 전략과 고객 차별화 가격 전략으로 나누어 살펴볼 수 있다.

(1) 요금 부과 방식 전략

사용 건당 요금 지불(pay-per-use) 전략

요금 부과 방식에 따라 구사하는 전략으로는 먼저 거래 요금 전략을 들 수 있는데, 이는 전자상거래에서 가장 일반적인 전략 형태이다. 즉 거래 요금(transaction fee) 전략은 예스24(www.yes24.co.kr)와 같은 인터넷 서점 사이트에서 컴퓨터 분야의 전문 서적, CD, 잡지 등을 구입한 고객에게 그에 상응하는 요금을 수령하는 형태의 전략을 말한다. 또 다른 요금 부과 방식으로 **사용 건당 요금 지불(pay-per-use) 전략**이 있는데, 이는 상품의 사용 건당 요금을 부과하기 용이한 디지털 상품에 대해 부과하는 전략이다.

이에 비해 정기 구독 전략은 상품이나 서비스를 이용한 대가를 이용 기간에 따라 차등하여 요금을 수령하는 전략을 취한다. 예를 들어, 만화를 취급하는 '인터넷만화(manhwa.co.kr)'와 같은 사이트에서는 사용 기간을 달리하여 다른 정기구독료를 받고 있다. 이외에 이용자가 사이트에 입장할 때마다 입장료를 받는 전략으로써 사이버박물관이나 사이버미술관과 같이 이용자들이 인터넷에 접속한 상태에서만 활용할 수 있는 상품이나 서비스 분야에서만 추진할 수 있는 전략도 있다.

(2) 가격 차별화 전략

한편 **가격 차별화 전략**은 개인화와 집단화에 따라 다른 전략 유형이 있다. 먼저 개인화된 가격 전략은 이용자마다 차별화된 가격으로 상품을 제공하는 전략을 말한다. 이는 인터넷이 철저한 개인화를 이룰 수 있기 때문에 이를 이용하여 가격 차별화를 용이하게 할 수 있다는 특성을 십분 활용한 전략 유형이라 할 수 있다. 즉, 각 개인은 자신의 욕구와 성향에 따라 각기 상품에 대한 가치 기준과 효용도가 다르기 때문에 그에 상응하는 가치를 지불할 용의가 있다는 것이다. 한편 사람들의 집단적 특성에 따라 차별화 전략을 다른 각도에서 적용할 수 있을 것이다.

가격 차별화 전략

다른 가격 차별화 전략은 집단 세분화 가격 전략이다. 이는 사람들을 집단으로 세분화할 수 있는 요소를 가격 민감도, 집단화 효과, 습관성 등으로 나누어 보고 이를 적용하여 차별화 전략을 구사한다. 먼저 가격 민감도의 경우, 학생과 일반인들은 가격 측면에서 상당한 차이를 보인다는 점을 감안할 때, 같은 상품에 대해 이 두 집단에 대해 각기 다른 가격 전략을 구사하는 경우에 해당한다.

집단화 효과란 동일한 작업을 하는 집단은 다른 프로그램으로 작업하는 것보다 같은 프로그램으로 작업하는 것이 편리하므로 가격 측면에서 유리하다면 동일한 상품을 쓰고자 할 때 나타나는 구매 효과를 말한다. 따라서 이런 집단에 대해서는 초기에는 다소 손해를 보더라도 보급률을 높임으로써 집단화 효과를 얻을 수 있도록 하는 전략을 구사하여야 할 것이다. 그리고 습관성을 이용한 집단 가격 전략은 일반적으로 사람은 어려서 사용하던 것을 지속적으로 사용하는 습관을 지니고 있다는 점을 감안하여 장기적인 관점에서 가격 전략을 구사하도록 권고한다.

집단화 효과

2.3 전자상거래 플랫폼에의 참여전략

2.3.1 전자상거래 플랫폼 개요

그간 기업이 자사의 제품과 서비스를 그대로 유지한 채 전자상거래를 하기 위해서는 사이버공간의 가상 장터인 **e-마켓플레이스(marketplace)**에 참여하는 형태로 전개되어 왔다. 그러나 전자상거래가 유통의 가장 중요한 수단으로 부상하면서 e-마켓플레이스는 다수의 공급자와 수요자가 만나는 공간인 **전자상거래 플랫폼(EC platform)** 또는 **오픈 마켓(open market)**으로 진화, 발전하게 되었다.

e-마켓플레이스 (marketplace)
전자상거래 플랫폼(EC platform)
오픈 마켓(open market)

초기에 전자상거래는 벤처(venture) 수준의 작고 유동성 있는 인터넷 기업들을 중심으로 구축되기 시작되었다. 이때 당시 각각의 전자상거래 기업들은 자사의 쇼핑몰을 직접 개발하거나 툴을 활용하여 구축하는 방식으로 사업을 추진해 왔다. 그러나 이러한 방식은 비용부담이 크고 광고 등에서 많은 제약점을 가지고 있었다. 그래서 소규모 자영업자, 소상공인 혹은 스타트업 형태의 전자상거래를 하고자 하는 경우에는 성장해도 이익을 내기가 쉽지 않았다. 그리고 이러한 제약점은 산업의 매력적인 성장에 장애로 작용하였다. 그렇기 때문에 등장한 것이 플랫폼 형태의 종합 쇼핑몰이다. 인터넷 기반의 플랫폼을 매개로 가상공간에서 자영업자 혹은 기업들이 만나기 때문에, 동종 산업 혹은 이종 산업의 종합적 집합이 가능해지는 것이다. 물론 개별적으로 특화된 쇼핑몰 사이트들은 여전히 성업 중이다.

전자상거래가 본격적인 꽃을 피운 것은 플랫폼 쇼핑몰과 오픈 마켓이 출현하고 이에 대해 대기업들이 본격적으로 투자하면서이다. 이들 대기업들은 풍부한 자금력과 플랫폼 장악력, 관련 업체들과 자영업자들의 참여를 유도하는 동원력 등을 장점으로 플랫폼 시장의 핵심 주자로 움직이고 있다. 기존의 대규모 설비에 의한 규모의 경제를 추구한 대기업에게는 플랫폼 시장이 전자상거래를 활용하는 좋은 기회가 되는 것이다.

2.3.2 전자상거래 플랫폼 참여시의 고려사항

동일한 사업 분야에서도 동시에 많은 수의 플랫폼 쇼핑몰이 존재할 수 있다. 이 경우 플랫폼 간의 경쟁이 불가피하다. 자영업자나 중소기업은 플랫폼 시장의 참여를 결정하면서 참여 사업자의 명단과 수, 사업 내용, 마케팅 지원 및 지불 수수료 등을 사전에 정확하게 파악해야 한다. 현재 플랫폼 쇼핑몰을 주도기업들이 다수이기 때문에 이들 간의 치열한 경쟁은 지속될 것이다. 그러므로 플랫폼 쇼핑몰 내의 판도 변화를 주시하는 것도 참여를 준비하는 자영업자 및 소상공인들의 과제가 된다.

플랫폼 홍보 내지 인터페이스 디자인이 마음에 든다고 성급하게 특정 플랫폼에 입점하기보다는 산업별 특성, 기업 역량, 시장 상황, 경쟁 구도, 참여 사업자에 대한 마케팅 지원 등을 종합적으로 판단하는 것이 선행되어야 한다. 특히 플랫폼에 참여하여 사업을 성공적으로 수행하기 위한 정보화 마인드와 기본적인 디지털 기술 인프라 및 디지털 마케팅 역량 등을 갖추어 놓는 것도 해결해야 할 과제라 할 수 있다.

또한 플랫폼에 참여하는 것이 전략적인 우선순위인가? 플랫폼 참여 시의 전자상거래 전략을 어떻게 발전시켜갈 것인가? 어떻게 가치를 창출할 것인가? 경쟁의 차별성은 무엇인가? 등도 전략적으로 고려해야 할 요소이다.

3. 전자상거래 전략 수립과 실행

전자상거래 초기에는 전자상거래화의 효용성과 성과에 대한 논란이 많았다. 그러나 전자상거래의 효익으로 인해 전통적인 기업들조차 앞다투어 전자상거래를 도입하면서 이러한 논란은 자취를 감추고 말았다. 특히 4차 산업혁명이 전개되고 무엇보다 코로나 팬데믹에 의한 비대면 문화가 확산되면서 '실효성 있는 전자상거래'로의 도약을 위한 방안에 몰두하게 되었다. 이는 다름 아닌 전자상거래에 대한 포괄적이고 신뢰할 수 있는 분석과 전략 수립 방법론이다.

기업 전자상거래화의 성공적 실행은 자금, 인력, 디지털 기술, 그리고 이를 유기적으로 통합하도록 제반 요건들을 경제적이고 효과적이며 능률적으로 고려한 전략을 통해 가능해진다. 이런 의미에서 전자상거래 전략 수립 방법론이란 이러한 활동을 가능하게 하는 것으로서 전자상거래화 추진의 효율적 구현 요체라 할 수 있다.

다시 말해서 전자상거래 전략 수립 방법론이란 전자상거래화 추진계획의 목표들을 효과적으로 달성할 수 있는 전자상거래 전략을 도출하는 일련의 절차와 기법 및 산출물 등을 의미한다. 따라서 전자상거래 전략 수립 방법론은 기업이 주어진 환경하에서 가용한 자원을 활용하여 최적의 전자상거래 운영시스템을 달성하게 할 수 있는 주요 핵심기반이라고 할 수 있다.

전자상거래는 기술적 발전과 시장 상황의 변화, 고객의 요구변화에 따라 끊임없이 변화, 발전하는 속성을 갖고 있다. 즉, 전자상거래화를 추진하는 각 기업은 지속적으로 비즈니스를 개선하려는 노력을 기울여야만 경쟁에서 생존할 수 있다. 전자상거래는 비즈니스 활동의 상당한 부분이 웹 사이트와 모바일 앱으로 표현되고 구현된다. 전자상거래의 개선과 발전은 곧 해당 사업을 구현하고 있는 웹 사이트와 모바일 앱의 개선과 갱신을 뜻한다. 따라서 자체적으로 쇼핑몰을 운영하는 기업의 경우 지속적인 사이트 개발과 개편에 관련된 수많은 프로젝트를 자체적으로 수행할 수 있는 능력이 필수적으로 요구된다. 또한, 사이트와 관련된 수많은 프로젝트를 경제적이고 신속하게 수행하며, 웹 사이트 개발 과정의 헤아릴 수 없는 위험요소들을 효율적으로 관리할 수 있는 능력 또한 필수적으로 갖춰야 할 요소이다.

포지셔닝

전자상거래가 지속적인 경쟁력을 갖추기 위해 효율적인 프로젝트 수행 경험과 방법을 체계화한 것이 바로 방법론이다. 특히 개별 기업의 경우 방법론이란 사업 추진 경험과 지식의 총합이고 기존 작업 방식 개선의 결과물이라 할 수 있다. 그러나 급변하는 기술적 변화로 인해 개별 기업이 전자상거래에 대한 방법론을 자체적으로 개발하고 지속적으로 확보한다는 것은 간단한 일이 아닐 뿐 아니라 상당한 투자가 필요하다. 이런 이유로 인해 기업들은 외부 컨설팅 업체의 경험과 지식을 필요로 하게 된다. 그런데도 전자상거래 기업들은 자신이 속한 산업에 적합한 전략과 운영 방법론을 확보하는 노력을 게을리해선 안 된다. 결국, 해당 산업과 자신의 비즈니스를 가장 잘 아는 기업은 다른 그 어떤 곳도 아니기 때문이다. 전자상거래 전략을 수립하기 위한 구체적인 절차와 단계는 [그림 8-8]과 같이 기회와 **포지셔닝**, 전자상거래 전략설계, 전자상거래 실행계획, 효과 분석과 평가 등으로 구성되어진다.

[그림 8-8] 전자상거래 전략수립 방법론

3.1 비전설정과 포지셔닝

전자상거래 전략을 수립하기 위한 첫 번째 단계로 기회와 포지셔닝 단계에서는 모든 구성원이 공유하는 명확한 비전, 고객의 요구에 대한 파악, 고객의 요구를 만족시키기 위해서는 어떠한 능력을 갖추어야 하는가에 대한 명확한 이해 등을 수행하여야 한다. 기회와 포지셔닝의 단계는 [그림 8-9]에서 볼 수 있듯이, 미션과 비전의 수립, 외부환경 분석, 내부환경 분석, 기회의 포착, 포지셔닝의 도출 등으로 구성된다.

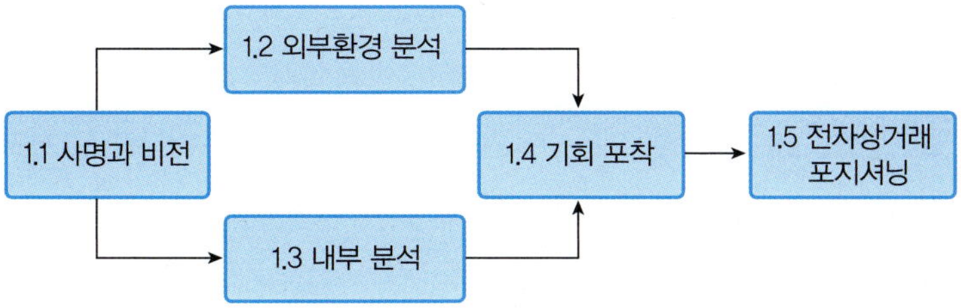

[그림 8-9] 기회와 포지셔닝

전자상거래 기회를 고려하는 기업의 **미션(mission)** 수립은 어떠한 분야에서? 무엇을 겨냥할 것인가? 어떠한 방식으로? 무엇이 될 것인가? 등을 결정하는 단계이다. 적절한 전자상거래의 기회를 발견하는 것은 쉬운 일은 아니다. 이용 가능한 응용들은 수십 가지에 달하며, 기업들은 어떠한 응용 순서로 도입해야 할지를 결정해야 한다. 기업의 비전은 사명을 달성하기 위한 정성적 및 정량적인 지표를 의미한다.

미션(mission)

외부환경 분석은 외부환경 요인의 동태와 기회와 위협/약점과 강점 분석, 포터의 산업구조분석 등을 실시하여 고객의 변화, 시장의 변화, 경쟁의 분석을 실시한다. 기업 내부의 분석은 가치사슬모형을 이용하여 시간 단축, 비용 절감, 정보량 확대를 가능하게 하는 프로세스를 찾는 단계이다. 그러나 기존의 가치사슬에는 변화가 수반된다. 즉, 디지털 기술과 인터넷의 발달로 인하여 생산, 유통, 서비스 활동에 변화가 발생하고 있으므로 기업 내부적으로 가치사슬 모형의 재구축을 실시하여야 한다. 기존의 가치사슬은 내부에서 외부로 향하는 방향이지만, 전자상거래 가치사슬은 대체로 외부에서 내부로 향하는, 반대되는 방향으로 구성된다.

전자상거래 기회를 포착하고 발견하는 것은 결코 쉬운 일이 아니다. 기회의 포착은 기업의 비전과 내부 및 외부 분석을 통해 도출된 결과를 토대로 기업의 역량과 조화를 이루는 부분에서 가능하게 된다. 수립된 기업의 목표를 달성하기 위한 기업의 역량을 세분화하여 필요한 부분에 집중과 선택을 하여 기회를 모색하는 것이다. 기회 포착을 위한 방법으로는 일반적으로 **SWOT** 분석 방법을 사용한다. 전자상거래가 성공하기 위해서는 올바른 사업 부문을 탐색하는 것이 중요하다. 조직의 수용 능력과 전자상거래 기회를 연결하는 포지셔닝을 결정하는 것이 최종적인 첫 단계의 결과물이다.

SWOT

3.1.1 외부환경 분석

기업의 환경이라고 하면 기업의 행동방식과 경영성과에 영향을 주는 여러 가지 주요 요소들을 말하는데, 외부환경은 [그림 8-10]에서 볼 수 있듯이, 경제적 환경, 기술적 환경, 사회적 환경, 정치, 법적 환경 등으로 나누어 볼 수 있다. 이 환경들은 모두 기업이 전략을 수립하는 데 중요한 고려 요소로 작용한다.

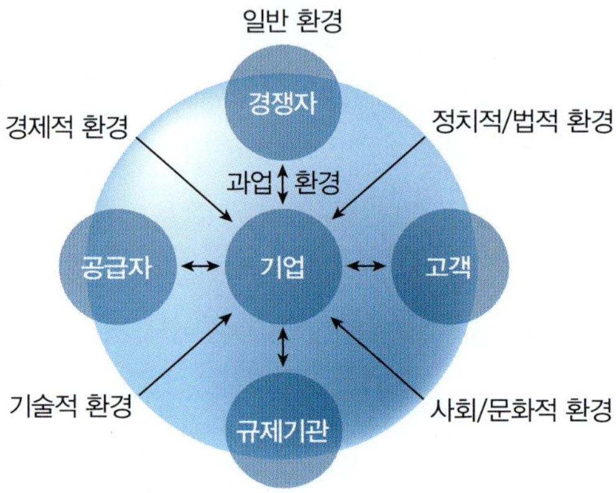

[그림 8-10] 기업의 외부환경요인

경제적 환경은 기업이 처한 경제 상황을 나타내는 것으로 인플레이션율, 실업률, 임금/가격 통제, GNP 성장 경향, 이자율, 통화량, 주가와 환율 동향 등의 경제 제반 상황을 들 수 있다. 기술적 환경은 정부와 산업 차원에서 R&D 투자액, 특허보호제도나 신상품 개발 현황, 연구에서 시장으로의 기술 이전 정도 등의 상황을 말한다. 정치/법적 환경은 공정거래와 관련된 규제나 환경보호와 관련된 법규, 세법, 기업 장려 정책 등의 법적 환경과 더불어 선거나 정치권력의 향방과 같은 기업이 속한 사회의 정치적 상황을 의미한다. 사회/문화적 환경은 라이프스타일의 변화, 소비자 운동의 변화, 인구통계학적 특성 즉, 인구의 연령분포나 교육 수준, 출생률, 인구의 지역적 분포 등을 들 수 있다.

이러한 상황 속에서 기업은 거시적 환경변화에 대한 심층적인 이해가 필요하다. 즉, 환경이 미래에 어떠한 방향으로 변할 것이며, 그에 따라 기업이 어떤 영향을 받을 것인가? 그리고 환경의 변화에 대해 우리 기업의 경쟁자와 고객은 어떻게 반응할 것인가와 같은 고민과 그에 대한 대응 전략을 수립하는 것이 중요하다고 할 수 있다.

3.1.2 산업구조 분석

기업이 처한 외부적 환경 분석은 이상의 여러 가지 요인을 파악하여 그에 적절한 대응전략을 수립하고자 하는 것이다. 이외에 기업이 속한 산업의 경쟁구조에 대한 면밀한 분석도 필요하다. **산업**(경쟁)**구조 분석**이란 특정한 산업에 있어서 경쟁자, 공급자, 고객과의 관계로 형성된 산업의 환경을 조직적으로 분석하는 것을 의미한다.

산업구조 분석
산업
구조 분석

산업구조를 분석하는 기법을 처음 경영전략에 도입한 사람은 포터(Michael Porter)이다. 포터는 모든 산업에 있어서 다섯 가지의 경쟁 세력들(five forces)이 산업에서의 기업 경쟁력을 결정하며, 이러한 세력의 전반적인 힘은 그 산업에서 기대할 수 있는 궁극적인 이윤 잠재력에 의해 결정된다고 보았다. 포터가 제시한 산업구조 분석 기법은 [그림 8-11]과 같이 산업 내의 경쟁 기업, 잠재적 진입 기업, 대체품을 만드는 기업, 공급자, 구매자 등의 다섯 가지의 경쟁세력을 다루고 있다. 이 기법은 이들 세력들 간의 경쟁구조와 경쟁의 심화 정도를 분석하여 산업의 수익적 매력도를 판단하고 자사의 전략적 위치를 파악하게 한다.

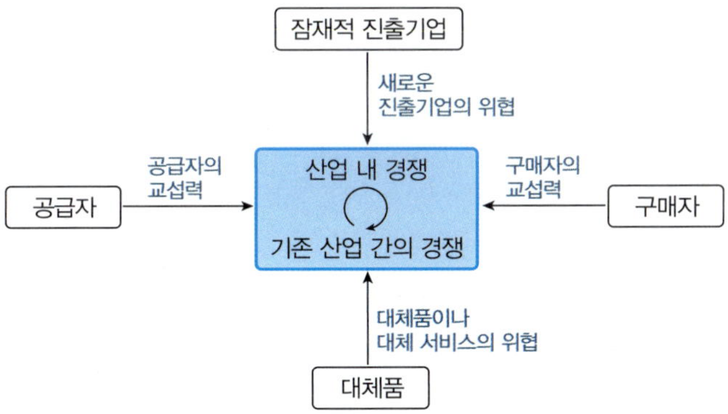

[그림 8-11] 포터의 경쟁세력 모형

(1) 기존 기업과의 경쟁

대부분의 산업에서 경쟁의 양상과 산업 전체의 수익률을 결정하는 가장 중요한 요인은 이미 그 산업 내에서 경쟁하는 기업들 간의 경쟁관계이다. 산업 내의 기존 기업들 간의 경쟁 양상과 강도를 결정하는 요소는 산업의 집중도, 경쟁 기업의 동질성과 이질성, 제품 차별화의 정도, 경기순환에 따른 초과 설비, 비용의 구조 등으로 구성되어 있다.

(2) 잠재적 진입기업과의 경쟁

만약 어느 산업의 수익률이 상당히 높거나, 그 산업이 정말 유망한 산업이라고 한다면, 많은 기업들이 그 산업에 진입하고 싶어할 것이다. 그러나 막대한 이익을 얻을 수 있다고 해서 모든 기업들이 그 산업에 진입할 수 있는 것은 아니다. 어느 기업이든 자유롭게 진입할 수 있다면 그 산업의 수익률은 진입 기업들과의 경쟁에 의해 점차 낮아지게 될 것이다. 또한, 실제로 진입이 일어나지 않는다고 하더라도 만일 다른 기업들이 언제든지 그 산업에 뛰어들 준비가 되어 있다면, 그 산업에 있는 기존 기업들은 잠재적 경쟁자가 진입할 수 있다는 위협 때문에, 가격을 높게 받지 않고 시장을 확보하는 수준으로 낮추어 이러한 진입 시도를 사전에 차단하게 될 것이다.

진입장벽(entry barrier)

이와 같이 기존 기업들이 신규 진입 기업에 비해 가지는 우위를 **진입장벽(entry barrier)**이라고 한다. 즉, 진입장벽이란 신규 진입 기업들이 기존 기업들에 대해 부담하는 상대적인 불리함이다. 이와 같은 진입장벽들은 그 산업에서의 경쟁 기업의 진입을 약화시키고 그 산업에서의 높은 수익률을 유지할 수 있게 한다. 진입장벽은 신규 진입을 효과적으로 억제하기는 하지만, 신규 진입 기업들은 이러한 진입장벽에 대하여 다각적인 시도를 통해 이를 피해 가려고 할 것이다. 즉 새로운 기술, 새로운 경영능력, 새로운 브랜드를 가지고 효과적으로 시장 진입에 성공하기도 한다.

(3) 대체재와의 경쟁

대체재(substitute)

만일 산업의 수익률이 소비자가 그 제품이나 서비스에 대해 기꺼이 지불하려는 가격에 따라 결정된다면 산업의 수익률은 **대체재(substitute)**의 유무에 따라 굉장히 차이가 나게 된다. 이와 같이 대체재가 많으면 많을수록 기업들이 자신의 제품이나 서비스에 높은 가격을 받을 수 있는 가능성은 줄어든다. 이와 같이 대체재의 존재가 그 산업의 가격 결정에 영향을 미치는 정도는 크게 두 가지 요소에 좌우된다. 첫째, 소비자들이 쉽게 대체재로 옮겨갈 수 있는가 하는 문제이고, 둘째는 대체재가 가진 유용성이다.

(4) 구매자의 교섭력

어떤 산업에 있는 기업이든 궁극적으로는 소비자들에게 제품이나 서비스를 공급한다. 구매자의 교섭력을 결정하는 데에는 다음 두 가지 요소가 중요하다. 먼저 제품 차별화가 심할수록 구매자는 가격에 대해 민감하지 않게 된다. 예를 들어, 과자, 의류 등과 같은 제품은 종종 원가보다 훨씬 높은 가격을 받고 있으며, 구매자들은 높은 가격을 지불하더라도 자신이 선호하는 제품을 사기 마련이다. 구매자의 교섭 능력에 더 영향을 미치는 것은 판매하는 기업과 구매하는 기업(또는 소비자) 간의 **교섭력(bargaining power)**[1]의 차이이다.

교섭력(bargaining power)

이러한 교섭력은 첫째, 구매자의 공급자에 대한 상대적 크기, 둘째, 구매자들이 공급자의 제품, 가격, 비용구조에 대한 구체적 정보 확보 여부, 셋째, 구매자들이 공급선을 바꾸는 데 소요되는 **전환비용(switching cost)**[2]의 과다, 넷째, 수직적 통합의 가능성 유무 등에 의해 결정된다. 이와 같이 구매자의 교섭 능력이 강하면 공급자들은 가격과 이윤을 낮출 수밖에 없다. 즉, 구매자가 더 큰 기업일수록, 구매자가 금액이 크기가 공급자의 매출에서 차지하는 비중이 크면 클수록, 구매자가 훨씬 가격에 민감할수록, 공급 기업의 수익률은 낮아지게 된다.

전환비용(switching cost)

(5) 공급자의 교섭력

강력한 구매자가 교섭력을 행사하여 가격을 낮춤으로써 공급자로부터 이익을 더 취할 수 있는 것처럼, 공급자들도 자신의 교섭 능력이 강할 때 가격을 높임으로써 이윤의 폭을 넓힐 수 있다. 많은 산업에 있어서 원자재를 공급하는 기업들은 종종 자신의 교섭 능력을 높이기 위해 카르텔을 형성하기도 한다. OPEC은 산유국의 교섭력을 높이려는 카르텔이고, 노동조합도 사실은 노동력을 공급하는 노동자들이 단체 교섭력을 높여 구매자인 기업으로부터 더 많은 이익을 얻어내기 위한 조직이라고 볼 수 있다.

3.1.3 산업구조에 미치는 디지털 기술의 영향

디지털 기술은 더 빨리, 더 낮은 가격으로 향상된 품질의 제품을 고객에게 공급할 수 있도록 지원한다. 또한, 약간의 추가 비용만으로도 기존의 제품에 고객의 요구에 부응하는 기능을 쉽게 첨가할 수 있다. 경우에 따라서는 디지털 기술로 획득한

---

1) 교섭력(bargaining power) 또는 협상력은 협상을 잘 해서 협상의 목적을 달성할 수 있도록 하는 능력을 말한다. 여기에서의 협상력은 재화나 서비스를 구매하는 소비자 혹은 원재료를 제공하는 공급자가 시장에 미치는 영향력의 정도이다.

2) 교체비용(switching cost) 혹은 전환비용이란 구매자가 현재 사용하는 기술, 제품, 서비스에서 다른 기업의 기술, 제품, 서비스로 전환하고자 할 때 부담해야 하는 비용을 말한다.

다양한 자료를 바탕으로 전혀 새로운 사업에 진출할 수도 있다. 전자상거래 기업의 경우 다양한 디지털 기술로 경쟁역량을 강화하는 것이 필요하므로 이에 대한 이해가 중요할 것이다. 다섯 가지 경쟁세력 모형의 각 경쟁세력이 가지는 의미와 이들에 대한 디지털 기술의 잠재적 영향은 〈표 8-2〉에서 보는 바와 같다.

〈표 8-2〉 각 경쟁세력에 대한 디지털 기술의 활용

경쟁 세력	경쟁 세력의 영향	디지털기술의 활용 방안
산업 내 경쟁자	가격, 제품, 유통경로와 서비스 등에서 경쟁	비용절감의 효율화, 제품과 서비스, 회사의 차별화
구매자	가격 인하, 제품과 서비스의 품질 향상, 경쟁력 고취	고객의 선택 폭 확대, 높은 전환비용, 차별화
공급자	가격 상승, 제품과 서비스의 품질 저하	유통경로 강화, 다양한 공급자 발굴, 높은 전환 비용
신규 진입 기업	규모 확장, 많은 자원 필요, 가격 인하 및 높은 진입 비용	규모의 경제, 전환 비용, 제품 차별화, 유통경로의 진입 저지 등의 진입 장벽 구축
대체재 생산기업	상한가격 설정, 잠재 수익 봉쇄	제품과 서비스의 재편, 저가격, 제품의 성능 향상

*자료원: 노규성 외, 2019

3.1.4 내부 환경 분석과 핵심역량

기업의 내부 환경을 분석하려면 무엇보다도 먼저 기업 내부의 자원에 대한 파악이 선행되어야 한다. 기업의 경영자원은 크게 유형자원과 무형자원, 그리고 인적자원으로 나눌 수 있다. 유형자원은 기업이 가지고 있는 물적자산과 금융자산으로 기업의 대차대조표에 나오는 주요 경영자원을 말한다. 무형자원은 눈에 보이지 않는 기술이나 기업이 가지고 있는 명성(브랜드) 등을 말한다. 인적자원은 유형자원인지 무형자원인지 구분이 모호하기도 하나 중요한 경영자원의 하나이기 때문에 통상 따로 분류하여 다루고 있다. 내부 자원의 주요 특성과 핵심 지표를 정리하면, 다음 〈표 8-3〉과 같다.

〈표 8-3〉 기업의 경영자원

경영자원		주요특성	핵심지표
유형자원	물적자원	• 공장과 설비의 규모, 위치, 기술의 정밀성과 유연성, 건물과 토지의 용도 전환과 위치가 중요 • 원자재의 획득가능성이 기업의 생산가능성을 제한하며 비용 및 품질우위를 결정	• 고정자산의 재판매 가치 • 자본 설비의 수명 • 공장의 규모 • 고정자산의 용도전환 가능성
	금융자원	• 기업의 자금차입능력과 내부자금의 운용 • 가능성이 기업의 투자능력을 결정	• 부채/자본비율 • 자본지출에 대한 현금보유비율 • 신용등급
무형자원	기술자원	• 특허권, 저작권, 기업비밀 등의 독점기술 노하우 • 전문기술을 포괄하는 기술자원, 기술혁신자원, 연구설비, 기술인력	• 특허권의 수와 중요성 • 독점 라이선스로부터 얻는 수익 • 전체 종업원 중 연구개발 인력의 비중
	브랜드	• 소비자들에게 널리 알려진 상표를 기업이 보유함으로써 소비자들과의 좋은 관계 형성 • 그 기업의 제품에 대한 소비자들의 신뢰 확보	• 브랜드 인지도 • 경쟁브랜드에 대한 가격 프리미엄 • 재구매 비율 • 제품 품질에 대한 객관적인 측정
인적자원		• 종업원에 대한 훈련과 그들이 보유한 전문기술이 그 기업이 활용할 수 있는 기술수준을 결정 • 종업원들의 유연성이 기업 전략의 유연성을 결정 • 종업원들의 충성과 헌신이 경쟁우위를 유지할 수 있는 기업의 능력을 결정	• 종업원의 교육, 기술, 전문자격 산업평균대비 임금수준

이러한 기업 내부의 자원 중에서 핵심역량이라는 개념이 화두로 등장하게 되었다. 핵심역량의 개념을 살펴보면 기업에서 핵심을 이루는 경쟁력으로서 경쟁 타사보다 우수한 제품 및 서비스를 고객에게 제공할 수 있는 능력, 조직 구성원의 힘을 결집하여 문제를 해결하는 능력 및 타사에 앞선 신기술을 경영에 도입하는 능력 등을 기업이 가진 독자적인 기술이라고 할 수 있다. 경쟁이 치열한 상황에서 볼 때는 자사의 강점을 '자사의 궁극적인 경쟁력'으로 바꿔 읽는 전략적 관점이 핵심적 역량인 것이다. 기업이 가지고 있는 핵심역량에 따라서 기업이 가지는 경쟁적 지위가 달라지고, 그 정도에 따라 기업의 전략도 달라질 것이다.

기업에 따라서는 시설이나 설비, 자금력 등이 핵심역량이 될 수도 있지만, 요즘처럼 지식과 정보가 기업의 중대한 경쟁력 척도가 된 시대에는 축적된 기술이나 노하우, 구성원들의 지식이나 창의력, 유통 경로에 대한 영향력, 부품 공급업체와의 양호한 파트너십, 창의적이고 건전한 기업문화, 효율적인 경영 관행, 기업의 좋은 이미지 등과 같이 눈에 보이지 않는 요인들도 기업의 경쟁적 우위를 확보해 주는 핵심역량이 되고 있다.

핵심역량

종합해 보면, **핵심역량**이란 [그림 8-12]에서 보는 바와 같이, 기업의 경쟁력의 근저를 이루는 나무의 뿌리와 같은 것이다. 튼튼한 나무의 뿌리는 하루아침에 만들어지는 것이 아닌 것처럼 핵심역량의 축적은 지속적이고 의식적인 노력을 필요로 하며, 조직의 학습조직화를 요구하기 때문에 핵심역량은 경쟁자를 따돌릴 수 있는 경쟁우위의 강력한 원천이 된다. 경쟁사가 이러한 역량을 축적하려면 상당한 기간과 노력을 투여해야 하기 때문에 한 번 축적된 핵심역량은 지속적으로 확대 발전 및 장기간 보유가 가능할 때 지속 가능한 경쟁우위가 확보될 수 있다.

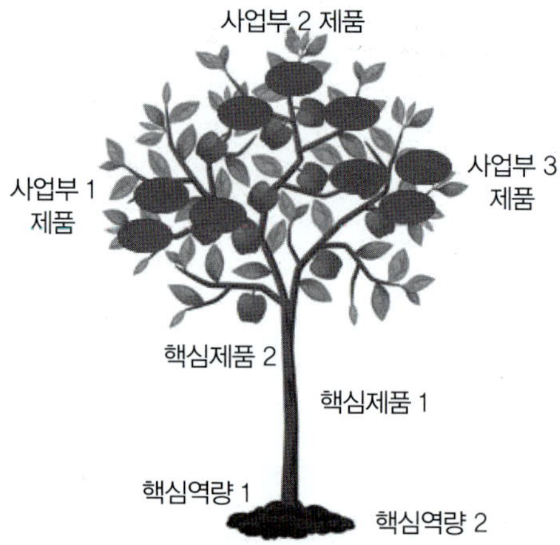

[그림 8-12] 핵심역량의 역할

3.1.5 가치사슬모형

기업은 산업 환경에서 나타나는 기술 발전 추이, 경쟁자의 존재, 새로운 잠재적 경쟁자 등의 경쟁 상황을 조성하고 있는 환경요인들을 떠나서 독립적으로 운영한다는 것이 거의 불가능하다. 따라서 기업들은 기업이 처한 산업 환경의 구조분석을 통해 기업 간 경쟁의 원인과 고객의 수요에 대처하는 신속한 대응 방안의 수립이 절실하다. 포터는 기업의 경영활동을 기능별로 나누어 분석하면 기업 활동 간의 상호 연계 관계를 파악하는 데 어려움이 있기 때문에 활동별 강 · 약점은 파악되어도 활동 간의 시너지 효과 때문에 생기는 강 · 약점은 파악할 수 없다고 이야기했다. 이에 복잡한 시장경쟁의 구조하에서 기업들이 경쟁우위의 원천을 확보하고 이를 실행하며 필요한 전략을 모색하기 위하여 **가치사슬모형(value chain model)**을 제시하였다. 가치사슬은 한 기업의 활동을 전략적으로 연관성이 있는 몇 개의 활동들로 나누어 원가가 발생하는 원천과 자사 제품을 경쟁사의 제품과 차별화시키는 원천을 밝혀내기 위해 도입된 개념이다.

가치사슬모형(value chain model)

가치사슬은 기업 활동을 사업적 목적을 위해 수행하는 기술적, 경제적으로 구별되는 활동 등으로 나누어진다. 이와 같은 가치를 창출하는 일련의 관련성 있는 활동들을 **가치 활동(value activity)**이라 하며, 가치 활동들이 창출하는 가치가 가치 활동에 소요되는 비용을 능가한다면 그 기업은 이윤을 남길 수 있게 된다.

가치 활동(value activity)

경쟁사보다 경쟁우위를 가지기 위한 방법으로는 두 가지가 있는데 이는 가치 활동들을 더 효율적으로 수행하여 비용 절감으로 이루는 전략과 수행방식을 다르게 해서 차별화를 통해서 수익을 증대하는 것이다. 포터는 고객을 위해 가치를 창조하는 기업과 가치창조를 창출하는데 비용의 개념으로서 경쟁적 우위 개념을 도입했다. 기업이 생산하는 제품은 기업이 물류적, 기술적으로 차별화된 활동의 연계 즉 가치사슬에서 창출된다는 것이 그의 논리다.

기업이 수행하는 가치 활동 중에는 가치를 창출하기 위한 주(본원적) 업무 활동과 기본적인 업무 활동을 지원하는 보조 활동으로 [그림 8-13]과 같이 구분할 수 있다. **주 활동(primary activities)**은 고객의 가치를 창출해 내는 기업의 제품과 서비스의 생산 및 분배와 직접적으로 관련된 활동이다. 주 활동은 원자재 투입, 생산/운영 활동, 출고와 물류, 마케팅과 판매, 서비스를 포함한다. **보조 활동(support activities)**은 기업의 본원적 활동이 가능하도록 해주는 것으로, 조직 하부구조(관리와 경영), 인적자원관리(모집, 고용, 훈련, 개발, 보상), 기술(제품과 공정을 향상시키기 위한 노력), 조달(투입 요소를 구입하는 것)로 이루어져 있다.

주 활동(primary activities)
보조 활동(support activities)

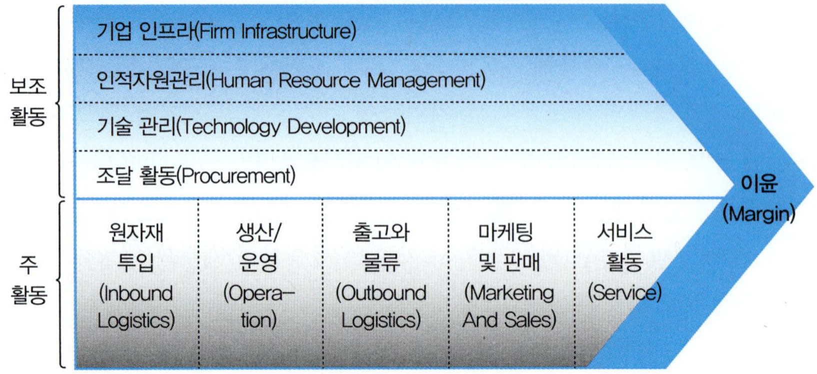

[그림 8-13] 가치사슬모형

가치 활동은 경쟁우위를 창출하는 구성요소로 서로 관련성을 가진 활동이 체계적으로 이루어진 것이지 독립적 활동의 단순한 집합이 아니다. 한 기업의 가치사슬은 상호의존적 가치 활동들이 서로 연결된 하나의 시스템으로 가치 활동 간의 연결은 한 가지 활동이 비용이나 효과 면에서 다른 활동에 영향을 줄 때, 또 이익의 상충이 일어날 때 생기게 된다. 따라서 이러한 연결은 조정을 필요로 한다.

예를 들어, 좋은 제품을 만들기 위하여 좋은 원자재를 구입하여, 우수한 생산시설에서 까다로운 품질 규정에 의해 제품을 생산함으로써 사후관리의 비용을 감소하는 결과를 낳을 수 있다. 하지만, 필요 이상의 원자재 가격이나 생산시설의 고정비 부담은 제품 가격의 상승을 초래하기도 한다. 이와 같은 경우는 대부분의 기업에서 발생하는 상황으로 이때 기업은 경쟁적 우위를 획득하기 위하여 불필요한 업무를 제거하고, 원가에 부담이 되는 비용 발생 요인에 대한 명확한 규정을 통하여 비용과 수익 간의 적정성이 고려되는 수준에서 원자재, 생산설비 등의 선택이 필요하다.

가치사슬 내의 연계가 경쟁 우위를 확보하는 데 있어 매우 중요하지만, 이를 인식하는 일은 매우 어려운 문제이다. 최근에는 정보처리기술의 발전으로 인해 새로운 연계를 찾을 수 있게 되었으며, 기존의 연계를 잘 조합해서 경쟁우위를 증진시킬 수도 있게 되었다.

가치사슬모형은 기업이 추진하는 전략 및 경쟁우위 확보와 내부 역량을 연계시키는 관점을 가지고 기업 자원을 분석하는 데 활용된다. 가치사슬에 포함된 다양한 활동들은 기업이 추구하는 원가 우위 전략 혹은 차별화 전략의 성공적 실행에 초점을 맞추고 부가가치를 창출해야 한다. 디지털 기술의 이용은 경쟁 원천으로 인식되는 핵심 가치 활동의 경쟁력을 보다 향상시켜서 궁극적으로는 조직 전체의 경쟁력을 향상시키는 데 이바지하게 된다(노규성 외, 2019).

〈표 8-4〉 가치사슬 활동

활동	정의
입고	원자재/부품 등의 구매, 원재료관리, 자재보관, 적시배송 등
생산	기계 유지보수, 가공, 조립, 조업, 제품생산 등
출고	완제품의 창고보관, 출고, 배송, 유통 등
마케팅 및 영업	시장에의 접근, 홍보, 영업, 판매, 고객유치/유지 등
고객 서비스	판매 후 관리, 수리, 불만해소, 고객지원 등
인프라 관리	기획, 재무, MIS, 조직문화, 제도, 법률, 물리적 인프라 등
인적자원 관리	인력선발, 교육, 평가, 배치, 경력관리 등
기술개발	제품의 품질, 생산공정 향상, 관리기술연구, 신제품 개발 등
조달	원자재, 소모품, 인력, 자금, 정보 등을 전사 차원에서 확보

*자료원: 노규성 외, 2019

앞에서 설명한 가치사슬모형은 전형적인 제조기업의 가치 활동들의 집합이다. 그렇기 때문에 다른 산업에서 비즈니스를 수행하는 기업이 이 가치사슬을 적용하여 전략을 수립하기에는 어려움이 따른다. 그래서 글로비스 경영대학원(2020)은 각기 다른 기업에 적용하도록 하기 위해 소위 '간단 버전 가치사슬'을 제시하였다. 이 가치사슬은 핵심적인 기능을 중심으로 전형적인 제조업의 가치사슬을 수정한 것이다. 이를 '핵심 버전 가치사슬'이라 명명하고 전자상거래와 관련된 핵심 버전 가치사슬모형을 [그림 8-14]와 같이 소개한다.

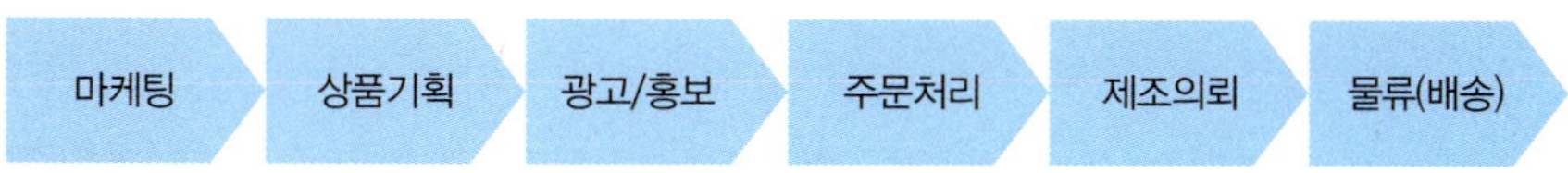

[그림 8-14] 전자상거래의 핵심 버전 가치사슬 모델

[그림 8-14]는 전자상거래 비즈니스를 수행하는 핵심적인 가치 활동들로 이루어

진 가치사슬의 예시이다. 물론 각 기업이 가지고 있는 가치 활동의 내용은 상황에 따라 다를 수 있다. 그렇지만 만약 어느 기업이 프로세스 혁신을 하고자 한다면, 자사가 속한 비즈니스 유형에 맞는 가치사슬 모형을 개발할 필요가 있다. 예시된 모형을 기반으로 각각의 가치 활동을 정리하고 그 활동 내용을 분석한 다음, 이를 기반으로 핵심 가치나 목표를 이루기 위해 필요한 프로세스 혁신 가치 활동을 찾을 수 있을 것이다(노규성, 2022).

3.1.6 SWOT 분석과 전략 방향성 도출

기회(Opportunity)
위협(Threat)
강점(Strength)
약점(Weakness)

앞에서 기업 내 · 외부의 여러 환경으로부터 다양한 요인들을 찾아내었다면 이 요인들이 갖는 성격에 따라 **기회(Opportunity)**, **위협(Threat)**, **강점(Strength)**, **약점(Weakness)** 요인으로 분류할 수 있을 것이다. 일반적으로 내 · 외부 환경 요인에 대한 분류 및 전략적 방향 설정을 위한 도구로 SWOT 분석을 활용한다.

SWOT(Strength, Weakness, Opportunity, Threat)

SWOT(Strength, Weakness, Opportunity, Threat) 분석은 환경으로부터의 기회와 위협 요인 및 기업 내부의 강점과 약점 요인을 하나의 틀로 요약 · 분석해 주는 전략 수립 도구이다. 즉, 외부 기회와 내부 강점 간의 전략적 적합성을 찾아내는 동시에 외부의 위협에 대처하고 내부의 약점을 보완하는 길을 모색하도록 하는 도구라 할 수 있다.

여기에서 기회 요인은 활용해야 할 시장의 동향, 세력, 사건, 아이디어 등을 말하며, 위협 요인은 대비해야 할 외부의 동향, 세력, 사건 등을 말한다. 그리고 강점 요인은 조직의 전략적 목표 달성에 적합한 역량을 말하며, 약점 요인은 전략적 목표 달성에 방해가 되는 장애 요인을 말한다. 이러한 SWOT 분석을 하는 목적은 외부환경 분석에서 도출된 기회와 위협 요인과 내부 분석을 통해 도출된 강점과 약점 요인을 하나의 틀로 결합하여 기업의 전체적인 전략적 상황을 평가하기 위한 것이다. 이렇게 도출된 SWOT는 효과적인 전략 수립을 위한 중요한 정보로서 역할을 하는 것이다.

핵심 성공 요인(KSFs)

기업은 내 · 외부 환경 분석을 통해 파악된 기회, 위협, **핵심 성공 요인(Key Success Factors: KSFs)**, 강점, 약점, 자원과 역량 등 각종 요인에 대해 SWOT 분석을 기반으로 잘 결합하여 비즈니스 여건에 맞는 전략을 도출하게 된다. SWOT 분석은 결국 외부 기회와 내부 강점과의 전략적 적합성을 찾고 외부적 위협에 대처하고 내부적 약점을 보완하는 길을 모색하는 과정인 것이다.

그런데 SWOT 요인 각각에 대한 판단은 매우 주관적인 작업일 뿐 아니라 환경 변화에 따라 기회가 위협이 될 수도 있고 강점이 약점이 될 수도 있다. 또한, SWOT 분석을 기반으로 제시된 전략 방향성은 전략의 구체적인 내용까지 확정 짓지 못하는 한계를 가지고 있다. 특히, 여기에는 매우 다양한 대안들이 제시될 수 있기 때문에 이를 다 추진한다는 것은 매우 위험한 일이 아닐 수 없다. 따라서 다양한 전략 대안 중 내부 역량과 자원을 기반으로 가장 적합한 대안(들)을 선택하여 구체화하는 것이 타당할 것이다.

그럼에도 불구하고 SWOT 분석을 토대로 한 전략 방향성은 큰 흐름에서 오류를 줄이도록 하는 데에 큰 역할을 할 것이므로 이를 잘 도출하는 것은 매우 중요하다. SWOT 요소들을 분석한 다음, 제시될 수 있는 전략적 방향성을 정리하면 다음과 같다([그림 8-15] 참조).

외부 역량 분석 \ 내부 역량 분석	S(강점)	W(약점)
O (기회)	**강점-기회전략 (S-O전략)** 기회를 활용하기 위해 강점을 사용하는 마케팅 전략을 창출	**약점-기회전략 (W-O전략)** 약점을 극복함으로써 기회를 활용하는 마케팅 전략을 창출
T (위협)	**강점-위협전략 (S-T전략)** 위협을 회피하기 위해 강점을 사용하는 마케팅	**약점-위협전략 (W-T전략)** 위협을 회피하고 약점을 최소화하는 마케팅 전략을 창출

[그림 8-15] SWOT 분석에 의한 전략 방향성

- **SO**전략(시장 선점 전략, 다각화 전략): 시장 기회(Opportunity)와 전략적 강점(Strength)이 많은 경우, 시장 기회를 선점하는 전략을 구사하거나 시장 · 제품의 다각화 전략을 추구하는 방향 설정이 가능할 것이다. SO
- **ST**전략(시장 침투 전략, 제품계열 확충 전략): 위협(Threat) 요인이 있으나, 상대적 강점(Strength)을 갖고 있는 경우, 그 장점을 적극적으로 활용하여 공격적 시장 침투 전략을 쓰거나 제품계열을 확충하는 전략을 추구하는 방향 설정 ST

이 가능할 것이다.

WO

WT

- **WO**전략(핵심역량 강화 전략, 전략적 제휴 전략): 시장 기회(Opportunity)는 존재하나 핵심역량이 부족(Weakness)한 경우, 핵심역량을 강화하여 시장 기회를 잡는 핵심역량 강화전략을 쓰거나 핵심역량을 보완하는 전략적 제휴전략을 선택하는 방향 설정이 타당할 것이다.
- **WT**전략(재구축 혹은 철수): 위협(Threat) 요인이 많고 핵심역량도 부족(Weakness)한 경우, 약점을 극복하기 위해 제품 라인을 재구축(restructuring)하거나 시장에서 철수하는 전략을 고려하는 방향 설정이 필요할 것이다.

이상에서 전략적 방향성을 살펴본 바와 같이 모든 요인들을 통합하는 전략을 수립하기보다 가장 전략적으로 중요하고 결정적인 소수의 요소와 관련된 전략을 구사하는 것이 현실적이라 할 것이다.

3.2 전략설계

전자상거래 전략을 수립하기 위한 두 번째 단계인 전자상거래 전략설계는 새로운 고객의 요구에 부응할 수 있는 기반을 갖출 수 있는 핵심 전략을 구체적으로 설계하는 단계이다. 전자상거래 전략설계 단계는 [그림 8-16]과 같이 전자상거래의 세분화, 개념적 설계, 차이 분석, 로드맵의 개발 등으로 구성된다.

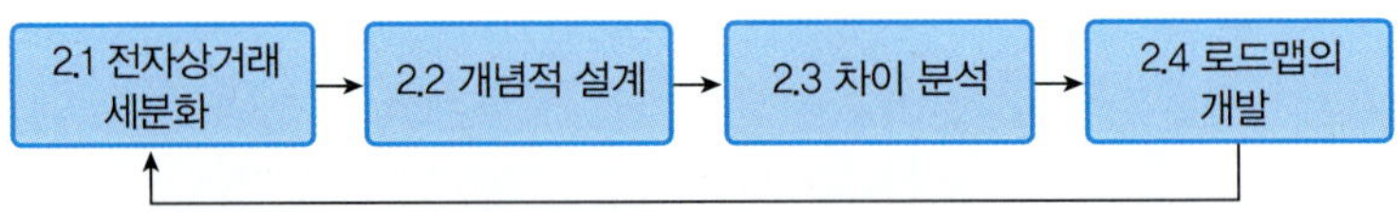

[그림 8-16] 전자상거래 전략설계

전자상거래 세분화는 고객의 선택, 고객의 요구사항, 고객에게 특별한 무엇인가의 제공, 고객의 확보 등을 고려하여 전자상거래 분야를 보다 구체화하는 단계이다. 다른 경쟁 기업과 다른 차별화 효과를 극대화할 수 있는 부분을 찾아서 명확히 하는 것이다. 개념적 설계는 상위 수준에서 대상이 되는 분야의 조직(사람), 정보시스템(기술), 프로세스(기능)를 개념적인 수준에서 설계하는 단계이다. 역할과 책임을 포함하는 관련된 구성원들의 범위 설정, 기술적인 아키텍처의 설계, 가치사슬의 통합을 위한 개선된 업무 흐름의 정의 등을 수행하는 것이다. 차이 분석은 현재

(as-is) 현황에서 미래(to-be) 현황으로 이행하기 위한 조직구조 변화, 기술 변화, 프로세스 변화의 범위 및 수준을 분석, 평가한 후 필요한 자원과 시간의 투입을 구상하는 단계이다. 로드맵의 개발은 기존의 인프라를 개선할 것인가 혹은 새로운 인프라를 구축할 것인가를 결정하여 실행계획을 세우기 위한 준비를 결정하는 단계이다.

3.3 실행계획

전자상거래 전략을 수립하기 위한 세 번째 단계인 전자상거래 실행계획은 도출된 전자상거래 전략을 실행하기 이한 계획으로, 투자에 대한 확신, 소요 자원의 확보와 운용 등으로 구성된다. 전자상거래 실행계획의 단계는 [그림 8-17]과 같이 프로젝트 우선순위의 결정, 정당성에 대한 평가, 범위 평가, 타당성 평가, 실행계획의 수립 등으로 구성된다.

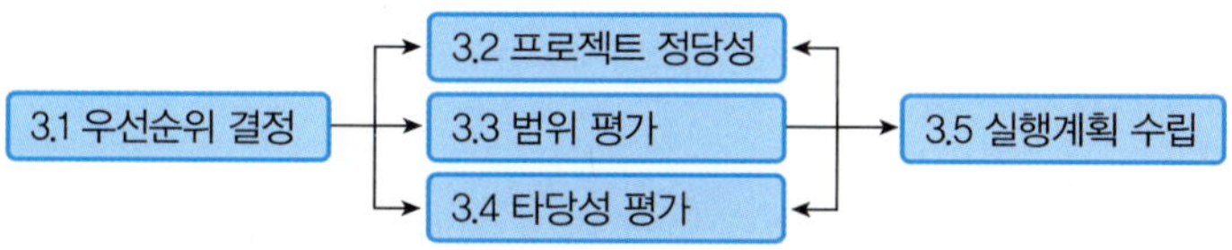

[그림 8-17] 전자상거래 실행계획

프로젝트 우선순위의 결정은 예산 책정, 신기술로의 투자, 자원의 배치 등의 우선순위를 결정하는 단계로 전략적 목표달성을 위한 프로젝트의 청사진을 수립하는 단계이다. 우선순위를 결정하는 방법에는 우리가 투자해야 하는 것은 어디인가? 이러한 사업에는 얼마의 투자 재원이 소요되는가? 투자 후 얻는 이익은 얼마인가? 등의 기준으로 결정한다. 프로젝트의 정당성 평가는 전략적 정당성, 운영적 정당성, 기술적 정당성, 재무적 정당성 등을 평가하여 시간, 자원, 자본을 투입하기 전에 정당성을 확보하여야 한다. 범위 평가는 전자상거래 실행과 관련된 조직과 기능을 어떠한 범위에서 활용할 것인지를 검증하는 단계이다. 타당성 평가는 비용과 이익을 평가하는 재무적 분석, 조직과 문화가 새로운 환경에 적응할 수 있는지에 대한 조직문화 분석, 정보시스템이 새로운 전자상거래 환경을 잘 지원해 줄 수 있는지에 대한 기술적 분석 등을 수행한다. 실행계획의 수립은 단계별 소요 기간과 비용의 책정에 따른 일정계획서, 수행 내용과 결과물에 대한 계획서, 인원과 자원의 배분에 관한 계획서, 정보시스템의 개발에 대한 구체적인 요구서와 구현계획서 등이 수립되는 단계이다. 실행계획이 완료되면 그것을 근거로 전자상거래 비즈니스가 전개될 수 있다.

3.4 효과분석과 평가

전자상거래 전략 수립의 네 번째 단계인 효과분석과 평가는 전개된 전자상거래 전략에 대한 성과분석과 평가의 단계이다. 즉 효과분석과 평가의 단계는 [그림 8-18]과 같이 전략의 평가와 수정, 결과에 대한 평가로 구성된다. 이는 전자상거래 운영시스템의 안정성, 구성원에게 자기의 일이 회사 전체의 목표를 달성하는데 어떻게 도움이 되는지에 대한 이해와 평가, 전략의 수정, 결과에 대한 정기적인 평가체계와 실행 등으로 이루어진다.

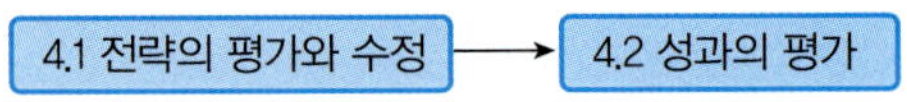

[그림 8-18] 효과분석과 평가

전략평가는 조직의 전략적 목표들의 진척 정도에 대한 공식적인 평가이며, 이 평가 결과를 바탕으로 성과평가가 이루어지게 된다. 그러나 필요할 경우에는 전략의 재수립이 요구되기 때문에 신중하게 평가하여야 한다. 전략의 평가와 수정은 전자상거래 전략 자체에 대한 논리성, 충실성, 타당성에 대한 종합평가를 실시하고 수정 및 보완 작업을 실시하는 단계이다. 이 단계에서는 또한 전자상거래의 운영 수준, 경제적 성과, 경쟁력 성과 등에 대한 예측 및 평가를 실시하여 전자상거래 추진전략을 검증하고 증명한다. 이러한 평가 결과를 바탕으로 문제점으로 지적되는 부분에 대해서는 수정, 보완 작업을 실시한다. 성과의 평가 단계는 전자상거래 전략이 실행된 이후에 주기적으로 평가를 하기 위해 준비하는 단계이다. 평가 체계의 수립과 평가 방법 등에 대한 사전 준비를 수행하는 것이다.

전자상거래 전략은 이러한 4단계를 거치면서 완성된다. 전자상거래 전략을 수립하는 것은 과학적, 체계적, 종합적, 미래지향적 시고를 필요로 한다. 또한, 전자상거래 전략 수립에 참여하는 전문 인력은 공통적 관심과 적용되는 기법에 대한 통일된 개념, 창의적인 아이디어 접근방식 등이 유지되어야 한다.

4. 전자상거래의 최신 디지털 기술 활용 전략

포터와 헤플만(Porter and Hepplelmann, 2014)은 HBR(Harvard Business Review)을 통해 다섯 가지 경쟁세력 모델을 이용하여 사물인터넷 비즈니스 환경의 경쟁 강도 변화를 전망하고 전자상거래 기업이 이를 활용하도록 하는 전략을 제안했다. 전자상거래 기업 역시 사물인터넷 등으로 인한 변화를 잘 활용한다면, 비즈니스 환경의 경쟁 강도를 변화시켜 비즈니스에 유익한 정보를 제공받을 뿐만 아니라 치열한 경쟁 환경 속에서 더 나은 경쟁우위를 유지할 수 있는 발판을 제공받을 수 있다. 이를 정리하면 다음과 같다.

4.1 고객에게 감동을 주는 전자상거래

데이터 수집 → 데이터 분석 → 고객에게 제공 등 궁극적으로는 고객이 원하는 것이 무엇인지를 찾아서 고객에게 제공하여 고객이 감동할 수 있도록 하는 것이다. 즉, **니즈(needs)**가 아닌 **시즈(seeds)**를 제공하는 것이다. 최근에 메타버스와 같은 가상현실을 통해 오프라인 매장에 들리지 않고도 오프라인 매장을 둘러보듯 제품을 손으로 들어 올려 디자인이나 모양 등을 비교하는 서비스가 출시되었다. 이를 통해 고객은 매장에 직접 방문하지 않더라도 온라인으로 제품에 대한 정보를 손쉽게 얻을 수 있고 이를 통해 구매도 할 수 있다.

니즈(needs)
시즈(seeds)

4.2 고객이 생각지도 못하는 맞춤형 서비스 제공

사물인터넷, 인공지능 등의 디지털 기술과 인터넷 쇼핑이 결합하면 얼마든지 훌륭하고 새로운 서비스를 창출할 수가 있다. 아마존의 대시 버튼이 바로 그것이다. 아마존의 대시 버튼은 상품별로 버튼을 미리 만들고, 필요한 위치에 놓은 다음 상품이 필요할 때마다 버튼을 눌러서 주문하고 배송을 받는 서비스이다. 고객은 생각지도 못한 맞춤형 서비스의 제공에 만족하게 될 것이다.

4.3 시장을 찾아주는 신규 비즈니스

기업의 입장에서는 디지털 기술이 새로운 수익을 창출할 수 있도록 하는 중요한 역할을 하고 있다. 오프라인 상점의 대안으로 온라인 상점(e-commerce)이 등장하였고, 매우 다양한 많은 온라인 상점들이 생겨났다. 뒤이어 스마트폰과 다양한 스마트 디바이스들의 등장으로 인해 온라인 상점의 대안으로 모바일 상점(m-commerce)과 소셜 상점이 등장하게 되었다.

최근에는 빅데이터, 사물인터넷, 인공지능과 메타버스 등을 활용한 다양한 신규 서비스들이 제공되고 있다. 새로운 쇼핑몰이나 융합 기술이 등장할 때마다 전통적인 상점의 강자들을 능가하는 새로운 서비스가 제공되기 때문에 새로운 디지털 기술을 활용하는 전자상거래 기업들에게는 또 다른 기회들이 생겨나는 것이다. 그러나 이 기회를 놓치게 되면 경쟁에서 뒤처지게 될 것이다.

새로운 디지털 기술의 지속적인 출현으로 인해 산업마다 경쟁 강도는 차이가 나겠지만, 공통적으로 다음과 같은 세 가지 현상이 나타날 것으로 보인다. 첫째, 데이터를 축적하고 활용하는 선도 기업이 높은 진입장벽을 만들고 시간이 지나면서 진입장벽은 더욱더 견고해질 것이다. 둘째, 경쟁 범위가 확대됨에 따라 다수의 제품을 연결하고 통합하는 사업자가 더 유리한 경쟁적 지위를 가지게 될 것이다. 셋째, 제품 자체보다는 플랫폼을 통해 시장을 리드하는 기업들의 생태계가 결국 시장을 지배하게 될 것이다.

참·고·문·헌

글로비스 경영대학원, 이현욱 옮김, 경영전략매뉴얼, 새로운 제안, 2020

김진우 외, 인터넷 쇼핑몰, 21세기북스, 2020

노규성, 디지털 대전환 시대의 전략경영 혁신, 광문각, 2022

노규성, 디지털 스몰 자이언츠, 한국생산성본부, 2019

노규성, 플랫폼이란 무엇인가?, 커뮤니케이션북스, 2014

노규성 외, 경영정보시스템, 광문각, 2019

노규성 외, 디지털트랜스포메이션시대의 전자상거래, 생능, 2019

이비즈그룹, 전자상거래 리모델링 전략계획 방법론연구: eBRSP, 2003

이진하 외, 중소기업 정보화를 위한 정보화 전략계획수립 방법론에 관한 연구, 한국전산원, 정보화정책 8권 4호, pp. 175-200, 2001

Kalakota & Robinson, M-Business, McGraw-Hill, 2002

Laudon & Laudon, Essential of Management Information Systems, Pearson, 2011

Lederer, & Sethi, Guidelines for Strategic Information Planning, The Journal of Business Strategy, No. 11-12, 1991

Lucas, H. C, Strategies for Electronic Commerce and Internet, The MIT Press, 2002

Porter, M. E, Competitive Strategy, Free Press, 1980/1998

Porter, M. E, Competitive Advantage, Free Press, 1985

Porter & Hepplelmann, How Smart, Connected Products Are Transforming Competition, Harvard Business Review, 2014

Turban, Electric Commerce, 7/e, Pearson, 2012

연·습·문·제

1. 경영전략이란 무엇인지 설명하라.

2. 전자상거래 전략의 의미는 무엇인가? 또한, 기존의 경영전략과의 차이점은 무엇인지 설명하라.

3. 기존 기업의 전자상거래 전환 전략에 대해 설명하라.

4. 온라인 기업의 전자상거래 전략에 대해 설명하라.

5. 전자상거래 플랫폼 참여 시 고려 사항과 활용 방안에 대하여 설명하라.

6. 포터의 경쟁세력 모형을 전자상거래에 적용한 예를 찾아보고 설명해 보자.

9

CHAPTER

디지털마케팅 관리와 전략

디지털 기술이 접목되어 마케팅의 효과성을 극대화시킬 수 있는 새로운 접근으로 디지털마케팅이 등장하게 되었다. 즉, 디지털이 세상을 바꾸면서 디지털마케팅도 마케팅 활동을 수행하는 데 가장 효과적이며 경제적인 수단으로 부각되고 있다는 것이다. 디지털 시대 소비자는 대량의 정보를 쉽게 획득하고, 이 정보를 자신의 필요에 맞게 소비할 수 있게 된다. 즉, 디지털 시대의 소비자는 디지털 제품, 사이버 공간, 이미지, 매체의 가치를 알고 활용하는 사람들이다. 이 장에서는 디지털마케팅에 대한 개요와 마케팅 패러다임의 변화에 따른 디지털마케팅의 필요성 및 전통적 마케팅과 디지털마케팅을 비교하여 디지털마케팅의 특징을 설명하고 디지털마케팅의 전략수립 과정과 디지털마케팅의 신유형에 대해 구체적으로 살펴보고자 한다.

1. 디지털마케팅

글로벌 마켓에 대한 공략은 미시적 접근으로는 결코 성공할 수 없다. 누군가 찾고자 하는 상품이 있다면 그가 찾는 가장 적합한 상품을 바로 당신이 갖고 있다는 사실을 알려줘야 하는데 이런 문제를 해결할 가장 바람직한 수단이 바로 디지털마케팅이다.

특히, 코로나 팬데믹으로 인해 비대면이 일상화된 새로운 시장 상황에서의 마케팅은 전통적 방식이 아닌 새로운 디지털 방식이 요구된다. 즉, 기존의 마케팅 개념에 디지털 환경을 접목하여 확장한 것이 디지털마케팅이다. 따라서 디지털마케팅은 기존의 마케팅과 전혀 다른 별개의 것이 아니라, 디지털 기술이라는 새로운 기술을 마케팅 활동에 도입한 것이라 할 수 있다.

디지털마케팅(Digital Marketing)

1.1 디지털마케팅의 정의

디지털마케팅(Digital Marketing)은 상품이나 서비스를 판매할 수 있도록 디지털 기술을 사용함을 의미한다. 특히, 디지털마케팅은 개인화된 마케팅을 할 수 있고 작은 규모의 회사라도 저렴한 비용으로 대량 시장에 접근할 수 있다.

디지털마케팅은 인터넷 마케팅을 넘어 인터넷이 필요하지 않는 채널까지 확장된다. 휴대전화(SMS와 MMS를 포함), 소셜미디어 마케팅, 디스플레이 광고, 검색엔진 마케팅, 그리고 기타 디지털 미디어의 형태의 어떤 것도 디지털마케팅에 포함된다(Financial Times, 2015).

디지털 기술을 마케팅에 접목하여 고객과의 양방향 소통과 상호작용을 실현하여 그들과 지속적인 관계를 유지하고, 발전시키는 새로운 형태의 마케팅이 바로 디지털마케팅이다(조창환, 이희준, 2018).

이와 같이 디지털마케팅이란 고객의 필요, 욕구, 꿈을 찾아내어 그

것들을 채워줄 수 있는 value product나 service를 경쟁자보다 더 효과적, 효율적으로 전달하되, 전체 또는 부분적으로 인터넷을 중심으로 하는 전자적 수단을 사용하는 것을 말한다(김정구, 2000).

즉, 디지털마케팅이라는 것은 마케팅의 가장 기본인 고객과의 커뮤니케이션 단계에서부터 마케팅 전략을 수립하고 그것들을 수행하면서 부분적으로나 전체적으로 디지털을 사용하는 마케팅을 말한다.

디지털마케팅은 마케팅 개념을 확장하면서 확고한 하위개념을 구성하고 있으며, 관점에 따라 기존의 전통적인 기업의 마케팅 방식에 인터넷을 새로운 매체로 받아들이는 의미와 인터넷이라는 새로운 틀 속에서 전개되는 전혀 새로운 방식의 마케팅의 두 가지로 나뉜다. 백화점에서만 판매하던 제품을 인터넷을 통해 소비자가 직접 구입할 수 있도록 하는 것이 첫째라면 인터넷 사이트에서 정보를 제공하고 수익을 올리는 행위는 다른 영역에 속한다고 할 수 있다.

전자의 경우 인터넷을 응용한다는 것 자체가 큰 의미가 있다기보다 오프라인(off-line)에서 판매하는 제품을 광고하는 매체로서의 역할, 소비자와 연결되는 직접 마케팅(direct marketing) 수단으로의 이메일, 고객정보를 활용하는 측면의 데이터베이스 마케팅이 중요한 수단이 된다.

오프라인 마케팅(off-line marketing)
온라인 마케팅(on-line marketing)

그러나 후자의 경우는 인터넷이라는 새로운 틀에 기존의 마케팅을 받아들이는 것으로 새로운 틀에 맞지 않는 전통적인 마케팅 기법을 과감하게 버려야 한다. 즉, **오프라인 마케팅(off-line marketing)**에서 적용되는 마케팅 활동은 인터넷이라는 가상공간에서 그대로 적용되기 어렵기 때문에 **온라인 마케팅(on-line marketing)**에서는 다른 방식에 의해 수행되는 독특한 영역을 구성하고 있다. 예를 들면, 인터넷은 오프라인과는 달리 컴퓨터 모니터를 통해 정보를 교환함으로써 오프라인에서 중요시되는 매장과 판매원의 개념이 상대적으로 약하며, 소프트웨어와 같은 디지털 상품들은 통신네트워크를 통해 그대로 판매될 수 있기 때문에 오프라인상의 유통이나 물류의 문제는 상대적으로 중요하지 않을 수 있다.

1.2 디지털마케팅의 특징

디지털마케팅의 특징을 〈표 9-1〉에서와 같이 믹스(Digital Marketing Mix) 개념을 확장한 제품, 가격, 유통, 포지셔닝, 프로모션, 판매의 6가지 측면에서 기존 전통적 형태의 매스 마케팅과 비교하여 설명하고자 한다(조창환, 이희준, 2018).

〈표 9-1〉 디지털마케팅의 특징

	전통적 마케팅	디지털마케팅
제품	소비자 (Consumer)	생산참여 프로슈머 (Prosumer)
가격	이익 중심 책정 (Profit-focused pricing)	인지된 가격 중심의 창의적 가격 책정 (Creating pricing based on perceived price)
유통	마케터 효율성 중심 (Marketer-focused distribution)	소비자 편익 중심 (Anytime & anyplace consumer-focused convenient buying channel)
포지셔닝	제품 중심 (Product-focused positioning)	소비자 경험 중심 (Consumer experience-focused positioning)
프로모션	일방향성 (One-way promotion)	양방향 참여형, 애드슈머 (Two-way interactive dialogue, adsumer)
판매	소비자 (Consumer)	판매 참여 세일즈슈머 (Salesumr through e-WOM)

*자료원: 조창환, 이희준, 「디지털마케팅 4.0」, 청송미디어, 2018

1.2.1 제품: 제품 생산 참여형 소비자

프로슈머(Prosumer)

디지털마케팅 환경에서는 소비자가 제품을 기획하고 생산하는 단계에까지 적극적으로 참여하도록 한다. 단순한 소비자가 아니라 생산자+소비자의 역할을 한다는 것이다. 이를 위해 마케터는 소비자의 의견을 개진하며, 자사의 제품 개발에 참여하도록 유도한다. 이러한 형태의 소비자를 '**프로슈머(Prosumer)**'라고 부른다.

말 그대로 생산자(Producer)와 소비자(Consumer)의 합성어이다. 구체적으로 소비자는 어떠한 방법을 통해 제품의 생산 과정에 참여할 수 있을까? 예를 들어, 고객들은 자신이 원하는 색상과 의자 다리의 형태 등 기본적인 선택을 하면, 소비지의 취향에 맞추어 즉시 조립하여 배송해 주는 일종의 대량 맞춤화(Mass Customization) 형태의 서비스를 제공하게 된다(조창환, 이희준, 2018).

1.2.2 가격: 인지된 가격 중심의 창의적 가격 책정

전통적인 마케팅 시대에는 제품 원가에 의한 가격 설정이나 수요와 공급에 의한 가격 설정 및 경쟁사와의 비교를 통한 가격 결정 방식이었다. 그러나 디지털 시대에는 소비자에 의해 특정 제품이 실제로 인지하거나 기대하는 가치를 통한 결정 방식이 매우 중요한 가격 결정의 기준이 되었다. 디지털 시대의 소비자들은 더 적극적으로 본인들이 희망하는 가격을 탐색하고 이에 대한 정보를 활용하여 결정하게 되었다.

1.2.3 유통: 소비자 편리 중심의 유통 구조

소비자가 원하기만 한다면 TV를 비롯해 모바일, 온라인 등 다양한 제품 유통의 채널을 꾸려나가야 한다. 전통적인 마케팅 시대에는 off-line 채널에 의한 상품이 유통되었다면, 디지털 시대에는 인터넷을 통한 e-커머스, 모바일을 통한 m-커머스, TV를 통한 t-커머스 형태로 소비자에게 직접 유통되는 편리한 유통을 택하게 된다. 유통 경로에 대한 선택권도 결국 소비자들에게로 이전된다.

1.2.4 프로모션: 양방향성 참여형 프로모션

애드슈머(Adsumer)

디지털마케팅에서의 프로모션은 소비자의 참여를 통한 긍정적인 교감을 형성하는데 중점을 둔다. 이와 같은 맥락에서 '**애드슈머(Adsumer)**'라는 개념도 등장하였다. 이는 광고(Advertising)와 소비자(Consumer)의 합성어로 소비자가 기업의 광고 제작에도 참여하는 것이다. 과거처럼 소비자들이 수동적으로 광고를 접하는 것이 아니라 보다 직극적으로 광고 기획과 제작 단계에 참여하게 된다. 예를 들면, TV 광고의 결말을 시청자에게 묻고 후속편을 제작하거나, 소비자의 아이디어를 받아 기획하고, 또는 소비자가 자신의 에피소드를 동영상 UCC로 제작해 공모전에 출품하고 이를 기업이 방송용 광고로 그대로 사용하는 등 소비자의 광고 참여가 속속 등장하고 있다(조창환, 이희준, 2018).

1.2.5 판매: 구전을 통한 소비자 판매 참여

온라인 구전(Online Word-of-Mouth)

공동체(Community)

과거의 전통적 마케팅에서 소비자는 제품을 구매만 하는 위치에 있었다. 그러나 〈표 9-1〉에서 보듯 디지털마케팅에서는 **온라인 구전(Online Word-of-Mouth)**을 통해 소비자를 판매원까지 활용한다(조창환, 이희준, 2018). 즉, 제품 구매 후 사용한 경험을 소셜 네트워크 서비스를 통해 주변의 지인들에게 듣고 제품의 구매 여부를 결정하는 경우가 많기 때문에 디지털마케팅 시대에는 이러한 교류가 가능한 **공동체(Community)**의 구성이 무엇보다도 중요해졌다.

1.3 디지털마케팅의 장단점

디지털마케팅 활동은 여러 측면에서 많은 장점이 있으나, 반면 아직도 해결해야 할 문제점 및 단점이 있다.

1.3.1 디지털마케팅의 장점

디지털마케팅의 경우 판매 주체인 기업과 소비 주체인 고객 모두에게 이익을 가져다줄 수 있는데 다음과 같은 장점들이 있다.

첫째, 인터넷은 고객만족 및 고객서비스를 향상시킬 수 있다. 실시간 예약, 좌석 검색, 재고 유무 확인 등 시간에 따른 비용의 절감과 편리함을 느낄 수 있고, 불만 사항이나 의문 사항을 인터넷으로 신속히 접수, 처리, 반영하여 서비스의 품질을 향상시킬 뿐만 아니라, 나아가 기업 이미지에도 긍정적인 영향을 미치게 된다.

둘째, 판매경비 절약을 가져온다. 오프라인으로 판매할 경우에는 고정적인 경비의 지출이 많기 때문에 기업 운영에 부담을 안겨 준다. 그에 반해 디지털마케팅은 매장 지출비 및 인건비 등의 제반 비용을 절약할 수 있다.

셋째, 공간상의 이점 활용이 가능하다. 인터넷이 연결된 장소라면 어느 곳에서든지 해당 웹 사이트에 접속이 가능하다는 점이다. 한정된 인원을 수용할 수밖에 없는 오프라인 매장과 달리 전 세계 어느 곳에서도 상품 및 서비스를 받을 수 있다.

넷째, 시간을 절약할 수 있다. 예전의 우편 서비스는 며칠이 지나야만 받아볼 수 있었고, 팩스로 수신하더라도 많은 시간과 비용을 지출해야만 했다. 하지만 지금은 웹 사이트에 접속하여 해당 금액을 결제하는 즉시 자료를 다운로드할 수 있어 시간과 비용을 절감한다.

다섯째, 정보 전달의 양적 제한이 사라진다. 신문이나 텔레비전을 통한 홍보 활동은 비용의 제약 때문에 이용자에게 제공할 수 있는 정보의 양에는 한계가 있다. 하지만 웹 사이트를 통한 디지털마케팅은 적은 비용으로도 대량의 홍보를 할 수 있다.

여섯째, 유통 구조의 단순화를 가져올 수 있다. 웹 사이트를 통한 디지털마케팅은 유통 과정(도매상, 소매상)을 생략할 수 있기 때문에 유통 구조의 단순화가 가능하다. 웹 사이트를 통하여 직접 상품 안내와 주문이 동시에 이루어지는 직거래로 이루어진다.

1.3.2 디지털마케팅의 단점

하지만 디지털마케팅은 많은 장점에도 불구하고 해결해야 할 문제가 있는데 그 단점은 다음과 같다.

첫째, 보안성 문제가 아직 해결되지 않았다. 웹 사이트를 통해 경쟁사(competitor)의 정보나 이용자 동향을 쉽게 파악할 수 있을 뿐만 아니라, 회원가입을 필요로 하는 전자상거래에서 소비자 정보의 유출 사고는 심각한 문제를 발생시키는 경우가 있다.

둘째, 무분별한 발송(spam mail)이 가능하다. 개인의 이메일을 찾는 프로그램을 이용하거나 수집된 불특정 다수의 이메일로 자사 상품의 광고를 발송하여 오히려 인터넷 사용자의 반감을 부르는 경우가 있다. 따라서 기업은 저렴한 비용에 무분별한 발송보다는 정보를 필요로 하는 사용자를 분석해서 발송하여야 한다.

셋째, 결재 부분이다. 업체들이 해외 구매자와 거래를 하고자 할 때 가장 고민하는 부분은 바로 결재를 어떻게 할 것인가에 대한 부분이다. 오프라인으로 거래를 할 때는 위험부담을 줄이기 위해 LC를 개설하지만, 비용이 부담될 뿐 아니라 절차가 복잡하기 때문에 업체들은 엄두를 내지 못한다. 하지만 온라인에선 페이팔(Paypal, 온라인 결재 시스템)을 이용하면 된다. 한국에선 온라인에서 신용카드로 결재하려면 ISP나 공인인증서 로그인이 필요한데 이는 해외 바이어들과의 거래를 막는 제한 요건이 된다. 페이팔에선 고객이 신용카드만 있으면 별도의 복잡한 절차 없이 수초 만에 결재가 완료된다. 실제로 페이팔에선 70% 정도가 신용카드로 결재가 이뤄지며, 은행을 통한 결재도 매머드급 은행이라면 최대 2시간 이내에 결재할 수 있다.

넷째, 업체들이 글로벌 전자상거래를 두려워하는 또 한 가지 이유는 영어에 대한 부담 때문이다. 하지만 글로벌 비즈니스를 위해선 영어를 두려워하면 안 된다. 순수 영어권의 고객이 아니라면 구매를 원하는 고객도 영어를 잘 못 하는 것은 마찬가지 상황이라는 것이다.

1.4 디지털마케팅과 전통적 마케팅의 비교

디지털마케팅의 정의를 전통적 마케팅의 정의와 비교하면, 고객만족과 경쟁력 확보라는 마케팅의 전략 목표에서는 크게 차이가 없으나, 전자적 수단이라는 새로운 의사소통 도구의 도입으로 인한 여러 환경적 요인이 변화되었다는 점에서 차이가 있다. 다시 말해, 디지털마케팅은 기존의 전통적 마케팅과 비교하여 그 전략적 적용과 운영에 다음과 같은 차이점이 있다.

첫째, 전통적 마케팅 채널은 소비자에게 일방적으로 전달하고 피드백을 받을 수 없으나 디지털마케팅 채널의 경우는 기업, 소비자 대 기업, 소비자, 정부 간의 정보와 마케팅 활동을 쌍방향으로 주고받을 수 있다는 데 그 차이점이 있다.

둘째, 전통적인 대중 마케팅의 개념이 일대일 마케팅, 고객화 마케팅, 디지털마케팅의 개념으로 변화하고 있다. 정보화가 급격히 진행됨에 따라 산업 분야에서는 통신·영상·음향 소프트웨어, 디자인, 광고 등이 유망 산업으로 등장하면서 소비자에 대해서도 과거의 대중적 접근 방법이 소비자별로 접근 가능해졌고, 소비자들도 새로운 구매 환경에 익숙해져 감에 따라 거래 구조도 변화하고 있다.

〈표 9-2〉 전통적 마케팅과 디지털마케팅의 비교

	전통적 마케팅	디지털마케팅
마케팅 채널	일방적	쌍방향적
마케팅 활동	대중 마케팅	일대일 마케팅
중심점	이미지 중심	정보 중심
거래대상지역	일부 지역	전 세계
거래시간	제약된 영업시간	24시간
관점	제품 중심	관계 중심
고객특성	수동적 고객	능동적 고객
유통채널	간접 경로 위주 (기업⇔도매상⇔소매상⇔소비자)	직접 경로 (기업, 소비자⇔소비자, 기업, 정부)

*자료원: 황하진, 「전자상거래와 e-비즈니스」, 경문사, p. 92를 참조하여 재구성, 2012

셋째, 마케팅의 중심이 전통적인 대중 마케팅의 경우는 이미지 중심인 데 반하여 디지털마케팅의 경우는 정보 중심으로 진행된다는 데 그 차이점이 있다.

넷째, 거래대상 지역에서도 전통적인 대중 마케팅의 경우는 거래 지역이 제한된 일부인 데 반하여 디지털마케팅의 경우는 전 세계 지역이 대상이라는 점에서 그 차이점이 있다. 즉, 디지털마케팅의 고객은 지리적으로 한정되어 있지 않다. 전 세계 가상공간에서 활동하는 모든 고객이 대상이 되지만, 인터넷을 이용하지 않는 전통적 마케팅의 경우에는 대중매체를 통한 광고, DM, 인적 판매 등으로 접근 가능한 시장, 즉 지리적으로 제한된 고객만을 대상으로 하게 된다.

다섯째, 거래시간에서도 전통적인 대중 마케팅의 경우는 제한된 영업시간인 데 반하여 디지털마케팅의 경우는 전 세계 지역을 대상으로 24시간 가능하다는 점에서 그 차이점이 있다.

여섯째, 전통적 마케팅의 경우에는 자사에서 생산되는 제품을 중심으로 하거나 제휴 관계가 구매된 제품에 한정되어 마케팅을 수행할 수밖에 없다. 그러나 디지털마케팅의 경우에는 생산업체 및 유통업체와 제휴 관계를 형성함으로써 다양한 제품을 다룰 수 있으며, 다른 사이트와 가격, 품질, 정보 등에서 차별화된 제품이나 서비스를 제공함으로써 더욱더 경쟁력을 갖추는 디지털 제품이 될 수 있다.

일곱째, 전통적 마케팅의 경우에는 상품 구매를 위해 일방적으로 고객에게 수동적으로 접근하는 형태를 가진다면, 디지털마케팅의 경우는 자발적으로 상품 구매에 관심이 있는 고객들이 스스로 찾게 하는 능동적 형태를 가진다는 면에서 그 차이점이 있다.

여덟째, 전통적 마케팅 전략의 적용 원리는 고객 전체를 상대로 마케팅을 수행하기에는 자원의 제약이 있기 때문에 고객을 세분화하여 자사의 경쟁력에 맞는 목표시장을 선택하여 그 목표 고객 집단을 선정, 세분화된 다수 관계를 형성하는 마케팅 전략을 이용하였다. 그러나 디지털마케팅의 경우, 초기에 고객의 인지를 이끌어 내고, 흥미를 유발하는 효과가 일반 마케팅에 비하여 상대적으로 크며, 개별 고객의 정보 관리가 용이하기 때문에 전통적 마케팅 전략에서처럼 세분화된 다수를 관리하기보다는 한 단계 더 나아가 고객과의 1대1 관계를 형성하고 고객의 개별 욕구와 필요에 맞추는 '고객 맞춤 전략'을 수행할 수 있어 더욱더 효과적이다. 즉, 디지털마케팅의 성공 요인은 고객 정보 관리를 통한 고객 맞춤형 서비스를 얼마나 효율적이고 체계적으로 수행하는가에 달려 있다.

이러한 디지털마케팅의 기본적인 차이점을 인식하면서 마케팅 계획과 전략 및 전술을 수정, 보완하여 수행하는 것이 가장 바람직한 디지털마케팅 성공의 지름길이라 판단된다. 인터넷 거래가 꾸준히 급속도로 확대되는 현실을 볼 때, 디지털마케팅의 중요성은 더욱 커지고 있다.

2. 마케팅 패러다임의 변화

디지털마케팅이란 개념을 이해하기 위해서는 기존의 전통적 마케팅 요소를 기반으로 이러한 요소들이 인터넷 환경에서 어떻게 변화하는가에 대한 이해가 필요하다. 따라서 새로운 마케팅 패러다임 아래서 시장(market)과 소비자(consumer)와 전통적인 마케팅 전략의 핵심 요소인 4p, 즉 제품(product), 가격(price), 유통(place), 촉진(promotion)을 중심으로 어떻게 변화하고 있는지 상세히 살펴보자.

2.1 시장의 변화

기존의 전통적인 시장은 소비자에게 '불완전한 정보'의 시장이었으며, 제한된 범위에서 상품의 가격과 성능에 관한 정보를 입수할 수밖에 없었다. 그러나 디지털 환경에서의 시장은 '정보장벽 붕괴의 시장'으로 변하게 된다. 오늘날의 시장은 기업이 소비자에게 일방적으로 정보를 전달하는 마케팅의 시대가 아닌 기업이 소비자가 원하는 정보를 공개하고 소비자들 간의 정보 공유가 자유롭고 활발하게 이루어져 기존의 시장과는 달리 소비자들은 상품의 품질과 가격에 관한 정보를 입수하는 것이 보다 용이해져 정보의 장벽이 거의 존재하지 않는 새로운 시장이라 할 수 있다.

현재까지의 기업은 소비자에게 어떤 정보를 제공할 것인지, 그 정보에 의해 소비자는 어떤 구매 행동을 보일 것인지 하는 관점에서 마케팅을 수행해 왔다. 그러나 앞으로는 소비자가 어떤 정보를 얻고 있는지, 그 정보에 의해 소비자는 어떤 구매 계획을 세울 것인지의 관점에서 마케팅 전략을 수립해야 한다. 또한, 소비자가 정보를 얻는 곳과 구매를 하는 곳은 다를 수 있기 때문에 '소비자가 얻고 있는 정보가 과연 정확한 정보인가?'를 파악해야 한다. 즉, 소비자에게 전달되는 정보의 신뢰감이 중요하며, 기업은 정보의 신뢰감을 높이기 위해 노력해야 한다.

전통적 마케팅에서 '시장 창조'라는 단어는 고객 개척, 니즈 개척, 시장 개척이라

커뮤니티 창조

고 하는 의미로 사용되어 왔다. 즉, 우선 새로운 고객과의 연결 라인을 구축하고 잠재적인 니즈를 파악하고 매력적인 상품을 제안하는 것에 의해 새로운 시장을 개척하는 패러다임이었다. 그러나 인터넷의 출현에 의해 가상 공동체가 서로 유기적으로 연계를 맺기 시작하였다. 예를 들어, 환경 문제와 고령자 문제에 흥미를 가진 사람들이 모인 커뮤니티, 스포츠와 예술을 즐기는 사람들이 모인 커뮤니티 등이 등장하게 된다. 그리고 이러한 커뮤니티는 향후 환경 산업과 실버 산업, 그리고 건강 산업과 예술 산업에 대한 풍부한 잠재적 니즈가 되고 이러한 니즈를 인식하고 충족했을 때 기업은 성공을 거두게 된다. 따라서 과거의 '시장 창조'라는 개념이 오늘날에는 '**커뮤니티 창조**'라는 개념으로 전환되었고, 커뮤니티에는 엄청난 잠재 고객과 고객 니즈가 존재하며, 커뮤니티에서의 성패가 곧 시장에서의 성패가 되고 있다.

2.2 소비자의 변화

전략적 소비자

정보의 장벽이 붕괴하는 시장으로 전환됨에 따라 소비자의 의식은 크게 변할 것이다. 새로운 패러다임 하에서 새롭게 태어나고 있는 소비자는 '**전략적 소비자**'라고 불릴 만큼 기업의 고객 데이터베이스에 실리는 것보다 스스로 기업 데이터베이스를 만들고 기업 홈페이지를 돌아다니면서 기업과 상품의 정보를 입수하기를 좋아하고 기업으로부터 상품을 제안받는 것보다 기업과 대화하는 것을 원한다. 이들을 지원하는 것은 검색 서비스가 될 것이다.

현재 네이버, 다음, 구글, 야후 등이 제공하는 웹 사이트 검색 서비스는 다양한 기업 정보를 탐색하고 가장 저가의 정보를 판매하는 상점을 발견하고 전략적으로 현명한 쇼핑을 가능하게 한다. 또 이 사람들과 기업을 연결하는 것이 '기업의 홈페이지'이며, 단순히 기업 정보를 제공하는 일방적인 사이트가 아니라 기업과 전략적 소비자가 대화를 하는 장소로 진화해 왔다.

능동형 소비자

전략적 소비자가 주류가 되는 새로운 패러다임에서는 '프로슈머(prosumer: producer+consumer) 형 소비자' 개발이 중요하다. 프로슈머란 생산자와 소비자를 조합시킨 앨빈 토플러의 신조어인데, '상품 생산의 프로세스에도 참가하는 소비자'를 의미한다. 이는 기업의 제안을 받는 '수동형 소비자'가 아니라 전략적으로 구매하며 제품 생산에도 능동적으로 참여하는 '**능동형 소비자**'로 변화하고 있음을 보여준다. 따라서 오늘날에는 소비자의 참여를 확대하여 소비자 개인의 취향을 제품 또는 서비스에 철저하게 반영하는 것이 기업의 가장 중요한 생존 전략이 되었다.

위와 관련하여 소비자에 대한 기업의 태도에 큰 변화가 일어나고 있다. 과거에는 20%의 고객이 기업 매출의 80%를 차지한다는 '**파레토 법칙(80대 20 법칙)**'에 따라 기업에 충성도가 높고 큰 매출을 가져다주는 상위 집단을 대상으로 고객관리를 하였다. 그 중 대표적인 것이 **VIP(Very Important Person)** 마케팅으로 매출을 높여주는 상위 몇 %의 고객을 대상으로 여러 가지 편의(가격 할인, 편리한 쇼핑, 한정품의 판매 등)를 제공함으로써 고객이 해당 기업에 충성도를 높이도록 하는 기법을 말한다.

파레토 법칙(80대 20 법칙)
VIP(Very Important Person)

그러나 디지털 패러다임의 시대인 오늘날에는 점점 이에 반하는 현상들이 곳곳에서 발견되고 있다. 실례로 인터넷 서점 '아마존닷컴'을 들 수 있는데 인터넷 서점은 사실상 무한대의 서적을 진열하고 있다. 현실 세계의 서점에서는 80대 20 법칙에 따라 잘 팔리는 20%의 책이 80%의 매출을 일으키므로, 서점 경영의 핵심은 '잘 팔리는 책을 어떻게 효율적으로 진열하는가?'였다. 그러나 아마존은 진열 가능한 책의 수가 무한대에 가까우므로 80대 20 법칙을 적용할 필요가 없다. 1년에 단 몇 권밖에 팔리지 않는 '흥행성 없는 책'들의 판매량을 모두 합하면, 놀랍게도 '잘 팔리는 책'의 매상을 추월한다. 이러한 현상을 '**롱테일 법칙**'이라 하는데 매우 긴 꼬리의 무게가 몸통의 무게보다 크다는 것에 비유한 것으로 매우 긴 꼬리는 과거 마케팅 대상에서 거의 제외되었던 하위 80%의 고객, 몸통은 과거 마케팅의 주요 대상이었던 상위 20% 고객을 의미한다. 이러한 롱테일 법칙의 대두는 기업이 전통적인 마케팅과는 다르게 과거 매출 기여도에 상관없이 자신의 사이트에 접속하여 물건을 구입하거나 구입할 의도가 있는 모든 고객을 대상으로 마케팅을 실행해야 하는 이유를 보여준다.

롱테일 법칙

2.3 제품의 변화

인터넷 환경에서 정보의 장벽이 붕괴된 시장과 전략적 소비자의 출현으로 인해 기업 간의 경쟁은 더욱 치열해지고 제품의 라이프 사이클 또한 매우 빨라지고 있다. 그에 따라 제품에 대한 정보도 더욱더 빠르고 광범위하게 퍼져 나가며, 경쟁 제품과의 비교가 비교적 정확하고 빠르게 행해지면서 다음과 같은 현상이 나타나게 되었다.

검색 서비스에 의해 소비자가 전 세계의 쇼핑 사이트에서 상품과 가격을 즉시 비교할 수 있게 되면서 시장은 동일한 상품에 대해서는 동일한 가격으로 판매되는 일물일가의 상태에 근접되어 갔다. 시장에 존재하는 아주 작은 가격 차이마저도 시장 전체로 넓게 그리고 빠르게 퍼져 가기 때문이다. 그리고 경쟁 제품과의 비교가 전문가와 소비자에 의해 행해지게 되면서 가격뿐만 아니라 기능, 서비스 내용, 부가가치에 대해서도 급속히 동질화되어 갔다. 또, 인터넷 환경의 쌍방향성은 제품을 사용한 소비자의 의견을 실시간으로 집약할 수 있게 되었다. 그 예로는 온라인 앙케트 조사나 온라인 초점 집단 인터뷰 등이 있다.

메타상품

기업은 이러한 상품 비교 정보에 점차 민감해지지 않을 수 없다. 이 결과 상품은 그 기능, 성능, 서비스 내용, 부가가치에 대해서도 시장에 있어 상호 학습하기 시작하고 급속하게 동질화되어 간다. 따라서 상품이 '단독상품'으로서 차별화할 수 있는 영역이 협소해져 간다. 그리고 이것은 상품의 진화를 촉발하게 되며, 이렇게 진화한 상품이 바로 '**메타상품**'이다. 메타상품이란 '그 상품 자신이 단독으로 가진 가치 이외의 주변 가치를 포함한 광의의 상품'이다. 주로 브랜드 상품, 패키지 상품, 인터넷 머천다이징 상품의 형태로 발전된 상품이 많이 등장하고 있다.

전통적 마케팅에서 제품의 정의는 '물리적인 제품뿐만 아니라 서비스 제품이나 아이디어까지도 포함하는 기본적 욕구 혹은 이차적 욕구를 충족시켜 줄 수 있는 것으로, 시장에 출시되어 주의, 획득, 사용 또는 소비의 대상이 될 수 있는 것'이다. 이러한 전통적인 개념에 인터넷 환경이라는 좀 더 넓은 관점에서 제품은 다음과 같은 특징을 갖게 된다.

무형 혹은 디지털화된 제품

첫째, **무형 혹은 디지털화된 제품**들의 수요가 팽창하게 되어 이러한 제품들은 컴퓨터 앞에서 소비된다. 백과사전으로 유명한 브리태니커는 자사 사이트의 유료화를 통해 전통적 출판물의 생산을 최소화하였고 월스트리트저널은 기존 매체의 내용에 쌍방향성을 가미한 시도로 많은 유료 회원들을 확보한 바 있다. 이와 같이 미디어, 예술 등의 많은 분야가 온라인과의 접목을 통하여 마케팅 능력을 강화해 가고 있다.

셰어웨어 제품

둘째, 제품의 디지털화를 통해 제품의 개념에도 변화가 일어나고 있다. 예를 들어, 중저가형 소프트웨어 제품의 판매에서 패키지 제품의 개념은 비중이 줄어들고 있다. **셰어웨어 제품**의 경우 어느 정도의 기간을 사용하고 계속 사용하기를 원하면 온라인으로 결제를 하고 사용을 지속하며 판매 후 서비스도 온라인으로 손쉽게 이루어진다. 이는 기존의 샘플 혹은 데모 사용 후 실제 제품 구매 및 사용, 서비스의 제품 개념이 온라인으로 동시에 모두 제공되는 것이다. 또한, 이를 통하여 패키지와 유통 관련 비용을 줄여 기업과 소비자 모두의 이익을 실현한다.

셋째, 브랜드 네임은 그 중요성을 더해가며 **도메인 네임**과의 강력한 연계성을 가질 필요가 있다. 인터넷상에서 제품에 대한 실증적인 비교를 행하기가 용이하지 않다는 점을 감안하자면 무형의 브랜드 가치는 하나의 메타 상품으로서의 의의를 가지며, PR, 구전 효과, 적극적인 프로모션 활동의 전개를 통해 이를 제고하기 위한 노력에 힘을 기울여야 한다. 그 예로 야후나 아마존, 구글 등이 있는데 이들의 주요한 성장 요인 중의 하나는 상표의 충성도이다. 따라서 이들 회사는 막대한 비용을 온라인뿐만 아니라 오프라인에 투자하여 상표 충성도를 제고하고 고객의 신뢰를 쌓기 위한 노력에 힘을 기울이며, 새로운 제품 혹은 브랜드를 출시할 경우 오프라인상의 상표권 등록뿐만 아니라 온라인상의 다양한 도메인 확보에도 유의할 필요가 있다.

도메인 네임

2.4 가격의 변화

과거에는 제품의 가격을 기업이 **초고가(skimming pricing) 전략**, **침투가격(price lining) 전략** 등을 활용하여 일방적으로 결정하고 수요와 공급에 따라 변동이 일어났다. 여기에 유통, 서비스 등의 비용과 이윤이 더해지면서 가격이 형성되고 명시되었다. 그래서 마지막 구매자가 접촉할 때에는 이렇게 고정된 가격을 받아들여 구매하거나 그 가격을 받아들이지 않고 구매하지 않는 두 가지 방법을 택할 수밖에 없었다. 그러나 인터넷 환경 속에서는 정보 장벽이 붕괴됨으로써 기업들은 소비자의 참여와 관심을 끌기 위한 방법에 대해 경쟁 우위 확보를 위한 궁극적인 방법으로 가격에 민감해지지 않을 수 없으며, 이에 따라 전통적 시장에서는 생각하기 힘든 형태의 가격 전략 양상이 나타난다.

초고가(skimming pricing) 전략

침투가격(price lining) 전략

오프라인에서 가격을 변동할 때는 가격표 모두를 물리적으로 교체하여 메뉴 비용과 카탈로그의 인쇄 등으로 엄청난 비용이 들어가는 반면, 온라인에서는 새로 설정된 가격을 웹상에서 수정하면 된다. 또한, 인터넷상에서는 소비자와 기업의 커뮤니케이션이 오프라인의 그것보다 훨씬 쉽고 빠르기 때문에 구매자와 판매가 간의

역동적 가격 설정(dynamic pricing)

상호작용과 가격 협상이 용이하다. 앞의 두 가지 메뉴 비용의 감소와 상호작용성을 토대로 나타난 가격 설정 환경이 **역동적 가격 설정(dynamic pricing)**이다. 이는 제품의 가격이 명시되어 있는 것이 아니라 언제든지 실시간으로 바뀔 수 있는 환경을 말한다. 이와 같은 예는 인터넷 경매 사이트에서 쉽게 찾아볼 수 있는데, 전통적인 경매뿐만 아니라 구매자가 자신에게 제품을 공급해줄 판매자들의 가격 조건을 비교하여 가장 유리한 구매를 할 수 있는 역경매, 구매자 여럿이 공동으로 물건을 구매하여 박리다매의 이점을 실현하는 공동구매 등의 형태로 나타나고 있다.

그러나 이러한 역동적 가격설정이 기업들의 극심한 경쟁으로 인해 '일물일가' 화하는 쪽으로 차별화가 어려워지기도 하는데 이럴 경우 기업들은 제품 가격의 저가화에만 치중할 것이 아니라 고부가가치화 전략에도 관심을 기울일 필요가 있다.

2.5 유통의 변화

중간상 배제

전자상거래에 의해 비즈니스 시스템의 업무 흐름이 순차적이고 연속적인 프로세스로 변화하고 있다. 상품은 통상적으로 생산자–도매상–2차 도매상–소매업자–소비자에게 도달하며, 이 단계에서 각 기업은 독자적인 업무 관행을 지닌 업계로써 분업화되어 있다. 각각의 프로세스가 완결되고 나서 다음 업계의 프로세스로 진행되는 것이다. 즉, 경제 시스템으로서는 일관성이나 연속성이 결여되어 있다. 이 때문에 중복 작업과 시간의 낭비, 중간 원가의 부담 등이 큰 경제 구조이다. 디지털 패러다임 하에서는 이를 극복하기 위한 대규모의 '**중간상 배제**' 현상이 나타난다.

생산자와 소비자 사이를 중개하는 기능 그 자체가 배제되었다. 중간상의 좌와 우의 측면에 있던 생산자와 소비자가 서로 융합하게 된다. 소비자는 인터넷을 이용하여 세계의 어느 상품이라도 직접 생산자에게 주문할 수 있게 되었다. 소비자들은 중개 과정이 생략된 만큼 싸고 빠르게 물건을 손에 넣을 수 있고 기업은 고객의 정보가 직접 자사에 입력되므로 그것을 기초로 새로운 상품의 생산을 자극하게 되었다. 또 하나 유통의 변화 방향 중의 하나가 중간상이 새로운 영역을 모색하고 나름의 입지를 모색해 간다는 것이다. 이에 대한 대안 중의 하나는 '생산자 측에 선 중개업'으로부터 '고객 측에 선 중개업'으로의 변신이다. 기존의 중개상은 생산자 측에 서서 제품을 효율적으로 소매업자에 판매하고 배송하는 것이 그 사명이었다. 그러나 중간상 배제 현상에 의해 종래의 중개업의 역할은 재규정되어야 하며, 스스로 변신을 모색하지 않으면 안 되었다. 향후의 중간상은 생산자 이익에 초점을 두기보다는 소비자의 이익을 대표하여야 한다. 공급자 측에 선 중간상에서 소비자 측에 선 중간상으로 생산자와 소비자를 연결하는 정보중개자가 새로운 경로의 주도자로 등장해야 한다. 소비자 측에 서서 중개업자가 역할을 할 수 있었던 것처럼 새로운 마케팅 패러다임 아래에서는 생산자도 고객을 철저하게 파악하고 적절히 대응하는 자가 승자가 된다. 이러한 변화는 결국 과거 생산 후 판매에서 주문형 생산 방식으로의 완전한 전환을 의미한다.

물리적인 상품의 유통이 아니라 콘텐츠의 유통은 디지털 기술과 인터넷이 접목되어 혁신적인 변화를 촉발할 것이다. MP3 파일의 인터넷을 통한 유통이 그 예가 될 수 있는데, 기존의 CD를 활용한 제품의 유통과는 큰 차이점을 지닌다. 제품을 인터넷에서 다운로드함으로써 중간상을 배제하고 이를 통해 공급자와 소비자 간에 이익을 도모할 수 있다. 영화 · 방송 · 광고 · 출판 · 음악 등 이른바 커뮤니케이션 산업 군에 속하는 영역의 콘텐츠들은 아날로그에서 디지털로 바뀜에 따라 이전보다도 훨씬 부가가치를 높일 수 있게 되며, 디지털 콘텐츠는 무한히 확대 재생산될 수 있다. 유통 측면에서는 인터넷이라는 사이버 공간을 경유함으로써 막대한 비용 절감 효과를 얻을 수 있게 될 것이다.

2.6 촉진의 변화

전통적인 마케팅에서 촉진 전략은 크게 광고, 홍보, 판촉, 대인판매로 구분된다. 이러한 방법 중 '대인판매'라는 개념은 온라인상의 판매에서 적용하기 어렵다. 이것은 실제 고객과 판매원이 얼굴을 맞대고 상품을 구매하는 방문판매를 의미하기 때문이다. 광고모형에서는 **AIDMA(Attention → Interest → Desire → Memory → Action)**라는 일련의 과정을 단계적으로 따르며 고객에게 접근하게 된다. 즉, 소비자의 구매 심리를 주목, 흥미, 욕망, 기억, 구매 행동의 5단계로 구분하여 고객들이 어떤 광고 자극을 **주목(attention)**하고 흥미를 보이며(interest) 갖고 싶다는 욕구(desire)를 느끼게 되는지, 그리고 그 욕구가 어떻게 **기억(memory)**에 남아 구매 행위(action)로 전환되는지에 대해 관심을 기울인다. 디지털마케팅에서는 이러한 직접적인 대인 판매 개념의 효과를 3차원 쇼핑룸, 디지털 비디오를 활용한 채팅, 가상현실을 활용하여 얻을 수 있다. 따라서 여기서는 이러한 대인판매 대신 **어나운스먼트(Announcement)** 관점에서 촉진 요소들을 이해하고자 한다. 어나운스먼트란,

AIDMA(Attention → Interest → Desire → Memory → Action)
주목(attention)
기억(memory)
어나운스먼트(Announcement)

'인터넷상에서 거의 비용을 들이지 않고 홍보할 수 있는 다양한 모든 방법'을 의미하며, 검색 엔진의 랭킹 관리, 게시판, 이메일 활용 등의 다양한 방법들이 포함될 수 있다. 그런데 인터넷 환경의 이러한 일련의 과정에서 변화라고 할 수 있는 것은 한 상점에서 원하는 상품을 다 살 수 있는 구매방식인 원스톱(one-stop) 구매가 가능하다는 것이다.

또 다른 촉진 측면의 고려 요소로는 인터넷이 지닌 '측정 가능성'을 들 수 있다. 기존의 매스미디어가 전수조사를 하기보다는 표본추출 방식을 활용하여 시청률 등을 파악하는 데 비해, 인터넷은 비교적 정확하게 다양한 접속 및 구매 상황들을 빠르게 파악할 수 있으며, 심지어 한 사람 한 사람의 광고 접촉 현황까지도 추출하고 분석할 수 있다. 따라서 기업들은 이러한 데이터들을 충분히 파악하고 분석함으로써 보다 고객지향적인 서비스를 제공할 수 있는 토대를 마련할 수 있다. 온라인 이벤트나 온라인 리서치의 경우도 마찬가지로 그 집행 결과들을 신속히 파악할 수 있어 빠르게 분석하고 대응할 수 있다. 이를 통하여 마케터 혹은 기업과 고객은 쌍방향의 대화형 마케팅이 전개되면서 상거래 성사율이 더욱 높아지게 된다.

온라인 프로모션의 성공적인 수행을 위해서는 기술에 대한 적용 가능성을 충분히 이해해 두는 것도 중요하다. 온라인에서 접할 수 있는 많은 상호작용의 요소들은 기술을 토대로 하고 있기 때문이다. 디지털마케팅 담당자나 콘텐츠 기획자는 이러한 기술 분야의 트렌드를 충분히 파악함으로써 고객들에게 적합한 프로모션을 실행할 기초 역량을 함양하게 된다.

3. 디지털마케팅 전략

디지털마케팅 환경에서 기업이 고객의 요구를 충족시키는 소비를 창출하기 위해서는 마케팅 전략을 수립하고 그에 따라 마케팅 활동을 수행해야 한다. 이 과정에서 무엇을 할 것인지 계획을 수립하고 실행에 옮기는 마케팅 전략이 필요하다.

디지털마케팅 전략의 수립 절차는 [그림 9-1]과 같다. 디지털마케팅 전략을 수립할 때에는 디지털 기술 활용으로 인한 마케팅 패러다임의 변화를 충분히 고려하

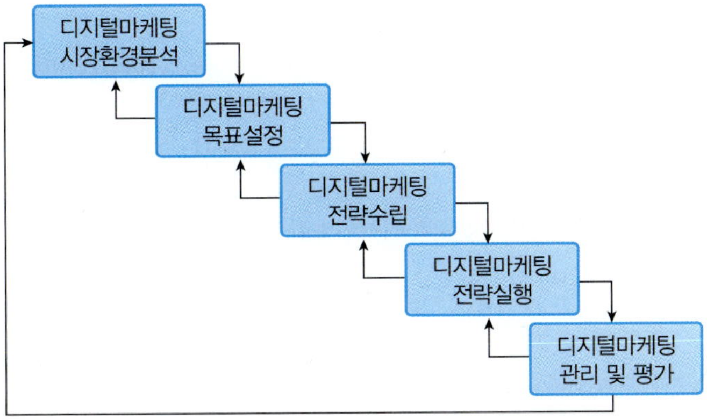

[그림 9-1] 디지털마케팅 전략의 수립 절차

고 기존의 전략적 특성을 인터넷이라는 공간 속에서도 충분히 활용할 수 있는 방식으로 전략을 수립하여야 한다. 즉, 디지털 기술 활용으로 인하여 시장과 소비자의 특성이 변하였고, 이에 따른 마케팅의 변화와 새로운 역할을 반영하고 기존의 마케팅 전략과의 유기적 통합도 필요하다. 온라인과 오프라인의 특성의 차이로 인하여 디지털마케팅과 일반적인 마케팅의 전략이 차이가 있다. 이로 인하여 기존의 마케팅 기법이 일부는 사용되지 않거나 새로운 기법을 사용하거나 또는 더욱 강화된 형태의 전략이 필요하게 된다.

3.1 디지털마케팅 시장 환경 분석

효과적인 디지털마케팅 전략 수립에 있어서 최우선 과제는 인터넷 시장 환경을 분석하는 것인데 이를 분석하는 방법에는 기업 환경 분석이 있다. 기업 환경이란 기업의 목표달성에 영향을 미치는 기업의 내부와 외부의 모든 집합을 의미한다. 기업은 기본적인 의사결정을 위하여 기업이 처한 환경에 관한 정보를 수집하고 분석함으로써 환경을 이해하고, 이에 대한 대처 방안을 수립하여야 한다. 특히, 디지털마케팅 환경은 급변하고 있기 때문에, 기업의 생존과 성장을 위해서는 기업을 둘러싸는 환경을 주도면밀히 파악하여 환경이 기업에 미치는 영향을 분석, 검토하는 것이 필요하다. 이러한 환경 분석은 외부 환경과 내부 역량 분석으로 나눌 수 있다. 외부 환경은 사회, 정치, 법률과 같은 거시 환경 분석과 시장구조 분석, 경쟁자 분석, 고객 분석 등이 있다. 내부 역량 분석은 자사의 강점과 약점 분석으로 구성된다. 환경 분석의 목적은 디지털마케팅의 전략적 방향을 설정하기 위한 것으로서 체계적 정

SWOT

리가 가능하도록 하는 분석 방법으로 **SWOT** 분석이 널리 이용된다. 시장 환경 분석과 SWOT 분석에 대해서는 8장 '전자상거래 전략'을 참고하기 바란다.

3.2 디지털마케팅 목표 설정

디지털마케팅 환경은 기존의 오프라인 마케팅 환경과는 구별되는 독특한 성격을 가지고 있다. 따라서 디지털마케팅 시장이 디지털 기술의 발달과 더불어 무한한 잠재력과 성장 가능성을 지니고 있는 시장임을 감안할 때, 기존의 오프라인 마케팅과 디지털마케팅 환경의 차이점을 파악하고 그에 따른 마케팅 목표의 수정과 보완이 이루어져야 한다.

기업들은 디지털마케팅 목표 수립 시, 기존 오프라인상에서의 전통적인 마케팅 목표인 매출의 증대, 시장점유율의 제고, 고객 만족 향상 외에도 인터넷이 가지는 특성과 장점을 고려한 세부적인 목표 설정이 가능하다. 이러한 목표 설정 시 고려해야 할 사항은 비즈니스 목표와의 일관성, 고객 중심의 마케팅 목표 수립, IT(디지털)와의 긴밀한 협조, 기업의 역량을 바탕으로 한 목표 설정 및 기술 변화의 고려 등이 필요하다.

e-STP
Digital Segmenting
Digital Targeting
Digital Positioning

목표 수립 시 주로 디지털 STP 전략이 사용되는데, **e−STP**는 인터넷 고객을 세분화(**Digital Segmenting**)하고, 표적 시장을 선정(**Digital Targeting**)하여, 이 시장에 부응할 수 있도록 제품이나 서비스를 포지셔닝(**Digital Positioning**)하는 세부 전략을 수립하는 일련의 과정을 뜻한다. 기업은 디지털 STP 전략에 근거하여 보다 세부적인 마케팅 믹스 프로그램을 입안하고 시행하게 된다. 따라서 디지털 STP는 디지털마케팅 전략 수립의 핵심이라 할 수 있다.

디지털 STP 전략은 먼저 시장을 몇 개의 기준을 이용하여 가치가 있는 다수의 시장으로 분류(Digital Segmenting)한다. 다음 세분화된 여러 시장 중에서 자사의 능력과 경쟁 등을 고려하여 표적 시장을 선택(Digital Targeting)한다. 마지막으로 시장에서 제품 속성이나 다양한 마케팅 믹스 요인을 이용하여 자사 제품을 소비자의 마음속에 심어주는 포지셔닝(Digital Positioning) 과정을 거친다. 포지셔닝 후에는 포지셔닝 성과를 분석하여 재포지셔닝하는 과정도 필요하다.

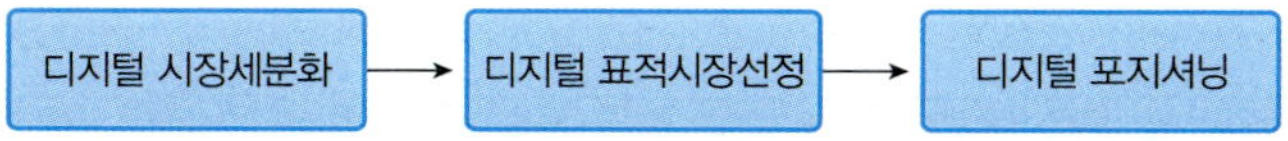

[그림 9-2] 디지털 STP의 절차

*자료원: 노규성 외,'빅데이터시대의 전자상거래', 생능, 2015

3.2.1 디지털 시장 세분화(Digital Segmentation)

시장 세분화

시장 세분화란 소비자들의 다양한 욕구, 개성, 행동 등을 기준으로 전체 시장에서 비슷한 욕구를 가지고 있는 소비자를 찾아내어 동질적인 부분 시장으로 분류함으로써 차별화된 소비자 욕구 충족과 더불어 마케팅 비용 절감을 이루고자 하는 과정이다. 그러나 소비자의 욕구를 세분화할수록 이를 충족하기 위한 비용이 증가하므로 세분화에 따르는 경제성을 고려해야 한다. 즉, 자사의 입장에서 가장 매력적이고 경제성이 있는 세분 시장을 표적 시장으로 선정해야 한다.

시장 세분화는 마케팅 노력을 사용자가 필요로 하는 것에 초점을 맞추기 위하여 마케팅 노력을 합리적이고 적합하게 조정하기 위한 것이다. 또한, 자사 제품을 차별화하여 시장 기회를 찾고자 할 때, 고객의 동질성에 따라 시장을 확인하고 구분하는 마케팅 활동이다. 즉, 시장 세분화의 기본적인 목적은 기업의 투자 효율성을 높이는 것이지만, 시장의 특정 고객 집단에 경쟁자들보다 더욱 고객 만족을 제공하기 위한 고객 지향적 마케팅 전략인 것이다.

(1) 시장 세분화 절차

시장 세분화를 수행하기 위한 첫 단계는 시장 세분화의 목표를 설정하는 것이다. 이때는 어떠한 제품을 대상으로 할 것인지, 전체 시장이 어떠한 사람들로 구성되는지, 지역과 시간적인 범위를 어떻게 포괄할 것인지, 시장 세분화가 신제품 개발의 기회를 찾기 위한 것인지 혹은 새로운 시장을 개척하기 위한 것인지 등에 대한 문제를 고려하여, 구체적이고 명확한 시장 세분화 목표를 설정하여야 한다. 시장 세분화의 목표가 설정되었다면, 이러한 목표와 관련된 변수들을 선정하고, 시장 세분화 변수를 결정해야 한다. 시장 세분화 변수란 효과적인 디지털마케팅 활동을 위해 동질적인 집단으로 구분할 때 기준이 되는 변수이다.

시장 세분화의 목표를 설정한 뒤, 시장을 나눌 기준 변수를 결정하고 나면, 그러한 변수에 의해 세분된 시장의 전반적 특성을 파악하여야 한다. 즉, 세분화 변수에 의해 분리된 각 세분 시장을 여타의 변수들을 이용하여 가급적 완전하게 묘사하는 일인데, 각 세분 시장에 대한 묘사가 풍부할수록 추후에 효과적인 마케팅전략을 수립하기가 용이하다.

(2) 시장 세분화 변수

인터넷 시장 세분화를 위해서는 인구 통계적 변수, 심리 분석적 변수, 구매 행동 변수, 기술 분석적 변수와 같이 매우 다양한 변수들을 적용할 수 있다. 그러나 이러한 변수들 중 하나만을 시장 세분화 변수로 선택해야 하는 것은 아니며, 몇 개의 기준을 조합한 형태도 사용할 수 있다. 한편, 좋은 세분화 변수가 되기 위해서는 첫째, 인터넷 소비자의 행동을 잘 대표해줄 수 있는 변수이어야 한다. 둘째, 동일 세분 집단은 최대한 동질적으로, 세분 집단 간은 최대한 이질적으로 구분해 줄 수 있는 변수이어야 하며, 셋째, 측정하기 쉽고 그 특성을 이해하기 쉬워야 한다.

인구 통계적 변수
심리 분석적 변수
구매 행동 변수
기술 분석적 변수

- **인구 통계적 변수**: 인구 통계학적 변수는 가장 보편적으로 사용하고 있는 기준으로, 주로 연령, 성별, 소득, 직업, 교육 수준, 가족 구성원 수, 가족생활 주기, 종교, 인종 등을 기초로 하여 시장을 몇 개의 집단으로 분류하는 것이다. 이는 객관적이고 측정이 쉬운 것이 장점이기는 하지만, 갈수록 개별화되고 있는 소비자 행동 간의 차이를 설명하지 못하는 경우가 많다.
- **심리 분석적 변수**: 소비자들의 라이프스타일, 사회계층, 개성 등을 기준으로 다른 시장을 몇 개의 집단으로 분류하는 것이다. 동일한 인구 통계적 집단 내에 속한 사람들은 매우 다른 심리적 특성을 나타내는데, 특히 라이프스타일에 의한 세분화를 사이코그래픽스라고 한다. 심리적 세분화는 객관적인 측정이 어렵지만, 고객에 대한 깊이 있는 이해가 가능하다.
- **구매 행동 변수**: 고객의 행동과 밀접한 관련이 있는 변수로써 사용 기회, 사용 경험, 사용량, 상표 애호도 등이 있다. 이러한 변수는 구매 행동과 밀접한 관련이 있는 변수이므로, 비슷한 욕구를 가진 고객들을 가려내는 데 효과적이다.
- **기술 분석적 변수**: 디지털마케팅은 정보 기술에 바탕을 둔 환경적 특성을 지니기 때문에 소비자의 행동에 중요한 영향을 미치는 것이 바로 기술에 대한 수용 태도 및 활용 정도이다. 따라서 소비자들이 기술에 대해 갖는 태도, 능력, 그리고 동기에 관한 기술 분석적 변수에 의해 시장을 세분화할 수 있다.

3.2.2 표적시장 선정(Targeting)

표적시장이란 판매자가 모든 가능한 기업의 자원을 이용하여 특정 노력을 집중시키는 고객 집단을 의미한다. 표적시장을 선정한다는 것은 시장 세분화 분석을 통해 얻은 자료에서 목표로 하는 시장, 즉 얼마나 많은 시장 또는 어느 시장을 어떻게 접근할 것인가를 결정하는 전략 과정이다. 따라서 시장 세분화의 목적은 바람직한 표적 고객을 선정하는 데 있다. 시장 세분화가 이루어진 다음 기업은 몇 개의 세분 시장에 진출할 것인지, 어떤 세분 시장에 중점적으로 접근해갈 것인지를 결정해서 각 세분 시장에 적합한 기업자원을 집중적으로 투입하게 된다.

표적시장

(1) 표적시장 선정기준

이질적인 욕구 또는 선호를 가진 소비자들을 몇 개의 세분 시장으로 나누면 그중에서 어떤 세분 시장을 표적으로 선정하여 공략할 것인가를 결정해야 한다. 또한, 표적시장의 선정은 시장 현실의 분석을 바탕으로 바람직한 세분 시장의 구성 형태를 구상하는 시장 보완 전략을 수립할 수 있으며, 세분 시장에 따라 주 표적시장과 부표적시장의 선정도 가능하다.

표적시장을 선정하는 데는 먼저, 객관적으로 보아 매력 있는 시장이 있어야 한다. 즉 현재의 매출액, 수익률 등의 기준에서 볼 때 시장성이 있어야 하고 기업이 시장에서 성공할 수 있는 기업 고유의 경쟁우위를 갖추고 있어야 한다. 마지막으로, 그 시장의 경쟁 정도를 고려해야 한다. 이는 기업 간 경쟁뿐 아니라 잠재적인 후발 기업의 위협, 공급자와 구매자의 교섭력 등을 고려해야 한다.

(2) 마케팅 전략에 따른 표적시장 선정 전략

세분 시장에 대한 평가가 이루어진 후, 선정된 표적시장에 대하여 어떤 방식으로 접근하여야 할까? 물론, 특정의 욕구와 유사한 구매행동을 보이는 집단별로 각각 마케팅 활동을 전개하는 경우가 보다 정교하고 효과적일 것이다. 하지만 전체적인 관점에서 보았을 때, 집단 간의 차별화 방안이 다른 집단의 행위에 어떤 영향을 미치고, 기업의 전체 이익에 어떤 영향을 미치게 될지도 분석해야 한다. 이 과정에서 전략적으로 기업에 대한 이익 기여도가 높은 세분 고객집단에 대한 충분한 고려가 이루어져야 할 것이다.

위와 같은 모든 요인을 고려해 볼 때, 세분 고객을 공략하는 전략은 크게 세 가지

인데 비차별적 마케팅 전략, 차별적 마케팅 전략, 집중적 마케팅 전략으로 나누어 진다.

비차별적 마케팅
차별적 마케팅
집중적 마케팅

- **비차별적 마케팅**: 고객을 세분화하지 않고 한 가지의 제품이나 서비스로 전체 시장을 대상으로 마케팅 활동을 전개하는 것이다. 이 접근 방법은 소비자들의 니즈와 욕구에 대해 공통적인 부분에 초점을 맞추는 것이다. 대량생산을 통한 원가 우위 확보, 광고비 절감, 마케팅 모든 비용 절감, 제품관리비용 절감 등의 장점이 있으나 다양한 소비자 욕구 충족의 외면으로 높은 이익을 상실할 우려가 있다는 단점이 있다.
- **차별적 마케팅**: 여러 세분고객을 표적으로 하여 세분 고객마다 차별화된 마케팅 활동을 전개하는 방법이다. 이 전략은 처음에는 한두 개의 세분 시장을 집중적으로 공략하여 경쟁 우위를 확보한 후 유통 및 생산의 공유를 통해 경쟁 기업보다 비교우위를 지닐 수 있는 세분 시장으로 확장해 나가는 전략이다. 전체적인 소비자의 만족도와 총매출액은 증가하게 되지만, 개발비, 관리비, 광고비 등의 비용도 상승하게 되는데, 이때 지출 비용의 상승보다 매출액이 커서 전체적인 수익률이 향상될 것으로 기대할 때 적합한 전략이라 할 수 있다.
- **집중적 마케팅**: 전략적으로 중요한 세분 고객집단에 집중적으로 차별적 마케팅 활동을 펼치는 전략이다. 큰 시장에서 낮은 점유율을 차지하기보다는 차라리 규모는 작으나 높은 점유율을 확보하고자 하는 기업에서 주로 사용한다. 주로 자원이 부족하지만, 어느 정도의 크기와 높은 이익 확보가 가능한 시장에서 활약하기를 원하는 기업에서 많이 채택한다.

3.2.3 디지털 포지셔닝(Digital Positioning)

포지셔닝

포지셔닝이란 세분화된 시장 중에서 표적시장을 정한 후 표적고객의 마음속에 경쟁 제품과 다른 차별적인 자사 제품의 특성을 강화하고 경쟁우위를 차지하기 위해 기업이 행하는 마케팅 믹스 활동을 말한다. 포지셔닝의 전체적인 개념은 한 제품을 다른 제품과 구별되게 하고 구매를 유발하도록 의미를 부여하는 것이라고 할 수 있다.

(1) 포지셔닝 전략 과정

포지셔닝의 핵심은 경쟁 제품과 차별화하면서 고객들의 마음속에 자사 제품을 포지셔닝시키는 것이다. 그 과정은 다음과 같다. 첫째, 표적 시장 내에서 경쟁브랜드와 자사 브랜드가 차지하는 기존의 제품 포지셔닝 속성을 평가하여 경쟁구조를 파악한다. 둘째, 자사 제품이 경쟁사의 제품에 비해 상대적으로 표적 고객의 욕구를 만족시키는지의 정도를 분석하고 파악한다. 셋째, 표적 잠재고객의 욕구를 파악하여 고객의 욕구 포지션을 파악한다. 넷째, 결정된 제품 포지션에 최적 포지셔닝을 효과적으로 달성하기 위하여 적합한 마케팅 믹스 전략을 설계, 수립 및 실행한다.

(2) 포지셔닝 전략 유형

제품 속성에 의한 포지셔닝
제품 사용자에 의한 포지셔닝
제품 편익을 이용한 포지셔닝
경쟁 제품을 이용한 포지셔닝
제품범주에 의한 포지셔닝

- **제품 속성에 의한 포지셔닝**: 기업 자신의 속성이나 특성을 내세우면서 포지셔닝하는 가장 보편적인 방법이다. 예를 들어, 야후(yahoo)는 시장 초기에 진입한 포털 사이트의 선도자라고 포지셔닝할 수 있다.
- **제품 사용자에 의한 포지셔닝**: 자사가 제공하는 제품이 특정 사용자 그룹을 표적으로 하여 만들어진 최적의 것임을 강조하며 포지션 하는 방법이다. 예를 들어, Dell 컴퓨터는 자사의 컴퓨터가 맞춤화 및 개별화를 원하는 소비자에게 최고라고 포지션하고 있고 AOL은 자사의 통신 시설이 최고이며 최초임을 포지션 하고 있다.
- **제품 편익을 이용한 포지셔닝**: 소비자들이 웹 사이트를 방문하고 콘텐츠를 이용하는 것은 그러한 행동을 통해 얻고자 하는 편익이 있기 때문인데, 편익을 이용한 포지셔닝은 바로 이러한 편익을 강조하는 전략이다. 예를 들어, 네이트닷컴의 전신인 라이코스는 코믹한 광고적 요소와 '즐겁지 않으면 인터넷이 아니다'라는 메시지를 전달하면서 엔터테인먼트라는 편익을 강조하였다.
- **경쟁 제품을 이용한 포지셔닝**: 경쟁 사이트나 경쟁 사이트가 제공하는 콘텐츠에 비해 우월한 점을 강조하는 포지셔닝 전략이다. 이러한 포지셔닝 전략을 위해서는 고객들이 가치 있게 느낄 수 있는 요소를 발견하고, 이들 요소를 다른 사이트의 경우 어떻게 대응하고 있는지에 대해 조사해야 한다. 예를 들어, 네이버는 2004년 봄에 네이버 카페를 열면서 다음 카페를 겨냥한 비교 광고를 제작했다. 유명 여배우를 모델로 "다음에 잘하겠다는 말 믿지 말랬잖아"라는 카피를 통해 포털 사이트 다음의 카페 서비스와 비교함으로써 포지셔닝 전략을 사용하였다.
- **제품범주에 의한 포지셔닝**: 자사 제품을 대체성이 있는 다름 제품 범주와 연

관시켜 포지션 함으로써 다른 제품 범주를 사용하는 소비자들의 제품 전환을 유도하는 방법이다. 예를 들어, eBay는 경매 분야의 범주 선도자로 포지션 하였다.

3.3 디지털마케팅 전략 수립

4P(Product, Price, Promotion, Place)

마케팅 전략이란 다양한 내외부적인 환경 변화에 따른 시장 기회의 모색을 통해 시장에서의 경쟁우위를 차지하기 위한 기업의 활동을 말한다. 전통적 마케팅 믹스(**4P: Product, Price, Promotion, Place**)는 제품, 가격, 촉진, 유통이다. 전통적 마케팅에서는 이 4가지를 어떻게 관리하여 소비자들에게 효과적으로 마케팅을 수행할 수 있는가를 주요 전략으로 삼았다.

그러나 인터넷의 급격한 발달로 더 이상 전통적인 4P를 통해서만 효과적인 마케팅을 수행하는 데 한계가 있다. 웹이라는 특수한 커뮤니케이션 장치를 통한 마케팅의 필요가 대두되었기 때문이다.

3.3.1 제품전략

제품은 마케팅 전략의 수립에 있어서 가장 중요한 변수이며, 여타 마케팅 변수들을 결정하기 위한 중심축이다. 제품에는 상품, 서비스, 아이디어, 장소, 사람, 정보, 엔터테인먼트 등 교환의 가치가 있는 모든 것들이 포함된다.

디지털화 제품(digital service products)

디지털 서비스 제품(digitalized products)

인터넷 환경에서 제품은 제품, 서비스, 디지털 제품 그리고 이들의 결합 제품으로 구분할 수 있다. 여기서 디지털 제품이란 인터넷 제품 혹은 온라인 제품이라고도 하며, 그 형태와 속성에 따라 **디지털화 제품(digital service products)**과 **디지털 서비스 제품(digitalized products)**으로 분류할 수 있다. 디지털화 제품은 기존 시장거래를 통하여 이루어질 수 있는 유형 제품이 인터넷을 통하여 광고, 제품 소개, 구매 선택, 대금 지불 등을 하면서 거래되는 제품을 말한다. 디지털 서비스 제품은 인터넷 환경에서 거래되는 소프트웨어, 정보 등 인터넷을 통하여 완전하게 이루어지는 제품을 말한다.

(1) 디지털마케팅의 제품 전략의 유형

제품 전략에는 번들링 전략과 다양화 전략이 있고, 다양화 전략은 데이터 차원과 시간 차원으로 나눌 수 있다.

- **번들링(Bundling) 전략**: 특정 상품을 한 품목씩 따로 파는 것이 아니라 여러 개의 상품을 조합해서 판매하는 전략이다.
- **데이터 차원의 다양화 전략**: 고객들의 성향을 수용해서 상품을 다양화하여 더 높은 수익을 올리려는 전략이다. 상품에 따라서는 데이터의 양이나 범위 및 정밀도 등을 조절하여 다양화할 수 있는 상품들이 있다. 데이터 차원에서의 다양화 전략을 구사하는 방법은 데이터의 용량에 따라 가격을 다르게 책정해서 상품을 다양화하는 방법이 있다. 상품이 디지털 이미지인 경우 해상도를 각각 다르게 해서 판매하는 방법도 있다. 일반적인 수준의 정보는 무료로 제공하고, 보다 많은 정보를 원하는 사람에게는 요금을 부과하는 전략도 좋은 예가 될 수 있다.
- **시간 차원의 다양화 전략**: 프로그램의 처리 속도를 다르게 하여 상품을 다양화하는 전략이다. 배달 시간을 조정하거나, 프로그램의 처리 속도를 다르게 하거나, 사용 시간 제한, 데이터 용량 제한 등이 대표적이다.

번들링(Bundling) 전략
데이터 차원의 다양화 전략
시간 차원의 다양화 전략

(2) 디지털마케팅에 적합한 신제품 개발 전략

신제품 개발 전략은 다음의 여섯 가지 정도로 분류하고 있다. 기업은 마케팅 목적, 판매하는 브랜드의 종류와 강도 그리고 주위의 환경 등의 요인을 바탕으로 다음의 전략 중 하나 혹은 몇 가지를 선택할 수 있다.

- **불연속현 혁신 제품**: 음악 CD나 텔레비전 등은 개발 당시 완전히 새롭게 등장한 혁신적인 제품이었다. 이는 인터넷에 적용하면 검색 엔진, 웹 저작용 툴 등이 여기에 속한다고 할 수 있다. 그리고 인터넷에서는 아직도 혁신적인 상품이 등장할 가능성이 매우 높다. 이런 혁신적인 상품은 위험은 크지만, 성공하면 큰 수익을 얻을 수 있는 장점이 있다.
- **신제품 라인의 확장 제품**: 기존 브랜드명을 사용하여 완전히 신규 제품을 개발 및 판매하는 것을 말한다. 마이크로소프트가 회사명을 사용하면서 웹 브라우저를 만든 예를 찾아볼 수 있다. 우리나라에서는 검색 사이트 네이버의 네이버폰을 예로 들 수 있다.
- **기존 제품 라인의 확장 제품**: 새로운 기호, 사이즈 등의 다양성을 첨부하여 기존의 제품 라인을 확장하는 전략이다. 은행 및 증권사 등이 과거의 비즈니스 방식에서 추가로 인터넷 서비스를 하는 것을 예로 들 수 있다. 이 전략은 기존

불연속현 혁신 제품
신제품 라인의 확장 제품
기존 제품 라인의 확장 제품

기존 제품의 개량 제품
재포지셔닝 제품
저가격 지향 제품

상표명을 활용함으로써 생산자는 새로운 상표의 도입과 촉진에 드는 높은 비용을 대폭 절감할 수 있는 장점이 있다. 그러나 만약 라인 확장이 실패로 받아들인다면 기존 브랜드의 잠식 및 기존 사용자 기반 또는 상표 자산을 삭감할 가능성이 있다.

- **기존 제품의 개량 제품**: 새롭게 개선된 제품이 기존의 제품을 대체하는 전략을 의미한다. 사이버 액션 사에서는 기존의 야구카드를 개량하여 자사 사이트에서 디지털 멀티미디어로 다운로드할 수 있도록 한 것을 예로 들 수 있다. 또한, 많은 기업들이 자사 브랜드의 가치를 높이고 경쟁에서 살아남기 위해서 인터넷상에서 개선을 계속하고 있다.
- **재포지셔닝 제품**: 기존 상품에 대해 다른 시장으로 표적화하거나 새로운 사용 방법을 촉진하는 전략이다. 예를 들어, 초기에 야후는 웹 디렉터리를 검색하는 서비스 성격을 지니고 있었으나, 현재는 무수히 많은 웹 사이트의 입구가 되는 포털 사이트로 포지션을 변경하였다.
- **저가격 지향 제품**: 기존 브랜드에 대한 경쟁력을 확보하기 위한 상품을 저가격으로 개발하는 전략이다. AOL과 같은 ISP 기업들이 인터넷 접속에 대해 시간당 요금을 적용할 때 일부 기업은 사용 시간에 상관없이 저렴하게 월정액을 적용하였다. 이후 AOL이 소송을 제기하여 고객을 되돌리려 하는 동안 Earthnet과 같은 기업들이 상당한 점유율을 획득하는 데 성공하였다.

3.3.2 가격 전략

전자상거래는 물리적인 매장 구입 혹은 임대 비용, 매장을 유지하기 위한 비용이 매우 저렴하거나 거의 없고, 판매 시 발생하는 서류 작업의 자동화, 중간상인의 배제에 따른 유통비 절감 등으로 가격경쟁이 치열하다. 인터넷에서는 고객이 쉽게 가격을 볼 수 있고, 직접 물건을 선택하므로 제품의 성격이나 내용만큼 가격 표시를 명확하게 해야 한다. 또한, 정보장벽이 붕괴됨으로써 기업들은 소비자의 참여와 관심을 끌기 위해 고급화, 패키지화, 머천다이징 등을 통해 제품의 부가가치를 높이는 전략에 관심을 기울여야 한다.

(1) 가격 전략의 특징

- 기업 운영비용 절감을 통한 가격 인하 전략이 대부분이다.
- 지역별 배달 조건과 운송비 차이를 고려한 지역별 가격 차별화 전략이 가능

하다.

- 일부 전략 품목을 저가격으로 판매하여 고객의 선호도를 높이고 고객 수를 증가시킨 후, 다른 품목을 정상 가격에 구입하도록 유인하는 가격 유인 전략을 활용할 수 있다.
- 대금 결제가 가장 어려운 문제이므로 결제 방법은 되도록 신용카드, 현금, 온라인, 전자화폐 등으로 다양하게 하여 고객 불편을 줄이기 위해 노력해야 한다.
- 대금 지불 방법의 보안성을 강화하는 것이 가장 큰 관건이다.
- 전자상거래 도입을 통해 나타나는 비용 절감 요인을 가격 인하와 연계시키기 위해 노력한다.
- 전자상거래에서 소비자들은 짧은 시간에 상품의 가격 정보를 얻을 수 있으며, 비교하기도 쉽다.
- 개별 소비자에 대한 정확하고 신뢰할 만한 정보를 토대로 가격을 결정하는 전략이 필요하다.

(2) 가격 결정 전략

제품에 적용되는 가격 결정 전략은 매우 다양하다. 대부분 오프라인에서의 가격 전략이 온라인에도 적용되고 있다. 이 중에서도 오프라인보다는 인터넷 환경에서 주로 적용되는 가격 결정 전략 유형은 다음과 같다.

역가격화
무가(無價)화
패키지(Package)화
머천다이징(Merchandising)

- **역가격화**: 전통적 마케팅에서 가격 결정 권한은 기업 고유의 영역이었다. 디지털마케팅에는 소비자가 가격 결정을 하는 소비자 중심의 가격 설정 모델이 늘어나고 있다. 경매 사이트가 대표적인 예이다.
- **무가(無價)화**: 무가화 현상은 '무료화+α'의 전략으로 가격의 무료화 경쟁이 가속되어 아예 가격이 사라질 뿐만 아니라 제품을 이용하는 만큼 부가 보너스나 포인트를 제공하는 극단적인 형태의 가격 전략을 구사하는 것이다.
- **패키지(Package)화**: 하나의 프로세스에 관련된 토털 서비스를 제공하거나 각 상품 간의 연계성을 확보하여 새로운 부가가치를 제안하여 소비자에게는 상대적 가격 절감 혜택을 주고, 기업으로서는 높은 이윤의 구조를 유지하는 전략이다.
- **머천다이징(Merchandising)**: 유료화된 콘텐츠를 일정 기간이 경과한 후에는

무료로 전환하여 광고 수입을 확보하고 더 기간이 지난 후에는 타사에 제공함으로써 홍보 효과를 기대할 수 있다.

3.3.3 유통전략

사이버 마켓을 통해 제품을 판매하기 위한 전략이 디지털마케팅 유통 전략이다. 현실 공간에서는 대리점이나 도매상을 지정해서 일정 지역에 대해 독점 판매권을 인정해 왔다. 그러나 전자상거래에서는 기업이 직접 소비자들과 거래를 함에 따라 기존 대리점이나 도매상들의 반발을 무마할 대책이 필요하다.

디지털마케팅 유통 전략은 유통 구조 전략과 물류 체계의 통합 전략으로 나누어 볼 수 있다. 인터넷 유통 구조는 어느 정도 넓은 범위의 시장을 포괄할 것인가를 결정하는 것이며, 디지털마케팅 물류 체계 통합 전략은 관련 업체들 사이의 의사소통 및 물적 유통을 온라인으로 어떻게 통합할 것인가에 대한 전략 방안이다.

(1) 디지털마케팅 유통 구조의 결정

어느 정도 넓은 범위의 시장을 대상으로 마케팅 활동을 할 것인가를 결정하는 것으로 제품의 성격, 구매 빈도, 브랜드 이미지의 중요성 등에 의하여 결정되며, 그 종류는 다음의 세 가지로 구분할 수 있다.

집중적 시장포괄
선택적 시장포괄

- 집중적 시장포괄: 광범위한 제품 시장을 포괄하기 위하여 여러 종류의 유통 관련 업체가 같은 사이트를 이용하여 마케팅 활동을 전개하는 방식이다. 예를 들어, 종합쇼핑몰 형태의 유통 대행 웹 사이트의 경우 자사의 쇼핑몰에 입주하기를 희망하는 모든 업체에 사이트 공간을 할당하여 개방하는 전략을 전개할 수 있다. 그러나 이러한 전략을 추구할 경우, 다양한 제품을 고객에게 제공한다는 장점과 매출액의 증대 효과가 있으나, 제품 및 기업 이미지를 손상시킬 수도 있다. 이러한 집중적 시장포괄에 적합한 제품은 편의품이나 성숙기의 제품으로 거래 빈도를 높여야 하는 경우에 이용할 수 있다.
- 선택적 시장포괄: 목표로 하는 고객 시장이 제한되어 있는 경우 이에 적합한 유통구조를 선택적으로 사용하는 전략 방안이다. 즉, 자사의 웹 사이트 성격에 적합한 유통업체를 선택적으로 이용하는 방법이다. 웹 사이트를 보유하고 있는 업체가 상품이나 서비스를 제공해 줄 업체를 선정할 때 자사의 포지셔닝 개념과 일관성이 있는 업체 또는 제품만을 선정하는 경우이다. 이러한 경우에

는 해당 웹 사이트가 나름대로 명성과 시장을 확보하고 있어야 하며, 차별화된 콘텐츠로 높은 인지도를 유지하려고 하는 경우에 이용된다.

배타적 시장포괄

- **배타적 시장포괄**: 자사의 특성에 맞는 제품 및 서비스 품목별로 단지 하나의 유통업체만을 선정하는 방법이다. 고객 역시 특정한 특성을 가진 집단으로 한정되는 경우에 이용하는 방법으로 전문성이 높은 제품이나 서비스 또는 기업 이미지나 제품 이미지가 중요한 경우에 이용되는 방법이다.

이러한 유통 구조의 결정은 〈표 9-3〉으로 요약할 수 있다. 즉, 자사가 다루는 제품 및 서비스의 특성에 따라 시장포괄의 범위가 달라지며, 이에 따라 선정하게 되는 유통 구조의 전략이 결정된다.

〈표 9-3〉 디지털마케팅 유통 구조의 결정

구분	집중적 시장포괄	선택적 시장포괄	배타적 시장포괄
제품 형태	편의품	중간	전문품
제품 특이성	낮음	중간	높음
제품 가격	저가	중간	고가
서비스 정도	제한적	중간	고도의 서비스
PLC 단계	성숙기 제품	중간	도입기 제품
브랜드 충성도	비교적 낮음	중간	매우 높음
구매상황	• 온라인에서 해결 • Pull 전략	중간	• 오프라인 지원 필요 • Push 전략
구매빈도	높음	중간	낮음

디지털마케팅 유통의 경우에는 상호 전략적인 제휴 관계에 의하여 이루어지는 경우가 대부분이다. 이 경우 유통업체라기보다는 파트너 업체의 입장을 취하게 되는데, 그 파트너 업체 선정에 있어 고려하여야 할 부분이 많다. 즉, 후보가 되는 파트너의 제품 특성, 재무 상태, 마케팅 능력, 기술 및 설비, 영업성과, 글로벌 경험 등의 선정기준을 작성하여 체크 리스트에 의해 평가하면 객관적으로 비교할 수 있다.

(2) 전자거래 물류 체계의 통합

로지스틱스(Logistics)

일반적으로 물적 유통이란 생산에서부터 시장의 제품 및 서비스의 흐름을 의미하는 비교적 좁은 개념이다. 마케팅에서는 제품 및 서비스 생산에 필요한 원료, 솔루션 등의 확보에서부터 생산된 제품 및 서비스를 고객에게 인도할 때까지의 모든 관련된 활동을 의미하는, 좀 더 포괄적인 개념인 **로지스틱스(Logistics)** 관리로 이해하는 것이 타당하다.

이러한 로지스틱스의 개념에서 보면 기업 원자재의 효율적 조달, 생산, 주문, 운송, 보관, 재고 등의 요인을 고려하여 제품을 목표 시장에 가장 효율적으로 유통할 수 있는 방안을 모색하고 관리하는 활동이 로지스틱스라고 할 수 있다. 기존에 오프라인 경영을 하던 기업이나 인터넷 사업을 하는 기업이 경영활동을 계속 진행하면서 오프라인의 물적 유통을 통합하려는 노력을 하게 된다.

3.3.4 촉진전략

디지털마케팅 촉진 활동은 국내 · 외에 거주하는 다양한 고객에게 기업이 홍보 및 상품이나 서비스에 대한 각종 정보를 제공하여 구매를 유도하는 것을 의미한다. 디지털마케팅의 촉진활동은 기업에서 정보를 제공하고 소비자들이 찾아와서 원하는 정보를 얻고 이에 대한 피드백을 제공하는 다분히 쌍방향적인 것이어야 한다.

촉진전략과 관련해서 중요한 사항을 몇 가지 살펴보면 다음과 같다.

(1) 디지털마케팅 촉진 전략의 중요성

미국의 모건스탠리의 보고서에 따르면, 미국에서 라디오 사용자가 5,000만 명이 되는데 38년, 텔레비전은 13년, 케이블 TV는 10년이 소요되었던 데 반해, 인터넷은 불과 5년밖에 걸리지 않았다고 한다. 라디오와 비교하여 보면 33년, TV보다는 8년이나 단축된 것이다. 이러한 확산은 인터넷 자체의 특성이 작용한 것이지만, 디지털마케팅의 촉진 활동 결과이기도 하다.

어떤 통신수단도 인터넷 이용 증가 속도를 따라올 수 없을 정도로 아주 빠르게, 그리고 어디가 끝인지도 모르게 진행되고 있다. 인터넷 거래가 활성화되면 될수록 경쟁이 심화될 것이며, 인터넷을 통한 촉진 활동도 더욱 중요하게 될 것은 자명하다.

실제 인터넷 시장은 상상을 초월할 만큼 빠르고 급속히 확산되고 있다. 이에 따라 인터넷이 미래의 시장 성장을 주도하면서 기존의 거래방식까지 바꿀 것이라는 점에 대해서는 이제 더 이상 의심하지 않는다. 인터넷 이용자 증가에 따라 인터넷 촉진 활동은 없어서는 안 될 만큼 중요성이 커졌다.

(2) 매체수단으로서의 디지털마케팅의 특성

기존에 마케팅 촉진 수단으로 대표적이었던 텔레비전, 라디오를 통한 대중매체는 우편, 전화, 전자우편, 전자통신을 이용한 매체의 가세로 그 변화의 모습을 보이고 있다. 인터넷 매체와 이들을 비교하면 다음과 같이 정리할 수 있다.

대중매체는 다수의 고객에게 비교적 저렴한 비용으로 접근할 수 있으나, 그 효과를 측정하기 매우 힘들다. 대중매체를 이용하는 경우, 광고비의 50%만 효과를 나타낼 뿐, 나머지 50%는 측정하기 힘들다고 한다. 우편 판매나 텔레마케팅은 목표고객에게 직접 메시지를 전달하기 때문에 대중매체보다 상대적으로 낭비하는 부분은 적으나, 개별 고객에게 전달하는 상대적 비용은 많다는 단점이 있다.

한편 인터넷이 다른 통신매체 수단과 결합하여 이용되면서 아주 적은 비용으로 목표고객 개개인에게 도달할 수 있게 되었고, 고객들의 반응에 맞는 정보를 제공함으로써 보다 고객에게 가까이 접근할 수 있게 되었다. 또한, 고객들도 적극적으로 자신의 욕구와 필요를 제시할 수 있는 쌍방향 의사소통이 가능하게 되었다.

의사소통, 즉 촉진수단으로서 디지털마케팅이 갖는 특성은 다음과 같다.

- **1대 1 관계 마케팅**: 대중매체나 기존의 통신매체에 의한 촉진은 마케팅의 기본인 세분화를 충실하게 수행하는 방법이다. 인터넷매체를 이용함으로써 아주 저렴한 비용으로 개별고객에게 접근할 수 있다는 장점이 있다. 웹 사이트에 방문한 고객들에 관한 정보, 즉 구매심리, 구매 행동, 선호도 등에 관한 자료를 축적하고, 인공지능체제를 이용하여 고객정보를 체계적으로 분석함으로써 보다 나은 메시지를 전달할 수 있으며, 개별고객에게 맞는 '맞춤 정보'를 제공함으로써 사이트 충성도를 높여 나갈 수 있다.
- **직접 마케팅**: 전자거래는 직접 마케팅에 보다 효율적인 광고매체로 발전할 수 있는 잠재력을 갖고 있다. 제품이나 서비스 생산업자는 중간상을 거치지 않고 고객과 직접 연결함으로써 중간상의 중요성이 점차 줄어들게 된다. 또한, 생

1대 1 관계 마케팅
직접 마케팅

산업자는 과거 중간상이 하던 재고, 운송, 구색, 금융, 판매, 애프터서비스 등의 기능을 스스로 하거나 그 기능을 수행하는 외부 업체와 제휴함으로써 인터넷의 직접 마케팅 기능을 효과적으로 수행할 수 있다.

- **차별적 마케팅**: 가상공간에서 고객들은 자신이 원하는 제품을 찾기 위하여 여러 사이트를 항해하지만, 자신이 원하는 정보를 얻기란 쉬운 일이 아니다. 그래서 제품 및 서비스 제공업자들은 이러한 검색엔진에 자신의 정보를 제공하고, 다른 유사 경쟁업체와 지속적으로 차별화를 기하게 된다. 디지털마케팅의 초기에는 원가 중심의 저가 정책, 심지어는 무료로 정보를 제공하는 비차별적인 마케팅을 수행했지만, 점차 사이트 간의 차별화가 이루어지고 적정 마진을 얻을 수 있는 가격과 고품질의 정보가 포함된 사이트로서의 차별적 마케팅이 이루어지게 되었다.

디지털마케팅의 여러 장점에도 불구하고 다른 마케팅 수단과 비교하여 볼 때 단점이 없는 것은 아니다. 디지털마케팅의 가장 큰 단점은 구매 결정력이 상대적으로 낮다는 점이다. 구매 의사 결정 과정은 일반적으로 AIDMA(Attention-Interests-Desire-Memory-Action)의 절차를 거치게 되는데, 디지털마케팅의 경우, AID까지는 이루어질 수 있으나 구매 결정과 행동을 유발하는 효과가 상대적으로 낮다는 문제점이 있다. 즉, 하나의 사이트에 오래 머물거나, 한 사이트에 대한 중독성이 대중매체, 즉 텔레비전의 한 채널 시청 시간이나 텔레비전 중독성보다 상대적으로 낮다는 미국의 통계자료를 보더라도 인터넷 쇼핑이 구매 행동에 미치는 영향이 아직 미약함을 알 수 있다.

또 하나의 단점으로서 전자거래 이용고객의 거래 안전성에 대한 확신 여부와 사이트 신뢰성의 문제가 있다. 점차 거래의 안전성과 신뢰성의 문제를 해결하는 시스템이 소개되고 있어 이러한 시스템을 어느 정도 효과적으로 도입해서 운영하는가에 따라 촉진 수단으로서의 결정력이 높아질 것으로 판단된다.

하지만 디지털마케팅은 다른 매체와 더불어 여러 장점이 있는 하나의 의사소통 수단임에는 틀림없다. 이러한 인터넷의 기술적인 특성으로 인해서 고객과의 직접적인 관계를 용이하게 해 주는 전자거래상의 촉진 전략은 전략적으로 중요한 요소로 고려된다.

3.4 디지털마케팅 6C 전략

디지털마케팅에서의 6C 전략은 흔히 프론트 오피스 마케팅 믹스(Front-Office Marketing Mix) 또는 포털(Portal) 전략이라고 한다. 여기서 말하는 6C에는 지식과 정보 전략(Contents Strategy), 고객 맞춤 전략(Customization Strategy), 공동체운영 전략(Community Strategy), 의사소통 전략(Communication Strategy), 거래형성 전략(Commerce Strategy), 관계확장 전략(Connection Strategy)이 포함된다.

6C
Contents Strategy
Customization Strategy
Community Strategy
Communication Strategy
Commerce Strategy
Connection Strategy

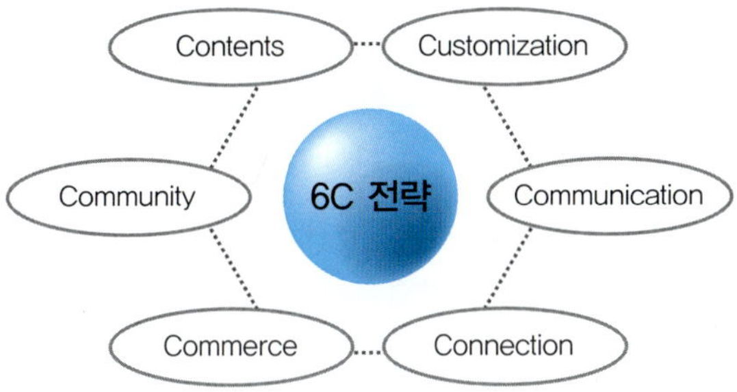

[그림 9-3] 디지털마케팅 전략(6C 전략)

3.4.1 지식과 정보 전략(Contents Strategy)

인터넷에서 콘텐츠란 고객에게 전달하고자 하는 정보 및 내용을 웹 형태의 기술적 요소와 결합한 것으로 모든 텍스트 및 멀티미디어적인 형태가 콘텐츠가 될 수 있으며, 따라서 기본적인 콘텐츠의 원형은 '원 소스 멀티 유즈' 형태로 다양하게 게임, 출판, 드라마, 영화, 애니메이션, 캐릭터 등 여러 연관 부가가치 사업으로 확대재생이 가능하다는 점에서 사업성 측면에서도 매우 중요한 본질적인 요소라 생각한다.

웹 사이트에서 콘텐츠는 가장 핵심적인 역할을 한다. 성공적인 사이트는 한결같이 좋은 내용으로 이뤄져 있다. 성공 사이트의 여러 가지 요인(예를 들어, 커뮤니티, 콘텐츠, 무료 메일 제공) 중에서 대표적으로 꼽을 수 있는 것이 바로 우수한 콘텐츠이다.

콘텐츠를 기술적인 측면과 정보 구성적인 측면에 초점을 맞추면 3가지 요소로 나눌 수 있다. 홈페이지를 제작한다는 말은 디자인적인 측면이 강조된 뉘앙스를 풍기며, 웹 사이트를 구축한다는 말은 기술적인 색채가 강해 보인다. 한편, 디자인이

콘텐디자이놀러지
(ContentDesignology)

나 기술적인 측면 외에도 언어적 측면인 정보의 내용 또한 간과할 수 없다. 즉, '콘텐츠'라 함은, '정보의 내용과 홈페이지의 디자인과 상호작용을 뒷받침해 줄 수 있는 기술로 구성'된다. 이를 조합하여 **콘텐디자이놀러지(ContentDesignology)**라고 하는데, 이것은 좋은 콘텐츠란 이들 3가지 요소를 적절히 조화시켜 구성해야 한다는 것을 의미한다. 이를 도식화하면 [그림 9-4]와 같다.

인터랙티브(interactive)

콘텐츠의 내용적인 측면에서 접근했을 때, 이러한 콘텐츠는 멀티미디어를 기반으로 하며, 인간의 지적 창의성을 반드시 포함하고 있어야 한다. 엄밀하게 이야기하면 콘텐츠는 소프트웨어와 구분할 필요가 있다. 소프트웨어는 인간의 지적 창의성을 지원해 주는 애플리케이션으로서의 성격이 강하며, 이를 통해 창조되는 지적인 창의물을 콘텐츠로 이해하여야 한다. 특히, 인터넷 콘텐츠는 '**인터랙티브(interactive)**'를 반드시 포함하고 있어야 하는데, 이것은 매스미디어와 인터넷을 구분하는 가장 중요한 경계점이다. 기업은 개별적인 고객과 상호작용할 수 있도록 잘 설계된 콘텐츠를 제공함으로써 고객과의 관계를 창출하고 유지할 수 있도록 하여야 한다.

[그림 9-4] 콘텐디자이놀러지의 구성요소

3.4.2 고객 맞춤 전략(Customization Strategy)

고객 맞춤화는 사용자들 개개인에게 맞게 사이트가 맞춰지거나 사용자들의 용도에 맞게 맞추어지는 것을 말한다. 디지털마케팅의 중요한 특성 중 하나는 1대1 관계 마케팅을 형성할 수 있고 로그 파일의 기록을 분석하면 시장 조사가 자동적으로 이루어지기 때문에 개인 사용자의 요구에 맞추어 업무를 효율적으로 처리하기 위하여 사이트는 사용자나 조직에 의해 디자인될 수 있다. 고객 맞춤화가 사용자에 의해서 디자인되면 개인화(personalization)라 하고, 사이트 운영자에 의해 설계되면 맞춤화(tailoring)라 한다.

개인화(personalization)
맞춤화(tailoring)

- **개인화**: 일부 웹 사이트들은 사용자들이 자신의 취향에 따라 콘텐츠를 선택하거나, 개인화된 다양한 툴을 사양으로 선택하도록 하고 있다. 사용자의 개인적인 선호가 사용자에 의해 입력되고 저장되면, 그 사이트는 사용자의 로그인 등록 정보나 쿠키를 이용하여 고객이 재방문하였을 때 사용자의 등록 정보에 따른 선호도에 맞춰 구성하는 것이 특징이다.
- **맞춤화**: 일부 웹 사이트들은 인터페이스 소프트웨어를 통하여 특정 이용자들의 관심이나 습관 및 욕구를 더욱 적절하고 잘 파악하기 위해 사이트를 구현하고 있다. 보다 발전된 엔진의 경우, 이용자가 관심을 보이거나 찾을 것 같은 제품정보 및 콘텐츠를 추천하기도 한다.

결국, 디지털마케팅에서는 데이터베이스의 분류와 분석을 통하여 회원 개개인의 특성을 파악하고 각 개인에게 특화된 상품 및 서비스의 정보를 제공하는 것이다. 소비자를 성별, 연령, 직업, 학력 등의 인구통계학적인 프로필과 좋아하는 제품, 브랜드, 성격 등의 소비심리학적인 프로필로 세분화한 일대일(One to One) 마케팅이 바로 대표적인 고객화 전략이다.

일대일(One to One) 마케팅

3.4.3 공동체운영 전략(Community Strategy)

커뮤니티는 공동체를 뜻하는 것으로 인터넷 커뮤니티는 인터넷 공간에서 활동하는 공동체 전반을 가리킨다. 단순 교제, 매니아, 필요에 의한 모임, 공통의 관심사가 커뮤니티를 형성하는 요인이다. 커뮤니티는 클럽, 매니아 커뮤니티, 카페 등의 형태로 나타난다. 가장 많은 형태는 동호회이다. 커뮤니티에 관련된 멤버는 소속감과 공통 관심사를 가지고 있다.

커뮤니티는 사이트 방문자 증가와 사이트 발전에 중요한 역할을 한다. 인터넷에서는 이런 동질성을 가진 모임은 쉽게 활성화되기 때문이다. 실제로 커뮤니티에 소속된 구성원들은 사이트에 충성도가 매우 높다. 또한 전문적이며, 사이트 내에서 가장 활발하게 활동을 하게 된다. 그리고 자체적으로 많은 자료를 만들어 낼 수 있다.

가상 공동체

디지털마케팅에서 **가상 공동체**의 형성은 중요한 의미가 있다. 가상 공동체를 통해 기업은 소비자 정보를 수집하거나 신제품에 대한 의견을 수렴할 수 있고 소비자를 기업의 마케팅 과정에 참여시킴으로써 기업 혹은 제품에 대한 충성심을 고취시킬 수 있다.

가상 공동체는 다음과 같은 몇 가지 특성이 있다.

- 네티즌들은 맞춤형 정보를 원하고, 자신에게 맞지 않는 정보나 광고에는 거부감을 보인다. 그러나 한편으로는 관심 영역과 동질적 집단에 대한 소속감과 공유 의식을 느끼고 싶은 욕구를 사이버 공간에서 표출한다. 네티즌들의 개인화 성향은 전자우편을 통해 충족시켜주고, 커뮤니티 성향은 뉴스그룹, 채팅, 사설게시판(BBS) 등을 통해 충족시켜 줄 수 있다.
- 가상 공동체는 익명성이 강하고 비대면성이기 때문에 무책임한 루머의 남발, 저질스러운 언어 구사, 사이버폭력 등 심각한 사회문제가 야기되기도 하지만, 가상 공동체에서 신뢰감이 형성된다면 실제 공동체보다 더 나은 비즈니스 기회를 포착할 수 있다.
- 친목회, 동창회 등 기존의 공동체는 공간적 제약을 받는 동기성(synchronous) 때문에 한 장소에 모여 서로의 관심사에 대해 대화하고 일정한 시간이 지나면 헤어진다. 그러나 가상 공동체는 동기성과 비동기성을 함께 지니고 있다. 가상 공동체에서 동기성을 지원하는 도구로는 채팅과 메신저 등이 있고, 비동기성을 지원하는 도구는 웹 게시판, 뉴스그룹, 전자우편 등이 있다.

3.4.4 의사소통 전략(Communication Strategy)

디지털마케팅의 장점은 쌍방향성이 뛰어나다는 것이다. 일방적인 전달이 아니라 한 사람 한 사람과 개별적인 커뮤니케이션이 가능하다. 개인별 상담과 질문에 대한 응답, 이메일을 통한 답변 등 방문자 한 사람 한 사람과 커뮤니케이션이 가능하다. 이런 쌍방향성은 방문자가 직접 사이트에 참여할 수 있는 기회를 제공한다.

커뮤니케이션
(communication)

커뮤니케이션(communication)이란 웹 사이트와 이용자들 간 혹은 이용자들과 기업 간 대화의 소통뿐 아니라 각종 정보의 교환을 의미한다. 이러한 커뮤니케이션은 기업 대 이용자, 양방향 이용자 대 이용자, 이 두 가지 형태를 취할 수 있다.

- **기업 대 이용자(방송형)**: 기업 대 이용자 의사소통은 기업으로부터 이용자에게

일방적으로 전달되는 정보교환이다. 정보의 이러한 일방적인 의사전달에는 기업에 보내는 반응을 위한 메커니즘을 제공하지 않고 있다. 일반적으로 웹 사이트와 이용자들 간의 1대 다수의 관계이다.

- **양방향 이용자 대 이용자(대화형)**: 대화형 커뮤니케이션은 전자상거래 대화의 일부로 쓰이는 경우가 많으며, 주문 배치, 추적 및 주문 완료에 관한 정보 제공을 정기적으로 취하게 된다. 또 다른 양방향 커뮤니케이션은 이용자 입력 정보가 사이트에 반영될 때, 관심 분야의 주제에 대한 이용자가 작성한 기사와 공급업자들에 대한 평가 및 피드백이 해당된다.

디지털마케팅은 디지털 기술을 기반으로 하기 때문에 고객과의 효율적인 커뮤니케이션을 수행하기 위해서는 다양한 기술과 도구를 적절히 활용하는 것이 필요하다. 예를 들어, 무료 전자우편 계정, 채팅방, 인스턴트메시징 서비스(ICQ), 검색엔진, 이동통신과 연동 등이다. 특히, 인터넷이 가지는 커뮤니케이션 구조는 1대 다뿐만 아니라 1대 1, 다대 다 커뮤니케이션을 모두 소화할 수 있다.

3.4.5 거래형성 전략(Commerce Strategy)

궁극적으로 기업이 e-비즈니스에서 추구하는 것은 수익성이다. 디지털마케팅에서의 수익성은 일반적으로 상품 판매, 정보 및 서비스 이용료, 회비, 중개 수수료, 광고료, 각종 협찬 등에 의해서 얻어지고 있으며, 그 외에도 여러 가지 방법들이 사용되고 제기되고 있다. 상업 사이트는 수익을 목적으로 운영되어야 한다. 직접 수익을 내거나 회사의 수익성을 높이는 것이 운영의 목적이다. 수익성

수익성을 위해서는 사이트가 수익 모델을 갖추어야 하고 경비를 절감하는 운영이 이뤄져야 한다. 투자에 비해 그 효과가 뚜렷하게 나타나지 않는다는 것이 현재 웹 사이트들이 안고 있는 고민이다. 막대한 비용을 쏟아부어 마케팅을 했지만, 수익을 내지 못하는 사이트들이 적지 않다. 수십만, 수백만의 회원도 수익과 연결되지 않는다. e-비즈니스에 대한 회의론도 역시 뚜렷한 수익성을 갖고 있지 않다는 데 있다.

디지털마케팅 운영자는 사이트를 통해 수익을 내야 한다는 요구에 직면해 있다. 거래 수익이나 서비스 제공, 부가가치 서비스, 컨설팅 등 수익원을 다양화해야 한다. 광고나 회원 유치에만 의존해서는 안 된다. 실제 거래 등 오프라인과 전통 기업

들의 영업방식이 높은 수익을 내고 있다.

상거래란 인터넷 사이트에서 제품 또는 서비스를 판매하는 것으로 정의한다. 기업의 상거래 역량은 거래 처리의 다양한 측면을 지원할 수 있도록 작성된 고객 인터페이스의 형태를 말한다. 즉, 배송 정보와 더불어 전형적인 쇼핑 바구니 사양을 보유해야 한다. 상품의 전체 가격과 부가적 서비스, 세금, 배송 비용 및 총합계를 요약된 형태로 제시하여야 한다.

사이트가 전자상거래 능력을 갖추기 위해서는 이와 같은 많은 사양들이 존재하여야 한다. 그렇지만 최근 웹상에서의 정보 유출이 심각한 사회적 문제로 대두되고 있으므로 다양한 정보들과 더불어 그에 맞는 정보 보안의 구축도 함께 이루어져야 하겠다. 이러한 기술적인 거래 능력도 중요하지만, 기업이 e-비즈니스를 활용하는 궁극적인 목적인 수익 창출을 이루는 것 또한 중요하다. 따라서 인터넷을 기반으로 수익을 창출하는 여러 가지 방법에 대해 고민해 봐야 하는데, 다음과 같은 대표적인 수익 창출 방법이 있다.

콘텐츠 유료화
제휴(affiliate) 프로그램

- **광고 수입과 직접적 상품 판매**: 다음 커뮤니케이션, 네이버 등은 회원 수 증가를 통한 광고 수입을 올리고 있고, G-마켓, 옥션 등과 다양한 쇼핑몰들은 다양한 상품을 판매하고 있다.
- **콘텐츠 유료화**: 미국의 월스트리트저널은 인터넷의 쌍방향성을 활용한 콘텐츠를 제공함으로써 많은 유료회원을 확보하여 유료화 전략의 성공 가능성을 보여주었다.
- **제휴(affiliate) 프로그램**: 자사의 웹 사이트에 제휴 관계를 맺은 다른 사이트나 쇼핑몰을 홍보하고, 자사의 사이트를 통해 구매한 상품에 대한 일정 비율의 소개비를 받는 형태이다.
- **데이터베이스 응용**: 데이터베이스를 활용하는 예로는 온라인 리서치 대행, 사용자 통계 분석 데이터 판매, 데이터베이스 대여 등을 들 수 있다. 그러나 이러한 사업을 추진할 때에는 현행법상 데이터베이스에 등재된 개인의 정보를 판매할 수 없다는 것을 고려해서 진행해야 한다.
- **중개를 통한 수수료 확보**: 사이버 증권사 혹은 경매 사이트에서는 거래를 중개해 주고받는 수수료가 수익의 원천이 된다.

3.4.6 관계확장 전략(Connection Strategy)

인터넷은 네트워크 즉 연결의 산물이다. 그래서 디지털마케팅에서 관계의 중요성은 지대하다. 각종 관계와 연결을 통해 많은 것들이 창조되고 개선된다. 특히, 파트너와의 협력 관계는 매우 중요하다. **전략적 제휴**가 바로 커넥션 전략의 일환이다. 선진 기업들은 핵심역량은 사내에 두고 그 외의 기능은 **아웃소싱**을 하는 추세이다. e-비즈니스 기업에서도 아웃소싱의 중요성은 갈수록 강조되고 있다. 과거에는 혼자 힘으로 시장에서 경쟁했던 것에 비해 이제는 외부의 아웃소싱 파트너들을 어떻게 규합하여 최적의 네트워크를 구성하느냐에 따라 경쟁력이 좌우된다고 할 수 있다.

전략적 제휴
아웃소싱

국내의 대형 사이트조차도 웹 사이트의 유지보수와 운영을 아웃소싱하는 것이 효과적이라고 판단하고 있다. 사이트 유지보수 등은 프로그래머나 디자이너를 고용하는 것보다는 외부의 전문업체에 의뢰하는 것이 경비를 줄이는 방법이다. 현재 우리나라는 정보통신 분야의 풍부한 인력으로 외부의 인력을 활용하기 좋은 여건이다.

포털 서비스를 제공하는 기업들은 다양한 서비스나 콘텐츠를 고객에게 제공하기 위해 동종 혹은 이종 간 협력 관계를 구축하는 경우가 많다. 이것은 결국 기업-소비자-기업 간의 트리플윈(triple-win)을 가능하게 함으로써 모두가 이익을 공유할 수 있도록 세심한 주의를 기울여야 한다.

기업들이 협력관계를 통해 공동 마케팅을 추진하는 목적은 여러 가지가 있을 수 있다.

- **상거래 등 프로세스의 역량 강화를 통한 시장 확대 및 공동 이익 추구**: 인터넷 비즈니스가 복잡하고 다양화됨에 따라 기업들은 더욱 전문화된 분야에 그 역량을 집중시키고, 특정 분야에 전문성을 갖춘 기업들에 상대적으로 부족한 부분을 보완해 줄 협력업체의 필요성이 증가하고 있다.
- **협력을 통한 노력과 비용 절감 및 경쟁자의 진입장벽 형성**: 각 기업이 특정 분야의 전문화를 지향함에 따라 자신들이 열세인 분야에 타 기업과 연계함으로써 적은 노력으로 큰 효과를 누릴 수 있다. 즉, 협력을 통해 신규 사업에 공동 투자함으로써 비용을 절감하고 투자 위험을 분산시킬 수 있다. 그리고 초기에 시장규모를 확대할 수 있는 협력자를 확보할 수 있다. 한편 기업 간 공동 마케

팅을 수행함으로써 새로운 경쟁자의 진입을 억제하는 효과를 얻을 수 있다.

- **자원 공유를 통한 회원 증대 및 표준화 추구**: 기업이 보유한 회원과 콘텐츠를 다른 기업과 공유함으로써 회원 확대 및 방문자 증대를 위한 대융합(mega convergence), 대제휴(mega alliance), 대경쟁(mega competition)의 형태로 전개될 것이다. 이를 위해서는 기존 회원 데이터베이스 통합 시도, 기술적 규격 통일, 공동 마케팅 프로모션, 법규와 규제에 대한 공동 대응 등의 노력을 결집하여야 한다.

3.5 디지털마케팅 관리 및 평가

앞 단계에서 실행한 마케팅 활동으로 확보한 고객들과의 관계를 형성하고 유지, 확장하기 위해서는 체계적인 관리가 필요하다. 즉, 축적된 데이터의 철저한 분석과 비용 대비 효과의 극대화를 위한 시스템 최적화를 통해 장기적인 전략의 수립이 필요하다. 또한, 디지털마케팅의 평가 및 측정을 통하여 문제점을 분석해 이를 피드백을 통하여 개선함으로써 시너지 효과를 낼 수 있도록 해야 한다.

〈표 9-4〉 디지털마케팅 효과측정 기준

구분	기준
고객획득 (capture)	• 온라인과 오프라인 촉진을 통해 얼마나 효과적으로 고객을 끌어들이는가? • 서치 엔진의 meta-tag를 이용하고 있는가?
콘텐츠 (contents)	• 디자인과 콘텐츠는 사용하기에 용이한가? • 사이트만의 독특한 가치를 전달하고 있는가? • 사이트 속도와 접근 가능성은 고객 편의에서 설계되었는가?
고객지향성 (customer orientation)	• 목표고객에게 적합한 정보를 제공하고 있는가? • 정보는 적절하며, 최신의 것으로 정확한가? • 구매의사결정의 다른 단계 소비자들에게 단계별로 적합한 정보를 제공하는가?
커뮤니티와 상호작용성 (community and interactivity)	• 동호회 편의시설을 제공하고 있는가? • 고객과의 상호작용을 고려하여 웹이 설계되었는가?

*자료원: 황하진, 「전자상거래와 e-비즈니스」, 경문사, p. 130, 2012

〈표 9-4〉에서 보는 바와 같이 디지털마케팅 효과측정 기준은 얼마나 효과적으

로 고객을 획득하느냐, 콘텐츠 사용이 쉽고 잘 전달되는가, 고객 지향적으로 잘 되어 있는가, 커뮤니티와의 상호작용성이 잘 되었는가로 구분하여 점검해 볼 필요성이 있다.

3.5.1 온라인 효과계층 모델 5단계

온라인 효과계층 모델은 전통적인 효과계층 모델과는 다르게 5단계로 나뉜다. 인터넷 환경에서의 고객은 구매 전(방문, 쇼핑 행동), 구매(구매 행동), 구매 후(구매 후 행동, 충성도 형성)의 단계를 거치면서 여러 가지 측정 가능한 정보를 남기게 되는데 그 내용은 〈표 9-5〉와 같다.

〈표 9-5〉 온라인 효과 계층 모델

단계	개념	내용
구매 전	방문	독특한 방문객 수 재방문객 수
	쇼핑행동	클릭 추천 사이트 방문 패턴 페이지 열람 검색 깊이 장바구니 포기
구매	구매	구매 수 전환 비율 획득 비용
구매 후	구매 후 행동	반환 비율 온라인 만족도 조사
	충성도	재구매 빈도, 구매 주기 재구매량, 생애가치

이러한 과정들을 살펴보면 고객에게 '질문하는 것(ask the customer)'에서 고객을 '주시하는 것(watching the customer)'으로 바뀌었음을 알 수 있다. 즉, 구매 과정의 초점이 태도 혹은 지각보다는 행동을 반영하는 요소들이 측정된 것이다.

(1) 1단계-방문

로그인된 고객이 사이트로 방문하는 것을 의미한다. 이러한 방문은 한 가지를 검색하거나 혹은 여러 가지를 검색할 수도 있다. 이용자가 특정 사이트의 페이지에서 무엇을 이용하고 얼마나 머물러 있었고, 어떤 콘텐츠를 클릭하고 어떤 페이지에서 로그아웃을 했는가에 대한 정보를 얻을 수 있다. 웹 사이트의 수가 기하급수적으로 성장함에 따라 소비자들은 그들이 선호하는 사이트들을 넓혀 나가고 있다. 하지만 소비자들은 이용 가능한 수백만 개의 사이트 중 불과 수십 개 정도의 사이트에만 그들의 주의력이 집중되었다는 것이다. 이러한 사실은 소비자들이 적은 수의 사이트들을 정규적으로 방문하는 형태를 취하는 것으로 판단된다. 따라서 기업은 소비자의 주의가 집중된 몇몇 사이트가 되기 위해 어떠한 노력을 해야 하는가를 파악해야 한다.

(2) 2단계-쇼핑 행동

쇼핑 행동 단계에서 클릭 스트림 자료는 소비자 행동에 관한 보다 많은 핵심 자료로 이용된다. 고객 행동은 〈표 9-6〉에서와 같이 페이지 뷰의 수(특정 웹 페이지의 방문객에게 노출된 수), 방문한 사이트의 형태, 사이트에 머문 정도, 100명의 방문객마다 작성한 등록 수, 폐기된 등록 수, 장바구니를 보유한 고객 수, 폐기된 장바구니 등으로 측정할 수 있다.

(3) 3단계-구매 행동

전환율(conversion rate)

인터넷 쇼핑몰 고객이 특정 웹 사이트에 방문할 때 구매로 바로 전환되는 비율이 얼마인가는 매우 중요한 의미를 함축하고 있다. 이때 특정 웹 사이트를 방문한 뒤 바로 구매로 이루어지는 비율을 **전환율(conversion rate)**이라 한다. 전환율은 기업의 이익 증가 및 현금 흐름과 연결되므로 매우 중요하다.

(4) 4단계-구매 후 행동

상품의 반환 비율과 고객의 지인에 대한 추천, 쇼핑 경험에 관한 온라인 조사에 대한 응답까지도 포함된다. 일반적으로 물리적 점포에서 구매한 상품과 비교했을 때 온라인에서 구매한 상품에 대한 반환 비율이 훨씬 높은 것으로 나타나고 있다.

〈표 9-6〉 Hitbox에서 제공해 주는 로그분석 정보

로그분석의 내용	내용별 상세항목 예시
방문자 트래픽 (traffic)	페이지뷰(page view), 임프레션(impression), 시간대별 방문자 수, 트래픽이 가장 많은 시간과 가장 적은 시간, 방문자들의 다양한 방문 형태 등을 제공
방문 경로 (referrers)	방문자가 자사의 웹 사이트를 찾아오기 위해 거친 경로. 도메인(domain), 사이트 주소(URL), 뉴스그룹(newsgroup), e-메일(e-mail), 방문국가(countries), 검색엔진(search engine) 등에 대한 상세한 방문경로 제공, 웹 사이트 프로모션의 전반과 콘텐츠 내비게이션 구성에 대한 전략수립에 활용
방문자의 시스템 환경 (system)	사용자의 웹 브라우저 종류(web browser), 버전(version), 모니터의 해상도(monitor resolution), O/S(operation systems), 사용 언어(language), 플러그인(plug-in) 등의 접속환경에 대한 데이터를 제공
방문자 정보 (visitor)	방문자가 이용하고 있는 ISP 업체, 방문자의 도메인(domain), 방문자 국가정보(countries), 방문시간대(time zone) 등의 정보를 제공
내비게이션 정보 (navigation)	방문자가 체류한 정보를 토대로 평균체류시간, 체류시장이 가장 많은 웹 페이지 등의 데이터를 제공
페이지 방문 정보 (pages)	가장 많이 방문하는 웹 페이지(top request page), 처음 방문하는 페이지(entry pages), 최종적으로 방문하는 페이지(exit pages), 링크의 오류 등에 관한 데이터를 제공. 이를 통해 사이트 링크의 오류 수정 및 전략적인 홈페이지 내비게이션 구성에 대한 힌트를 얻을 수 있다.

*자료원: 황하진, 「전자상거래와 e-비즈니스」, 경문사, p. 133, 2012

(5) 5단계-충성도 형성

기업의 입장에서 많은 이익을 창출하는 충성고객들이 가장 중요하기 때문에 조사의 핵심은 충성도 지표이다. 충성도 지표는 구매 빈도, 제품 범주에 대한 구매 비율, 진정한 충성고객의 비율 등이다. 두 번째 중요한 관찰은 충성고객 집단의 상태를 체크하는 통계량의 활용이다. 기업은 자사 사이트에서 증가하는 전체 고객 수준을 주의 깊게 관찰해야 한다. 이를 통해 이상적 신규 고객 획득과 기존의 고객 유지 전략을 동시에 고려해서 고객 관계 전략을 수립해야 한다.

온라인 모델의 장점은 초기 방문에서부터 충성 방문에 이르기까지 전체 소비 주기를 나타낼 수 있는 클릭 스트림 자료가 풍부하다는 것이다. 그러나 대부분의 기업이 실제로 필요한 모든 좌표를 분석하지 않으며, 부분적으로 필요한 자료를 수집한다고 하더라도 조사 결과에 대한 대응책이 미흡하다.

또한, 사이트에 머무는 시간인 체류 시간이 길수록 기업에 더 좋다고 하나 www.auction.co.kr에서는 적합하겠지만, 대한항공의 경우에는 다르다. 대한항공의 사이트를 방문한 고객의 경우 비행 정보, 항공기 예약, 항공사 비교 등의 몇 가지의 특정 정보만을 원하고 바쁜 비즈니스 여행객이라면 더욱이 자신에게 정말 필요한 정보를 빠르고 간편하게 알 수 있기를 원할 것이다.

페이지 뷰 수 또한 보통의 고객이라면 다양한 유형의 제품을 검색하고 적합한 상품을 발견하는 과정을 거쳐 구매에 이르기 때문에 많을수록 좋다고 할 수 있지만, 어떠한 표적 상품을 사려는 고객은 페이지 뷰가 적을수록 효과적인 쇼핑이 되었다고 할 수 있다. 이러한 여러 가지 문제는 많은 기업들이 실행하고 있는 배너광고가 기존의 4대 매체(TV, 라디오, 신문, 잡지)와 비교했을 때 얼마나 비용 대비 효과적인지를 검증할 방법이 없으며, 인터넷 광고 효과에 대한 공동 기준 결여는 향후 인터넷 광고 활성화에 있어 가장 큰 걸림돌로 지적되고 있다.

3.5.2 통합적 접근

전통적 접근 방법은 고객의 지각 즉, 태도, 지식, 행동 의도에 집중적으로 의존하고 있으며, 온라인 접근 방법은 고객의 행동에 중점적으로 의존하고 있다. 따라서 기업은 전통적 모델과 온라인 모델 두 가지 유형의 자료가 모두 필요하다. 이를 토대로 고객의 구매주기에서 오프라인과 온라인의 두 가지 대안적 구매계층의 결합은 [그림 9-5]와 같다. 오프라인과 온라인 순서도는 각각의 구매주기를 나타내고 있다. [그림 9-5]는 이들 각각의 구매주기를 쉽게 결합할 수 있다는 것을 보여주고 있다. 그러면 이러한 통합적 접근을 함에 있어 염두에 두어야 할 몇 가지 요소를 알아보겠다.

(1) 고객의 투명성

고객들은 구매주기의 어느 단계에서든지 온라인과 오프라인으로 유연하게 이동할 수 있어야 한다. 핵심 문제는 '고객이 구매과정 동안 어느 단계에서나 물리적 점포와 온라인 환경 사이를 유연하게 이동할 수 있는가'이다. 예를 들어, 주문 제품의 여러 가지 차이에 대한 완벽한 재고를 검색할 수 있어야 하고 재고를 확인하기 위해 콜 센터와 신속하게 전화 연결할 수 있어야 한다. 또 웹 사이트상에서 현재 제품의 위치를 구체적으로 체크할 수 있어야 한다.

(2) 데이터베이스 통합

유연한 통합을 이루는 핵심 이슈 중의 하나는 고객과 공급업자 및 파트너에 대한 단일 데이터베이스를 구축하는 것이다. 만일 고객들이 오프라인상에서 제품을 구매해 왔다면 온라인상에서도 고객의 구매기록이 관리되어야 한다. 이와 유사하게 오프라인 부서의 서비스 직원은 온라인 구매기록에 완벽하게 접속할 수 있어야 할 것이다. 이러한 데이터베이스 통합은 직접적으로 고객에게 영향을 준다. 소비자가 웹에서 구매했던 제품을 재주문하기 위해 콜센터 혹은 오프라인 매장과 연락하는 경우, 서비스 직원은 이러한 정보에 접근 가능 유무, 이용 가능성, 신속성 등과 관련된 통합적 접근이 가능할 때 고객의 만족도를 높이며 재구매로 이어지게 할 수 있다.

[그림 9-5] 통합적 모델

(3) 크로스 플랫폼(cross-platform) 지식

크로스 플랫폼

데이터베이스 통합에서 마지막 요점은 온 · 오프라인을 병행하는 기업에 있어서 임직원은 온라인 플랫폼과 오프라인 플랫폼 지식이 결합된 **크로스 플랫폼** 지식을 갖추어야 한다. 오프라인 매장의 직원은 그들의 웹 사이트에 대해 박식하며, 고객들이 사이트를 신속하게 이용하도록 도움을 줄 수 있어야 하고 온라인 매장의 직원도 소매점의 판매 절차 혹은 방법을 이해하고 고객이 오프라인 매장을 이용하는 데 도움을 줄 수 있어야 한다. 이러한 일은 온 · 오프라인 경로 간의 위협이 아니라 더 많이 판매할 수 있는 기회이다.

교차 판매(cross-sell)
업셀(up-sell)

(4) 크로스 플랫폼 판매(cross platform sales), 업셀(up-sell), 교차 판매(cross-sell)

개별 고객에 대한 통합된 데이터베이스가 구축되면, **교차 판매**(예: 정장 구매 고객에게 어울리는 넥타이, 셔츠 등의 구매 권유)의 기회 혹은 **업셀**(예: 제품 카테고리별 최고의 제품으로 판매 유도) 기회를 포착하기 쉽고, 온라인과 오프라인 경로 갈등의 조정용이 등 마케팅 실행에서 이를 적극적으로 활용할 수 있다. 그뿐만 아니라 유연하게 통합된 고객 경험은 실제로 온라인(오프라인)에서의 정보 수집이 오프라인(온라인)에서의 구매를 증가시키는 크로스 플랫폼 판매를 증가시킨다.

(5) 크로스 플랫폼과 느낌(look-and-feel) 유사성

물리적 점포와 온라인 환경의 느낌은 일관성이 있으며, 보완적이어야 한다. 색상과 레이아웃, 도메인, 제품 믹스, 그리고 각 환경의 태도는 목표시장에 유사한 메시지를 전달해야 한다.

3.6 성공적인 디지털마케팅 전략을 위한 6단계

명확한 비전과 목표 및 기준과 절차가 없으면 성공의 기회를 잡기 어렵다. 효과적이고 성공적인 디지털마케팅 전략을 수행하기 위해서는 다음 [그림 9-6]과 같이 6단계를 거쳐야 한다.

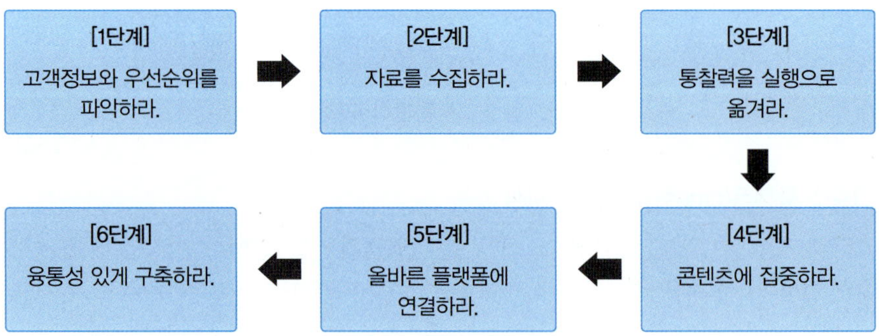

[그림 9-6] 성공적인 디지털마케팅 전략을 위한 6단계 과정

*자료원: DMN, Six Steps to a Successful Digital Marketing Strategy, IBM Marketing Cloud, 2016.

(1) [1단계] 고객정보와 우선순위 파악

성공적인 디지털마케팅 전략을 창출하기 원하는 마케터는 어느 것에 투자하는 것이 가장 최고의 채널과 전술인지 의사 결정하기 위한 우선순위를 수립하고 이를 위한 고객정보를 수집할 필요성이 있다.

(2) [2단계] 자료 수집

마케팅 담당자는 올바른 데이터를 수집하여 심도 있는 고객 프로필을 만들어 데이터를 통한 통찰력을 확보해야 한다. 실시간으로 실행 가능한 데이터 기반 의사결정을 내릴 수 있어야 디지털마케팅 성공을 주도할 수 있다.

(3) [3단계] 통찰력 실행

오늘날 마케터는 효과적인 시험 마케팅을 위한 시간과 데이터를 가져야 한다. 고객들에게 직접 마케팅의 핵심을 살리기 위해 고객대상 시험과 통제전략, 목표고객과 세분화 및 데이터 수집을 통한 개인화에 노력해야 한다.

(4) [4단계] 콘텐츠 집중

오늘날같이 디지털 중심의 세상에서는 콘텐츠가 왕이다. 소비자의 80~90%는 구매를 위해서 온라인에서 사전에 탐색하게 된다. 콘텐츠가 많을수록 기업의 제품이나 서비스를 찾는 사람이 그 기업을 쉽게 찾을 수 있기 때문이다. 잠재 고객에 대한 심층적인 통찰력을 바탕으로 콘텐츠를 더욱 맞춤화해야 한다.

(5) [5단계] 올바른 플랫폼에 연결

플랫폼이 되는 전자 메일, SMS 및 소셜미디어 등과 연계 통합과 전달 없이는 현대적인 마케팅 전략으로서의 가치가 없다. 마케터는 소비자에게 전달하는 메시지뿐만 아니라 그들이 선호하는 채널을 적극적으로 활용해야 한다.

(6) [6단계] 융통성 있게 구축

모든 것을 한 번에 완벽하게 하려고 하지 말고 시간을 두고 완성도를 높여나가는 것이 바람직하다. 융통성 있게 유연성을 가지고 지속적으로 고객들을 변화시켜 나가야 한다.

4. 디지털마케팅의 신유형

디지털 기술을 활용하는 새로운 방식의 디지털마케팅 활동에는 어떤 유형이 있는지를 살펴보기로 한다. 최근 인터넷과 스마트폰을 사용하는 시간이 증가하면서 새로운 형태의 디지털마케팅이 출현하고 있다(노규성, 2022).

4.1. 음성 검색(Voice Search)에 의한 마케팅

음성 검색(Voice Search)

코로나 팬데믹 시대에 손쉽게 음성을 이용해 검색할 수 있는 마케팅이 새롭게 부상하고 있다. 점차 음성인식 기술이 크게 향상되면서 기존 스마트폰에서 클릭이나 타이핑 없이 음성 검색을 통해 순식간에 구매가 가능한 검색 마케팅이 출현하게 되었다.

음성을 통해 검색과 구매가 가능하여 쇼핑 시간이 단축되고 편리해졌다는 장점이 있다. 아마존에 의하면, 음성인식 스피커 '알렉사'를 통해 검색과 구매가 해마다 많이 증가하고 있으며, 평균 2배가량의 증가 추이를 보이고 있다(노규성, 2022). 2014년 출시된 알렉사는 명실상부한 AI 스피커 최강자다. 다양한 제품에 탑재돼 간단한 음성 대화로 음악이나 뉴스를 들을 수 있고 집안 가전제품을 제어하거나 인터넷 쇼핑도 가능하다. 간단한 명령을 통해 시간, 날씨 정보, 음악을 듣거나 타이머와 알람을 설정하고, 전화를 걸거나 메시지를 전송할 수 있으며, 연동된 조명 제어 등 다양한 기능을 제공한다. 보다 먼 거리에서도 음성 인식이 가능해 편의성을 더욱 높였다(정보통신신문, 2021).

[그림 9-7] 아마존 AI 음성인식 서비스 알렉사

4.2 라이브 스트리밍(Live Streaming) 방식의 마케팅

라이브 스트리밍(Live Streaming)

영상을 통해 쌍방향 소통을 기반으로 하는 온라인 실시간 영상(live streaming)을 통한 마케팅이 각광받고 있다. 이 방식은 특정 제품이나 브랜드를 온라인 실시간 영상을 통해 소비자들과 소통하면서 마케팅 활동을 하는 것을 말한다. 대표적인 예로 인스타그램, 메타(페이스북), 유튜브를 들 수 있다. 최근에는 네이버에서도 쇼핑라이브를 시작했다. 온라인 실시간 영상 콘텐츠가 각광을 받는 이유는 실시간 정보의 신뢰성과 관계성 때문이다(노규성, 2022). 소비자들이 온라인 영상을 통해 소통하면서 자연스럽게 마케팅이 이루어지기 때문에 고객들의 신뢰를 쌓을 수 있고 특별한 관계를 구축하면서 그 가치가 향상되기 때문이다.

[그림 9-8] 네이버 쇼핑 라이브

4.3 인터랙티브 콘텐츠(Interactive Contents) 기반 마케팅

인터랙티브 콘텐츠 (Interactive Contents)

인터넷의 가치는 궁극적으로 콘텐츠에 있다. 소비자가 수동적으로 콘텐츠를 소비하는 것이 아니라 사용자가 직접 참여하여 소비하도록 하는 인터랙티브 콘텐츠가 등장하면서 소비자의 인기를 끌고 있다. 인터랙티브 콘텐츠 기반 마케팅은 소비자와 상호작용하면서 소비자의 능동적인 참여를 이끌어내는 콘텐츠를 통한 마케팅을 말한다.

예를 들어, 메타에서 간단한 취향에 대한 질문에 답을 하면 소비자의 유형과 이미지 등을 알려주는 방식이다. 또 방문자가 직접 문제를 풀어서 알게 되는 퀴즈 형식의 콘텐츠, 소비자의 여행 취미에 대한 정보를 토대로 개인화된 여행지 제안 콘텐츠, 화장품 회사 홈페이지에서 진행하는 나의 퍼스널 컬러 찾기 테스트 등이 이에 해당된다(노규성, 2022).

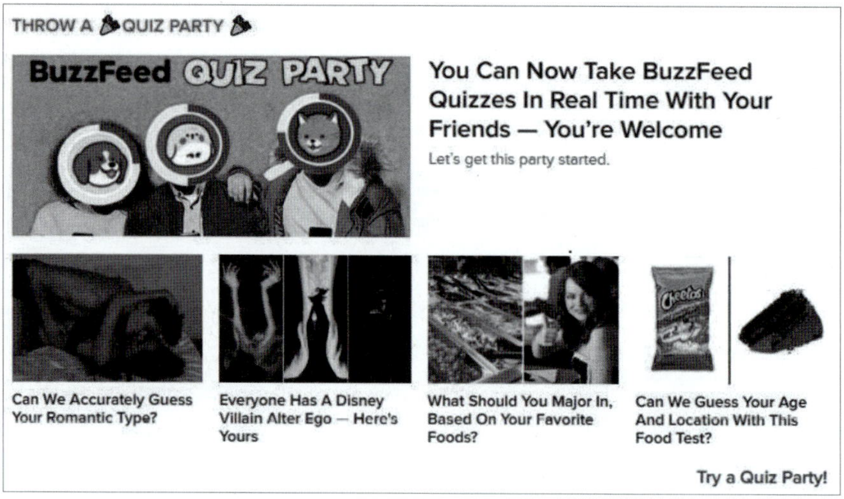

[그림 9-9] 대화형 최신 BuzzFeed 퀴즈

4.4 빅데이터(Big data) 마케팅

빅데이터(Big Data)를 통해 고객의 소비 패턴과 선호도, 정보 등을 분석하여, 구매할 가능성이 높은 고객에게 맞춤형 혜택을 제공하는 것을 말한다. 단순히 유형의 상품에 한정된 것이 아니라 최근에는 금융, 유통, 의료, 통신, 보험 분야와 같은 무형의 서비스를 제공하는 형태로까지 확대되고 있다. 즉, 기존의 고객 및 잠재 고객의 데이터를 데이터베이스화하여 이를 전산시스템에 축적해서 활용하는 마케팅이다.

[그림 9-10] 인스타그램 리타깃팅 사례

소비자가 최근 온라인 쇼핑몰에서 검색한 제품을 인스타그램에 다시 보여주어 리타겟팅하는 것과 같이 다시 보여줌으로써 구매를 유도하는 방식이 있다. 또한, 소비자가 가장 많이 검색하는 키워드나 가장 많이 검색할 것 같은 키워드를 광고주가 실시간으로 이슈가 되는 키워드를 찾아내어 광고에 활용하는 것이다. 아마존이 기존에 구매한 도서 데이터를 기반으로 소비자가 살만한 책을 추천하여 주고 쿠폰까지 제공하는 방식이다. 이와 유사한 사례로 유튜브와 넷플릭스에서 소비자가 경험한 영상을 추천해 주는 방식도 빅데이터를 활용한 마케팅이다.

4.5 AI 활용 마케팅

기업에서 인공지능(AI: Artificial Intelligence)을 활용한 마케팅 분야에서 하는 주요 역할은 5가지로 나눌 수 있다. 이는 분류, 예측, 추천, 최적화, 인식이다. 여기서 분류는 수집한 방대한 데이터를 트렌드 및 특징을 기준으로 분류하는 것을 말하고 예측은 지금까지 고객 행동에서 모은 데이터를 바탕으로 미래 행동을 예측하는 것을 말한다. 추천은 마케팅 활동을 통해 얻은 다양한 데이터를 기반으로 다음 단계에서 불필요한 작업을 반복하지 않고 곧바로 행동할 수 있도록 하는 것이다. 최적화는 한정된 비용과 자원의 부담을 최소한으로 하여 얻을 수 있는 효과를 최대화 또는 최적화하는 것을 말한다. 마지막으로 인식은 소셜미디어 상에 업로드되는 이미지에서 무엇이 담겨 있는지 인식하고 분류하는 기능을 말한다.

[그림 9-11] 애피어의 인공지능 기반 플랫폼

이와 같이 AI의 5가지 역할을 활용한 마케팅이 부각되고 있다. 인공지능은 머신러닝(ML) 기법을 사용하여 사용자의 구매 내역 관련 데이터를 해석하고 향후의 구매 행동을 예측하는 데 도움이 되는 패턴을 식별함으로써 리마케팅 전략을 최적화한다. 이러한 사례로 애피어(Appier)의 크로스 엑스(CrossX)와 같은 인공지능 기반 플랫폼은 리마케팅 대상 선정에서부터 언제, 어떤 기기를 통해, 어떤 메시지를 전송할 것인지에 대한 심도 있는 인사이트를 제공하여 크로스 스크린 리마케팅을 손쉽게 전개할 수 있도록 한다. 온라인을 중심으로 가구를 판매하는 미국의 가구회사 웨이페어(Wayfair)는 타깃팅 광고와 검색 엔진을 통해서 고객에게 개인화된 상품을 추천한다. 머신러닝 기술을 활용해서 고객이 과거 구매했거나 검색한 상품의 이미지를 개인화된 추천 메시지 개발에 활용한다.

4.6 메타버스 마케팅

과거 가상세계가 현실세계와 분리되었던 시대에서 디지털 기술이 발달하면서 최근 가상세계와 현실세계가 상호작용하고 공존하는 3차원 가상 · 현실세계인 메타버스가 급부상하고 있다. 특히, 코로나19가 전 세계적으로 지속되면서 3차원 가상세계에서 비대면으로 타인과 소통할 수 있는 메타버스 플랫폼 서비스가 활발하게 활용되고 있다.

앞으로 디지털마케팅의 주류는 메타버스 환경에서 이루어질 것이라고 전망한다. 이에 따라 다양한 업종의 기업들이 메타버스를 활용하여 마케팅 활동을 수행하는 추세이다. 메타버스 마케팅에 대해서는 7장에서 자세하게 언급하였기 때문에 여기서는 메타버스의 주 소비층과 미래 메타버스 마케팅의 전망에 대해서 살펴보기로 한다.

4.6.1 메타버스의 주 소비층

메타버스의 주 소비층은 MZ 세대라고 인식하고 있다. **MZ 세대**란 1980년대 초부터 2000년대 초까지 출생한 **밀레니얼(Millennial) 세대**와 1990년대 중반부터 2000년대 초반 출생한 Z세대를 아우르는 말이다. Z세대는 상황에 따라 다양한 정체성을 드러내는 '멀티 페르소나'의 특성을 보인다. 자신을 '본캐릭터'와 '부캐릭터'로 나누어 자유롭게 넘나들며 놀이처럼 즐기는 것이 하나의 문화로 자리 잡았다. 이러한 이용자 특성은 자신을 아바타로 구현하여 가상의 공간에서 다양하게 즐길 수 있는 메타버스의 생태계를 더욱 확장시키고 있다. 그러나 실제 메타버스는 MZ 세대보다는 **알파 세대(Generation Alpha)**가 주 소비층이라고 할 수 있다.

MZ 세대
밀레니얼(Millennial) 세대
알파 세대(Generation Alpha)

알파(α) 세대는 2011년부터 2025년도까지 탄생한 세대를 일컫는 말로 스마트폰과 컴퓨터를 통해 가상의 세계를 훨씬 많이 경험하며, MZ 세대보다 한층 높은 단계의 디지털 문화와 영향력을 가진다. 이들 알파 세대는 언제 어디서든 현실 세계와 온라인 세계를 자유자재로 오가면서 성장해온 최초의 세대라고 할 수 있다. 이와 같이 메타버스는 새로운 기술과 트렌드에 민감한 MZ 세대(20~30대)를 중심으로 급성장하고 있다. 어릴 때부터 디지털 세상에 머무는 게 익숙한 MZ 세대는 다양한 캐릭터를 만들며 가상현실의 '**인싸(insider의 약자)**'로 활약하기 때문이다.

인싸(insider의 약자)

물론 앞으로 메타버스 세계는 전 연령층으로 확대해 나갈 전망이지만, 메타버스의 주 소비층은 역시 MZ 세대와 알파 세대일 것이다. 이들은 사람과의 대면보다도 모바일이나 컴퓨터를 통해 가상의 세계를 접하는 것이 더 편안함을 느끼는 세대이다. 이들은 단순한 소비자가 아닌 적극적인 참여 소비자이다. 따라서 메타버스 시장 초기에는 이러한 MZ 세대와 알파 세대들을 주 타깃으로 하는 비즈니스 모델을 구상하는 것이 바람직할 것이다.

4.6.2 메타버스 마케팅 전망

메타버스는 트렌드에 빠르고 민감하게 반응하는 MZ 세대나 알파 세대를 공략하는 가장 효과적인 수단이 될 것이다. 메타버스 주 수익원은 광고와 유료 아이템 판매이다. 향후에는 실물세계와 연계한 전자상거래와 메타버스를 활용한 콘서트나 종합 엔터테인먼트 플랫폼으로도 수익이 확장될 전망이다.

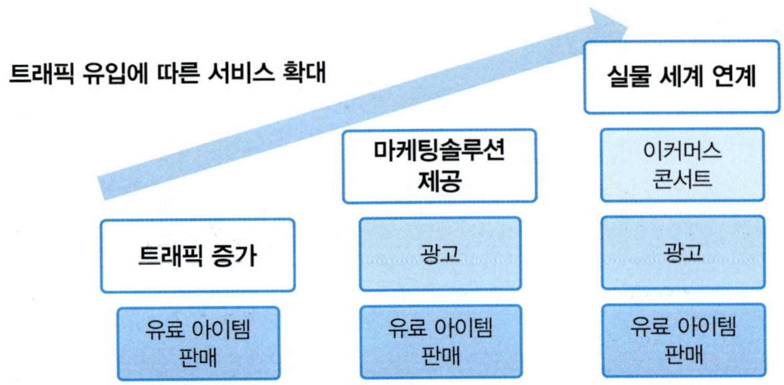

[그림 9-12] 메타버스 수익모델 진화과정(© 인크로스)

*자료원: Brand Brief – 브랜드브리프(http://www.brandbrief.co.kr)

글로벌 시장조사업체 스트래티지애널리틱스(SA)는 메타버스 시장이 현재 460억 달러(약 52조 원)에서 2025년 2,800억 달러(약 315조 원)까지 성장할 것으로 전망했다. 이에 따라 국내외 디지털 기업들은 메타버스 시장을 선점하기 위해 앞다투어 진출하고 있다. 대표적으로 페이스북이 사명을 '메타(Meta)'로 변경하며, 메타버스의 메타버스가 되기 위해 '호라이즌'을 비롯한 다양한 서비스를 준비하고 있다.

앞으로는 가상의 세계에서 다양한 자동차를 구경하고 시승도 할 수 있을 것이다. 그리고 가상의 세계에서 콘서트도 열고 신곡 발표회도 할 수 있을 것이다. 가상의 세계에서 상품도 둘러보고 구매도 할 수 있다. 또한, 이제는 더 이상 오프라인을 통해 아파트의 모델하우스를 방문하여 집의 구조를 살피지 않고도 고객이 아바타로 가상의 세계에서 아파트의 내부를 구석구석 살피고 분양을 위한 상담도 받을 수 있을 것이다. 또한, 전국 주요 명소와 농장 · 전통시장을 메타버스로 구현, 직접 현장에 가지 않고도 온라인 가상경험과 농 · 특산물 주문 · 배송 등 시장 활력을 지원할 수 있다. 롯데홈쇼핑의 '핑거쇼핑' 서비스는 집에서 오프라인 매장에서 쇼핑한다는 느낌의 메타버스를 구현했다. 소파, 가구, 운동화 등 실제 매장과 동일한 화면을 볼 수 있다. 바닥을 터치하면 장소를 이동할 수 있고, 진열된 제품의 태그를 클릭하면 제품에 대한 상세 정보와 가격을 알 수 있고 구매까지 이어질 수 있게 하였다.

편의점 업계 최초 CU가 제페토에 점포를 냈다. 한강공원처럼 꾸며진 공식 맵에 'CU 제페토 한강공원점'을 세운 것이다. 가상 직원과 버스킹 존 등을 배치해 실제 한강공원 편의점을 떠올릴 수 있도록 공간을 꾸몄다. GS25도 제페토에 성(Castle)을 테마로 한 전용 맵 'GS25 맛있성 삼김이 왕자'를 오픈했다. CU가 기존 맵에 '입점'하는 방식을 택했다면 GS25는 구찌처럼 아예 자체 맵을 오픈하는 방식을 택했다. 넓은 성에서 편의점뿐 아니라 카페25, 공유 주방, 베이커리 등을 경험하고 포토존에서 사진을 찍으며 다양한 이벤트에 참여할 수 있도록 했다.

이처럼 메타버스는 다양한 분야에서 마케팅 도구로 사용될 수 있다. 인간 같은 아바타가 인플루언서 역할을 하는 '디지털 휴먼 마케팅'이나 가상의 공간에서 옥외광고와 배너광고를 수행할 수도 있다. 메타버스 내 가상 매장을 통해 구매 주문을 받고 배송도 할 수 있다. 이와 같이 메타버스는 고객과 깊고 활발하게 상호작용을 할 수 있는 매우 뛰어난 마케팅 채널로 진화될 것이며, 앞으로 기존 마케팅의 패러다임도 혁신적으로 바뀌게 될 것이다.

참·고·문·헌

김정구, 미래형 e-마케팅, 영진biz.com, 2000

글로벌 이커머스 HOT 리포트, 2020

노규성, 디지털 대전환 시대의 전략경영 혁신, 북스타, 2022

노규성 외, 빅데이터시대의 전자상거래, 생능출판사, 2015

노규성 외, 디지털트랜스포메이션시대의 전자상거래, 생능, 2019

박승배 외, 최신소비자행동론, 명경사, 2022

이승희, 디지털마케팅, 신동아인쇄기획, 2018

신동형, 메타버스 분류의 이해(https://brunch.co.kr/@donghyungshin/13), 2021

정보통신신문, http://www.koit.co.kr, 2021

정책브리핑, 2021년 12월 및 연간 온라인쇼핑동향, 2022

조창환, 이희준, 디지털마케팅 4.0, 청송미디어, 2018

최원희, 송찬우, 김재혁, 돈이 되는 메타버스, (주)콘텐츠그룹 포레스트, 2022

황하진, 전자상거래와 e-비즈니스, 경문사, 2012

Brand Brief, 브랜드브리프(http://www.brandbrief.co.kr), 2021

DMN, Six Steps to a Successful Digital Marketing Strategy, IBM Marketing Cloud, 2016

Financial Times, Definition of digital marketing, Retrieved 22, 2015

MOT Consultant, 메타버스의 4가지 유형, 미래인프라연구소, 2021

연·습·문·제

1. 미래의 인터넷 변화와 우리 생활에 미치는 영향, 그리고 마케팅 활동은 어떻게 변화할 것인지에 대해 의견을 제시하라.

2. 디지털마케팅의 특징에 대해 설명하라.

3. 전통적 마케팅과 디지털마케팅의 차이점에 대해서 설명하라.

4. 디지털마케팅에서 STP 전략에 대해 설명하라.

5. 디지털마케팅 효과 측정 기준에 대해 설명하라.

6. 디지털마케팅의 6C 전략에 대해 설명하라.

7. 디지털마케팅 신유형에 대해서 예를 들어 설명하라.

8. 메타버스의 주 소비층과 마케팅 전망에 대해 설명하라.

10

CHAPTER

물류배송과 재고관리

인터넷의 발달은 시공을 초월한 생산자와 소비자의 직거래 구조 활성화와 중간 상인의 개입이 배제되는 유통구조 간소화로 전통적인 상거래와 비교할 때 상대적으로 저렴한 가격과 편리한 구매방식으로의 변화는 전자상거래의 대표적 특징이라 할 수 있다. 더불어 주문 상품의 물리적 이동과 관련한 물류와 배송에 관한 시장 규모 역시 폭발적으로 커졌지만, 디지털 기술의 혜택 측면에서는 그리 큰 효과를 기대하기 어려운 분야가 곧 물류 분야라고 할 수 있다. 본 장에서는 물류시스템에 대한 개념들과 전자상거래 시대의 합리적인 물류 및 배송시스템의 구축에 관하여 살펴본다. 또한, 공급 사슬의 중간단계가 많이 생략된 생산자와 소비자의 직거래 환경에서도 여전히 정확한 수요의 예측과 적정 재고의 유지는 가격 경쟁 및 서비스 경쟁에서 매우 중요하게 작용한다. 따라서 그 기본적인 이론 모형들에 대하여도 살펴보고자 한다.

1. 물류관리
2. 배송정책
3. 주문의 이행 및 클레임 처리
4. 수요예측 및 재고관리
5. 메타버스 시대와 물류의 트렌드

1. 물류관리

1.1 물류관리의 개념과 범위

1.1.1 물류의 개념 및 중요성

물류라는 개념은 1960년대 초 미국에서 마케팅 분야에서 처음으로 사용되기 시작한 'Physical Distribution'에서 그 어원을 찾을 수가 있다. Physical Distribution을 물적유통으로 번역하여 사용하다가 1970년대 말 일본에서 사용하던 '물류'로 축약된 언어가 그대로 도입되어 현재에 이르고 있다. 그 개념의 정의는 크게 두 가지 관점에서 사용되는데, 첫째는 미국의 마케팅 학회에서 협의의 관점에서 물적유통이란 '생산지점으로부터 소비 또는 이용지점까지 재화의 이동을 관리하는 것'으로 정의하고 있다. 이 경우 물적유통은 상거래적 유통을 지원하는 것을 말한다. 또한, 광의의 개념은 미국 물류관리협회의 정의로 '소비자가 원하는 제품이나 서비스를 생산하는 데 필요한 원자재와 부품의 조달 및 제품의 생산과정과 유통과정을 거쳐 최종 소비자에게 이르는 전 과정에 대한 제품이나 서비스의 이동을 효과적이고 효율적으로 계획, 실시, 통제하는 것'으로 정의한다.

물류
5R

또한, 국내의 경우 **물류**를 '재화를 공급자로부터 수요자에게 이동시켜 시간적, 공간적 가치를 창조하는 물리적인 경제활동'으로 정의하고 있다. 여기에서 공급자는 경우에 따라서는 생산자가 될 수도 있고(생산자와 소비자의 관계에서), 조달업자가 될 수도 있기 때문에(조달업자와 생산자의 관계에서), 우리나라의 물류 개념은 미국물류관리협회에서 내린 넓은 의미의 물류 개념으로 이해하고 있음을 알 수 있다([그림 10-1] 참조). 일반적으로 물류의 정의를 **5R**로 설명하기도 한다. 즉, 필요 상품(Right Product)을 필요한 장소(Right Place)에 필요한 시기(Right Time)에 적정 가격(Right Price)으로 적정 조건(Right Condition)하에 인도하는 것을 의미한다.

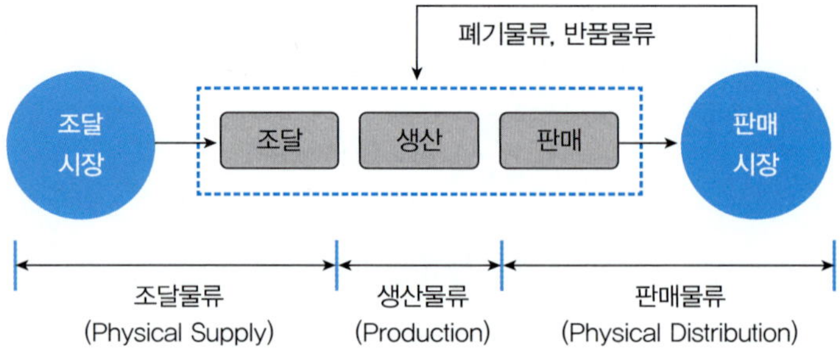

[그림 10-1] 물류의 개념과 범위

물류 분야는 파커(D.D. Parker) 교수가 지적한 바와 같이 정보화 사회로의 진입에 따른 관리 혁신 가운데 '비용 절감을 위한 최후의 미개척분야'이며, 일본에서도 1965년부터 물류에 대하여 '제3의 이윤원', '비용 절감의 보고' 등으로 물류의 중요성을 표현하고 있다. 특히, 물류시스템의 개선은 재고비용의 절감과 고객에 대한 서비스의 증대라는 관점에서 중요성이 지적되고 있다.

1.1.2 물류의 범위와 기능

물류관리의 개념은 원자재를 조달받아 제품을 생산하고, 소비자에게 판매하는 전 과정상의 재화와 정보의 흐름을 효율적으로 관리하는 것이다. 이를 위해서 운송(수송), 보관, 하역, 포장 등과 같은 기본적인 물류의 기능들의 효율적 수행이 절대적으로 필요하다. 〈표 10-1〉에서 보는 바와 같이 물류의 범위는 조달, 생산, 판매 과정에서 물적 흐름을 관리하는 조달물류, 생산물류, 판매물류와 반품물류, 폐기물류로 나눌 수 있다.

〈표 10-1〉 물류의 범위와 물류관리의 기능

범위	물류관리의 세부기능
조달물류	조달업자로부터 생산자의 자재창고까지 수 · 배송과 입고된 자재를 보관, 재고관리 작업을 계획하고 실행 · 통제하는 활동
생산물류	자재창고에서 생산공정이 이루어지는 곳까지 운송 · 하역하고 공정 완료 후 제품창고에 입고까지의 물류활동
판매물류	제품창고에서 출고 후 배송센터로 수송 및 배송되는 단계의 물류 흐름을 계획 및 실행 관리 활동
반품물류	고객에게 이미 판매된 제품이나 상품자체 불량에 의한 반품을 위한 물류활동
폐기물류	파손 또는 제품의 진부화로 제반 기능의 수행이 불가하거나 기능 수행 후 소멸을 목적으로 폐기처분하는 물류활동

물류의 기능 활동 가운데 가장 기본적인 것은 수송 또는 운송으로 생산자와 소비자 간의 시간적, 공간적 장애를 해결하여 상품의 가치를 올리는 활동이다. 수송은 물류 네트워크상 원료의 공급 및 생산, 배송 그리고 최종 소비자와의 각 접점을 물리적으로 잘 결합 · 관리하기 위한 계획, 실행, 통제의 활동이다. 특히, 오늘날 글로벌 환경에서의 공급 사슬의 역할 관점에서 가장 중요한 물리적 흐름이다. 상품의 가치는 본질적 가치도 중요하지만, 물류 활동에서 가치의 평가에 영향을 주는 물류 활동 가운데 매우 중요한 기능은 포장 기능이다. 포장은 개별포장, 속포장, 겉포장으로 구분할 수 있다. 그리고 보관 기능은 제품보관, 상품혼합 및 이동, 제품보호 등의 역할을 하며, 설비공간, 노동 그리고 장비를 포함하여 물리적 흐름의 관리 활동을 담당한다. 보관 기능은 제품의 가치 측면에서 계절적 수요 변동에 대처할 수 있는 매우 중요한 기능이다. 하역 기능은 물품의 수송 및 보관과 관련하여 발생하는 분류 및 이동의 작업이다. 이상의 기본적 물류 기능 외에도 물류정보를 수집, 가공하여 종합적인 물류관리의 효율 증대를 위해 필요한 정보 기능과 상품의 유통과정 중에 단순한 재가공, 재포장, 재조립 등 부가가치를 올리기 위한 활동으로 유통가공의 기능도 매우 중요하다.

1.1.3 물류관리의 목표

물류 및 물류관리의 최종 목표는 물류의 흐름을 합리화하여 물류비용을 절감함으로써 기업의 이윤을 높이는 데 있다. 또한, 물류의 흐름이 합리화된다면 물류의 흐름이 빨라질 것이기 때문에, 고객들에게 제품이 적시에 전달되는 등 서비스 극대화에 중요한 역할을 한다. 일반적으로 물류의 목표는 필요상품(**Right Product**)을 필요장소(**Right Place**)에 필요시기(**Right Time**)에 적정가격(**Right Price**)으로 적정조건(**Right Condition**) 하에서 배달하는 것이 기본 원칙으로 **5R** 원칙이라 한다. 또한, 적정상품(**Right Commodity**)을 적정품질(**Right Quality**)로 적정량(Right Quality)을 적정시기(Right Time)에 적정장소(Right Place)로 적정가격(Right Price)에 적정인상(Right Impression)으로 고객에게 전달하여야 한다는 **7R**의 원칙이 주장되기도 한다. 이와 같이 적정(Right)의 의미는 고객이 원하는 서비스 수준을 의미하며, 이 원칙을 효과적으로 수행하기 위해서는 운송, 하역, 보관, 포장, 정보 및 유통 가공의 기능들을 통합 관리할 필요가 있다.

Right Product
Right Place
Right Time
Right Price
Right Condition
5R
Right Commodity
Right Quality
7R

이러한 원칙들을 준수하기 위한 물류관리 활동의 목표는 크게 비용 절감과 서비스 수준의 향상으로 나눌 수 있는데 구체적으로는 다음과 같이 요약된다.

- 물류비용 절감: 운송비는 전체 물류비용의 40% 정도를 차지하는 것으로 나타나는데, 물류 흐름을 합리화하여 유통구조를 간소화하고, 물류의 흐름을 빠르게 함으로써 운송비를 포함한 전체 물류비용을 절감하겠다는 것이 가장 큰 목적이다. 즉, 물류 경로를 단축하고 적정 재고정책을 도입하여 수송화물의 단위화(로트화)를 통하여 수송 횟수를 줄여 비용 절감을 기대할 수 있다. 또한, 이러한 절차를 정보 시스템화를 통하여 업무의 효율을 도모한다.
- 인적비용 절감: 중간 유통구조를 없앰으로써 이를 관리하기 위한 인원을 감축하거나, 감축된 인적자원을 기업의 핵심역량 강화를 위해서 재투입함으로써 인적비용 절감과 효율적인 인력 활용을 꾀하고자 하는 것이 두 번째 목적이다. 이를 달성하기 위해서는 전사적 관점에서 물류 합리화가 이루어져서 통합적인 관리가 가능한 조직을 만들 필요가 있다.
- 고객서비스의 향상: 물류 합리화는 결국 고객들에게 더 질 높은 서비스를 제공하기 위한 목적이기 때문에, 고객 서비스 향상도 물류비용 절감이나 인적비용 절감만큼이나 중요한 목적 중의 하나이다. 이때 고객 서비스 수준의 결정은 고객 지향적이어야 하며, 경쟁사의 서비스를 고려한 수준에서 최소 비용으로 더욱 경쟁력 있는 고객 서비스가 제공되도록 해야 한다.

1.2 전자상거래와 물류 환경

1.2.1 물류유통의 환경 변화

(1) 물류 환경의 변화

전통적인 오프라인의 상거래 활동은 줄어들고 인터넷 쇼핑몰과 같은 온라인 거래가 대세를 이루는 시대가 되었지만, 소비자가 구매한 제품이 디지털 제품이 아닌 경우는 기존의 전통적인 방법으로 소비자에게 주문 제품을 물리적으로 전달해야만 하는 것이다. 이는 결국 소비자가 자사의 홈페이지에 접속하여 제품을 구매하도록 유도하는 것도 중요하지만, 품질과 가격을 고려한 빠른 배송은 매우 중요한 경쟁요소이다. 오픈마켓을 비롯한 대부분의 온라인 판매에 있어서 소비자가 원하는 대표적인 관심은 한 줄 고객 평에서 쉽게 볼 수 있듯이 빠른 배송을 요구하고 있음을 알 수 있다. 그러므로 물류비용 절감을 통한 가격 경쟁력 확보를 포함한 수준 높은 고객 서비스를 제공하기 위해서는 제품이 생산자로부터 소비자에게 전달되는 전

과정에 대한 체계적 관리를 할 수 있는 물류정보시스템 구축이 절대적으로 필요함을 의미한다. 이런 점 때문에, 대부분의 사이버 쇼핑몰 운영자들은 홈페이지를 구축하여 고객에게 좋은 인상을 주고 구매를 유발하기 위한 노력에 집중하지만, 일단 주문이 들어온 이후의 단계를 위한, 즉 업체와 소비자를 연결하는 효율적인 **배송관리시스템(DCM: Delivery Chain Management)** 구축에도 주력하고 있다.

배송관리시스템
(DCM: Delivery Chain Management)

물류 수요의 다양화와 기술 변혁에 따른 환경 변화로 인해 메타버스 시대에는 인공지능, 사물인터넷, 클라우드 서비스, 로봇의 활용, 빅데이터 기술 등의 융합 디지털 기술 환경에서의 물류정보 제공, 물류 서비스 및 물류자산관리 시스템의 개발이 활발하다. 이러한 변화는 물류 정보를 활용한 고부가가치의 물류 서비스를 개발하는 기업에 새로운 경쟁력을 제공하게 될 것이다. 예를 들면, 아마존의 경우는 고객의 소비 패턴을 분석하여 구매 가능성이 큰 물건을 해당 지역 물류창고로 미리 가져다 놓는 **예측 배송(Anticipatory Shipping)**을 통하여 물류 원가를 절감하고 있다. 또한, 도서벽지의 경우 **드론(Drone)**을 이용하여 배송하면 인건비를 줄일 수 있는 대안이 되기도 한다. 실제로 국내에서는 2018년 8월 우정사업본부가 한국전자통신연구원과 공동으로 드론을 통해 영월우체국에서 해발 780m의 봉래산 정상 별

예측 배송(Anticipatory Shipping)

드론(Drone)

[그림 10-2] 국내 물류기업의 국제 진출

마로천문대까지 실제 우편물 배송에 성공하였으며, 드론 배송의 장래성과 가치를 입증했다. 즉, 팽창하는 온라인 쇼핑 환경에서 빠른 자만이 살아남는 치열한 경쟁 속에서 드론 배송은 비용 절감에 크게 기여할 것으로 세계 각국은 상용화에 박차를 가하는 추세이다.

제3자 물류회사(3PL: Third Party Logistics)

그러나 전자상거래의 도입으로 인한 물류 유통 부분의 가장 큰 변화는 **제3자 물류회사(3PL: Third Party Logistics)**의 등장이라 할 것이다. 제3자 물류회사는 수송, 보관, 유통만을 전문으로 하는 물류 전담 기업으로 물류에 관련된 모든 업무를 담당하는 형태로 발전하였다. 예를 들어, DHL, UPS, FedEx 또는 우리나라의 택배 회사들이 대표적인 제3자 물류회사들이다.

(2) 유통 환경의 변화

전통적인 상거래와는 달리 전자상거래의 경우는 시간과 공간의 제약을 극복할 수 있다. 예를 들면, 일반적인 상점(마트)의 경우는 24시간 영업을 한다고 하더라도 제한된 고객들만 매장을 찾게 된다. 또한, 고객들은 매장에 진열된 제품들만 선택할 수 있다는 한계점을 가지고 있다. 그러나 전자상거래의 경우 인터넷에 연결되어 있으면, 시간과 공간의 제약 없이 앉은 자리에서 원스톱으로 원하는 상품을 검색하고 구매할 수 있게 해준다. 국내의 오픈마켓들의 경우도 해외에서 구매를 요청하는 사례가 증가하고 있으며, 반대로 우리 소비자들이 해외 직구를 하는 경우가 다반사가 되었다. 특히, 초연결 사회라고 특징지어지는 미래의 인터넷 기반의 시장 환경은 국경 없는 거래의 활성화가 기대된다. 이러한 변화는 전통적인 상거래에서 존재하였던 구매 단계와는 다르게 생산자와 소비자가 직거래를 통하여 유통비용을 대폭 줄이게 되는 결과를 가지고 오게 되었으며, 가격이 더 중요한 경쟁 무기가 됨을 보여주었다. 부가적으로 국경을 초월한 물질적인 제품의 실질적 배송도 많이 늘어나는 추세이다.

이러한 추세 속에서 전자상거래에 따른 일반적인 유통환경의 변화는 다음과 같다. 첫째, 유통 부문의 가장 큰 변화는 유통구조의 단순화에서 찾을 수가 있다. 기존의 거래에서 기업과 소비자를 연결한 중간 매개체 역할을 담당했던 중간자(도매, 소매 등)의 역할이 감소하거나 없어지는 근본적인 변화를 맞게 되었다. 이를 통해서 소비자들은 주문 제품을 보다 신속하게 그리고 보다 저렴한 가격으로 구매할 수 있는 전기가 마련되었다. 둘째, 거래 자체가 서로 연결된 인터넷을 통해서 이루어지기 때문에, 네트워크를 통해서 배송될 수 있는 mp3 음원 파일 같은 디지털 상품의 경우는 주문과 동시에 배송도 가능하게 되었다. 또한, 우버나 에어비앤비처럼 온라인과 오프라인이 연계한 형태의 비즈니스도 활성화될 것이며, 또한 직거래 과정에서 중간상 배제의 불편함 때문에 없어졌던 중간상이 다시 생기는 중간상 재창출의 현상도 존재한다. 즉, 가격 비교 사이트나 각종 검색엔진, 인터넷 쇼핑몰, 결제 대행 시스템 등의 금융 중개상이 과거에는 없던 새로운 유통구조의 변화를 나타내고 있다. 그리고 모바일 결제가 편리해짐에 따라 온-오프라인 상점을 결합한 형태의 유통 문화가 나타나게 되었다. 특히, 신선식품이나 의류와 같이 실질적인 체험이 필요한 상거래에서 체험이 가능한 마트 형태의 오프라인 체험 장소가 제공되는 형태의 유통구조로의 변화는 그간의 채널 중심의 사고에서 소비자 중심의 사고로의 전환을 가져온 것이다. 이러한 변화를 신유통(new retail)이라고 하며, 여기에는 빅데이터, 인공지능, 사물인터넷과 같은 고도의 디지털 기술이 활용되고 있다.

1.2.2 물류합리화 전략

모든 기업들은 물류비용을 절감하고 고객에게 보다 수준 높은 서비스를 제공하기 위해서 노력하는데, 기업들이 이처럼 물류비용 절감과 고객에게 더욱 향상된 서비스를 제공하기 위해서 노력하는 이유는 생산 및 유통 분야의 환경 변화에서 그 이유를 찾을 수가 있다.

- 생산부문의 변화: 판매시장의 중심이 생산자에서 소비자에게로 변화됨에 따라 소비자인 고객의 요구가 가격, 품질, 납기 면에서 다양화, 고도화, 정밀화되고 있기 때문이다. 고객의 이러한 요구를 충족시키기 위해서 소품종 대량 생산체제의 규모의 경제 시대를 벗어나 범위의 경제인 다품종 소량 생산체제로 전환되고 있다. 고객의 다양한 요구를 충족시키기 위해서는 다품종 소량 생산체제로의 변화는 필연적이 되었다. 그러나 이러한 변화로 물류비용이 상대적으로 증가하게 되는데, 기업의 입장에서는 어떻게 물류비용을 절감하면서 고객에게 품질, 가격, 서비스 면에서 만족을 주느냐가 큰 관건으로 등장하게 되었다.
- 유통부문의 변화: 생산 부문의 다품종 소량 생산체제로의 변화는 유통 부문을 소 빈도 대량 배송 체제에서 다 빈도 소량 배송 체제로의 전환을 유도했다. 이 또한 기업으로서는 받아들일 수밖에 없는 필연적인 결과가 되었다. 이에 따라 배송 빈도수가 높아질 수밖에 없기 때문에 물류배송 비용이 증가하게 되었고,

이 같은 문제를 해결하는 것이 유통업자들이 풀어야 할 과제로 남아 있다.

생산 부문과 유통 부문의 이러한 변화는 기업들이 자연스럽게 비용 절감 문제를 제기하였고, 현재의 치열한 경쟁 상황에서 다른 요소들의 비용 절감은 거의 한계점에 이른 반면, 전체 비용에서 아직 물류비가 차지하는 비중이 상대적으로 높을 뿐만 아니라 선진국보다 비합리적으로 운영되고 있는 실정을 인지하게 된 것이다. 그래서 물류부분은 아직 비용 절감 가능성이 가장 큰 분야로 비용 절감을 위해서는 물류합리화의 구체적 시도가 필요한 것이다. 즉, 결과적으로 기업들이 실현하고자 하는 물류 전략을 정리하면 다음과 같다.

- 타 경쟁사와 차별화된 물류관리 전략
- 판매 시장의 변화 즉, 고객의 욕구 변화에 대응할 수 있는 물류시스템 구축
- 물류합리화를 통한 기업의 체질 개선
- 기업 이미지 쇄신
- 고객의 서비스 수준 향상

앞으로 유통 및 제조업의 운명은 이러한 전략적 목표를 누가 먼저 달성하느냐에 달려 있다고 해도 과언이 아닐 것이다. 예를 들어, 인터넷 쇼핑몰 운영 업체들이 운송비용과 마케팅 비용 절감, 재고 부담의 경감을 위해서 업체와 소비자 간 효율적인 배송관리시스템 구축을 시도하고 있는 것도 이 같은 맥락에서 이해할 수 있다.

1.2.3 물류정보시스템

바코드(Bar Code)
판매시점관리(POS: Point Of Sale)
RFID(Radio Frequency IDentification)
자동위치측정시스템(GPS: Global Positioning System)

물류정보시스템이란 정보 주체 간의 수 · 배송, 포장, 하역, 보관 등의 활동이 유기적으로 결합된 정보관리 차원의 효율화를 지원하는 정보시스템이다. 즉, 종합적인 물류 활동을 원활하게 하기 위해서 생산에서 소비에 이르는 모든 물류 활동을 유기적으로 결합하여 전체적인 물류관리를 효율적으로 수행하는 시스템으로 관련 디지털 기술에는 **바코드(Bar Code)**, **판매시점관리(POS: Point Of Sale)**, 전자자료교환(EDI: Electronic Data Interchange), 스마트카드(Smart Card), **RFID(Radio Frequency IDentification)**, **자동위치측정시스템(GPS: Global Positioning System)**, 인공지능(AI: Artificial Intelligence) 등 첨단 디지털 기술들이 통합적으로 사용된다.

최근의 물류 유통 분야의 변화는 물류 관련 주체 간 물류 활동을 개별적으로 하는 것이 아니라, 공동 또는 통합적으로 관리하려는 통합물류시스템을 구축하는 방향으로 전환되고 있다. 여기에서 통합물류시스템이란, 조달, 생산, 판매 등의 영역별 통합은 물론, 물류 관련 주체들 즉, 조달업자, 생산업자, 유통 관련 물류기업, 소비자까지를 연결하여 물류의 효율성을 실현하자는 통합정보시스템의 일종으로 이해된다. 이를 실현하기 위한 구체적인 수단으로 기업들이 도입하고 있는 대표적인 전략이 공급사슬관리(SCM)와 RFID 기술이다.

공급사슬관리는 관련 모든 대상자를 위해 공급자로부터 소비자에게 재화나 서비스의 이동에 관련된 많은 활동을 효율적이며 효과적으로 조정하며, 관리하는 과정으로 재고의 감축, 납기 단축, 재고회전율 향상, 고객만족 향상, 비용 절감을 통하여 공급사슬의 가치 증대에 기여한다. 이는 공급사슬에 수반되는 수송, 창고 업무, 재고관리 등 다양한 활동의 계획, 실행 및 통제를 처리한다.

최근에는 GPS를 사용한 무선이동통신의 위치기반 기술과 RFID 기술을 이용하여 물류의 유비쿼터스 시대를 서비스한다. 소형의 마이크로칩 장치인 RFID는 제품에 부착되어 제품이 공급사슬을 따라 이동할 때 그 위치에 대한 정보를 알려준다. 따라서 기업의 공급사슬 시스템은 재고정보에 실시간으로 접근할 수 있고 재고가 적을 경우 자동 보충 주문을 낼 수 있다. 예를 들면, 질레트(Gillette)는 월마트(Wal-Mart)와 함께 RFID를 사용하고 있으며, 이른바 '지능형 선반'은 RFID 태그(tag)로부터 신호를 읽을 수 있다. 이 시스템은 선반에서 재고가 떨어져 갈 때 직원에게 재고를 채우도록 알려주고, 창고의 재고가 떨어져 가면 관리자에게 주문을 내도록 알려준다.

물류는 물리적 재화의 흐름이지만, 재화의 흐름 이면에는 언제나 정보의 흐름이 수반되고, 물류 흐름의 속도는 결국 재화의 수·배송 전략뿐만 아니라, 재화의 흐름 이면에 수반되는 정보의 흐름이 얼마나 효율적이고 빠르게 진행되느냐에 따라 결정된다고 할 수 있다. 물류정보시스템은 재화의 이동과 관련하여 이루어지는 수송(운송), 하역, 보관, 포장 등에 관련된 정보들을 유기적으로 결합하여 물류관리를 지원하는 관리 운영 시스템이라 정의할 수가 있다.

물류정보시스템은 고객이 원하는 시간에, 원하는 제품을 신속, 정확, 안전하게 전달하기 위한 주요 관리대상으로 화물정보, 화주정보, 화물의 운송수단에 관한 정보 및 화물운송 자체에 대한 정보를 다룰 뿐만 아니라, 항만정보, 화물하역에 대한 정보, 보험정보, 화물통관정보 등을 관리대상으로 한다.

또한, 다음과 같은 주요 기능을 수행한다.

- 계획기능: 어떤 운송 수단을 이용할 것인가? 어디까지 배송할 것인가? 어떤 순서에 따라 배송할 것인가? 등을 계획하는 것은 물류의 흐름을 원활하게 하기 위한 필수적인 기능들로서, 물류정보시스템은 이와 같은 기본적인 일들을 계획하는 기능을 수행한다.
- 조정기능: 물류 수 · 배송 계획과 실행 사이에 차이가 발생하면, 물류정보시스템에 입력된 정보를 바탕으로 이를 조정하는 역할을 기본적으로 수행하며, 여기에서 말하는 조정기능이란 하위 조달계획, 생산계획, 배송계획의 모든 내용이 공유되기 때문에, 이들 계획 사이의 조정이 필요한 경우, 세부 계획들을 조정하는 기능을 수행함을 말한다.
- 통제기능: 조달, 생산, 배송계획이 계획대로 실행될 수 있도록 점검하고 통제하는 기능을 말한다.
- 고객서비스 및 커뮤니케이션 기능: 기타 기업정보시스템과 달리 물류정보시스템은 인터넷을 통한 상거래를 기반으로 구축되는 것이기 때문에, 고객이 원하는 시간에 고객이 원하는 곳에서 언제든지 커뮤니케이션할 수 있는 경로가 마련되어 있어야 하는데, 고객과의 이런 커뮤니케이션 기능이 제공되어야 한다.

1.2.4 물류 아웃소싱

전자상거래 환경에서 물류는 디지털 기술의 발전 혜택을 가장 적게 누리는 분야라고 하였다. 그 이유는 상거래 활동에서 경영관리 부분과는 달리 상품의 배송과 관련한 물리적인 이동은 불가피한 현실이기 때문이다. 그래서 전체적 가격 경쟁력을 유지하면서도 고객에게 만족스러운 배송 서비스가 우선적인 해결 과제가 된 것이다. 이런 추세에 물류종합회사들과의 전략적 제휴는 필요한 물류 기능 부서를 사내에 두는 효과를 누리게 된다. 물론 B2C나 오픈마켓의 경우도 전문물류회사의 우수한 택배 서비스를 활용하는 것은 중요한 경쟁력의 원천이 된다.

(1) 제3자 물류 아웃소싱

전자상거래 기업의 경우 대표적 물류 아웃소싱의 하나로 공급망의 물류 기능을 외부에 위탁 운영하는 방법을 제3자 물류라 한다. 전자상거래에서는 특히, B2C 형태의 쇼핑몰은 자체적으로 물류 기능을 운영하지 않고 외부에 위탁하는 것이 대부분이다. 제3자 물류란 기업의 물류 활동을 하는 주체가 누군가에 따라서 분류할 수 있는데, 기업이 사내에 물류 기능 부서를 두고 운영하는 경우를 **자사 물류(First-Party Logistics, 1PL)**라 하고, 사내의 물류 기능 부서를 독립시켜 자회사처럼 운영하는 경우를 **자회사 물류(Second-Party Logistics, 2PL)**, 그리고 외부의 전문물류업체에 물류 기능을 아웃소싱하는 경우를 **제3자 물류(Third-Party Logistics, 3PL)**라고 한다. 일반적인 물류와 비교할 때 제3자 물류는 1년 이상 장기적 계약관계로 종합적인 물류 서비스를 운영한다. 일반적인 물류는 거래에 기반을 두고 일시적인 수발주 관계의 업무를 수행하므로 양사 간의 정보 공개는 불필요하다. 오늘날의 대부분 전자상거래에서는 전략적 제휴에 의한 제3자 물류를 사용한다.

자사 물류(First-Party Logistics, 1PL)
자회사 물류(Second-Party Logistics, 2PL)
제3자 물류(Third-Party Logistics, 3PL)

(2) 물류 아웃소싱의 장단점

제3자 물류를 선호하는 이유는 전문 업체에 물류 기능을 위탁함으로써 전자상거래 기업의 물류 기능 부서를 운영하는 경비가 절감되며, 물류 전문 업체의 노하우를 이용하기 때문에 물류 서비스의 경쟁력을 갖출 수 있다. 그 외에도 일반적인 아웃소싱의 장점인 핵심역량에 집중할 수 있게 되며, 인력 절감 및 시설자본의 투자비를 절감하여 가격 경쟁력에 기여할 수 있는 이점이 있다.

반면에 물류 활동이 외부 기업에 의해 이루어지기 때문에 고객 불만에 대한 즉각적인 조치나 소요 비용의 정확한 추정 등이 어렵다. 또한, 자사의 업무 기밀이 유출되기도 하고, 자사 내의 관련 업무담당자의 업무능력이나 근로 의욕의 저하 등이 있을 수 있다.

(3) 물류 아웃소싱의 기대효과

전자상거래 환경에서 제3자 물류는 매우 중요한 역할을 하게 된다. 대부분이 영세한 B2C 기업의 경우는 더욱 중요하다. 이유는 전자상거래는 가격 경쟁력이 가장 기본이 되는 기업으로써 그 규모가 크지 않은 영세 업체가 대부분인 실정으로 자사 내의 물류 부서를 운영하는 것은 비용부담이 너무 크기 때문이다. 그러나 물류 아웃소싱으로 제3자 물류의 이용은 고품질의 물류 서비스 제공으로 기업 경쟁력을 강화하는 효과가 있다. 더 발전하여 전문 물류 업체가 전자상거래 업체의 공급사

제4자 물류(4PL: Fourth-Party Logistics)
제5자 물류(5PL)
제6자 물류(6PL)

슬 전반에 대하여 종합적인 물류 솔루션으로 한층 개선된 서비스를 제공하는 공급사슬상의 규모의 경제를 실현하는 제3자 물류를 특별히 **제4자 물류(4PL: Fourth-Party Logistics)**라 한다. 제4자 물류란 LLP(Lead Logistics Provider)라고도 하며, 전문 물류 아웃소싱 업체(3PL)가 정보통신사업자, 전문컨설팅 업체, 다른 물류사업자 등과 제휴를 맺고 가상 조직을 형성해 공급사슬 상의 물류 기능에 대해 가치 창출을 제공하는 솔루션이다. 또한, 연결선상에서 공급사슬 전체에 대하여 완전한 관리책임을 지는 경우를 **제5자 물류(5PL)**라 하고, 확장하여 공급사슬 전체 프로세스에 대해 인공지능에 기반한 가치 창출을 위한 물류관리는 **제6자 물류(6PL)**라 부르는 등 개념적으로 발전 과정에 있으며, 종국에는 완전 자율 물류 형태의 서비스로 발전할 것으로 기대된다.

2. 배송정책

2.1 배송시스템

2.1.1 배송시스템의 개념과 기능

배송이란, 제품을 공급지와 수요지 사이의 공간적 이동을 나타내는 운송, 운반이나 수송의 개념과 동일한 단순한 개념으로 정의되는 것이 아니라 포괄적인 의미로 사용된다. 즉, 배송이란 고객에게 제품을 인도하는 것은 물론(과거의 운송, 수송의 개념), 설치하고 사용법을 교육하는 등의 토털 서비스를 제공하는 포괄적인 택배 시스템의 동의어로 사용된다. 특히, 판매자들에 있어서 효율적인 배송시스템의 구축은 인력배치, 재고 및 물류비용 절감 및 고객 서비스 향상이라는 부수적 효과를 얻을 수 있기 때문에 효율적인 물류 관리시스템 구축만큼이나 중요하게 인식되고 있다. 이와 같은 배송시스템의 효과를 얻기 위해서 필수적으로 제공하여야 할 기본적인 기능은 다음과 같다.

- 정해진 시간에 정해진 장소에 제품을 정확히 배달함은 물론, 생산계획을 효율적으로 실시하기 위해 판매와 생산의 조정 역할을 할 수 있어야 한다. 생산계획과 판매계획 사이에 조정 역할을 하기 위해서는 판매량을 분석할 수 있어야 하고, 또 재고량을 파악할 수 있어야 한다는 것을 전제로 하며, 정해진 시간에

정해진 장소에 제품을 배송하기 위해서 이에 필요한 정보(수령자에 대한 정보, 배달 요구 시간, 수급 대행 여부 등)를 파악할 수 있어야 한다.

- 적정 수준의 재고를 유지하고 정확한 물류계획을 수립하기 위해서 고객 주문에서 출하까지의 모든 작업이 효율적으로 표준화되어 있어야 한다.
- 물류의 재고 및 영업점의 한도 또는 미수를 확인하여 자동 출고 처리하고, 거래명세가 자동으로 처리될 수 있는 기능을 수행해야 한다.
- 주문을 접수한 후 배달이 완료될 때까지의 모든 상황을 파악할 수 있는 택배 진행관리 기능이 제공되어야 한다.

[그림 10-3] 택배 배달 추적 서비스 제공 스마트폰 앱 실행 화면 예

2.1.2 배송시스템의 유형

배송시스템은 배송 서비스를 제공하는 업체의 개별적인 여건과 배송되는 제품의 특성에 따라 물류기업 입장에서 주기적으로 여러 업체로부터 택배물품을 수집해 오는 형태의 생산자 집약형 배송시스템과 신선식품의 경우와 같이 배송 물품의 특성상 직접 관리가 필요한 경우에 자체적인 통제권을 가질 수 있도록 하기 위하여

택배업체에 대하여 프랜차이즈 방식으로 운영하는 배송시스템으로 구분할 수 있다. 그리고 이러한 배송시스템의 분류와는 별개로 최근 대세를 이루고 있는 배송의 형태로는 택배 서비스를 들 수 있다.

- 생산자 집약형 배송시스템: 생산자 집약형 배송시스템은 배송 물품이 다량이고, 배송 빈도수가 많으며, 또 배송이 정기적으로 이루어지는 경우에 유용하게 사용될 수 있는 방법으로, 하나의 택배 회사가 여러 곳의 업체를 대상으로 주기적으로 방문하여 배송할 물품을 수집한 후, 자체 배송 계획에 따라 배송하는 방식이다. 이러한 배송시스템은 주로 단일 품목이면서 제품의 부피가 크지 않고 최종 소비자에게 직접 배송되는 것이 아니라, 중간 물류센터로 배송을 주로 하는 경우에 이용된다. 배송 물품을 수집한 후, 자체 배송계획에 따라 배송되기 때문에, 배송 시간이 다른 배송시스템에 비해서 오래 걸리는 단점이 있으나, 배송 비용이 상대적으로 저렴하다는 장점이 있다.
- 프랜차이즈 방식에 의한 배송시스템: 이 방식은 생산자 집약형 배송시스템과 달리 배송의 빈도수나 배송 물품의 많고 적음에 상관없이, 배송 물품의 특성을 고려한 유형으로 분류된다. 예를 들어, 피자 체인이나 햄버거 체인점 등과 같은 패스트푸드점의 경우, 제품의 신선도나 동일한 수준의 품질 서비스가 생명이기 때문에, 중간 물류센터나 물류창고를 거치지 않고 자체 배송시스템에 의해서 직접 배송하는 시스템 유형이다. 이러한 방식은 배송비용이 높은 단점이 있으나, 배송 시간이 짧기 때문에 요식업 등에서 요구되는 배송시스템 유형으로 바람직하다. 요즈음 지역의 단거리 신속 배달 대행 서비스는 엄격하게 프랜차이즈 방식은 아니지만, 신선식품 등의 빠른 배송을 위한 한국형 배달체계로 가장 보편적인 배달방식이다. 즉 소비자가 주문 중개 앱(예: 요기요)을 사용하여 음식을 주문하면 음식점에서는 직접 고용한 배달원 또는 배달중개회사(예: 부릉)를 통한 배달대행사(인력회사)의 라이더가 소비자에게 배달하는 구조이다.
- 택배 서비스: 택배 서비스는 소형 소량 화물을 위주로 트럭과 같은 비교적 소형 운송 수단을 이용하는 수송 서비스로서 우리나라의 경우, 소형 소량 화물의 수송을 의뢰받아 화물의 접수로부터 포장, 수송, 배달에 이르기까지 일체의 수송 서비스를 운송인의 일괄 책임하에 문전까지 서비스로 운송하는 것이라고 규정하고 있다. 이러한 형태의 택배 서비스는 다른 배송시스템과 비교하

여 상대적으로 신속, 정확, 편리, 안전성 면에서 유리하기 때문에, 최근 들어 급성장하고 있는 물류기업 형태이다. 이와 같은 택배 서비스가 급성장하게 된 배경으로는 나홀로족의 증가로 대부분의 화물 운송의 수요가 소형화, 경량화 형태로 변하고 있으며, 소품종의 다빈도 배송이 중요해진 반면, 사회적 여건 특히 교통 흐름의 악화에 대처할 운송수단이 필요하기 때문이다. 대도시 내에서는 일일 택배가 자리 잡아가고 있다. 예를 들어, 전자상거래의 빠른 배송은 경쟁의 주 무기이기 때문에 전자상거래 기업 쿠팡은 자체적으로 배송 트럭과 배송 직원을 고용하여 물류 서비스를 운영하여 로켓배송으로 서비스 업그레이드를 시도했다.

2.2 전자상거래와 배송

2.2.1 물리적 상품의 배송

물리적 상품은 그 크기에 상관없이 유형의 제품이기 때문에, 공간적 장소를 이동시키기 위해서는 물리적인 운송 수단을 이용하는 절차가 필요하며, 구체적인 절차는 자체적인 배송체제를 구축하여 배송하는 방법과 외부의 배송업체에 의뢰하여 배송하는 방법이 있으며, 제반 사항을 고려하여 배송 방법과 수단을 결정한다. 대부분의 전자상거래는 배송 수단으로 택배를 활용하고 있다.

그런데 물리적 배송은 손상된 상품을 배송하는 경우나 주문한 상품을 발송하지 않은 경우, 또는 주문 내용과 상이한 상품이 배송되는 경우, 그리고 인터넷 경매 등에서 낙찰 물건을 보내지 않은 경우 등의 문제가 발생할 수가 있다.

(1) 자체적인 배송체제를 이용하는 방법

자체적인 배송체제를 이용하여 배송하는 경우에는 고객이 상품을 구매하고 배송과 관련하여 배송 시간, 배송 요청지 등과 같은 정보를 제공하면, 쇼핑몰의 발송 부서는 배송 서비스 부서에 배송과 관련된 정보를 제공하여 상품의 배송을 지시한다.

이 경우 고객이 온라인으로 주문하고 지불을 승인한 후, 약속된 시간과 장소에 제품을 배달받기 위해서는 고객의 경우 주문 시 수취인과 배달 위치 등과 같은 정보를 상세하게 운영자에게 전달해야만 한다.

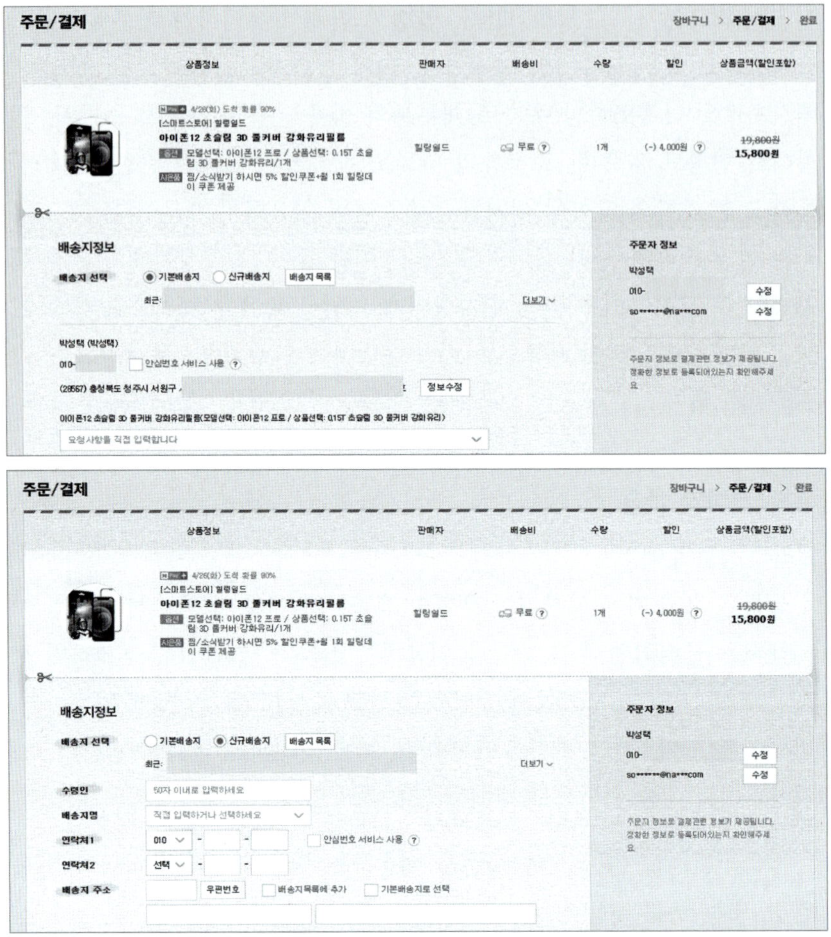

[그림 10-4] 배송정보 입력 예

[그림 10-4]는 이와 같은 배송 정보를 입력하는 사이트의 예를 보여주고 있다. 예를 들어, 이미 등록된 고객의 주소와 배달 위치가 다른 경우에는 이를 수정하여 전달하여야 원하는 시간에 배달받을 수 있기 때문이다. 또한, 운영자의 입장에서도 고객 주문에서 배달까지의 과정을 추적할 수 있는 배송체제가 필요하다. 예를 들어, 고객이 주문한 상품이 도착하기 전에 취소될 수도 있다는 점을 감안하여 제품의 배달경로 및 배달상황에 대한 정보를 추적할 수 있어야 할 것이다.

(2) 외부의 배송업체에 의뢰하는 경우

택배업체를 포함한 전문 배송업체와 같은 외부의 물류회사를 이용하는 경우는, 자체적인 보관창고를 운영함으로써 단순 배송만을 위탁하는 경우와 별도의 물류센터를 운영하는 배송업체 또는 생산지로부터 직접 배송하는 형태로 나눌 수가 있는데, 이들 모두는 쇼핑몰 운영자와 소비자 사이에 제3의 주체(배송업체)가 개입되어 있다.

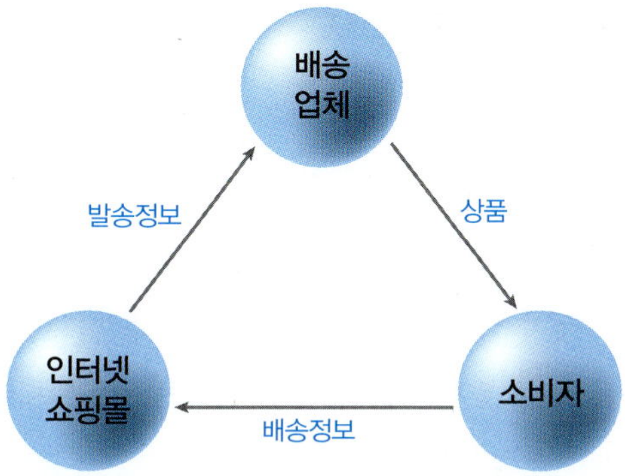

[그림 10-5] 외부 배송업체에 의뢰하는 배송체제

인터넷 사용자의 증가로 쇼핑몰의 이용도가 급증하고 있는 상황에서 배송 업무의 증가로 인한 많은 문제점이 제기되는 것도 사실이다. 일반적으로 제기되는 유형의 문제점은 개인 비밀정보의 유출과 당사자 본인 여부 확인의 곤란한 점을 들 수 있다. 이러한 문제점과 연관되어 전문 물류 업체와 제휴를 통한 배송정책을 수립함으로써 배달 시간의 최단기화, 비용의 절감 그리고 고객서비스의 강화라는 효과를 얻을 수가 있다.

2.2.2 디지털 상품의 배송

디지털 상품은 유형의 형태를 지니지 않고 네트워크를 통해 곧바로 전달되기 때문에, 별도의 배송기관이나 배송 절차가 필요 없다. 고객이 주문한 디지털 상품을 전송받기 위해서는 디지털 상품을 판매하는 사이트에서 고객이 등록하고 결제를 승인하면 해당 고객에게 결제한 디지털 상품에 대해서 접근을 허용하고 상품을 선택하여 전송받을 수 있도록 한다. 또한, 전자우편을 이용하여 디지털 제품을 전송해 주거나 접근 URL을 보내서 구매자가 직접 다운로드받을 수 있다. 코로나 팬데믹에 의한 환경적인 요인으로 성장의 혜택을 입은 넷플릭스와 같은 **OTT 분야**에서 소장용 영화를 일정 금액을 결제하고 다운로드해 본 경험이 있을 것이다. 이와 같이 온라인 상거래에서 디지털 상품은 배송의 문제는 중요한 이슈가 되지 않을 것이

디지털 상품
OTT 분야

다. 예를 들어, 소장의 목적이 아니고 단순히 듣고 싶은 욕구를 위해서 BTS의 노래를 구매하고자 하는 경우는 결제와 동시에 스트리밍 서비스에 의해 바로 재생이 가능하다. 또한, 소장용으로 갖고자 하는 경우도 단지 몇 분 만에 소비자의 컴퓨터나 음향기기에 옮겨지는 것을 경험하였을 것이다. 이와 같이 디지털 상품의 경우는 물리적인 물질 상품보다는 배송 문제에 관해서는 매우 편리한 거래가 가능하다.

하지만 디지털 상품의 배송은 상품의 특수성으로 인해서 물리적 상품의 배송에 있어서 보다 더 복잡한 문제를 야기할 수가 있다.

NFT(Non-Fungible Token)

- 전송과정에서의 문제점: 예를 들어, 디지털 상품의 배송은 개방형 네트워크를 통해서 이루어지기 때문에 전송과정에서 발생할 수 있는 제반 문제는 정보의 유출로 이어질 수가 있다. 보안기술이나 암호기술이 발전되어 있기는 하지만, 전송받고자 하는 디지털 상품은 언제나 노출되어 있는 상황이다. 따라서 상품의 전송 과정에서 정보가 유출되면, 고객과 전송업체 모두가 피해를 입을 수 있다.
- 전송 후 고객의 소유과정에서의 문제점: 전송이 완료된 후, 고객은 소유권을 주장할 수 있다. 소유권이 고객에게 넘어간 이후에도 전송업체 입장에서는 불법 복제나 변형에 의한 저작권의 침해를 받을 수가 있다. 이는 디지털 상품의 특수성으로 인해 발생하는 문제로서 멜론을 예로 들면, 자체적인 암호화에 의해 복사가 불가능하거나 재생이 되지 않도록 저작권 보호 목적의 DCF 파일 형식으로 변환하여 다운로드된다. 최근에는 이를 해결할 방안으로 블록체인 기반의 거래나 콘텐츠 자체의 원본 인증을 위한 대체 불가능 토큰이라는 **NFT(Non-Fungible Token)** 기술을 활용하기도 한다.

2.3 배송관리

2.3.1 배송관리의 원칙

전자상거래를 위한 배송 활동에서 고려해야 할 사항들을 정리하면 첫째, 고객이 원하는 배송지와 날짜를 비롯한 배송정보를 추출하고 그 배송정보를 배송 담당 부서 혹은 배송업체로 전송한다. 경우에 따라서는 물류센터 또는 상품창고에 배송업무 지시가 전달되기도 한다. 둘째, 상품의 특성을 고려한 배송수단을 선택하고 신속한 배송이 되도록 처리한다. 셋째, 상품의 배송 지시가 끝난 후에도 배송추적 정보를 확인하여 고객 및 관리자가 모니터링하도록 한다. 넷째, 배송 상품의 고객 수령이 확인되고 고객의 불만이 없으면 배송 절차가 완료된 것이며, 만약 대금 결제에서 에스크로우 서비스를 이용하는 경우는 이때 대금 지불이 이행된다. 그리고 다섯째, 만약 고객의 불만족 사항에 해당하는 거래의 경우는 반품 및 교환의 절차를 수행하여야 한다. 전자상거래는 신뢰를 기반한 거래임을 잊어서는 안 된다.

2.3.2 배송합리화 방안

전자상거래 시장의 성장으로 온라인 판매의 비중이 늘면서 택배 물량은 빠르게 증가하고 있으며, 관련하여 물류 기업의 매출도 증가하고 있지만, 사실상 택배업체들은 수익성 악화에 시달리고 있다. 업체 간 경쟁이 치열해지면서 택배 단가가 계속 떨어지고 있는 탓이다. 택배 서비스에 대한 고객들의 높아지는 요구 수준 때문에 배송에 관한 지속적인 설비 투자도 필요하며, 배송 경비의 절감을 위한 합리화 방안도 고려해야 하는 상황이다. 일반적인 배송의 합리화에는 배송시간 내의 배송 방안에 따른 배송비용의 절감과 배송의 프로세스 혁신을 통한 배송 기간의 단축에 의한 배송 비용의 절감으로 경쟁력 제고를 고려해볼 수 있다. 대표적인 접근법으로 배송품 특징의 유사도에 따른 공동 배송 시스템의 구축에 의한 경비 절감과 빅데이터나 인공지능 또는 드론택배 등 신기술의 도입으로 배송 프로세스에서의 기술 혁신이 추세라 할 수 있다.

(1) 공동배송

택배 서비스는 기존의 배송 방법에 비해서 저렴하고 편리한 방법이기는 하지만, 모든 물류배송을 택배 서비스로 할 수는 없기 때문에 더 합리적이고 효율적인 배송 방법을 강구해야 할 필요성이 제기되었다. 이런 연구에 노력한 결과 제안된 합리적인 배송방안이 공동배송이다. 공동배송이란 배송의 효율을 높이고, 비용을 절감하기 위해서 동일 지역, 동일 업종을 중심으로 물류시설을 공동으로 설치, 이용, 관리하는 것을 의미한다. 물론 자체적인 능력이 되는 경우는 전담의 물류센터를 소유하고 상품의 입고에서 분류, 발송까지 한 곳에서 처리하는 것이 더 경쟁력을 가져다줄 수 있겠지만, 소규모의 전자상거래에서는 이 같은 공동 배송을 통해서 물류비용을 절감할 수가 있으며, 물류 서비스의 수준을 향상시킬 수 있기 때문에 앞으로 지향해 나가야 할 방향임은 틀림없다. 그러나 공동배송이 가능하기 위해서는 제품이나 보관의 유사성, 또는 하역 과정 등 운송 시스템적인 특성의 유사성이 존재하는 경우에 가능하며, 또한 물류시설의 공동 사용에도 효과적일 것이다.

그러나 이와 같은 특성상의 유사함이 존재하더라도 모든 제품의 배송을 공동으로 할 수는 없으며, 공동 배송이 효과적으로 실현되기 위해서는 다음과 같은 세부적인 내용이 전제되어야 할 것이다.

- 일정 지역 내에 배송하는 다수의 화주가 존재하여야 한다.
- 화주 상호 간의 긴밀한 커뮤니케이션이 가능해야 한다.
- 거리가 인접하여 화물 수집이 용이해야 한다.
- 배송 지역이 일정 지역 내에 분포되어 있어야 한다.
- 참여 기업의 배송 조건이 유사해야 한다.
- 대상 화물이 공동화에 적합한 특성이 있어야 있어야 한다.

이러한 조건이 만족되면 공동 배송은 여러 가지 다양한 형태로 운영될 수가 있는데, 설사 경쟁 관계에 있는 기업 간이라 하더라도 자사의 이익에 도움이 된다면, 공동화를 추진하여 운영하는 것이 바람직할 것이다. 물류시설의 공동 설치 및 운영을 통한 비용의 절감과 서비스의 증대를 기대할 수 있는 것이다.

(2) 배송프로세스의 혁신

전자상거래 활동에서 배송 시간의 단축은 매우 강한 경쟁 무기라고 하였다. 국내의 경우 쿠팡은 배송 인력을 직접 고용하여 '쿠팡맨'이라 부르며, 배송 시간의 단축을 '로켓배송'이라고 차별화하고 있다. 아마존에서는 고객 주문 전에 상품을 포장하여 고객의 근접지 물류센터로 미리 이송하는 예측배송(Anticipatory Shipping)이라는 배송을 시행하고 있다. 이들은 내부적으로 모두 최근의 빅데이터 분석 기술을 이용하고 있다. 전자상거래의 규모가 증가함에 따라 정확한 제품을 정확한 장소에 정확하게 배송해야 하는 물리적 배송 업무는 급속도로 증가하게 되었다. 더구나 소비자들의 요구는 온라인을 통해 구매하지만, 오프라인을 통해 구매한 것처럼 구매 결정과 동시에 손에 들어있기를 기대하는 것이 현실이다.

이러한 이유로 상품의 품질과 가격도 중요하지만, 빠른 배송은 경쟁의 무기로 사용되는 매우 중요한 요인이다. 그래서 아마존의 경우는 고객이 물건을 사기도 전에 배송을 시작하고자 했다. 국내의 경우도 쿠팡은 2시간 내 배달을 경쟁 무기로 로켓배송이라 하였으며, 우정사업본부의 경우는 연 38억 건에 달하는 우체국택배 우편물 정보를 빅데이터로 분석해 화주인에게 직접 인도할지, 무인택배함에 보관할지를 사전에 파악해 문전 배송하는 방안을 추진한다.

이러한 시도는 모두 최근 빅데이터를 활용해 고객의 패턴을 분석하고 예측함으로써 비즈니스의 효율성을 높이고 비용을 절감하려는 것이다. 또한, 배송 프로세스를 표준화 및 자동화하여 물품이 프로세스 내에 머무는 시간을 최소화하도록 하는 노력을 꾸준히 진행하고 있다. 물류 프로세스의 자동화를 통해 전체 물류에 미치는 시간을 단축하는 것이 곧 경쟁력이기 때문이다.

예를 들어, 물류기업은 빅데이터 분석을 통해 고객의 수신 가능 여부 및 실시간 교통 상황에 대처가 가능해짐에 따라 배송 경로를 최적화하여 배송 시간을 단축할 수도 있다. 또한, 이를 통해 불필요한 비용을 비롯해 연료를 절감하는 등 전체 물류 네트워크를 최적화하는 효과도 있다. 그리고 빅데이터를 활용하면 배송 과정 중에 발생할 수 있는 문제점을 미리 예측해 예방함으로써 향상된 고객 경험을 제공하게 된다. 고객 선호도나 고객 행동 예측 데이터를 활용하면 더 새롭고 차별화된 서비스를 제공할 수 있다.

빅데이터의 활용 가치는 배송과는 직접적인 관련이 없다고 생각되는 기상 조건이나 독감 정보 등과 같은 데이터일지라도 온라인 구매량과의 관계를 분석해 봄으로써 새로운 발견을 할 수도 있다. 실제로 궂은 날씨는 온라인 구매량의 증가로 이어지고 이는 물류기업의 물량 증가로 연결된다는 것을 알 수 있다. 물론 이러한 과정은 메타버스 시대를 맞아 인공지능을 기반으로 하는 디지털 기술의 발달에 의한 것이며, 이런 사실을 통해 기업들은 프로세스를 최적화하여 개선된 고객 서비스를 제공할 수도 있고, 새로운 비즈니스 창구를 개발해 시장에서 경쟁우위를 점할 수도 있다.

물류기업은 제품의 흐름을 관리하지만, 이 과정에서 사물인터넷과 인공지능, 클라우드 서비스, 무인 자동화기기를 통해 생성된 방대한 양의 데이터를 기반으로 도착지, 크기, 무게, 내용물 등 수백만 건의 축적된 배송 정보로부터 신규 비즈니스 모델을 개발하는 데 있어 실마리를 제공할 수 있게 된다. 아마존에서 예측배송이라는 시도를 하게 된 근거도 고객들의 과거 행동 분석은 미래 행동으로 이어진다는 관계성을 빅데이터 분석으로 발견하였기 때문에 가능했던 것이다.

다음 그림은 아마존의 예측배송 시스템의 개념도이다. 예측배송의 핵심은 고객의 거래실적과 관련된 역사적으로 축적된 빅데이터를 활용해 구매를 예측하는 것이다. 즉 고객의 제품 검색, 구매 이력, 위시리스트(wishlist), 심지어 화면의 커서 움직임 등의 빅데이터를 분석해 고객이 주문을 하기도 전에 제품 배송을 시작하는 정책이다. 이를 위해 최종 목적지를 지정하지 않은 채 하나 또는 그 이상의 물품을 포장해 출하하고, 그 후 고객이 주문하면 최종 목적지로 배송되고, 주문이 이루어지지 않으면 목표 배송 시간 내에 있는 다른 위치로 배송된다. 이와 같은 예측배송은 소비자들의 갈증 요소인 배달과정의 도달 시간을 획기적으로 줄여준다.

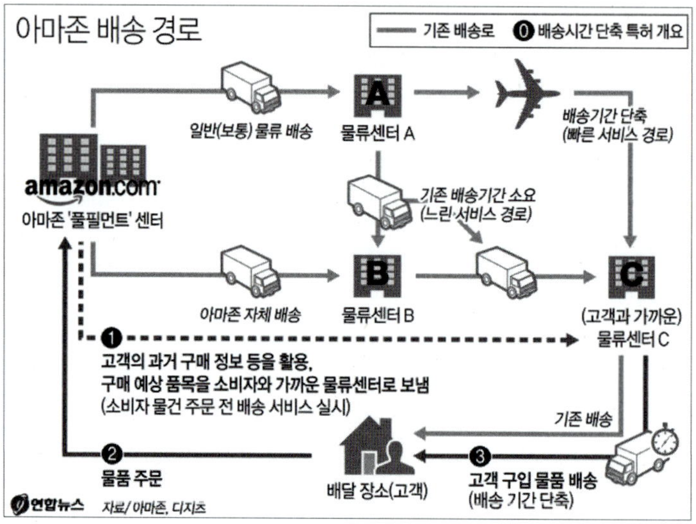

[그림 10-6] 빅데이터에 의한 아마존의 예측배송

*자료원: 연합뉴스(www.yonhapnews.co.kr)

3. 주문의 이행 및 클레임 처리

3.1 주문의 이행

인터넷 쇼핑몰은 예비 구매자가 가상공간을 통해 상품을 구매한다는 것을 제외하고는 기본적으로 실물 세계의 구매 형태와 동일하다. 하지만 인터넷 쇼핑몰은 사이버상에서 이루어지는 거래이기 때문에 쇼핑몰의 성격에 따라 구매 순서를 바꿀 수 있는데, 문제는 한번 구축된 쇼핑몰의 구조를 바꾸는 것은 매우 어렵다는 것이다. 따라서 쇼핑몰을 어떤 식으로 운영할 것인가를 쇼핑몰을 구축하기 전에 결정해야 한다. 일반적으로인 주문을 이행하면 다음과 같은 단계를 거쳐 거래가 성사된다.

(1) 고객주문 단계

원하는 제품이나 서비스를 선정하고 수량을 포함하여 '주문하기' 버튼을 클릭한다.

(2) 장바구니 처리 단계

일반적인 상거래의 장바구니처럼 인터넷 쇼핑몰의 장바구니도 기본적으로는 여러 개의 상품을 한 번에 합산하여 총 구매비용에 대한 정보를 제공한다. 이를 통해 구매하고자 하는 상품들의 대금 총액은 얼마나 되는지 어림잡게 해준다. 추가적으로 관리할 수 있는 정보로는 장바구니에 담겼거나, 장바구니에 담겼다가 빠진 상품들에 대한 자료 관리인데, 이것을 이용하면 고객이 주문하려고 시도했다가 그만둔 상품을 찾아낼 수 있다. 아울러, 상품 구매의 내용이나 수량의 재조정이 가능하다.

(3) 주문처리 단계

주문처리 단계는 회원 정보와 상품 정보에 추가하여, 고객의 수취인 정보를 포함한 배달정보 등으로 구성되어 있다. 구매자가 배송받고 싶은 주소, 하고 싶은 말 등을 선택하여 입력할 수 있다. 어떤 형태의 거래이든 주문 처리 단계는 주문 단계의 마지막이며, 결제 단계 바로 직전에 존재하는데, 콘텐츠를 팔거나 회원제로 운영하는 웹 사이트에서 회비를 징수할 경우 배달정보는 필요하지 않다.

(4) 상품대금결제 단계

주문의 이행 단계 중 최종 단계로 장바구니의 제품을 구입하려 할 경우, 구매에 대한 최종 지불 예정 금액에 대한 확인이 가능하며, 특히 지불 방법에 관한 여러 가지 결제 방법을 제공한다.

3.2 클레임 처리

인터넷 쇼핑몰은 성실하게 운영하였음에도 고객들의 불만이나 환불 및 교환이 요구될 수 있다. 따라서 클레임이 생기는 원인을 잘 살펴서 그 대책을 준비해야 한다. 클레임이 생기는 이유와 그 처리기준 및 방법에 대해 살펴보자.

클레임

3.2.1 상품 정보 상이

전자상거래와 같이 직접 상품을 접하지 못하고 단순히 판매자가 제공하는 '정보'를 가지고 판단하여 제품을 구매하는 경우에 있어서 제품 정보에 오류가 있는 것은 심각한 신뢰의 문제이며 결격 사유가 되므로 제품의 정보에 보다 신경을 써서 이 같은 클레임이 재발하지 않도록 하는 것이 중요하다. 상품의 정보가 잘못 제공되어 반품이나 환불을 받는 경우는 배송 후 3개월 이내로 하고 있다. 환불이나 교환을 줄이는 방법으로는 다음과 같은 조치가 요구된다.

- 상품의 정보는 주의 깊게 선택된 단어를 사용하여 고객이 오해할 수 있는 단어는 피한다.
- 너무 간단한 설명은 오해나 착오를 부를 수 있으므로 자세한 설명이 좋다.
- 제품의 색상이 다르게 보일 수도 있다는 안내문을 첨부하는 것도 고려한다.
- 그 외 제품의 원산지, 성능, 구성요소 등과 같이 기본적인 사항이 잘못 안내된 경우에는 교환 및 환불을 피할 수 없으므로 주의한다.

3.2.2 무조건적인 반품 혹은 변심

소비자가 상품이 마음에 들지 않는다고 한다면 배달한 후 7일 이내에는 무조건 반품 받아야 한다. 이 경우 상품을 확인하기 위한 포장의 개봉은 가능하지만, 제품의 실제 사용, 훼손의 경우에는 반품해 주지 않아도 된다. 또한, 반품 운송료의 부담은 개별 사이트의 약관에 따르게 되어 있고 고객의 변심에 의한 반품은 고객이 운송료를 부담하게 되어 있다.

3.2.3 배송 중 파손

배송 지연 다음으로 가장 많은 불만이 배송 도중 상품이 훼손된 경우이다. 쇼핑 사이트를 운영하는 입장에서 가장 좋은 경우는 상품을 발송할 때는 운송회사에 상품이 정상임을 확인하여 발송하고 상품이 고객에게 인도 시 그 자리에서 상품의 정상 여부를 확인한 후 이상이 있을 경우 운송사 직원에게 바로 반품을 요청하거나 파손 사실을 확인하는 것이다.

(1) 파손 건수가 적을 때

파손 건수가 적을 경우는 택배회사에 파손에 대한 배상이나 관련 건에 대해서 무료로 재배송을 요청해 무료 배송이 이루어질 수 있도록 하는 것이 바람직하다.

(2) 파손 건수가 많고 교환이 아니고 환불을 요청하는 경우

DIY(Do It Yourself) 상품의 경우 파손에 의한 환불 요청이 많은데, 이런 경우 무조건 반품이 안 될 것을 우려하여 일부 상품을 파손하여 환불을 요청하는 경우도 있어 이중의 피해를 볼 수 있다. 이런 경우 7일 이내에는 무조건적 반품이 가능하다는 점을 적극적으로 홍보하여 소비자에 의한 훼손을 방지하고 운송사와의 그간의 사정을 설명하여 배송 시 상품의 하자 유무를 확인받는 절차를 추가 비용을 지불하고서라도 수행한다.

DIY(Do It Yourself)

(3) 파손 건수가 많고 환불이 아니라 교환을 요청하는 경우

운송 중 파손이 많고 환불이 아니라 교환을 원하는 경우가 많을 때는 운송을 맡은 택배회사를 교체해 보는 것이 바람직하다. 일반적으로 택배회사 직원의 업무능력이 떨어지거나 시간제 사원과 외부용역을 사용하는 비율이 높은 경우에는 문제 발생 비율이 높다.

3.2.4 배송 지연

실제로 운송 지연 문제는 다양한 케이스로 가장 많은 클레임을 만들어내고 있다.

(1) 배달은 되었으나 본인에게 배달되지 않은 경우

많은 경우 본인에게 직접 배달되지 않고 가족, 동료 직원에게 배달된 후에 전달되지 않는 경우가 의외로 많다. 이런 경우에 홈페이지에 운송결과 조회를 실시간으로 하는 서비스가 바람직하다. 이러한 조회를 통해서 누구에게 상품이 배달되었는지를 고객이 알 수 있다면 불필요한 클레임을 막을 수 있을 것이다.

(2) 천재지변 혹은 명절로 운송물이 폭주한 경우

여름철의 태풍이나 홍수로 인한 교통 두절과 겨울철의 폭설로 인한 배달 불능은 매년 일어나는 일이다. 그리고 설날, 추석, 크리스마스 등은 물량 폭주로 평소 배달 기간 내에 배송이 이루어질 수 없는 경우가 많다. 이 경우는 평소 운송 기간보다 하루나 이틀 정도 더 소요된다고 예상하고 미리 배달을 의뢰하도록 하거나 명절 2일 전에는 택배 접수가 불가능하다는 것을 고객들에게 사전에 공지한다.

(3) 업무처리 능력이나 시스템상 어려운 경우

업무의 절차상 주문/결제 후 빠른 배송이 어려운 경우에는 솔직하게 배송에 소요되는 시간을 밝히고 예상 배송 시간대를 미리 알려 주문 여부를 고객에게 결정토록 하는 것이 좋다.

3.2.5 상품의 품절

선입금 후 주문하거나 동일한 상품의 주문이 폭주하여 재고 수량 이상의 주문이 접수되었을 때에는 주문자에게 즉시 연락하여 사실을 알리고 유사한 품질의 상품으로 대체하거나 환불을 원하는 경우는 즉각 이를 처리한다.

미니 사례 **뉴 노멀 시대 물류 'e-풀필먼트 늘고 디지털화 가속화될 것'**

CJ대한통운 안재호 이커머스본부장이 2021 서울 스마트 모빌리티 엑스포(SSME 2021) 행사에서 '뉴 노멀 시대 물류산업 트렌드 및 CJ대한통운 사례'를 주제로 유례없는 팬데믹 사태로 인한 물류산업의 변화에 대해 심도 있는 발표를 진행했다.

이날 발표에서 안재호 본부장은 뉴 노멀 시대의 물류 키워드로 ▲ e-풀필먼트, ▲ 라스트마일, ▲ 디지털화, ▲ 회복탄력성(Resilience)을 제시했다.

안재호 본부장은 소비자의 온라인 주문 증가에 따라 이에 대한 신속하고 정확한 대응을 위해 e-풀필먼트 수요가 증가하고 있다고 설명했다. e-풀필먼트란 온라인 판매자를 대신해 유통사나 물류사가 상품을 보관하고 주문 즉시 상품 선별, 포장, 분류과정을 거쳐 고객에게 배송하는 서비스를 말한다.

일례로 CJ대한통운은 곤지암 메가허브 상부층에 e-풀필먼트 센터를 구축하고 이커머스 고객사의 상품을 미리 입고시켜 소비자의 주문이 접수되면 바로 출고-택배 배송으로 연결함으로써, 자정까지 주문해도 다음 날 배송이 가능한 융합형 e-풀필먼트 서비스를 제공하고 있다.

상품이 소비자에게 전달되는 마지막 단계인 라스트마일도 부각되고 있다. 온라인 주문이 늘면서 안전하고 빠른 배송, 맞춤형, 비대면 배송, 친환경 배송 등 희망 사항이 늘어남에 따라 새벽, 당일, 즉시, 지정일 배송 등으로 소비자들의 라스트마일 수요가 다변화되고 있다는 것이다.

팬데믹으로 인한 봉쇄나 이동 중지로 발생하는 인력 공급 감소, 기업들의 비용 절감에 대한 요구 증대로 물류산업에서의 디지털화가 가속화되고 있다는 것도 트렌드 중 하나다.

인력 공급 중단 우려, 물동량 증가에 따른 빠른 주문처리, 정확성 향상과 비용 절감이 필요해지면서 물류 각 단계에서 로봇 기술, 자동화 장비의 도입이 빠르게 진행될 것으로 보인다. 이와 관련해 CJ대한통운의 자동화 사례로 물류센터 내 피킹 고도화 시스템, 포장박스 추천 및 자동포장 시스템, 다면 바코드 스캐너 등이 소개됐다.

한편, 기업 고객들이 글로벌 공급망으로 전환하면서 물류사들 역시 회복탄력성 강화 필요성이 높아질 전망이다. 물류 사업이 전통적으로 기업의 조달-생산-판매 프로세스에 맞춘 적시공급(Just in Time)이 중요했다면, 뉴 노멀 시대에는 긴급상황(Just in Case)에 대비한 신속한 회복탄력의 중요성이 확대되었다는 것이다.

안재호 본부장은 기업들이 코로나19로 인한 국가 봉쇄, 생산처 운영 중단 등의 사태에 대비해 글로벌 공급망을 확대 재편하면서 물류사들 역시 재고관리와 화물 이동에 대한 가시성 강화, 항공-해상 연계운송, 중국횡단열차(TCR), 시베리아횡단열차(TSR)와 같은 대체 운송수단 확보 등 다양한 대비책을 마련해야 할 것이라고 말했다.

*자료원: 월간 물류매거진(www.ulogistics.co.kr), 2021.06.12

4. 수요예측 및 재고관리

4.1 수요예측

4.1.1 수요예측의 필요성

전자상거래 환경에서도 수요의 예측은 매우 중요한 기업 활동이다. 예측이란 실제 수요를 알기 전의 수요에 대한 추정치이다. 수요예측은 판매예측으로 이어지며, 판매예측은 미래 판매량의 추정으로 기업의 각종 전략 계획 수립에 필요한 기초자료를 제공한다. 전자상거래에는 기존의 판매경로인 오프라인의 판매경로에 부가적으로 온라인이라는 새로운 판매경로가 추가된 상태이다. B2C나 B2B 기업의 경우는 수요에 기반한 생산계획 혹은 구매계획을 세울 수 있으며, 적정 재고를 활용한 재고 정책을 수립할 수 있다. 가격경쟁이 치열한 전자상거래 환경에서 정확한 수요의 예측이 가능하다면 적정 재고의 유지를 통한 재고유지비용을 줄일 수 있고, 예측된 수요에 기반한 빠른 상품의 배송 준비를 통한 고객서비스 차원의 경쟁력을 갖출 수 있을 것이다.

그러나 미래에 발생할 수요를 정확히 예측하는 것은 불가능함이 당연하며, 그 예측치조차도 정확할 수 없다. 미래는 불확실하기 때문에 오차는 언제나 발생하기 마

채찍 효과(Bullwhip effect)

련이다. 수요의 예측 기간에 있어서도 주식가격의 예측처럼 장기간 혹은 단기간의 변동을 예측하며, 특히 수요는 소비자의 의사결정이고 수요에 맞춘 상품의 준비는 생산자 및 판매자의 의사결정이며, 쇼핑몰 등 중간 상인의 관점에서는 소비자들이 원하는 시간에 원하는 상품을 원하는 가격에 배송하는 역할에 대한 신뢰가 곧 사업의 성패를 가늠하는 매우 중요한 요인이 된다. 근래에는 생산자와 소비자 간의 수요를 좀 더 정확하게 예측하고자 중간 단계들을 거치면서 발생하는 **채찍 효과(Bullwhip effect)**라고 불리는 수요의 왜곡을 해소하려는 노력으로 공급사슬(SCM) 단위의 합리화를 모색한다.

채찍 효과가 나타나는 이유는 다음과 같이 요약할 수 있다. 공급망 내의 각 업체가 고객의 수요량에 대한 정보의 공유 없이 전 단계의 주문량에 근거한 수요예측을 하거나 수요예측기법들의 특성 자체에 의해 나타날 수 있다. 리드 타임이 길 경우 이러한 채찍 효과는 더욱 커진다. 가격변동에 대비하거나 가격 할인이나 판매촉진 정책에 의해 일괄주문을 할 경우에도 수요 왜곡이 발생한다. 혹시 발생할 수 있는 품절에 대비한 가수요에 의해 발생하기도 한다.

이러한 채찍 효과는 공급망 전체에 정보가 공유됨으로써 해결할 수 있다. 그밖에도 기업 간 재고가격이나 수송정책을 협의, 조정하거나 리드 타임을 단축하여도 성과를 볼 수가 있다. 전자상거래 환경에서 채찍 효과를 통제하는 방법으로는 공급사슬에 존재하는 생산자 내지 도매상과 쇼핑몰 간의 수요 발생의 정보가 공유되는 체제를 구축하면 수요변동에 대한 즉각적인 생산 및 조달 계획으로 반영이 가능하다.

4.1.2 수요예측의 방법

수요에 대한 예측을 잘 할 수 있다면 기업의 입장에서 가장 좋은 재고 정책은 무재고 시스템일 것이다. 전자상거래는 유통의 중간단계를 생략하고 생산 현장에서 소비자 위치로 직접 배송되는 구조를 구축하여 가격의 경쟁력을 갖춘 것은 사실이다. 하지만 상대적으로 진입장벽이 낮은 전자상거래 환경에서 빠른 배송 서비스를 받고자 하는 고객의 욕구에 대하여 판매자 입장에서 전적으로 생산자의 상태에 의존할 수는 없는 현실이다. 델 컴퓨터조차도 처음에는 재고를 두지 않았지만 결국 자체적인 재고를 통하여 소비자에게 빠른 상품 인도를 구현하게 된 것이다. 수요를 예측하는 방법은 일반적으로 두 가지 접근법이 있다. 믿을 만한 과거 수요의 데이터가 수집되어 있을 때와 없을 때로 나누어 생각해볼 수 있다. 즉, 계량적인 방법과 정성적인 방법으로 나누며, 정성적 방법은 조직 내외의 전문가들 경험이나 판단과 같은 주관적인 요소에 의하며, 신규 사업이나 중장기 예측에 많이 쓰인다. 계량적 방법은 과거의 객관적 자료에 근거하여 수요의 패턴 등을 판단하거나 인과적 관계를 규명하여 중 · 단기 예측에 사용한다. 그리고 최근의 추세는 데이터 분석 및 인공지능 기술의 발달로 인하여 예측의 정확성을 높여주는 도구로써 지능형 수요예측 시스템의 개발과 응용이 늘고 있다. 즉 기업 관점의 생산수요, 중간 도매 관점에서 재고수준 보유를 위한 수요예측, 소매상의 관점에서 직접적인 소비자 요구 기반의 수요예측 등에서 축적된 과거 실질 데이터에 추가로 수집된 비정형 데이터를 포함하여 빅데이터 분석과 인공지능 기술을 적용함으로써 더 정확하게 예측하고 있다.

(1) 정성적 방법

정성적 수요예측은 신규 사업을 시작하는 경우나 수요예측을 빨리해야 하기 때문에 계량적 자료를 수집할 시간적 여유가 없는 경우, 또는 과거의 자료가 미래 상황을 예측하는데 믿을만하지 못하거나 하는 경우에 유용하다. 정성적 예측 방법에는 시장 조사법, 위원회 합의법, 판매원의 의견 종합법, 자료 유추법, 델파이법 등이 있다.

시장 조사법은 정성적 방법 가운데 가장 정교하고 계량적인 방법이다. 수요를 결정하는 것은 소비자이므로 소비자 의견을 듣는 것은 지극히 당연하지만, 모든 미래의 소비자들을 접촉할 수는 없으므로 면담, 전화, 우편 등의 설문 기법을 사용한다. 신제품의 도입이나 신규시장을 개척하고자 할 때 유용하다.

시장 조사법

위원회 합의법은 경영자, 소비자, 판매원 등으로 위원회를 구성하고 그들의 의견을 수렴하여 정확도를 높이는 방법이며, 판매원 의견 종합법은 직접 고객과 접촉이 많은 판매원들의 의견을 수렴하는 방법이다. 온라인으로 고객을 접하는 전자상거래 환경에서 **판매원 의견 종합법**에서는 전자적으로 판매 자료가 축적되기 전에 배송 담당자에게 얻어내는 개략적인 추측이 수요 예측을 대신할 수 있을 것이다. 반면, **자료 유추법**은 유사한 기존의 제품에 관한 자료가 있을 경우 유추하여 가늠하는 방법이며, **델파이법**은 전문가 집단에 서로 익명성을 유지한 채로 보통 3회 정도의 반복적인 설문을 통하여 의견을 수렴해 나가는 미래 예측의 한 방법이다.

위원회 합의법
판매원 의견 종합법
자료 유추법
델파이법

비록 전자적 거래를 하는 인터넷 환경의 상거래라고 하더라도 치열한 경쟁 환경에서의 가격과 품질 서비스 경쟁을 달성하기 위한 방편으로서 적절한 수요의 예측은 매우 중요한 의사결정이며, 수요에 대한 역사적 자료의 축적이나 계량화의 어려움이 있는 경우에 적용이 가능하다.

(2) 정량적 방법

대부분의 수요는 시간이 지남에 따라 어떤 추세를 나타내거나, 계절에 따라 변동하거나, 경기를 타거나, 혹은 예상치 못한 사회변화에 민감하게 연동된다. 이런 경우에 다행스럽게 과거에 축적된 자료가 있는 경우는 좀 더 과학적으로 계량적 수요예측 모형으로 미래 수요를 계산할 수 있다. 계량적 수요예측 모형 가운데 시간의 변화에 따른 수요의 변화를 예측하는 경우를 시계열 예측이라 하고, 그 분석 방법에는 전기수요법, 이동평균법, 지수평활법, 시계열 분해법 등이 있다. 이들 방법은 시간이 수요변화의 원인이라는 가정이 내재한다. 만약 시간이 원인이 아니라 기업경영의 사회적 경영환경이 수요변화에 원인으로 작용한다면, 즉 어떤 요인들 간에 인과적 관계가 수요 변화의 원인이라면 회귀방정식을 사용할 수 있다. 예를 들어, 스마트폰의 신규 모델의 판매는 스포츠 모델을 활용한 광고의 영향에 의한 것이라면, 스마트폰의 판매량(y)은 광고비(x)와 인과 관계($y=a+bx$)가 있음을 예상할 수 있다.

전기수요법
이동평균법
지수평활법
시계열 분해법

전기수요법은 가장 단순한 경우로 현재의 수요 예측치는 지난 기간의 수요 실측치를 사용하는 방법이다. 예를 들어, 3월에 마우스가 100개 팔린 경우 4월의 예측치를 3월의 실측치 100으로 예상하고 판매를 준비하는 방법이다. 반면, **이동평균법**은 전기수요법을 확장하여 지나간 3개월 치 발생 수요의 평균치를 현재의 예측치로 사용하는 방법으로 과거 자료의 이용 기간(이 경우는 3개월 평균)은 경험적으로 결정하면 된다. 만약 지난 수요의 실측치가 1월에 120개, 2월에 110개, 3월에 100개로 나타난 경우 3개월 이동평균을 사용하여 현재(4월)의 수요를 예측해 보면, 최근 3개월 평균치인 110개를 4월의 수요 예측치로 사용한다. 본 예에서처럼 지난 3개월의 수요가 감소 추세인 경우에도 4월의 수요는 100개로 계산되어서 변하는 추세를 적극적으로 반영하지 못하는 문제점이 발생하는데 이를 보완하기 위해 현시점에서 가까운 과거에 더 큰 가중치를 부여하여 지수함수의 특성을 이용한 방법이 **지수평활법**이다. **시계열 분해법**이란 과거의 자료 속에 있는 변동 요인들 가운데 단순 추세 변동, 계절적 요인에 의한 변동, 순환 변동 및 우연 요인에 의한 변동의 영향력을 분해하여 좀 더 직접적인 영향요소를 고려하여 예측하고자 하는 방법이다.

(3) 지능형 수요예측 방법

정확한 수요의 예측은 결국 적정 재고의 확보에 영향을 주게 되고, 적정 재고의 확보 및 유지는 재고 보관의 비용과 품절에 의한 소비자의 수요에 대응하지 못하는 기회비용과 연관된다. 그래서 최종적으로는 제품의 판매 가격 상승에 영향을 주거나 판매 이익의 손실을 초래한다. 하지만 정확한 예측이란 있을 수 없다. 왜냐하면 예측이란 의미 자체가 이미 오차를 포함하고 있기 때문이다. 앞에서 언급한 정성적이든 정량적이든 어떤 수요예측 방법도 정확하긴 어렵다. 예를 들어, 계절 수요를 기반으로 전년도의 시계열 자료에서 올해 여름의 빙과류 수요를 예측한다고 하자. 이 경우도 작년 여름과 올해의 여름이 같을 수는 없다. 당연히 예측은 예측일 뿐이다. 그리고 수요 환경에 가장 적합한 예측모형을 선택해서 사용하는 일도 매우 폭넓은 전문성을 요한다. 이러한 어려운 환경에서 빅데이터 분석과 인공지능의 활용은 예측에 대한 정확성을 높이려는 시도로써 매우 유용한 도구이다. 특히 비정형화된 정보를 활용 가능하다는 측면에서 전통적인 예측 방법보다 빅데이터 분석이나 인공지능에 의한 예측의 방법은 예측의 정확도 향상에 도움이 된다.

대표적으로 아마존의 경우 시계열 데이터를 기반으로 머신러닝에 의해 매우 정확한 예측이 가능한 Amazon Forecast 서비스를 제공한다. 과거에 발생한 실질 수요 데이터에 추가하여 관련된 환경 데이터로 휴일 정보, 제품 홍보, 각종 이벤트 등 수요에 영향을 주었을 데이터를 입력하면 맞춤형의 예측 모델을 선택 활용하여 미래의 예측치를 도출한다. 즉, 인공지능에 의한 머신러닝 기법을 사용한 수요예측은 단순한 정형화된 과거의 판매 수치 데이터뿐만 아니라 SNS 데이터나 트렌드 데이터 등의 비정형 데이터를 다룰 수 있기 때문에 매우 유용하게 사용된다.

인공지능 기반의 지능형 수요예측 방법은 시스템 스스로 데이터를 수집하고 분석하고 예측하여 그 결과를 다시 실제 발생하는 데이터와 비교하여 모델을 다시 수정하고 학습하여 고도화시켜서 점점 더 정확한 예측 데이터를 제공하게 된다. Amazon Forecast 외에 국내에서도 빅데이터와 인공지능 알고리즘에 의한 예측 시스템의 개발과 응용이 증가하고 있다. 예를 들면, 먼키라는 외식 산업 분야의 인공지능 기반 예측 시스템은 매출 데이터와 시스템이 수집한 환경변수의 학습 결과로 다음 날 수요를 97% 정확하게 예측한다고 한다. 또한, 교보문고의 경우도 퓨쳐북스라는 시스템을 도입하여 인공지능 기반의 판매 도서의 수요예측에 사용하고 있다. 이 시스템은 신간 도서의 텍스트 데이터, 저자 정보, 도서 정보, 표지 이미지 데이터 등을 학습하여 이를 기반으로 신간 도서의 판매량을 예측하는 것으로 판매도서 예측률이 40% 이상 상승했다고 한다. 현대모비스에서는 빅데이터와 인공지능에 의해 AS를 위한 자동차 부품의 수요 예측 정확도를 10% 정도 향상시켰다고 한다. 신세계이마트도 사이캐스트라고 하는 예측시스템을 아마존의 서비스를 기반으로 개발하여 상품 판매 현황 데이터와 요일, 날씨, 시즌, 행사 여부의 환경적 특성을 인공지능으로 학습하여 수요예측에 활용한 결과 기존 방식 대비 18%의 오차 개선 효과를 확인하였다. 메타버스 시대에는 빅데이터 분석과 인공지능의 기술이 더 발전함에 따라 더 정확한 예측을 위한 지능형 예측 시스템으로 고객서비스를 올리고 재고 유지비를 내리려는 노력은 꾸준히 진행될 것이다.

4.2 재고관리

4.2.1 재고관리의 필요성

보통 전자상거래의 장점은 재고 보존이 필요 없는 직거래로 인한 가격경쟁력에 있다. 그러나 초기 전자상거래 시장과는 달리 상대적으로 진입장벽이 낮은 전자상거래 환경은 전통산업보다 더 극심한 경쟁이 존재한다. 경쟁력의 가장 근원적인 면은 가격경쟁이고, 가격의 경쟁력을 갖춘 상태에서는 품질과 서비스의 경쟁이 중요한 요인임은 잘 알려진 사실이다. 이미 전자상거래 시장이 형성된 상태에서는 가격비교사이트 서비스 등을 통하여 가격 하락의 압박은 더 이상 피할 수 없는 환경임을 감안하면, 보다 빠른 배송을 통한 주문 시점과 상품의 도착 시점의 부유 시간을 줄이는 서비스 경쟁이 중요하다. 이러한 관점에서 적정 재고의 유지를 통한 가격 절감 효과를 줄이지 않는 범위에서의 빠른 배송을 위한 적정 재고 수준의 유지는 중요한 의사결정 문제가 된다.

재고의 부족은 곧 판매기회의 상실로 수익의 손실을 유발하게 될 것이며, 고객서비스 차원에서도 부정적인 영향을 미치기 때문에, 판매자들은 언제나 충분한 재고를 유지하려고 노력했고, 이는 재고관리 비용으로 이어져 가격 경쟁력을 상쇄하는 요인이 되었다. 그러나 전자상거래 환경에서 대부분의 쇼핑몰들이 선구매 후배송체제로 운영되기 때문에, 재고에 대한 부담은 상대적으로 줄어든 것은 사실이며,

재고란 본질적으로 비용을 발생시키는 항목이기 때문에 무 재고로 운영될 수 있다면 가장 이상적이겠지만, 전자상거래 환경이라 하더라도 다음과 같은 재고의 역할로 인해서 현실적으로 일정 수준의 재고가 유지되어야 한다.

- 불규칙한 수요와 수요 변동을 흡수하는 역할
- 생산 및 조달 시간의 불확실성을 완화하여 배송 시간을 단축하는 역할
- 시장 가격 변동을 억제하는 역할
- 납기나 생산 지연을 단축시키는 역할

그러므로 재고관리의 목적은 재고관리비용을 최소화하면서 고객이 원하는 시간에 지연되지 않고 제품이 배송될 수 있는 적정 수준의 재고를 유지함에 있다. 결국, 적시에 적정량의 재고를 유지시킴으로써 고객의 서비스 수준을 최대로 하면서 동시에 비용을 최소화하는 데 있다. 상품의 재고를 적정 수준으로 유지함으로써 기대할 수 있는 장점은 다음과 같다.

- 상품의 구입 및 보관에 따른 금융비용을 최소화하는 역할
- 재고의 보관 및 관리 인원의 투입 등의 관리 비용 최소화 역할
- 시장수요에 빠른 대응을 통한 서비스 수준의 강화 역할

4.2.2 재고관리의 기본 모형

전자상거래 환경에서의 유용한 재고관리 모형이 따로 연구 개발되어 있지는 않지만, 그 목적에 있어서 전통적인 재고관리 이론을 살펴볼 필요가 있다. 일반적인 재고관리 이론에서 추구하는 바는 다음의 두 가지로 요약된다.

- 주문량: 얼마나 주문할 것인가?
- 주문시기: 언제 주문할 것인가?

경제적 주문량 모형(EOQ: Economics Order Quantity)

효율적인 재고관리를 위해서는 수요예측에 의한 판매 가능성에 따라 재고량을 결정한 다음 재고 수량이 적정 수준 이하로 줄어들면 추가로 주문하여 재고를 다시 적정 수준으로 채우는 형태가 좋다. 이런 경우에 재고를 유지하는 비용과 주문 활동에 들어가는 비용 등을 고려하여 적정 주문 크기를 결정하게 된다. 전통적인 재고 모형 가운데 대표적인 **경제적 주문량 모형(EOQ: Economics Order Quantity)**은 주문비용과 재고유지비용을 고려하여 가장 경제적인 1회 주문량을 결정한다.

ROP(ReOrder Point)

주기적 주문량 모형(POQ: Periodic Order Quantity)

또한, 일정하게 줄어드는 재고량을 계속 실사하여 재주문이 적정한 시점(**ROP: ReOrder Point**)을 결정해야 한다. 한편 **주기적 주문량 모형(POQ: Periodic Order Quantity)**은 재고 수준을 정기적으로 실사하여 필요한 보충량을 주문하는 방식을 취하며, 적정 재고 확인 주기를 결정한다. 주기적 주문량 모형에서는 주문량이 수요에 따라 변동하므로 경제적 주문량(EOQ)을 갖지 않고 주문량은 매번 달라진다. 만약 수요의 변화율과 주문이 채워지는 리드 타임이 일정한 확정적인 경우는 경제적 주문량 모형과 같아진다. 그래서 본 교재에서는 수요와 리드 타임이 확정적인 때에만 그 개념을 설명한다.

(1) 경제적 주문량(EOQ)의 결정

경제적 주문량(EOQ)

경제적 주문량이란 재고 유지와 관련된 총비용이 최소가 되는 재고 수준을 유지하기 위한 1회 주문량을 결정하는 것이다. 이론적인 배경이 되는 가정은 다음과 같다.

- 수요의 발생은 확정적으로 일정하며, 사전에 명확히 알 수 있다.
- 재고자산의 구입단가, 재고유지비용 및 1회 주문비용은 일정하다.
- 주문 시점에서 입고 시점까지의 기간(리드 타임)은 일정하고 예측 가능하다.
- 재고 부족 현상은 발생하지 않는다.

이상과 같은 조건을 고려하여 경제적 주문량을 계산하기 위한 기본적 재고관리 모형을 도식화하면 [그림 10-7]과 같다.

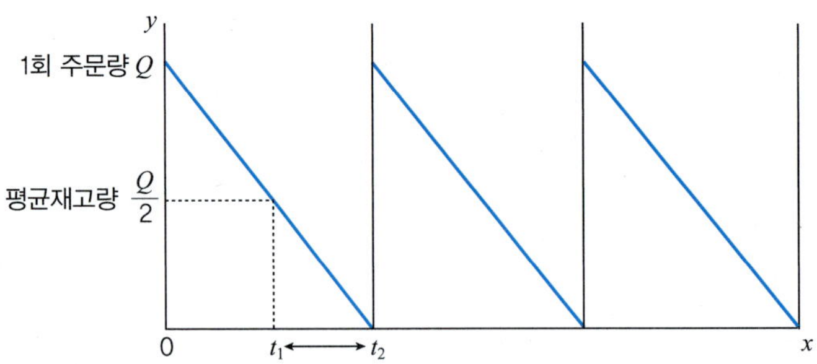

Q : 1회 주문량　　$\frac{Q}{2}$: 1회 주문량

t : 1회 시간　　t_1 : 주문점　　t_2 : 도착점

$t_1 \longleftrightarrow t_2$: 리드 타임(lead time)

[그림 10-7] 재고관리의 기본모형

[그림 10-7]에서 1회 주문량을 Q, 단위당 재고유지비용을 H, 연간 총 소요량을 A, 1회 주문에 소요되는 비용을 P라고 가정하면 재고유지비용과 주문비용의 합으로 이루어지는 총 재고비용은 다음과 같고, 그림으로 도식화 하면 [그림 10-8]과 같다.

총 재고비용 = 재고유지비용 + 주문비용

$$TC = (Q/2 \times H) + (A/Q \times P)$$

그림에서 재고유지비용과 주문비용은 서로 상충적이며, 그 중간에서 총 비용이 최소가 되는 경제적 주문량 EOQ가 계산된다.

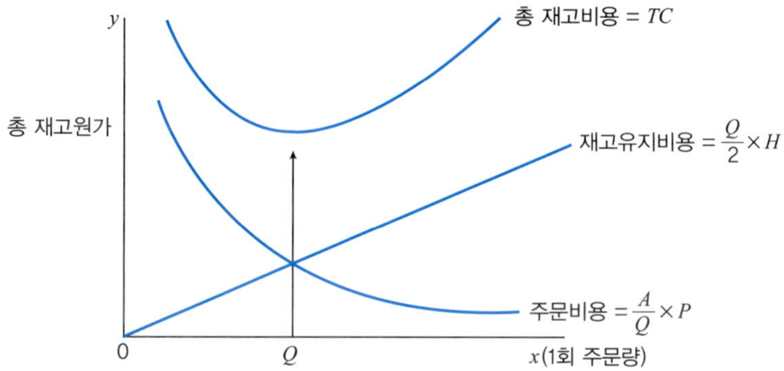

[그림 10-8] 경제적 주문량 결정

$$\frac{Q}{2} \times H = \frac{A}{Q} \times P$$

$$2AP = Q^2 H$$

$$Q^2 = \frac{2AP}{H}$$

$$\therefore Q(EOQ) = \sqrt{\frac{2AP}{H}}$$

예를 들어, 쇼핑몰-K에서 판매하는 마우스는 연간 1만 개로 구입단가는 200원, 1회 주문비용은 150원, 단위당 재고유지비용이 구입단가의 10%라면 경제적 주문량은 387개가 된다.

재주문점(ROP: ReOrder Point)

(2) 재주문점(ROP)의 결정

연간 수요량과 리드 타임이 사전에 알려진 확정적 모델에서 새로운 주문이 들어가야 하는 시점을 **재주문점(ROP: ReOrder Point)**이라 한다. 즉, 품목별 재고가 판매 가능성을 고려할 때 품절이 예상되는 일정 수준 이하가 되면 미리 적정량을 주문하게 되는데 이를 재주문점이라 한다. 즉, 상품의 재고가 완전히 판매되는 시점에 상품이 즉각 입고되는 개념을 가진다. 이 경우 어느 시점에 주문이 들어가야 하는지를 알려주는 의사결정이다. [그림 10-9]는 상품이 판매되는 과정과 재주문 시점을 단순화한 그림이다. 여기서 1일 상품의 소비량은 일정하고 주문일과 도착일과의 시간 간격(리드 타임)은 일정하다고 가정하고 있다.

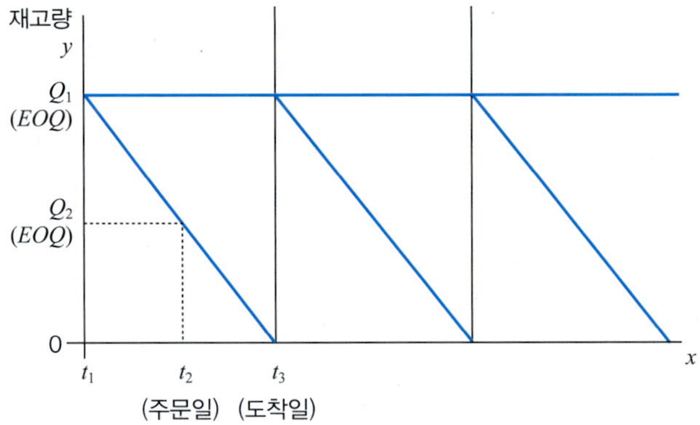

[그림 10-9] 재주문점 모형

[그림 10-9]에서 t_1 시점에서 Q_1만큼의 상품이 도착하였다면 1일 상품의 소요량은 총 상품 소요량을 판매일수로 나눈 값이 된다. 또한, 상품의 소요량이 Q_2 시점에 도달하면 재주문을 해야 한다. t_2 시점에서 상품재고량은 Q_2이기 때문에 주문일과 도착일까지의 리드 타임을 고려하여 t_2 시점에서의 경제적 주문량만큼 주문하면 된다. 만약 t_3 시점이 되면 t_1 시점에서 입고된 상품이 완전히 판매됨과 동시에 t_2 시점에서 주문한 상품이 입고되어 재고수준은 다시 Q_1이 된다. 그리하여 이런 유형의 재고모형에서는 경제적 재주문점(ROP)은 다음과 같다.

$$\text{ROP} = \frac{\text{상품 총 소요량}}{\text{판매일수}} \times \text{리드 타임}$$

예를 들어, 쇼핑몰-K에서 판매하는 마우스는 연간 10만 개로, 연간 판매 일수가 250일이고 리드 타임은 10일이라면, 재주문점(ROP)은 4,000개가 되는 시점이다.

(3) 안전재고 모형(Safety Stock)

안전재고 모형(Safety Stock)

상품의 수요가 일정하게 발생하고 확정적이며, 리드 타임 또한 일정하여 예측이 가능한 경우로 재고 부족 현상은 발생하지 않는다는 가정하에 경제적 주문량(EOQ) 모형과 주기적 주문량(POQ) 모형인 재주문점(ROP) 모형을 사용하여 재고 모형을 단순화하여 사용한다. 그러나 현실에서는 판매가 불규칙하고 리드 타임도 일정하지 못한 경우가 현실적인 경우로 판매활동에서 재고 부족 현상이 발생할 가능성이 높다. 주지하는 바와 같이 재고 부족 현상은 판매 손실로 이어지기 때문에 일정한 재고 수준을 유지하여 품절을 방지하고자 하는 노력이 따르기 마련이다. 이때 품절 방지를 위하여 최저수준으로 재고를 유지하는 것을 안전재고(safety stock)라 한다. 안전재고는 예측할 수 없는 원인으로 발생하는 재고 부족과 이로 인한 판매 중단을 예방하는 완충 역할을 한다. [그림 10-10]은 안전재고 모형을 단순화한 그림이다.

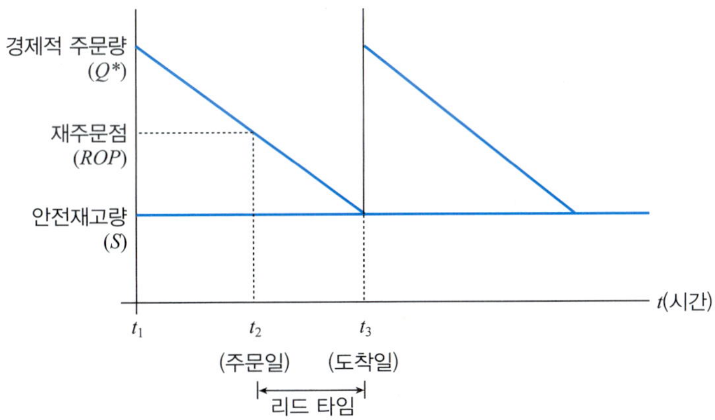

[그림 10-10] 안전재고 모형

만약 안전재고를 너무 많이 두게 되면 재고 부족 현상은 방지할 수 있지만, 과잉재고로 인한 재고유지에 드는 금융비용이 증가하게 된다. 그래서 적정의 안전재고량을 결정하는 일은 중요한 의사결정 중의 하나가 된다. 재주문점 모형을 근간으로 안전재고를 고려한 수정된 재주문점(ROP)은 재주문점 주문량에 안전재고를 합산하여 산출하면 된다.

예를 들면, 쇼핑몰-K에서 판매하는 마우스는 연간 10만 개로, 연 판매 일수가 250일, 리드 타임이 10일, 그리고 안전재고량이 30개일 때 안전재고를 고려한 재주문점(ROP)은 4,030개가 된다.

4.2.3 재고관리 전략

전자상거래 환경에서는 적정수준의 재고 유지 및 재고보유시간 단축은 전자상거래 기업의 경쟁력에 절대적인 영향을 미치기 때문에, 이러한 전통적인 재고관리 모형을 통해서 재고 수준을 유동적으로 보충하는 것보다는 전략적 차원에서 이를 관리하는 것이 바람직하다. 최근 기업의 재고관리 활동은 그 범위가 상품의 주문, 배송, 운송, 구매 등을 포함한 일반적인 물자변동관리의 개념으로 인식되고 있다. 즉, 물류 및 운송 업무 프로세스상의 정확한 예측을 바탕으로 예산 및 운영, 정보관리 등을 포함하는 공급사슬 전반에 대한 전략적 계획을 포함한다.

기업의 입장에서 통합되지 않은 공급사슬의 관리체제는 공급사슬 전체의 효율을 저하하는 요인이 되기 때문에 공급사슬의 재고관리 관점에 협업과 정보공유는 매우 중요하다. 공급사슬의 각 구성원이 담당하고 있는 수요 예측, 재고 파악, 생산계획 등의 정보공유를 통해 고객수요에 빠르고 정확하며 효과적이고 실시간으로 대응하는 것이 중요하다. 생산자와 판매자 간의 정보의 비대칭으로 인해 재고 및 생산계획, 주문정보가 실시간 공유되지 못하는 문제가 결국 판매 측의 불확실성에 대한 보험성 수요의 부풀리기로 재고의 과잉 상태를 초래하였지만, 오늘날 디지털 기술을 바탕으로 하는 전자상거래 시대에는 디지털 기술 인프라를 구축하여 통합적 공급사슬관리가 가능하다. 특히, 공급업체, 제조업체, 유통업체 등 공급사슬에 관여하는 참여 기업들의 통합된 업무 프로세스로 협업체제를 이루어 글로벌 시장 경쟁 구도에서도 수요자 관점의 평면적 생산 판매 시스템의 구현이 가능하기 때문이다.

무재고(zero inventory)

전자상거래 시장에서 물류는 기업경영의 핵심 경쟁 전략으로 물류프로세스의 효율화를 구현하고 가격 및 서비스 경쟁력을 유지하는 기반이 된다. 만약 실시간으로 수요와 재고 및 생산의 정보가 연계된다면 다양한 디지털 기술의 도움으로 재고관리 분야는 결국 **무재고(zero inventory)**의 구현 목표가 이루어질 것이다. 이를 위해 배송방식은 당연히 구매요청의 발생을 시발로 공동 물류센터에서 이미 준비된 상품을 인도하는 빠른 배송으로 판매자 측의 무재고 시스템을 실현한다. 또한, 비교적 저렴한 비용으로 재고를 위탁 보관하는 방식으로 인력과 시간 낭비를 줄여 생산자는 생산역량에 집중하고 구매자는 가장 근거리의 물류센터로부터 즉시 공급받는 **JIT(Just In Time)** 체제를 구현하는 것이다. 이러한 서비스가 빅데이터 분석에 의하여 더욱더 쉬워진 것이다.

JIT(Just In Time)

빅데이터 분석은 각 소비자가 선호하는 제품의 지역별 판매 정보를 제공하기 때문에 사전에 인근 물류센터에 집중 보관이 가능하다. 즉, 데이터 기반의 의사결정으로 어디 사는 고객이 언제 무엇을 얼마나 주문할지를 빅데이터에 기반하여 추론하고 어떤 창고에 얼마만큼의 재고를 두어야 할지를 결정하게 된다. 창고는 무조건 고객에게서 가까운 곳에 있으면 좋은 것이며, 재고 관점에서 창고에 고객이 주문할 것으로 예견되는 물품을 얼마나 확보해 두어야 할지가 의사결정의 문제이다. 재고가 적으면 품절이나 배송지연으로 인한 소비자 만족도가 떨어질 것이고, 너무 많이 두면 보관비용은 물론 팔리지 않을 경우의 손실을 걱정해야만 한다. 이러한 물류 분야의 디지털화와 지능화를 통한 혁신이 익일 배송, 당일 배송 등의 결과를 가져온 것이다. 또한, 빠른 배송을 위해서 **D2C(Direct to Consumer)** 즉, 생산지에서 소비자에게로 바로 배송하여 중간 단계의 재고를 없애고자 노력한다.

D2C(Direct to Consumer)

또한, 코로나19의 영향으로 국내에서도 온라인 신선식품의 시장 규모가 커짐에 따라 마켓컬리, 쿠팡, 네이버 등 주요 전자상거래 사업자들은 신선식품의 배송 시간 단축이 전자상거래의 경쟁력이 될 것으로 판단하고 경쟁력 강화를 위한 전방위적인 노력을 하고 있다. 새벽배송이나 신선식품만을 위한 물류센터를 운영하거나 대형마트와의 제휴를 통한 배송 경쟁을 하고 있다. 예를 들어, 마켓컬리의 경우는 여름철 계절 식품인 극 신선식품에 대해서도 자체 개발한 빅데이터와 머신러닝을 활용한 수요 예측과 선주문을 통하여 새벽배송을 하고 있는데 판매 유통기한은 만 하루로 관리하지만, 폐기율은 1% 이하로 일반 대형마트의 폐기율보다 낮다고 한다.

5. 메타버스 시대와 물류의 트렌드

5.1 옴니채널과 온디맨드

옴니채널(Omni-Channel)
O2O(Online to Offline)
크로스 쇼퍼(Cross Shopper)
쇼루밍(Showrooming)

최근 전자상거래의 성장 과정에서 소비자와의 쇼핑을 위한 접점의 변화는 통합 추세이다. 즉, 오프라인의 연계형인 온-오프가 통합되는 추세로, 모바일 쇼핑, TV 쇼핑, 콜센터 등이 모두 소비자의 욕구를 채집하는 채널로 사용된다. 인터넷이든 모바일이든 오프라인 매장이든지 간에 소비자가 이용 가능한 모든 채널을 쇼핑의 창구로 유기적으로 연결하여 쇼핑에 불편이 없도록 하는 것이다. 이런 채널의 통합을 **옴니채널(Omni-Channel)**, 상거래 형태를 온-오프 연계형(**O2O: Online to Offline**)이라 한다. 스마트폰과 PC 그리고 오프라인의 매장이 연계형으로 쇼핑 채널을 구성하여 시너지를 노리는 유통구조를 갖추는 것이다. 기존의 온라인은 오프라인과 연계하고, 기존의 오프라인은 온라인과 연계하여 상거래 활동에서 온라인과 오프라인의 구별이 없어지는 새로운 상거래 형태로 온-오프라인 판매 채널을 자유롭게 넘나드는 소비자를 **크로스 쇼퍼(Cross Shopper)**라 하고 그중에서 매장에서 상품만 확인하고 구매는 온라인에서 하는 행위를 **쇼루밍(Showrooming)**이라 하는데, 반대로 온라인에서 본 제품을 오프라인에서 구매하는 역쇼루밍 현상에 의한 옴니채널 쇼핑도 증가하고 있다.

온디맨드(on-demand)

또한, 1인 가구의 증가에 따른 개성 있는 소비자들의 다양한 요구에 개인 맞춤형 서비스인 **온디맨드(on-demand)** 시장 형태가 싹트고 있다. 예를 들면, 카카오택시나 우버가 해당된다. 온디맨드 서비스는 고객이 요구하는 맞춤형의 서비스를 의미하는 것으로 주로 IT 업계에서 사용하던 용어였지만, 최근에는 전자상거래 시장에서 일반화된 개념이 되었다. 날로 개인화되는 사회 분위기는 온라인 주문이 대세이지만, 나 홀로의 주문은 소형 경량화로 다빈도 주문이 된다. 소규모의 택배 물량이 증가하지만, 배송도 역시 문 앞에 던져두는 형태로 비대면이 일반화되고 있다. 하지만 스마트폰 앱의 활성화로 소통 과정에서의 오류는 그다지 발생하지 않는 효과를 얻을 수 있다. 이러한 과정은 4차 산업혁명이라는 인공지능에 기반한 디지털 기술의 발달로 더 편리한 쇼핑이 가능해진다.

그리고 과거에는 개별적이었던 소비자 개인 정보가 빅데이터로 통합되고 분석되어 이를 근거로 더 지능적인 개인화 서비스가 가능한 시대가 된 것이다. 이에 수반되어 물류환경 또한 당연히 변해야 하는 것이다. 같은 맥락에서 소비자가 물건을 고르고 주문하는 문제를 통합형으로 편리하게 구축해 준다면 실질적인 물건의 배송 또한 소비자가 편리하게 취득이 가능하도록 할 필요가 있는 것이다. 예를 들어, 여러분은 집 근처 백화점에서 맘에 드는 핸드백을 직접 눈으로 확인하고도 직접 사지 않고 먼저 PC에서 온라인 쇼핑몰을 충분히 검색하여 가장 싼 곳을 찾아서 모바일로 결제한다. 모바일 결제 시 추가 할인되기 때문이다. 이때 유통 업체는 온-오프가 연계형이기 때문에 물건의 배송은 물리적으로 고객과 가장 가까운 근처 매장에서 출고하여 배송하는 형태가 될 수 있다. 예를 들면, 백화점 1층 픽업 데스크라든지 혹은 회사 근처 편의점에서 퇴근길에 찾아갈 수 있도록 서비스한다든지 하는 형태로 변하고 있는 것이다. 실제로 아마존은 온라인 구매 상품을 지하철이나 동네 편의점 등의 주차장에 라커를 설치하여 주문 상품을 무료로 찾아갈 수 있도록 하고 있다. 즉, 무인 택배 서비스인 것이다. 이 과정에서 인공지능에 의한 대화 처리, 인증, 결제 등의 과정이 메타버스 시대라 불리는 미래의 상거래 환경인 것이다.

특히, 홈쇼핑을 포함한 온라인에서 옷을 사야 하는 경우에 여러분은 그 제품에 대한 신뢰와 직접적인 확인이 불가하다는 이유로 수많은 반품과 불신을 경험한 적이 있을 것이다. 이러한 문제는 가상현실(VR: Virtual Reality) 기술을 접목하여 시뮬레이션이 가능하다. 또한, 식품의 경우는 가장 가까운 오프라인의 체험장에서 눈과 손으로 확인할 기회를 제공받을 수 있다. 예를 들어, 중국의 알리바바는 'Buy+'

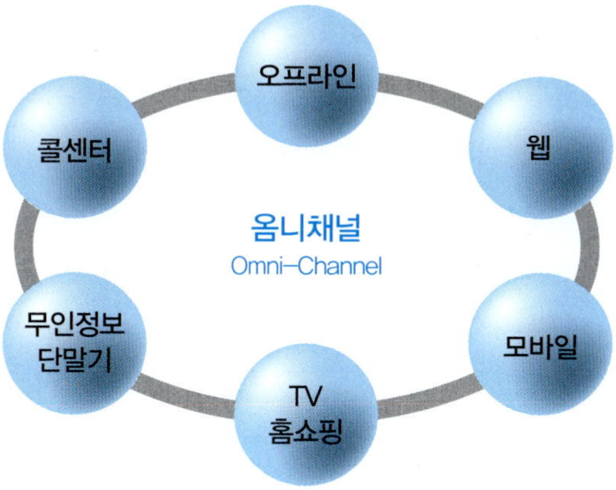

[그림 10-11] 옴니채널 쇼핑환경

*자료원: www.ktcunews.com

라는 가상현실을 접목한 온라인 쇼핑을 선보였는데 사용자는 가상현실 장비(VR HMD)를 착용하고 마치 또 하나의 현실의 백화점에 들어온 듯한 몰입감을 느끼며 쇼핑을 한다. 온라인에서의 가상현실 서비스를 제공받는 것의 불편함을 위해 제휴된 오프라인 매장에 가상현실 체험장을 두고 온–오프를 연계한 상거래를 지원할 수도 있다. 이와 같이 메타버스의 시대에는 온라인과 오프라인의 구별이 없는 전자상거래 환경이 될 것이다.

5.2 물류 프레임의 변화

물류 수요 다양화와 기술 변혁의 결과로 메타버스 시대에도 실질적인 경영혁신은 물류분야가 그 핵심이 될 것이다. 물류 운송과 관련해서는 대량 운송에서 맞춤형 운송 서비스 중심으로 그 수요가 이동하고 있다. 온라인 쇼핑의 확대, 라이프스타일의 변화, 소규모 개인 물류서비스의 증가 등 더 복잡한 환경변화에 물류창고의 대형화, 고도화, 자동화 현상이 일어나고 있다. 국내의 경우 롯데, 신세계 등 유통업체들은 온라인 전용 배송창고를 두고 있으며, 쿠팡과 같은 빠른 배송을 차별화하는 경우는 필히 자체적인 물류창고를 소유하고 사전 재고를 확보하는 형태로 갈 수밖에 없는 실정이다. 특히, 온라인 주문 증가에 따른 신속하고 정확한 대응을 위해 온라인 판매자를 대신해서 유통사나 물류사가 상품을 보관하고 주문 즉시 상품 선별, 포장, 분류과정을 거쳐 고객에게 배송하는 서비스가 활성화되고 있다. 예를 들어, 현재 CJ대한통운은 곤지암 메가허브 상부층에 e–풀필먼트 센터를 구축해 이커머스 고객사의 상품을 미리 입고시켜 소비자의 주문이 접수되면 바로 출고하여 택배 배송으로 연결한다. 이 때문에 자정까지 주문하면 다음 날 배송 가능한 융합형 e–풀필먼트 서비스를 제공할 수 있다. 판매자가 이러한 풀필먼트 서비스를 이용하면 포장, 배송, 재고관리뿐만 아니라 불량품 검수, 반품처리, 사용자 CS 등 물류 전반에 대한 부담을 줄일 수 있다. 또한, 국내의 쿠팡이나 마켓컬리를 비롯한 미국의 아마존 같은 경우 전자상거래를 통한 신선식품의 경우 밤늦게 주문하면 다음 날 새벽배송이라는 빠른 배송체계를 갖추고 서비스를 하는데, 이러한 서비스가 가능한 것은 모두 빅데이터를 기반으로 하는 지능형 의사결정 시스템 덕분이다.

그러므로 물류의 핵심 경쟁력은 물류네트워크, 노동, 상품, 서비스 등의 모든 면에서 소비자 니즈에 즉각적이고 탄력적이어야 한다. 전자상거래의 중간 단계 축소에 따른 원가 절감 노력으로 플랫폼 방식의 물류네트워크 구축, 자동 물류창고에 로봇 투입, 무인자동차나 드론과 같은 무인 자동화기기에 의한 택배의 일반화, 빅데이터와 사물인터넷을 활용한 물류 서비스 확대 및 인공지능 기반의 디지털 기술의 고도화에 따른 서비스가 활성화된다. 즉, 물류 분야도 고도 정보화가 진행되면서 메타버스 시대의 지능형 기반의 획기적인 혁신이 기대된다. 혁신의 방향은 비즈니스를 포함한 프로세스와 관련된 혁신이 있으며, 또 다른 하나는 기술변화에 따른 기술 융합 서비스 혁신이 있다. 기존의 대형화와 획일화된 물류 서비스 시대에서 맞춤형의 개인 소규모 물류 서비스로 변해가는 과정에서 전혀 예상하지 못하던 새로운 맞춤형 서비스가 생길 수 있다. 예를 들어, 현재는 허브앤스포크(Hub-and Spoke) 운송 방식이 주를 이루지만, 이 경우 오히려 근거리 배송에 더 많은 시간이 소요되는 현상이 나타나기도 한다. 각 지역에서 일단 중앙의 허브창고로 물건이 갔다가 다시 각 지역으로 배송되는 구조이기 때문에 이 과정에서 창고는 오히려 대형화되고, 물건의 이동 거리는 오히려 길어지는 현상이 있다.

최근의 피기비(Piggybee)라는 회사의 서비스모델을 보면 여행자가 여행하는 김에 물류배송을 겸하여 부수적인 수입도 되고 물류비용도 절약하는 형태를 보인다. 마치 카카오 카풀 서비스인 자가용 소유자의 출퇴근 시간 공유차량 개념의 공유경제의 모델이다. 뿐만 아니라 새로운 비즈니스 모델로 덴마크의 트랜스포테카(Transporteca)는 물류회사에 대한 가격 비교 사이트 같은 서비스를 제공한다. 그리고 물리적 배송 서비스 혁신을 위해 다양한 운송 수단을 가진 업체들 사이의 협업은 물론 배송 관련 차량과 기사를 일반인을 대상으로 모집해 활용하는 아마존이나 쿠팡의 플렉스(Flex) 서비스도 물류비용을 줄이기 위한 것이다.

물류산업은 일반적으로 타 산업과 비교할 때 인력 의존도가 높은 산업이기 때문에 그동안 경영혁신 분야에서 가장 늦게 혁신되는 분야로 여겨져 왔다. 그러나 4차 산업혁명과 메타버스의 시대가 도래함에 따라 인공지능에 기반한 자동화 기술의 증가로 여타의 일반 분야와 같이 급격한 변화가 일어나고 있다. 쏟아지는 택배 상자의 분류 시간을 절약하기 위해 컨베이어 벨트에 휠소터(Wheel Sorter)를 적용해 분류 작업의 자동화를 지원하여 택배 기사들의 부담 시간을 절약해 준다. 아마존은 물류 인건비를 줄이기 위해 이미 오래전부터 물류창고 로봇을 도입하여 물류센터의 운영비를 20%나 절감했다고 하며, 재고 보관의 공간 이용률을 50%나 증가하는 효과를 보았다고 한다. 최근 대표적인 흐름은 자율주행 기기, 즉 무인 전기차와 같은 자율주행차, 트럭, 선박, 항공기들이 인공지능과 결합되어 물류시장의 대세로 투입되고 있다. 결국 미래의 물류분야의 핵심 경쟁력은 인공지능의 고도화를 바탕으로 하는 자동화된 무인 물류 네트워크를 구축하여 소유하고자 각축전을 벌일 것이다.

웬만한 상품과 서비스는 인공지능 기반 서비스로 온라인에서 주문 결제하면 오프라인에서 즉시 배달되고 이용할 수 있는 환경인 온디맨드(On-Demand) 물류가 메타버스 세계와 연동되어 기본이 될 것이다. 또한, 가상세계인 온라인이 실물세계인 오프라인으로 들어와 소비자와 공급자가 서로 거래할 수 있도록 연결해 준다. 즉 발전된 디지털 기술이 메타버스 세계와 실물 세계를 연계함으로써 온-오프의 경계는 명확하지 않게 된다. 즉, 메타버스의 가상현실 속에서의 주문은 집에서 받아보는 실물이 될 것이다. 현재 물류분야에서 메타버스의 사례는 한진에서 국내 메타버스 플랫폼인 제페토에 한진 로지스 아일랜드를 오픈하고 항공운송부터 미래형 풀필먼트 센터, 해상 운송, 컨테이너 터미널, 택배 터미널까지 물류사업 전반에 관한 테마관을 운영하고 있으며, 메타버스상에서 물류 관련 회의, 업무협약 등 가상회의 용도로 사용하고 있다.

또한, 전통적인 방식의 물류 현장의 안전 관리에서 벗어나 이제 디지털 기술을 접목해 실시간 관제 시스템 도입, 사고 예방을 위한 센터 내 빅데이터 분석, 인공지능 기술 적용 등을 통해 물류 현장에서의 안전을 위한 다양한 솔루션들이 속속 개발될 것으로 전망된다. 디지털 기술에 의한 물류 업무의 효율성과 생산성을 높이기 위해 디지털 트윈 기술도 사용된다. 디지털 트윈 기술은 컴퓨터 속에 현실 속 사물의 쌍둥이를 만들어 현실에서 발생할 수 있는 모든 상황을 시뮬레이션해서 결과를 예측하는 기술로 대형 물류기업들을 중심으로 물류 정보를 데이터화하고 이를 수집, 분석하여 디지털 트윈을 통해 물류의 최적화는 물론 빅데이터를 분석, 활용할 수 있게 되고 이는 결국 물류 운영의 고도화를 추구한다. 또한, 미래의 경영환경은 ESG(환경(Enviromental), 사회(Social), 지배구조(Governance)) 요소를 피할 수 없다. 당연히 물류서비스 환경도 ESG 패러다임 속에서 노동 문제, 재생에너지 사용, 지배구조의 합리화 등의 요소를 반영한 성장이 될 것으로 보인다.

5.3 기술인프라의 변화

전자상거래가 가상공간이라는 유통채널을 창조하였지만, 결국은 물질의 이동이라는 물류의 현실을 극복하는 새로운 해법을 찾는 것이 경쟁력인 것이다. 단지 빠르고 정확하게 상품을 배달하는 단계를 넘어 더 편안하게 전달해야 하는 서비스의 차별화도 추가적으로 요구되는 시대가 되었다. 즉, 단순한 비용 절감의 문제가 아니라 새로운 가치 창출의 서비스를 구축하여야 한다. 이에 대응하기 위해서는 미래 물류기술을 확보하는 것이 중요한데, 4차 산업혁명과 메타버스 시대에 대표되는 기술로는 인공지능 기반의 빅데이터, 클라우드, 사물인터넷, 로봇, 자동화, 무인화 및 블록체인과 같은 기술들이 패러다임을 선도할 것으로 보인다. 메타버스 시대에는 대부분 물체가 상호 연결된 가운데, 5G 이상의 빠른 데이터 전송이 일반화될 것이기 때문에 물류관리 분야에서도 디지털 기술들은 큰 역할을 할 것으로 관측된다. 물류센터에서 계획, 피킹, 포장, 딜리버리 서비스 등을 포함한 제품의 조립, 라벨링 등의 창고 작업에서부터 드론과 같은 무인 배송과 인공지능과 결합된 로봇 기반의 스마트물류가 핵심 대세이다.

스마트물류

스마트물류란 주문, 생산, 판매, 배송의 다양한 과정에 인공지능, 사물인터넷, 빅데이터, 클라우드 등의 기술과 접목된다. 즉, 새로운 메타버스 시대를 맞아 스마트물류 환경은 빅데이터 및 고급 분석 기술, 인공지능, 사물인터넷, 웨어러블 및 3D 프린팅, 로봇 및 자동화 기술의 활용으로 물류산업 자체를 크게 변모시킬 것으로 예상된다.

예를 들어, 빅데이터 및 고급 분석 기술에 의하여 데이터의 가치가 급등하고, 물류기업은 고객 주문과 상품 선적, 이동 및 자산 위치와 상태 등 각종 정보를 빅데이터로 분석하여 효과적이고 체계적으로 처리할 수 있게 된다. 특히, 물류 시스템의 운영 이슈를 진단하고, 네트워크 계획을 최적화하며, 미래 시나리오에 대한 스마트 분석 기술을 기반으로 큰 발전을 이룰 것이다. 특히, 인공지능 기술은 물류 흐름의 동적 경로 최적화와 정확한 수요 예측 등 복잡한 운영 과제를 해결하는 데 더욱 사용이 확대될 전망이다.

또한, 발전된 웨어러블 기기는 물류 분야에서 일하는 사람들에게 네트워크에 의한 실시간 소통과 데이터의 교환으로 한층 빠른 배송 시스템 구축에 도움이 될 것이다. 3D 프린팅의 경우도 원격 프린팅에 의한 배송 시간을 획기적으로 줄여주는 역할을 할 것으로 기대된다. 특히, 메타버스에서 3D 프린트로의 연결은 획기적인 물류를 완성해 줄 것으로 예상된다.

메타버스 시대에는 대부분 첨단 로봇과 자동화 기술에 의한 유연한 작동 시스템을 통해 비용 절감, 기능 개선, 맞춤형 제품과 서비스 가용성 향상을 더욱 촉진할 전망이며, 인간 작업자와 협업하는 물류 현장을 만드는 한편, 블록체인, 무인항공기, 자율주행차 등의 기술은 위에서 언급한 기술보다는 물류산업에 일반적 적용 시기와 범위는 다소 늦을 수 있지만, 물류 산업의 발전에 매우 중요한 핵심 기술로 작용할 것이다.

블록체인 기술은 인터넷상에서 일어나는 거래를 안전하게 기록하기 위해 제안된 것으로 금융권에서 먼저 이용되었지만, 분산 원장의 개념으로 보안성이 우수하여 거래 과정에서 많은 문서가 발생하는 물류 분야의 이용성이 커지고 있다. IBM은 머스크와의 협력을 통해 블록체인 기반 컨테이너 물류 및 추적시스템을 개발하였다. 국내에서도 관세청은 블록체인을 수출입 통관 업무에 적용하는 데 성공하였다. 블록체인 기술은 거래이력 추적 및 위변조 확인, 계약 확인 및 대금정산을 유연하게 처리할 수 있다는 장점이 있어 실물 거래에 널리 활용될 수 있으며, 실제 상품의 거래, 유통 물류 및 공급사슬 분야에서도 효과가 기대된다. 그러나 현재 가장 활발한 물류 대변혁의 키워드는 자동화에 관한 로봇, 드론, 사물인터넷, 자율주행차, 빅데이터 및 가상현실 기법 등이다.

물류산업에서 가장 활발하게 활용되거나 개발 중인 로봇은 아마존의 키바와 같은 무인 이송 피킹 로봇이다. 아마존이 물류센터에 로봇 1만 5,000대를 배치한 이후 이미 많은 피킹 로봇이 나왔으며 상당 수준 상용화도 진행됐다. 로봇의 투입은 물류창고에서 화물의 입고, 재고 적치, 피킹 및 포장에 이르는 전 과정에서 사람이 직접 해야 하는 프로세스를 자동화해 준다. 영국의 온라인 식료품 기업 오카도(Ocado)는 세컨드핸즈라는 협동 로봇을 개발하여 물류창고 내에서 사람을 도와 고객주문 식료품의 배송업무에 투입하고 있으며, 인텔은 택배기사와 함께 작업 가능한 택배 로봇 'Loomo Go'를 공개하였다. 물류자동화의 핵심은 역시 로봇의 활용이 될 것이다. 쿠팡의 물류창고에서 로봇은 선반에 보관 중인 물건을 직접 픽업하고 바코드를 읽어 포장 및 송장을 붙이기 위한 작업대까지 갖다주고 포장이 완료된 물품은 지역별 배송 분류해 이동시킨다.

드론은 현재 차세대 물류의 대세로 시험 비행이 거의 끝나고 현장에 투입 사용되고 있다. 하늘뿐만 아니라 땅 위에서도 배달용 지상 드론이 시범 적용되고 있다.

영국의 드론업체 스타십 테크놀로지스는 소비자의 가정까지 직접 패키지를 배달하는 지상 주행용 드론을 개발하여 로컬허브나 식료품점에서 30분 이내에 배달을 완료하는 것을 목표로 하고 있으며, 음식 배달업체인 저스트이트와 프론토, 수퍼마켓 체인인 메트로 그룹 등과 시범 운용에 돌입했다. 지상 드론은 주행용 바퀴 6대가 부착돼 있으며, GPS와 카메라, 동작 감지 센서를 장착해 사전에 입력된 목적지를 스스로 찾아가고 장애물을 인식해 스스로 피한다.

드론 택배를 이용할 경우는 교통체증을 피하고 비용을 절감할 수 있으며, 신속한 배달이 가능하기 때문에 다양한 활용이 예상된다. 중국의 알리바바는 베이징과 상하이에서 드론 택배 시범 서비스를 하고 있으며, 아마존을 비롯한 세계적 물류 업체인 DHL, UPS, Fedex 등이 드론 프로젝트를 시험 적용 및 상용화를 추진 중이다. 국내의 경우도 한국과학기술원 항공우주공학과 심현철 교수팀이 2014년 국내 최초로 드론을 이용한 운송시스템 시연에 성공한 이래 국내 택배업체들도 서비스 도입에 박차를 가하고 있다. 즉 CJ대한통운, 한진택배 등에서 드론을 이용한 물류 배달 시험 비행을 하였으며, 우정사업본부(우체국)에서 섬 지역과 강원도 산골 지역(영월, 2018년)에서 드론 택배 시연에 성공하였고, 향후 단계적으로 전국의 도서 산간에 드론 운영을 할 계획이라고 하였다. 더불어, 지상에서의 자율주행차량은 독일 물류업체 DB Schenker가 2018년 2월 트럭메이커인 'MAN Truck & Bus'로부터 군집 주행이 가능한 파일럿 트럭을 인도받아 일일 물류 운영에 도입하기 위한 테스트를 하였으며, 이는 네트워크로 연결되어 운행된다.

아마존의 옥토콥터

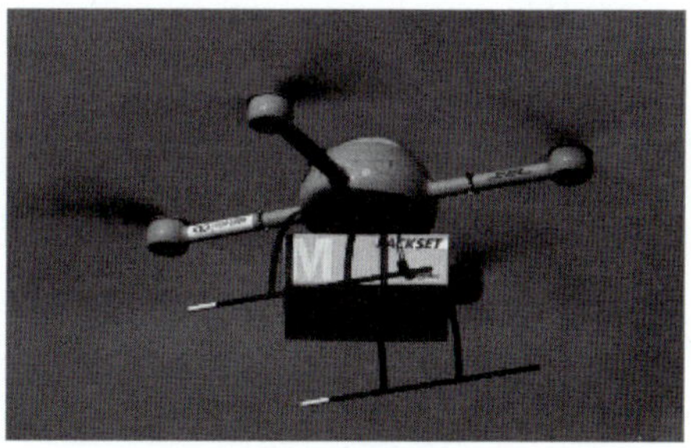

DHL의 파켓콥터

[그림 10-12] 드론을 이용한 택배

*자료원: www.etnews.com

기술의 진보는 물류관리 방법도 바꿔놓고 있다. 이런 거대한 변화 물결 위에서, 기업은 잠재력을 높이고 소비자는 새로운 경험을 할 수 있다. 메타버스 시대의 인공지능에 기반한 디지털 기술은 물류 분야의 자동화 수준을 크게 향상시켰다. 소비자가 온라인에서 발송 예약을 할 때도 인공지능 비서가 상담을 받는다. 물류 창고에서 배송물의 상 · 하역 역시 인공지능 로봇이 대신한다. 과거에는 상상할 수 없었던 기술이다. 또한, 사물인터넷 기술은 화물의 위치, 온도, 압력, 포장상태, 습도 및 빛의 노출 여부 등을 실시간으로 모니터링할 수 있는가 하면, 배송 과정에서 생기는 문제를 소비자가 실시간으로 확인할 수 있게 한다. 이러한 흐름은 당분간 스마트 물류라는 이름으로 실용화에 박차를 가할 것이다. 즉, 메타버스 시대에는 주문, 조달, 생산, 판매, 배송의 전 과정에 사물인터넷, 인공지능, 빅데이터, 클라우드, 로보틱스 등 첨단 기술과 지능화된 소프트웨어를 적용한 물류시스템을 통해 비용 절감, 기능 개선, 맞춤형 제품과 서비스 가용성 향상을 더욱 촉진할 전망이며, 인간 작업자와 협업하는 물류현장을 만들 것이다. 특히, 블록체인 및 클라우드 기반의 메타버스 기술이 한층 더 발전된 세상에는 향후 집에서 편안하게 VR 기기가 없더라도 PC나 스마트폰 수준에서도 메타버스로 구현된 쇼핑몰에 들어가 가상공간 속 쇼핑몰을 거닐고 그곳에서 구매한 제품을 집에서 실물로 받아보게 될 것이고, 이와 관련한 물류체계가 만들어질 것으로 본다.

미니 사례 **미래 물류의 핵심 트렌드, '도심물류'**

코로나19의 영향력이 지난 2019년 말부터 현재까지 지속되고 있는 가운데 전자상거래를 필두로 한 비대면 소비가 일상화되면서 택배 물량이 급속하게 증가하고 있다. 한국통합물류협회의 자료에 따르면 국내 택배 물량은 지난 2012년부터 지난해까지 꾸준히 상승했으며, 마침내 지난해에는 역사상 처음으로 물동량 30억 개를 돌파하기에 이르렀다. 이처럼 택배서비스에 대한 니즈가 빠르게 확대되고 있는 가운데 미래 물류의 핵심 트렌드 중 하나로 도심 내 물류거점이 떠오르고 있다.

최근 유통기업의 온라인 전용 물류센터의 증가와 온라인 쇼핑사업자 · 택배사 등의 배송속도 전쟁이 일어나면서 수도권 주변으로 1만 평 이상의 대규모 물류시설과 자동화 설비에 대한 투자가 빠르게 늘어나고 있다. 하지만, 물류시설로 인한 교통량 증가와 소음 발생 등으로 인해 물류시설 확충을 위한 부지 확보는 어려움이 따르는 것이 사실이다. 더군다나 물류센터가 수도권에서 멀어지면 멀어질수록 배송 거리가 늘어나 경제성으로 따져 봐도 결코 유리하지 않다. 이에 대한 해결책으로 해외 물류시장에서는 도심 물류거점이 빠르게 자리 잡고 있다.

대표적인 예가 유럽에서 진행된 SMILE 프로젝트. 'SMart green Innovative urban Logistics for

Energy efficient mediterranean cities'의 준말인 이 프로젝트는 도심 지역에 친환경 이동형 컨테이너 기반의 소규모 분산물류 시설을 도입하는 프로젝트로 대도시 중심부 내에 환적 포인트를 선정해 라스트마일 배송의 효율성을 증대시키는 효과를 낳았다. 프랑스와 스페인, 그리스 등이 참여한 당시 프로젝트를 통해 프랑스는 UCC(Urban Consolidation Center), 집배송 포인트 확산 사업 등 도심 내 물류 원활화를 위한 다양한 시도를 진행할 수 있었다.

아시아에서는 일본이 대표적인 예다. 일본은 도심 내 물류를 위한 카드로 지하철을 선택했는데 그것이 바로 지하철 택배다. 일본 삿포로를 중심으로 지하철을 통한 화물 운송 시험을 진행했던 일본은 실제 도심에 유입되는 트럭 대수를 기존 28대에서 3대를 감소시키는 효과를 낳기도 했다. 지하철을 활용한 물류시범사업은 프랑스에서도 있었는데 파리교통공단은 트럭 등으로 인한 도로 혼잡을 해소하기 위해 트램을 활용한 도심 내 화물수송방안인 'TramFret'을 시험 운영한 바 있다.

*자료원: 물류신문(http://www.klnews.co.kr) 2021.04.16

참·고·문·헌

강금식, 정우석, 생산운영관리, 오래출판사, 2011

구교봉, 이종호, 전자상거래, 탑북스, 2012

노규성 외, 전자상거래 & e-비즈니스, 사이텍미디어, 2009

노규성 외, 빅데이터시대의 전자상거래, 생능출판사, 2015

노규성 외, 디지털트랜스포메이션시대의 전자상거래, 생능, 2019

윤한성 외, 기업경영과 e-Business, 경문사, 2008

조동훈, 전자상거래 개론, 한올출판사, 2002

삼성SDS자료(July, 2017 | Smart Logistics Business Unit)

현대경제연구원 자료 17-34(통권 707호), 2017

http://www.klnews.co.kr

http://www.outsourcing.co.kr

연·습·문·제

1. 물류의 개념을 정의하라.

2. 전자상거래 시대에서 물류의 중요성을 설명하라.

3. 전자상거래에서 물류아웃소싱의 의미를 설명하라.

4. 전자상거래 신규 기업에서 적합한 수요예측 방법을 제시하라.

5. 전자상거래 기업에서 재고의 기능을 설명하라.

6. 전자상거래의 기업 관점에서 경제적 주문량 모델의 개념을 설명하라.

7. 전자상거래의 수요예측에 빅데이터를 접목할 수 있는 예시를 설명하라.

8. 물류 거래에서 블록체인 기술의 가치를 설명하라.

9. 메타버스를 물류에 어떻게 활용할 수 있는지 그 방안을 설명하라.

11

CHAPTER

쇼핑몰 구축과 웹 사이트 관리

전자상거래에 있어서 쇼핑몰 구축과 운영은 일반적인 전통적 상거래에서 사업장을 구축하여 운영하는 것과 마찬가지이다. 인터넷 쇼핑몰은 이미 우리 경제나 생활에 중요한 부분을 차지하고 있는 실정이다. 매년 엄청난 비율로 증가하고 있는 인터넷 쇼핑몰이지만, 모두 다 성공의 열매를 맛볼 수는 없다. 자신의 쇼핑몰이 성공하기 위해서는 구축도 중요하지만, 구축 후 지속적인 유지 · 관리가 더 중요하다. 최근에는 아주 쉽게 쇼핑몰을 구축하고 관리할 수 있는 솔루션들이 많이 개발되고 있으며, 웹 사이트와 모바일과의 연동이 중요한 화두로 떠오르고 있다. 발 빠르게 새로운 지식과 기술을 습득하고 철저히 고객 지향적인 쇼핑몰을 운영한다면 성공의 길은 그리 어렵지 않을 것이다. 전자상거래의 특성을 최대한 잘 살려서 비즈니스를 한다면 실패도 줄이면서 성공의 지름길에 한 걸음 다가설 수 있는 좋은 기회를 맞이하게 될 것이다.

1. 쇼핑몰 도입 유형과 선택 전략

과거에는 쇼핑몰 사이트를 기업이 직접(자체적으로) 개발을 하는 것이 일반적이었다. 그러나 최근에는 다양한 쇼핑몰 관련 플랫폼들이 등장하면서, 기업이 직접 개발하기보다는 쇼핑몰 사이트를 활용하고 관리하는 데 초점을 맞추고 있다. 이로 인해 과거와는 다르게 어떠한 쇼핑몰 툴을 도입하고 관리하느냐가 중요한 이슈로 등장하게 되었다.

예를 들어, 기업에서 사용하고 있는 쇼핑몰 사이트가 노후화되고 사용하기가 어려워지면, 개발 부서에서 직접 사이트 재구축을 하거나 외부업체에 의뢰(아웃소싱)하여 사이트를 구축하고 있다. 그러나 최근에 사이트를 구축하는 방법 이외에도 쇼핑몰 플랫폼을 구입해서 사용하거나 임대해서 사용하는 등 다양한 방법이 존재한다.

이러한 상황의 변화로 인해 기업들은 사이트 도입과 관리에 있어서 기업에 주어진 환경에 따라서 내부에서 개발할 것인지 혹은 플랫폼을 구매/임대해서 사용할 것인지 등을 결정해야만 한다.

다음 [그림 11-1]에서 보는 바와 같이 4가지로 분류할 수가 있다. 어떠한 방법을 적용할 것인가를 결정하는 과정은 [그림 11-1]과 같은

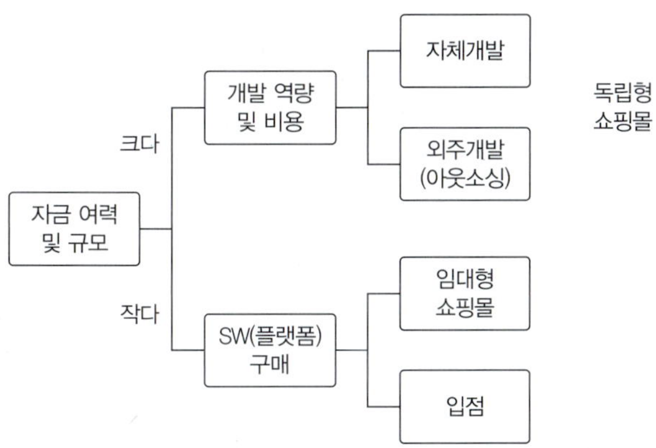

[그림 11-1] 쇼핑몰 도입 유형과 선택 전략

의사결정모형을 통해서 가능하다.

사이트를 개발하고자 할 때는 다양한 개발 방법 중에서 어떠한 방법을 선택할 것인가는 운영자의 자금 여력 및 규모, 개발 및 역량 비용 등과 같은 요소에 의해 결정된다.

어떠한 방법을 적용할 것인가를 결정하는 과정은 [그림 11-1]에서 보는 바와 같다. 가장 먼저 생각할 점은 쇼핑몰 운영자의 자금 여력 및 규모이다. 운영자의 자금 여력 및 규모가 큰지 작은지에 따라 사용하는 방법이 다르다.

먼저, 운영자의 자금 여력 및 규모가 클 경우에는 개발 역량과 비용을 파악해야 한다. 만약 기업이 충분한 개발 역량을 보유하고 있으나 개발 비용이 낮은 경우에는 자체 개발을 하는 것이 좋다. 그러나 개발 역량을 보유했으나 개발 비용이 많이 드는 경우에는 외주 개발 즉, 아웃소싱을 하는 것이 좋다. 또한, 개발 비용이 낮아도 개발 역량을 보유하지 못한 경우에는 외주 개발을 하는 것이 좋다.

운영자의 자금 여력 및 규모가 작으면, SW(플랫폼)를 구매하는 것이 좋으며, 임대형 쇼핑몰 구매(활용)와 오픈마켓이나 전문몰에 입점하는 것이 일반적이다.

독립형
임대형

일반적으로 쇼핑몰은 **독립형**과 **임대형** 쇼핑몰로 분류되며, 독립형은 자체 개발과 아웃소싱을 통한 개발이 있으며, 임대형은 쇼핑몰 임대와 오픈마켓, 전문몰 입점이 있다.

1.1 자체 개발

사이트를 자체적으로 개발하는 경우, 시스템 분석, 설계, 개발, 유지 및 보수라는 단계적인 추진 과정을 통해 시스템을 개발하기 때문에 개발 내용의 완전성과 프로젝트 관리의 체계적인 통제가 가능하다. 또한, 전략적 사이트가 조직 외부로 유출되지 않으며, 프로세스가 친숙하고 친근감이 있다. 또한, 기업이 강한 쇼핑몰 사이트 경쟁력을 갖게 된다는 장점이 있다. 그러나 시간이 많이 소요되고 비용이나 인력 면에서도 위험 부담이 크다. 또한, 급변하는 환경에 신속한 대응이 어렵다는 단점을 가지고 있다. 물론 기업이 충분한 자금을 보유하고 인력이 있다면 자체 개발을 하는 것이 기업에는 더 유리할 것이다.

1.2 외주(아웃소싱)

아웃소싱이란 한마디로 주문이나 계약에 의해 자사의 쇼핑몰 사이트 기능을 전문 기업(Vendor)에 의뢰하는 것을 말한다. 기업은 이러한 아웃소싱을 통해 충분한 기술력을 얻고 동시에 경영자원의 여유분을 기업 본업에 집중함으로써 경영의 효율성을 얻고자 한다.

아웃소싱

이는 1989년 미국의 Eastman Kodak이 자사의 정보처리 업무를 IBM, DEC 등에 부분별로 위탁하면서 시작되었으며, 아웃소싱은 크게 정보시스템의 전부를 위탁하는 형태와 일부분만을 위탁하는 형태로 구분한다(노규성 외, 2019).

1.3 임대형 쇼핑몰 구매(활용)

임대형 쇼핑몰이 독립형 쇼핑몰과 다른 점은 초기 및 유지비용을 절감할 수 있다는 장점이다. 초기 창업비용이 상대적으로 저렴하며, 추가적인 개발 비용이 필요가 없어 쇼핑몰의 운영 및 유지보수 비용이 독립형 쇼핑몰에 비해 경제적이라는 장점이 있다.

〈표 11-1〉 독립형 쇼핑몰과 임대형 쇼핑몰 비교

	독립형	임대형
특징	- 웹 호스팅이나 자체 웹 서버를 구축하여 원하는 쇼핑몰 프로그램을 설치하는 방식으로 운영되는 쇼핑몰	- 쇼핑몰 로직이 기본적으로 구현되어 있는 쇼핑몰(카페24, 고도몰, 메이크샵, 가비아 등)
장점	- 쇼핑몰 프로그램 소스에 접근과 개발이 자유로움 - 기술적으로 허용되는 범위 안에서 원하는 대로 설정하거나 기능 변경 가능함	- 초기 창업비용이 저렴함 - 운영 및 유지보수 비용이 독립형 쇼핑몰에 비해 매우 경제적임 - 기본적인 기능이 독립형 쇼핑몰보다 빠르고 안정적으로 작동함
단점	- 원하는 대로 개발 가능하지만, 초보자가 직접 개발하기가 어렵기 때문에 전문적인 개발자에게 의뢰해야 함 - 쇼핑몰 구축뿐만 아니라 기능상의 업그레이드, 유지보수, 운영에도 지속적인 비용 필요함	- 쇼핑몰 디자인을 구성하는 소스 이외의 내부 프로그래밍 소스에 대한 접근이 어려움 - 자체적인 제공 기능이 아닌 특별한 기능을 원할 경우 추가적인 구현에 제약이 있음

*자료원: 카페 24(cafe24.com)의 내용을 일부 수정 및 보완

1.4 오픈마켓과 전문몰 입점

자금 여력이나 경험이 부족한 쇼핑몰 창업자들은 G마켓, 옥션, 11번가, 인터파크, 네이버 스토어 등의 오픈마켓, 쿠팡, 티몬 등의 소셜커머스 등에 입점하는 것이 일반적이다.

오픈마켓의 경우는 다수의 개인 판매자와 소비자가 이용하고 있으며, 이미 쇼핑몰 시장에서 인지도를 가지고 있는 경우가 대부분이다. 소셜커머스는 SNS를 이용하여 이루어지는 전자상거래로 출발하였지만, 현재는 오픈마켓이나 온라인 종합 쇼핑몰과 유사하게 운영되고 있다.

1.4.1 장점

- 누구나 입점이 가능하다.
- 비용이 들지 않거나 적은 비용이 소요된다.
- 인지도가 있기 때문에 별도의 홍보 및 홍보비가 불필요하다.

1.4.2 단점

- 대금 정산 및 지급이 길다.
- 마진율이 낮다.
- 수수료가 높은 편이다.

2. 쇼핑몰 구축 방법과 절차

쇼핑몰 사이트뿐만 아니라 웹 사이트를 개발하는 일반적인 절차는 프로젝트 수행의 형태, 즉 자체 개발 혹은 용역 개발 등의 방법에 따라 달라질 수 있다. 또한, 사이트의 성격(메타커머스, 소셜커머스, B2B 혹은 B2C 상거래 사이트, 경매 사이트 등)에 따라 약간씩의 차이는 있을 수 있으나 일반적으로 비슷한 절차를 통해 개발이 진행된다. 이 책에서는 전자상거래 사이트를 외주로 개발할 경우의 절차를 기준으로 설명하고 있으며, 웹 에이전시(web agency, 웹 사이트 외주 개발 전문회사) 관점에서 개발 절차를 설명하고자 한다. [그림 11-2]에 제시된 개발 절차는 웹 사이트 개발을 위한 실무에서 빈번하게 사용되는 절차이다.

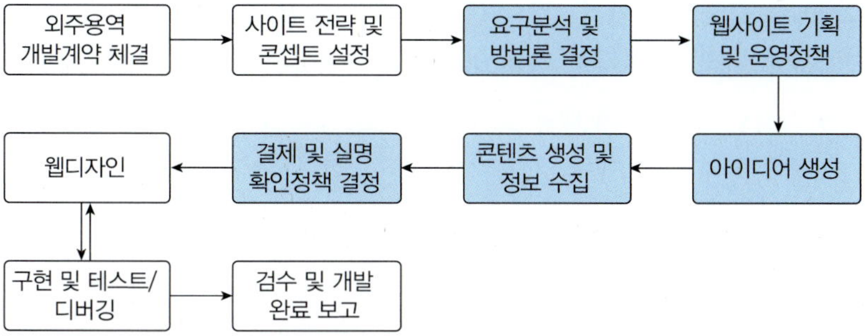

[그림 11-2] 웹 사이트 개발 절차

2.1 개발요청서와 개발계약 체결

웹 사이트를 외주용역 개발 방식으로 진행할 경우는 **제안요청서(RFP: Request For Proposal)**를 외주 개발 대행업체로 발송한다. 외주 개발에 참여를 희망하는 업체는 제안서를 접수하게 되고, **클라이언트(Client**, 웹 사이트 개발 의뢰 회사)는 제안서 평가를 통하여 개발업체를 선정하게 된다. 선정된 업체와의 개발 계약을 체결함과 동시에 프로젝트는 시작된다.

제안요청서(RFP: Request For Proposal)

클라이언트(Client)

2.1.1 제안요청서

클라이언트가 개발사에 제공하는 것으로 클라이언트가 희망하는 개략적인 요구사항을 개발용역을 수행하는 기업 혹은 조직에 전달한다. 이 서류는 개발사가 제안서를 작성하는 데 필요한 사항들로 요구사항에 대한 상세한 내용일수록 제안서의 내용에 정확하게 반영될 수 있다. RFP 작성을 소홀히 하여 제안 혹은 개발 과정에서 개발사와의 마찰의 불씨가 되는 경우도 있다.

2.1.2 제안서(proposal)

RFP를 참고로 하여 프로젝트에 대한 **제안서**를 작성하는데 프로젝트 제안서의 주요 내용으로는 개발개요, 개발범위 및 내용, 인력투입계획, 일정계획, 사이트의 방향성 및 주요 콘셉트(concept), 개발과정, 예산소요계획, 교육훈련 등의 내용으로 구성된다.

제안서(proposal)

2.1.3 개발사 선정 및 개발계약서 작성

제안서를 접수한 클라이언트는 제출된 제안서의 평가 및 검토 작업을 실시한 후에 어떤 업체에 프로젝트를 맡길 것인가에 관한 의사결정을 한다. 다음 단계로 개발계약을 체결하게 되며, 계약서의 주요 내용으로는 계약금액, 지불조건, 개발범위, 하자보수, 납기관련 조항 등의 내용으로 구성되며, 첨부로 개발범위, 인력 투입계획, 예산소요 계획 등에 대한 상세 문서들을 첨부할 수도 있다.

2.2 사이트 전략 및 콘셉트 설정

전체 개발 프로세스 중에서 사이트 콘셉트 및 전략설정 단계가 매우 중요한데 그 이유는 이 단계에서는 사이트의 전략, 사이트 콘셉트 설정, 사이트가 추구하는 목표, 마케팅, 이벤트 및 홍보 전략, 그리고 운영 전략 등 전략적 관점의 명확한 정의가 필요한 단계이기 때문이다. 이 단계에서 결정해야 할 사항을 좀 더 자세하게 살펴보면 다음과 같다.

2.2.1 사이트 콘셉트(site concept)

웹 사이트를 통하여 사용자 혹은 방문자들에게 전달하고자 하는 내용을 말하는 것으로 웹 사이트의 목표 고객이 어떤 사람들인지, 어떤 내용을 어떤 구조로 제공하고 있는지, 사이트의 이미지는 어떤 것인지 등에 대하여 명확하게 전달하기 위한 개념이다. 콘셉트를 전달하는 요소로는 사이트의 구조와 전략, 콘텐츠의 종류, 내비게이션 방식 그리고 그래픽 디자인 이미지 등이다.

2.2.2 사이트 목표(site goals)

많은 수의 웹 사이트들이 존재하고 있으나 정작 고객들에게 진정한 가치를 전하는 사이트는 그리 많지가 않다. 잡다한 정보들을 제공함으로써 사이트 전체적으로 풍부한 콘텐츠를 보유하고 있는 것처럼 여겨질지라도 정작 대상 고객에게 필요한 정보는 10% 내외의 수준이라면 사이트의 존재 가치는 낮다고 볼 수밖에 없다. 광범위한 영역에 해당하는 정보를 갖추기 위해 힘과 노력을 낭비하는 것을 방지하기 위해서는 사이트의 존재 목표를 명확하게 하고 누구에게 서비스를 제공할 것인가에 대한 명확한 정의가 전제되어야 한다. 핵심이 되는 부분에 자원과 노력을 집중해야 한다는 의미이다.

2.2.3 마케팅 및 홍보전략

전자상거래 사이트의 경우 전자적 환경에서 구매행위가 발생하는 특징이 있기 때문에 가격, 품질, 그리고 이에 따른 신뢰가 무엇보다 중요하다. 제품의 가격전략, 품질에 대한 인식을 높여주기 위한 방법, 지속적인 대 고객 신뢰 형성을 위한 방안 등에 대한 전략적 접근이 반드시 고려되어야 한다. 또한, 마일리지 제공, 할인 프로그램, 이벤트 계획 등에 대해서도 개발 초기 단계에 고려해야 한다.

2.2.4 사이트 운영전략

운영단계에서는 고객지원, 개인정보보호정책, 운영에 관한 내부 규정 및 기준 등에 대한 사항이 사전에 고려되어야 한다. 불량 회원들에 대한 처리 규정은 어떻게 할 것인지, 물품의 반납 및 환불정책, 배송 서비스는 어떻게 할 것인지, 코너별 입점 업체 관리기준은 어떻게 할 것인지 등을 고려하여야 한다.

2.3 사이트 기획

사이트의 콘셉트와 전략설정 단계 이후 사이트를 구체적으로 기획하고, 관련 요구사항들을 분석하고, 정보를 수집하며, 메인 페이지 디자인 및 레이아웃에 대한 시안(원형 제작, **prototyping**)을 제작한다. 이 과정에서 명확하게 정의된 요구사항은 프로젝트의 실패 가능성을 최소화하며, 클라이언트의 요구를 충족시켜 준다는 점에서 고객만족도를 높일 수 있다. 이 단계에서 이루어지는 세부 업무들은 다음과 같은 요소들이다.

prototyping

2.3.1 사이트 기획(planning)

개발계약이 체결되면 요구분석 및 정보를 수집하는 과정을 거치게 된다. 사이트 기획의 초기 작업으로는 의뢰하는 기업의 담당 실무자들과의 의사소통이 매우 중요하다. 이 단계는 프로젝트를 추진하는 기업과 의뢰한 기업 간에 마찰이 생길 소지가 많은 과정이라고 할 수 있다. 왜냐하면 요구사항에 대한 정의가 명확하지 않은 상황에서 의뢰하는 쪽의 요구사항이 과다할 수도 있으며, 기술적으로 개발의 난이도가 높아져서 제안 시의 계약금액이나 일정을 초과하는 경우도 발생하기 때문이다. 따라서 계약 시에 계약금액을 명확하게 확정하고 계약한 경우에도 예외조항을 두거나 여러 차례의 타협 과정을 거치면서 적정 수준에서 계약금액을 조정하는 것이 좋다.

2.3.2 시안 제작

웹 페이지는 무형의 제품이라고 할 수 있기 때문에 프로젝트 완료 단계에서 클라이언트와 프로젝트 수행조직과 의견 차이가 생길 경우 심각한 문제가 발생할 우려가 있다. 따라서 이러한 문제점을 해소하기 위해서는 사전에 시안 제작을 통하여 문제 발생의 소지를 차단하는 것이 현명하다. 따라서 사이트 기획단계에 메인 화면의 디자인과 메뉴구조, 개략적인 사이트 맵 등에 대하여 시안을 제작하여 상호 논의하는 과정을 거쳐야 한다. 특히, 디자인 부분에서는 사람마다 주관적인 시각차가 많기 때문에 개발 초기에 의견 조율이 매우 중요하다.

2.3.3 웹 내비게이션 보드 작성(web navigation board)

데이터 플로우차트(data flowchart)

웹 내비게이션 보드란 스토리보드와 비슷한 개념인데 웹 사이트 디자인 및 개발을 위한 사전작업으로 전체 사이트에 대한 가상 내비게이션 체계와 페이지별 레이아웃, 사이트 구성요소, 사이트 맵, **데이터 플로우차트(data flowchart)** 등을 포함하는 기획서를 말한다. 일반적으로 프레젠테이션 소프트웨어를 사용하여 작성하는 경우가 많으며, 작성된 보드를 가지고 클라이언트와의 여러 차례에 걸친 협의 과정을 통해 확정하게 된다. 보다 자세한 사항에 대해서는 다음 절에서 살펴보도록 하자.

2.3.4 타 사이트 벤치마킹(benchmarking)

벤치마킹

웹 기획을 담당하는 기획자들은 클라이언트들의 요구사항과 자신의 아이디어를 동원하여 전체적인 사이트의 윤곽을 설계하는 역할을 담당한다. 그 과정에서 창조적 아이디어 창출을 위해서 우수한 사이트를 **벤치마킹**하거나 분석하는 것이 필요하다. 아무리 아이디어가 풍부한 기획자라 하더라도 아이디어를 짜내는 것에는 한계가 있기 마련이다. 따라서 웹 기획자들은 앞서가는 사이트나 최신의 기술을 활용하여 제작된 홈페이지들을 벤치마킹할 필요가 있다. 한 가지 유념해야 할 사항은 벤치마킹이 복사를 의미하는 것은 아니며, 모방을 의미하는 것은 더더욱 아님을 명심하고 단지 새로운 아이디어에 대한 힌트를 얻는 목적으로 활용해야 할 것이다.

2.3.5 기타 기획 활동

그 밖에도 기획 단계에서 이루어지는 일로는 사용자 인터페이스 디자인, 구현 방식 선정, 웹 사이트 운영을 위한 관리자 툴 페이지 기획, 개발자 및 디자인 작업을 위한 환경 조성 그리고 프로젝트 팀 구성 및 관리 등에 대하여 관련 부서와 긴밀한 논의 등이다.

2.4 사이트 구현 및 테스트

사이트 구현의 과정은 크게 디자인 단계와 구현 및 테스트 단계로 나눌 수 있다. 순서상으로 보면 페이지 디자인이 어느 정도 진행되면 프로그램 작업에 들어가는데 반드시 순차적으로 접근할 필요는 없다. 왜냐하면 회원가입, 상품 주문 시 배달지 등과 같이 입력 양식이 필요한 페이지를 위한 데이터베이스를 설계하거나 게시판 등과 관련된 프로그램 작업을 병렬로 진행할 수도 있다. 또한, 전자상거래 사이트의 경우 결제와 관련된 모듈 부분에서 지불대행사(payment gateway service)의 인증시스템과 웹 사이트의 연결과 관련한 각종 기술적 문제 등에 대한 개발도 있다. 또한, 각종 마일리지 정책과 관련된 프로그래밍, 고객관계 마케팅 등을 위한 모듈 개발 등의 개발 과정이 동시에 진행될 수 있다.

2.4.1 웹 페이지 디자인

그래픽 디자인은 웹 사이트의 전체적인 분위기를 좌우하고, 효과적으로 사이트 콘셉트를 전달하기 위한 매우 좋은 수단이다. 또한, 각종 메뉴의 구조나 위치, 표현 방식 등에 따라 사용자 편이성이 좌우되기도 하기 때문에 매우 중요한 작업 과정이다. 메뉴 바의 디자인, 배경화면의 분위기, 버튼의 모양 등을 통하여 방문자 혹은 사용자들의 감성적 만족감을 채워줄 수도 있다. 플래시 이미지를 이용하여 동적이고 재미있는 디자인을 제공함으로써 지루함을 달래주기도 한다. 따라서 웹 페이지 상에서 표현의 범위나 상상의 한계는 무한하다고 볼 수 있으나, 과도한 그래픽 이미지들을 사용하여 사이트의 전체적인 성능을 떨어뜨리고 사용자들의 주위를 산만하게 함으로써 오히려 역효과를 주는 경우도 있기 때문에 균형을 유지하는 것이 중요하다.

2.4.2 구현

ASP(Active Server Pages)
PHP(Hypertext Preprocessor)
SSL(Server Side Language)

ASP(Active Server Pages)나 **PHP(Hypertext Preprocessor)** 등의 서버사이드 언어(**SSL: Server Side Language**)나 스크립트 언어를 이용하여 프로그래밍 작업이 진행되는데 프로그래밍 과정은 소스 코드를 만들어 내는 작업이다. 프로그래밍은 디자인된 페이지 혹은 설계된 데이터베이스에 저장된 데이터들을 처리하는 역할, 페이지 상에 표현하고자 하는 내용을 HTML 형식으로 표현하는 역할, 그밖에도 웹 사이트에 필요한 다양한 기능들을 하드웨어 환경을 고려하여 소프트웨어로 구현하는 과정이다.

2.4.3 테스트 및 디버깅

디버깅(debugging)

웹 페이지가 디자인되고 프로그래밍이 완료되면 기획담당자, 클라이언트, 기타 관련자들에 의해 테스트가 진행된다. 초기 기획된 기능들이 정상적으로 구현되어 있는지, 정상적으로 구현된 기능들이 의도된 대로 작동하고 있는지, 확정된 내비게이션 보드상에 명시된 작업들은 빠짐없이 개발되어 있는지, 전자상거래 기능에서 정상적으로 결제 과정이 진행되는지, 관리자 툴의 기능은 정상적으로 작동하는지, 페이지 내용에 오탈자는 없는지 등에 대한 세밀한 테스트 과정을 거치게 된다. 개발을 담당하는 팀에서는 검수를 위한 목록을 작성하여 제시할 수도 있으며, 테스트 참가자들은 테스트리포트를 작성하여 수정 보완 작업인 **디버깅(debugging)** 단계를 거치게 된다.

2.4.4 검수 및 개발 완료 보고

검수 및 디버깅 과정을 거치고 검수가 완료된 사이트는 일반에 공개(launching)되며, 본격적인 운영에 들어가게 된다. 프로젝트를 완료하기 위해서는 그간 진행된 작업에 대해 문서정리 작업을 하게 된다. 가장 바람직한 방법은 개발 도중에 개발일지를 작성하여 개발된 내용을 정리하는 것이 좋다. 그러나 많은 수의 개발자들의 경우 문서작업은 프로젝트 완료 단계에서 진행하는 경우가 있는데 바람직한 방법은 아니라고 생각한다. 반드시 프로젝트 진행 과정에서 문서작업을 병행해 나가야 하며, 문서화된 내용은 회사의 중요한 지적재산으로서의 가치를 지니게 되며, 이후 웹 사이트를 유지보수하거나 업그레이드 작업을 하고자 할 경우에 매우 중요한 기술 문서로서의 역할을 하게 될 것이다. 대개 개발 완료 보고서에 관련 문서를 첨부하여 3부를 작성하고, 1부는 개발사에서, 2부는 클라이언트가 보관하는 경우가 일반적이다. 문서 보고서뿐만 아니라 소스 코드를 백업(backup)한 CD 원본도 동봉하여 보관하는 것이 안전한 방법일 것이다.

2.5 임대형 쇼핑몰

쇼핑몰을 만들 때 가장 먼저 고민을 해야 하는 것이 쇼핑몰 구축이다. 앞서 살펴본 내용은 쇼핑몰을 구축하기 위해서 외주(아웃소싱)를 주는 형태이고, 이 절에서는 최근 들어 많이 사용하는 솔루션을 통한 구축(임대형 쇼핑몰)에 대해 살펴보고자 한다.

현재 국내에서 가장 많이 사용하고 있는 솔루션으로는 카페24, 가비아, 메이크샵, NHN 고도, 워드프레스 등이 있다.

2.5.1 카페 24

대표적인 쇼핑몰 솔루션으로 많은 이용자들이 이용하고 있으며, 바가지머리, 멋남 등이 대표적인 쇼핑몰이다. 카페24의 가장 큰 장점으로는 PG사 등록비, 도메인 등록비, 카드 결제 수수료를 제외한 모든 서비스가 무료라는 점이다. 또한, 서버를 무료로 호스팅할 수 있고 모바일 쇼핑몰도 무료로 만들 수 있고 교육도 받을 수 있다는 장점이 있다. 그러나 기본적으로 html에 대한 지식이 있어야 하기 때문에 초보자들이 관리하기에는 어려움이 따른다.

[그림 11-3] 카페24 메인 화면

2.5.2 가비아 퍼스트몰

가비아는 서버 임대 서비스로 시작하였으며, 전자상거래에 필요한 모든 시스템이 탑재되어 있고 모두 무료로 사용이 가능하다. 또한, 운영자의 편의성을 위해 주문 배송 관리와 사용 매뉴얼도 제공하고 있으며, 다양한 창업 교육도 지원한다는 장점이 있다. 또한, 최근에는 쇼핑몰을 개설하기 전에 퍼스트몰이 제공하는 쇼핑몰 등을 체험할 수가 있다.

[그림 11-4] 가비아 퍼스트몰 메인 화면

2.5.3 메이크샵

메이크샵은 임대형 쇼핑몰 사용자를 가장 많이 보유한 업체로 김준희, 백보람, 황혜영 등 많은 연예인의 쇼핑몰이 운영되고 있다. 다른 업체에 비해 디자인적인 부분이 세련되고 초보자도 손쉽게 사용할 수 있는 구조의 쇼핑몰 호스팅 업체이며, 온라인/오프라인으로 무료 교육도 진행하고 있어 창업 초보자들에게 적합하고, 추후 쇼핑몰 디자인을 수정할 수 있다는 장점이 있다. 반면 무료 쇼핑몰이지만, 매월 일정액의 서비스 이용료를 지불해야 한다. 그리고 임대형 솔루션만 있기 때문에 카페 24와 같이 자유로운 기능 추가를 하려면 독립형 쇼핑몰로 이전해야 한다는 단점이 있다.

[그림 11-5] 메이크샵 메인 화면

2.5.4 NHN 커머스

NHN 커머스는 카페 24, 메이크샵에 비해 인지도가 낮은 편이다. 그러나 쇼핑몰의 솔루션이 다양하고, 무료형, 초기 창업형, 중대형 몰형, 단독 서버형으로 구성되어 있어 소비자(운영자)가 원하는 대로 쇼핑몰을 만들 수 있다는 장점이 있다. 솔루션 비용이 상대적으로 저렴하기 때문에 처음 창업하는 경우에 유용하게 사용할 수 있다는 장점이 있다.

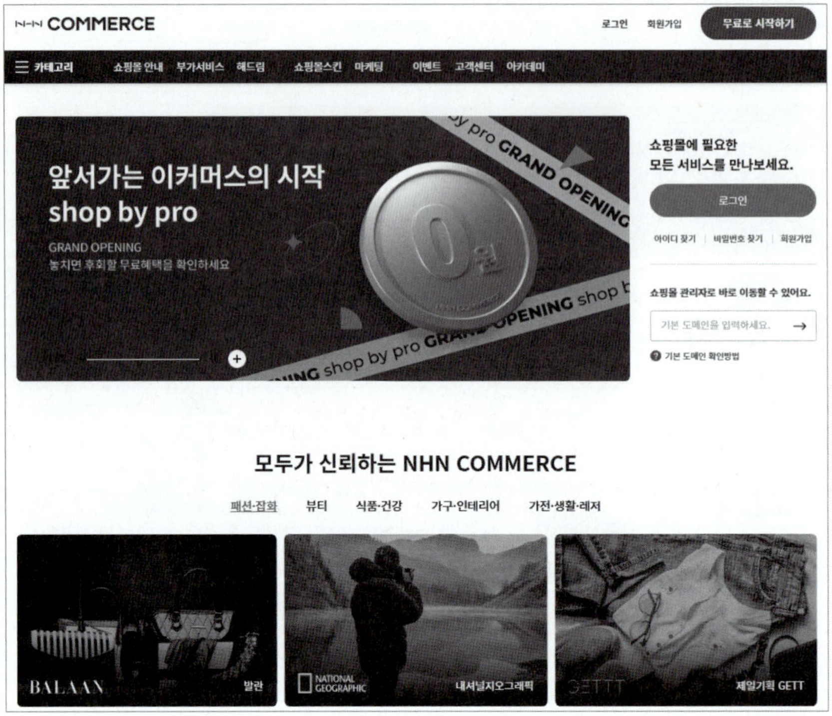

[그림 11-6] NHN 커머스 메인 화면

2.5.5 워드프레스

국내에서는 아직 잘 알려져 있지 않지만, 해외에서는 woocommerce, jigoshop 등 다양한 쇼핑몰을 워드프레스로 구축하고 있다. 워드프레스 쇼핑몰은 세계 최고 CMS(Contents Management System)인 워드프레스의 기능을 그대로 사용할 수 있고, 기초적인 지식이 있으면 레이아웃이나 페이지 구성 등을 쉽게 변경할 수 있다. 또한, 반응형 레이아웃 기반으로 별도의 모바일 페이지나 앱의 구축이 불필요하고 해외 전용 쇼핑몰 구축에 용이하다는 장점이 있다. 그러나 다른 솔루션에 비해 고객관리, 마케팅, 상품관리 등 기본적으로 기능이 다양하지 못하고, PG사가 한정적이며, 쇼핑몰의 유지 보수를 위해서 기본적인 지식이 필요하다는 단점이 있다.

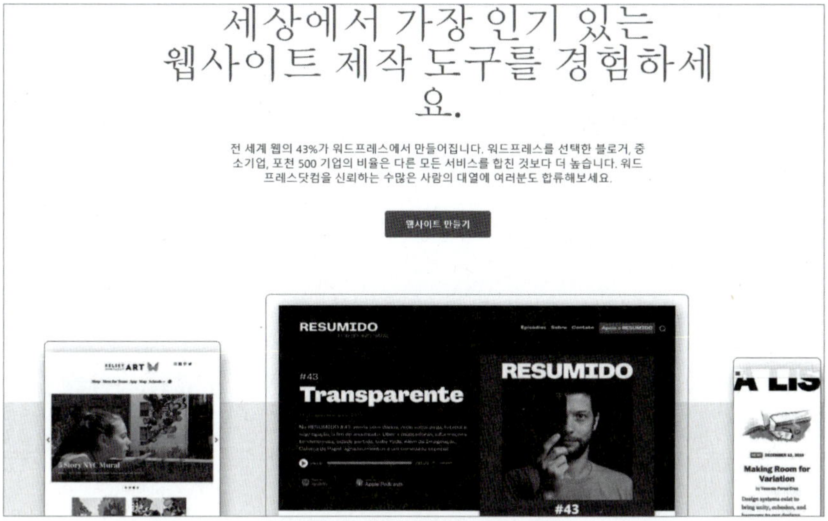

[그림 11-7] 워드프레스 메인 화면

2.5.6 임대형 쇼핑몰 프로세스

창업 준비단계(아이템 선정, 시장조사, 사업계획서 작성, 도메인 등록, 각종 행정적인 신고 등)가 되어 있다는 가정하에 쇼핑몰 구축 절차에 대해서 소개하고자 한다.

쇼핑몰을 구축하기 전에 먼저 회원가입을 해야 한다. 쇼핑몰은 구축단계와 운영단계로 나뉜다. 먼저 구축단계에서는 솔루션 선택(임대형/독립형), 쇼핑몰 디자인, 상품 촬영/등록, 운영정책 결정, 결제서비스 준비를 차례대로 거치게 된다. 운영단계에서는 상품배송, 도매몰, 검색엔진 등록, 광고/마케팅 단계를 차례대로 거친다.

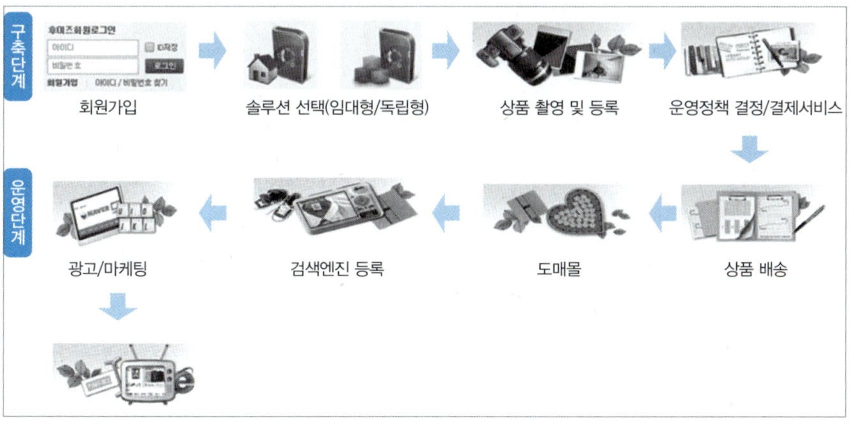

[그림 11-8] 임대형 쇼핑몰 프로세스(oldmall.whois.co.kr 참조하여 재구성)

2.6 메타버스 기반 쇼핑몰 구축 사례

스태티스타(Statista)에 따르면, 2020년 SNS를 통한 글로벌 전자상거래 매출은 894억 달러였으며, 2027년에 6,045억 달러까지 증가할 것으로 전망하고 있다. 이에 SNS 기반의 글로벌 기업들의 가상공간이라는 플랫폼을 활용한 전자상거래 시장의 경쟁이 더욱 치열할 것으로 예상되며, 메타버스를 활용한 다양한 서비스가 전개될 것으로 예상된다.[1]

국내에서는 KT커머스와 블록랩스가 현실 공간을 가상 환경과 똑같이 재현할 수 있는 '디지털 트윈' 방식의 메타버스 전자상거래 플랫폼을 구현할 계획을 발표하였다. 대형 빌딩, 쇼핑센터 등을 가상공간에 구현하고, 다른 가상 매장들과 연결할 예정이다. 향후 공연, 교육, 전시 등 콘텐츠도 추가할 예정이다.[2]

배스킨라빈스는 아시아 최대 메타버스 플랫폼인 제페토 내의 단독 공식 맵인 '배

[그림 11-9] 배스킨라빈스의 '리코의 치팅데이'

1) https://magazine.hankyung.com/money/article/202111158956c

2) https://www.hankyung.com/it/article/2021122897821

라 팩토리'에서 '메타버스 라이브 커머스' 방송을 진행하였다. 배스킨라빈스는 네이버 쇼핑라이브 '리코의 치팅데이'를 통해서 공개한 방송에서는 '배라 팩토리'의 가상 캐릭터와 실제 라이브 스타 리코, 서경환이 함께 배스킨라빈스의 제품을 소개하고, 전국 매장에서 사용이 가능한 모바일 교환권을 판매하였다. 메타버스에서 브랜드 경험을 한 후 실제 상품 구매까지 이어지게 한 것은 네이버 쇼핑라이브가 최초의 사례다.

'리코의 치팅데이'를 주제로 리코가 배스킨라빈스 아르바이트생으로 등장하였으며, 리코의 첫 출근도 연출하였다. '배라 팩토리'의 인기 콘텐츠 '케이크 만들기 미션'을 활용하여 재미 요소를 더했으며, 제페토 플랫폼 내에서 만든 아이스크림 케이크 2종과 동일한 실제 제품을 라이브에서 시식 및 설명을 하고 가상과 현실을 넘나드는 디지털 커머스 경험을 가능케 한 것이 특징이다(스포츠경향 22.02.28 기사). 이번 배스킨라빈스 라이브의 누적 접속자는 59만 명이며, 2.1억 원의 매출액을 달성하였다.

3. 성공적인 웹 사이트 설계 전략

3.1 성공적 사이트의 조건

일반적으로 성공적인 웹 사이트 설계 전략은 다음과 같다.

3.1.1 기획개발 관점

기획개발 관점에서 웹 사이트 구축 시 고려해야 할 사항으로는 첫 번째로 변화 발전하는 사이트의 미래를 예측하여 기획되어야 한다. 즉, 웹 사이트가 개발되어 서비스가 시작되는 시점에서는 가입 회원 혹은 방문자의 수가 적을 수밖에 없다. 그러나 웹 사이트가 운영되는 과정에서 서비스의 품질에 따라 방문자의 수가 급격하게 늘어날 수 있다. 이러한 경우에 개발 초기부터 데이터베이스의 설계 혹은 전체적인 시스템의 규모 등에 대하여 고려하지 않을 경우 시스템 불안정에 의해 서비스 품질이 떨어질 수도 있다. 또한, 웹 기술은 매우 빠른 속도로 발전하고 있기 때문에 향후 기술 발전의 흐름을 고려하여 웹 사이트를 개발해야 한다는 것이다.

예를 들면, SNS, 5G, 빅데이터, 인공지능, AR/VR, 사물인터넷, 메타버스 등 다양한 기술이 존재할 경우에는 이러한 최신 기술과 기법들을 고려한 웹 사이트 개발을 반드시 고려해야만 한다. 특히, 과거의 기술에만 집착하거나 새로운 기술에 집착하는 것보다는 안정성과 미래를 예측한 기획이 우선시 되어야 한다. 또 다른 예로는 웹 사이트 구조의 설계 시에 메뉴 등이 향후 추가될 가능성을 고려하여 메뉴 구조를 설계하여야 한다.

두 번째 고려사항은 웹 사이트의 설계는 건축물 하나하나를 설계하는 것이라기보다는 도시를 설계하는 것으로 비유할 수 있다. 새로운 도시를 조성할 경우 가장 먼저 진행하는 것이 도시의 주요 기능과 신도시가 추구하는 목적들이 결정되고, 이어서 도로와 상하수도 시설, 전기 선로 및 배관 시설 등의 기반시설이 먼저 구축된 이후 그 위에 건축물이나 기타 시설물이 설립된다. 즉 웹 사이트는 전체 사이트의 주요 기능과 콘셉트를 명확하게 하고, 이들 콘셉트에 부합하는 메뉴 구조, 이벤트 등의 프로모션을 위한 배치, 각종 마케팅 활동에 필요한 데이터베이스의 설계 등의 종합적 설계가 필요한 것이다.

세 번째 고려사항은 많은 사이트에서 공통적으로 나타나는 문제점 중의 하나인데 자사의 비즈니스 전략이 녹아들어 있지 않다는 것이다. 전자상거래 사이트의 경우 비즈니스 범위, 가격전략, 프로모션 전략, 고객서비스 전략, 유통전략 등이 표현되어 있어야 한다.

ASP(Active Server Page)
JSP(Java Server Page)

네 번째 고려사항은 구현에 사용될 기술들에 대한 충분한 이해가 뒷받침되어야 한다는 것이다. 즉, 서버의 운영체제를 유닉스 환경으로 할 것인지, 윈도 환경으로 할 것인지, 리눅스 환경으로 할 것인지, 프로그래밍(스크립트) 언어는 **ASP(Active Server Page)**로 할 것인지, PHP로 할 것인지, **JSP(Java Server Page)**를 사용할 것인지 등에 대하여 사전에 결정하여야 한다. 만약 서버의 운영체제를 리눅스 등의 유닉스 계열을 사용할 경우는 PHP 스크립트 언어를 사용하여야 하고, 윈도를 사용할 경우는 ASP 등의 언어를 사용하여야 한다.

다섯 번째 고려사항은 기획 단계부터 구현, 테스트 단계에 이르는 전체 과정상에서 관련 프로젝트 구성원들 간의 긴밀한 커뮤니케이션이 활발하게 이루어져야 한다는 것이다. 초기 기획 단계에서는 사이트 구축에 아이디어들을 관련 팀이나 부서와 충분한 토의가 필요하며, 외주 개발을 하는 경우에는 클라이언트와의 사전 논의가 충분하게 이루어져야 한다는 것이다. 또한, 개발과 디자인 단계에서는 디자이너와 프로그래머 간의 의사소통, 테스트 단계에서 클라이언트, 개발자, 디자이너, 기획자 등의 프로젝트 참여자들과 원활한 의사소통이 필요하다. 웹 사이트 구축 프로젝트의 상당수가 의사소통 과정의 미흡으로 인하여 개발 일정이 지연되거나 개발 후 보완이 필요한 사이트가 많아 오히려 전체적인 비용이 증가하는 오류를 범하고 있다.

3.1.2 디자인 관점

성공적인 웹 사이트를 구축하기 위해서는 웹 페이지 디자인의 역할이 매우 중요하다. 지나치게 화려하거나 번잡하게 디자인된 웹 페이지보다는 시각적으로 일목요연하게 정리되어 있어서 전체 사이트의 구성이 일관성을 가지는 방향으로 디자인하는 것이 무엇보다 중요하다. 성공적인 웹 사이트 디자인의 특징을 요약하면 아래와 같다.

(1) 쉬운 내비게이션(easy-to-navigate)

웹 페이지의 메뉴를 아름다운 아이콘으로 디자인하는 것에 치중하다 보면 자칫 사용의 편이성을 떨어뜨리는 결과를 초래할 수도 있다. 또한, 메뉴 구조나 메뉴명을 통하여 전체 사이트의 성격을 파악하거나 다음 페이지의 내용을 쉽게 예측할 수 있도록 설계하여야 한다. 이처럼 성공적인 웹 사이트는 쉬운 **내비게이션** 구조를 가지도록 디자인되어야 한다.

내비게이션

(2) 매력성(attractiveness)

충분히 매력적인 웹 사이트란 사이트를 찾은 방문자에게 유용한 정보를 제공하거나, 방문자에게 무엇인가 소중한 가치를 제공하는 사이트를 의미한다. 윈도 쇼핑과 같은 시각적 볼거리, 가격 비교 정보 제공 등의 실용적 정보 제공, 경제적 여행을 위한 저렴한 예약서비스 제공 등의 가치를 제공할 수 있도록 디자인된 매력 있는 사이트는 결과적으로 재방문율을 높여서 성공적인 웹 사이트가 될 수 있다.

매력성(attractiveness)

(3) 유용성(usability)

웹 사이트의 **유용성**이라 함은 방문자 즉 사이트를 사용하거나 방문하는 사람들의 방문 목적을 지원하는 사이트가 되어야 한다는 것이다. 우리 사이트를 찾아오는 사람들이 원하는 것은 무엇일까? 웹 페이지 상에서 방문자들의 행동 양식은 어떨 것

유용성(usability)

일까? 웹 사이트가 사용자들의 필요를 채워줄 수 있을 것인가? 등의 의문점을 제기하여 목표로 하는 방문자들을 대상으로 다양한 조사를 통하여 파악하는 것이 필요하다.

(4) 전문성(specialty)

전문성(specialty)

하루에도 전 세계적으로 수많은 사이트가 생겨나고 사라지는 과정이 되풀이되고 있다. 성공적인 웹 사이트가 되기 위해서는 사이트의 **전문성**이 무엇보다 중요한 요소라고 할 수 있다. 월스트리트 저널 사이트는 연간 79달러의 월정액으로 가입자 회원들을 대상으로 각종 비즈니스, 경제, 주식정보를 전문적으로 제공하는 유료 사이트이다. 예컨대 월스트리트 저널과 같은 정보 제공 전문 사이트, 종합쇼핑 사이트, 컴퓨터 관련 전문 경매 사이트 등 사이트의 명확한 콘셉트와 더불어 전문성이 두드러진 사이트는 성공할 가능성이 높으며, 이는 차별화의 핵심 요소이다.

(5) 상호작용성(interactivity)

상호작용성(interactivity)

많은 사이트가 온라인 고객지원 센터라는 메뉴를 구비하고 있으며, 게시판을 통하여 방문자가 질문을 할 경우 신속하게 이메일 회신을 통하여 궁금증을 해결해 주고 있다. 그러나 대다수의 사이트의 경우 기계적 메시지는 발송하였으나 실제적인 회신은 하지 않는 경우가 많다. 또한, 관리자에게 메일이나 쪽지를 보내는 버튼을 설치해 두고 방문자들이 의견을 보낼 수 있도록 하고는 있으나 회신이 없거나 무성의한 답변을 하는 경우가 허다하여 방문자와의 상호작용이 정상적으로 이루어지지 않고 있다.

(6) 역동성(dynamics)

역동성(dynamics)

사이트의 **역동성** 측면에서 시사성이 있는 콘텐츠의 즉각적 갱신이나 계절별 디자인의 시각적 요소에 대한 업데이트가 중요한 요소이다. 뉴스 사이트의 경우 신속성이 생명이라고 할 수 있는데 뉴스정보 제공 사이트에서 시사성이 떨어지는 콘텐츠의 경우는 사이트의 신뢰성을 떨어뜨리며, 역동성이 떨어진다고 볼 수 있다.

(7) 웹 접근성

웹 접근성

웹 사이트에서 제공하는 정보를 차별과 제한이 없이 누구나 동등하게 이용할 수 있도록 보장하는 것을 **웹 접근성**이라고 한다. 웹 접근성을 준수하게 되면 장애인, 고령자 등이 웹 사이트에서 제공하는 정보를 비장애인과 동등하게 접근하고 이용할 수 있다. 우리의 일상생활에서 웹(Web)은 교육, 전자상거래, 정부, 건강, 여가 등 우리 삶의 여러 측면에서 중요한 자원으로 활용되고 있기 때문에 웹 접근성에 대한 준수가 중요하다.[3] 웹 접근성의 보장은 「국가정보화기본법」과 「장애인차별금지 및 권리구제 등에 관한 법률(이하 "장애인차별금지법")」 등 법률에 명시된 의무사항이다.

(8) 반응형 웹

반응형 웹 디자인은 다양한 디바이스와 다양한 크기의 화면에서 일관되게 잘 작동하는 웹 사이트(페이지)를 제작하는 것을 의미한다. 웹 사이트를 반응형으로 설계하게 되면, 이 또한 디바이스(노트북, 태블릿, 스마트폰 등)에서 어떠한 방식으로 접속하든지 간에 웹 사이트의 일관성을 유지할 수 있다는 장점이 있다. 좋은 반응형 웹 디자인은 데스크탑(PC)과 모바일이 단순히 화면 크기만 다른 것이 아니라 두 개의 디바이스 모두를 이용하는 소비자의 태도도 다르다는 점을 인식하고 이를 반영한 디자인을 의미한다. 반응형 웹

최근에는 이동 중에도 스마트폰을 가지고 쇼핑, 검색, 웹 사이트 방문 등을 하기 때문에 반응형 웹 디자인을 반드시 고려해야만 한다.

향후 반응형 웹 디자인은 최신 기술을 사용하여 마케터가 콘텐츠 제작자로부터 콘텐츠를 직접 가져오고, 반응형 스타일을 적용하여 반응형 웹 사이트를 완성할 수도 있어서 프런트 엔지니어, 퍼블리셔 등의 중개자를 거칠 필요가 없어질 것으로 보인다.[4]

3.1.3 프로모션 관점

사이트를 구축하는 것도 중요하지만, 일반에 선보이고 난 이후 활성화를 위한 프로모션 활동이 성패의 관건이 되는 것은 당연한 일이다. 최근에는 온라인 이벤트뿐만 아니라 오프라인상으로도 이벤트를 실시하여 온 · 오프라인 통합 이벤트를 추진하는 것이 일반적이다.

---

3) http://www.websoul.co.kr/accessibility/necessity.asp

4) https://business.adobe.com/kr/glossary/responsive-web-design.html

(1) 지속적인 프로모션

방문자들의 방문율을 높여서 사이트를 활성화하기 위해서는 다양하고도 지속적인 프로모션/프로그램을 마련하여야 한다. 고객 충성도 유지를 위해서 주로 사용하는 방법은 제품의 구매 시 마일리지를 지불하거나 공동구매 행사를 제공하는 것 등이다.

(2) 고객 충성도 유지

유사 충성도(pseudo loyalty)
진정 충성도(authentic loyalty)

고객의 충성도란 한 사람의 고객이 자사의 사이트에 들어와서 실제로 구매로 이어지는 과정에서 **유사 충성도(pseudo loyalty)** 고객과 **진정 충성도(authentic loyalty)** 고객으로 나눌 수 있다. 유사 충성도 고객의 특징은 온라인상에서의 행동이 구매로 이어지는 비율이 낮거나, 언제든지 타 사이트로의 전환 가능성이 높은 고객으로 단기적 충성도를 보이는 고객이라고 할 수 있다. 반면에 진정 충성도 고객이란 온라인 사이트 활동에 긍정적인 반응을 보이며, 타 사이트로의 전환 가능성도 낮은 고객들이며, 반복 구매로 이어지는 비율이 높은 고객이므로 기업의 입장에서는 진정 충성도 고객의 비율을 높이는 것이 프로모션 활동의 일차적 목표라 할 수 있다.

(3) 풍부한 고품질의 콘텐츠

프로모션이나 충성도를 유지하는 활동도 사이트 활성화에 중요한 요소이긴 하나 풍부한 양질의 콘텐츠를 확보하고 신속하게 업데이트하는 활동이 뒷받침되지 않은 사이트는 마치 돌보지 않는 화초처럼 아름다운 꽃을 피우지 못할 것이다. 전자상거래 사이트의 경우 고객들이 원하는 신제품의 등록이 느리거나 제품 정보가 사실과는 다르게 등록된 경우 사이트 전체의 품질 저하를 가져오는 결과를 초래한다.

(4) 허용 이메일 마케팅(permitted e-mail marketing)

옵트인(opt-in)
옵트아웃(opt-out)

원치 않는 이메일의 전송을 규제하는 방법으로는 크게 **옵트인(opt-in)** 방식과 **옵트아웃(opt-out)** 방식으로 구분한다. 옵트인 방식은 수신자가 이메일 수신에 대하여 사전 동의를 하지 않았을 경우에 메일 전송을 금지하는 방식이다. 옵트아웃 방식은 수신자의 사전 동의 없이도 이메일 전송이 가능하나 수신 거부 표시를 한 이후에는 이메일 전송이 금지되는 차이점이 있다. 옵트인 방식을 채택하는 경우의 장점은 수신자의 입장에서 원하지 않는 메일을 사전에 차단할 수 있어서 좋은 점이라고 할 수 있으나, 정보를 접할 기회가 상대적으로 줄어들어 정보 습득력이 떨어질 수도 있는 단점이 있다. 반면 옵트아웃 방식의 경우는 수신자가 다양한 정보를 접할 수 있는 1차적 기회가 많아지는 장점이 있는가 하면, 스팸메일 수신의 단점이 있기도 하다.

(5) 기타 프로모션 활동

이상과 같은 능동적인 활동 이외에도 신규 서비스를 지속적으로 개발하거나, 능동적 고객 지원, 그리고 시스템 및 서비스 안정성(system stability and stable services) 유지 등의 요소들이 웹 사이트를 성공적으로 운영하는 핵심 요소라고 할 수 있다. 이 밖에도 사이트의 특성에 따라 대상 고객들의 특성에 따라 다양한 형태의 사이트 활성화를 위한 활동을 전개할 수 있다. 다소 원론적인 결론이긴 하나 사이트의 성공을 위해 얼마나 많은 고객에게 가치를 전달하고, 고객의 만족을 높여주기 위해 양질의 서비스를 어떻게 제공할 것인가와 무엇이 고객이 원하는 것이고, 무엇을 제공해 주어야 하는가에 대해 계속적으로 자문하지 않으면 안 된다.

3.2 디자인 및 인터페이스

웹 사이트 디자인에서 웹 디자이너 자신의 예술적 만족을 위해서가 아니라 사용자를 위해서 디자인을 해야 한다는 말은 교과서적인 말이면서도 반드시 염두에 두어야 할 말이다. 그럼에도 불구하고 많은 웹 디자이너들이 웹 페이지를 멋진 작품을 만든다는 생각을 가지고 접근하는 경우를 흔히 볼 수 있다. 사용자 중심의 디자인을 하는 것이 무엇보다 중요하고, 이를 위해서는 실무자들이 항상 사용자의 관점을 유지해야 한다.

3.2.1 목표 사용자 범위 설정

사이트를 방문하는 사용자에게 좀 더 나은 서비스를 제공하기 위해서는 목표 사용자들을 얼마나 잘 이해해야 하는지에 대해 검토하여야 한다. 그러나 목표 사용자라고 하더라도 다양한 사용자들의 요구사항을 모두 수용한다는 것은 현실적으로 불가능하며, 바람직한 일도 아니다. 따라서 사이트의 콘셉트를 명확하게 설정하기 위해서는 예상 고객을 세분화하여 1차 목표 고객이 어떤 특징을 가지고 있는 사용자들인지에 대해 충분한 검토를 해야 한다. 예를 들어, 20대 사용자들을 대상으로 하는 여행 정보 사이트를 디자인한다고 할 경우 20대 사용자들의 피상적인 공통점은 20대라는 나이 층이지만, 이들 중에서 경제활동을 하는 사용자와 학생이면서 경제활동이 없는 사용자로 나눌 수 있을 것이다. 또한, 경제활동을 하는 사용자라 하더라도 연봉의 차이, 결혼 여부, 문화 및 취미생활에 사용하는 예산 규모, 일반적인 라이프스타일 등에 대하여 면밀하게 조사하거나 검토하여 보다 정확한 목표 고객을 1차로 확정하는 것이 중요하다.

3.2.2 디자이너와 사용자 간의 인식 차이 이해

일반적으로 사람들은 익숙해진 행동이나 상황에 대해서는 특별한 지각하지 않는 경향이 있다. 또한, 그것의 중요성에 대해서도 잘 인식하지 않는 것이 보통이다. 그래서 나 아닌 타인에게 오해를 주는 경우도 자주 경험하게 되는 것이다. 웹 사이트 개발의 경우에도 비슷한 이치가 적용되는데 디자이너 혹은 개발자들의 경우는 전문지식을 가지고 있기 때문에 자신들이 디자인하거나 프로그래밍하는 과정에서 당연하다고 생각하는 것들도 사용자의 입장에서 볼 때는 생소하고 이해가 어려운 부분들이 많다. 디자이너는 사용자의 입장에서 생각하고 사용자가 인식을 할 수 있는 환경을 제공해야 한다.

3.2.3 웹 디자인 시 범하기 쉬운 10가지 실수

많은 사이트 운영자들이 웹 사이트를 방문한 사용자들이 불편하게 느끼는 요소들을 찾고, 이에 대한 개선책을 제시하기 위한 노력을 기울이고 있다. 유용성 공학(usability engineering)에 관한 다수의 저서를 출간한 선 마이크로시스템즈의 컨설턴트인 제이콥 닐슨이 제시한 웹 디자인 시 범하기 쉬운 10가지 디자인 실수와 그에 대한 개선점은 〈표 11-2〉와 같다.

〈표 11-2〉 웹 디자인시 범하기 쉬운 10가지 실수

실수	의미	개선점
1. 유연성 없는 검색 엔진	특수문자, 하이픈, 복수형 등의 검색어를 인식하지 못하는 경우가 많고, 검색 결과 정확도가 떨어짐	검색 내용의 중요성에 따라 목록의 순서를 제시해야 함. 키워드 검색의 유연성 제고
2. PDF 파일	PDF 파일을 이용한 온라인 콘텐츠 제공은 내비게이션의 맥을 단절하게 됨. 또한 별도의 뷰 프로그램을 설치해야 함	매뉴얼 제공이나 인쇄를 요하는 문서들을 제외하고는 가능한 웹 페이지로 표현할 것
3. 방문한 링크주소의 색깔 불변	이미 방문을 했던 사이트의 링크주소의 색깔이 변하지 않아 사용자들이 동일 사이트를 반복 방문하는 문제점 발생	방문을 완료한 사이트의 링크 색깔을 변경하도록 할 것
4. 텍스트 표기 방법	온라인용이 아닌 인쇄된 페이지 같은 형식의 텍스트 표기방식은 지루함을 줄 수 있고, 가독성을 떨어뜨림	부제목, 키워드 굵게 표시, 문단의 크기가 너무 크지 않도록 해야 함
5. 고정된 폰트 사이즈	웹 페이지에 표시되는 폰트가 고정 사이즈로 표현되어 가독성을 떨어뜨림. 특히 40대 이상의 이용자들에게 불편함	폰트 사이즈를 변경할 수 있는 아이콘을 제시할 것
6. 검색엔진에 노출되기 어려운 페이지 타이틀	검색엔진이 발견하기 어려운 형태의 페이지 타이틀을 부여할 경우 검색서비스에 자동등록이 어렵게 되어 웹 사이트의 홍보효과를 감소시킴	검색 결과 첫 페이지에 표시되도록 HTML 〈title〉 tag를 이용하여 제목을 부여할 것(알파벳순, 가나다순)
7. 광고처럼 보이는 콘텐츠	사이트 방문자들은 광고성 내용을 거부하는 경향이 있음. 따라서 광고형태의 콘텐츠 디자인은 사용자들의 눈길을 끌 수 없음	배너 형태, 지나친 애니메이션, Pop-up 창 등을 피하고, 배너 형태를 최소화할 것
8. 디자인의 일관성 미약	내비게이션 흐름이 방문자들의 예상을 벗어나거나 예측이 불가능한 문제 발생	일반적 웹 사이트의 경향에 맞도록 디자인할 것. 전체 페이지의 Look & Feel의 일관성 유지
9. 새로운 윈도우창 띄우기	새로운 팝업 창이나 새로운 브라우저 창에 대한 거부감	기본 웹 페이지 상에 표현하도록 디자인할 것
10. 사용자들의 질문에 대한 무응답 혹은 부정확한 답변	사용자들이 궁금한 사항에 대해 명확한 답을 제시하지 않음. 예컨대 B2C 사이트의 경우 제품가격은 방문자들에게 가장 필요한 정보이나 제시하지 않고 있음. 게시판 응대 즉시성 부족	가급적이면 웹 사이트에 제품가격을 제시하고, 피치 못할 경우 이메일로 회신토록 할 것

*자료원: http://www.useit.com/alertbox

3.3 사이트 구조

정보를 재분류하는 방법은 사람마다 다분히 주관적인 경우가 많다. 그러나 훌륭한 웹 사이트 구조는 제공하는 정보 간의 관계를 얼마나 잘 사용자들에게 전달하느냐 하는 것이다. 즉, 전자상거래 사이트의 경우 제품을 진열하기 위해서 상품을 어떻게 그룹핑을 하는 것이 쇼핑을 편리하게 하도록 할 것인가를 고려해야 하는 것이다. 오프라인 매장의 경우도 구매자의 시각으로 제품 진열을 하는 것이 매출에 상당한 영향을 미치게 된다. 아무리 좋은 제품이라도 진열대의 위치가 적절하지 못하면 팔리지 않는 것과 마찬가지라 할 수 있다. 또한, 고객이 원하는 제품이 어느 정도의 위치에 있을 것이라고 예측이 가능하도록 하는 것이 중요하다. 그렇다고 제품의 진열을 위한 표준화된 방식이 제시되어 있는 것도 아니다. 특히나 웹의 경우는 메뉴 체계나 콘텐츠의 배열에 관한 표준화가 매우 어렵다. 왜냐하면 사이트의 성격, 사이트의 지향점, 사이트의 내용, 사이트 운영 주체의 주관적 기획력, 목표 사용자들의 다양성 등의 요소들이 표준화 및 조직화를 불가능하게 만들기 때문이다. 따라서 웹에서 표준화된 배열체계를 설정하기는 어려우나 메뉴 구조 등의 범주화 체계가 옳고 합당한 것인가에 대해서는 판단이 가능하다. 사이트의 전체적인 구조를 설정하기 위해서는 사이트의 콘셉트와 비전, 목표 고객의 특성, 운영전략 등의 다양한 요소들에 대한 사항들이 충분하게 고려되어야 한다.

- 사이트에서 가장 중요하게 표현되어야 할 내용이 무엇인가?
- 킬러 애플리케이션(killer application)으로 제시할 메뉴는 어떤 것인가?
- 첫 화면 즉 메인 화면에 위치시킬 내용은 어떤 것들이 되어야 하는가?
- 메뉴는 어떻게 네이밍(naming)할 것인가?
- 메뉴의 깊이(depth)를 어느 정도까지로 할 것인가?
- 데이터의 종류는 어떤 내용(오디오, 텍스트, 동영상 등)으로 할 것인가?
- 입력양식이 필요한 메뉴는 어떤 것인가?
- 업데이트 혹은 잦은 갱신이 필요한 메뉴 혹은 코너는 어떤 것인가?
- 데이터베이스 테이블이 필요한 메뉴는 어떤 것인가?

이상과 같은 내용의 요소들에 대하여 사전에 결정되어야만 한다. 사이트 콘셉트에 부합하기 위해 사이트에서 가장 중요하게 표현되어야 할 내용을 사용자들이 잘 인식할 수 있도록 배치시키는 것이 중요하다. 또한, 목표 사용자들에게 가치를 제공하기 위한 킬러 애플리케이션, 그리고 주요 메뉴들에 대한 네이밍 역시 중요하게 고려해야 할 사항이다. 네이밍 시 주의해야 할 점은 지나치게 추상적이거나, 의미의 전달이 애매모호한 경우 좋은 네이밍이라고 할 수 없다는 점이다. 사용자들에게 명확하게 의미를 전달할 수 있어야 하며, 메뉴명을 통하여 내용의 예측이 가능하도록 하는 것이 좋다.

또한, 메뉴의 깊이(menu depth)를 설정해야 하는데 메뉴의 깊이란 주메뉴로부터 내비게이션 하여 최종 페이지에 다다르는 거리를 말한다. 메뉴의 깊이가 증가할수록 사용자들은 자신의 현재 위치를 잃어버리고 헤매는 경우가 발생한다. 따라서 지나치게 깊은 메뉴의 깊이는 가급적 피하고 가능한 3~4단계 정도의 깊이가 적당하다고 볼 수 있다.

3.3.1 HTML5를 활용한 모바일 웹의 연동

웹 사이트에서 어떠한 기능을 구현하는가에 따라 다르겠지만, 시맨틱 마크업을 추가한 HTML5는 같은 기능을 구현할 때마다 **HTML4**보다 적은 양의 자바스크립트 코드를 사용한다. 즉, HTML5는 네트워크 속도에 예민한 모바일 환경에서 적용하기에 적합하다고 할 수 있다. HTML5는 인터넷에 연결되지 않는 오프라인 환경에서도 웹의 응용이 정상적으로 실행될 수 있도록 하는 오프라인 웹 응용(Offline Web Application) 기능을 지원하고 있다. 또한, **HTML5**는 응용 캐싱(Application Caching) 기능과 웹 SQL 데이터베이스 기능이 새롭게 추가되어 오프라인에서도 웹 응용이 정상적으로 동작할 수 있도록 지원하고 있다. 이러한 기능들은 모바일 웹 환경에서는 필요하다(이원석, 2010).

HTML4
HTML5

유튜브가 기본 비디오 플랫폼을 플래시에서 HTML5 기술로 변경한다. 2010년부터 HTML5 기술에 대해 적용을 시도했지만, 상용화 제품에선 HTML5를 적극적으로 활용하지는 않았다. 그러나 유튜브는 2015년 1월 27일 공식 블로그를 통해 이전에는 HTML5 기술 자체에 대한 한계가 있었고, 가변 비트레이트 기술을 이용할 수 없었지만, 최근에는 수많은 기업과 커뮤니티의 노력으로 HTML5 기술이 좋아지고 있어 유튜브 기술에 HTML5를 적용하고 있다. 향후에는 크롬, 인터넷 익스플로러(IE) 11, 사파리 8, 파이어폭스 등에서 재생되는 유튜브 동영상은 HTML5 기술을 활용한 것으로 볼 수 있다(블로터닷넷, 2015.01.28.).

2014년 10월 28일에 HTML5의 표준안이 확정되었으며, 강력하고 다양한 기능들로 무장하고 있어 모바일 브라우저에서 활용도가 높아지고 있다.

4. 웹 사이트 내비게이션 전략

내비게이션

내비게이션의 사전적 의미로는 '항해', '항행'이라는 의미를 가지고 있다. 인터넷을 망망대해로 비유하여 내비게이션이라는 용어가 적절하게 채택되었다고 생각된다. 망망대해에 작은 배 하나가 나침반도 없이 떠 있는 상황을 상상해 보자. 폭풍이 일고, 비가 쏟아지는 가운데서 나아갈 방향을 찾지 못하는 상황은 얼마나 절망적일 것인가는 누구나 느낄 수 있을 것이다. 이처럼 웹 사이트를 설계하는 과정에서 사용자들이 망망대해에서 방향을 잃은 작은 배와 같은 느낌을 갖지 않도록 하는 것이 내비게이션 설계의 목적이라고 할 수 있다. 사용자들은 스스로 아래와 같은 질문을 던질 수 있을 것이다.

- 어떻게, 어떤 코너를 찾아서 내가 원하는 제품이 진열된 곳에 다다를 수 있을 것인가?
- 어디를 가야 내가 찾는 서비스 혹은 제품에 대한 풍부한 사전정보를 획득할 수 있을 것인가?
- 결제 과정에서 신용카드 정보나 개인정보를 입력했는데 사이트 운영 주체가 이러한 정보들을 안전하게 잘 지켜줄 것인가?
- 현재 내가 머무르고 있는 페이지는 어디인가?
- 제품을 장바구니에 담은 후에 다음 단계로 어떤 행동을 취해야 하며, 결제 과정은 어떻게 진행되는가?
- 며칠 전에 주문한 제품이 언제 배달될 것이며, 지금쯤 제품은 어디까지 이동 중인가?

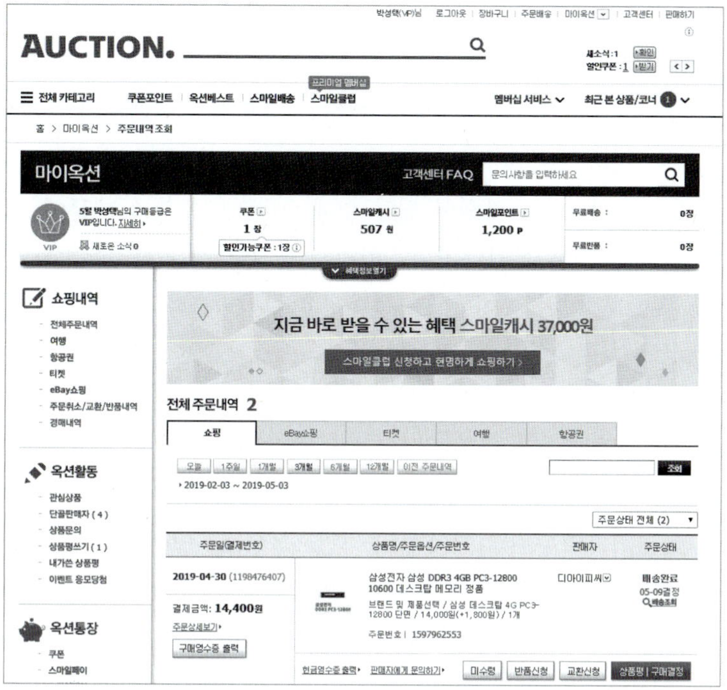

[그림 11-10] 배송 상황을 알려주는 서비스

4.1 내비게이션 보드(navigation board)

영화나 TV, CF, 만화, 애니메이션 등의 영상물이나 창작물의 경우 제작 전에 의뢰자와 제작자가 생각하는 이미지를 시각화하기 위해서 **스토리보드(storyboard)**를 제작한다. CF, 영화 혹은 애니메이션의 경우 무형의 산출물이다. 따라서 제작이 완료되기 전에는 초기에 전체적인 흐름을 스케치하여 관련자들 간 커뮤니케이션 및 공감대를 형성하는 것이 필요하다. 이를 목적으로 제작하는 것이 스토리보드이다.

내비게이션 보드(navigation board)

스토리보드(storyboard)

웹 사이트의 제작과정에서도 마찬가지로 구현단계 이전에 이와 같은 작업이 반드시 선행되어야 한다. 웹 페이지 디자인 및 개발을 위한 사전 작업으로 전체 사이트에 대한 가상 내비게이션 체계와 페이지별 레이아웃(layout), 페이지 구성요소, **데이터 흐름도(data flow diagram)** 등을 포함하며, 클라이언트와 제작사 간에 웹 사이트의 전체 구조에 대한 시각적 확인을 위하여 반드시 필요한 작업이다. 웹 사이트를 기획하는 과정은 영화나 애니메이션 제작을 위한 과정과는 다소의 차이가

데이터 흐름도(data flow diagram)

있다. 영화나 애니메이션의 경우는 전체적인 흐름이 순차적으로 이어지는 데 반해 웹 페이지 상에서 사용자들은 순차적인 행동을 보이지는 않는다. 개별 웹 페이지들은 하이퍼링크(hyperlink)들로 구성되어 있어서 사용자가 언제든지 다른 페이지로 이동할 수 있다. 또한, 동일한 페이지를 방문한다고 하더라도 수많은 사람들이 방문 중인 사이트상에서 각자 자신이 원하는 페이지로 이동하기 때문에 스토리보드의 개념을 적용하는 데는 무리가 있다. 따라서 웹 제작을 위해서는 '내비게이션 보드(navigation board)'라는 용어를 사용하는 것이 적절하다고 하겠다. 내비게이션 보드의 작성 목적 및 구성요소는 다음과 같다.

4.1.1 작성 목적

내비게이션 보드의 작성 목적은 첫 번째로 웹 기획자의 기획 의도를 구체화하는 역할을 한다. 웹 기획자의 아이디어와 클라이언트들의 요구사항들이 반영된 기획 의도를 구체화하고, 명확하게 전달하는 것이 일차적 목적이다. 두 번째는 웹 기획자와 디자이너 혹은 프로그래머 간의 이해도를 증진하기 위한 목적이다. 우리가 사용하는 언어는 매우 불완전한 것이어서 커뮤니케이션 이후 상대방의 의도와 협의된 내용을 이해하는 정도가 달라지는 경우가 많다. 따라서 구두로 협의된 사항들에 대하여 구체화하는 작업을 통해 사이트의 전체적인 구성을 보다 명확하게 이해할 수 있도록 하기 위한 것이다.

세 번째는 홈페이지 구성요소의 명확화를 위한 것이다. 요구분석 단계에서 제시된 요구사항을 최대한 반영하여 개발하여야 한다. 따라서 전체적인 내비게이션 구조를 가시화하기 위해 홈페이지의 구성요소들에 대해 명확하게 할 필요가 있다. 네 번째는 개발 범위의 명확화이다. 대다수의 클라이언트의 경우 기획 단계에서 전체적인 요구사항을 명확하게 하는 데 상당한 어려움이 있다. 그 결과 구현단계에서 요구사항이 증가하는 경우가 빈번하다. 이러한 경우는 프로젝트의 전체적인 범위의 변경이 불가피하여 일정 준수에 영향을 미치거나 개발 비용에도 영향을 미치게 된다. 이러한 문제점을 사전에 방지하고 조정하기 위해서 내비게이션 보드작업이 선행되어야 하는 것이다.

다섯 번째는 클라이언트와의 커뮤니케이션을 위한 도구로 사용하기 위한 것이다. 무형의 산출물에 대하여 시각적으로 표현하여 제시하기 때문에 커뮤니케이션의 원활화를 꾀할 수 있다. 그밖에도 웹 사이트 전반의 미리보기(preview)를 통해 프로젝트 실패율을 최소화할 수 있으며, 프로젝트 일정 계획을 명확하게 할 수 있다. 일반적으로 내비게이션 보드 작성 작업을 위해 파워포인트를 사용하며, 때로는 종이에 스케치를 하는 경우도 있다.

4.1.2 구성요소

내비게이션 보드의 주요 구성요소는 클라이언트의 요구사항과 주요 기능, 웹 사이트 전략과 콘셉트 메뉴구조 및 사이트 맵, 개략적 내비게이션 흐름, 데이터흐름도, 페이지별 구성요소, 그리고 콘텐츠의 위치에 대한 구체적인 명시 등의 내용이 포함되어야 한다. 또한, 개발자 혹은 디자이너를 위해 작업 시에 필요한 작업지시 사항 등이 추가된다.

4.1.3 버전(version) 관리

내비게이션 보드 작업은 여러 차례의 반복 작업을 통하여 확정하게 되며, 기획자에 따라 버전 관리 방식은 다를 수 있다. 초기 버전의 경우는 클라이언트의 제안 요구사항(RFP)의 내용을 분석하고, 제안 시 제시했던 사이트 주요 구성 요소, 경쟁 사이트라고 할 수 있는 유사 사이트를 벤치마킹한 결과 등을 참조하여 첫 번째 버전을 제작하게 된다. 일반적으로 첫 번째 버전은 ver 0.9로 표기하여 1차로 클라이언트와 제작사 간에 협의 과정을 거치게 된다. 1차 협의의 결과를 반영하여 수정 보완된 버전으로 클라이언트와 다시 2차 협의 과정을 거치게 된다. 2차 협의 과정은 이메일이나 채팅 도구를 사용하여 협의할 수도 있다. 이와 같은 과정을 반복하여 최종 합의가 완료될 때까지 협의 과정을 거치게 된다. 최종 확정된 내비게이션 보드는 클라이언트와 제작사 간의 확인 서명 과정을 거쳐서 구현단계로 넘겨지게 되며, 디자이너와 프로그래머는 확정된 최종본을 가지고 구현작업에 들어가게 된다.

4.2 성공적 내비게이션 전략

웹 사이트 내비게이션을 위해서는 사용자 중심의 접근이 매우 중요하다는 것은 주지의 사실이다. 왜냐하면 사이트를 방문해서 쇼핑 행위와 구매 행위를 하는 주체는 바로 고객이기 때문이다. 따라서 사이트 구축과정에서 내비게이션 전략을 철저하게 사용자의 관점에서 생각하고 사용자의 만족을 항상 염두에 두고 작업을 진행해야 할 것이다. 일반적으로 고객이 사이트를 방문하여 가질 수 있는 의문 몇 가지를 살펴보는 것이 내비게이션 전략을 수립하는 데 많은 도움이 될 것이다.

- 내가 찾고자 하는 상품을 어떻게 찾아야 할 것인가? 혹은 특정 기념일을 위한 선물은 어떤 종류를 구입하는 것이 좋을 것인가?
- 검색창에 어떤 단어를 어떤 식으로 입력하면 보다 정확하게 상품을 찾을 수 있을 것인가?
- 내가 찾는 상품과 비슷한 대체 제품을 어떻게 찾을 수 있을 것인가?
- 찾은 상품의 품질이 내가 원하는 상품인지를 어떻게 알 수 있는가?
- 결제과정에서 입력하는 개인정보들은 안전하게 관리되고 있으며, 보호받을 수 있을 것인가?
- 맘에 안 드는 상품일 경우 반품을 하는 절차는 번거롭지 않을 것인가? 아울러 환불에는 문제가 없는가? 반품을 원하는 경우 배송비는 누가 지불하는가?
- 구매 신청한 상품의 배달에 소요되는 기간은 얼마나 소요되며, 배송절차는 사이트상에서 어떻게 확인이 가능한가?

이와 같은 의문 이외에도 사람에 따라 다양한 궁금증을 가지고 있을 것이다. 이러한 고객들의 궁금증을 풀어주기 위해서 어떤 내비게이션 전략을 수립하는 것이 바람직할 것인가에 대하여 웹 기획자들은 심도 있는 검토와 수많은 시나리오를 통해 검증하는 것이 필요하다.

4.2.1 상품검색

내가 찾고자 하는 상품을 어떻게 찾아야 할 것인가? 혹은 특정 기념일을 위한 선물은 어떤 종류를 구입하는 것이 좋을 것인가? 라는 질문에 대하여 얼마나 충실하게 사이트가 안내를 해줄 수 있느냐 하는 것이 성공의 열쇠가 된다고 해도 과언이 아니다. 동일한 사이트에서 빈번하게 물건을 구입하는 고객들의 경우는 홈페이지의 구조에 익숙하겠지만, 처음 방문하는 사람들에게 얼마나 친숙하게 어필하느냐에 따라 재방문 횟수를 늘리고 충성고객으로 발전할 수 있도록 유도하는 척도가 되는 것이다.

구매하기를 원하거나 찾고자 하는 상품이 확정된 고객들에게는 여러 가지 안내를 위한 페이지나 정보를 번잡하게 제공한다는 것은 오히려 도움이 되지 않는 내비게이션 전략이 될 것이다. 따라서 이러한 고객들의 경우는 쉽게 검색할 수 있도록 첫 화면에 검색창을 마련하고 검색을 위한 절차도 간단하게 구현하는 것이 중요하다. 또한, 검색 단어의 정확도가 다소 떨어지도록 입력을 한다고 하더라도 유사한 이름을 가진 제품들을 같이 검색해 주는 것도 중요하다. 너무 정확한 단어를 검색창에 입력할 것을 요구할 경우는 자칫 사용자들에게 상품이 없는 것으로 오인되어 다른 사이트로 이동하는 문제가 발생할 수도 있을 것이다. 그러나 한 가지 유의할 점은 유사한 이름을 가진 제품을 너무 많이 검색하여 검색의 정확도를 떨어뜨리는 것이다. 검색의 정확도와 편이성 간의 균형을 잘 유지하여야 한다.

[그림 11-11] 용도별, 가격별 상품 진열 사례

검색창에 어떤 단어를 어떤 식으로 입력하면 보다 정확하게 상품을 찾을 수 있을 것인가? 웹 사이트 방문에 익숙하지 않은 사람들의 경우는 검색창에 어떤 글을 입력해야 하는지 당황하는 경우가 많다. 숫자를 입력해도 되는 건지, 영어로 입력을 해도 되는 건지, 두 가지 제품을 한 번에 찾고 싶은데 어떻게 해야 하는지, 정확한 상품명을 모르지만 대략 알고 있는 내용을 입력해도 검색이 되는지 등의 의문을 가질 수가 있다. 따라서 검색을 위한 안내를 친절하게 제시할 수 있는 내비게이션도 반드시 고려해야 할 사항이다. 또한, 각종 기념일이나 축하를 위한 선물로 적합한 상품을 선택하지 못하고 사이트를 방문한 사람들에게 여러 가지 조언을 할 수 있는 코너를 마련하는 것도 고객 입장에서의 내비게이션 전략의 하나라고 볼 수 있다. 생일을 맞은 연인에게 줄 선물을 고른다고 가정했을 때 상대방이 받아서 가장 좋아할 것 같은 선물은 어떤 것이고, 선물 구입 시 어느 정도의 비용 규모를 예상하고 있는지, 선물을 받을 사람이 남자인지 여자인지, 연령대는 어느 정도인지 등에 대한 정보를 입력할 경우 이에 적합하다고 생각하는 상품들을 데이터베이스로부터 검색하여 제시해 주는 것도 중요하다.

4.2.2 상품의 품질

찾은 상품의 품질은 어떤지, 찾은 상품이 내가 원하는 상품인지 여부를 어떻게 알 수 있는가? 아마존(Amazon.com) 사이트는 책을 구입한 독자들이 책을 읽은 소감을 사이트에 올리도록 함으로써 책의 내용에 대한 품질을 입증하도록 하여 구매를 유도하였다. 최근 대부분의 전자상거래 사이트에서는 특정 상품을 구입하고 사용해 본 고객들이 상품에 대한 평을 올릴 수 있는 코너를 제공하여 상품의 품질에 대하여 판단의 근거를 제시하고 있다.

[그림 11-12] 고객들의 상품에 대한 리뷰(네이버 쇼핑)

또한, 자동차를 구매하려는 사람들은 오프라인 환경에서는 직접 시승을 해보거나 만져보기도 하면서 품질을 확인할 수 있으나 온라인상으로는 이러한 시도가 불가능하기 때문에 이러한 단점을 보완하기 위한 여러 가지 시도를 하고 있다. 자동차의 이미지를 360도 회전하면서 자동차의 외관을 입체적으로 보여주기도 하고, 실제 운행 중인 자동차에 대한 동영상을 보여주면서 간접 경험을 할 수 있는 방안들을 제시하고 있다.

4.2.3 반품 및 환불

맘에 들지 않는 상품일 경우 반품을 하는 절차는 번거롭지 않을 것인가? 아울러 환불에는 문제가 없는가? 반품을 원하는 경우 배송비는 누가 지불하는가? 등에 대한 궁금증도 전자상거래 사용자들에는 매우 현실적이고 중요한 문제이다. 온라인상에서의 쇼핑은 실제로 매장을 방문하여 구매하는 것과는 매우 다르다. 왜냐하면 직접 만져보고, 확인해 보지 않고 구매가 이루어지기 때문에 반품의 가능성이 높다. 또한, 결제과정에서 승인이 완료된 카드 결제를 취소하는 절차도 내비게이션 설계 시에 충분히 고려되어야 하는 사항이다. 최근에 인터넷 판매를 통한 각종 판매 사기가 빈번하게 발생하는 상황에서는 소비자들이 안심하고 쇼핑할 수 있도록 유도할 수 있는 내비게이션이 중요하다. 쇼핑몰 사이트는 교환, 반품, 환불, A/S 등에 관한 정책을 제시하여야 하며, 고객의 편의를 위해 FAQ 코너를 운영하는 것도 방법이다.

4.2.4 결제 및 배송

제품 구매를 결정하고 장바구니에 담긴 상품을 구매하는 절차를 마무리하는 과정이 결제과정이다. 결제수단으로는 사이트별로 다소의 차이는 있을 수 있으나 일반적으로 신용카드, 무통장 입금, 적립금 결제, 쿠폰 및 상품권 결제 외에도 소액결제의 경우 휴대폰 결제 등의 결제수단을 제공하고 있다. 게임 사이트, 소프트웨어 온라인 판매, MP3 등의 음악 파일 판매 등의 사이트의 경우는 사이버 캐시(cyber cash) 등을 통한 결제도 가능하다. 결제가 완료된 경우 사용자들은 구매 신청한 상품의 배달에 소요되는 기간은 얼마나 소요되며, 배송 절차는 사이트상에서 어떻게 확인이 가능한지 의문을 가지게 된다. 대부분의 전자상거래 사이트에서는 주문/배송현황을 확인할 수 있는 코너를 마련하여 구매자들의 궁금증을 해결해 주고 있다.

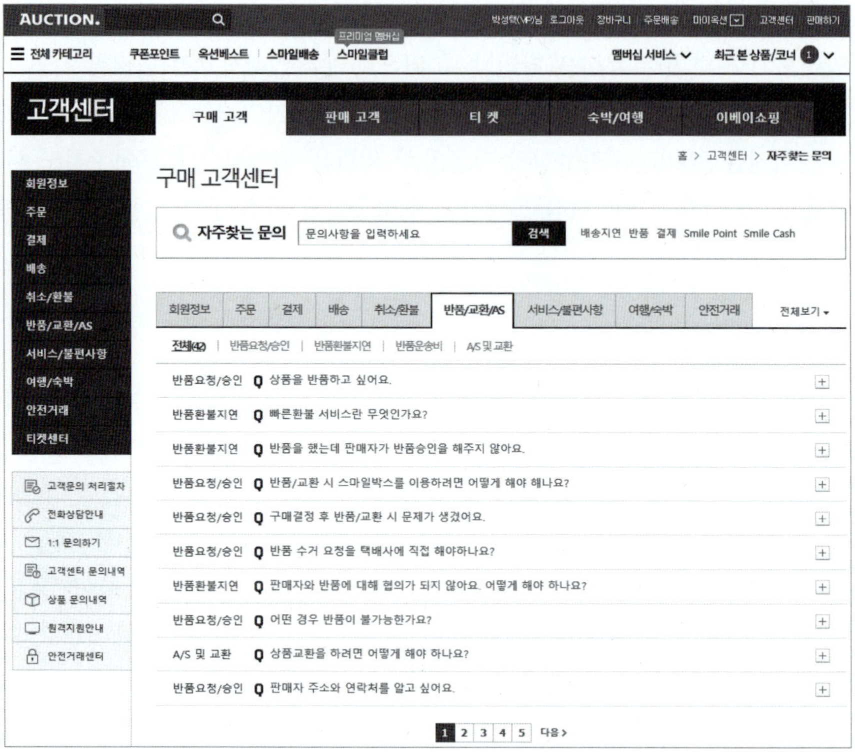

[그림 11-13] 취소/반품/환불/교환과 관련된 FAQ 운영 사례

5. 웹 사이트 프로젝트 관리

프로젝트 관리

프로젝트 관리는 매우 중요하며, 그 범위가 매우 넓어서 이 절에서 모두 언급하는 것은 불가능하다. 따라서 프로젝트 관리와 관련한 보다 상세한 지식은 별도의 전문 서적을 참고하기 바란다. 이 절에서는 프로젝트 관리 활동 중 특히 중요하다고 생각되는 프로젝트 계획, 프로젝트 일정계획, 위기관리 그리고 자원관리 등의 활동에 대한 개략적 내용만 소개하도록 한다.

5.1 프로젝트 계획

일반적으로 프로젝트 관리에서 가장 먼저 행하는 활동은 프로젝트 계획 단계이다. 프로젝트 계획에는 여러 가지 종류가 있다. 품질계획, 타당성 검토, 시스템 구성계획, 유지보수 계획, 그리고 인력개발계획 등으로 나눌 수 있다. 또한, 대부분의 프로젝트 기획서에 포함되는 내용으로는 프로젝트 개요, 프로젝트 수행조직, 예상 위기요인분석, 하드웨어 및 소프트웨어 소요자원 내역, 직무분할(work breakdown), 프로젝트 일정, 그리고 관리 및 보고절차 등의 내용으로 구성된다.

```
프로젝트 제약 조건 및 한계점의 도출
        프로젝트에 영향을 미치는 주요 변수에 대한 평가 실시
        프로젝트 주요 일정계획 및 완료일정 정의
        while  프로젝트 미완료 및 취소되지 않음   loop
           프로젝트 일정계획 작성
           일정계획에 따른 활동 명시
           (wait  for  a while )
           프로젝트 진도 체크
           프로젝트 영향을 미치는 변수들의 체크 및 수정
           프로젝트 일정계획 수정 보완
           프로젝트 제약조건 및 완료일정 수정 보완
           if  (문제발생)  then
              기술 재검토 및 해결가능성 타진
           endif
        end loop
```

[그림 11-14] 프로젝트 계획 절차

소프트웨어 개발뿐만 아니라 웹 사이트 구축을 위해서도 일정 기간, 주어진 예산을 가지고 정해진 개발 기간 성공적으로 사이트 개발을 완료해야 한다. 따라서 앞서 언급한 바 있는 단계별 개발 절차에 따라 전체적인 프로젝트 수행계획을 수립하여야 한다. 프로젝트 계획을 수립하는 시점에 클라이언트로부터의 제안요청서(RFP)를 접수하고, 클라이언트의 제안서 심사가 통과되면 개발 계약이 체결되어 본격적으로 실질적인 프로젝트가 진행된다.

5.1.1 프로젝트 일정계획

프로젝트 일정계획은 프로젝트 관리자에게 가장 힘든 과정이다. 프로젝트 관리자들은 전체 프로젝트 활동을 완료하고 이들 활동들을 면밀하게 수행하는 데 필요한 시간과 비용을 산출해야 한다. 또한, 한번 수립된 일정계획은 프로젝트가 진행되는 동안 새로운 상황 정보를 참조하여 지속적으로 수정, 보완되어야 한다. 프로젝트 스케줄링의 절차는 소프트웨어 혹은 시스템 요구사항을 수행하기 위해 필요한 활동 파악, 활동 간 주종관계 파악, 활동에 소요되는 자원평가, 인력자원의 할당, 그리고 프로젝트 차트(선행 및 후행 활동 간 네트워크, 작업별 소요 기간 및 선후 공정, 활동 바 차트, 인력 할당 및 시간 차트 등)를 작성하는 작업으로 진행된다.

5.1.2 프로젝트 일정관리

프로젝트 일정은 비용 및 클라이언트의 만족도와 밀접한 관계가 있으므로 일정을 준수하는 것이 중요하다. 웹 사이트 구축 프로젝트의 경우는 프로젝트 초기에 요구사항과 내비게이션 보드가 치밀하게 작업되었다면 다른 프로젝트에 비해 불확실성이 다소 낮다고 볼 수 있다. 왜냐하면 웹 사이트 구축에 필요한 기술의 난이도가 그리 높지 않고 게시판, 회원가입, 동호회 모듈, 전자상거래 결제 페이지 등에 적용되는 기술은 거의 모듈 형태로 구현되어 있어 재활용이 가능하기 때문이다. 단, 불확실성이 내재하는 부분은 프로젝트 수행 도중에 클라이언트에 의한 추가 요구사항이 발생하는 경우와 홈페이지에 게재할 콘텐츠 확보에 어려움이 있는 경우는 일정 지연의 중요한 원인이 되는 경우가 많다. 따라서 이러한 문제점의 발생 가능성이 높을 경우는 기획단계에서 보다 명확하고 치밀한 요구분석을 통하여 프로젝트 수행 도중에 추가 요구사항이 발생하지 않도록 해야 한다. 또한, 홈페이지에 올라갈 콘텐츠의 확보를 위해서 클라이언트와의 긴밀하고도 충분한 협의가 반드시 병행되어야 한다.

5.1.3 프로젝트 자원관리

예기치 않은 상황이 발생하여 프로젝트 지연이 우려될 경우는 자원의 추가 투입을 결정해야 하는데 자원 추가 투입의 원인이 무엇인지를 명확하게 하고 어느 정도의 추가 자원이 투입되어야 하는지에 대해 검토하여야 한다. 추가 자원 투입에 대한 비용을 클라이언트가 부담하는 것이 옳은 것인지 아니면 프로젝트 조직의 내부 자원 활용 유연성을 발휘하여 처리할 것인지를 판단해야 한다.

5.2 프로젝트 팀 구성

웹 사이트를 구축하는 프로젝트의 수행을 위해서 필요한 주요 인적 자원으로는 프로젝트 관리자(project manager), 웹 기획자(web planner) 혹은 웹 PD, 웹 혹은 사용자 인터페이스 디자이너, 웹 프로그래머, 콘텐츠 기획자 등의 인적 자원으로 팀을 구성하게 된다. 개발조직별로 약간씩의 차이가 있을 수는 있으나 팀원들이 담당하는 일반적인 역할은 다음과 같다.

5.2.1 프로젝트 관리자(project manager) 및 웹 마스터(web master)

프로젝트 관리자(project manager)
웹 마스터(web master)

프로젝트 관리자 혹은 **웹 마스터**의 주요 역할로는 클라이언트와 프로젝트 참여자들 간의 커뮤니케이션이 원활할 수 있도록 조정하고, 사이트 구축 과정 전반의 프로세스를 관리하는 역할을 담당하게 된다. 예산을 집행하거나 회의를 주관하여 프로젝트가 성공적으로 마무리되도록 하는 책임을 지고 있다. 프로젝트 관리자의 자격 요건으로는 프로젝트를 성공적으로 마무리하기 위한 리더십이 있어야 하며, 문제해결 능력 등의 역량이 요구된다.

5.2.2 웹 기획자 및 웹 PD(web planner or web producer)

웹 PD(web producer)

웹 기획자가 수행하는 주요 역할로는 클라이언트의 요구사항을 분석하고, 유사 사이트를 벤치마킹하며, 내비게이션 보드를 제작하는 역할을 담당하게 된다. 회의 자료를 준비하고, 클라이언트와 프로젝트 참여자들 간의 중재 역할도 담당하게 되는데 프로젝트 전체 진행에서 웹 마스터(web master)와 같은 매우 중요한 역할을 한다. 웹 기획자에게 요구되는 역량으로는 창의적인 사고력, 풍부한 아이디어 창출, 사이트에 대한 종합적 사고와 이해력, 업무 협조를 위한 책임감, 리더십 등의 역량이 요구된다.

5.2.3 웹 디자이너(web designer)

웹 디자이너(web designer)

웹 사이트 전체의 디자인 작업을 담당하고, 사용자들의 편이성을 고려하여 내비게이션 구조를 설계하는 등의 역할을 담당하게 된다. 디자인 요소가 사이트의 콘셉트를 표현하는 중요한 요소임을 감안하면 디자이너의 역할이 매우 중요하다. **웹 디자이너**에게 요구되는 역량으로는 사이트 특성 파악을 위한 전문가적 감각과 디자인적 창의력 및 응용력, 디자인 관련 툴 사용 능력 및 HTML 코딩 능력 등의 역량을 갖추어야 한다.

5.2.4 웹 프로그래머(web programmer)

웹 프로그래머(web programmer)

웹 프로그래머의 주요 역할로는 전체 사이트의 구조와 데이터베이스 구조를 설계하고, 사이트에서 구현되어야 할 각종 기능에 대한 프로그램 소스 코딩을 담당하게 된다. 또한, 프로젝트 완료 보고를 위한 문서작업, 데이터 플로우 다이어그램(data flow diagram) 등의 작업을 통하여 전체 사이트의 기능을 구현하는 역할을 담당한다. 웹 프로그래머가 갖추어야 할 주요 역량으로는 ASP, Java, PHP 등 서버사이드 언어(server side language)를 사용하여 웹 프로그래밍을 할 수 있는 능력, 데이터베이스 설계 및 관리 기능 구현 능력 등의 역량이 요구된다.

5.2.5 웹 콘텐츠 기획자

머천다이저(merchandiser)

소규모 사이트의 경우에는 일반적으로 웹 기획자와 콘텐츠 기획자가 같은 사람일 경우도 있으나, 대규모 전자상거래 사이트의 경우에는 콘텐츠의 배열이나 콘텐츠 생성 및 업그레이드 등의 업무를 전담하는 인력이 필요하다. 콘텐츠 기획자는 **머천다이저(merchandiser)**로서의 역할을 담당해야 한다. 잘 팔리는 제품, 잘 팔리지 않는 제품, 기획 상품, 이벤트 상품 등을 어느 위치에 진열할 것인가 등에 대한 전반적인 계획을 수립하고 실행하는 역할을 한다. 웹 콘텐츠 기획자들에게 필요한 역량으로는 고객의 욕구를 잘 파악하고, 상품의 특징, 계절별 소비패턴의 변화 등에 관한 추세를 잘 읽을 수 있는 역량이 필요하다.

5.3 예산 수립

웹 사이트 구축의 경우 개발 계약 체결 시 확정된 개발 비용의 범위에서 프로젝트 예산이 설정되게 된다. 제안서 내용 중 예산 규모가 언급이 되어야 하는데 예산을 수립하는 과정은 크게 두 가지 방법을 사용하고 있다. 예산 수립을 위한 첫 번째 방법으로는 전체적인 사이트의 페이지 수를 기준으로 페이지당 개발 단가를 곱하여 전체 예산을 수립하는 방법이 있다. 따라서 구축예산 = 총 페이지 수 × 페이지 당 단가로 계산될 수 있다. 이 방법의 장점으로는 전체 사이트의 페이지 수가 정확하게 계산될 경우는 매우 정확하고 합리적인 예산을 수립할 수 있으나 개발 초기에 전체 사이트의 총 페이지를 계산하는 것에 불확실성이 존재하기 때문에 어려운 점이 있다. 또한, 페이지별 작업의 분량에 차이가 있기 때문에 일괄적으로 페이지 단가를 적용하는 것에 무리가 있을 수 있다. 두 번째 방법으로는 투입되는 인력자원의 인건비(고급, 중급, 초급 기술자), 마진율, 기타 관련 비용 등을 합하여 소요 기간을 곱한 금액으로 예산을 산정한다. 이 방법의 장점으로는 인건비 등의 실제 비용을 기준으로 예산을 수립하는 방법으로 비교적 정확한 비용 산출이 가능하다는 점이 있으나 인건비 적용 기준이나 마진율 등의 적용에 있어서 클라이언트와의 타협의 여지가 많은 단점이 있다. 일반적으로 현업에서 어떤 방식을 취할 것인지는 회사의 비용 수립 정책에 따라 달라질 수 있다. 최근 오픈마켓의 등장, 개발사가 보유하고 있는 웹 템플릿(web template) 활용 가능성 증가, 전자상거래 사이트 구축을 위한 상용화된 솔루션의 등장 등 웹 사이트 개발이나 활용을 위한 예산을 절감할 수 있는 방법이 출현하고 있다.

5.4 위기관리

점차 위기관리 활동은 프로젝트 관리 분야에서 매우 중요한 자리를 차지하고 있다. 왜냐하면 프로젝트 추진 일정이나 프로젝트 산출물의 품질에 영향을 미칠 수 있는 위기요인을 사전에 인지하고 이를 해결하기 위한 노력은 비용 절감이나 일정 준수를 위한 중요한 활동이 되었기 때문이다(Hall, 1998; Ould, 1999). 다시 말하면 위기요인에 대한 효과적 관리를 통해 문제 해결이 용이해지며, 예기치 않은 예산 소요 혹은 일정 지연 등을 용이하게 해결할 수 있다. 위기요인은 크게 3가지로 나눌 수 있다. 위기관리

- 프로젝트 위기요인: 프로젝트 추진 일정이나 자원에 영향을 미치는 위기요인들로 예컨대 경험이 풍부한 디자이너의 부족이나 퇴사 등으로 인한 자원 부족 등의 예가 있다.
- 제품 위기요인: 개발 중인 소프트웨어의 성능이나 품질에 영향을 미치는 위기요인으로 프로젝트를 위해 구입한 상용모듈의 품질 미약 등의 예가 있다.
- 비즈니스 위기요인: 소프트웨어를 개발하거나 구매하는 조직에 영향을 미치는 요인으로 신제품을 개발하는 경쟁사가 비즈니스 위기요인이 될 수 있다. 프로젝트에 영향을 미치는 위기요인은 프로젝트나 조직 환경에 영향을 받는다.

예컨대 프로젝트 종료 이전에 경험이 많은 개발자가 퇴사하거나, 경영상 프로젝

트 우선순위의 변경, 시스템의 전체 규모를 잘못 예측하는 등의 요인들이 발생할 수 있다. 위기관리의 주요 절차는 위기요인의 규명, 위기에 대한 상세분석, 위기 해결방안 모색, 그리고 위기감독 관리 등의 순서로 진행된다.

6. 모바일 웹 사이트 구축

스마트 기기의 보급으로 인해 이동 중에도 정보를 검색할 때가 종종 있다. 그러나 방문하려고 하는 사이트가 데스크톱 버전이라서 모바일에서는 사용하기가 어려울 수도 있다. 또한, 모바일 버전이 아닌 경우에는 화면을 확대하거나 줄여야 한다.

6.1 웹에서 모바일로

현재 웹에서 모바일로 권력의 중심축이 이동하고 있으며, 전 세계는 모바일이라는 가상의 길 위에서 새로운 형태의 전쟁을 벌이고 있다. 이제 모든 비즈니스는 모바일을 통하지 않고서는 생존하기조차 어려운 시대가 도래하였다. 국내의 경우, 2013년 상반기부터 모바일 트래픽이 PC를 앞서고 있다. 네이트(nate.com)의 경우를 살펴보면, 소치 올림픽 생중계와 하이라이트 동영상을 모바일로 이용한 비중이 82%에 이르렀으며, 최근에는 스마트폰 운영체제(OS) 싸움에서는 애플(iOS)과 구글(Android)의 패권 다툼이 계속해서 일어나고 있다(한겨레21, 2014.03.07). 미국의 경우를 살펴보면, 스마트폰 사용자의 94%가 스마트기기로 지역에 대한 정보를 검색하고 있으며, 직장이나 가정에서도 모바일을 통한 검색 비율이 77%에 이른다. 시장조사업체 뉴쥬(Newzoo)에 따르면, 2021년에는 전 세계적으로 38억 명에 달하는 사람들이 주기적으로 스마트폰을 이용할 것으로 전망했다.

6.2 웹 사이트와 모바일 앱 연동

최근 모바일 기술의 발전으로 종래의 웹 사이트 중심의 사업전략을 전개하던 기업들이 모바일 기기 환경에서 조직의 사업 아이템, 즉 제품 혹은 서비스를 제공하고 있다. 예컨대 [그림 11-15]는 철도승차권 예매사이트로 웹 사이트상에서 승차권 예매 서비스를 제공하였으나 스마트폰 환경에서 예매할 수 있는 애플리케이션

(흔히 줄여서 '앱'이라고도 함) 프로그램을 제공하고 있다. 또한, 은행권의 각종 업무 처리 역시 앱을 이용하여 처리할 수 있도록 하고 있으며, 최근 **LTE(Long Term Evolution)** 등의 4G, 5G 무선통신 인프라의 획기적인 발전으로 통신기기의 융·복합화 현상이 가속화되고 있다. 따라서 정부 및 공공기관, 기업, NGO 등의 조직들은 모바일 환경에서의 사업전략 수립과 효과적인 대민 서비스 실행에 노력하고 있다.

LTE(Long Term Evolution)

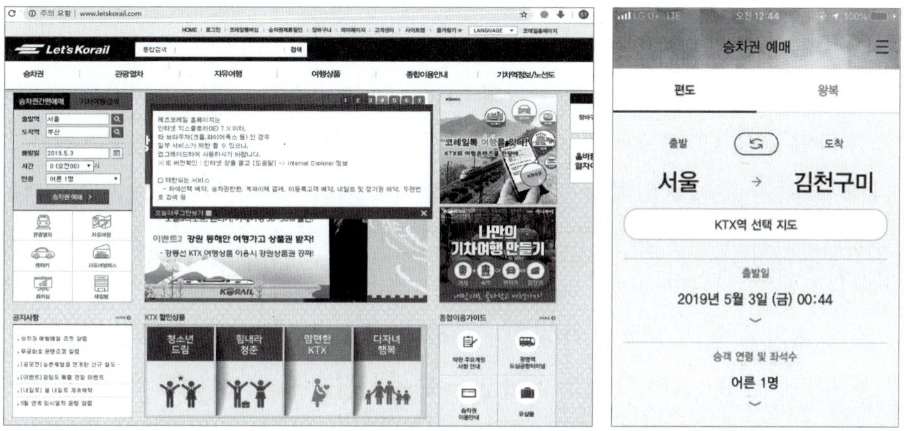

[그림 11-15] 철도승차권 예매 사이트와 모바일 앱

몇 가지 분야를 예로 살펴보면, 첫째, **모바일 커머스(m-commerce)** 분야의 경우 은행, 증권거래 등의 금융 관련 산업은 모바일 환경에서 많은 앱이 제공되고 있다. 또한, 종래의 웹 사이트 중심의 쇼핑몰 등 유통 분야에서도 모바일 환경의 앱을 제공하여 모바일 커머스 활성화에 기폭제 역할을 하고 있다. 둘째, **모바일 커뮤니티(m-community)** 분야에서는 우리나라의 대표적인 무료 서비스로 카카오톡과 카카오스토리를 들 수 있다. 이들 서비스는 기존의 무선통신 사업자들의 비즈니스 모델을 재조정해야 할 정도로 강력한 서비스가 되었다. 최근에는 무료 전화 서비스까지 제공함으로써 통신사의 생존을 위협하고 있다. 또한, 트위터, 페이스북 등 모바일 SNS 서비스 앱을 제공함으로써 장소, 시간에 관계없이 커뮤니티 활동이 가능하게 되었다. 셋째, **모바일 콘텐츠(m-contents)** 분야 역시 획기적으로 발전하고 있다. 초고속 무선통신 인프라의 보급 확대로 유·무료 콘텐츠의 공급 채널이 모바일로 이동하고 있으며, 이들 콘텐츠의 거래와 공유의 신속성과 편리성을 높

모바일 커머스(m-commerce)
모바일 커뮤니티(m-community)
모바일 콘텐츠(m-contents)

모바일 오피스(m-office)

였다. 각종 영화, 전자책, UCC, 유튜브, 방송, 신문 등의 콘텐츠들이 모바일 앱을 통하여 공급되고 있다. 넷째, **모바일 오피스(m-office)** 분야는 많은 기업이 업무의 특성을 고려하여 업무의 효율성과 효과성을 높이고, 기업의 비용 절감을 위해 일부 도입하고 있거나 혹은 전체적으로 도입을 고려하고 있다. 또한, 업무전용 앱을 개발하여 언제 어디서나 원격근무를 할 수 있는 환경을 제공하고 있다.

UX(User Experience)
네이티브 앱(Native Application)
하이브리드 앱(Hybrid Application)

모바일과의 연동 서비스를 위한 사이트 설계 시 고려사항은 다음과 같다. 첫째, 기존 웹 사이트 및 서비스의 대상을 도출하고 모바일로 전환하는 작업이 필요하다. 모바일 단말기 기반의 모바일 웹은 PC 기반의 웹 사이트와는 다르게 제한된 인터페이스와 단말기의 성능으로 인해 차별적인 서비스의 기획 및 개발이 요구된다. 모바일 웹은 **UX(User Experience)**적 특징이 있다. 이로 인해 모바일 웹은 모바일 단말기의 특성에 의해 소수의 핵심기능에 초점을 맞추어야 한다. 따라서 메뉴별로 모바일화 여부를 파악하고 추진전략을 세워야 한다. 둘째, 신규서비스의 도출이 필요하다. 신규서비스 도출은 신규 아이디어 수집, 신규서비스 후보군에 대한 검토 절차를 통해 발굴이 가능하다. 도출된 후보 서비스들은 모바일 서비스 제공 목적의 타당성, 정책 지향성, 범용성, 업무적, 기술적 적시성, 타 모바일 서비스와의 연계성 등을 검토하여 신규 서비스를 도출한다. 셋째, 서비스 구현방식의 선정이다. 모바일 서비스는 보편적 접근성 제고를 위하여 모바일 웹 방식으로 제공하도록 노력해야 한다. 모바일 서비스 개발은 모바일 웹 방식으로 개발하는 것이 원칙이나, 모바일 웹 방식은 안정성 및 단말기의 고유 기능의 활용에 제약이 있기 때문에 서비스의 특성에 따라 애플리케이션 방식으로 개발하는 것이 가능하다. 모바일 서비스는 모바일 앱 방식과 모바일 웹 방식이 있으며, 다시 **네이티브 앱(Native Application)**과 **하이브리드 앱(Hybrid Application)** 방식으로 구분된다(모바일 서비스 개발 운영 가이드라인, 2011).

6.3 모바일 웹과 모바일 앱

모바일을 활용하여 채널을 구축하고자 할 때, 웹으로 구현을 해야 할지, 아니면 앱으로 개발을 해야 할지 고민을 하는 경우가 많다.[5]

우선 기술적 관점에서 살펴보면 모바일 웹은 대중적이라고 할 수 있다. 일반적으

5) https://www.wisetracker.co.kr/blog/mobile-vs-app

〈표 11-3〉 모바일 웹과 모바일 앱

모바일 웹		모바일 앱	
Immediacy (직접성)	- 모바일 웹은 모든 모바일 기기에서 빠르게 접근 가능	Interactivity (상호작용성)	- 사용자의 다양한 터치 제스처에 유연하게 반응하며, 컴퓨팅 관점에서는 스마트폰의 하드웨어 스펙을 최대한으로 활용 - 사용자에게 높은 수준의 서비스 경험, 다시 말해 재미를 줌
Compatibility (호환성)	- 하나의 모바일 웹 사이트는 수많은 종류의 모바일 기기와 유저가 접속할 수 있음 - 웹 사이트 URL은 QR Code, SMS, NFC 등으로 쉽게 접근 가능	Personalization (개인화)	- 개인별로 맞춤 콘텐츠를 제공하기 편리한데 주로 타깃팅된 메시지(Push Notification) 활용 - 고객과의 실시간 소통과 이력 관리가 가능하다는 점에서 모바일 앱의 가장 강력한 장점
Upgradability (업데이트 용이성)	- 콘텐츠나 디자인을 변경할 때 웹 표준에 맞춰 작업하면 됨	Performance (성능)	- 웹보다 쉽고 빠르게 구동 가능하며, 복잡한 계산과 리포트 등의 데이터를 처리하는 데 효과적임 - 높은 성능과 보안이 요구되는 금융 서비스들이 앱을 선호함
Findability (검색성)	- 기본적으로 검색엔진이 나타나며, 사용자는 즉시 검색어를 입력해 자연스럽게 웹 사이트로 접근 가능 - 각종 모바일 광고로도 노출이 가능	Native Functionality or Processing (단말기의 기능 활용)	- 단말기의 카메라, GPS 또는 각종 프로세싱 능력을 활용한 서비스를 제공하는 데는 모바일 앱이 훨씬 효과적임
Time and Cost (투입 리소스)	- 모바일 웹은 모바일 앱보다 더 적은 비용과 시간으로 개발 가능 - 상대적으로 모바일 앱에 비해 수월한 유지 보수	No Connection Required (인터넷 없이 동작)	- 네트워크 연결 없이도 기능들이 문제없이 작동할 수 있도록 개발 가능

*자료원: https://www.wisetracker.co.kr/blog/mobile-vs-app

로 많이 사용되는 프로그래밍 언어인 PHP, JavaScript로 제작을 하기 때문에 수정과 관리가 편리하며, 누구나 웹 브라우저로 쉽게 접근이 가능하다. 즉, 상대적으로 유지보수가 효율적이고 유저가 사용하기 편리하다.

모바일 앱은 스마트폰 사용자의 경험(User Experience)을 최적화하기에 좋은 방식이다. 우선 모바일 플랫폼(Android, iOS)별 특성에 따라 독특한 서비스를 구현할 수 있게 해준다. 그리고 웹 콘텐츠를 그대로 활용하거나(Hybrid), 인터넷의 연결이 없이도 이용이 가능한 앱(Native)을 만들 수 있다.

6.4 모바일 친화적인 웹 사이트 구축 12선

모바일 전문 사이트에 대해서 Jennifer Lonoff Schiff는 12가지 팁을 소개하였는데, 이를 중심으로 소개한다(CIOkorea.com).

(1) 바로 반응하는 웹 사이트 만들기

부동산 관리 소프트웨어 개발사인 랜드로드 스테이션(Landlord Station)은 반응(Responsive) 기술 프레임워크를 활용하여 쉽게 그리드로 배치해, 스크린 크기에 따라 그리드를 변경할 수 있도록 하였다. 부트스트랩은 무료 오픈소스 기반이고, 잘 개발되어 있어서 도입 또한 쉬운 기술이다.

(2) 손가락 하나로 조작 가능하게 하기

모바일 사이트에서 가장 중요한 것 중의 하나는 사용자들이 한 손으로 사이트를 내비게이션 할 수 있어야 한다는 점이다. 이에 '핀치' 동작으로 확대를 할 필요가 있는 웹 사이트라면 콘텐츠의 글자가 너무 작거나 모바일 기기에 최적화되어 있지 않기 때문에 이러한 점에 주의하여 모바일 웹 사이트를 설계해야 한다.

(3) 디자인 단순하게 하기

그래픽(플래시), 문구(카피), 동영상 등이 많으면 웹 사이트 불러올 때 시간이 오래 걸리기 때문에 전달하고자 하는 메시지를 방해할 위험이 높다. 웹 사이트를 디자인할 때 중요한 것은 깨끗한 디자인에 초점이 맞춰진 카피(광고 문안)가 가장 효과적이다.

(4) 문구(카피) 잘 활용하기

스마트폰은 PC보다 화면의 크기가 매우 작은 편이다. 이에 모바일 웹 사이트에서는 텍스트의 양을 최소화하는 것이 중요하다. 왜냐하면 모바일 사용자는 빠른 스크롤을 좋아하기 때문에 하나의 문구(카피)로 독자의 관심을 끌어야 한다.

(5) 아이콘 잘 활용하기

웹 사이트를 만들 때는 동작, SNS와의 연결, 메뉴 바(텍스트) 대신 모바일 아이콘을 사용한다는 점이다. 이러한 심볼(symbol)은 사용자가 방문한 웹 사이트가 모바일에 최적화되어 있다는 것을 사용자에게 알려주는 긍정적인 역할을 한다.

(6) 모바일에 최적화된 이미지로 빠른 사이트 구현하기

모바일 기기의 해상도와 비율은 240×320과 2,560×1,440의 사이에 있다. 현재 사용하는 네트워크는 4G, 5G 등이며, 특정한 국가(한국 등)를 빼고는 아직까지 4G를 이용하고 있다. 이러한 문제점들을 고려하여 특정한 모바일 기기에서뿐만 아니라 모든 모바일 기기에서 사용이 가능한 해상도와 비율에 맞춰 이미지를 잘라내고, 크기를 재조정하며 최적화해야만 한다.

(7) 지나친 JAVA 사용 자제하기

모바일 웹 사이트에서는 자바스크립트 사용을 지양해야 한다. 자바스크립트를 사용하지 말라는 것이 아니라 적절한 자바스크립트를 사용하라는 의미이다.

(8) 연락처 쉽게 찾을 수 있도록 배치하기

사용자들은 종종 영업시간, 전화번호, 예약번호, 사업장 위치 등을 웹 사이트 방문을 통해서 찾고자 한다. 이에 사용자가 관련 정보를 쉽고 빠르게 찾을 수 있도록 디자인해야 한다.

(9) 동영상 현명하게 활용하기

모바일 기기 사용자는 노트북 및 PC 사용자보다 3배 이상이나 동영상 시청을 즐기는 경향이 있는 것으로 나타났기 때문에 반드시 웹 사이트에서 동영상을 활용하는 것이 중요하다.

(10) 모바일에 최적화된 양식 사용하기

고객에게 연락할 때 필요한 정보를 최소화해야만 한다. 즉, 양식에서 항목의 크기와 개수를 최소화하고 모바일에 최적화된 기술을 활용해야 한다.

(11) 지리 정보 반드시 고려하기

기업들은 지리 정보 기술을 이용하여 지도를 제공하고, 가장 가까운 사업장의 상품이나 서비스를 소개하고, 특정한 고객을 대상으로 판촉 활동을 추진할 수 있어야 한다.

(12) 다양한 기기, 플랫폼, 운영 시스템에서 콘텐츠 확인하기

웹 사이트의 사용자 경험과 유용성을 높이기 위해서는 운영 시스템(Android, iOS 등)별로 사용자 경험을 반드시 테스트해야만 한다.

7. 쇼핑몰 시스템 보안관리

인터넷을 이용한 전자상거래의 경우, 거래 내용, 신용카드 정보, 계좌번호, 혹은 관련 자금이체 비밀번호 등의 거래 정보들이 쉽게 노출될 수 있다. 과거에는 개방형 프로토콜인 TCP/IP 기반 인터넷의 특성상 보안성이 취약하였으나 최근 보안 관련 기술의 획기적 발전으로 취약했던 보안성을 대폭으로 개선하였다. 전자상거래에서의 보안 침해 유형을 살펴보면 통신 과정에서의 데이터 도청과 불법적 읽기 및 수정 등의 위협, 자신의 신분을 허위로 입력하거나 전자메일 등의 송수신 행위를 부인하는 행위, 비인가된 사용자가 네트워크상의 다른 시스템에 대한 접근 권한을 불법적으로 획득하여 침입하는 행위 등이 있다.

7.1 보안 요구 사항 및 기능

전자상거래 시스템 내에서 구현해야 할 보안상의 기능들은 일반적으로 다음의 네 가지로 요약되는데, 이는 곧 전자상거래에서 보안이라는 분야를 만족시키기 위해 갖추어야 할 필요조건이라고 이해하면 될 것이다.

7.1.1 기밀성(confidentiality)

기밀성(confidentiality)

기밀성은 제3자가 인가된 송수신자 간의 전달 내용을 어떤 방법으로든지 획득하지 못하도록 안전한 의사소통을 하는 것을 의미한다. 예를 들어, 전자결제를 위하여 은행 계좌번호와 그 비밀번호 등이 인터넷을 통하여 전송될 때, 이를 암호화하여 전송하면 인가되지 않은 해커나 도청자가 **스니핑(sniffing)** 기법 등으로 전송된 데이터를 얻어내더라도 암호를 풀기 전에는 그 정보를 알아낼 수 없기 때문에 안전하다고 할 수 있다.

스니핑(sniffing)

7.1.2 인증(authentication)

인증이란 인가된 사용자들 간에 정보를 송수신할 때, 자신이 받은 데이터가 올바른 사람으로부터 온 것인가 하는 신원에 대한 확인이다. 예를 들어, 고객이 전자 거래를 통해 물품을 구입하고 그 상인에게 신용카드 번호를 보냈을 때, 상인은 그 번호가 그 고객이 보안 번호가 확실한가 하는 것을 알아내고 그 신용카드의 실제 소유자인지를 확인해야 한다.

인증(authentication)

7.1.3 무결성(integrity)

전자 거래에 있어서 **무결성**이란 정보의 송수신 도중에 데이터가 훼손되거나 데이터에 변화가 생기지 않았는가에 대해 확인하는 것이다. 예를 들어, 신용카드 회사의 입장에서 볼 때, 고객이 어느 상인에게 얼마의 돈을 지불하겠다는 등의 내용을 보냈다면 이 내용이 전송 과정에서 변화가 없었는가 혹은 훼손되지 않았는가 하는 것들에 대해 확인해야 한다.

무결성(integrity)

7.1.4 부인 방지(non-repudiation)

부인 방지는 사용자가 자신의 행위 사실을 부인할 때 이것을 어떤 방법으로 막느냐 하는 것이다. 예를 들면, 고객이 어떠한 물품을 구매하고 상인에게 얼마의 금액을 지불하겠다고 했을 때 나중에 그 고객이 자신은 물품을 구입한 적이 없고 그 금액에 대한 지불을 약속한 적이 없다고 부정할 경우, 그 약속에 대한 확실한 증거를 제시함으로써 그 고객이 부인하는 것을 막아야 할 것이다.

부인 방지(non-repudiation)

7.2 보안기술

전자상거래가 발전하고 그 규모가 더욱 커짐에 따라 전자상거래상에서 일어나는 부정으로 인한 손실이 커지고 그만큼 보안에 대한 중요성도 부각되고 있다. 지금까지의 보안은 전자상거래를 구성하는 하나의 요소 정도로 인식되어 온 것이 사실이다. 그러나 최근에는 외부의 불법적인 침입을 방어하거나 통신 내용을 보호하는 기능뿐 아니라 사용자 인증, 데이터 무결성 보장, 송수신 부인 방지 등 보다 다양하고 복잡하며 통합된 형태의 개념으로 인식되기 시작하였다. 이에 따라 우리나라를 비롯한 세계 각국은 보안 분야의 기술적, 관리적, 정책적 측면으로부터 통합적인 전자상거래 보안 모델을 개발하는 실정이다. 전자상거래 보안 기술은 크게 정보보호 기반 기술을 통해 전자상거래를 위한 시스템 및 네트워크를 보호하는 기술과 전자상거래 응용을 보호하는 기술로 구분할 수 있다.

정보보호 기반 기술은 다시 크게 정보통신 관련 기반 기술과 암호 관련 기반 기술로 구분할 수 있다. 정보통신 관련 기반 기술은 기존의 정보통신 기술에서 제공하는 보안기술로, 사용자 ID와 패스워드를 통한 식별 및 인증, 접근제어 목록을 통한 접근제어 등 시스템과 네트워크에서 제공하는 기본적인 보안 기술이다. 이러한 기본적인 보안 기술에 보다 강력한 보안 기능을 제공하기 위해 암호기술이 사용되기도 한다.

암호기술은 다시 기본적인 암호 알고리즘 기술과 인증이나 전자 서명과 같이 특정 목적을 수행하기 위한 암호 프로토콜 기술로 구분할 수 있다. 이러한 정보보

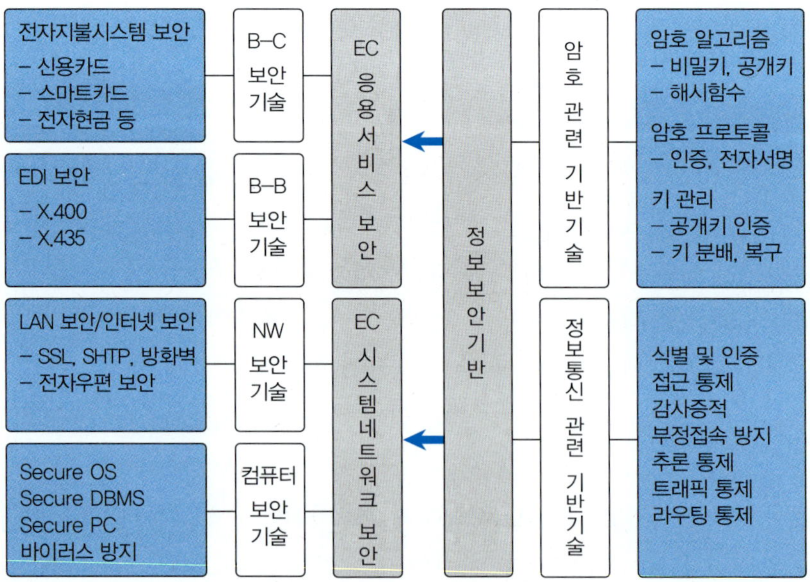

[그림 11–16] 프로젝트 계획 절차

호 기반 기술을 토대로 전자상거래를 구성하는 시스템 및 네트워크를 보호하기 위한 기술로서 SSL, 방화벽(Firewall), 침입탐지시스템(IDS), Secure OS, Secure DBMS, Secure PC 등이 있다. 주로 B2C 환경에서의 전자지불 시스템 보호 기술이 여기에 해당되는데, 즉 신용카드, 스마트카드, 전자 현금에 대한 여러 보안 기술을 의미한다. 또한, B2B 환경에서의 메시지 보호를 위한 ×.400, ×.435를 위한 보안 기술 등이 여기에 포함된다.

7.3 인터넷 보안

인터넷과 웹은 도처에 산재한 위험요소로 인해 현실적으로 전자상거래를 구현하는 데 많은 어려움이 있다. 따라서 인터넷을 이용해 전자상거래를 구현하기 위해서는 인터넷, 웹 서비스를 안전하게 이용할 수 있는 인터넷 보안 기술이 반드시 필요하다. 여기에서는 SSL, IPSec, Firewall, IDS 등 인터넷 보안 기술에 대해 살펴보기로 한다.

7.3.1 SSL 보안

SSL

웹 서버와 웹 브라우저 간의 안전한 통신을 위해 넷스케이프가 개발한 통신보안 규약(1993) 기술로서 공개키 암호화 알고리즘 기반의 보안기술이다. 응용계층과 TCP 계층을 연결하는 socket layer에 적용하는 기술이다. 응용계층의 FTP, TELNET, HTTP 등의 프로토콜에서도 안전성을 보장하며, 대부분의 전자쇼핑몰이 웹 서버 구축 시 SSL을 지원하고 있다. 보안방식의 단순성 및 비용 절감 측면을 고려해 볼 때, 당분간 지속적으로 발전이 예상된다.

7.3.2 IPSec과 VPN

IPSec

VPN(Virtual Private Network)

IPSec는 인터넷상의 보안상 문제를 해결하기 위해 IP 계층에서 보안 서비스를 제공할 수 있도록 하는 인터넷 보안 프로토콜을 말한다. 이는 통신의 무결성, 인증, 재전송 공격 방지 등과 같은 서비스를 제공하도록 고안되었다. IPSec의 대표적인 응용기술로서 가상사설망(**VPN: Virtual Private Network**)을 들 수 있다. 이는 인터넷을 통하여 원격 사용자나 이동 사용자가 자사의 인트라넷에 접속하여 안전하게 정보를 공유할 수 있도록 서비스하는 것으로서 사설망처럼 이용하되 회선 비용을 크게 절감할 수 있게 해준다.

7.3.3 Firewall

Firewall

방화벽은 외부로부터 내부망을 보호하고 외부의 불법 침입으로부터 내부의 정보자산을 보호하기 위한 목적으로 사용되는 네트워크 구성 요소를 의미하며, 외부로부터 유해정보 유입을 차단하기 위한 정책과 이를 지원하는 하드웨어(H/W) 및 소프트웨어(S/W)를 총칭한다. 인터넷 보안을 위해 외부에서의 침해 행위에 대한 대책으로 가장 많이 사용되는 방법이나 접속 지연, 네트워크의 가용성 저하, 오류 발생 시 치명적 보안 실패, 내부사용자 감시 취약, 백도어(Back door)를 통한 불법적 접근 소지, 트래픽의 속도 저하 등의 단점이 있다.

7.3.4 IDS(Intrusion Detection System)

IDS(Intrusion Detection System)

침입탐지시스템은 방화벽과 같이 단순히 네트워크를 통한 외부 침입을 차단하는 단계를 넘어 외부 침입에 의해 방화벽이 해킹된 이후의 침입 사실을 탐지해 이에 대응하는 솔루션이다. 방화벽이 출입자 인증을 위한 '대문'의 역할을 수행한다면, IDS는 CCTV와 같이 건물의 '무인자동경비' 장치에 해당하는 역할을 수행한다.

7.4 스마트기기 보안

스마트폰 시장의 경쟁 본격화에 따른 개방형 플랫폼 증가와 앱 스토어 활성화 등으로 인하여 범용 OS를 채택하고 있는 모바일 환경은 모바일 악성코드의 제작을 용이하게 만들고, 제작된 모바일 악성코드는 범용 OS로 인해 이식성이 높기 때문에 모바일 공격의 규모 및 피해가 증가할 것으로 예상된다. 따라서 향후 더욱 지능화되고 다양한 형태로 변형될 수 있는 악의적 행위에 의한 정보 유출, 불법 과금, 부정 사용 등과 같은 보안 위협으로부터 스마트기기 사용자를 보호하고, 서비스 환경에 안전성, 무결성, 가용성, 신뢰성을 제공하기 위한 스마트기기 보안기술 개발이 요구된다. 2009년 초 WIPI 폐지가 스마트폰 시장의 활성화에 기여하였지만, 현재 WIPI 폐지에 따른 국내 스마트폰 보안 취약점 및 위협에 대한 보안 기술 개발의 준비가 미비한 상태이다.

스마트기기 보안 기술은 PC 환경과 다르게 백신, 방화벽 등과 같은 단품형 기술을 적용하기에는 한계가 있다. 또한, 다양한 OS별 스마트폰 출시와 개방 정도의 차이 등으로 인해 각기 특성에 맞는 보안 소프트웨어 적용이 요구된다.

특히, 국내의 경우에는 인터넷 보안 서비스 환경이 ActiveX를 통해 대부분 이뤄지고 있기 때문에 스마트기기를 이용한 안전한 결제 서비스에 어려움이 있으며, PC 환경과 다르게 보안 서비스도 제한적으로 지원할 수밖에 없는 실정이다. 안전한 스마트기기 서비스 환경을 보장하고 향후 발생 가능한 보안 위협에 대해 선제적 방어 체계를 구축하기 위해서는 단말 내부 보안 기술과 더불어 원격 보안 관리, 안전한 결재 서비스 지원 및 앱 스토어를 통해 배포되는 모바일 애플리케이션 검증 등의 기술이 필요하고, 국내외적으로 기술 초기 단계에 있는 스마트기기 서비스 보안 인프라 기술 개발이 요구된다(강동호 외, 2010).

7.5 블록체인 기반 보안

최근 들어 **블록체인(block chain)** 기술이 보안의 핵심 주제로 부상하고 있다. 블록체인이란 참여하는 모든 사용자가 데이터를 서로 분산, 저장하여 악의적인 세력에 의해 데이터가 조작되는 것을 막는 기술이다(과학기술정보통신부).

블록체인(block chain)

또한, 블록체인은 관리 대상 데이터를 블록이라고 부르는 소규모의 데이터들이 P2P 방식을 기반으로 생성된 체인 형태의 연결고리 기반인 분산 데이터 저장 환경에 저장되어 있어 누구라도 임의로 수정할 수도 없고 누구라도 변경 결과를 열람할 수 있는 분산 컴퓨팅 기술 기반의 데이터 대변 방지 기술이다(위키피디아).

중국의 소셜커머스 업체인 메이투(Meitu)는 정품 확인을 위해 전자상거래 비즈니스에 블록체인 기술을 활용하고 있다. 가상화폐를 구현하는 블록체인은 거래 정보를 블록 단위로 보고 이를 차례대로 연결한 공공 거래 장부이다.

[그림 11-17] Meipai 앱

즉, 위변조가 불가능하기 때문에 보안이 매우 강하다는 장점이 있다. 또한, 모바일 앱 회사 메이투는 블록체인을 전자상거래 정품 확인과 SNS 구축에 적용할 예정이다. 이를 위해 SNS 방식의 영상 공유 앱인 '메이파이'에 블록체인을 기술을 적용하고 주로 화장품 및 패션 분야의 정품 확인에 응용할 계획이다.

2021년 사이버 위협 분석 및 2022년 전망 분석 보고서(과학기술정보통신부)에 따르면, AI · 메타버스 · NFT 등은 새로운 유형의 사이버 위협이 발생할 가능성이 높다. 이 기술들은 아직까지 보안체계가 제대로 잡혀 있지 않아서 보안상 취약점이 발생할 가능성이 크며, 새로운 소프트웨어 개발 과정에서 발생하는 개발자 실수와 설계상에서 보안이 고려되지 않아 발생하는 무결성, 인증체계 허점 등 사이버 위협을 초래할 수 있는 여건이 많다.

인공지능 분야에서는 학습을 방해하거나 오판 · 오인식을 유도하는 공격이 발생할 우려가 있다고 분석했다. 자율주행 자동차의 사물 · 교통신호 · 차로 인식기능을 방해하거나, 인공지능 성능을 떨어뜨리기 위해 오류가 있는 데이터를 지속 입력하는 등의 위협이 제기될 수 있다. 메타버스 분야에서는 사용자 정보 탈취, 시스템 마비 등을 노리는 공격이 발생할 수 있다. NFT 사업과 관련해서는 이용자 권한 탈취 후 부정 판매 등이 발생할 수 있다.

인공지능 학습의 기반이 되는 오픈소스 보안 위협 문제도 제기되었다. 2021년 12월 취약점이 드러난 Log4j 위협이 증가하고, 공급망 보안 위협 문제도 발생할 수 있다. Log4j는 프로그램 동작 과정에서 일어나는 일련의 기록을 남기기 위해 이용하는 오픈소스 프로그램으로 압축파일 안에 또 다른 압축파일이 있는 등 여러 단계로 구성된 자바 프로그램 특성상 하위단계에 있는 Log4j의 사용 여부를 파악하기까진 많은 시간과 자원이 필요하다.[6)]

NFT(대체 불가능 토큰)

메타버스가 본격화되기 시작하면서 주목받는 기술이 바로 **NFT(대체 불가능 토큰**, Non-Fungible Token)이다. NFT는 소유권이 불확실한 디지털 파일이나 자산을 블록체인 기술 기반으로 원작자 또는 소유주를 증명할 수 있는 기술이다. 즉, 사진, 영상과 같은 디지털 파일에 블록체인 기술을 통해서 증명(확인)서를 붙이는 기능이다. 각각의 디지털 파일에 대한 소유권(토큰)을 블록체인에 기록하고, 위 · 변조할 수 없는 상태로 보존하는 NFT가 메타버스 플랫폼에서의 다양한 거래를 활

6) http://www.aitimes.com/news/articleView.html?idxno=142158

성화시킬 수 있다. 또한, 디지털 콘텐츠를 NFT로 생성하여 거래한다면 고유번호가 붙은 자신만의 상품을 메타버스 환경에서 자유롭게 유통할 수 있다.

그러나 NFT는 토큰을 통해서 소유자나 거래 이력 등은 안전하게 보관할 수 있겠지만, 개인이 소유한 디지털 파일은 사용자 실수로 인해 원본 파일을 삭제하거나 해킹을 통해 원본이 변조될 가능성이 있다.[7]

7) https://www.boannews.com/media/view.asp?idx=103754

참·고·문·헌

강동호 외, 스마트폰 보안 위협 및 대응기술, 전자통신동향분석, 제25권, 3호, 2010

노규성 외, 전자상거래 & e-비즈니스, 사이텍미디어, 2009

노규성 외, 스마트시대의 전자상거래, 생능출판사, 2013

노규성 외, 빅데이터시대의 전자상거래, 생능출판사, 2015

노규성 외, 디지털트랜스포메이션시대의 전자상거래, 생능출판사, 2019

이원석, HTML5와 모바일웹, TTA Journal 128, 50-54, 2010

과학기술정보통신부 웹진, https://www.msit.go.kr/webzine/posts.do?postIdx=325

https://magazine.hankyung.com/money/article/202111158956c

https://www.hankyung.com/it/article/2021122897821

http://www.websoul.co.kr/accessibility/necessity.asp

https://business.adobe.com/kr/glossary/responsive-web-design.html

https://www.wisetracker.co.kr/blog/mobile-vs-app

http://www.aitimes.com/news/articleView.html?idxno=142158

연·습·문·제

1. 웹 사이트 구축 절차에 대하여 설명하라.

2. 성공적인 웹 사이트 구성요건에 대하여 기술하라.

3. 전자상거래 사이트의 바람직한 내비게이션 전략은 무엇인지 설명하라.

4. 웹 사이트 구축 절차를 크게 3단계로 구분하여 설명하라.

5. 보안 요구사항의 4가지를 서술하라.

6. 웹 내비게이션의 작성 목적 및 작성 내용을 구체적으로 설명하라.

7. 웹 사이트와 모바일 앱을 연동하여 경쟁우위를 확보하고 있는 사례를 제시하라.

8. 임대형 쇼핑몰 구축 시의 장점과 단점에 대하여 설명하라.

12

CHAPTER

전자지불관리

정보통신기술의 발전은 다양한 정보 제공은 물론 전자상거래, 전자정부, SNS(Social Network Service), 페이스북, 트위터, 블로그, 인스타그램, 핀터레스트 등 개인이 일상생활에서 필요로 하는 대부분의 서비스를 제공하고 있다. 이러한 인터넷 서비스에 대한 대가를 지불하는 방법에 있어서 지금까지는 전통적인 결제 서비스(인터넷뱅킹과 신용카드, 체크카드 등) 방법이 주로 사용되었지만, 최근에는 인터넷과 휴대폰을 통해 소액의 대가를 요구하는 서비스가 다양하게 제공되면서 소액 지불을 중심으로 전자화폐와 디지털화폐가 등장하게 되었다. 이 장에서는 전자상거래의 결제 수단으로 사용되는 전자화폐를 비롯하여 다양한 전자지불시스템을 이해하기 위하여 국내 · 외에서 사용되는 전자화폐 및 전자지불시스템의 사용 현황을 중심으로 살펴보고자 한다.

1. 전자지불관리시스템

1.1 전자지불관리시스템의 개념

전자지불관리시스템

상거래의 본질은 어떠한 상품이나 서비스와 그에 상응하는 경제적 가치 간의 교환이라고 할 수 있다. 따라서 인터넷상에서의 교환 가능한 경제적 가치를 마련하는 것이 전자상거래 활성화의 중요한 요소이다. 일반적인 상거래에서와 마찬가지로 전자상거래에서도 가격 협상 후 물건 대금을 지불하기 위한 방법을 선택해야 한다. **전자지불관리시스템**은 화폐가치나 화폐가치에 대한 정보를 부호화하여 전자 장치에 기록, 저장한 뒤 지급결제가 필요할 때마다 거래하는 상대방에게 화폐가치를 이전하거나 화폐가치에 대한 정보를 변경할 수 있도록 고안된 전자적 수단이나 시스템을 말한다(김정환 외, 2001). 전자지불의 유형은 전자 현금, 신용카드, 계좌이체, 가상계좌, 유선전화(ARS 등) 결제, 모바일(휴대폰, 스마트폰 등) 결제, EBPP 등이 있다. 자세한 내용은 2절에서 다루기로 한다.

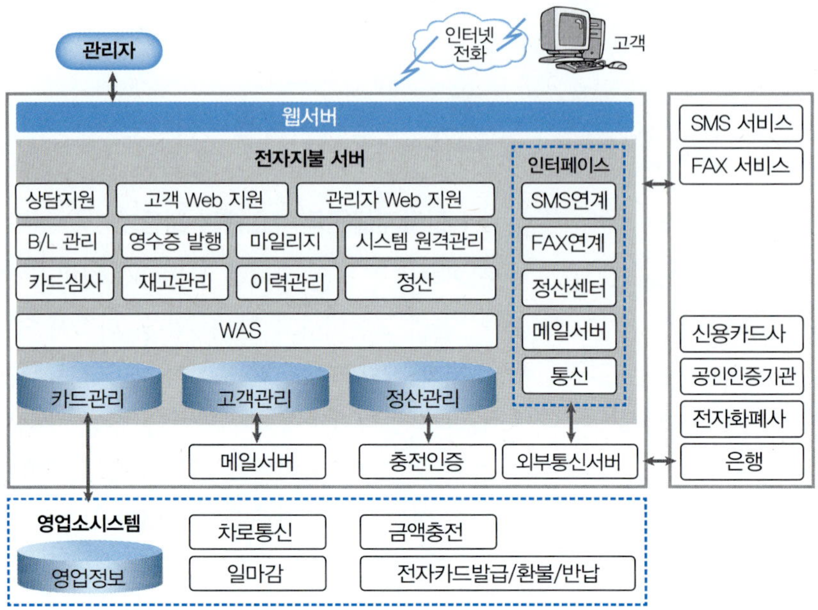

[그림 12-1] 전자지불시스템 구성도

*자료원: http://www.bigtel.net/product_eps.php

1.2 전자지불 게이트웨이(PG)

전자지불 게이트웨이(PG: Payment Gateway)

인터넷 등을 통한 전자상거래에서는 소비자가 어떠한 지불수단이라도 안전하고 편리하게 거래 대금 이체가 가능한 환경이 조성되면 전자상거래가 보다 활성화될 것이다. **전자지불 게이트웨이(PG: Payment Gateway)**는 이를 원활하게 이루어지도록 지원하는 대행 서비스이다. PG는 일반적으로 전자상거래에서 판매자를 대신해 계약을 맺고 구매자가 선택한 은행 신용카드 회사 및 통신사업자 등으로부터 대금을 지급받아 일정액의 수수료를 받고 판매자에게 지급해 주는 서비스를 의미한다. 전자지불 대행서비스는 PG로도 불리며, 결제수단의 종류에 따라 신용카드 대행서비스, 계좌이체 대행서비스, 그리고 휴대폰 지급 대행서비스 등으로 나누어진다.

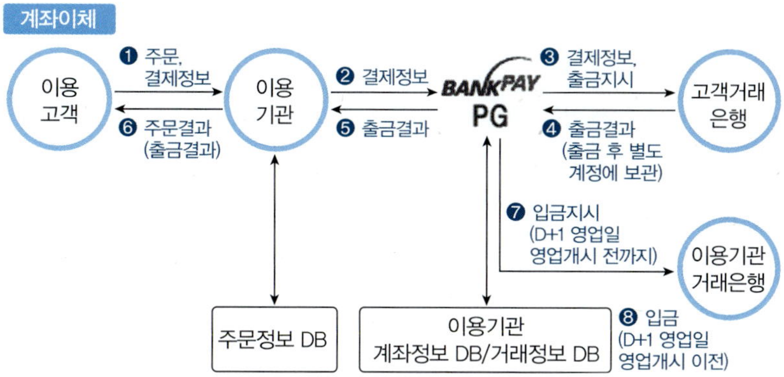

[그림 12-2] Payment Gateway

*자료원: http://www.bankpay.or.kr

대표적인 사례로서 BankPay 서비스는 금융공동망 운영기관인 금융결제원이 은행 및 다수의 금융투자회사와 함께 공동으로 제공하는 온라인 결제서비스이다.

이는 PG 서비스 이용기관에서 고객이 물품이나 서비스 구매 시 고객이 지정한 계좌에서 물품대금을 출금하여 쇼핑몰 등의 이용기관 계좌로 입금하는 계좌이체 기반의 결제서비스이다. BankPay PG 서비스는 쇼핑몰 이용기관의 물품 고객에게는 안전한 결제환경을 제공하고 쇼핑몰 등의 PG 서비스 이용기관 관리자에게는 편리한 정산 및 결제환경을 제공한다. 또한, 안전한 거래를 위해 공인인증서 기반의 결제서비스를 제공하며, PC 및 스마트폰, 태블릿 PC, TV 등 쇼핑몰에 접속하는 다양한 환경에 최적화된 결제서비스를 제공하고 있다.

BankPay 서비스의 흐름은 다음과 같이 8단계로 이루어진다.

- 고객이 쇼핑몰 등 PG 서비스 이용기관에 접속하여 물품 및 서비스 대금의 결제 요청 → 고객이 결제 요청 시 고객의 계좌정보를 암호화하여 송신하기 위한 계좌이체 전자지갑을 고객 PC에 다운로드 → 고객이 전자지갑 창에 출금하고자 하는 출금계좌정보를 입력한 후 공인인증서로 전자 서명하여 결제 요청
- PG 서비스 이용기관은 고객이 입력한 결제정보를 암호화한 데이터와 이용기관의 기타 정보를 조합하여 금융결제원 PG 서버로 결제 요청
- 금융결제원은 고객의 출금 금융기관으로 출금 지시를 송신하여 실시간으로 계

좌 출금 요청

- 출금 금융기관으로부터 실시간으로 출금 요청 처리 결과 수신
- 금융결제원 PG 서버는 이용기관 앞으로 실시간으로 출금 요청 처리 결과 송신
- 이용기관은 고객에게 주문/결제 처리 결과를 화면에 출력
- 금융결제원은 출금일 익영업일에 이용기관의 거래은행에 입금 지시 송신
- 이용기관의 거래은행은 출금일 익영업일에 이용기관의 입금계좌로 결제금액 입금

1.3 유형별 전자지불수단과 그 기능

디지털 기술의 발달로 우리의 일상생활에 많은 변화가 오고 있다. 특히, 예금, 대출, 세금 납부와 같은 은행 업무를 창구에 직접 찾아가지 않고, 인터넷(유선, 무선) 등 네트워크를 통해 해결할 수 있음은 물론 상품을 구매하면서 검색 → 주문 → 계약 → 대금 결제 등 일련의 과정을 컴퓨터 및 관련 장치를 이용하여 서류나 실물의 이동 없이 디지털 방식으로 처리할 수 있는 등 경제 활동에 미치는 영향이 증대하고 있다. 이러한 경제 패러다임의 변화는 전자 화폐 또는 디지털 화폐와 같은 보다 안전하고 편리한 결제 수단의 출현을 가져오게 했으며, 전자상거래에서 교환 가능한 경제적 가치를 제공하는 전자지불시스템은 매우 중요한 요소 중의 하나가 되었다.

2021년 상반기 중 지급카드 이용 규모(일평균 2.7조 원)는 전년 동기 대비 8.4% 증가하였다. 상반기 중 소비 회복 움직임 등으로 신용카드(전년 동기 대비+10.2%) 및 체크카드(+5.4%) 이용 규모가 모두 증가하였다. 그러나 선불카드 이용 규모는 전년 동기 대비 66.8% 감소하였다. 2020년 5월 전 국민 재난지원금(14.3조 원) 일부가 선불카드로 지급되면서 2020년 상반기 중 이용 규모가 급증(2019년 중 25억 원 → 2020년 상반기 중 250억 원, 일평균 기준)한 데 따른 기저효과이다(한국은행, 2021).[1]

---

1) 한국은행 공보 2021-09-12호, "2021년 상반기 중 국내 지급결제동향"

〈표 12-1〉 종류별 지급카드 이용 규모(일평균)[1), 2)](십억 원, %)

	2019	2020				2021	
		상반기	(증감률)	하반기	(증감률)	상반기	(증감률)
신용카드[3), 4)]	1,967	1,908	(-1.2)	2,012	(0.5)	2,102	(10.2)
개인	1,546	1,504	(-0.6)	1,569	(-0.6)	1,637	(8.9)
법인	421	404	(-3.2)	443	(4.6)	465	(15.2)
체크카드[4)]	532	532	(2.1)	549	(0.9)	561	(5.4)
선불카드	2.5	25.0	(991.3)	9.0	(244.4)	8.3	(-66.8)
기 타[5)]	2.4	2.3	(4.5)	2.2	(-15.6)	2.7	(13.8)
합 계	2,504	2,467	(0.5)	2,572	(0.8)	2,674	(8.4)

주: 1) 개인 및 법인 지급카드(국내 외 가맹점) 금액(일평균), 승인 후 취소분을 제외한 결제 기준
2) ( ) 안은 전년 동기 대비 증감률, 3) 현금서비스 제외, 4) 국외 사용분 포함, 5) 현금IC카드, 직불카드

*자료원: 전업카드사 및 카드업 겸영 은행, 금융투자회사, 금융결제원 등

코로나19 확산에 따른 외부활동 자제 등으로 2021년 상반기 중 모바일기기(스마트폰) 등을 통한 비대면 결제[2)](일평균 1.0조 원, 잠정치)가 큰 폭으로 증가(전년 동기 대비+23.4%)한 가운데, 대면 결제도 소폭 증가(+2.8%)하였다. 전체 결제 중 비대면 결제 비중이 지속적으로 확대되는 가운데 2021년 상반기 중에는 그 비중이 41.2%를 기록하였다.

접근 기기별로 살펴보면, 실물카드를 이용한 결제 규모는 소폭 증가(전년 동기 대비+2.2%)한 반면, 모바일기기 등을 이용한 결제 규모는 큰 폭으로 증가하였다. 모바일 기반의 비대면 결제뿐 아니라 대면 결제의 경우에도 결제 단말기(카드 단말기, QR 코드 등)에 실물카드 대신 모바일기기를 접촉하는 결제방식이 확산되고 있다.

2) BIS 통계편제기준인 'Device-Not-Present' 결제로서 PC 등을 이용한 온라인 쇼핑몰 결제 등 비대면 거래뿐 아니라 모바일기기 등을 통해 거래 현장에서 단말기 접촉 없이 이루어지는 결제 포함

〈표 12-2〉 결제 형태별 이용 규모[1] 및 증감률[2]
(십억 원, %)

2021년 상반기		접근(Access) 기기		
		실물 카드	모바일 · PC 등[3]	총계
방식	대면	1,271	140	1,411
		(2.2)	(8.9)	(2.8)
	비대면	-	988	988
			(23.4)	(23.4)
	총계	1,271	1,128	2,400
		(2.2)	(21.4)	(10.4)

주: 1) 개인 및 법인 신용 · 체크카드(국내 가맹점) 금액 (일평균) 기준(잠정치)
2) ( ) 안은 전년 동기 대비 증감률
3) ARS, 생체 인식 등 포함

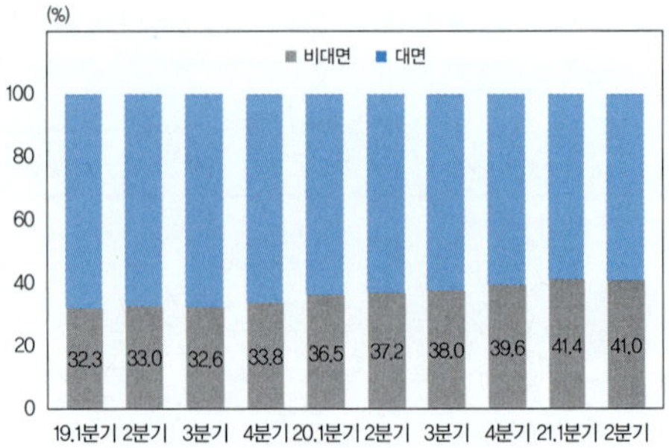

주: 1) 개인 및 법인 신용 · 체크카드(국내 가맹점) 금액 (일평균) 기준(잠정치)

[그림 12-3] 대면 및 비대면 분기별 결제[1] 비중

본인 인증 방식별로 살펴보면, 모바일기기 등을 통한 결제(일평균 1.1조 원)에서 카드 기반 간편결제 서비스[3]를 이용한 비중이 지속적으로 확대되면서 2021년 상반

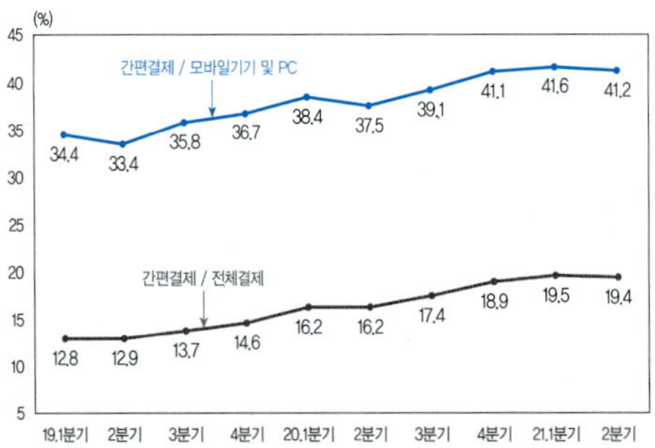

주: 1) 개인 및 법인 신용 · 체크카드(국내 가맹점) 금액 (일평균) 기준(잠정치)

[그림 12-4] 카드 기반 간편결제 서비스 이용 비중[1]

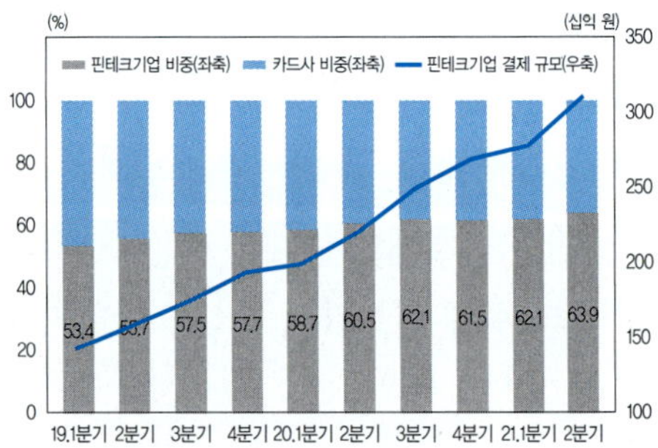

주: 1) 카드사를 제외한 ICT 업체 등
2) 개인 및 법인 신용 · 체크카드(국내 가맹점) 금액 (일평균) 기준(잠정치)

[그림 12-5] 핀테크 기업[1] 제공 카드 기반 간편결제 서비스 이용 현황[2]

3) 카드 정보를 모바일기기 등에 미리 저장해 두고, 거래 시 간편 인증 수단(비밀번호 입력, 지문 인식 등)을 이용해 결제하는 서비스(간편결제 이외의 방식으로는 카드번호, 카드 유효기간, CVC 번호 등으로 본인을 인증하여 결제하는 방식이 있음)

기 중에는 그 비중이 41.4%를 차지하였다. 또한, 카드 기반 간편결제 서비스 중 핀테크 기업이 제공하는 서비스를 이용한 비중이 63.0%에 달하는 등 그 비중이 지속적으로 확대되고 있다.

2021년 상반기 중 소액결제망을 통한 계좌이체 규모는 일평균 84.5조 원으로 전년 동기 대비 21.8% 증가하였다. 대면 금융거래 선호, 주식 투자자금 유입 등에 따라 인터넷뱅킹(모바일뱅킹 포함)을 중심으로 전년 동기 대비 22.8% 증가하였으며, 타행환공동망(전년 동기 대비 +11.4%) 등을 통한 이체 규모가 증가한 반면, CD 공동망(−9.1%)을 통한 이체 규모는 감소하였다. 2019년 12월에 신규 가동한 오픈뱅킹 공동망의 이체금액은 일평균 0.7조 원으로 그 규모는 크지 않으나 꾸준히 증가하고 있는 추세이다.

〈표 12-3〉 소액결제망을 통한 계좌이체 규모(일평균)[1](조 원, %)

	2019	2020				2021	
		상반기	(증감률)	하반기	(증감률)	상반기	(증감률)
전자금융공동망[2]	54.8	62.0	(16.8)	68.5	(21.1)	76.1	(22.8)
(인터넷뱅킹)[3]	25.1	27.7	(13.0)	31.6	(22.9)	36.3	(31.2)
(펌뱅킹)[4]	21.8	24.8	(18.6)	26.4	(17.0)	28.9	(16.7)
기타	7.0	7.4	(8.2)	7.7	(11.0)	8.4	(13.6)
(지로시스템)	1.0	1.1	(0.4)	1.0	(1.8)	1.1	(4.1)
(타행환공동망)	4.7	5.1	(8.2)	5.3	(13.6)	5.6	(11.4)
(CD공동망)[5]	0.6	0.6	(−11.3)	0.6	(−11.2)	0.5	(−9.1)
(오픈뱅킹공동망)[6, 7]	0.2	0.3	−	0.4	(121.1)	0.7	(164.4)
합 계	61.8	69.4	(15.9)	76.2	(20.0)	84.5	(21.8)

주: 1) ( ) 안은 전년 동기 대비 증감률

2) 타행이체 기준

3) 모바일뱅킹 포함

4) 급여지급, 대금결제 등의 업무를 처리하는 법인용 금융거래시스템

5) CD · ATM을 이용한 자금이체로 현금 입 · 출금서비스 제외

6) 2019년 12월 18일 전면 시행

7) 입 · 출금 합계 기준

*자료원: 금융결제원

본 절에서는 전자상거래의 결제 수단으로서 사용되는 전자화폐 및 다양한 전자 결제 수단에 대하여 살펴보고자 한다.

1.3.1 전자지불수단 분류 방식

전자지불수단은 가치저장 형태, 카드통신 방식으로 분류해 볼 수 있다.

(1) 가치저장 형태

먼저 전자지불수단은 그 가치저장 형태에 따라 IC카드형(Integrated Circuit Card)과 네트워크형(Network)로 나눌 수 있다. IC카드형의 경우 외형상은 신용카드와 같으나 IC칩을 내장하고 있어 고도의 성능과 다양한 기능을 겸할 수 있기 때문에 흔히 스마트카드(smart card)라고도 부르는데 영국의 몬덱스나 미국의 비자캐시[4] 등이 여기에 속한다.

(2) 전자화폐 발행현황

전자화폐

국내 **전자화폐**는 2000년 처음 도입된 이후 2007년 말 기준 1,010만 장의 IC카드형 전자화폐가 발행, 보급되었다. 도입 당시 5개 사가 전자화폐 사업을 의욕적으로 추진하였으나 2022년 현재는 2개만이 남아 영업을 계속하고 있다.[5] 2022년 현재 국내에 유통되는 진자화폐는 (주)마이비의 마이비(캐시비[6]), 한국스마트카드의 티머니 2종류가 있다. 그러나 다른 지급수단(신용카드, 직불카드, 가상화폐 등)과 차별화된 서비스를 제공하지 못해 활성화에 실패하였다. 2022년 2월 기준으로 금융기관의 공동 전자화폐인 mybi, T-Money만 수익을 내고 있다.

1.3.2 전자지불수단의 기능

(1) 현금지갑카드 및 전자종합 통장의 기능

일정한 금액의 가치를 현금과 동일하게 사용할 수 있는 현금지갑카드의 기능을 하며, 기존의 선불카드 서비스와는 달리 자신의 은행 계좌에 현금을 재입금함으로써 반복 사용이 가능하다. 카드 내에 많은 정보가 저장될 수 있기 때문에 여러 가지 통장을 한꺼번에 수용할 수 있으며, 통장과 도장을 소지하지 않고서도 입출금 거래를

4) 현재는 서비스를 제공하지 않음

5) 금융기관의 공동 전자화폐인 K-Cash는 2020년 12월 15일에 서비스를 종료함

6) 현재 마이비 카드는 신규 발급이 불가능하며, 캐시비 카드로 발급됨

할 수 있는 전자종합통장의 기능도 부수적으로 수행할 수 있다.

(2) 신용, 선불, 직불의 기능

전자화폐는 기존의 자기 띠(Magnetic Stripe) 대신 IC칩을 내장하기 때문에 기존의 선불카드에서 발전하여 신용, 선불, 직불의 기능을 모두 포함한 서비스를 제공할 수 있다. 대체로 고가의 대금 지급에는 신용카드 기능, 중가의 대금 지급에는 온라인 직불카드 기능, 소액 거래에는 오프라인 직불 및 선불카드 기능을 이용하여 대금을 지급하고 있다.

1.4 전자지불 특징

전자지불의 특징은 다음과 같다.

첫째, 기존의 결제방법보다 매우 편리하다. 기존의 상거래에서는 상품이나 서비스를 구매한 후 대금 결제를 실물 화폐로 하였다. 그러다 보니, 도난이나 분실의 위험성은 항상 존재하였다. 그러나 전자 지불은 직접 화폐를 들고 다니지 않아도 물건이나 서비스를 구매한 후 대금을 지불할 수 있다는 편리함이 있다.

둘째, 인증서 등으로 안정성이 보장되어 있다. 실물 화폐의 경우도 위조지폐를 제외하고는 안정성이 보장되어 있다. 그러나 전자지불은 실물 화폐가 아니기 때문에 안정성에 대한 우려가 있었다. 그러나 전자서명, 암호화 기술 등의 발전으로 인해 다른 지불 수단(실물 화폐)보다도 안전하다고 할 수 있다.

셋째, 다른 지불 수단보다 전자지불수단은 제한된 사용자만이 사용할 수 있다. 일반적으로 실물 화폐의 경우는 불특정 다수가 사용자이다. 이로 인해 실물 화폐가 범죄에 사용되거나 은닉되는 등의 부정 사용에 있어 많은 문제점이 발생하였다. 그러나 전자지불은 제한된 사용자만이 사용이 가능하기 때문에 부정 사용을 막을 수 있는 장점이 있다.

넷째, 개인정보가 타인에게 노출되어서는 안 되는 익명성을 가지고 있다. 실물 화폐(천 원권, 만 원권, 오만 원권)의 경우는 일반적으로 개인정보가 타인에게 노출이 되지 않는다. 왜냐하면 불특정 다수가 사용하기 때문에 현금의 유통이나 흐름을 파악하기가 어렵다. 전자지불도 이와 마찬가지로 개인의 정보가 다른 사람에게 노출이 안 되는 익명성을 가지고 있다.

2. 전자지불수단의 유형

전자지불의 유형은 분류기준에 따라 여러 가지 형태로 구분할 수 있다. 이 절에서는 전형적인 전자지불수단과 P2P 전자지불 및 모바일 결제로 구분해 설명하고자 한다.

〈표 12-4〉 전자지불수단의 유형

전자지불수단의 유형		내용
전자화폐		전자적인 매체를 통해 지급, 결제, 가치 이전 등 현금 본연의 기능을 수행
신용카드기반		카드사와 연계된 온라인 벤사업자로 안정적인 신용카드 승인 및 매입처리 지원
전자수표		현실 세계에서 사용되고 있는 종이로 된 수표를 그대로 인터넷상에서 구현
전자자금이체		인터넷을 이용하여 전자 자금을 이체하는 방식
전자어음		인터넷상에서 상품이나 서비스를 구매하고 사이버 어음으로 결제를 해주는 서비스 또는 발행인, 수취인, 금액 등의 어음 정보가 전자 문서 형태로 작성된 약속된 어음
전자상품권		플라스틱 카드 형태를 가진 실물상품권으로 발행, 판매, 회수, 정산, 폐기 등의 일련의 과정을 전자적인 방법으로 관리하는 상품권
상품권 결제		상품권(문화, 도서문화, 게임문화 등)을 온라인에서 결제 대금으로 사용할 수 있도록 지원
EBPP (Electronic Bill Presentment & Payment)		세금이나 요금 청구서를 인터넷을 통해 보내고 인터넷을 통하여 대금을 결제 지원
티머니(T-money)		교통 카드 및 전자화폐로 사용할 수 있는 스마트 카드
P2P 전자지불결제		이메일(e-mail)을 통해 개인이 타인에게 송금할 수 있도록 하는 결제 수단
모바일 결제	휴대폰	국내 모든 이동통신사의 휴대폰 번호와 SMS 인증번호를 통한 결제 지원
	스마트폰	국내 모든 이동통신사의 휴대폰 번호와 SMS 인증번호를 통한 결제의 기능과 스마트폰을 통한 결제 지원, 금융기관의 참여여부에 따라 직접 및 간접 결제 방식으로 구분
유선전화결제 (ARS)		일반 유선전화를 이용하여 결제 대금을 청구금액에 과금하는 결제 지원

*자료원: http://ecredit.uplus.co.kr 수정 및 보완

2.1 전형적인 전자지불수단

2.1.1 전자화폐

(1) 전자화폐의 이해

전자화폐(Electronic Money)

전자화폐(Electronic Money)는 많은 사람이 Electronic Money, Cyber Money, Ecash, K-Cash 등 다양한 이름으로 부르고 있기는 하지만, 확실한 정의는 존재하지 않는다. 전자화폐라는 용어는 1990년대 중반 유럽중앙은행(ECB), 국제결제은행(BIS) 등에서 사용하기 시작하였다. ECB는 기술적 장치에 화폐 가치를 전자적으로 저장한 소지 인식 선불 지급 수단이라고 정의하였으며, BIS는 사용자가 가지고 있는 전자 장치에 저장된 선불카드 또는 소프트웨어 등으로 정의하고 있다. 이를 종합해 보면, 전자화폐란 전자적인 매체를 통해 지급, 결제, 가치 이전 등 현금 본연의 기능을 수행할 수 있는 수단으로 정의할 수 있다.

금융결제원에 따르면, 현금의 가치를 IC칩이 내장된 금융 카드에 미리 충전한 후, 상품 구매 또는 서비스 이용 시 지불해야 할 대금을 카드에 충전된 금액에서 차감하는 방식으로 사용하는 선불형 지급결제카드 서비스를 전자화폐로 정의하고 있다.

(2) 전자화폐 도입 효과

전자화폐의 효과는 고객의 편리성 향상, 거래 안정성의 제고 및 화폐 효율성의 제고 등으로 구분할 수 있다.

① 고객의 편리성 향상

첫째, 사용자는 현금을 찾거나 은행을 통할 필요 없이 현금 거래를 원활히 할 수 있다. 은행이 전자화폐를 고객에게 발급하면 고객은 집 또는 사무실에서 개인용 PC, 휴대폰, 스마트폰 등을 통하여 언제든지 자신의 계좌에 접속하여 금액으로 표시된 가치 정보를 인출하거나 입금 및 송금을 할 수 있다. 사용자는 원격지에서 판매자의 단말기와 전자화폐를 온라인으로 연결하여 물품 및 서비스의 구매 대금을 결제할 수 있다.

둘째, 사용자는 전자화폐를 사용함으로써 편리하고 신속한 거래가 가능해진다. 전자화폐는 오프라인 거래가 이루어짐으로써 신용카드나 온라인 직불카드보다 거래 처리 시간이 단축된다. 전자화폐는 잔돈을 소지할 필요가 없으므로 소비자 및 판매자가 현금을 취급하는 데 드는 시간과 비용을 절감할 수 있다. 또한, 금액을 필요한 만큼 재충전하여 사용할 수 있고 타인의 카드에 금액을 이체할 수 있다.

② 거래 안정성의 제고

첫째, 전자화폐는 기존의 자기 띠 대신에 IC칩을 사용하여 위조, 변조 및 부정 사용 등이 거의 불가능하기 때문에 대금 지급의 확실성이 보장된다. 전자화폐는 자체에 기억 장치 및 처리 장치가 내장되어 있기 때문이다.

둘째, 전자화폐는 거래의 안정성을 위한 보안 대책을 강구할 수 있다. 전자화폐는 가치 저장 시 비밀번호를 사용하며, 전자화폐를 사용할 때 가치의 위조 및 변조를 방지하기 위하여 입출력되는 모든 정보를 암호화할 수 있다.

셋째, 전자화폐는 부정 사용의 추적을 위하여 저장된 가치가 익명으로 사용되더라도 가치 사용자 또는 사용한 카드의 추적이 가능하도록 저장된 가치에 전자서명 또는 카드 번호를 부여한다.

③ 화폐 효율성의 제고

첫째, 전자화폐 발행자들은 전자화폐의 이용 내지 도입으로 현금 취급 비용을 절감할 수 있고, 카드의 부정 사용으로 인한 손실을 줄일 수 있으며, 나아가 수수료 수입을 증대시킬 수 있다. 특히, 범용 선불 전자화폐의 경우 자금이 전자적 가치로 저장되어 있는 동안 유동자금에 대한 이자소득을 향유할 수 있다. 전자화폐의 발급 및 사용이 급증하게 되면 이러한 유동자금에 대한 이자소득 역시 급증할 것으로 보인다. 사용자에 대한 신용정보조회 없이도 익명으로 사용이 가능하기 때문에 사용자의 신용 상태에 대한 프라이버시 정책이 더욱 강화되어야 한다.

둘째, 판매자의 경우 전자화폐는 대금 지급 시 오프라인으로 사용되기 때문에 온라인 직불카드 및 신용카드보다 적은 거래 수수료가 든다. 장표를 이용하여 대금을 결제하는 신용카드보다 거래 처리 비용을 절감하여 신속성이 보장된다.

셋째, 전자화폐의 사용은 판매점의 피고용인에 의한 판매 대금 횡령, 절도 및 도난의 위험을 감소시켜 준다. 판매점 단말기에 집적된 전자적 가치는 점포주만이 관리할 수 있어서 현찰의 경우 발생할 수 있는 부정한 손실을 방지할 수 있다.

넷째, 판매자의 IC 카드상의 판매자가 메모리 영역을 이용하여 새로운 소비자

프로그램을 개발할 수 있으므로 새로운 고객의 확보가 가능하다.

(3) 디지털 화폐(Digital Currency)

디지털 화폐(Digital Currency)
가상화폐(virtual currency)
암호화폐(cryptocurrency)

디지털 화폐는 컴퓨터에 보관하여 사용하거나 네트워크상에서 사용하기도 하는데, IC카드에 금전적 가치를 디지털화하고 암호화된 형태로 저장하여 휴대 사용이 가능한 화폐를 말한다. 따라서 디지털 화폐는 전자화폐(electronic currency), **가상화폐(virtual currency)**, **암호화폐(cryptocurrency)** 등을 모두 포함하는 개념이다.

디지털 화폐는 전자화폐(electronic money)와는 혼용되어 사용되기도 하지만, 전자화폐는 우리나라의 전자금융거래법에 따르면 현금 또는 예금과 동일한 가치로 교환되어 발행된다. 또한, 발행 주체인 금융회사 또는 전자금융업자가 현금이나 예금으로 교환할 수 있게 보장한다는 점에서 디지털 화폐보다 한정된 개념을 갖는다. 그러나 전자화폐는 디지털 화폐보다는 좁은 개념이라고 보면 된다.

그리고 가상화폐는 전자화폐와 달리 발행 주체가 금융회사나 전자금융업자가 아니라 기업이다. 가상화폐는 가상화폐를 구입하려고 지불한 돈에 해당하는 가치를 지니며, 발행 기업의 서비스 내에서만 통용되는 한계가 있다. 가상화폐에는 누리소통망 서비스(SNS의 우리말)에서 활동에 대한 경제적 보상으로 활용되는 소셜 화폐와 인터넷 쿠폰, 모바일 쿠폰, 게임 머니 등이 있다.

암호화폐는 관리 주체가 되는 중앙기관이 없는 화폐로서 다른 화폐와는 달리 가치가 고정되어 있지 않고 수요와 공급에 따라 변동한다. 대표적으로 비트코인, 이더리움, 리플 등이 있다(TTA 정보통신용어사전).

〈표 12-5〉 전자화폐와 가상화폐, 암호화폐의 비교

	전자화폐	가상화폐	암호화폐
발행 주체	금융회사 전자금융업자	기업	×
전자금융거래법 적용	○	×	×
사용처	온 · 오프라인 매장	가상공동체(인터넷 커뮤니티)	온 · 오프라인 매장
종류	페이팔, 삼성페이, 카카오페이, 네이버 페이 등	인터넷/모바일 쿠폰, 게임 머니	비트코인, 이더리움

CBDC(Central Bank Digital Currency)

(4) CBDC(Central Bank Digital Currency)

CBDC는 무형의 온라인 화폐로서 국가의 화폐 단위를 그대로 사용한다. 은행 계좌가 필요한 모바일이나 온라인 결제와 달리 개인 간 전자지갑(디지털 화폐 저장 프로그램)을 통해 돈을 바로 주고받을 수 있다. 각국 중앙은행들은 현금 사용 감소, 디지털 경제로의 전환과 같은 시대적 변화에 대응하기 위해 CBDC 연구에 속도를 내고 있다. 비트코인과 같은 가상자산에 맞서 독점적인 화폐 발행기관으로서 권위를 수성해야 한다는 차원에서도 중앙은행들은 CBDC에 관심을 기울이고 있으며, 2021년 국제결제은행(BIS)의 관련 실태 조사에 응한 65개국 중앙은행 가운데 86%가 CBDC에 대한 연구 내지 검증을 진행하고 있다.

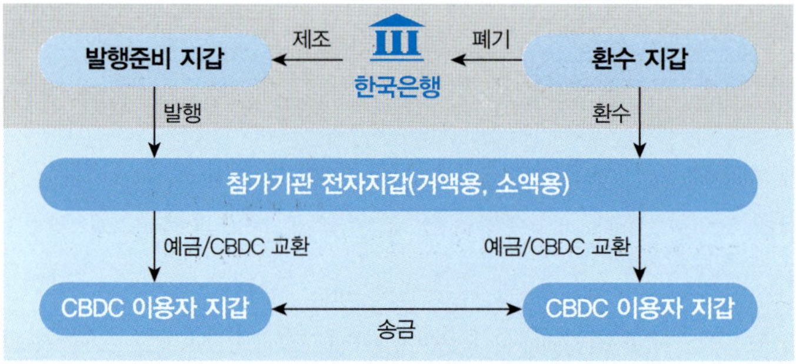

[그림 12-6] 한국은행 CBDC 발행 유통 흐름

CBDC는 은행을 비롯한 금융회사를 중간에 거칠 필요가 없다는 점에서 결정적으로 다르다. 개인과 기업 사이에 또는 개인끼리 전자지갑에서 CBDC를 보내주고 받으면 된다. 지폐 1만 원 권을 개인끼리 건네는 것과 똑같이 중앙은행이 발행한 디지털 화폐를 주고받는 것이다. 모바일 · 온라인 결제는 누가 거래하느냐에 따라 신용도에 의해 결제할 수 있는 액수 등의 제약이 있고 어떤 경우는 아예 결제가 막히기도 한다. 하지만 CBDC는 신용도와 무관하다는 특징이 있다.[7]

현재 CBDC를 정식 도입한 국가는 바하마, 나이지리아, 동카브리해 7국 연합이며, 시범 운영 국가는 중국, 우크라이나, 우루과이, 모의 실험은 한국, 일본, EU, 러시아, 스웨덴, 터키, 기초 연구는 미국, 영국, 캐나다, 호주, 노르웨이, 태국에서

7) https://www.chosun.com/economy/economy_general/2022/01/25/N2GJICJ6IRD2NL47LNMCABPPQE/

이루어지고 있다.

2.1.2 네트워크 기반 신용카드 지불

네트워크를 통한 신용카드 지불은 기본적으로 기존의 실세계에서 신용카드로 지불하는 것과 거의 같다. 인터넷상에서는 그 특성상 유통되는 상품 중에는 상당히 적은 액수의 상품이 많이 있는데, 이러한 상품들의 거래를 위해서는 트랜잭션 비용의 절감이 필수적이다. 온라인상에서 상품, 디지털 콘텐츠, 서비스 등을 구매하고 카드 결제가 가능하도록 지원하며, 국내 전 카드사와 해외 카드의 결제가 가능하다.

구매자가 카드 결제를 이용하기 위해서는 본인을 확인하기 위한 인증 절차를 거쳐야 한다. 각 카드사에서는 ISP(국민, BC카드), 안심클릭 인증 등을 통해 안전결제 서비스를 제공하고, 공인인증서의 인증방식을 따른다. 또한, 카드사에 따라 선포인트 할인 서비스를 제공한다. 선 포인트 할인 서비스란 카드로 구매하는 고객에게 카드사가 약정된 금액만큼의 할인을 우선 지원하고, 고객은 그 할인받은 만큼의 금액을 매월 이용 실적별 적립되는 포인트를 이용하여 상환하는 방식을 말한다. 이외에도 각 카드사는 카드 포인트 결제 서비스를 제공하고 있다.

2.1.3 전자수표

현실 세계에서 사용되고 있는 종이로 된 수표를 그대로 인터넷상에서 구현한 것이 **전자수표**이다. 전자수표의 사용자는 은행에 신용 계좌를 가진 사용자로 제한된다. 이 시스템은 발행자와 인수자의 신원에 대한 인증을 반드시 해야 하는 문제를 갖고 있다. 여기에 여러 가지 보안 기법들이 사용되고 있는데 이 때문에 거래 처리 비용이 많이 든다. 그러나 전자수표는 상당히 큰 액수의 거래, 즉 기업과 기업 간의 상거래에 대한 지불 수단으로서 적합하며, 종이로 된 실세계의 수표보다는 처리 비용이 적기 때문에 종이 수표를 쓰는 것보다는 적은 액수의 지불에서도 사용이 가능하게 될 것이다. 전자수표

2.1.4 전자자금이체

최근 인터넷을 기반으로 한 가상은행들이 생겨나고 있다. 인터넷 가상은행은 모든 것을 웹상에서 사용자와 인터페이스하여 운영되고, **전자자금이체**를 이용한 지불 방식은 현재도 홈뱅킹이나 ATM 기기로도 가능하다. 가상은행이 홈뱅킹이나 전자자금이체

ATM보다 편리한 점은 좀 더 폭넓은 서비스를 시간이나 공간의 제약 없이 제공할 수 있으며, 인터넷을 이용한 프로세스 처리가 무척 값싸기 때문에 수수료가 훨씬 적거나 없다는 점이 장점이다.

(1) 가상계좌 입금

가상계좌(무통장입금)는 고객이 원하는 은행을 선택한 후 일회용 계좌를 발급받아 인터넷뱅킹, 폰뱅킹, ATM을 통해 입금해야 하는 것으로 금액과 계좌번호가 일치해야 입금이 이루어지는 결제 방식이다.

(2) 유선전화 결제(ARS 포함)

집 전화를 이용하여 인증 및 결제하고 집 전화 요금에 합산 청구하여 결제대금을 회수하는 결제 서비스 방식이다. 통신사의 한도 정책으로 전화번호 및 1회 한도는 30만 원이며, 법인 명의 전화, 미납 상태 전화 등은 이용이 제한된다.

2.1.5 전자어음

전자어음

전자어음이란 기존의 어음과 같이 인터넷상에서 상품이나 서비스를 구매하고 최장 90일 이내에 사이버 어음으로 결제를 해주는 서비스 또는 발행인, 수취인, 금액 등의 어음 정보가 전자문서 형태로 작성된 약속된 어음이다. 이미 세계적인 기업에서는 대부분 이러한 전자어음을 사용하고 있으며, 국내에서는 1999년 서비스를 처음 시작했다.

2021년 상반기 중 어음 · 수표 결제금액은 일평균 18.8조 원으로 전년 동기 대비 6.6% 증가하였다. 5만 원권 지폐 이용 확대 등으로 감소세가 지속되고 있으며, 전자어음을 중심으로 7.4% 증가하고 있다.

〈표 12-6〉 어음 · 수표 결제금액(일평균)[1](십억 원, %)

	2019	2020				2021	
		상반기	(증감률)	하반기	(증감률)	상반기	(증감률)
자기앞수표	1,455	1,408	(-9.4)	1,270	(-6.6)	1,297	(-7.9)
(정액권)	119	102	(-20.6)	100	(-8.4)	100	(-2.2)
(비정액권)	1,336	1,306	(-8.4)	1,170	(-6.4)	1,197	(-8.3)
어음 등	13,175	13,693	(4.1)	14,546	(10.2)	14,707	(7.4)
(약속어음)	2,780	2,670	(1.7)	2,388	(-18.4)	2,319	(-13.1)
(당좌수표)	9,036	9,471	(1.0)	9,001	(3.4)	9,002	(-5.0)
(전자어음)[2]	1,262	1,467	(40.1)	3,079	(109.5)	3,291	(124.3)
기타증서[3]	2,637	2,561	(0.1)	2,972	(9.6)	2,817	(10.0)
합 계	17,267	17,662	(2.3)	18,788	(8.8)	18,821	(6.6)

주: 1) ( ) 안은 전년 동기 대비 증감률

2) 금융중개지원대출 담보용 전자어음 제외

3) 우편환증서, 콜자금결제통지서, 유가증권원리금영수증 등

*자료원: 금융결제원

2.1.6 전자상품권

전자상품권은 경제 자율화를 위한 규제 개혁의 일환으로 상품권법이 폐지됨에 따라 등장했다. 이때 유통업체와 제조업체들은 물론 외식업과 일반 소매점들도 상품권을 발행할 수 있게 되었는데, 특히 인터넷을 활용한 전자상거래가 활성화되면서 상품권을 사이버 공간에서 사고파는 형태의 매매와 함께 더 나아가 전자상품권이 나오게 된 것이다. 전자상품권이란 플라스틱 카드 형태를 가진 실물 상품권으로 발행, 판매, 회수, 정산, 폐기 등의 일련의 과정을 전자적인 방법으로 관리하는 상품권을 의미한다. 상품권 발행 원가 및 운영관리 편리성에서도 지류상품권과 대비해서 탁월한 효과가 있으며, 직접적인 매출 증가와 다양한 프로모션을 전개할 수 있는 결제수단이다. 전자상품권은 지류상품권과 마찬가지로 여러 가지 형태의 종류로 발행된다. 발행자가 상품권에 기재된 금액에 대한 대가를 미리 받고 일반 소비자들에게 전자상품권을 제공하면 해당 상품권을 사용하여 발행자 또는 발행자가 지정하는 가맹점에서 물품을 구입하고 서비스를 제공받을 수 있게 되는 것이다.

전자상품권

〈표 12-7〉 지류상품권과 전자상품권의 비교(온누리상품권)

구분	지류상품권	전자상품권
결제방식	현금과 동일하게 사용	카드단말기를 통해 횟수에 제한없이 잔여금액만큼 결제 가능
구매한도 및 할인율	개인할인 한도: 1일 30만 원, 월 300만 원	개인할인 한도: 1일 30만 원, 월 300만 원
	법인: 한도 없음 (법인은 할인 적용이 안 됨)	법인: 법인의 신용카드 한도의 50% (법인은 할인 적용이 안 됨)
판매처	새마을금고, 우체국, 신협, 기업은행, 부산, 광주, 전북, 경남, 대구은행 등	기업은행, 경남은행, 부산은행, 대구은행, 신협, 농협은행 등
액면금액	5천 원권, 1만 원권	5만 원권, 10만 원권
온라인 사용	불가	가능(온라인 사용은 추후 확대 예정임)
결제가능 수단	개인: 현금, 공무원 복지카드	지류상품권과 동일
	법인: 현금, 법인카드	
취소 및 환불	판매처에서 구매 당일 본인에 한해 취소 및 환불 가능	지류상품권과 동일

*자료원: 온누리 상품권

2.1.7 상품권 결제

상품권 결제

지류상품권 앞면의 금액 부분을 스크래치하여 나오는 상품권 PIN 번호를 결제 창에 입력하여 온라인 콘텐츠 구매 시 온라인에서 현금처럼 사용할 수 있는 서비스이다. 해당 상품권의 홈페이지에 가입하여 ID/PW를 이용하여 결제하는 서비스이며, 사용자가 이미 지불한 금액에 해당하는 결제권을 받음으로써 미수가 없으며 안전한 회수가 가능하다는 장점이 있다.

2.1.8 EBPP

EBPP(Electronic Bill Presentment and Payment)

EBPP(Electronic Bill Presentment and Payment) 시스템이란 각종 세금이나 요금 청구서를 인터넷을 통해 보내고 인터넷을 통하여 대금을 결제하도록 지원하는 서비스이다. 기존에는 청구서 발송자가 고객에게 서비스 청구 내역 고지서나 지로를 우편으로 발송하면 고객은 청구 내역을 확인한 다음에 금융기관을 통하여 요금을 지불했지만, EBPP 서비스를 통하면 청구서 발송자는 고객에게 이메일이나 웹사이트를 통해 청구 내역을 고지하고 고객은 컴퓨터 스크린에 고지된 내역을 살펴보고 단지 마우스를 클릭하여 간단하게 대금 지불이 끝나게 되어 있다.

2.2 P2P 전자지불 결제

P2P(Peer-to-Peer) 전자지불

P2P(Peer−to−Peer) 전자지불이란 이메일(e−mail)을 통해 개인이 타인에게 송금할 수 있도록 하는 결제 수단이다. 대표적인 업체로는 페이팔, 구글월렛, 스퀘어 등이 있다. 대부분의 온라인 P2P 지불 결제는 다음과 같은 과정을 통해 이루어진다(배찬권, 2002).

- 송금인이 온라인 P2P 지불 결제 서비스에 등록(기존 계좌 이용 가능)
- 현금은 P2P를 통해 신용카드나 은행 계좌에서 인출
- 수취인 계좌로 전달(e−mail이 수취인에게 발송)
- 수취인도 온라인 P2P 지불 결제 서비스에 등록(기존 계좌 이용 가능)

2.2.1 페이팔

P2P는 다양한 경로를 통해 수취인의 계좌에서 수수료를 인출한다. 서비스 수수료는 원칙적으로는 수취인이 부담하며, 요율은 지불 결제 방식, 신용 이력 등을 포함한 다양한 요인에 의하여 결정된다. 이는 신용카드 이용 한도 및 할부 구매 시 수수료율의 산정 방식과 비슷하다고 보면 된다. P2P 지불 방식 서비스의 대표적인 것이 미국의 페이팔(PayPal)이다. 현재 유사한 서비스를 제공하는 업체들이 20여 개가 넘는 것으로 알려져 있으며, 구글월렛, 스퀘어와 경쟁하고 있다. 페이팔은 1998년 12월에 설립하였고 현재 이베이(eBay)가 모회사이며, 최초의 인터넷 기반 P2P 지불 결제 회사라 할 수 있다.

페이팔은 인터넷을 이용한 결제 서비스로 페이팔 계좌끼리 또는 신용카드로 송금, 입금, 청구할 수 있다. 페이팔은 금전에 수수료를 받기도 하지만, 거래하면서 신용카드 번호나 계좌번호를 알리지 않아도 되기 때문에 보안에 뛰어나며, 주로 미국에 많이 보급되어 있다.

페이팔은 미국뿐만 아니라 한국, 일본 중국 등에서도 사용 가능하다. 세계 최대의 전자상거래 기업 중 하나인 알리바바가 런칭한 알리익스프레스에서 고객에게 환불을 할 경우에 페이팔을 통해 환불을 받을 수 있는 서비스를 제공하고 있다.

페이팔은 15년간 이베이와 결제 분야에서 협력관계를 유지하고 있었으나, 2023년 7월까지만 이베이에서 페이팔을 통한 결제가 가능할 전망이다. 2018년에 이베이는 온라인 결제 회사인 네덜란드 온라인 결제 서비스 제공 업체인 애드옌

(Adyen)과 계약을 맺었다.

2.2.2 트랜스퍼와이즈의 P2P 기반의 송금 시스템

P2P 송금 시스템은 해외 송금을 P2P 방식으로 제공하고 이를 통해 낮은 수수료(최대 0.5% 수수료와 이용자 관점에서 최적의 환율 제공)를 제공하여 소비자에게 직접적인 이익을 주는 시스템이다. 이 송금 시스템은 국경을 넘어 실제로 돈을 환전해서 보내는 것이 아닌 상대방의 국가에서 반대로 돈을 보내려는 고객을 찾아 서로 매칭을 시켜주는 서비스이다.

3. 간편결제 관리

3.1 간편결제 개념

스마트폰 사용자가 빠르게 증가하고 전자상거래의 이용이 높아지면서 현금을 대신한 편리하고 안정적인 새로운 결제 방식에 대한 소비자들의 욕구가 높아지고 있다. 이로 인해 전자상거래 관련 기업들은 새로운 결제 방식에 대한 욕구를 만족시키기 위해 다양한 서비스 개발 및 제공에 박차를 가하고 있다.

2019년 전 세계 비현금 거래 결제 규모는 7,085억 달러이며, 2023년에는 1조 939억 달러 규모로 성장할 것으로 예상되며, 2019년부터 2023년까지 연평균 11.5%의 성장세를 보일 전망이다(WorldPayment Report 2020). 아시아·태평양 지역이 19.3%로 가장 높은 성장세를 보일 것으로 전망되며, 중동과 아프리카는 13.7%의 성장세를 보일 전망이다.

간편결제

현재 세계에서 사용되고 있는 결제 수단은 300개가 넘는 것으로 알려져 있으며, 사용 편의성과 안정성을 확보한 비접촉식 결제나 **간편결제**가 새롭게 부상하고 있다(삼정 KPMG, 2018).

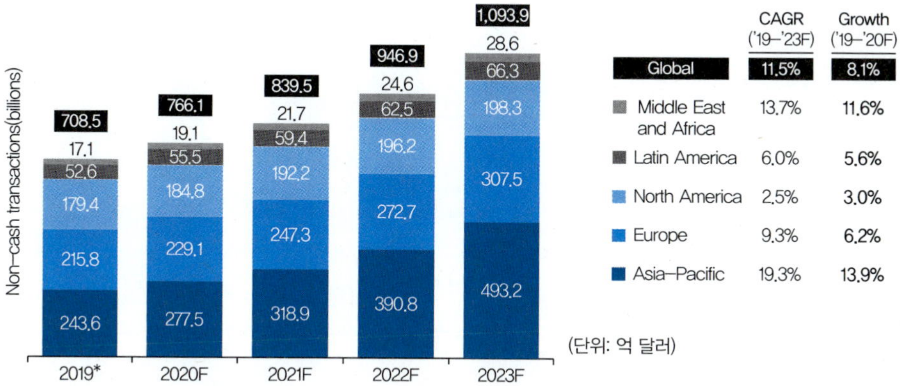

[그림 12-7] 모바일 결제 향후 시장 전망(비현금성 거래 성장 촉진)

간편결제 서비스는 온라인과 오프라인 상거래에서 빠르고 간편하게 결제할 수 있는 서비스이다. 스마트폰 등의 기기에 저장된 생체 정보, 신용카드 정보 등을 이용하여 바로 결제가 진행되기 때문에 추가적인 인증 수단이 필요하지 않다는 장점이 있다. 간편결제 서비스를 위해 지문, 홍채, 지정맥 등의 생체 정보를 이용한 생체 인식 결제, 근거리 무선 통신(NFC) 방식, QR 코드 방식, 마그네틱 안전 전송(MST) 방식, 일회용 가상 카드번호를 활용하는 앱 카드 결제 방식 등으로 대부분 사용되고 있다. 간편결제 서비스는 이용자들이 안전하고 쉽고 빠르게 이용할 수 있도록 높은 보안성과 간단한 사용자 인터페이스(UI)를 제공한다(IT용어사전, 한국정보통신기술협회).

간편결제의 프로세스는 다음 그림에서 보는 바와 같다. 국내에서는 온라인과 오프라인 거래에서 부가가치통신망(VAN) 사업자와 온라인 거래의 경우는 PG사가 반드시 참여하는 독특한 구조를 가지고 있다. 결제 정보의 흐름과 수수료 정보의 흐름은 기존의 결제 프로세스와 유사하다.

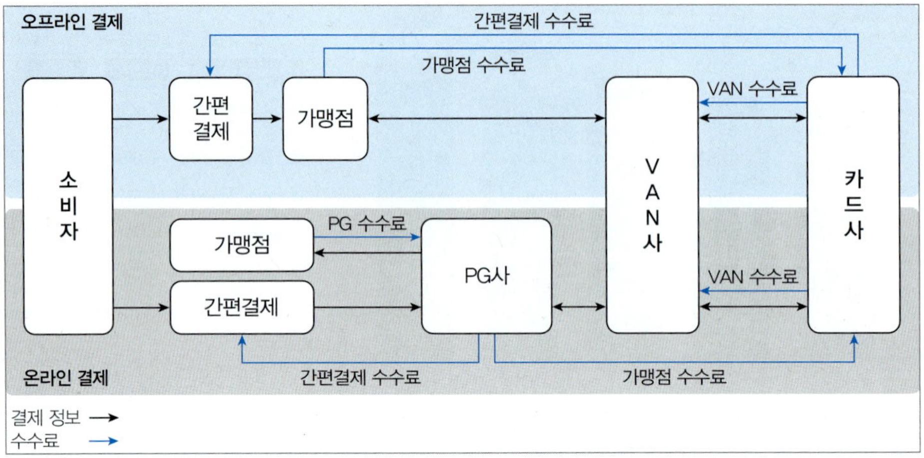

[그림 12-8] 간편결제의 결제 프로세스

*자료원: BNK 금융경영연구소, 모바일 결제의 발전이 신용카드업에 미치는 영향, 2015.09, p.10 삼정 KPMG, 2018

모바일 지급결제 프로세스에는 토큰화 기술, 근거리 통신 기술, 중요 결제정보 저장 기술, 본인인증 기술 등이 적용된다. 그리고 온라인에서는 결제 단말기가 별도로 필요하지 않지만, 오프라인에서는 결제 단말기가 필요하다.

〈표 12-8〉 결제방식별 특징

결제방식	기술	결제단말기	정보저장방식	보안성	편리성	비용	적용사
앱카드	바코드, QR코드	바코드 리더기(O)	저장 불필요, 일회용 가상 카드번호	일회용 가상 카드번호, 바코드, QR 코드	실물카드 불필요	×	카드사 앱카드, SSG페이, L페이, 페이나우 등
자기장방식	MST, WMC	기존 MS 단말기(X)	TEE 방식	암호화된 정보 저장, 토큰화기술, Knox 프로그램, 지문인증	실물카드 불필요	×	삼성페이(MST) LG페이(WMC)
NFC		NFC 단말기 필요(O)	SE, TEE, HCE 모두 가능	암호화된 정보 저장, 토큰화기술, 지문인증	실물카드 불필요, 일부 가맹점		삼성페이, LG페이, 시럽페이, 유비페이

*자료원: 삼정KPMG 경제연구원

3.2 간편결제서비스 유형

현재 국내에서 서비스 중인 간편결제 서비스를 다음과 같이 분류할 수 있다. 정부/지자체, 금융결제원, 스마트폰 제조사, 전자상거래(쇼핑몰) 업체이다.

3.2.1 지역화폐

지역화폐란 소상공인의 가맹점 수수료 부담을 줄이기 위해 정부, 지자체, 금융회사, 민간 간편결제 사업자가 협력하여 도입한 모바일 간편결제 서비스이다. 정부 및 지자체에서 제공하고 있는 제로페이가 대표적인 지역화폐라 할 수 있다. 민관이 협력하여 간편결제와 계좌이체 수수료는 대폭 낮추고 간편하게 결제할 수 있는 서비스를 제공하게 되었다. 지역화폐

오프라인 가맹점에서 온/오프라인으로 결제하여 가맹점 수수료 부담을 크게 낮출 수 있으며, 지역화폐 웹사이트와 전용 앱을 사용하여 결제내역을 손쉽게 관리할 수 있다. 소비자는 기존에 사용하던 간편결제 앱을 그대로 사용하면서 지역화폐를 이용하여 소득공제 혜택과 각종 할인 혜택 등을 받을 수 있다. 또한, 소상공인의 가맹점 수수료 경감에 기여하여 국내 소규모 자영업자의 경영에 도움을 줄 수 있다는 장점이 있다.

3.2.2 뱅크월렛

뱅크월렛은 국내 16개 은행이 공동으로 제공하는 안전한 모바일 지갑이다. 뱅크월렛을 스마트폰에 설치하고 뱅크머니를 받아 스마트폰 하나로 온라인과 오프라인의 가맹점에서 결제서비스와 휴대폰 번호 기반 송금 서비스를 이용할 수 있는 안전하고 편리한 스마트폰 지급결제 서비스이다. 뱅크월렛

3.2.3 삼성페이

삼성페이는 기존의 플라스틱 카드로 결제할 수 있는 모든 가맹점에서 사용할 수 있다. 지문 인증 등을 통해 결제를 진행하기 때문에, 기존의 플라스틱 카드에 비해 보안성이 뛰어나다고 할 수가 있다. 또한, 비교하여 낮은 수수료로 편리하고 안전하게 이용 가능한 해외 송금 서비스가 가능하다는 장점이 있다. 만 14세 이상이면 바로 발급이 가능하고, 온라인 · 오프라인 가맹점에서 결제가 가능하며, 다양한 방식의 손쉬운 충전과 선물하기 기능이 있다. 삼성페이

또한, 삼성페이는 은행, 교통카드, 쇼핑, 금융 등의 다양한 서비스를 이용할 수 있다는 장점이 있다. 그러나 안드로이드 기반에서만 사용이 가능하다는 단점이 있다.

3.2.4 네이버페이

네이버페이

네이버페이는 네이버에서 제공하는 간편결제 서비스이다. 네이버 쇼핑몰, 온라인 쇼핑몰, 개인 쇼핑몰, Trip.com 등 다양한 쇼핑몰에서 네이버페이로 결제가 가능하며, 오프라인 매장에서도 결제가 가능하다.

3.2.5 페이코

페이코

페이코는 NHN페이코가 출시 및 운영하는 간편결제 서비스이다. 소셜커머스, 교보문고, 인터넷지로 등 많은 쇼핑몰에서 결제가 가능하다. 티머니와의 연동이 가능하고, 삼성페이와 제로페이에서 결제가 가능하다. 온라인과 오프라인에서 사용이 가능하다.

3.2.6 11pay

11pay

11pay는 11번가에서 출시한 간편결제 서비스이다. 카카오페이처럼 별도의 앱 없이도 통합형으로 사용이 가능하다는 장점이 있다. 11pay는 별도의 앱, 공인인증서, 액티브엑스가 필요하지 않으며, 사용하던 카드, 계좌, 스마트폰 등을 자유롭게 등록하고 하나의 비밀번호를 통해 편리하게 사용할 수 있다는 장점이 있다. 또한, 생채인식(홍채, 지문 등)을 통한 결제도 가능하다.

3.2.7 스마일페이

스마일페이

스마일페이는 이베이코리아가 개발한 간편결제 서비스이다. 스마일페이는 G마켓, 옥션, G9 등에서 사용이 가능하며, SPC와의 제휴를 통해 SPC에서도 사용이 가능하다. 스마일페이만을 위한 전용 상품관도 별도로 운영하고 있다.

또한, 부정 사용 자동 방지 시스템을 기본적으로 제공하고 안전한 비밀번호 사용을 위한 보안 키패드로 안심하고 사용할 수 있다. 그리고 카드 정보는 분리 보관되어 누구도 알 수 없다.

3.3 간편 결제 시장 동향

2021년 상반기 중 간편결제 서비스 이용실적(일평균)은 5,590억 원, 1,821만 건으로 전기 대비 각각 12.5%, 12.9% 증가하였다.[8] 간편결제 서비스는 코로나19 발생 이전인 2019년 상반기에는 2,876억 원에 불과했으나 2년 새 두 배 가까이 늘어났다. 간편 송금 서비스 이용 금액도 일평균 4,819억 원으로 전 분기보다 23.5%, 이용 건수는 407만 건으로 13.1% 늘어났다. 간편 송금은 휴대전화에 충전한 선불금을 전화번호나 사회관계망서비스(SNS) 등을 통해 송금하는 서비스로 간편결제·송금 및 교통카드, 금융회사가 제공하는 선불 기반 대금지급 서비스 등을 모두 포함한 선불 전자지급 이용실적은 상반기 하루 평균 6,247억 원, 2,228만 건으로 전기 대비 각각 23.9%, 14.7%씩 증가하였다. 또한, 비대면 거래가 늘면서 전자지급결제대행 서비스(PG) 이용 실적은 하루 평균 8,635억 원, 2,091만 건으로 6개월 동안 각 12.8%, 13.0% 증가하였다.[9]

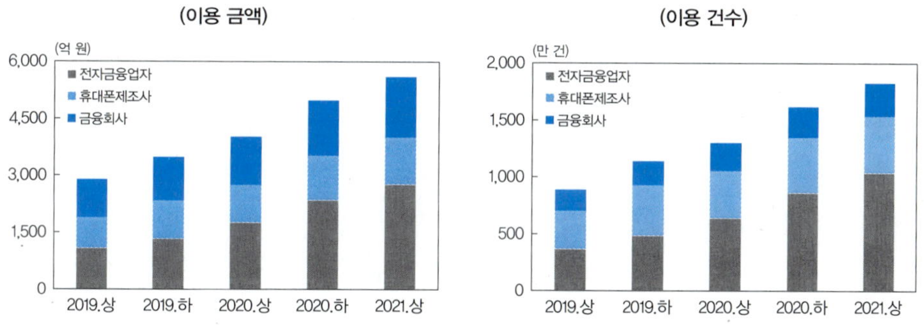

[그림 12-9] 간편결제 이용액 규모 추이

국내에서 간편결제 서비스는 전자금융거래법상 전자지급결제대행서비스에 해당되기 때문에 서비스를 제공하기 위해서는 반드시 금융위원회에 등록해야 한다. 단, 은행, 카드사 등은 별도의 등록 없이 서비스를 제공할 수 있다.

2021년 상반기 중 간편송금 서비스 이용실적(일평균)은 4,819억 원, 407만 건으로 전기 대비 각각 23.5%, 13.1% 증가하였다.

---

8) 2021년 상반기 중 전자지급서비스 이용 현황

9) https://www.khan.co.kr/economy/economy-general/article/202109131513001

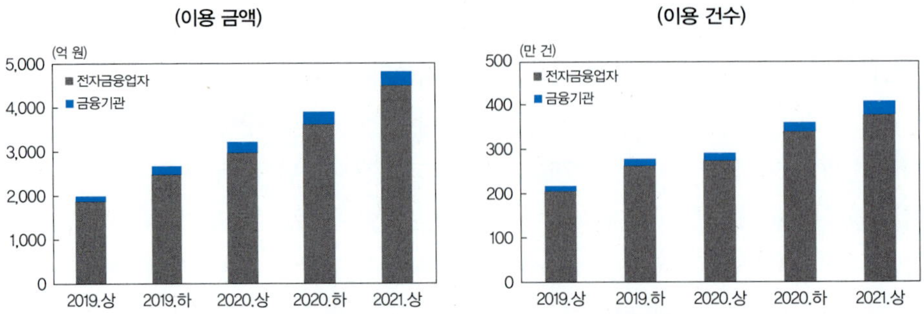

[그림 12-10] 간편 전자지급서비스 이용 현황

4. 모바일 결제 관리

스마트폰의 사용과 COVID-19로 인한 비대면이 일상화되면서 스마트폰을 이용한 모바일 결제시스템이 급속도로 확산되고 있다. 국내에서는 2000년부터 단순 계좌조회 · 이체만을 제공하는 SMS 방식의 모바일 뱅킹에서부터 WAP 뱅킹, 금융칩 뱅킹, VM 뱅킹, 스마트 뱅킹 등으로 발전해 나가고 있다. 휴대폰과 결합된 결제 방법도 바코드 방식, 폰빌(Phone Bill) 방식, 휴대폰에 탑재된 USIM 칩을 활용하는 NFC 방식, QR 방식 등 다양하게 발전하고 있으며, 금융기관의 고유 기능인 지불결제 영역에 대한 융합 서비스도 여러 가지 형태로 진화하고 있다.

4.1 모바일 결제 시장

전 세계 모바일 결제 시장은 2020년 1조 9,127억 달러에서 연평균 성장률 30.1%로 증가하여, 2027년에는 12조 621억 달러에 이를 것으로 전망된다(연구개발특구진흥재단, 2021).

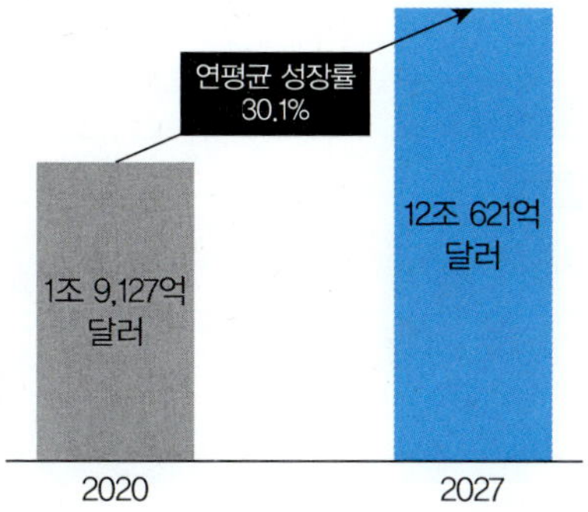

[그림 12-11] 글로벌 모바일 결제 시장 규모 및 전망

*자료원: Allied Market Research, Mobile Payment Market, 2020

전 세계 모바일 결제 시장은 결제 유형에 따라 **프록시미티(Proximity)**[10], **원격(Remote)**[11]으로 분류할 수 있다. 프록시미티는 기기 간 직접 통신을 기반으로 스마트폰을 통해 인접 지역 내의 정보를 공유하는 서비스로 사용자의 위치와 관심에 맞춰 인접 지역에 위치한 다른 사용자들과 직접 커뮤니케이션할 수 있도록 지원하는 등 사용자들 간의 소셜 활동과 기업들의 비즈니스 마케팅에 적극적으로 활용 가능한 서비스이다(CONEX, 2014).

프록시미티(Proximity)
원격(Remote)

원격은 가맹점 방문 없이도 알림톡이나 푸시(Push) 메시지의 결제 내역을 확인한 후 앱 등으로 결제하는 원격 결제 지원 서비스를 의미한다.

프록시미티는 2020년 6,788억 달러에서 연평균 성장률 31.4%로 증가하여, 2027년에는 4조 5,934억 달러로 전망된다. 원격은 2020년 1조 2,339억 달러에서 연평균 성장률 29.3%로 증가하여, 2027년에는 7조 4,687억 달러로 전망된다.

10) 독일 도이체텔레콤(Deutsche Telecom)의 LTE Direct(별도의 AP나 중계기 없이 LTE 주파수 등 특정 주파수 대역을 사용하여 통신하면서 보다 빠른 속도와 높은 커버리지로 기기 간 직접 통신을 제공하는 기술) 기술에 기반한 확장형 위치 기반 서비스인 LTE 프록시미티 서비스(LTE proximity service)

11) 비대면 혹은 원거리의 고객이 카드번호 입력과 SMS 문자 결제를 통해 카드 결제 가능(문자 받은 고객이 자신의 카드를 카메라에 비추거나 정보를 입력하여 결제 정보를 회신하면 됨)

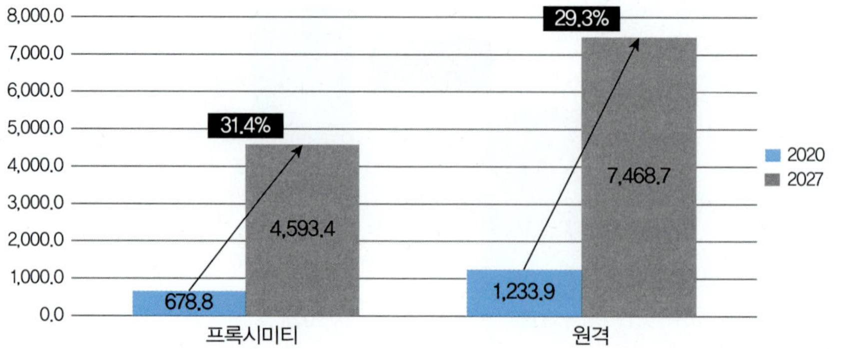

[그림 12-12] 글로벌 모바일 결제 시장의 결제 유형별 시장 규모 및 전망(단위: 십억 달러)

*자료원: Allied Market Research, Mobile Payment Market, 2020

거래 방식에 따라 모바일 웹 결제, 근거리 무선 통신, SMS, 다이렉트 캐리어 빌링 등으로 분류할 수 있다. 모바일 웹 결제는 2020년 9,829억 달러에서 연평균 성장률 28.2%로 증가하여, 2027년에는 5조 5,797억 달러로 전망되며, 근거리 무선 통신은 2020년 3,045억 달러에서 연평균 성장률 33.4%로 증가하여, 2027년에는 2조 2,930억 달러에 이를 것으로 전망된다.

SMS와 다이렉트 캐리어 빌링은 2020년 4,796억 달러에서 연평균 성장률 30.7%로 증가하여, 2027년에는 3조 1,308억 달러로 전망되고 기타는 2020년 1,458억 달러에서 연평균 성장률 32.7%로 증가하여, 2027년에는 1조 585억 달러에 이를 것으로 전망된다.

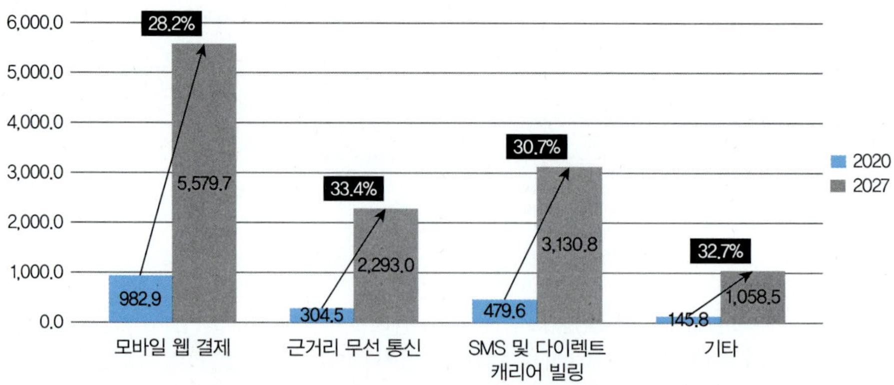

[그림 12-13] 글로벌 모바일 결제 시장의 거래 방식별 시장 규모 및 전망(단위: 십억 달러)

*자료원: Allied Market Research, Mobile Payment Market, 2020

최종 사용자에 따라 개인, 비즈니스로 분류할 수 있는데, 개인은 2020년 1조 3,084억 달러에서 연평균 성장률 30.5%로 증가하여, 2027년에는 8조 4,531억 달러, 비즈니스는 2020년 6,043억 달러에서 연평균 성장률 29.1%로 증가하여, 2027년에는 3조 6,090억 달러로 전망된다.

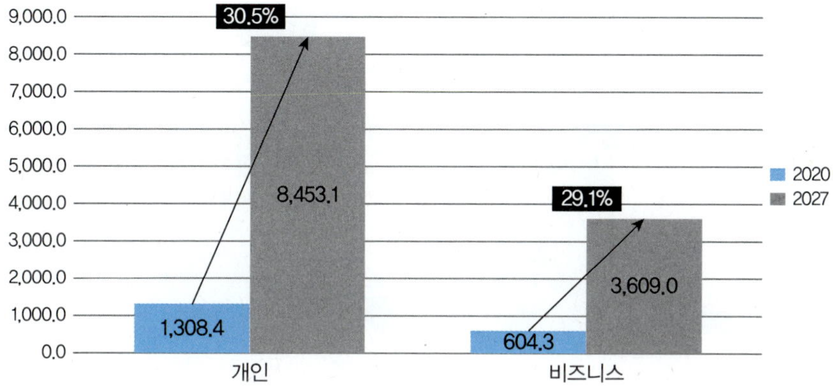

[그림 12-14] 글로벌 모바일 결제 시장의 최종 사용자별 시장 규모 및 전망(단위: 십억 달러)

*자료원: Allied Market Research, Mobile Payment Market, 2020

국내의 모바일 결제 시장은 2020년 263억 달러에서 연평균 성장률 33.7%로 증가하여, 2027년에는 2,007억 달러에 이를 것으로 전망된다.

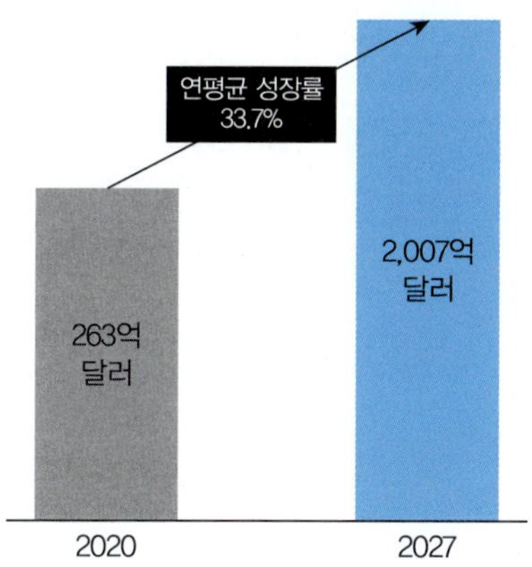

[그림 12-15] 우리나라 모바일 결제 시장의 규모 및 전망(단위: 십억 달러)

*자료원: Allied Market Research, Mobile Payment Market, 2020

국내의 모바일 결제 시장도 결제 유형에 따라서 프록시미티와 원격으로 분류할 수 있다. 프록시미티는 2020년 94억 달러에서 연평균 성장률 35.0%로 증가하여, 2027년에는 785억 달러, 원격은 2020년 169억 달러에서 연평균 성장률 32.9%로 증가하여, 2027년에는 1,222억 달러에 이를 것으로 전망된다.

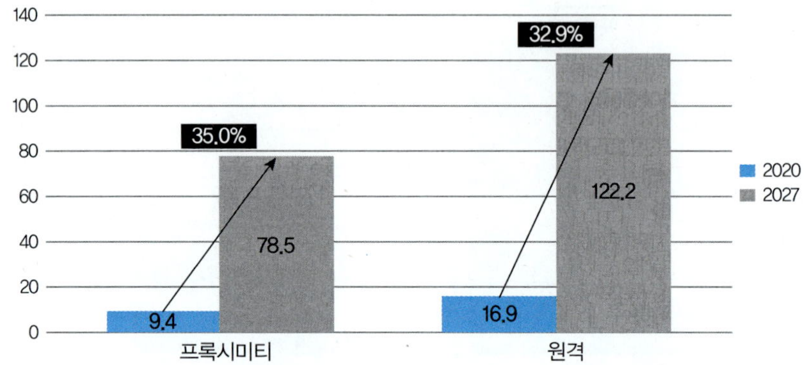

[그림 12-16] 우리나라 모바일 결제 시장의 결제 유형별 시장 규모 및 전망(단위: 십억 달러)

*자료원: Allied Market Research, Mobile Payment Market, 2020

거래 방식에 따라 모바일 웹 결제, 근거리 무선 통신, SMS, 다이렉트 캐리어 빌링, 기타로 분류할 수 있다. 모바일 웹 결제는 2020년 135억 달러에서 연평균 성장률 31.7%로 증가하여, 2027년에는 918억 달러, 근거리 무선 통신은 2020년 42억 달러에서 연평균 성장률 37.1%로 증가하여, 2027년에는 393억 달러로 전망된다. SMS 및 다이렉트 캐리어 빌링은 2020년 66억 달러에서 연평균 성장률 34.4%로 증가하여, 2027년에는 506억 달러에 이를 것으로 전망되고 있다.

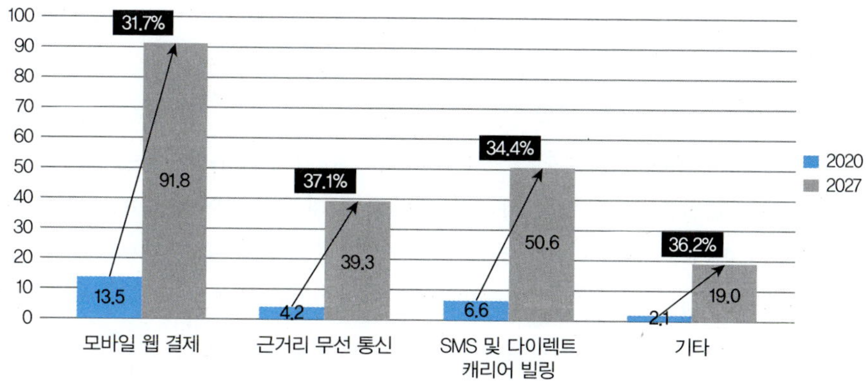

[그림 12-17] 우리나라 모바일 결제 시장의 거래 방식별 시장 규모 및 전망(단위: 십억 달러)

*자료원: Allied Market Research, Mobile Payment Market, 2020

최종 사용자에 따라 개인, 비즈니스로 분류할 수 있는데, 개인은 2020년 177억 달러에서 연평균 성장률 34.2%로 증가하여, 2027년에는 1,385억 달러로 전망되고 비즈니스는 2020년 86억 달러에서 연평균 성장률 32.6%로 증가하여, 2027년에는 622억 달러로 전망된다.

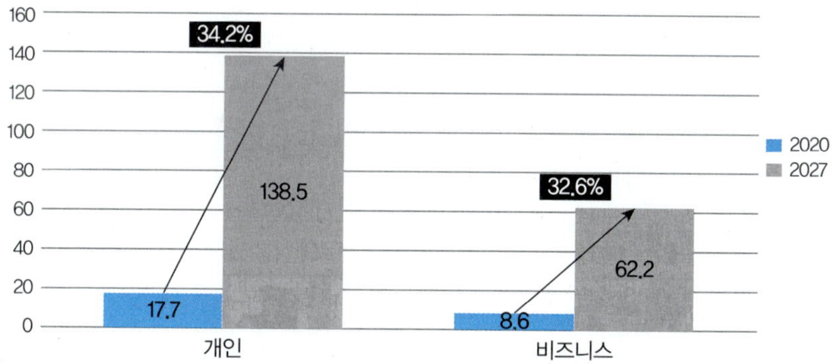

[그림 12-18] 우리나라 모바일 결제 시장의 최종 사용자별 시장 규모 및 전망(단위: 십억 달러)

*자료원: Allied Market Research, Mobile Payment Market, 2020

4.2 모바일 지급 결제의 분류 방식

모바일 결제는 PC 기반의 전자지불과 기술적으로 유사한 개념이지만, 모바일 단말기를 사용한다는 점에서 다소 차이점이 존재한다. 모바일 결제 방식은 모바일 폰의 유형에 따른 분류, 이용 기술에 따른 분류, 금융기관 참여 정도에 따른 분류, 결제 시기에 따른 분류로 나누어 볼 수 있다.

4.2.1 모바일 폰의 유형에 따른 분류

먼저 휴대폰 결제는 휴대폰 번호와 주민등록번호를 입력한 후 휴대폰으로 SMS를 전송받아 전송된 인증번호를 입력하여 결제하고 휴대폰 요금에 합산하여 청구하는 방식의 서비스이다. 이동통신사별로 한도의 정책이 있는데, 주민등록번호로는 월 최대 90만 원(SK, KT, LGU+), 전화번호로는 월 30만 원, 1회 한도는 28만 원이다(금융 정책에 따라 변경 가능성이 있음). 물론 가입자 및 이용자 등급에 따라 한도가 차등 적용되며, 미성년 요금제, 법인명의 전화, 미납상태 전화 등은 결제 제한을 받는다.

둘째, 스마트폰 결제는 스마트폰이나 태블릿 PC 등을 이용하여 상품, 디지털 콘텐츠, 서비스 등을 구매하고 인터넷과 동일한 결제 수단을 제공하는 서비스이다. 서비스 제공 방식은 모바일 웹 또는 앱으로 구축된 고객사 모바일 쇼핑몰에서 결제 요청 시 결제 모듈을 호출하여 결제한다. 국민카드와 BC카드의 경우 모바일 ISP를 별도로 설치해야만 서비스 이용이 가능하다. 아이폰, 안드로이드폰, 아이패드, 안드로이드 탭 등 모든 스마트 기기(스마트 TV 포함)에서 서비스를 이용할 수 있다.

4.2.2 이용기술에 따른 분류

모바일 지급 결제는 기술 방식에 따라서 분류할 수도 있다. 금융 IC카드를 내장하거나, 탈착하는 것에 따라서 카드/비카드 방식과 무선네트워크의 이용 정도에 따라 온라인/오프라인 방식 등으로 구분된다.

〈표 12-9〉 이용 기술에 따른 모바일 지급 결제 서비스 종류

구분	종류	내용
스마트카드(IC칩) 내장 또는 탈착 여부	카드 기반 (H/W식)	• 스마트카드(칩)에 결제정보를 담아 인증 및 결제서비스 예) 싱글슬롯, 듀얼슬롯, 듀얼칩, NFC 카드 등
	비(非)카드 기반 (S/W식)	• 무선 네트워크를 통해 실시간 인증 및 대금결제 예) Phone Bill • 휴대폰 메모리에 결제정보를 저장하는 모바일 지갑(Mobile Wallet) 방식(클라이언트형, 서버형)

무선네트워크 이용 여부	온라인 방식	• 무선인터넷에 접속, 모바일뱅킹 또는 무선 PG를 이용한 온라인 쇼핑몰 등에서 대금 지급결제(통화료 부담) 예) Phone Bill, Remote Payment
	오프라인 방식	• 휴대폰과 POS 단말기/ATM 사이에서 근거리 통신기술인 RF, 블루투스, 2D 바코드, NFC 칩 등을 이용한 대금지급 결제(통화요금 부담 無)

*자료원: 이용희, 국내외 모바일 지급결제 서비스 현황과 향후 발전방향, 금융정보(2012. 1)

4.2.3 금융기관의 참여 정도에 따른 분류

모바일 지급 결제는 금융기관의 참여 정도에 따라 직접결제 방식과 간접결제 방식 등으로 구분할 수도 있다. 직접결제 방식은 금융기관이 이동통신사와 직접 제휴를 하거나, 간접적으로 모바일 지급결제 서비스에 참여하여 서비스를 제공하는 것으로 휴대폰의 메모리나, 바코드 등을 활용하여 선불/직불카드 기능을 탑재하거나 은행의 계좌 기반으로 실시간 계좌이체를 제공하는 방식과 USIM칩 내에 신용카드 및 전자화폐 등의 기능을 탑재하는 전자지갑이 그 대표적인 예라고 할 수 있다.

〈표 12-10〉 금융기관 참여 정도에 따른 분류

금융기관의 참여 정도	직접결제 방식	• 금융기관이 이통사와 제휴하여 서비스 제공 • 선불/직불, 신용카드, 계좌이체 등
	간접결제 방식	• 이동통신업체가 지급결제 서비스 제공 주체 • 지급결제과정 전반을 이동통신업체가 관리/책임부담 예) Phone Bill(휴대폰 통합과금), SK의 네모서비스

간접결제 방식은 이동통신사가 직접 모바일 지급결제 서비스를 제공하는 사업자가 되어 지급결제 과정의 전반을 관리하고 책임을 지는 것으로 휴대폰 요금에 통합과금하는 폰빌과 과거 SK가 제공했던 네모(Nemo) 서비스가 대표적인 사례이다.

4.2.4 결제 시기에 따른 분류

모바일 결제 시기는 〈표 12-11〉과 같이 후불, 선불, 직불 방식 등으로 나누어진다. 먼저 후불방식은 이동통신사가 고객의 휴대폰 요금에 통합하여 과금하는 폰빌과 모바일 신용카드 이용대금에 통합하는 것으로 구분해볼 수 있다. 선불 방식은 50만원 한도 내에서 먼저 충전하여 사용하는 것으로 전자화폐 및 티머니 등이 대표적이며, 직불 방식으로는 은행계좌와 직접적으로 연결하여 이루어지는 모바일 계좌이체 PG와 모바일 체크카드 등이 있다.

〈표 12-11〉 결제 시기에 따른 분류

결제방식 무선환경		근거리 통신 (오프라인, RFID, NFC)	원거리 통신 (온라인, 무선인터넷)
후불	휴대폰 과금	-	휴대폰 소액결제(폰빌)
	신용카드	IC 카드 연계, 칩 신용카드	
선불	전자화폐, 선불카드	모바일 T머니, T-CASH, 올레 Cash 등	
직불	은행계좌 기반	계좌이체 PG, 모바일 체크카드	

*자료원: 유한상, 모바일 지급결제 관련 주요 이슈 수정 정리, 금융결제원

4.2.5 모바일 결제 방식의 분류

모바일 결제 방식은 모바일 신용카드, 휴대폰 결제, 모바일 교통카드, 모바일 뱅킹, 전자지갑, 모바일 간편결제 등이 있다. 모바일 간편결제는 자신의 카드 정보를 한 번만 입력을 해 놓고, 결제 시에 카드 정보 입력이나 공인인증서 없이도 아이디와 비번/휴대폰 번호와 SMS 등의 간단한 인증만으로 간편하게 결제가 이루어지는 서비스로 최근 들어 인기를 끌고 있다(DMC Report, 2015).

〈표 12-12〉 모바일 결제 방식의 유형

방식	내용
모바일 신용카드	• 비접촉식 IC 칩을 USIM에 내장 • 매장에 설치된 NFC 리더기를 통해 결제 • 온라인상에서는 PG사를 통해 금융정보와 공인인증서를 연동하여 결제 처리
휴대폰 결제 (폰빌, 소액결제)	• 금융정보 대신 전화번호와 주민등록번호 입력만으로 결제 처리 • 결제 금액은 휴대폰 이용요금으로 청구
모바일 교통카드 (NFC 방식)	• 오프라인에서 가장 많이 사용하고 있는 모바일 결제 수단 • 교통카드뿐만 아니라 여러 매장에서 결제 수단으로 사용 중
모바일 뱅킹	• 은행 및 카드사가 스마트폰 앱을 이용한 송금서비스

전자지갑	• 이동통신사, 금융회사, 스마트폰 제조회사들이 주도 • 스마트폰 앱에 카드 정보를 사전에 입력하여 온라인 결제 수단으로 활용 • 전자지갑은 결제 수단 외에도 할인 쿠폰, 마일리지 적립 등과 같은 부가 기능도 함께 제공
모바일 간편결제	• 스마트폰, OS, 결제 앱을 활용한 결제 • 구글, 애플, 페이팔, 스퀘어, 텐센트, 알리바바 등과 같은 해외사업자들이 사업 추진

4.3 모바일 지급결제 서비스 밸류 체인

모바일 지급결제 서비스는 단말기 제조사, 플랫폼 사업자, 이동통신 사업자 등 다양한 이해관계자가 참여하고 있다. 다음 표는 모바일 지급결제 서비스의 밸류 체인이다.

〈표 12-13〉 모바일 지급결제 서비스 밸류 체인

사업자	역할
거래서비스 제공자	상품 판매
플랫폼 사업자	상품 판매 플랫폼 제공, PC 기반 온라인 사업자
금융기관	소비자 및 판매자의 지급 결제에 사용되는 소비자 계정의 발급 및 유지 관리, 고객 신용 체크, 은행 자동이체 의뢰
VAN사	신용카드 한도 조회 및 결제 승인 업무, 신용카드 매출 전표 매입
PG사	대표 가맹점으로 온라인 지불 및 결제 대행 업무, 영세 가맹점 리스크 관리
이동통신 사업자	데이터의 전송, 부분적으로 모바일 송금, 폰빌 등 지불결제 서비스 제공
보안 및 인증 제공자	USIM, 스마트카드 등을 통해 사용자 인증
애플리케이션 공급자	무선 단말기상 소프트웨어 또는 애플리에이션 제공
단말기 제조사	무선 단말기 제조
간편결제 사업자	간편결제 서비스 제공

*자료원: 삼정 KPMG 경제연구원

4.4 모바일 결제시스템 사례

4.4.1 구글 월렛(Google Wallet)

구글 월렛(Google Wallet)

구글 월렛은 결제 정보, 거래 내역, 쿠폰 등을 저장하며, 모든 내용은 클라우드에 동기화되어 사용하는 기기가 무엇이든 온라인/오프라인 어디에서 쇼핑하건 하나의 지갑으로 쇼핑을 할 수 있다. 구글 월렛은 모바일 앱을 다운로드하거나 온라인에서 구글 월렛을 사용하여 구글 월렛에 액세스할 수 있다.

4.4.2 스퀘어(Square)

스퀘어(Square)

스마트폰의 이어폰 단자에 마그네틱 리더 동글을 연결해 신용카드를 인식한다. NFC 같은 신기술과는 달리 스퀘어는 기존 신용카드를 그대로 사용할 수 있다는 점이 매력이다. 스퀘어는 이름 그대로 정사각형의 상자 모양을 하고 있으며, 스마트폰의 이어폰 단자에 꽂아서 사용할 수 있다. 카드 정보를 읽는 원리는 그리 복잡하지 않다.

스퀘어에 카드의 마그네틱 부분을 긁으면 데이터를 읽어서 소리로 변환하고, 3.5mm 이어폰 잭(마이크 입력)을 통해 휴대폰으로 전송된다. 스마트폰으로 전송된 소리는 다시 디지털화(데이터)되고, 이를 다시 암호화하여 4G/5G나 Wi-Fi를 통해 결제를 중계하는 서비스로 전송되는 개념이다.

스퀘어는 아이폰 이어폰 단자에 꽂고 카드를 긁으면 아이폰에 설치된 앱을 통해 스퀘어 서비스에 전송되고 이를 다시 카드사에 넘겨 승인을 받게 된다. 승인이 떨어지면 카드 결제자는 아이폰에 손가락으로 사인을 하고, 영수증은 결제자의 스마트폰으로 SMS가 오거나 결제자가 지정한 이메일로 바로 전송이 된다. 또한, 종이 영수증은 발행되지 않는다. 물론 결제를 마친 카드 관련 정보는 바로 지워지며, 아이폰에 남지 않는다는 장점이 있다(http://cusee.net/2462274).

4.4.3 애플페이(Apple Pay)

애플페이(Apple Pay)

2014년 10월 애플이 출시한 결제서비스인 애플페이는 NFC를 탑재한 아이폰6 애플워치(Apple Watch) 이후 버전에서만 이용할 수 있다는 제약이 있지만, 편리한 결제 UX의 구현이라는 평가를 받고 있다(한국에서는 서비스되지 않음). 애플페이는 사용자가 이미 앱스토어에 입력해 놓은 카드 정보를 활용하여, 모바일 앱에서 애플페이 아이콘을 클릭하고 지문을 인식시키면 바로 결제가 가능하며, 오프라인 매장에서도 별도로 화면을 켤 필요가 없이 매장의 결제 단말에 아이폰을 가져간 후, 지문만 인식시키면 바로 결제가 가능하다. 애플에서 제공하는 소프트웨어 개발도구(SDK)를 이용하면 모바일 앱에도 쉽게 추가할 수 있다.

4.4.4 삼성페이(Samsung Pay)

삼성페이(Samsung Pay)

삼성전자가 도입한 모바일 결제 서비스인 **삼성페이**는 스마트폰을 마그네틱 신용카드 결제기 근처에 갖다 대면 기기 간 통신을 통해 결제가 이루어지는 방식이다. 또한, MST 바코드 방식뿐만 아니라 애플페이의 NFC(근거리무선통신) 기술도 지원하기 때문에 활용도가 훨씬 높으며, 결제 시 카드번호 대신 임시번호인 토큰 정보를 사용하고, 거래정보를 단말기에 저장하지 않기 때문에 안정성이 높다고 할 수 있다. 또한, 지문인식 센서를 이용해 결제를 확정하는 방식 등 이중으로 보안성을 높였으며, 자체 개발한 모바일 보안 플랫폼 녹스(KNOX)도 탑재해 안정성을 한층 강화하였다.

4.4.5 카카오페이(Kakao Pay)

카카오페이(Kakao Pay)

국내 핀테크, 간편 결제시장에서 가장 많은 가입자를 확보하고 있으며, 2018년 8월 현재 가입자 수는 약 2,300만 명이다. **카카오페이**는 신용카드를 연결하면 별도의 공인인증서가 필요 없이 비밀번호 입력만으로 모바일과 인터넷에서 결제를 할 수 있으며, 카카오톡 선물하기와 카카오픽에 적용된 이후 전체 결제의 30~40% 정도가 카카오페이로 이루어지고 있다.

다음카카오가 간편결제 시장에 뛰어든 적극적인 이유는 바로 O2O 시장의 본격적인 확대를 노리고 있기 때문이며, 카카오택시를 비롯한 생활밀착형 서비스로 영역 확대에 나서고 있다.

4.5 모바일 뱅킹

인터넷뱅킹

2021년 6월 말 기준으로 국내 은행의 인터넷뱅킹(모바일뱅킹 포함) 등록 고객 수[12]는 1억 8,657만 명으로 전년 말 대비 5.6% 증가하였으며, 모바일뱅킹 등록 고객 수는 1억 4,580만 명으로 7.9% 증가하였다.

12) 18개 국내 은행 및 우체국예금 고객 기준(동일인이 여러 은행에 등록한 경우 중복 합산)

〈표 12-14〉 인터넷뱅킹 등록 고객 수[1), 2), 3)](만 명, %)

	2019		2020		2021
	6월 말	12월 말	6월 말	12월 말	6월 말
인터넷뱅킹(A+B)	15,804	16,391	17,061	17,668	18,657
	(7.8)	(3.7)	(4.1)	(3.6)	(5.6)
(모바일뱅킹)	11,509	12,198	12,945	13,508	14,580
	(9.9)	(6.0)	(6.1)	(4.3)	(7.9)
개인(A)	14,844	15,390	16,005	16,567	17,509
	(8.0)	(3.7)	(4.0)	(3.5)	(5.7)
법인(B)	960	1,001	1,056	1,101	1,148
	(4.6)	(4.3)	(5.5)	(4.3)	(4.3)

주 : 1) 기말 현재 18개 국내은행, 우체국예금 고객 기준(중복 합산)

2) ( ) 안은 전기 말 대비 증감률, 〈 〉 안은 전체 인터넷뱅킹 등록 고객 수에서 모바일뱅킹 등록 고객 수가 차지하는 비중

3) 2019~2020년 수치는 일부 회사의 자료 수정 요청을 반영하여 수정

2021년 상반기 중 국내 은행의 인터넷뱅킹(모바일뱅킹 포함, 일평균)을 통해 자금이체 및 대출신청서비스를 이용한 금액 및 건수는 68.0조 원, 1,703만 건으로 전년 하반기 대비 각각 8.6%, 10.3% 증가하였다.

모바일뱅킹

모바일뱅킹(일평균) 이용 금액 및 건수는 12.6조 원, 1,405만 건으로 전년 하반기 대비 각각 19.8%, 13.3% 증가하였으며, 전체 인터넷뱅킹 이용 실적 중 모바일뱅킹

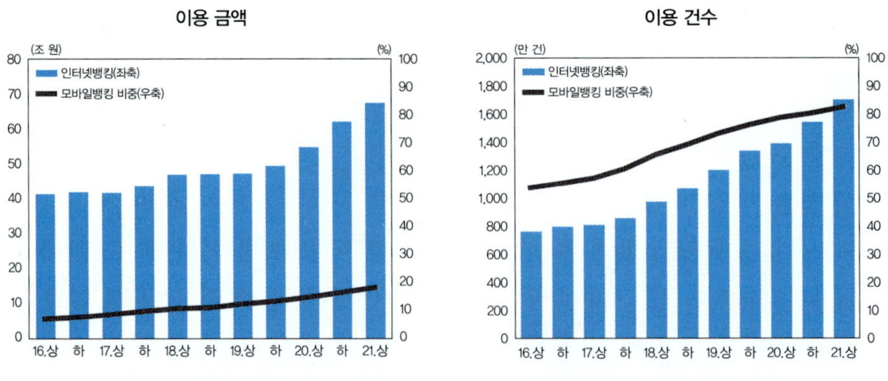

[그림 12-19] 국내 은행 인터넷뱅킹 이용 현황(이용실적)

*자료원: 한국은행, 2021년 상반기 중 국내 은행 인터넷뱅킹 서비스 이용현황, 보도자료(지급결제통계), 21.10.06

이 차지하는 비중은 금액 및 건수 기준으로 각각 18.5%, 82.5% 수준으로 상승세가 지속되고 있다.

참·고·문·헌

노규성 외. 전자상거래 & e-비즈니스, 사이텍미디어, 2009

노규성 외, 스마트시대의 전자상거래, 생능출판사, 2013

노규성 외, 빅데이터시대의 전자상거래, 생능출판사, 2015

노규성 외, 디지털트랜스포메이션시대의 전자상거래, 생능, 2019

배찬권, 미국의 P2P 전자지불 결제 현황, 방송통신정책 14권 22호, 2002

스마트카드의 시장 기술 보고서, BizFinder, 2009

여신금융연구소, 핀테크의 가치창출 요건 및 시사점, 2015

연구개발특구진흥재단, 모바일 결제 시장, 글로벌 시장동향 보고서, 2021

한국인터넷진흥원 정보통신방송해외정보(CONEX), KISA, 2014

한국은행, 2021년 상반기 중 국내은행 인터넷뱅킹 서비스 이용현황, 보도자료(지급결제통계), 21.10.06

한국은행 공보, "2021년 상반기 중 국내 지급결제동향", 2021-09-12호

Allied Market Research, Mobile Payment Market, 2020

연·습·문·제

1. 전자지불관리시스템에 대하여 설명하라.

2. 전자화폐와 디지털화폐가 등장하게 된 요인을 기업의 경영 활동 변화와 관련하여 설명하라.

3. 전자지불수단에 대하여 전형적인 유형과 P2P 유형으로 나누어서 설명하라.

4. 간편결제관리의 실제 사례를 조사하고 장단점에 대하여 설명하라.

5. 모바일 결제관리가 다른 결제 관리에 비해 폭넓게 사용되는 이유가 무엇인지 설명하라.

6. 모바일 결제관리의 실제 사례를 구체적으로 조사하고 문제점에 대하여 설명하라.

찾·아·보·기

ㅂ

ㅅ

ㅇ